Dictionnaire
de la Russie

Photo de couverture : © Natalia S. Gontcharova, *Le Blanchiment de la toile*, musée Russe, Saint-Pétersbourg. © Archives Larbor © ADAGP, Paris 2008.

Conception graphique : François Junot

ISBN : 978-2-03-584174-2

Sous la direction de **Pascal Cauchy**

Dictionnaire
de la Russie

LAROUSSE (à) présent

Les auteurs et leurs contributions

Alvaro Artigas, Sciences-Po, Paris – CERI • **Question** : Poutine est-il le dernier des tsars ? ; alphabet ; archives ; aviation ; ballet russe ; Biélorussie ; CEI ; Chaliapine ; chemin de fer ; échecs ; Gogol ; Gorki ; Koltchak ; Komsomols ; langue russe ; métro ; Novgorod ; Oural ; paysans ; plan ; populistes ; privatisations et propriété privée ; Repine ; Thétchénie ; Witte

Pascal Cauchy, IEP ; Centre d'Histoire de Sciences-Po • **Questions** : La Russie fait-elle partie de l'Europe ? ; La Russie est-elle une puissance coloniale ? ; La Russie est-elle sortie de la guerre froide ? ; **Temps forts** : XVIIIᵉ siècle ; 1861-1917 ; 1914-1953 ; 1985-1991 ; Boris Godounov ; boyards ; calendriers ; Catherine II ; Crimée ; Custine ; datcha ; décabristes ; **Église russe** ; émigration ; Herzen ; icône ; **Lénine** ; Leroy-Beaulieu ; Nicolas II ; Odessa ; Pascal Pierre ; Pierre le Grand ; Pouchkine ; **presse et radio** ; révolution de 1905 ; Raspoutine ; Saint-Serge ; Sakharov ; tsars ; Vladimir le Grand

Gabrielle Chomentowski, Sciences-Po, Paris – CERI • Alexandre Nevski, Bolchoï ; chœurs de l'Armée rouge ; **cinéma** ; cirque de Moscou ; Docteur Jivago ; Eisenstein ; Kontchalovski ; Lounguine Pavel ; Noureev ; patronyme ; Tarkovski

Simone Claudet • mathématiques ; **sciences**

Jérôme Cotillon, Université de Paris III - Sorbonne Nouvelle • Alexandre II ; affaire Anastasia ; pays Baltes ; Berezina ; Borodino ; **écologie** ; Fabergé ; franc-maçonnerie ; Gagarine ; Général Dourakine ; *Guerre et Paix* ; Karpov-Kasparov ; LVF ; Lyssenko ; *Michel Strogoff* ; Napoléon Iᵉʳ ; Normandie Niémen ; **relations franco-russes** ; Spoutnik ; Stakhanov ; Tambov ; voyages français en Russie

Paul Dietschy, Université de Franche-Comté ; Centre d'Histoire de Sciences-Po • football ; olympisme ; patinage ; ski ; **sport**

Sophie Lambroschini, journaliste à Kiev • **caviar** ; Cosaques ; **Grande Guerre patriotique** ; Kremlin ; **Sibérie** ; Tchernobyl ; **télévision**

Grégory Lecomte, Institut d'Études Politiques de Paris • Allemands ; âme slave ; **Armée rouge** ; bardes ; Caucase ; contes russes ; Europe ; femmes ; Joug mongol ; mafia ; monnaie ; Pasternak ; démographie

Hélène Naudet, Sciences-Po, Paris • **automobile** ; babouchka ; chachlik ; Chostakovitch ; Dostoïevski ; hiver ; isba ; Lomonossov ; Mendeleïev ; **musique** ; Prokofiev ; Tchaïkovski ; Tchekhov ; théâtre ; Tolstoï ; Tourgueniev ; Vernadsky ; vodka

Jean-Robert Raviot, Université de Paris X Nanterre • guerre d'Afghanistan ; Brejnev ; **Constitution de la Fédération de Russie** ; dissidence ; Eltsine ; **Gorbatchev** ; KGB ; Khroutchtchev ; Moscou ; nomenklatoura ; oligarques ; Poutine ; Soljenitsyne ; **Tatars de la Volga** ; URSS

Laurent Rucker, Sciences-Po, Paris • bolcheviks ; déportations ; ennemi du peuple ; goulag ; **guerre froide** ; Juifs ; Komintern ; Staline ; Grande Terreur ; Yalta

Alexandre Sumpf • **Temps fort** : Naissance et renaissance de la Russie ; anarchie ; Bakounine ; Boulgakov ; **communisme** ; cuisine ; drapeau ; étoile rouge ; **famines** ; faucille et marteau ; grands travaux ; Grossman ; **guerre civile** ; humour ; intelligentsia ; Ivan le terrible ; Jdanov ; Kalachnikov ; Katyn ; Kiev ; koulak ; littérature russe ; loubok ; marché noir ; Maïakovski ; Malevitch ; **Octobre et la révolution de 1917** ; **ouvriers** ; Pavlov ; Pologne ; **Première Guerre mondiale** ; *Que faire ?* ; Rodtchenko ; Roublev ; **Saint-Pétersbourg** ; Sébastopol ; servage ; Stalingrad ; Trotski ; Ukraine ; Volga

Taline Ter Minassian, Université Jean-Monnet, Saint-Étienne • guerre d'Afghanistan ; **Asie centrale** ; conquête spatiale ; **gaz et pétrole** ; **nationalités**

Elisabeth Vichnevski • **beaux-arts**

Sommaire

La Russie
en questions

La Russie fait-elle partie de l'Europe ?

En 1892, Pierre Larousse éditait, déjà, un important volume consacré à la Russie et destiné à mieux la faire connaître. L'ouvrage réunissait les meilleurs spécialistes français du temps ; il s'agissait de faire un état des lieux du nouvel allié de la République. Étrange allié au demeurant, dont le gouvernement autocratique était si éloigné de la jeune démocratie française, dont la proximité avec le monde germanique aurait dû le rendre suspect et dont, enfin, la société était si différente de celle de l'Europe occidentale du temps malgré une élite façonnée à l'image de celles de Berlin, Paris ou Londres. À l'évidence, la Russie était encore une énigme à la fin du xixe siècle. Elle le fut davantage une fois la révolution bolchevique victorieuse. Le communisme passé en 1991, la Russie n'en demeure pas moins un élément étranger au reste de l'Europe, menaçant pour ses voisins immédiats, suspect au pire, objet de curiosité au mieux pour les autres. Introduisant l'ouvrage de 1892, un des auteurs expliquait l'énigme russe par la singularité de sa géographie. Pays immense et sans divisions très marquées, l'Empire russe « par son unité, [...] forme une région à part qui n'est ni asiatique ni européenne, et dont le caractère propre a pour corollaire une absolue homogénéité politique ». En quelques mots, beaucoup de choses sont dites. Cet immense espace entre deux mondes constitue l'originalité d'un destin national, façonne le tempérament des peuples et, surtout, détermine des institutions politiques nécessairement fortes, autoritaires, ou pire. Cette analyse, si caractéristique du xixe siècle, est au cœur de bien des interprétations occidentales de la Russie qui se sont accumulées jusqu'à nos jours.

Terra incognita ou la nouvelle utopie

Déjà au xviie siècle, Leibniz évoquait la *tabula rasa* que formait la Russie à l'est de l'Europe. Le philosophe ne faisait que reprendre la représentation des cartographes occidentaux pour lesquels le territoire de la Russie était un espace blanc, à peine parsemé de quelques cités aux noms incertains. Sans doute les espaces de la Chine, de l'Amérique, et même de l'Afrique étaient-ils cartographiés de même ; ils étaient pourtant mieux connus des Européens que ceux de la Russie. Or, à partir du xvie siècle, la Russie, partant de Moscou, allait devenir le pays le plus grand du monde. Ses explorateurs, ses marchands, ses moines franchirent les steppes et les bastions mongols pour se diriger vers le Pacifique. Le XVIIIe siècle fut le temps du retournement de la Russie vers l'Europe. La Grande Ambassade de Pierre* le Grand et les réformes de l'empereur donnèrent des gages à l'Occident qui s'étonna moins de la « barbarie » des mœurs russes. Voltaire en vint à considérer que la brutalité de Pierre avait été la chose nécessaire à l'établissement de bonnes lois et au progrès de la civilisation dans le peuple russe. Diderot ne disait pas autre chose alors qu'il séjournait auprès de Catherine II* pendant le long hiver 1774. Toutefois il eut l'honnêteté d'écrire à madame d'Épinay qu'il n'avait « rien vu de la Russie ». Très vite le désir de rattraper l'Occident s'était imposé. La Russie n'avait que peu de retard à combler avec le reste de l'Europe. Pour cela, le pays avait de sérieux atouts : un État centralisé, une Église domestiquée et une puissance militaire. En un siècle, la Russie avait vaincu successivement Charles XII, Frédéric II et surtout Napoléon*, en 1812. Représentée par le chancelier Nesselrode, elle trimphait au congrès de Vienne en 1815. Par les armes et la diplomatie, la Russie s'était mesurée à l'Europe ; le constat prêtait à l'optimisme.

« Comme elle est triste notre Russie ! »

Pourtant la victoire fut porteuse de profondes désillusions. La force des armes ne pouvait seule combler un quelconque retard. La découverte de l'Europe par la jeune noblesse russe et l'émergence d'une littérature* nationale des plus riches contribuèrent à ébranler les certitudes progressistes des Lumières. À l'évidence, les écarts étaient trop forts entre les nouvelles aspirations de la jeune élite et un système politique et social décidément peu mobile. Le pessimisme envahit les esprits à tel point que Pouchkine devait écrire : « Comme elle est triste notre Russie ! »

Le XIXe siècle russe fut un long retour sur soi, une « cure de désillusion », alimentée par le regard plus ou moins fantaisiste des Occidentaux. La réponse de l'État, tout à son idéal de rattraper l'Europe par la force, fut le renforcement de la bureaucratie autoritaire, encouragé en cela par la certitude d'avoir été préservé, comme l'ont souligné les penseurs de la contre-révolution Bonald, Joseph de Maistre et l'Allemand Frantz von Baader, de la contagion des Lumières, source des guerres révolutionnaires. Trois principes politiques ont été élevés pour constituer un rempart prophylactique face à la tragédie européenne, l'orthodoxie réformée sous

Pierre le Grand, l'autocratie et l'esprit national *(Narodnost')* généré par la victoire de 1812. Ainsi, dans un retournement remarquable, la tradition de l'autoritarisme portait la capacité de rattraper l'Occident mais aussi d'en incarner l'avenir... Ce grand écart conservateur fut insupportable à la première génération littéraire du pays. Pouchkine et Gogol prirent à témoin la petite société de Saint-Pétersbourg qui en fut la triste victime. Quant au philosophe Piotr Tchaadaev, il s'épuisa dans une impossible réconciliation de l'Orient et de l'Occident. En Europe, après une brève euphorie et la manifestation d'une réelle sympathie à l'égard d'Alexandre Ier, l'adversaire de Bonaparte, le ton changea dès lors que la Russie prit la tête de la Sainte-Alliance conservatrice. L'arrivée au pouvoir de Nicolas Ier marquée par la répression des décabristes* et l'écrasement du soulèvement de Varsovie en 1830-1831, acheva de retourner la vision occidentale de la Russie. En France, où le « cosaque » de 1815 a marqué les esprits, Lamartine, mais surtout Custine, contribuèrent au discrédit de l'Empire de l'Est. La Russie était devenue un sujet politique d'intérêt dès lors que le despotisme pétrovien servait de laboratoire imaginaire aux philosophes des Lumières ; elle le demeura quand l'autocratie apparut comme l'adversaire emblématique des libertés nouvelles. Pour les historiens occidentaux, Michelet, Guizot ou Ranke, la Russie a définitivement manqué son rendez-vous avec la civilisation. Pour les Français pétris de constitutionalisme, elle s'est révélée incapable de construire une classe moyenne, d'assurer les libertés fondamentales, bref, d'établir une société civile moderne, comme l'indiquait en 1856 l'historien français Saint-René Taillandier. Pour l'Allemand, tout à son souci d'intégrer sa propre patrie à l'Occident, la Russie a fait trop d'impasses dans son histoire. Sans la féodalité et l'éclat médiéval, l'humanisme de la Renaissance et la Réforme, la Russie n'est pas une nation européenne. Au mieux peut-elle préserver l'Europe de la menace asiatique. Ainsi, sortie de la civilisation occidentale, elle a été durablement condamnée.

Face à un pouvoir sourd, à une opinion occidentale méfiante, une réponse originale émergea.

Prenant acte du retard de la Russie, les slavophiles élaborèrent une vision singulièrement idéaliste de la Russie. Après avoir puisé aux sources du romantisme et du nouveau nationalisme, en particulier allemand, les théologiens et philosophes Alexis Khomiakov et Ivan Kireevski entreprirent de reconstruire la religion orthodoxe autour d'un messianisme populaire. Le peuple russe, paysan chrétien dans son âme, gardien des traditions, devint le ferment idéalisé d'une civilisation en contrepoint de l'Occident. Une nouvelle utopie était née car, après que les libéraux occidentaux eurent expulsé la Russie de la civilisation, les slavophiles la firent sortir du réel. Le peuple russe entrant dans le domaine de la foi, nul besoin de s'attacher à le connaître dans sa réalité sociologique. Il devint alors objet de littérature tout comme une Russie idéalisée. Le poète Tioutchev et, dans une certaine mesure, Dostoïevski* en furent les initiateurs.

Le courant slavophile eut de nombreux épigones comme les panslavistes (l'écrivain Ivan Aksakov) au nationalisme parfois austère (le philosophe Konstantin Léontiev), et même Lev Tolstoï à la foi si exigeante qu'elle se détacha précocement de l'Église officielle pour se tourner vers celle des simples. Mais les populistes *(Narodniki)* furent, à bien des égards, ceux qui apportèrent au mouvement un héritage politique des plus conséquent. En opérant une métamorphose du slavophilisme sur la base du socialisme occidental naissant, Alexandre Herzen*, son ami le publiciste Nicolas Ogarev et leurs successeurs expulsèrent l'élément religieux de la doctrine. Le peuple russe demeurait, ainsi que ses traditions de vie collective et d'organisation sociale. Le *mir*, commune rurale paysanne et son conseil, constituait l'alternative à la grande propriété foncière mais également un idéal politique pour la Russie entière. Un nouveau mirage russe était en place, celui d'un socialisme originel. C'est lui qui devait accueillir l'expérience révolutionnaire européenne, l'entraînant dans une radicalité nouvelle. On comprend la méfiance de Karl Marx et d'Engels. Outre leur russophobie, il leur était difficile d'admettre l'opportunité d'une rencontre entre le marxisme révolutionnaire et un populisme messianique. Malgré l'intérêt quasi anecdotique de quelques Occidentaux pour les coups d'éclat des anarchistes et des nihilistes russes ou les théories de Bakounine, partisan d'une conflagration révolutionnaire internationale, le mouvement révolutionnaire russe n'avait guère d'audience en dehors de l'Empire. Il fallut toute l'énergie des marxistes russes et surtout de Lénine pour transposer à la Russie un modèle révolutionnaire établi pour l'Occident. Néanmoins, le populisme survécut jusqu'à la Révolution.

Entre-temps, la Russie évoluait. La fin du servage* en 1861, les débuts de l'industrialisation, les premières réformes sociales la faisaient entrer, encore timidement, dans l'histoire européenne autrement que par les guerres (celle de Crimée par exemple) et les effets du despotisme. L'intérêt pour la Russie devint plus serein. Le pays se prêtait à une meilleure connaissance.

En France, les auteurs de 1892 étaient parmi les savants les plus notables : Alfred Rambaud et Albert Vandal pour l'histoire, Louis Léger et Eugène-Melchior de Vogüe pour la littérature, et surtout Anatole Leroy-Beaulieu à qui l'on doit le magistral *Empire des tsars*. Malgré l'importance politique du sujet en pleine alliance franco-russe, on ne trouve pas sous leur plume un enthousiasme démesuré, rien non plus sur un quelconque « fatalisme » de l'histoire russe.

Un regain d'intérêt pour le « mystère » russe surgit au début du XXe siècle quand la Russie exporta ses artistes. Roman, musique* et ballet* russes influencèrent pour la première fois la vie artistique occidentale. « L'âme russe » triompha dans toute l'Europe en donnant encore de la Russie une image faussée d'exotisme mélancolique. En 1914, le réveil fut brutal.

L'URSS, russe ou communiste ?

La période communiste* fut le dernier grand épisode tragique de « l'illusion » russe. Dès le début de la révolution d'Octobre, le nouveau pouvoir joua des apparences. À l'intérieur, pour soutenir le régime il fallut la censure, une culture et une science officielles, l'épuration des bibliothèques et des archives, la destruction des églises et des quartiers anciens des villes, l'élimination toujours plus grande des « ennemis » de la Révolution. La construction de l'homme nouveau nécessitait le mensonge permanent et l'oubli définitif. À l'Ouest, l'image de la Russie nouvelle, désormais inaccessible, était à construire. Comme au XVIIIe siècle, l'enjeu politique ressurgit mais cette fois de façon essentielle à la vie des États. Le communisme ayant pris pied en Russie, il fallait à la fois définir une expérience historique inédite qui avait une vocation mondiale et évaluer la nature de la transformation du plus grand pays de la planète dont, après tout, on savait peu de choses.

Les partisans s'organisèrent vite en adhérant aux discours venus de l'Union soviétique même les plus invraisemblables, tentant toujours de donner une cohérence positive aux faits rapportés. D'autres, comme l'a démontré l'historien François Furet, crurent judicieux de reconstruire leur propre histoire nationale à la lumière des événements russes. Il en fut ainsi des historiens français Mathiez et Soboul, l'un cherchant à expliquer la Révolution russe à la lumière de l'exemple français, le second proposant une explication marxiste du mouvement jacobin. Très vite, l'image de la société soviétique se figea en trois ensembles. Pour les militants, la représentation émanait du discours officiel sans contestation possible. Ainsi quand Staline affirmait au congrès du PCUS de 1934 que «la vie, chez nous, camarades, est devenue plus gaie, plus heureuse», il était impossible d'imaginer que le Guide pouvait avoir tort et que le «Congrès des vainqueurs» se tenait au moment même où le NKVD (Commissariat populaire des Affaires intérieures) affamait l'Ukraine*. Un deuxième ensemble, sans doute majoritaire, était constitué de ceux qui tenaient des discours d'autopersuasion allant de la sympathie critique pour la Révolution (le diplomate historien britannique Edward H. Carr) à la banalisation mesurée de la société soviétique (l'homme politique français Anatole de Monzie). La vertu principale de cette position était de rendre accessible à la compréhension par analogie une société fermée et, ainsi, de la rendre moins inquiétante. Enfin, le troisième groupe rassemblait des opposants déterminés au régime soviétique. Ici plusieurs catégories méritent une attention particulière. En premier lieu les opposants issus du marxisme révolutionnaire qui contestaient la légitimité du régime mais pas son origine. Ils considéraient la Révolution comme une rupture inévitable et nécessaire de l'histoire russe mais pensaient que le régime avait subi une déviation bureaucratique et criminelle. Ce fut la position des vaincus de Staline dont certains furent proches de Trotski et de son écriture de l'histoire, comme Isaac Deutscher. D'autres issus du même terreau révolutionnaire allèrent plus loin. Ils remirent en cause la légitimité même de la Révolution de 1917, soupçonnant en elle la matrice du stalinisme. Ce fut la thèse progressivement élaborée d'un George Orwell, d'un Boris Souvarine, ou d'un Arthur Koestler. Pour les adversaires résolus au régime, la Révolution était un produit d'importation occidental, étranger à la Russie : ce fut la position de plume de l'émigration et, plus tard, de Soljenitsyne* et d'Alexandre Zinoviev. Enfin, la dernière interprétation fut celle de la continuité. Par exemple, le philosophe russe Nicolas Berdiaev invitait à considérer le communisme russe comme le produit d'une dérive de l'histoire nationale en insistant sur les responsabilités de l'intelligentsia russe. Mais pour beaucoup, l'URSS était un rejeton de la Russie tsariste ; elle en avait hérité sa violence, son hypertrophie administrative mais aussi ses traditions populaires, «son âme». De Gaulle fut un partisan de cette vision tout comme, chacun à leur manière, les historiens Arnold Toynbee ou Jacques Bainville qui écrivait en 1929 : «La Russie est toujours russe, même avec le bolchevisme.»

Ainsi, le reflet de la Russie soviétique fut un composé de romantisme révolutionnaire et de mystère slave entretenu par un folklore omniprésent.

Cette image s'est mal accommodée du sentiment de puissance dégagé par l'Union soviétique après la Seconde Guerre mondiale. Dans le climat de la guerre froide sont apparues, principalement aux États-Unis, des analyses plus construites destinées à mieux comprendre le fonctionnement du nouvel ennemi. Des universitaires, souvent d'origine allemande, ont procédé à l'analyse du système politique en le comparant au nazisme et aux autres formes de régimes autoritaires. Hannah Arendt mais surtout les politologues Leonard Shapiro, Merle Fainsod, plus tard les historiens Richard Pipes, Martin Malia et d'autres, ont tenté de définir un régime politique inédit en lui appliquant la notion de société totalitaire. La récupération par les troupes américaines des archives de Smolensk, saisies par les nazis en 1941, a permis d'entrer, de façon plus authentique, dans la société soviétique et de constater à la fois la réalité brutale du régime et de la résistance de la société paysanne notamment. De son côté, Herbert Marcuse expliquait de façon spéculative comment la société soviétique cherchait par le marxisme à résoudre ses contradictions...

Quel que fut le parti pris idéologique, l'URSS demeurait hermétique. Seules des constructions intellectuelles et des conclusions fondées sur l'apparence des choses semblaient avoir quelque consistance. Ce fut l'époque de la « kremlinologie ». Dans les années 1970, la rencontre du public occidental avec les dissidents fut l'époque du retournement. La Russie soviétique devenait le pays du goulag.

Avec l'arrivée de Gorbatchev* au pouvoir et le début de la perestroïka et de la glasnost, la Russie connut un regain d'intérêt. Elle semblait renouer avec l'histoire. Ce fut l'occasion de confronter les images à la réalité. Le communisme n'était-il qu'un vernis idéologique masquant une société russe engourdie ? Au contraire allait-on voir émerger un pays nouveau prenant à bras-le-corps les nécessités de l'Histoire ? La perestroïka n'était-elle enfin qu'une turbulence supplémentaire du pouvoir soviétique attaché à maintenir sa dictature ? Toutes ses questions montraient à quel point le pays restait décidément si mystérieux qu'il eût été bien imprudent de pronostiquer son évolution.

Aujourd'hui la Russie a réintégré le concert des nations. De fortes désillusions réciproques ont parsemé le chemin des retrouvailles. Cependant, jamais dans son histoire la plus lointaine, le peuple russe n'a autant franchi les frontières de son espace. Jamais la circulation des idées extérieures n'a été aussi forte et la Russie, en quittant le communisme, est entrée de plain-pied dans la culture de masse occidentale. La métamorphose est considérable. Notre connaissance du pays n'a jamais été aussi grande grâce à la masse d'informations désormais vérifiables. Pourtant, le maintien d'un pouvoir autoritaire et la guerre de Tchétchénie ravivent l'image d'une Russie qui ne peut s'extraire des démons du passé. Le « mystère » russe semble encore avoir de beaux jours devant lui.

La Russie est-elle une puissance coloniale ?

À l'évidence, la Russie actuelle ne s'est pas remise de la disparition de l'Union soviétique au point que Vladimir Poutine* déclare publiquement que la chute du communisme a été une catastrophe. En 1991, l'Union soviétique perd non seulement son immense réseau d'influence internationale, mais voit son territoire diminuer, par les jeux des indépendances, de 5 millions de kilomètres carrés. L'accès à la Baltique ou à la mer Noire, enjeu de tant de guerres, est désormais plus difficile, l'essentiel du Caucase* et l'Asie* centrale ne sont plus russes, l'Ukraine* vit un autre destin. Non seulement la Fédération de Russie n'est plus que la peau de chagrin de la puissance soviétique mais encore c'est la meilleure part de l'héritage des conquêtes de l'ancienne Russie qui disparaît.

Sans doute la Russie possède-t-elle un métabolisme très voisin de celui de l'Empire romain tel que l'ont défini les historiens de l'Antiquité ; sa constitution n'en demeure pas moins une expérience historique tout à fait originale. En premier lieu, le domaine est considérable : un seul tenant, posé à la fois en Europe et en Asie. Sa longévité est tout aussi remarquable ; il faut lui compter plus de quatre siècles d'existence en incluant la période soviétique, depuis la prise de Kazan en 1552. L'ancrage des Russes sur la Volga* fut la première étape d'une expansion dirigée vers les quatre points cardinaux. L'Empire, à l'exception de l'Ukraine et de la Géorgie, fut principalement le produit de conquêtes militaires ; le maintien de son intégrité fut le résultat d'une administration et d'un processus de peuplement originaux. L'autre particularité de l'Empire russe fut son caractère multinational. Il sut rassembler dans les mêmes frontières des peuples aussi éloignés que les différentes familles slaves, des populations turques, baltes*, sibériennes, etc. faisant ainsi cohabiter des chrétiens, des musulmans, des juifs et des bouddhistes. Dans les années 1970, les ethnologues soviétiques recensèrent plus de 130 langues parlées dans toute l'Union. La perte de puissance et la perte de territoires sont des symptômes qui ne trompent pas. L'Empire russe semble connaître une seconde éclipse après celle, au demeurant bien particulière, de 1917. Pourtant, derrière les archaïsmes supposés de la notion d'empire et sa disparition programmée n'y a-t-il pas des résistances qui sont nécessaires à l'existence même de la Russie, produit d'une histoire exceptionnelle et qui se reconnaît mal dans le modèle occidental de l'État-nation ?

Un empire sur deux continents

Trois grandes étapes marquèrent le processus discontinu de formation de cet Empire continental jusqu'à la révolution de 1917. La première époque fut caractérisée par la volonté des princes de Moscou de briser le cycle régulier des invasions tatares en portant le fer contre la Horde d'or. La prise de Kazan en 1552 par Ivan IV* le Terrible, ouvrait la voie de l'Orient et rendait nécessaire de sécuriser les nouvelles frontières en l'absence de barrières naturelles. Les Russes poussèrent alors leurs armées jusqu'à Astrakhan sans toutefois atteindre le khanat de Crimée, plus au sud, sous influence ottomane. Des terres furent distribuées ; l'Église* orthodoxe concurrença l'islam ; une administration nouvelle se mit en place ; des marchands russes s'installèrent. Mais les nouvelles conquêtes ne furent pas sans influence sur la cour moscovite, Kazan conservait un statut privilégié et son gouvernement siégeait à Moscou, un Tatar* allait même commander les troupes d'Ivan dans la guerre contre la Livonie (Lettonie et Estonie actuelles). Très tôt, donc, s'installa un rapport singulier entre le centre et la périphérie, fait de méfiance et d'emprunts réciproques.

Officiellement guerres préventives, les offensives contre les khanats de l'est apparaissaient comme la première étape de la consolidation frontalière de la Russie moscovite. À l'ouest, la fermeture de l'accès à la Baltique semblait elle aussi constituer une menace, après un premier succès contre la Livonie et les chevaliers Porte-Glaive qui la gourvernaient, Ivan ne put maintenir la présence russe face à la coalition des voisins polonais, lituaniens et suédois. La poussée vers l'ouest fut remise à plus tard, jusqu'à l'annexion de l'Ukraine en 1654. C'est donc une nouvelle fois vers l'orient que la Russie se dirigea après avoir obtenu l'amitié, et donc l'alliance, des Cosaques* au sud-est. La conquête de la Sibérie fut d'abord l'affaire des marchands puis de l'armée avec le concours des Cosaques. Des forteresses furent édifiées pour tenir à bonne distance les Tatars ; les garnisons assurèrent la sécurité gagnant ainsi la confiance des populations locales. La Sibérie eut dans un premier temps un statut colonial, les relations étaient établies avec les chefs locaux. Mais très vite, au début du XVIIe siècle, le tsar Michel Romanov opta pour un statut particulier et une administration propre.

Quand la famille Romanov accéda au trône de Russie, l'Empire avait déjà une taille conséquente et rassemblait l'essentiel des terres russes. Le pays s'étendait de Novgorod* à l'Ob, la nouvelle frontière sibérienne, et de la mer Caspienne à l'océan Arctique. Un constat s'impose : l'Empire s'est construit en s'adaptant aux nécessités du lieu et il ne prendra jamais la forme d'un ensemble politiquement homogène.

Le deuxième temps de l'expansion de l'empire se déroula durant tout le XVIIIe siècle. Les deux directions prioritaires avaient été fixées par Pierre le Grand : la mer Noire et la mer Baltique. Cette nouvelle étape répondait moins au besoin de sécurité de la Russie moscovite qu'à un changement dans les préoccupations extérieures. Il s'agissait d'affirmer une puissance fondée sur le sentiment d'assurance qu'inspirait à lui-même le nouvel État pétrovien. La modernisation de la Russie passait par sa confrontation avec le monde extérieur, c'est-à-dire principalement l'Europe. C'est ce qu'avait bien compris Pierre Ier en imaginant de faire de son Empire continental une puissance maritime. Après plusieurs tentatives, ses armées prirent pied sur les rives de la mer d'Azov en 1696 que finit par lui concéder Constantinople quatre ans plus tard. Mais la grande affaire du règne fut la confrontation avec Charles XII de Suède et la longue guerre du Nord. De sa difficile mais indiscutable victoire, Pierre obtint sa « fenêtre sur la mer » et l'ancrage de la Russie à l'ouest. En fondant Saint-Pétersbourg*, comme plus tard Catherine II avec Odessa*, le tsar avait confirmé la vocation européenne de la Russie et ses ambitions maritimes.

Parmi ses successeurs, Élisabeth Ire et Catherine II poursuivirent la politique d'expansion. Élisabeth en participant à la guerre de Sept ans entendait bien marquer la présence russe dans les affaires européennes. Ce fut surtout Catherine qui prolongea l'œuvre territoriale. Le triple partage de la Pologne* voulu par l'Autriche et la Prusse permit successivement à la Russie d'étendre son territoire jusqu'au Dniestr, d'annexer la Lituanie et de dominer politiquement le reste de la Pologne. Selon les régions, les

Russes maintinrent le droit du pays et l'administration locale. La langue russe fut imposée en Biélorussie, mais les libertés religieuses furent respectées dans les pays catholiques. Du même coup une importante population juive entra dans le giron russe. La conquête du vieil adversaire occidental constitua le point d'orgue de la politique européenne de la Russie et sans doute de sa vision impériale. Mais elle suscita de telles critiques que l'image d'une Russie offensive et dominatrice effaça celle d'une Russie étendant son territoire pour sa sécurité.

Héritière de Pierre, Catherine fit route également vers le sud, vers les khanats sous protection turque. Il s'agissait tout autant de reprendre pied sur les rives de la mer Noire (Pierre le Grand avait rendu les places d'Azov) que d'assurer la neutralisation des territoires cosaques particulièrement menaçants durant le règne de l'impératrice. Après la victoire inattendue de la flotte russe à Chio et à Tchesme sur les Turcs en 1770, l'Empire ottoman dut céder la Crimée, Azov, le littoral nord de la mer Noire, la Bessarabie et la Valachie. Le triomphe de Catherine fut total. Dès lors tout sembla possible y compris l'édification d'un Empire universel en conduisant une guerre sainte contre l'islam alors même que Catherine promulguait, en 1773, la liberté religieuse en particulier à l'intention des Tatars de l'est. Devenue « protecteur des chrétiens d'Orient » par le traité conclu avec la Sublime-Porte, la Russie en profita pour étendre son influence sur la Géorgie chrétienne et pénétrer ainsi dans le Caucase*. L'espoir de conquérir la première grande frontière naturelle face à la Perse et à la Turquie, et peut-être d'atteindre les mers chaudes, fut contrarié par la résistance des peuples musulmans du nord Caucase et du Daghestan. En Tchétchénie*, Cheik Mansûr appela à la guerre sainte en 1785 qui dura six ans. L'expansion russe avait changée de nature ; dans le sud elle se fit « assimilationniste », les autonomies un temps accordées, comme en Crimée, furent supprimées. Alors que les puissances européennes se construisaient des empires coloniaux, la Russie apparut comme un sévère concurrent. À l'aube des guerres françaises, les prétentions russes inquiétaient. Déjà l'empereur Paul Ier avait des vues sur Malte, c'est-à-dire le cœur de la Méditerranée.

La troisième étape fut celle de l'expansion coloniale, sans doute plus conforme au modèle occidental. La victoire sur Napoléon* et le Congrès de Vienne confirmèrent la Russie comme grande puissance européenne. À l'ouest, l'Empire s'était agrandi de la Finlande qui jouissait alors d'une grande autonomie. Le Caucase était devenu un objectif militaire prioritaire face aux Perses et aux Ottomans qui craignaient l'expansion russe. La Géorgie libérée des troupes perses fut brutalement annexée en 1801. L'Arménie chrétienne fut conquise. Plus au nord, la forteresse de Grozny devint la capitale russe pour la région. Dans les années 1830, le Caucase musulman s'embrasa sous la direction de l'imam Chamil. La reddition de l'imam en 1856 ne mit pas fin à la résistance et la guerre continua de façon larvée jusqu'à la Révolution. Au sud, l'Empire conquit sur les Perses l'Azerbaïdjan du Nord et Bakou mais, à la différence des khans tatars, la noblesse azerbaïdjanaise ne bénéficia pas d'une autonomie particulière. L'entrée des Russes dans le Caucase marqua le changement de nature de l'expansion et de la domination. La Russie était devenue impérialiste.

Pendant ce temps, la colonisation des steppes orientales se poursuivait. Encouragée sous Catherine II par l'installation de colons russes et même allemands*, elle avait pris la forme d'un protectorat sur les khanats khazaks d'Asie Centrale. La progression des colons, des marchands et de l'armée russe provoqua un soulèvement conduit par le sultan Kasymov en 1837. La lutte dura dix ans.

Au milieu du XIXᵉ siècle, la Russie dominait la steppe et les colons, libérés du servage* en 1862, arrivaient en masse. L'expansion se prolongea avec la conquête des émirats de l'Asie centrale. La Russie touchait alors la Chine et voisinait avec l'Empire britannique des Indes. La Sibérie* orientale constituait le dernier espace continental accessible. Depuis la fin du XVIIᵉ siècle, la Russie était implantée sur les confins chinois ; des Cosaques étaient arrivés sur le Baïkal, avaient atteint l'Arctique et s'installaient sur le fleuve Amour. Le Pacifique connut une première colonisation avec l'arrivée de Russes au Kamtchatka qui franchirent le détroit de Béring pour s'implanter en Alaska et dans l'archipel des Aléoutiennes où ils firent face à une révolte des peuples locaux. Certains poussèrent jusqu'en Californie où la Russian Hill domine aujourd'hui la ville de San Francisco. En 1867, la vente de l'Alaska aux États-Unis scella la disparition de la présence russe sur le continent américain. Seule une implantation de l'Église orthodoxe demeure aujourd'hui encore dans les Aléoutiennes.

Dès lors, la progression se fit au détriment de la Chine. Vladivostok fut fondée, Port-Arthur et Dairen furent construits, le Transsibérien traversa la Mandchourie et passa par Kharbin, véritable ville coloniale russe. En 1905, la défaite contre le Japon mit un terme à l'expansion russe en Extrême-Orient.

En 1900, la Russie dépassait les 22 millions de kilomètres carrés et représentait le cinquième des terres émergées. Le pays était immense et ses dimensions grandioses étaient proportionnées : fleuves et lacs gigantesques ; les sommets du Caucase et du Pamir dépassent le mont Blanc. Les richesses minières semblaient inépuisables. Les distances considérables, les rigueurs des climats apparaissaient comme autant de défis à l'homme. Les travaux gigantesques entrepris pour domestiquer cet espace toujours plus vaste et une nature souvent ingrate étaient à la mesure de l'idée que les Russes se faisaient de leur puissance impériale depuis Pierre le Grand. Ainsi s'était constitué un empire pluriethnique et multiconfessionnel dont les membres étaient rattachés au souverain plus qu'à une métropole (un centre) selon des modalités qui variaient selon les nationalités et les provinces. Les Russes y eurent une place privilégiée mais pas prépondérante. Certes, le rattachement de la Pologne valait bien à la Russie le surnom de « prison des peuples », il n'en reste pas moins que l'Empire des tsars fut aussi un exceptionnel carrefour d'échanges économiques et culturels entre les peuples de l'Asie et de l'Europe. Russe et multiculturelle, deux faces d'un Empire que l'on retrouve dans ses deux capitales, Moscou et Saint-Pétersbourg. À la tête de cette communauté considérable, un empereur autocrate, protecteur des orthodoxes, dont la sollicitude s'étendait au-delà des frontières de l'Empire pour toucher Roumains, Bulgares ou Serbes, mais aussi souverain autoritaire de 110 millions de sujets, déterminé à maintenir son Empire garant de la puissance russe.

Vers l'empire universel ?

La chute du tsarisme devait naturellement entraîner l'explosion de l'Empire. La révolution russe et l'occupation étrangère sonnèrent le glas à la fois du tsarisme et de la Russie impériale. L'éclatement périphérique fut la conséquence directe du soulèvement de Petrograd, en février 1917. La nouvelle République socialiste fédérative russe (RSFSR), multinationale donc, remplaça la Russie. L'occupation par les puissances centrales, déterminée par le traité de Brest-Litovsk, de la partie occidentale et méridionale de l'Empire précipita l'indépendance de la Pologne, de la Finlande, des pays Baltes et de l'Ukraine. Le Caucase se fragmenta en trois États. Paradoxalement la guerre* civile qui, dans un premier temps, favorisa les émancipations au profit des mouvements contre-révolutionnaires, ramena à la faveur des armes bolcheviques la plupart des territoires perdus dans le giron du nouveau pouvoir soviétique. Celui-ci se trouvait alors face à une situation paradoxale : proclamant le droit des peuples à disposer d'eux-mêmes, inaugurant par le congrès de Bakou (1920) des peuples de l'Orient une tribune révolutionnaire propre aux pays colonisés, il était, par sa victoire politique et militaire, à la tête d'un ensemble multinational eurasiatique d'un seul tenant. Or, si dans l'Empire des tsars, la conquête légitimait la cohésion de l'ensemble, le nouveau pouvoir des soviets dut inventer un autre pacte politique idéologiquement conforme au projet révolutionnaire. La mise en place d'un système fédéral doublé de partis communistes locaux assurait la cohésion de l'Union des républiques socialistes soviétiques créée en 1924. Une nouvelle hiérarchie de territoires et d'administrations se mit en place. Les peuples ainsi rassemblés avaient en commun la lutte contre le capitalisme extérieur et les traces de l'ancienne société qu'étaient le nationalisme, le « chauvinisme » et la religion. Dès lors, toute volonté d'émancipation devenait suspecte de déviance révolutionnaire et renvoyait à la notion « d'ennemi de classe », catégorie criminelle. Les velléités d'accommodement avec les particularités locales furent progressivement supprimées. Des initiatives, comme le parti communiste musulman de Sultan Galiev ou la proposition d'un parti communiste juif, furent rejetées au profit d'une organisation territoriale du Parti soviétique qui entendait promouvoir les cadres locaux selon des modalités définies par Moscou. Avec le renforcement de l'État soviétique et l'établissement de la dictature, la politique nationale se définit en fonction des rapports de force au sein du pouvoir et des enjeux locaux ou internationaux. Si la russification progressait, certaines langues furent encouragées ; la répression s'abattit sur les cultures traditionnelles et les religions alors que le folklore fut promu art officiel. La proportion des Russes (la RSFSR ne disposait pas de parti communiste propre) dans le parti diminua au profit des Caucasiens, des Biélorusses, et même des Polonais ou des Baltes qui ne disposaient plus de territoire mais aspiraient à exporter la Révolution ; au contraire les Ukrainiens, suspects de nationalisme, étaient sous-représentés.

En définitive, l'URSS* avait pris les habits de l'ancien Empire russe. Multinational par héritage historique et géographique, le nouveau pouvoir soviétique l'était également par son ambition révolutionnaire. La Seconde Guerre mondiale et ses conséquences accentuèrent le phénomène. Une première fois en 1940, puis en 1945, l'URSS retrouva l'essentiel du territoire russe de 1914. L'URSS était composée de quinze Républiques dont deux, l'Ukraine et la Biélorussie, furent membres de l'ONU. Malgré une violente épuration de certains peuples accusés de collaboration (Tchétchènes, Ingouches, Tatars* de Crimée, Allemands de la Volga), la cohésion des nationalités réunies au sein « du peuple soviétique » semblait assurée grâce à une victoire chèrement payée. Mais surtout les armées soviétiques avaient exporté la Révolution dans toute l'Europe de l'Est et en Extrême-Orient. Enfin, la décolonisation occidentale amplifia le succès idéologique du communisme. Au milieu des années 1970, sous Leonid Brejnev*, l'Union soviétique était devenue un des deux « super-grands » ; elle exerçait sa domination ou exerçait son influence sur tous les continents. À partir de 1985, la perestroïka et la glasnost instaurées par Gorbatchev* eurent les mêmes effets que la révolution de 1917. La secousse politique venue du Centre provoqua l'émiettement de la périphérie. Inauguré par les pays Baltes, le cycle des indépendances aboutit à l'implosion de l'URSS et à sa disparition le 25 décembre 1991.

La Russie nouvelle de Boris Eltsine* épousa les frontières de la RSFSR et devint une fédération multinationale de fait puis de droit par la Constitution de décembre 1993. Plus réduite que l'URSS, elle n'en demeure pas moins un État eurasiatique construit au XIXe siècle, amputé très largement de sa partie occidentale. Dans ses frontières, la Russie d'aujourd'hui se comporte en puissance impériale quand elle fait la guerre en Tchétchénie, quand se conjuguent patriotisme humilié et besoin d'ordre. À l'extérieur, elle se dresse encore comme un Empire quand elle veille jalousement sur les minorités russes des nouveaux États, se considère comme un acteur dans le conflit yougoslave et quand elle fait démonstration de sa force nucléaire. Mais l'Empire russe de Vladimir Poutine est une puissance pauvre avec sa démographie en berne, sa société éclatée. Aujourd'hui, ce qui porte crédit à la tentation impériale, c'est l'isolement par rapport à l'Europe doublée d'une prospérité relative fondée sur des ressources propres. Si un empire c'est d'abord un « monde en soi » comme le pensait Fernand Braudel, la Russie pourrait bien être, malgré ses faiblesses et du fait de son isolement l'exception à l'affirmation de Jean-Baptiste Duroselle, à savoir que « tout empire périra » ?

La Russie est-elle sortie de la guerre froide ?

À force de séparations, de divorces et, entre deux semblants de retrouvailles, de rejets, la Russie et l'Europe, matinées de guerre* froide, ont cru devoir et ont entretenu, toujours à défaut, des relations aussi mouvantes qu'imprévisibles ; relations toujours attentives sinon inconsciemment consenties et à tout le moins acceptées. Or la fin de l'Union soviétique en 1991 a considérablement bouleversé le paysage international. Le rapport entre la Russie et l'Occident n'est plus marqué par un dialogue complexe avec la seule Europe et ses nations. Les vecteurs de la culture ont changé, la culture de masse n'est plus celle des systèmes totalitaires mais celle de l'ère de la consommation et de la communication ; la religion, même ressuscitée, se pense de nouveau dans une société laïcisée. L'isolationnisme historique de la Russie a fait long feu, peut-être malgré elle.

L'héritage communiste

Comble du paradoxe, la révolution communiste, qui se donne pour objectif de rattraper et de dépasser l'Occident – devenu pour l'occasion le « camp des impérialistes » ou le « vieux monde bourgeois » –, engendre une nouvelle période d'isolation russe, empêchant des transferts culturels devenus idéologiquement suspects. Sans doute la frontière n'est pas totalement étanche, mais le stalinisme et la guerre froide sont avant tout marqués par le souci de dépasser un Occident ennemi, tout en maintenant une dictature idéologique et culturelle particulièrement redoutable. La création d'un « homme nouveau » suppose que l'art devienne une arme politique au service de la cause. Le folklore, la tradition populaire, le réalisme artistique et littéraire et l'académisme sont donc à l'honneur, dans un État multinational se donnant une vocation universelle. La vieille souche populiste de la culture russe est toujours solide, jusqu'à devenir objet d'exportation et de propagande culturelle.

Face à une machine idéologique d'une violence inouïe, la contestation est modeste mais à la hauteur de la difficulté. Émigrés ou dissidents*, les opposants au communisme soviétique trouvent dans l'Occident un soutien matériel – modeste au demeurant – mais réel. Pourtant leur cause ne puise pas dans l'arsenal de la pensée politique occidentale : parmi les thèmes récurrents de l'opposition russe au «soviétisme», on trouve le rejet de la modernité, accusée d'être à l'origine du communisme, et la méfiance à l'égard d'une Europe démocratique soupçonnée de brader les valeurs morales traditionnelles.

De Nicolaï Berdiaev à Alexandre Soljenitsyne*, la contestation du communisme s'appuie sur un slavophilisme ombrageux. Dans les années 1970, Alexandre Soljenitsyne et Andreï Sakharov* entament un débat à rebondissements sur l'attitude de la dissidence à l'égard du pouvoir soviétique. L'Occident veut y voir la résurgence de la controverse entre slavophiles et occidentalistes du XIXᵉ siècle mais peine perdue, l'estime réciproque entre ces deux géants de la dissidence permet de souligner plus de convergences que de désaccords. Les violentes critiques qu'Alexandre Zinoviev adresse à l'Occident finissent de dresser le tableau. Rares sont les dissidents russes, en URSS ou en exil, qui estiment avoir un rôle de passeur entre l'Est et l'Ouest, au contraire de bien des opposants des autres pays socialistes comme Bronislaw Geremek ou Vaclav Havel, en Pologne et en Tchécoslovaquie.

Quand s'annonce l'ouverture gorbatchévienne, le fossé semble considérable mais l'optimisme d'alors, la curiosité intense et réciproque pour «le camp d'en face», autorisent à penser à un comblement rapide. À l'évidence le dépassement échoue, le rattrapage revient donc à l'ordre du jour.

La nouvelle donne

L'année 1991 bouleverse l'histoire russe. La fin du communisme et de l'Empire soviétique, le redécoupage des frontières, l'ouverture du territoire aux influences occidentales peuvent faire songer à la fin imminente du schisme entre la Russie et l'Europe, et la nouvelle géopolitique semble confirmer ce rapprochement. La ligne de front du monde occidentale se trouve désormais à la périphérie de l'ancienne URSS, face au monde musulman. Toutefois le cahot des années Elstine*, le coup d'État de 1993, la misère, l'apparition au grand jour d'une société criminelle et corrompue entament l'enthousiasme des retrouvailles attendues. L'Ouest n'est pas non plus innocent, comme lorsque Jean-Paul II proclame la Russie «terre de mission». L'intrusion rapide de l'Occident par ses capitaux et son savoir faire est perçue comme une nouvelle tentative de pillage des ressources. La forte émigration qui suit 1991 ressemble à une fuite des cerveaux et des talents. Enfin, l'émergence du capitalisme russe s'apparente à une imitation maladroite et brutale des pratiques économiques policées de l'Ouest. La conséquence culturelle induite par cette crise en est le retour à un antioccidentalisme traditionnel. Le nationalisme envahit les arts et la notion d'« Eurasie », servant à désigner la singularité de l'orientation géopolitique de la Russie par opposition à l'alliance occidentale, redevient à la mode ; la « culturologie », sorte de sociologie historique qui met en avant les héritages des civilisations, triomphe à l'université. La Russie demeure un pays semi-ouvert. Les tracasseries administratives freinent toujours le séjour d'étrangers, deux tarifs – un pour les Russes (« nous ») et un pour les autres (« eux ») – sont toujours pratiqués à l'entrée des musées. Comparée à la Chine communiste, la Russie resterait-elle neurasthénique ?

La tentation d'un retour à une logique de guerre froide

La Russie n'a jamais cessé de considérer les États-Unis, et d'une manière générale l'Europe occidentale, comme des rivaux voire des adversaires. Sans doute la logique de guerre froide disparaît corps et bien en Europe, avec la fin du communisme soviétique. Les tensions idéologiques et la division du monde en deux « blocs » antagonistes n'existent plus. Cependant, la Russie nouvelle n'abandonne pas pour autant un sentiment de puissance qui trouve prise dans l'ancien périmètre du glacis soviétique. Trois éléments entretiennent cette résurgence de tensions entre Moscou et l'Occident.

Pour la Russie, le premier est le regret d'avoir perdu le statut de super-grand alors que la Fédération de Russie reste une puissance militaire, et plus encore nucléaire, très importante. Tout ce qui semble être une menace à l'endroit d'une parcelle de ce que les Russes considèrent comme de leur souveraineté est insupportable pour l'État-major russe, et politiquement délicat pour le gouvernement. Les conflits se multiplient avec l'OTAN qui, après l'intégration des anciennes « démocraties populaires », entend élargir son territoire aux républiques de l'ex-URSS comme l'Ukraine* ou la Géorgie. Le projet de création par les Occidentaux d'un bouclier antimissile en Europe centrale à l'horizon 2012 afin de contrer les menaces venues du Proche-Orient voire de la Corée du Nord et l'installation d'intercepteurs en Pologne et d'un radar en Tchéquie, apparaissent à bien des égards comme une provocation et rappelle la crise des euromissiles des années 1970, et celle de la « guerre des étoiles » des années 1980.

Malgré les dénégations occidentales, la Russie estime cette initiative non comme l'amorce d'un partenariat mais comme un coup porté à ses intérêts stratégiques, toujours garantis par des traités datant de l'époque soviétique, comme le traité global des Forces nucléaires intermédiaires (FNI) conclut entre la Russie et les États-Unis en 1987.

Le deuxième élément réside dans une vision géopolitique impériale qui considère que, même rétréci, l'ancien espace soviétique reste une zone d'influence prioritaire pour Moscou et parfois même de sa seule compétence. L'engagement militaire en Tchétchénie*, outre les raisons économiques, illustre bien la volonté russe de maintenir son rang de puissance en dominant la périphérie. De même, la Russie se considère protectrice des minorités russes résidant dans les nouveaux pays indépendants. En 2007, la crise avec l'Estonie – dont 30 % de la population est russe – au sujet du déplacement d'un monument érigé à la gloire de l'Armée soviétique, montre que le sujet est politiquement très sensible dans un pays au patriotisme ombrageux.

Le troisième élément est le retour de la Russie sur la scène économique mondiale, principalement grâce à ses ressources énergétiques. L'économie russe a repris des couleurs et ce faisant, Moscou peut prétendre revenir dans le jeu international. En prenant appui sur d'anciens alliés de l'époque soviétique, la diplomatie du pays se constitue un réseau de partenariats et d'amitiés alors même que l'image des États-Unis et des Occidentaux, embourbés dans plusieurs guerres locales sans fins, se dégrade. Sans doute la Russie ne peut encore espérer être une alternative aux alliances occidentales, Moscou n'étant plus le phare de la révolution mondiale et sa prospérité étant toute relative et bien fragile. Cependant, les contentieux se multiplient de part et d'autres et aboutissent non pas à l'Europe « maison commune » rêvée par Gorbatchev mais à un éloignement entre la Russie et l'Occident, ainsi qu'à la reconstitution d'un mauvais film de « guerre froide ». Enfin, de nouveaux équilibres se mettent en place, notamment avec la puissance asiatique qu'est la Chine, et la Russie entend bien trouver sa place dans ce nouvel ordre mondial. Pour apaiser l'atmosphère, beaucoup dépend de la Russie mais aussi beaucoup dépend des occidentaux, les Russes n'aiment pas qu'on les néglige.

Poutine est-il le dernier des tsars ?

Le crack boursier d'août 1998 a été le point culminant des années Eltsine*, marquées par la désorganisation de l'État russe, une transition démocratique balbutiante et un système économique en crise. L'irruption de l'économie de marché sur fond de privatisations controversées et de luttes ouvertes pour les ressources publiques a progressivement transformé les institutions étatiques en arène où s'affrontent les groupes économiques à l'échelle nationale et régionale. Le regain de violences en Tchétchénie*, mais surtout la piètre prestation de l'armée russe sur le terrain, sont apparus comme des signes manifestes de l'affaiblissement de l'autorité de l'État, à l'image de la santé du président sortant.

L'arrivée de Vladimir Poutine* à la présidence de la Russie, en mars 2000, a été un tournant majeur dans la consolidation du système politique russe. Ce nouveau venu, inconnu à l'époque, était issu des services de sécurité soviétiques (KGB*) au moment où Iouri Andropov était son directeur (1967-1982). Sa propulsion rapide au sommet du pouvoir en tant que Premier ministre (août 1999) a été facilitée par le clan Eltsine et une partie des oligarques* qui n'étaient plus en mesure d'imposer leur veto, tant ils étaient affaiblis par la crise de 1998. Son ascension a également été favorisée par les réseaux que le nouveau président avait pu mobiliser : une partie des hommes politiques clés étaient des proches de Vladimir Poutine quand il était au KGB ou adjoint du maire de Saint-Pétersbourg, Anatoli Sobtchak (1991-1996). Le nouveau président bénéficiait ainsi d'une marge de manœuvres exceptionnelle à son arrivée pour mobiliser rapidement les ressources institutionnelles du pouvoir et contraindre les adversaires du Kremlin à accepter le programme du gouvernement.

La campagne électorale de 2000 avait rendu public le principe cardinal de la « dictature de la loi » – qui affirmait la primauté de l'État et délimitait l'aire d'intervention des groupes économiques. Reste que pour rendre ce principe crédible, le nouveau président a rapidement marqué ses distances avec le cercle qui l'avait propulsé à la présidence. Appuyé sur les larges pouvoirs que lui accordait la Constitution de 1993, Vladimir Poutine a procédé à l'élimination méthodique de toute velléité d'insubordination des oligarques. L'exil forcé de Vladimir Goussinski, de Boris Berezovski et l'incarcération de Mikhaïl Khordorkovski ont été, dans cette logique, des étapes incontournables dans le programme de retour de l'État dans des secteurs jugés stratégiques.

La première tâche du gouvernement a été de venir à bout des contradictions manifestes de la Constitution de 1993 et d'affirmer la place centrale de l'État fédéral par un redécoupage de la Fédération en 7 districts fédéraux. La

Russie nouvelle était un ensemble disparate de 89 membres, dont certains avaient réussi à arracher des prérogatives qui se révélaient être autant de sujets de conflits avec le centre. De plus, le contexte de crise économique avait exacerbé l'opposition politique entre la périphérie et Moscou, réduit les échanges entre les régions les plus riches et les territoires moins bien dotés et, enfin, grevé le budget fédéral. Le niveau élevé d'autonomie dont jouissaient certaines Républiques – comme le Tatarstan, la Volga* et la Sibérie* – avait souvent conduit à des blocages au Conseil de la Fédération, composé des chefs des exécutifs des régions. Reste que l'affrontement entre le Kremlin et certains membres de la Fédération a coïncidé avec la résolution prise par Moscou de privilégier l'épreuve de force dans le problème tchétchène. La deuxième campagne de Tchétchénie (1999-2001) a été déclenchée par le Kremlin à la suite d'une vague d'attentats jamais élucidés qui ont frappé la Russie au cours de l'été 1999. La fin officielle de la guerre avec la Tchétchénie en 2001 et l'élimination des derniers chefs indépendantistes en 2007 ont marqué la normalisation du territoire tchétchène, sous l'égide du gouvernement prorusse de Ahmad Kaolyrov et de Ramzan Kadyrov. Toutefois, les prises d'otages dans le théâtre Doubrovka à Moscou, lors de la présentation du spectacle « Nord-Ost » (2002), ou à Beslan, en Ossétie (2004), ont montré que l'affirmation de ce que l'on appelle en Russie la « verticale du pouvoir », n'excluait pas le recours à la violence. Elles ont également mis en évidence la difficulté du Kremlin à respecter les règles du droit lorsque ses intérêts immédiats étaient en jeu.

Le deuxième volet de la réforme a été la concentration du pouvoir politique entre les mains de l'exécutif et la délimitation stricte de la participation de la société à la conduite des affaires politiques. Rapidement, le Kremlin a subordonné les autres pouvoirs et bâti, à partir d'une matrice unique, des partis professionnels destinés à assurer une alternance formelle des forces politiques loyales. Cette concentration du pouvoir n'a pas épargné, en un deuxième temps, l'embryon de société civile qui avait pu émerger au cours des années 1990. La création, décidée en 2005, du « Palais de la Citoyenneté » *(Obshestvenni Palat)*, chambre représentant la société civile, doit ainsi permettre la mise sous tutelle, par accréditation officielle, de nombreuses organisations souvent aidées par des soutiens extérieurs américains ou européens (la loi du 6 janvier 2006 pose désormais une série de règles strictes qui encadrent l'activité des associations et des ONG). Reste que l'essor de mouvements de jeunes supporters du Kremlin, comme l'organisation *Nashi* («Les nôtres») et l'hypermédiatisation des activités de la présidence au détriment des autres réalités du pays posent des interrogations sur l'avenir démocratique du pays.

Le régime politique qui émerge en Russie fixe progressivement ses contours : le Kremlin transforme ses rapports avec la société mais n'avance pas nécessairement en direction de la démocratie libérale. Les traits de ce système nouveau puisent dans l'héritage historique de la Russie, le siècle soviétique, mais aussi dans cette période de 17 ans où État, capital et société ont redéfini leurs sphères d'influence respectives. Dès lors, un système hybride émerge aujourd'hui. La plupart des travaux universitaires sur la Russie peine à définir ce modèle, pour rendre compte d'une réalité nouvelle où la démocratie formelle ne favorise guère l'essor de la société civile et où le marché ne produit pas de capitalistes. Dans la lignée de l'État patrimonial, la Russie associe, comme tout au long de son histoire, le pouvoir économique et politique avec une absence de concurrence civile et économique. Cette situation est aujourd'hui accentuée par la structure de production économique du pays, fortement dépendante des richesses dérivées de la production d'hydrocarbures. Ce nouveau siècle marque-t-il à nouveau l'impossible cohabitation entre la démocratie représentative et l'économie de marché pour autant ?

Le contexte international au début du XXIe siècle fait que l'élimination d'une de ces deux dimensions au profit de l'autre – comme au temps de l'Union soviétique – serait une issue improbable. D'une part, une partie non négligeable de la population russe est désormais ouverte sur le monde et apprécie les libertés individuelles – dans les limites qu'ont été celles des années 1990. Sur le plan économique, l'introduction de l'économie de marché a permis l'apparition de nouvelles catégories professionnelles qui étoffent les *biznesmeny* («hommes d'affaires») de la première heure, en dépit de la redéfinition des frontières entre propriété privée et publique. Il est vrai que le regain de réalisme dans les relations internationales fait que des États comme la Russie s'interrogent désormais sur le bien-fondé – et l'utilité – d'une convergence avec les régimes politiques occidentaux. Toujours est-il que cette réévaluation des objectifs de politique intérieure et étrangère ne devrait pas remettre en cause l'insertion de la Russie dans les affaires du monde, comme en témoigne l'entrée dans le cour terme du pays à l'OCDE et l'OMC.

Temps forts

Naissance et renaissance de la Russie
Peuples, états ou nation, entre la légende et l'histoire

La question de savoir quand, et surtout, où la Russie est née se pose, avec plus d'acuité encore dans cette partie de l'Europe où nombre d'États-nations n'ont vu le jour que très récemment. L'enjeu est donc à la fois politique, religieux et ethnique, puisque ce que l'on recherche ici, c'est le fondement de l'identité russe. Il faut se garder à la fois de projeter notre modèle national et d'isoler trop arbitrairement un cas qui appartient à l'histoire européenne et asiatique. Les Russes se définissent comme slaves, chrétiens orthodoxes et héritiers d'un État qui a navigué entre les rives du fleuve Dniepr (Kiev) et l'embouchure de la Neva (Saint-Pétersbourg), en passant et repassant par Moscou.

Les Slaves entre Europe et Asie

Les populations indigènes de ces confins de l'Europe étaient bien slaves. Mais ils ont été longtemps dominés : par les Khazars turcs, les Varègues scandinaves, la Horde d'Or mongole. La légende affirme que certaines tribus, unies en chefferies, auraient d'elles-mêmes demandé au Varègue Riourik de gouverner cet espace qu'ils habitaient sans le dominer ni politiquement ni économiquement. Cette première fédération s'est donc soudée autour de commerçants vikings qui faisaient le lien entre les deux mers intérieures de l'Europe – Baltique et Méditerranée – par les terres, mais en bateau… Ce nomadisme marchand gravite autour de Kiev, point névralgique de ces échanges fluviaux.

Dans le sud de l'actuelle Russie, entre mer Noire et Caspienne, Varègues et Slaves se heurtent à l'empire des Khazars, nomades turcophones des steppes d'Asie centrale, qu'ils finissent par soumettre : la domination européenne sur un territoire eurasiatique devient alors un trait rémanent de l'histoire russe.

Pourtant, l'affaiblissement de la première dynastie « russe », slavisée et christianisée, profite d'abord à d'autres envahisseurs, venus d'Extrême-Orient : les Mongols. Leur « joug » dure longtemps, favorisé par la désignation de potentats slaves à la tête des régions à imposer – ceux-là mêmes qui, de Novgorod à Moscou, finiront par s'unir pour chasser la Horde d'Or. Cette reconquête prend des airs de croisade de l'Europe contre l'Asie « barbare » et des chrétiens contre les infidèles.

L'orthodoxie et le pouvoir

L'évangélisation tardive des territoires slaves du Nord est marquée, comme souvent, par la conversion du souverain – en l'occurrence le grand-prince Vladimir, qui adopte en 988 la religion de Byzance. Les moines Cyrille et Méthode, évangélisateurs de la Bulgarie, avaient légué une bible traduite en slavon (vieux bulgare) et copiée au moyen du nouvel alphabet dit « cyrillique ». Cette langue récente est préférée au grec traditionnel des Byzantins, et employée aussi bien dans les églises que par une administration princière qui se développe. En dépit de ce choix original qui assure une certaine indépendance à la nouvelle puissance chrétienne, le rite orthodoxe, l'art des icônes, l'architecture byzantine et le monachisme oriental sont importés, et imposés à la population.

Les monastères deviennent des lieux d'enseignement, de coalition et de résistance aux diverses invasions ; ils incarnent peu ou prou la continuité nationale, encore fragile – d'autant plus qu'y sont élaborées les épopées qui fondent le récit national russe. La bataille de Koulikovo (1380) scelle définitivement l'alliance entre pouvoir ecclésiastique et pouvoir politique. Le clergé joue un grand rôle dans la cohésion de l'empire et soutient la monarchie ; mais, parfois critique, il est victime des dirigeants du pays. Pierre* le Grand assujettit ainsi l'Église par la création du saint-synode, en 1721 ; les bolcheviks eux-mêmes utiliseront le patriarche Tikon, primat orthodoxe, pour asseoir leur régime, avant de se retourner brutalement contre les prêtres en 1930.

Un ou des États russes ?

Les Russes ne parviennent à se libérer qu'à la fin du Moyen Âge des dominations étrangères ; dès lors ils entament à leur tour une phase de conquêtes dont les conséquences se font encore sentir même après la chute de l'URSS en 1991. À compter du XVIIe siècle, l'identité russe devient l'identité grand-russe, en lutte contre celle des nombreux peuples musulmans de ses franges sud et est ; et en concurrence avec les empires et royaumes catholiques ou protestants d'Europe centrale et nordique. La constitution d'un véritable empire, immense par sa taille et très divers par ses ethnies et ses religions, s'accompagne d'une russification sur les plans administratif et culturel (langue enseignée, modes de consommation). Au XIXe siècle, l'éveil des nationalismes et le refus de se soumettre sont brutalement réprimés par les tsars, que ce soit en Tchétchénie ou en Pologne. Les épisodes d'indépendance – en Géorgie entre 1917 et 1920, par exemple – sont brefs : l'URSS regroupe d'abord 11, puis 15 républiques socialistes soviétiques dans un État fédéral en apparence, mais en fait très centralisé. C'est aujourd'hui ce « proche étranger » dont a du mal à se détacher la Fédération de Russie, dernière héritière de cette « éternelle Russie » à laquelle s'était adressé le général de Gaulle lors de sa visite officielle en 1966.

XVIIIe siècle
Le siècle d'or ou le siècle de fer

Le XVIIIe siècle fut pour la Russie le temps des réformes qui devaient la conduire vers l'occidentalisation et la modernisation du gouvernement, de la société et de la culture russes.

De Pierre le Grand à la fin du règne de Catherine II*, le pays connaît des innovations radicales. Mais si les transformations du siècle sont visibles, la dynamique, l'ampleur et les effets du mouvement restent un sujet d'interrogation. Les réformes de Pierre le Grand et de ses successeurs sont-elles le produit d'une volonté déterminée qui ont buté devant le gigantisme de la tâche, ou une série de mesures plus ou moins brouillonnes imposées par les contingences, et en particulier la guerre ? Quels traumatismes provoquent des réformes souvent violentes sur une société peu encline au changement ? Le siècle se partage en deux temps, celui des réformes pétroviennes, brutales, radicales, puis celui plus long de ses successeurs, pris entre adaptations et consolidation de l'héritage.

La Russie de Pierre le Grand

Quand Pierre Ier prend en main le destin de la Russie, celle-ci possède déjà une tradition politique et administrative laissée par les règnes précédents. Cependant la guerre qui court tout le long du règne commande des réformes plus profondes, qui sont bien davantage le produit du désir de gloire du tsar Romanov que le fruit d'un plan d'ensemble. Pourtant il ne faudrait pas en sous-estimer les conséquences. Tous les domaines sont touchés par la volonté réformatrice du nouveau tsar. En premier lieu, l'armée et la marine sont l'œuvre personnelle de l'empereur. La conscription universelle permet à la Russie de disposer d'effectifs considérables ; l'équipement et l'organisation de l'armée sont améliorés. La victoire sur la Suède confirme la justesse des choix de Pierre le Grand. Poussant plus loin les réformes, son souci d'efficacité l'amène à transformer les institutions du pays. Adepte du despotisme éclairé, il entreprend la création d'une administration gouvernementale à tous les échelons pour faciliter la perception de l'impôt et la conscription. En introduisant des formes collégiales de décision (Sénat, collèges ministériels, municipalités) et une véritable fonction publique d'État, il instaure un nouveau rapport avec ses sujets. Empereur plus que tsar, il se considère comme le premier serviteur de l'État. Arbitre suprême, il tente en 1719 d'organiser la séparation des pouvoirs administratif et judiciaire. Il doit y renoncer faute de trouver dans le pays les élites nécessaires. La réforme des administrations provinciales se heurte à la même indigence des cadres locaux et à leur manque d'initiative. Un grand nombre des projets ambitieux de Pierre le Grand restent sur le papier. Face à cette résistance passive, l'empereur accentue l'occidentalisation de la noblesse et des élites bourgeoises de la société. Il attribue des titres pour services rendus, promulgue la « Table des rangs » qui énumère les quatorze rangs que l'on peut obtenir dans les trois services : l'armée, l'administration et la cour. Cette transformation forcée de la hiérarchie sociale doit fonder les bases de la bureaucratie russe jusqu'en 1917 et modifier en profondeur les rapports sociaux. La construction de Saint-Pétersbourg, la mise en route de grands chantiers (canaux), l'encouragement à l'industrie manufacturière (le textile notamment, inexistant jusqu'alors) et minière, l'ouverture des marchés vers l'Europe, l'appel aux Occidentaux au plus haut niveau de l'État, l'importation des manières, des vêtements et des usages européens, la mise au pas de l'Église orthodoxe, sont autant de décisions qui serviront de base à des réalisations ultérieures.

Si le bilan du règne doit être nuancé, jamais les successeurs de Pierre le Grand ne remirent en cause l'élan réformateur. L'empereur avait bâti un État moderne mais il avait, en même temps, creusé entre une élite et l'immense population russe un fossé qu'il n'avait eu ni le temps ni les moyens de combler. Là encore, il appartiendrait aux souverains suivants de le tenter.

La Russie s'amarre à l'Europe

Les années qui suivent montrent la fragilité du trône et de la dynastie mais ne remettent pas fondamentalement en cause l'œuvre pétrovienne. La succession de Pierre Ier est un théâtre tragi-comique dans lequel apparaissent ou disparaissent les favoris, où s'installent au gré des privilèges accordés des coteries étrangères. Après Catherine, veuve de Pierre, impératrice par le choix de l'armée, c'est Pierre II son fils, qui monte sur le trône à douze ans, et sera emporté par la variole deux ans plus tard. Sous le règne d'Anne, fille d'Ivan V, la répression policière menée par Ernst-Johann Biren, ou Biron, enflamme les imaginations et contribue à discréditer le trône et son entourage allemand. Peu avant sa mort, l'impératrice désigne un bébé de deux mois, son petit-neveu, Ivan VI comme son successeur et Biron comme régent. Un coup d'État de la garde, commandité par la fille de Pierre le Grand, Élisabeth, la place sur le trône. La nouvelle impératrice, malgré une personnalité extravagante, laisse une place importante à des collaborateurs issus de la noblesse russe qui poursuivirent l'œuvre du tsar réformateur. L'université de Moscou est fondée, la peine de mort est abolie, une école de cadets (élèves officiers) réservée à la noblesse est ouverte en 1731, une «banque de la noblesse» est créée à Saint-Pétersbourg avec une succursale à Moscou dont l'objet est de favoriser l'accès au crédit à l'aristocratie. Enfin les obligations de service à l'égard de l'État et de l'armée sont limitées jusqu'à leur abrogation en 1762. En faisant le choix de s'appuyer sur la noblesse, Élisabeth assure la naissance d'une élite sociale stable, fidèle à la couronne et porteuse, à terme, des réformes et de l'occidentalisation. La contrepartie de cette élévation sera l'aggravation de la situation paysanne et un durcissement de la condition du servage désormais garant de la prospérité foncière de la nouvelle noblesse. L'autre grande nouveauté du règne est l'implication de la Russie dans les alliances européennes et son intervention dans la guerre de Sept Ans (1756-1763). Une étape a été franchie depuis la Grande Ambassade de Pierre Ier et les guerres du Nord; désormais les puissances de l'Europe doivent compter avec Saint-Pétersbourg.

Après le bref règne de Pierre III, prince imprévisible, plein d'admiration pour Frédéric le Grand et la Prusse, qui avait été victime d'un coup d'État, son épouse Catherine monte sur le trône en 1762. Comme pour les initiatives de Pierre le Grand, il est difficile de porter un jugement sur l'œuvre de Catherine II et de démêler l'improvisation de la cohérence. Autocrate éclairé, Catherine s'aventure à proposer une Constitution à ses États (projet vite enterré), un nouveau code de lois; elle accueille les philosophes et les artistes occidentaux dans sa capitale du nord, favorise les colonies étrangères, sécularise les terres de l'Église. Par ailleurs elle parcourt la Russie, proclame son attachement à la foi orthodoxe, étend l'Empire vers les quatre points cardinaux. Les sciences et l'érudition connaissent un fort développement. La « Sémiramis du Nord » cherche à concilier les Lumières et l'autocratie russe. Catherine II donne ainsi naissance à un patriotisme singulier, alliage improbable et pourtant durable, qui n'écarte pourtant pas les dangers. En 1773, la révolte de Pougatchev menace le trône comme elle révèle toute la misère paysanne et le fossé entre les élites occidentalisées et les masses laissées à l'écart de la modernisation. À la mort de Catherine II, le nombre de serfs a augmenté. À la fin du règne, Alexandre Radichtchev en fait l'amer constat dans son *Voyage de Pétersbourg à Moscou*, avant de subir le poids de la censure et de l'arbitraire. Le pouvoir se méfie de la critique. Paradoxe de la fin du siècle, l'État qui avait fait entrer de force la Russie dans les Lumières commence à rebrousser chemin. Au total, Catherine II a construit un « ancien régime » russe encore rudimentaire mais bien réel qui résistera aux chocs des guerres françaises.

1861-1917
Le temps des réformes

La période qui sépare l'abolition du servage* de la Grande Guerre et des révolutions de 1917 est d'un exceptionnel dynamisme. La Russie connaît une phase de transformation aussi importante que celle des règnes de Pierre le Grand et de ses successeurs. Elle est en passe de réintégrer l'Europe après l'isolement du règne de Nicolas Ier. Pourtant le clivage social n'a pas disparu entre une élite occidentalisée et la masse de la population qui demeure attachée à la terre. Si le nombre d'habitants croît de 73 millions en 1861 à près de 170 millions en 1917, le recensement de 1897 révèle que les paysans constituent les trois quarts du peuple russe. Autre paradoxe, et non le moindre, le pouvoir, moteur du changement au XVIIIe siècle, s'est replié dans un conservatisme autoritaire. Autant de contradictions qui ouvrent bien des chemins possibles pour la Russie à la veille de 1914.

Une douloureuse mutation

Les réformes du règne d'Alexandre II, et en particulier l'abolition du servage, sont à l'origine des grandes transformations de la Russie. Les mutations sociales comme les changements économiques sont perceptibles à la fin du siècle pour atteindre leur apogée au début du XXᵉ siècle. Les réformes ont eu pour principale conséquence de libérer malgré elle la noblesse russe de son attachement à la terre. Entre 1877 et 1911, elle a perdu 41 % de ses propriétés. Privée du servage, soumise à la concurrence, perdant l'intérêt pour la gestion directe de ses domaines, l'aristocratie s'accroche à ses privilèges et à son pouvoir. Aidée par le gouvernement impérial, elle représente encore, en 1897, 71 % des quatre plus hauts rangs de l'administration ; elle maintient sa place dans les institutions locales, dans le corps des officiers supérieurs de l'armée et de la marine, et, bien entendu, à la cour. Mais il s'agit bien d'une classe en déclin qui doit céder le pas à une bourgeoisie russe en pleine ascension. Composée d'industriels, d'hommes d'affaires, de commerçants, de techniciens, parfois venue de la noblesse entreprenante, cette nouvelle bourgeoisie tente de tirer la Russie vers le développement capitaliste selon le modèle occidental. Sous son impulsion, les progrès sont spectaculaires. Dans les années 1890, la Russie fait son entrée dans l'ère industrielle, le taux de croissance est estimé à 8 % par an. Entre 1881 et 1894, le réseau de chemin de fer s'allonge de 40 % ; il double entre 1895 et 1905 pour devenir le deuxième réseau du monde en 1913. Les investissements étrangers sont multipliés par neuf entre 1880 et 1900. Soutenue par des ressources minières considérables et une abondance de main-d'œuvre, la Russie devient une puissance industrielle de premier plan. L'industrie lourde connaît un essor tardif mais rapide. Des régions entières se transforment. Celle de Moscou voit l'industrie chimique et la métallurgie rejoindre l'activité textile. Pétersbourg, Varsovie, Lodz, Nijni-Novgorod sont des centres industriels de premier plan. L'activité minière dope l'Oural et le sud de l'Ukraine ; la région de Bakou, riche en pétrole, attire les investisseurs. Les ports, comme Riga, Odessa et même Vladivostok, connaissent une activité sans précédent. Conséquence de cette croissance tardive par rapport à l'Occident, la nouvelle industrie russe se dote d'un matériel particulièrement performant.

Cependant la rapidité de l'expansion la rend vulnérable. Financièrement, elle dépend beaucoup de l'étranger. Pour assurer le démarrage industriel, faute de ressources internes, l'État s'endette auprès des Occidentaux pour plus de 5 milliards de roubles-or. Mais cet effort est insuffisant pour assurer la croissance. C'est sur la paysannerie, dont le rôle est de nourrir les nouveaux centres, que va porter le poids essentiel de la croissance. Réserve inépuisable de main-d'œuvre et principal foyer de ressources fiscales, elle subit de plein fouet le choc industriel. La famine de 1891 révèle les limites des ressources d'un monde rural encore mal remis des réformes des années 1860. Le comte Witte*, véritable « Colbert » de la Russie, tente de rétablir l'équilibre par une stabilisation de la monnaie en faisant adopter l'étalon-or, ce qui a pour effet de relancer les investissements étrangers. Un troisième élément de fragilité est la constitution rapide d'une masse ouvrière sur tout le territoire. Les ouvriers d'usines sont plus de deux millions en 1900 et sans doute trois millions à la veille de la guerre (soit près de 3 % de la population). Assurément ils ne constituent pas le prolétariat tel que Marx l'envisageait pour lui assigner un rôle historique. Moins nombreux et trop récemment venus à l'industrie pour posséder la culture ouvrière occidentale, les ouvriers russes sont encore très proches de leur milieu paysan. Au début du siècle, le prolétariat russe fait l'espoir et l'inquiétude des marxistes. Mais, malgré sa faiblesse, la classe ouvrière de l'Empire constitue dans les années 1890 un nouvel acteur politique déterminant. Cela n'a pas échappé au gouvernement qui met sur pied une législation sociale particulièrement moderne pour atténuer les abus du travail dans les usines et les manufactures : limitation de la journée de travail des adultes à onze heures et demie (neuf pour les enfants) et dix heures la nuit, interdiction de travailler le dimanche et lors des fêtes religieuses. En 1903, une loi sur l'instauration d'une assurance sociale est promulguée ; en 1912, elle couvre les accidents (dont l'employeur est responsable) et les maladies. Les salaires sont fortement augmentés dans les dernières années de la paix. Malgré ces progrès et quelques initiatives locales pour améliorer le sort des ouvriers, la majorité d'entre eux vit dans un dénuement extrême. La crise de 1901 et les grandes grèves qui avaient accompagné la révolution de 1905 révèlent une classe ouvrière au bord de la rupture, contrainte de supporter, comme la paysannerie, une révolution industrielle fulgurante.

Le pari impossible de l'immobilité

De son côté, le gouvernement s'est dit prêt à accompagner le changement, accorder les libertés nécessaires, à la condition que cela ne se fasse pas au détriment des institutions politiques en place et de l'autocratie. Cette conception patrimoniale du pouvoir est prise au piège de l'alliance indispensable avec la noblesse, soutien officiel du trône. Ce fut la ligne directrice de la politique conservatrice d'Alexandre III. Nicolas II crut s'échapper du piège en privilégiant le lien direct avec le peuple russe, consigné dans un rôle mystique. Le souverain prit ainsi le risque mortel d'exposer directement la dynastie. L'autre faiblesse du gouvernement impérial fut la sous-administration du pays (la Russie comptait trois fois moins de fonctionnaires par habitant que l'Allemagne et quatre fois moins que la France!). Les dépenses en matière de police étaient moitié moindres que celles de la France ou de l'Italie. Toutefois, les transformations institutionnelles qui avaient accompagné l'abolition du servage avaient eu le mérite de différer le besoin d'administration en renvoyant aux autorités locales et au droit coutumier les responsabilités publiques. Ce fut le pari dangereux de l'Empire russe que de laisser sa paysannerie seule face à l'aventure douloureuse de la révolution industrielle. Outre la pression économique, celle-ci dut affronter une modification sans précédent de sa structure familiale, 40 % des foyers traditionnels éclatèrent sous la double pression de la réorganisation de la propriété et de l'exode rural. Au titre des bénéfices, le taux d'alphabétisation progressa avec rapidité à la fin du siècle, de 25 % en 1897 à 40 % en 1913. Le nombre des écoles primaires fut multiplié par 4 entre 1878 et 1911 (100 000). Laissée pour compte de la modernisation dont elle supporta indirectement le poids, isolée du reste de la société, mais autonome, en partie alphabétisée et jeune (65 % de la population rurale a moins de trente ans en 1897), la paysannerie devait tenir une place essentielle dans le processus révolutionnaire.

« L'âge d'argent » : entre culture nouvelle et idéologie radicale

Le dynamisme de la société russe à partir de la fin du XIXe siècle s'étend à la culture dans tous ses aspects. Déjà solidement installés sous le règne de Nicolas Ier, la science, l'érudition, les beaux-arts s'épanouissent de façon remarquable. « L'âge d'or » de la littérature russe se prolonge avec la prose de Dostoïevski, Tourgueniev et Tolstoï ; cette génération est relayée par Tchekhov et Gorki gardiens de la tradition. Mais, tout à la fin du siècle, on assiste à l'émergence d'un renouveau artistique d'une exceptionnelle ampleur. C'est « l'âge d'argent » de la culture russe qui s'étend à toutes les formes de l'art avec une vitalité inégalée. En publiant le périodique *Le Monde de l'art* en 1898, véritable manifeste d'un renouveau de la culture russe, Alexandre Benois et Serge Diaghilev génèrent une révolution esthétique qui témoigne de la vitalité et de la richesse, de la variété des talents que la culture russe n'avait jamais connues jusqu'alors. La poésie symboliste prend son envol avec Alexandre Blok. Celle du mouvement dit des « acméistes » comme Nicolas Goumilev, des futuristes comme Vélimir Khlebnikov, à l'hermétisme étonnant, ou Maïakovski, trouvent un succès auprès d'une élite sociale encline à la contestation de l'ordre établi. Les beaux-arts connaissent également leur point de non-retour quand « les ambulants » décident de rompre avec l'académisme et se tournent vers le réalisme social. Plus tard, avec la redécouverte de l'art des icônes, Chagall et Kandinsky entament une rupture fondamentale. « L'âge d'argent » bouscule également la génération des compositeurs qui, dans les décennies précédentes, avaient fondé une véritable école russe, Tchaïkovski et le « groupe des cinq » : Moussorgski, Rimski-Korsakov, Borodine, Cui et Balakirev. Scriabine et surtout Stravinsky révolutionnent le répertoire. *Le Sacre du printemps,* en combinant la musique, la danse la chorégraphie, les décors, symbolise à la perfection le renouveau de l'art russe. Le succès de Diaghilev, qui vient à Paris en 1909 présenter l'œuvre, témoigne du chemin parcouru. L'architecture enfin n'est pas en reste ; la Russie participe au grand mouvement de l'Art nouveau. Moscou ou Simbirsk voient s'édifier d'étonnantes constructions. La décoration de l'hôtel Métropole de Moscou est confiée au plus original des artistes de l'époque, Mikhaïl Wroubel.

De leur côté, le développement scientifique et la notoriété des savants russes connaissent également un progrès significatif. Avec une douzaine d'universités d'État, son Académie des sciences et plus de cent établissements d'enseignement supérieur, la Russie se dote d'une population de savants et d'érudits dont les travaux rivalisent désormais avec ceux de leurs collègues occidentaux. Le chimiste Mendeleïev*, le physicien Stoletov, le biologiste Kovalevski, le physiologiste Pavlov* comptent parmi les esprits les plus brillants.

Dans le domaine des idéologies, la complexité est également perceptible. La révolution industrielle a érodé le populisme agraire qui prévalait dans le mouvement révolutionnaire russe, sans pour autant le faire disparaître. L'émergence d'une classe ouvrière donne du grain à moudre aux marxistes les confortant dans leur analyse politique. L'émigration et la répression qui succède à la révolution de 1905 semblent éteindre pour un temps les mouvements maximalistes, laissant la place à un syndicalisme estimé à tort plus accommodant. Autres tendances, à la périphérie mais aussi en Russie où le panslavisme ne manque pas de prophètes, le sentiment national est exalté y compris dans les arts. La pensée libérale, de son côté, trouve sa voie dans la lignée des travaux d'Ivan Vernadski avec Maxim Kovalevski, le statisticien Alexandre Tchouprov ou l'historien et homme politique Paul Milioukov. Cependant le phénomène le plus original de cette période est l'émergence d'un mouvement philosophique et esthétique remettant en cause le matérialisme et le positivisme. Vladimir Soloviev est le mentor de cette critique qui séduit l'élite intellectuelle de « l'âge d'argent ». L'attaque la plus violente menée contre l'intelligentsia russe soupçonnée à juste de titre de soutenir les idées les plus radicales au mépris des vérités essentielles portées par la religion et le droit, est la publication en 1909 du recueil intitulé *Jalons* rédigé par des auteurs venus du marxisme (dont Pierre Struve, Nicolaï Berdiaev, Serge Boulgakov). Une nouvelle brèche au sein de l'élite cultivée vient de s'ouvrir.

L'évolution de la Russie dans les années qui précèdent la guerre et la révolution offre un panorama contrasté. La disparité entre les élites et la masse est éclatante. De même l'opposition frontale entre un pouvoir réactionnaire et une nouvelle classe libérale laisse la Russie aux portes de la démocratie. Jamais l'Empire n'est autant apparu comme un géant aux pieds d'argile. Si les contradictions l'ont emporté sur le progrès, il est toutefois permis de s'interroger sur cette période riche de talents et de promesses. Simple vernis économique et culturel destiné à disparaître à la première tempête ou véritable métamorphose qui n'a pas eu le temps d'aboutir ? La question reste posée. Cette période n'en a pas moins jeté les bases de la Russie nouvelle pour le meilleur et pour le pire.

1914-1953
Les années terribles

Pour comprendre le drame de la Russie au xxᵉ siècle, il faut prendre en écharpe les quarante années durant lesquelles le pays n'a pratiquement jamais cessé d'être en proie à une violence inouïe. En effet, de 1914 à la mort de Staline, l'ensemble de la population a subi une série de traumatismes inégalés. D'après les statistiques officielles, la population soviétique n'a pratiquement pas augmenté durant cette période. Selon les estimations, 40 à 50 millions de personnes sont mortes prématurément, prises dans l'étau de l'histoire. Si l'on considère les spécificités de la violence de masse et de la répression, trois moments se distinguent particulièrement dans la destruction de la population de l'Empire russe.

Les violences convergentes (1914-1922)

En se jetant en août 1914 dans la guerre contre l'Allemagne et l'Autriche, la Russie, comme tous les belligérants, espérait une guerre courte et elle mobilisa 9 millions d'hommes. Le commandement, encouragé par les Français, se plut à concevoir une tactique offensive faite d'attaques répétées. Dès le premier mois, la guerre délivrait son vrai visage. En Galicie, les armes russes triomphaient avec la prise de Lvov (Lemberg) au prix de 210 000 tués ou blessés. Au nord, la catastrophe attend le général Samsonov à Tannenberg. Avec 70 000 morts ou blessés, 100 000 prisonniers, ce fut la défaite la plus coûteuse de l'histoire militaire. D'autres allaient suivre. Les alliés comptaient sur les réserves d'une population considérable. En fait, plus de la moitié des recrues potentielles étaient exemptées. À la fin de l'année, la Russie avait déjà perdu 1,8 million d'hommes et se trouvait dans l'obligation de faire appel à des réservistes inexpérimentés. Les épidémies se propagèrent, augmentant considérablement le nombre des victimes. Sous-équipée, sous encadrée (60 000 officiers sont tués ou blessés, il y a 12 officiers pour 3 000 hommes), dans des conditions de vie et d'hygiène particulièrement mauvaises, l'armée russe s'était préparée à la guerre de positions. L'offensive de Broussilov de l'été 1916 montra toutefois que l'armée impériale était capable de succès. Son échec final fut attribué au gouvernement et contribua à l'exaspération générale. La violence quitta le front pour se diffuser dans l'ensemble de la société. La révolution de Février contribua à la confusion des esprits. Au printemps 1917, les désertions et les mutineries se multiplièrent ; en juin l'armée se désintégra, des centaines d'officiers furent massacrés. Permissionnaires ou déserteurs revinrent vers leurs villages eux-mêmes en ébullition comme en 1905. À la fin août, les violences paysannes se répandirent dans les régions traditionnellement agitées. Des milliers de domaines furent mis à sac, et, à la différence de 1905, des centaines de propriétaires et leurs familles furent massacrés. Encouragée par les soldats paysans revenus du front, la paysannerie russe entreprit de renouer avec la tradition ou l'utopie de la communauté libre et autarcique, jetant par-dessus bord les maigres effets du capitalisme agraire des trente dernières années.

La jacquerie paysanne avait retrouvé la violence du front. Elle devait rencontrer la guerre civile déclenchée par les deux révolutions de Février et surtout d'Octobre. Si le premier épisode n'avait pas provoqué une rupture aussi profonde que le second, il n'en avait pas été pacifique pour autant. Les sanglantes mutineries de l'arrière et en particulier de la flotte avaient entraîné la répression féroce d'un gouvernement au demeurant bien faible. Ce fut la prise du pouvoir par les bolcheviks qui constitua le point de non-retour de la violence politique. En créant l'Armée rouge, une police politique et un arsenal de lois particulièrement répressif, Lénine, Trotski et les autres dirigeants avaient fait le choix de la lutte à mort contre «l'ennemi de classe», notion très élastique en fonction des circonstances politiques. Une partie des ouvriers, des marins, et surtout l'essentiel du monde paysan n'étaient pas prêts à remettre en cause les acquis de Février au profit du seul pouvoir bolchevique. Néanmoins, celui-ci sut s'appuyer sur les revendications de paix et de réforme agraire pour constituer un mouvement significatif de sympathie dans une partie de la population. Mais si 5 millions d'hommes furent officiellement mobilisés, seuls 500 000 combattirent effectivement dans l'Armée rouge dont de nombreux officiers de l'armée impériale. La paix signée avec les empires centraux à Brest-Litovsk, le front se porta désormais vers l'intérieur. La guerre civile fut ainsi le prolongement direct et l'amalgame des différents conflits à l'œuvre depuis trois ans. La violence et la cruauté des combats entre Rouges, Blancs, Verts ou nationalistes inaugurèrent une nouvelle étape dans le degré de brutalité. Tout espace de paix avait disparu du territoire. Durant cette période, les bolcheviks ouvrirent un second front à l'intérieur même de leur zone. La dictature se fit d'autant plus dure que le régime se sentait menacé et en proie à l'obsession de la conspiration. La police politique (Tcheka) passa en trois ans de 37 000 hommes à 260 000 (fin 1921). Les premiers camps furent ouverts et reçurent leur flot «d'ennemis de classe» : aristocrates, bourgeois, prêtres et toutes catégories d'opposants politiques. En juillet 1918, la famille impériale fut exterminée sans procès. Enfin, « le communisme de guerre » eut à affronter la misère des villes ; Moscou perdit la moitié de sa population et Petrograd les trois quarts. La noblesse, si elle ne parvenait pas à rejoindre les lignes blanches, s'en retournait vers ce qui restait des domaines ; les ouvriers, malgré le travail forcé, prirent le chemin de leur village. L'ambition des communistes d'abolir la propriété privée et de contrôler les échanges avait fini par disloquer la société russe. Après les villes, le pouvoir dirigea sa vindicte contre les paysans accusés d'accaparer les récoltes. La guerre contre les campagnes fut à l'origine de la grande famine de 1921-1922 qui toucha principalement la région de la Volga et fit 5 millions de morts. Cependant, les succès militaires de l'Armée rouge, les effets de la terreur qui avait éliminé toute opposition conséquente (élimination des socialistes révolutionnaires [SR] de gauche, répression des marins de Kronstadt) autorisèrent Lénine à faire une pause en instaurant la NEP (Nouvelle Économie politique) en 1921. La guerre civile et la Terreur rouge conjuguées à la rhétorique de l'homme nouveau, ont marqué de façon indélébile le pouvoir soviétique, sa méfiance à l'égard des paysans ne s'est pas estompée et bien des pratiques terroristes ont trouvé dans cette période leur première expérience.

Famine et Terreur (1930-1939)

La guerre civile avait laissé des séquelles profondes, en particulier dans le monde rural soumis à la collectivisation forcée dès 1929. En 1930, plus d'1,5 million de koulaks sont déportés (2,2 millions en trois ans [chiffres rapportés par l'historien Nicolas Werth]) en tant qu'« ennemis de classe » et vont approvisionner en main-d'œuvre servile l'industrialisation du pays dans les camps de la police politique (OGPU). La mauvaise récolte de 1931, dans un regain de tension politique, allait achever de détruire la paysannerie russe, tenue responsable par le pouvoir du mauvais approvi-sionnement d'une Union soviétique en pleine industrialisation. Moscou décida la réquisition forcée des récoltes. Toutes les régions de grandes terres cultivées y furent soumises. Mais c'est en particulier sur le Kazakhstan et surtout l'Ukraine que cette politique voulue par Staline allait s'abat-tre avec le plus de dureté. Dans les régions politiquement peu sûres, la réquisition fut un moyen pour le pouvoir de manifester sa détermination à résoudre, par la force, la question paysanne et à réduire toute résistance nationaliste. La famine s'installa, son apogée fut atteint en Ukraine et dans le nord Caucase au premier semestre 1933. Les fuyards furent arrêtés par l'OGPU. Dans le plus grand désarroi, les victimes se laissèrent aller à des violences extraordinaires. Abandons d'enfants, lynchages des chapardeurs et même cannibalisme furent monnaie courante. Rien qu'en Ukraine et au Kouban, plus de 4 millions de personnes moururent victimes des décisions de Staline et de ses proches. Ceux-ci ont provoqué la famine, en ont suivi l'évolution. Qualifiée de génocide, la grande famine fut aussi un moyen de réduire l'Ukraine et le Caucase du Nord suspects de sédition.

Si la paysannerie fut la grande victime de la première période sovié-tique, très vite Staline s'en prit au reste de la population. Encore une fois, le regain des tensions internationales, les mauvaises nouvelles de l'écono-mie soviétique radicalisèrent la dictature. De 1933 à 1936, les « rafles »,

« le nettoyage social » des villes, la déportation des groupes nationaux suspects d'entretenir des rapports avec des « puissances hostiles » (Finlandais, Allemands, Polonais, Coréens, etc.) maintinrent la société sous une tension répressive. La politique de « passeportisation » des individus permit de ficher la population et de s'assurer de sa sédentarisation et de sa discipline.

L'assassinat de Kirov par un jeune membre du Parti communiste en décembre 1934 fut le prétexte déclencheur d'une nouvelle phase de répression qui eut deux aspects. Le premier, dans la continuité de la lutte contre « les éléments nuisibles de la société » dont les catégories étaient déjà considérables : la « Grande Terreur » (selon l'expression de l'historien Robert Conquest) fut un nouveau crime de masse. Entre 700 000 et 800 000 personnes furent exécutées, plus d'1,5 million furent arrêtées et la plupart d'entre elles déportées. Cette période marque le paroxysme du système répressif ; des quotas de victimes étaient envoyés depuis Moscou vers les régions. De nouvelles catégories d'ennemis furent définies. L'exécution des ordres donna lieu à des rapports. Le NKVD, chargé de la mise en œuvre, devint une structure professionnelle de la répression de masse : la mise en place des tribunaux, l'organisation des arrestations et des exécutions, la création d'une logistique de la déportation, la gestion des camps, rien ne lui échappait désormais. Si la terreur de masse s'effectua dans le plus grand secret possible, il en fut autrement de la seconde phase qui concerna principalement les cadres du parti. Ce que l'on a appelé les « purges » avait une double fonction : d'une part éliminer la génération issue de la Révolution et de la guerre civile pour la remplacer par des cadres plus jeunes et fidèles à Staline, et d'autre part permettre, à partir de procès à grand spectacle ou même locaux, de désigner l'ennemi et le traître et de faire surgir des complots imaginaires, et ainsi de masquer les échecs du régime. Au sommet de l'État, la vieille garde bolchevique fut anéantie, la grande majorité du Comité centrale fut épurée ainsi que l'état-major, la diplomatie, les cadres du Komintern, la plupart des commissariats du peuple. Les élites locales furent sévèrement réprimées sur ordre direct de Staline et de ses collaborateurs. En 1939, alors que la terreur de masse s'arrêtait sur un ordre du Kremlin, le XVIIIᵉ Congrès du parti s'ouvrit sur le triomphe Staline ; seuls 59 délégués avaient participé au précédent Congrès de 1934. Entre-temps, les démographes avaient constaté lors du recensement de 1937, un déficit de 8 millions d'habitants ; les résultats ne furent jamais publiés et les savants réprimés.

Les cauchemars de la guerre (1940-1953)

Le troisième cataclysme s'abattit sur le pays alors même que le choc terrible des années 1930 ne s'était pas estompé et que les camps étaient pleins. Avec 26 millions de morts, la « Grande Guerre patriotique »* fut une épreuve meurtrière sans précédent qui tient à la singularité de la guerre à l'Est. Guerre idéologique, guerre d'anéantissement, le conflit mobilisa des forces considérables (30 millions de Soviétiques mobilisés) et libéra une fureur inconnue. 10 millions de soldats perdirent la vie et plus de 11 millions de civils furent victimes directement des combats ou de la répression, 5 millions moururent de causes indirectes. Mais les chiffres recouvrent une réalité plus terrible encore. L'ampleur des pertes militaires au front donne un premier signe de la brutalité du conflit. Les Allemands perdirent plus de 4 millions d'hommes, les Soviétiques 6,8 millions. Cette différence s'explique par les erreurs stratégiques du commandement soviétique, en particulier par son attachement à la tradition des offensives courtes. Enfin, la résistance farouche de l'Armée rouge fut peu économe en vies humaines. Pour stimuler l'ardeur des troupes, Staline et son état-major décrétèrent que les officiers prisonniers seraient considérés comme déserteurs et leurs familles incarcérées. En 1942, la pression augmenta avec l'ordre d'exécuter « les couards », « fauteurs de panique » et autres déserteurs supposés. Derrière le front, les troupes du NKVD se chargèrent d'empêcher toute retraite. À Stalingrad, on estime à 13 500 les exécutions sommaires de soldats soviétiques ! De leur côté, les Allemands et leurs alliés entreprirent une politique de massacres généralisés. L'extermination des Juifs commença dès le début de la guerre dans les régions occupées, 550 000 furent assassinés dans les six premiers mois (plus de 2 millions au total). Mais la barbarie nazie s'exerça également sur les populations slaves. Les prisonniers de guerre soviétiques furent les premières victimes de l'attitude allemande à l'égard des « sous-hommes ». Sur les 3,3 millions de prisonniers de l'offensive de 1941, 60 % disparurent (1 à 2 % pour les Français ou les Britanniques). La violence s'exerça aussi contre les civils en territoires occupés. Outre la politique de représailles dans la guerre contre les partisans, qui donna lieu à des opérations d'exterminations massives (2 millions en Biélorussie entre 1942 et 1943), le Reich ordonna la déportation vers les centres industriels de l'Allemagne de plus de 4 millions de civils dont 57 % de femmes. À tous les malheurs de la guerre, il faut ajouter les famines, les épidémies, qui firent des ravages et pas seulement sur le front (le blocus de Leningrad coûta la vie à 700 000 civils).

La partie la moins connue de cette période fut la violence que le pouvoir soviétique exerça contre les populations à l'occasion de ce conflit. Combinaison des luttes idéologiques du régime et de réflexes en temps de guerre, la répression soviétique porta sur une quantité innombrable de catégories de populations vulnérables sur une période plus étendue que celle de la guerre elle-même. Dès 1940, l'annexion de nouveaux territoires à l'ouest permit au pouvoir de mener une politique d'épuration sociale de grande ampleur. Baltes, Finlandais et surtout Polonais furent déportés en masse. Katyn* fut l'aboutissement tragique de l'élimination des élites sociales des pays tombés dans le giron soviétique. À l'intérieur du pays, nombre de minorités nationales subirent de plein fouet les conséquences d'une suspicion de trahison et en premier lieu, comme en 1916, les Allemands. Avec la reconquête des territoires perdus, des peuples entiers furent déportés, accusés de collaboration avec les nazis (Tatars de Crimée, Caucasiens). Ils furent bientôt rejoints par la masse considérable de personnes « contaminées » par leur présence involontaire à l'Ouest : prisonniers de guerre soviétiques, travailleurs forcés, et même simples citoyens ayant survécu à l'occupation. La double peine était alors monnaie courante. Dans le chaos de la victoire, une grande partie de la population réfugiée à l'Est en 1941 ne parvint pas à rejoindre leur foyer souvent détruit. Ils étaient encore 3 millions en 1947. De la Volga à la Spree, l'Europe orientale est un champ de ruines. Plus de 25 millions de Soviétiques se retrouvèrent sans abri et beaucoup vécurent dans des conditions précaires jusqu'au milieu des années 1950. La réquisition de femmes et d'adolescents ne pouvant combler le manque de main-d'œuvre nécessaire à la reconstruction, 2,5 millions de prisonniers de guerres allemands, autrichiens, italiens, roumains, hongrois y furent également affectés.

La population concentrationnaire fut encore augmentée par l'arrivée des collaborateurs effectifs des Allemands comme les soldats de l'armée Vlassov livrés par les troupes américaines. L'épuration politique reprit dans les pays annexés de l'Ouest, provoquant du même coup des révoltes armées et une guerre de partisans en Ukraine et dans les pays Baltes qui dura jusqu'en 1952. Dans un pays saigné à blanc, le pouvoir stalinien ne se résolut pas à une pause. La fin de la guerre avait entraîné des désordres à l'arrière, les millions de démobilisés revenus du feu, souvent armés, constituaient un vrai danger d'insubordination sociale. Un regain du banditisme et le marché noir chronique engendrèrent une répression féroce. De 1946 à 1948, des lois punissant le vol furent d'une sévérité extrême prévoyant 6 à 9 ans de camp. À la mort de Staline, près de 1 242 000 personnes, dont de nombreux enfants, furent internées au titre de ces lois. Pendant ce temps, la lutte idéologique reprenait dans le contexte de la guerre froide. Les Grecs d'Odessa furent déportés, les Russes blancs revenus à l'occasion de la victoire soviétique connurent la relégation à leur arrivée. L'affaire Lyssenko* entraîna des purges parmi les savants. Les Juifs soupçonnés de sionisme furent persécutés et le complot « des blouses blanches » fut le point culminant de la répression.

Quand meurt Staline en 1953, les massacres et les déportations de masse s'arrêtent. Il y avait alors plus de 2,5 millions de déportés au goulag. 1,2 million bénéficia immédiatement de la loi d'amnistie du 27 mars 1953.

La spirale infernale de la violence avait eu raison de la population de l'ancienne Russie. Les guerres étrangères, les résistances paysannes ou nationales et, enfin, la logique implacable d'un système totalitaire qui visait la transformation brutale de la société s'étaient cumulées. L'ampleur de la catastrophe fut amortie par le secret entretenu durant les trente années de dictature qui suivirent la mort de Staline. Pourtant ce bilan, qui ne saurait être que comptable, pesa lourd dans l'épuisement des ressources nécessaires à la modernisation de la société soviétique. Peut-être peut-on y voir une explication de la rapidité de la disparition du régime fondé par Lénine.

1985-1991
Le moment Gorbatchev

La célébration du soixantième anniversaire de la révolution d'Octobre donna lieu à des festivités sans précédents. En 1977, l'URSS de Leonid Brejnev peut avec orgueil observer le chemin parcouru depuis le coup d'État de Lénine. À l'intérieur, la plupart des contestations se sont éteintes à l'exception de quelques groupes de dissidents à l'audience infime. La société s'est pacifiée, la croissance des années post-staliniennes a permis d'estomper les plaies de quarante années terribles. La patrie du « socialisme réel» s'installe dans le calme relatif d'une sécurité extérieure enfin acquise. Le communisme est à son zénith sur la planète. Seule ombre au tableau, les faiblesses économiques officiellement constatées lors de l'élaboration du huitième (1970-1975) et du neuvième plan (1976-1980) qui ne cessent d'inquiéter le pouvoir. Quinze ans plus tard, l'Union soviétique aura cessé d'exister.

Comme toute révolution, la fin de l'URSS est une rupture imprévue dans ses modalités. Nous ne pouvons qu'en retrouver les contingences et tenter de déterminer les facteurs qui, à un degré ou à un autre, ont contribué à miner une société dont le but était d'atteindre «la fin de l'histoire» par le triomphe du socialisme.

Apogée ou stagnation

L'éviction de Nikita Khrouchtchev en 1964 semblait n'être qu'une simple révolution de palais. L'URSS allait enfin profiter de sa croissance retrouvée. Les nouveaux maîtres du Kremlin, progressivement dominés par Leonid Brejnev, devaient porter le pays à un niveau de puissance inégalé. Lors des vingt années qui suivent, l'URSS atteint la parité nucléaire avec les États-Unis ; ses sous-marins sillonnent toutes les mers du globe ; ses cosmonautes rivalisent avec les Américains. Malgré la brouille avec la Chine, les mouvements révolutionnaires prosoviétiques triomphent dans le tiers-monde. En pleine coexistence pacifique et sans crise politique intérieure, l'URSS est en passe de gagner la compétition entre «les deux systèmes» sur une partie importante de la planète.

Cependant ces deux décennies, que Gorbatchev appellera «les années de stagnation», sont marquées de faiblesses considérables. Aucun domaine n'est épargné : le gouvernement, l'économie, l'idéologie et «le système communiste mondial». Le gouvernement collégial mis en place en 1964 est le fait d'une génération formée dans les années 1930 sous Staline, celle qui avait profité des purges de la Grande Terreur mais qui avait dû affronter l'épreuve de la guerre. Leonid Brejnev, Alexeï Kossyguine et surtout l'idéologue Mikhaïl Souslov illustrent bien cette génération qui s'installe au pouvoir avec la ferme intention d'en assurer la stabilité à son profit. Leur instrument est la mise en place d'une nomenklatura qui freine toute mobilité sociale. C'est le temps de la «stabilité des cadres», celui des apparatchiks. Le gouvernement soviétique devient celui des gérontes parmi lesquels Brejnev se distingue. Secrétaire général du parti, nommé maréchal en 1976, il remplace l'année suivante Podgorny dans ses fonctions de chef de l'État. La nouvelle Constitution, promulguée le 7 octobre 1977, installe la société soviétique dans l'illusion que la révolution a atteint son but. La lutte des classes est achevée, la bureaucratie rationnelle a remplacé la logique révolutionnaire brutale et désormais inutile. État, parti et prolétariat ne font plus qu'un. Cependant le choix de la stabilité ne signifie pas l'immobilisme. En matière politique, il s'agit de mettre fin à la déstalinisation entamée par Khrouchtchev, dont les dirigeants ne perçoivent pas l'utilité sinon que comme un facteur de désordre, et ce d'autant plus qu'ils ont été les bénéficiaires de la période. Le coup de sifflet est l'arrestation en 1965 des dissidents Daniel et Siniavski, accusés d'avoir envoyé des manuscrits à l'étranger sous les pseudonymes de « Terz » et « Arkak ». La retenue dans la répression de la dissidence* montre bien que le recours à la terreur est désormais révolu. Le deuxième domaine d'action est celui des réformes économiques. À ce moment, le modèle d'intervention totalitaire n'est plus de mise. L'ampleur des reconstructions de l'après-guerre, la complexité croissante de l'économie et le besoin de consommation de la société nécessitent des modes d'interventions plus réfléchis que l'obéissance aveugle aux slogans d'une doctrine. Prenant le contre-pied de la période stalinienne, le régime porte son attention sur l'agriculture. Les investissements ont été croissants durant toute la période jusqu'à atteindre le quart du budget. Les résultats sont décevants. Quatre raisons expliquent cet échec : le niveau de l'agriculture à la mort de Staline est particulièrement catastrophique et le retard à combler considérable, la production agricole ne peut répondre à une demande stimulée par la croissance des villes et du niveau de vie, la productivité reste faible par rapport à des coûts considérables engendrés par un monde rural qui représente encore 30 % de la population en 1985. Enfin, l'organisation collectiviste qui favorise le sovkhoze et surtout la gestion administrative de l'agriculture constitue, comme dans l'industrie, le principal obstacle à la modernisation de l'agriculture soviétique.

La production industrielle donne elle aussi des signes inquiétants de faiblesse après des décennies de croissance. La tentative de desserrer l'étau d'une économie centralisée au début des années 1960 a échoué. À partir de 1979, l'URSS entre dans une phase de croissance négative. La société commence à subir les effets de l'industrialisation forcée et d'une économie de guerre prolongée des décennies précédentes, qui avaient mobilisé une quantité énorme d'hommes, de capitaux et au prix de gaspillages considérables. Les conséquences à long terme sont calamiteuses. L'industrie est incapable d'assimiler les compétences nouvelles exigées par la modernisation et la compétition avec l'Ouest. Il en résulte un effondrement des ressources premières, accompagné de catastrophes écologiques (disparition de la mer d'Aral) ; la classe ouvrière, malgré une amélioration matérielle (revenu minimum, retraite, levée des lois répressives sur le travail), connaît une véritable dépression. L'espérance de vie s'effondre à la fin des années 1970 sous l'effet, entre autres, de l'alcoolisme. Un chômage déguisé se répand dans tous les secteurs, favorisant l'absentéisme et l'économie parallèle.

Sur le plan international, l'année 1979 marque un tournant avec l'intervention en Afghanistan*. L'URSS perd son crédit de leader du tiers-monde. En Europe de l'est, la contestation trouve en 1980 un regain en Pologne qui, deux ans plus tôt, avait donné un pape aux catholiques. Mais, surtout, le nouveau président américain Ronald Reagan, élu en 1980, entreprend de mesurer son camp directement avec l'URSS dans une compétition armée où l'innovation technologique a un rôle essentiel. Le fossé considérable entre l'Union soviétique et l'Occident apparaît alors au grand jour.

Le système est-il réformable ?

En 1982, Souslov puis Brejnev meurent. Le temps des changements semble arriver, mais il s'incarne dans Iouri Andropov, un homme de la même génération et ancien chef du KGB. Pourtant le nouveau Secrétaire général s'affiche comme réformateur. Il ne s'agit pas de réformer le système mais de mieux le comprendre pour décider des transformations nécessaires. Pour cela il demande un rapport sur l'état de l'Union aux groupes d'économistes et de sociologues de la section de l'Académie des sciences de Novossibirsk. Connu à l'Ouest en 1984, ce rapport est sans complaisance, mais il est rédigé avec des conceptions des années 1960 et dans l'orthodoxie marxiste. Les grandes lignes de la perestroïka sont déjà là.

Mais Andropov meurt, son dauphin désigné, Mikhaïl Gorbatchev, n'a pas le temps d'accéder au Secrétariat général. Le vieux Tchernenko devient, pour peu de temps, le numéro un. En avril 1985, Gorbatchev parvient enfin au pouvoir. Très vite, il s'emploie à déterminer les nouvelles priorités en matière économique. Après une période incantatoire sans grand contenu, le terme de perestroïka finit par désigner la période gorbatchévienne. Ce n'est qu'au bout de deux ans que l'on constate la faiblesse de l'initiative. La politique économique de la nouvelle équipe se résume à un programme d'incitation matérielle pour encourager la productivité, une déconcentration administrative de la planification pour susciter l'initiative des entreprises et, enfin, la mise en place d'une politique de prix réels susceptibles de relancer la croissance. Des actions plus spectaculaires qu'efficaces sont mises en œuvre ; la création d'un secteur privé coopératif dans les services a pour effet de désorganiser l'approvisionnement et de relancer l'inflation. L'« autonomie comptable » imposée aux entreprises plonge les gestionnaires locaux dans le plus grand désarroi. Dans quelques Républiques périphériques, le secteur coopératif connaît toutefois un certain développement comme dans les pays Baltes ou dans le Caucase. Ailleurs, le mouvement coopératif provoque la suspicion contre « les affairistes », les nouveaux venus du marché noir ainsi légalisé. Les vieilles rancœurs contre l'argent et le capitalisme improvisé se réveillent. Dans l'agriculture, la création d'un organisme central de gestion du talon d'Achille de l'économie, le *Gosagroprom,* se révèle inefficace. Enfin, s'attaquant à un autre fléau, Gorbatchev lance une campagne contre l'alcoolisme : cette initiative impopulaire autant qu'improvisée, détruit un des rares secteurs rentables de l'agroalimentaire. Lors du XXVIIᵉ Congrès du parti, le Secrétaire général lance la glasnost (« transparence », « publicité ») qui a pour vocation de susciter le débat et l'initiative à l'échelon local en court-circuitant les cadres locaux. Au plénum de juin, il est décidé de « démocratiser » le parti. Cette initiative a pour conséquence d'introduire un jeu de factions, inédit par sa publicité, entre les « conservateurs » (Ligatchev) et les « réformateurs » (Eltsine qui sera démis de ses fonctions). Au début de l'année 1987, peu après la libération de Sakharov, Gorbatchev va plus loin encore en libérant de nombreux dissidents (175) dont Alexandre Ogorodnikov, Serguéï Grigoriants, Tatiana Ossipova, le père Gleb Iakounine. Par ce geste, il prend l'Occident à témoin et veut le convaincre que l'URSS change. Une brèche est ouverte dans le mur idéologique ouvrant la critique générale du fonctionnement de la société. Pourtant ni la perestroïka, application des recettes économiques de la NEP des années 1920, ni la glasnost, discours à la rhétorique traditionnelle, ne constituent une remise en cause des fondements de la société socialiste. La propriété collective n'est pas transformée, la suprématie du parti nullement atteinte dans ses prérogatives, la matrice idéologique reste indépassable. Comment évaluer des réformes sans s'interroger sur la nature du régime ? Totalitaire, il n'est pas réformable sans que son existence même ne soit mise en cause. La seconde phase de la période le démontre avec virulence.

En renonçant au recours à la violence de masse depuis la mort de Staline, les dirigeants soviétiques ne pouvaient compter que sur le consensus contraint de la société pour impulser leur politique. Ainsi, l'État, le Parti, l'armée, le KGB et la police et toutes les organisations sociales affiliées, concouraient à la stabilité du système sans avoir à faire la démonstration excessive de leur force. Mais dès lors qu'un des « organes » montre sa faiblesse et même son impuissance, la confiance minimum et nécessaire à tout régime s'érode rapidement. En 1986, déjà la catastrophe de Tchernobyl* jette un grave soupçon non seulement sur l'incapacité des autorités à réagir mais également sur la qualité de la science soviétique jusque-là objet de fierté populaire. La crise dans le Caucase au cours de l'année 1988 révèle un état incapable à rétablir l'ordre. Lors du tremblement de terre de Leninakan, le 7 décembre 1988, au drame s'ajoute l'humiliation de l'aide occidentale. Indépendamment de l'insuccès des réformes économiques, l'Union soviétique accumule les crises. L'élan réformateur de Gorbatchev trouvant plus d'échos favorables hors des frontières, les effets politiques sont immédiats dans le bloc de l'Est prêt à l'émancipation. L'année 1989 marque un tournant dans l'histoire de l'Europe avec l'effondrement du rideau de fer et l'abandon du système communiste dans les pays concernés. Par effet boomerang, l'éclatement du bloc de l'Est provoque la dislocation de l'URSS et du même coup, la disparition du système communiste dans le pays fondateur. Cela commence par la volonté de Gorbatchev de mettre en œuvre la réforme politique lors des élections de juin 1989, avec pour slogan « Tout le pouvoir aux soviets ». L'objectif est aussi flou que celui des projets antérieurs. Il ne s'agit pas de rompre avec le parti mais de développer une démocratie « à la base », un État de droit qui assurerait la légitimité du régime. Avec plus de trois cents sièges au nouveau Congrès, les libéraux constituent une opposition frontale efficace contre le parti. À partir de ce moment, les grèves et les manifestations se succèdent. La crise économique et l'hyper inflation prennent le dessus. En 1991, le système se disloque. À l'évidence Gorbatchev a raté ce que Deng avait réussi en Chine malgré Tien'anmen, c'est-à-dire la sortie du stalinisme en accordant l'autonomie à l'économie. Sans doute la destruction de la société civile russe par le régime communiste a-t-elle pesé sur l'absence de relais du projet réformateur. Le flou, les réflexes intellectuels trop marqués par une rhétorique datée ont été également des handicaps majeurs pour l'équipe arrivée en 1985. Mais surtout, l'ampleur de la tâche constituait à elle seule l'utopie de la réforme. Le conservatisme mesuré de l'époque Brejnev a été une réponse somme toute efficace à la sortie du stalinisme, et au maintien du «socialisme réel», mais les ferments de la crise étaient déjà trop importants pour ne pas revenir aux pratiques violentes. Ce fut tout le mérite de Gorbatchev de ne pas y avoir eu recours.

Dictionnaire

A

guerre d'Afghanistan La guerre d'Afghanistan désigne généralement la période pendant laquelle plus de 900 000 soldats et officiers soviétiques ont été engagés dans ce pays durant une décennie (décembre 1979 - février 1989), faisant face à des actions de guérilla menées par des combattants – les moudjahidin – qui, en dépit de leur désunion, ont réussi à les mettre en déroute. Ce conflit, qualifié de « Vietnam des Soviétiques » par Zbigniew Brzezinski, ancien conseiller du président Carter, symbolise à lui seul la défaite de l'URSS dans la guerre froide. Côté soviétique, le bilan est de 14 000 morts et 75 000 blessés, 800 hélicoptères et avions détruits, ainsi que plusieurs milliers de véhicules et de blindés. Côté afghan, les pertes sont estimées à plus d'un million de victimes civiles et 200 000 combattants tués. La guerre a également provoqué le déplacement de plus du tiers de la population du pays (environ 6 millions de personnes) à l'intérieur des frontières ou vers les pays voisins (Pakistan et Iran). Elle a eu pour théâtre un grandiose territoire montagneux d'une superficie légèrement supérieure à celle de la France, coincé entre l'URSS (aujourd'hui l'Ouzbékistan et le Tadjikistan) au nord, la Chine au nord-est, le Pakistan à l'est et au sud et l'Iran à l'ouest, parcouru d'est en ouest par la chaîne de l'Hindu-Kuch qui culmine à plus de 7 000 m. Comptant environ 15 millions d'habitants en 1979 (plus de 31 millions en 2006), la population de l'Afghanistan est largement rurale, souvent nomade et forme une véritable mosaïque ethnique (Pachtouns, Tadjiks, Hazaras, Ouzbeks). Au sein de ces divers groupes, les structures tribales sont toujours très vivaces.

La clé de l'Asie. L'Afghanistan est le verrou géostratégique de l'Eurasie. Au XIXe siècle, ce pays est au cœur du grand jeu de la concurrence coloniale entre l'Empire russe et l'Empire britannique. Si l'intérêt de la Russie pour l'Afghanistan coïncide avec la dernière poussée des conquêtes russes en Asie centrale, dans la seconde moitié du XIXᵉ siècle, la Russie soviétique a déployé une diplomatie active dans la région dès les années 1920. Ce n'est toutefois qu'en 1954 qu'une véritable coopération s'instaure, sous les auspices de Daoud, Premier ministre du roi Zaher shah. L'Afghanistan se trouve dans une situation de dépendance financière, économique et politique croissante à l'égard de l'URSS, qui intervient dans de nombreux secteurs de l'économie afghane, menant de grands travaux d'infrastructure, exploitant le gaz naturel, contribuant à la formation de l'armée, de cadres, d'ingénieurs et de techniciens. En 1973, un coup d'État renverse la monarchie. La nouvelle République afghane confère le pouvoir suprême à Daoud. Après 1975, Daoud cherche à se dégager des liens trop étroits établis avec les Soviétiques : il procède à une spectaculaire réconciliation avec le Pakistan, proaméricain, signe des accords d'assistance économique avec l'Iran – alors également sous influence américaine – et des accords de coopération militaire avec l'Égypte et l'Inde. En avril 1978, un coup d'État militaire réalisé avec l'appui des services soviétiques met fin au régime de Daoud, sauvagement massacré avec toute sa famille. La « révolution du Saur » (*Saur* signifie « du mois d'avril ») donne le pouvoir au parti communiste, divisé depuis 1965 en deux branches, le *Khalq* (le Peuple) et le *Parcham* (le Drapeau). Le *Parcham*, dirigé par Babrak Karmal, avait été associé au pouvoir de Daoud. Dirigé par l'écrivain Mouhammad Taraki, le *Khalq*, proche de Moscou, l'emporte en septembre 1979 et impose sa dictature. Très vite cependant, Taraki est débordé, puis supplanté par Hafizoullah Amin, qui instaure un régime de terreur et d'arbitraire. Désorganisée par une tentative de réforme agraire menée par le *Khalq*, la société traditionnelle exprime son opposition au nouveau régime (les paysans afghans sont persuadés que « communiste » signifie « celui qui renie Dieu »). Le régime communiste est donc sur le point de vaciller lors de l'arrivée des troupes soviétiques, le 27 décembre 1979. Ultime rebondissement, les Soviétiques installent au pouvoir Babrak Karmal, en exil à Moscou, après le renversement d'Amin par un nouveau coup d'État.

Les Soviétiques dans le bourbier afghan. Avec un contingent permanent qui se stabilise rapidement autour de 100 000 hommes, l'armée soviétique ne parviendra pas cependant jamais à prendre le contrôle du territoire de l'Afghanistan. Dès le printemps 1979, les premières actions de guérilla destinées à repousser les envahisseurs du nord se produisent. Pendant l'été 1979, bien qu'abondamment pourvu en armes par les Soviétiques, le *Khalq* ne contrôle guère que les villes et les routes du pays. Des bombardements aériens visant à la destruction systématique des villages entraînent un exode massif de la population, notamment vers le Pakistan voisin, ruinant l'économie agraire. Dans les hautes vallées, reculées et très enclavées, l'occupant côtoie de près les résistants, au côté desquels se trouvent de futures grandes ONG, *Médecins sans frontières* notamment, dont ce conflit écrit une page décisive de l'histoire. En mai 1986, Babrak Karmal est remplacé par Mouhammad Najiboullah, ancien chef de la police secrète. D'abord éparpillée et disparate, la résistance afghane à l'occupation soviétique est menée par différents groupes, parmi lesquels il faut retenir le *Hezb-i-Islami*, dirigé par Goulbouddine Hekmatiar, qui bénéficient du soutien des intégristes pakistanais. Dans ce contexte, les États-Unis soutiennent matériellement les *freedom fighters,* c'est-à-dire les *moudjahidin*. Dans le nord, les Hazaras rallient les Aimaks à leur cause et coopèrent avec les résistants du nord pour obtenir un statut d'autonomie. Dans le nord-est, la vallée du Panchir est le domaine du Tadjik Ahmad Chah Massoud qui, tout en restant affilié au *Jamiat-i-Islami* (concurrent du *Hezb-i-Islami*), tente de coordonner l'action des divers groupes de résistants à l'échelle de l'Afghanistan. Héros très médiatisé de la résistance afghane, le « Lion du Panchir » va populariser dans le monde entier la résistance afghane et ses combattants portant le *pakol* (le turban). En bon stratège, le commandant Massoud parvient à résister aux offensives soviétiques les plus massives. L'année 1986 marque le tournant stratégique de la guerre. La résistance afghane est dotée par les Américains de missiles antiaériens qui permettent de déjouer efficacement les attaques soviétiques et de remporter, à chaque avion ou hélicoptère détruit, une victoire immédiatement transformée en images et diffusée en Occident. Les Soviétiques s'enlisent dans le bourbier afghan. Ils ont d'ores et déjà perdu la guerre des images. De nombreux « cercueils de zinc » reviennent en URSS : la guerre gagne en impopularité. Mikhaïl Gorbatchev engage la perestroïka et la glasnost en 1987. Cette guerre devient l'un des premiers thèmes récurrents de l'espace public libéralisé. Le secrétaire général du PCUS fait du règlement du dossier afghan une priorité. Annoncé le 13 janvier 1988, le retrait soviétique de l'Afghanistan, sans conditions, ne sera réellement achevé qu'en février 1989.

Le syndrome afghan. Après 1989, la guerre se prolonge. L'URSS reste présente sur le terrain par le biais de l'aide économique et des livraisons d'armes apportées au régime de Kaboul. C'est finalement l'effondrement de l'URSS, en 1991, qui entraîne dans sa chute le régime communiste d'Afghanistan. En avril 1992, les combattants rassemblés derrière le commandant Massoud prennent Kaboul. Pour l'Afghanistan, une nouvelle phase de la guerre commence où émerge rapidement le mouvement fondamentaliste des talibans qui, bénéficiant d'une importante aide pakistanaise, parviennent à contrôler l'ensemble du pays en 1998. La guerre d'Afghanistan a permis la cristallisation de mouvements civiques qui ont marqué l'histoire politique de la fin de l'URSS et de la Russie postsoviétique. Les «anciens d'Afghanistan» – *Afgantsy* – s'organisent à la fin des des années 1980 pour défendre leurs droits dans le contexte douloureux de la chute de l'URSS et des réformes économiques. De nombreux blessés ou invalides de guerre rencontreront des difficultés insurmontables pour se faire indemniser. De même, un mouvement de «mères de soldats» constitué dans les années 1980 de manière informelle va devenir la matrice d'un «comité des mères de soldats», qui se transforme en une véritable ONG. Dans les années 1990, La Russie postsoviétique s'engage dans de nouvelles guerres en Tchétchénie. Ces interventions sont comparées volontiers à la guerre d'Afghanistan qui est entrée dans la conscience collective par la littérature – les inoubliables *Cercueils de zinc* de Svetlana Alexievitch – et le cinéma. Enfin, certaines figures de proue du «mouvement des *Afgantsy*», des officiers supérieurs ayant combattu en Afghanistan (Boris Gromov, Alexandre Routskoï, Alexandre Lebed) ont tiré de leur participation à ce «conflit où nous partions pour l'honneur et où nous avons recueilli le déshonneur» – pour reprendre les mots du général Alexandre Lebed – une source de légitimité politique.

Alexandre II
Né en 1818, Alexandre II arrive au pouvoir en 1855 dans un double contexte de défaite russe en Crimée et d'obsolescence comme d'impuissance institutionnelle face aux défis de modernisation de l'État et de la société. Quoique conservateur, il se révèle d'emblée

plus libéral que son père Nicolas Ier et prêt, le cas échéant, à user de ses prérogatives autocratiques pour imposer ses vues, y compris contre l'avis de la noblesse. L'époque est en outre dominée, il est vrai, par toute une intelligentsia influente et bruyante.

L'abolition du servage et la réforme agraire sont au cœur de ses préoccupations mais mettent six ans à voir le jour. Le « Statut des paysans libérés du servage » est signé le 19 février 1861. Il concerne quelque 22 millions de paysans appartenant aux propriétaires sur une population totale de 76 millions d'habitants. Ce manifeste octroie à tous les serfs la liberté et à ceux exploitant déjà la terre la propriété de lots d'une superficie variable selon les *mir* (communautés villageoises), mais généralement inférieure à ceux qu'ils cultivaient auparavant. Le rachat est financé par une avance de l'État, mais le poids des divergences entre vendeurs et acheteurs est tel qu'il faut attendre 1881 et l'obligation de rachat pour que le statut prenne son plein effet. L'indemnisation des propriétaires et l'attribution des terres aux paysans libérés provoquent des débats très tranchés au sein de l'État et dans la société, ce d'autant plus que les nouveaux affranchis, incapables pour la plupart de rembourser leurs dettes mais rendus à la liberté de circulation, préfèrent aller travailler en usine. En outre, le transfert aux *mirs* de la levée de l'impôt place le serf sous la tutelle économique de ces collectivités qui font figure de nouveaux propriétaires.

Alexandre II est également à l'origine, en janvier 1864, d'une réforme administrative avec la création des *zemstva*, des conseils locaux élus selon un système censitaire et, en décembre de la même année, d'une réforme judiciaire séparant la justice de l'administration et garantissant théoriquement l'indépendance des magistrats par leur inamovibilité. La réforme militaire, enfin, marque le règne d'Alexandre II. Si un tiers des officiers provient de la noblesse et se prévaut d'une solide instruction, les autres sont issus du rang et témoignent d'une préparation insuffisante à la carrière. Aussi, durant les années 1860, sont décidées l'élévation du niveau culturel des officiers, l'éducation des soldats, l'abrogation des peines corporelles, l'amélioration des vivres et de l'état sanitaire et la réduction du service militaire de vingt à six ans. En 1874, sa généralisation est instituée.

Le règne d'Alexandre II a indéniablement été marqué par un souci sincère et ambitieux dans ses intentions de modernisation de l'État et de la société russes. Le 1ᵉʳ mars 1881, le tsar est victime d'un attentat fomenté par les comploteurs de *Narodnaïa Volia,* à savoir quatre jeunes bourgeois violemment hostiles à l'autocratie parmi lesquels Sophie Perovski, fille de l'ancien gouverneur de Saint-Pétersbourg. Quelques heures avant son assassinat, Alexandre II convoquait encore les délégués élus qui devaient réfléchir à de nouvelles lois et discuter un projet de Constitution. Mais la disproportion entre l'audace politique et l'indigence des moyens économiques en a plus souvent qu'à son tour contrarié l'élan.

Alexandre Nevski Prince de Novgorod* puis grand-prince de Russie, canonisé par l'Église orthodoxe après sa mort. Le prince Alexandre (1219-1263) prend son nom de Nevski après avoir mené les Novgorodiens à la victoire contre les Suédois qui avançaient le long de la Neva en 1240. Son règne s'inscrit dans une période de conquêtes et d'affirmations territoriales et religieuses entre les musulmans mongols venus de l'est, les tribus suédoises et finlandaises au nord et les chevaliers Teutoniques qui voulaient germaniser leur voisin slave par le biais du catholicisme romain. Alexandre dut imposer par la force la légitimité de la principauté de Novgorod, première entité étatique de la Rus'. Il lutte contre les tribus finlandaises voisines et lituaniennes et affronte l'invasion mongole tout en établissant des relations stables avec ces derniers. Il vainc également les chevaliers Teutoniques venus soumettre les populations de l'est, dans une bataille restée célèbre : le 5 avril 1242, sur la glace du lac des Tchoudes, ou lac Peïpous en Estonie, il met en déroute les chevaliers allemands lourdement armés et vêtus de cottes de mailles, et leurs alliés finlandais, qui sombrent dans les eaux du lac dont la glace de printemps se brise sous leur poids. La tradition historique russe en a fait « la bataille des glaces », célébrée par le chant et la littérature et immortalisée par le film de Sergueï Eisenstein*, *Alexandre Nevski* (1938), et par la bande originale composée par Sergueï Prokofiev.

⋯⟩ joug mongol

Allemands Des Allemands habitent la Russie depuis le Moyen Âge. Aux xvᵉ et xviᵉ siècle, un quartier peuplé seulement d'Européens de l'Ouest apparaît aux abords de Moscou, la *niemetskaïa sloboda,* ou faubourg étranger. *Niemets* signifie «le muet» en russe, autrement dit l'étranger, celui qui ne parle pas russe. Or une majorité d'Allemands peuple ce faubourg, si bien que le terme *niemets* prend un troisième sens, «allemand».

L'arrivée massive d'Allemands en Russie débute avec le règne de Catherine II*. L'impératrice russe d'origine allemande publie en 1764 un célèbre manifeste dans lequel les étrangers sont appelés à occuper les terres fertiles du sud de la Russie. Catherine II souhaite peupler les espaces vides d'un vaste empire, moderniser son pays, et s'ouvrir sur l'Europe. La tsarine promet aux colons une terre, des exonérations d'impôts, la libre pratique religieuse, et l'exemption du service militaire. Cet appel n'a du succès qu'en Allemagne : l'intolérance religieuse, la pauvreté, l'espoir d'échapper aux guerres napoléoniennes et au service militaire, autant de raisons qui expliquent l'afflux rapide d'Allemands en Russie. Les promesses de Catherine II ne seront que partiellement tenues. Sur place, l'accueil matériel des colons est sommaire, les terrains offerts sont à l'état sauvage, et la propriété à l'origine n'est pas individuelle, mais un «bien commun de chaque colonie». La propriété collective favorise pourtant la bonne organisation et la solidarité de ces communautés. Rapidement, les Allemands de Russie acquièrent une bonne réputation en tant qu'agriculteurs, éleveurs ou artisans. Ils s'installent à différents endroits : au bord de la Volga*, en Sibérie*, au Kazakhstan actuel ou en Asie centrale*. Les colons en provenance du sud de l'Allemagne, arrivés via le Danube, se fixent plutôt dans le sud du Caucase et sur la rive nord de la mer Noire. Au début du xixe siècle, lorsque la Bessarabie (future Moldavie) est prise aux Turcs, d'autres colons allemands, arrivés de Pologne, s'y installent.

L'autonomie des communautés allemandes explique le développement d'une conscience patriotique aiguë, transmise à leur descendance par la langue et le respect des coutumes. Ce réflexe autarcique pose problème lorsque le nationalisme s'enracine, à la fin du xixe siècle. En Russie, la méfiance à l'égard des Allemands s'aiguise quand Bismarck réalise en 1871 l'union d'un empire redouté. Les mesures défavorables se succèdent dès lors : fin des exemptions fiscale et militaire, russification du système scolaire allemand, limitation de l'immigration volontaire, voire destructions de propriété et déplacement de population lors de la Première Guerre mondiale. Les Allemands de Russie vont alors s'intégrer peu à peu à la vie publique et intellectuelle russe, tout en gardant leur spécificité linguistique. La révolution bolchevique de 1917 modifie avantageusement leur statut. En 1918, Lénine signe un décret qui octroie aux habitants des anciennes colonies allemandes de la Volga certains droits culturels, dans les écoles ou les administrations. Cette mesure, qui s'inscrit dans le cadre large de la politique des nationalités*, vise aussi à rapprocher les peuples allemands et russes dans la révolution internationale, dont l'Allemagne, selon Lénine, est la prochaine étape. En 1924, la colonie recevra le statut d'État autonome de la République fédérale russe, une première à l'époque parmi les minorités nationales. La répression religieuse et le chaos économique qui suivent la guerre civile* poussent néanmoins nombre d'Allemands à émigrer en Amérique du Nord, avant que Staline interdise la sortie du territoire. En 1929, il reste encore un million d'Allemands en Union soviétique, dont 600 000 dans l'État de la Volga.

Cette république est dissoute en 1941 par Staline, en réaction brutale à l'invasion nazie. Une part massive de la population allemande est déportée dans les régions du Kazakhstan, de l'Altaï, et de Sibérie, au nom d'une prétendue culpabilité collective. Beaucoup seront envoyés au goulag*, et la victoire soviétique n'y changera rien. Un décret signé par Lavrenti Beria en 1948 stipule ainsi que « la déportation des Allemands et leur installation doivent être considérées comme éternelles ». C'est en 1964 que les Allemands de Russie sont réhabilités et autorisés à retourner au bord de la Volga. Seules quelques dizaines de milliers feront le chemin inverse, et près de deux millions d'Allemands resteront installés en Sibérie et en Asie centrale.

La perestroïka, en ouvrant les frontières, permet à nombre d'Allemands d'émigrer en RFA, laquelle mène alors une politique d'accueil généreuse. L'État allemand a d'abord vu ce flot d'immigrants comme une chance, dans un pays où la natalité est parmi les plus basses d'Europe. Mais le flux ne s'arrête pas avec la chute de l'URSS, et, en 1999, plus d'un million et demi de Soviétiques d'origine allemande ont émigré dans l'Allemagne réunifiée.

Ce chiffre ne saurait cacher les problèmes d'adaptation linguistique, culturelle et professionnelle, dans un pays qui n'a jamais été le leur. La « minorité » allemande souffre souvent d'une image négative auprès des autochtones. Depuis la fin des années 1990, l'Allemagne se fait plus dissuasive pour les immigrants potentiels : en rehaussant les exigences linguistiques, en fixant des quotas, en fournissant une aide économique aux régions russes peuplées d'Allemands, ou même en y ouvrant des centres de formation linguistique. Désormais, les Allemands restés en Russie sont non seulement encouragés à ne pas revenir, mais ils constituent par leur localisation un levier d'expansion culturelle pour l'Allemagne.

alphabet russe, cyrillique L'histoire de l'alphabet russe est étroitement liée à celle de la diffusion de la langue liturgique en Europe orientale. Ici, chrétienté et affirmation du pouvoir politique ont convergé dans l'adoption de l'écriture biblique pour codifier les parlers des peuples slaves orientaux et l'emploi du cyrillique religieux, ou slavon, a permis de délimiter l'espace de la foi orthodoxe en Europe. Ainsi, l'alphabet cyrillique utilisé en Russie est employé encore à ce jour par une partie du monde slave, en Bulgarie, en Macédoine ou en Serbie, mais aussi en Ukraine et en Biélorussie. L'alphabet cyrillique a une origine encore incertaine. Son nom fait référence à saint Cyrille, moine missionnaire de Byzance qui aurait, avec saint Méthode, créé l'alphabet glagolitique, dérivé du grec avec des lettres spécifiques destinées à retranscrire les parlers slaves de la région de Thessaloniki. Toutefois, c'est Clément d'Ohrid dans le royaume de Ternovo, qui aurait apporté d'importantes modifications à cet alphabet et qui l'aurait véritablement diffusé au reste du monde slave.

Proche de l'alphabet grec, dont il est dérivé, le cyrillique intègre des consonnes chuintantes et des voyelles nasales qu'il transcrit au moyen d'une douzaine de lettres supplémentaires par rapport à l'alphabet latin. Le russe écrit a arrêté une forme définitive au cours du Moyen Âge (862-1246), connaissant une évolution semblable à celle du gothique en Allemagne. La première réforme importante du cyrillique en Russie a été entreprise sous Pierre le Grand en 1708. Elle procède à l'élimination de lettres originaires du grec qui n'avaient plus d'emploi. De même c'est à cette période qu'est introduite une forme d'écriture cursive. Il s'agit vraisemblablement d'un résultat indirect de la politique de modernisation de l'État par le tsar russe. La révolution russe apporte la dernière réforme d'envergure en 1918 avec l'élimination de quelques lettres en double emploi mais qui avaient très largement survécues dans la pratique (à titre d'exemple, le texte de Lénine, *Que Faire ?* avait été ainsi encore publié avec l'utilisation de l'ancien alphabet en 1902). L'imposition par Moscou d'une norme orthographique à plusieurs des anciens pays de l'aire communiste, comme les Républiques d'Asie centrale ou encore la Mongolie, a permis d'élargir la portée symbolique de l'influence russe au-delà des frontières. Toutefois, avec la chute de l'URSS, nombre de ces pays ont décidé de latiniser leur alphabet – comme l'Ouzbékistan – estimant que le cyrillique n'était pas, en dépit de certaines modifications à leur intention, en mesure de retranscrire leur phonétique.

âme slave Fataliste, mystique, poétique, intuitive, romantique, passionnée et irrationnelle... Si l'âme slave ne s'épuise pas dans tous ces adjectifs, c'est qu'elle n'est pas un concept mais un mythe, qui a grandi au cours du XIXe siècle. Née sur le terreau du slavophilisme, l'âme slave se construit dans la littérature russe sur le mythe d'une Russie étrangère aux maux occidentaux – capitalisme, individualisme, rationalisme – pour ne citer qu'eux. L'Europe occidentale, dans un contexte intellectuel propice, réserve un accueil favorable à cette littérature et reprendra avec conviction l'idée d'une spiritualité slave spécifique, contribuant ainsi à forger un mythe qui fait aujourd'hui figure de lieu commun.

L'idée d'une nation ou d'une communauté slave ne naît pourtant pas en Russie. À la fin du XVIIIe siècle, l'enthousiasme romantique pour les cultures nationales se diffuse aux peuples d'Europe centrale et orientale. C'est un linguiste tchèque, l'abbé Dobrovsky qui, dans un ouvrage paru en 1822, établit le slavon comme langue commune aux peuples orthodoxes. Sur cette base scientifique, des écrivains tchèques et slovaques comme Jan Kollar propagent l'idée d'un patriotisme slave dont Moscou serait la ville sainte et la Russie le pays protecteur. Certains écrivains et poètes russes reprennent alors le panslavisme tchèque ou slovaque et développent un mouvement nommé «slavophilisme» et représenté, entre autres, par le poète Chomiakov ou l'historien Aksakov. Pour les slavophiles, l'avenir russe passe par une rupture avec la tradition des Lumières et l'héritage européen de la Russie depuis Pierre le Grand. Ils sont à la recherche d'un nouvel État, qui reposerait sur la religion et l'«esprit national», que la communauté rurale russe réaliserait pleinement. Le slavophilisme est un patriotisme qui revendique des qualités spirituelles irréductibles à un groupe de peuples qui partage une seule et même langue originelle.

Ce sont ces qualités spirituelles présumées qui décrivent et justifient l'idée d'une «âme slave», idée reprise ensuite par certains auteurs slaves. Adam Mickiewicz, poète romantique polonais et professeur au Collège de France en 1842-1843, s'inspire des thèses slavophiles lorsqu'il qualifie le peuple slave d'inapte à l'industrie moderne, détaché des biens terrestres, et donc près d'accéder au bonheur : par un étonnant retournement, la pauvreté et la souffrance, qui seraient caractéristiques des peuples slaves, deviennent la promesse d'une vie meilleure.

Les créations littéraires russes du xixe siècle continueront de nourrir le mythe. Dans les années 1850, l'Occident découvre dans le réalisme de Tourgueniev les charmes d'une campagne russe hors du temps, avec ses paysans poètes, ses champs de blé à perte de vue, son calme et sa grâce ancestrale. Un monde vierge des souillures de l'homme moderne, où régneraient les valeurs éternelles de la terre. Eugène-Melchior de Vogüé, commentateur français célèbre de la littérature russe, voit alors en Tourgueniev l'évidence des «qualités maîtresses du peuple russe, la bonté naïve, la simplicité, la résignation». À partir des années 1880, Tolstoï* et Dostoïevski* deviennent les nouvelles étoiles de la littérature* russe. L'un et l'autre dénoncent dans leurs œuvres, le rationalisme moderne, et donnent ainsi du grain à moudre aux exégètes occidentaux convaincus que l'«âme slave» serait plus spirituelle que rationnelle, plus passionnée que raisonnée. En lisant Tolstoï, Vogüé lui attribue «cette faim d'aliments spirituels qui tourmente les âmes russes». Lorsque Dostoïevski explore les bas-fonds de l'âme et les passions humaines avec une profondeur inédite, c'est, pense-t-on, un talent typiquement russe dont l'écrivain ne serait que la meilleure expression. Tolstoï et Dostoïevski achèvent de persuader l'Occident d'une inclination des Russes au désordre et à la violence.

Car l'«âme slave» ne serait pas devenue mythe sans un Occident enthousiaste, en quête d'évasion. Cette idée y rencontre en effet un large écho, diffusé grâce au romantisme de l'époque et à la curiosité pour les cultures nationales qui l'accompagne, notamment la culture russe. Car la Russie s'est rapprochée de l'Occident ce dernier siècle :

Pierre le Grand a ouvert une fenêtre sur l'Ouest avec Saint-Pétersbourg, Catherine II a accueilli les philosophes des Lumières, et Napoléon a mené campagne dans l'Empire russe. Le mythe occidental de l'âme slave se forgera donc en référence à la Russie, ce monde neuf et méconnu, étrange et immense, rural et arriéré. L'archaïsme des structures familiales, sociales et économiques y sera perçu comme un gage de vérité et d'authenticité, la preuve d'une innocence que le rationalisme occidental, le matérialisme et le progrès technique n'ont jamais perverti. Friedrich Nietzsche, André Gide ou Oscar Wilde, pour ne citer que les plus célèbres, contribueront dans leurs écrits à irriguer le mythe de l'âme slave, Nietzsche voyant par exemple dans l'homme slave la potentialité du surhomme.

anarchie « La liberté sans le socialisme, c'est le privilège, l'injustice, et le socialisme sans liberté, c'est l'esclavage et la brutalité ». L'auteur de ces mots, Mikhaïl Bakounine* (1814-1676), l'adversaire de Karl Marx au sein de la Ire Internationale, est le fondateur russe de l'anarchisme politique. Fortement inspiré par les écrits de Proudhon, il prônait le socialisme, le fédéralisme et l'antimilitarisme ainsi que l'athéisme, au nom du matérialisme rationaliste et du refus de l'autorité qui s'incarne dans la hiérarchie ecclésiastique ou dans l'État. Dans l'atmosphère révolutionnaire qui enflamme l'Europe du XIXe siècle, la Russie est un terreau fertile pour l'anarchie. L'idée de destruction pousse certains anarchistes vers le terrorisme révolutionnaire, suivant les nihilistes comme Netchaïev (dans son *Catéchisme révolutionnaire*, Netchaïev considère que la révolution est une fin en soi ; en nihiliste, il ne cherche pas à construire une société future, mais à créer des situations extrêmes par l'escalade combinée de la violence terroriste et de la répression policière) : Sofia Perovskaïa assassine le tsar Alexandre II en mars 1881. Le mouvement anarchiste russe est à la fois intellectuel, syndicaliste et paysan.

La tendance intellectuelle est incarnée par Piotr Kropotkine (1842-1921), géographe reconnu, d'origine noble. En 1874, comme quelques milliers d'intellectuels, il « marche au peuple » pour instruire la paysannerie en vivant en son sein, mais il est arrêté et emprisonné. Il s'exile alors en Europe où, en 1902, il publie *l'Entraide, un facteur de l'évolution*, vision alternative à la « survie du plus apte » défendue à l'époque par les darwinistes sociaux racistes et nationalistes. Quand il revient en Russie en 1917, il refuse le poste de ministre proposé par Kerenski en raison de son immense autorité dans les milieux révolutionnaires. Il adopte ensuite une attitude critique vis-à-vis des méthodes autoritaires du pouvoir bolchevique ; ses obsèques donnent lieu au plus impressionnant cortège anarchiste qu'ait connu le pays.

D'origine russe mais de nationalité belge, Victor Serge (1890-1947) est un syndicaliste anarchiste qui se rallie au nouveau régime après Octobre 1917. L'anarcho-bolchevique devient secrétaire de Zinoviev à la IIIᵉ Internationale (Komintern), cautionnant ainsi la répression du mouvement anarchiste par les bolcheviks en 1922. Puis il se rapproche de Trotski. Il est de ce fait exclu du parti en 1928, déporté au goulag en 1933, puis expulsé en 1936 vers la France grâce à une campagne internationale conduite par Gide et Malraux. Il dénonce alors sans relâche la dérive autoritaire du régime stalinien, sans rien renier de ses engagements passés.

Les anarchistes ont mythifié deux fameux épisodes de la révolution russe : l'épopée de l'Ukrainien Makhno et la révolte des marins de Kronstadt. Nestor Makhno (1889-1934), fils d'anciens serfs, est venu à l'anarchie au contact de paysans qui multipliaient les actions directes (expropriations, assassinats politiques). Arrêté en 1908, il ne sort de prison que grâce à la révolution de Février 1917. Il crée alors une Union des paysans (29 mars 1917) au moment où l'autogestion locale se développe à la campagne comme dans les usines. Peu soutenu par les anarchistes moscovites, il se rapproche de Lénine qui cherche des soutiens pour la guerre civile qui commence.

En septembre 1918 débute la « Makhnovchtchina », qui libère le territoire ukrainien de l'occupation allemande, puis s'attaque aux troupes blanches du général Denikine et aux nationalistes ukrainiens dirigés par Simon Petlioura. Les makhnovistes pratiquent la terreur politique et sont responsables de pogroms. L'accord écrit passé avec les bolcheviks en 1919, mêlé de méfiance réciproque, est rompu par ces derniers une fois que Makhno a libéré l'Ukraine*. En août 1920, Makhno est blessé lors d'un combat et doit fuir à Paris, d'où il critique la défaite anarchiste et propose même une nouvelle organisation des anarchistes dans sa *Plate-forme organisationnelle des communistes libertaires*.

Le dernier sursaut révolutionnaire de la Russie bolchevique est la révolte des marins de Kronstadt contre la dictature du parti ouvrier et pour le maintien du pouvoir des soviets (mars 1921). Aucun mot d'ordre n'était à proprement parler anarchiste, mais l'anarchiste Voline (1882-1945) a revendiqué cette appartenance dans *la Révolution inconnue,* et ainsi diffusé cette idée en France, terre d'asile de nombreux anarchistes de l'époque, russes ou espagnols.

affaire Anastasia À la fois fantasme, espoir et scandale pour les exilés russes, l'affaire Anastasia a rapidement enflammé l'imagination bien au-delà de la petite communauté des Russes blancs. Tout commence le 17 février 1920 quand un officier allemand repêche, dans un canal de Berlin, une jeune femme qui vient de s'y jeter. Refusant de parler, la jeune femme est d'abord internée dans un asile d'aliénés où, quelque temps plus tard, elle déclare qu'elle est la grande-duchesse Anastasia, dernière fille de Nicolas II* miraculeusement réchappée de la tuerie de la sinistre maison Ipatiev d'Iekaterinbourg. On peut s'étonner que les dires de la jeune femme aient débordé le cadre confiné de l'asile ; on le comprend mieux si l'on se rappelle que le massacre de la famille impériale dans la nuit du 16 au 17 juillet 1918 a, dès le début, fait l'objet de tous les types de rumeurs. Décision d'éliminer Nicolas II, l'impératrice et leurs enfants prise à la va-vite – sur ordre de Sverdlov, président de l'exécutif central des soviets, devant la nouvelle de l'avancée des troupes blanches –, déclarations contradictoires de la presse, opération de dissimulation des corps faite dans la précipitation, rumeurs courant dans la région de la disparition d'un des corps : il n'en fallait pas moins pour que les ferments du doute et l'espoir se lèvent chez les exilés. Alors même que la jeune femme ne présente guère de ressemblance avec la grande-duchesse et qu'elle ignore beaucoup de détails qu'elle devrait connaître sur la vie à la cour, son histoire trouve un écho extraordinaire. Elle raconte comment elle a survécu au massacre grâce aux bijoux de la couronne cousus dans sa robe sur lesquels les balles ont ricoché. Aussi folle qu'apparaît aujourd'hui son histoire elle a convaincu un certain nombre d'exilés de la noblesse russe persuadés de reconnaître la grande-duchesse, alors que d'autres crient à l'imposture.

Les analyses ADN pratiquées sur les restes de la famille impériale et sur ceux d'Anna Anderson, morte en 1984, ont prouvé qu'il n'existait aucun lien de parenté.

archives La création d'une administration des archives en URSS a été une étape décisive – et indispensable – dans la mise en place de l'histoire officielle soviétique. Après une première législation en 1918, la question des archives était devenue stratégique pour un régime dont le secret s'ajoutant à la destruction de documents, devenait une arme politique. Réalisé en 1938, ce processus d'organisation et de concentration de données a placé les fonds appartenant aux différentes institutions publiques ou privées sous la tutelle de l'État. Simultanément, le pouvoir soviétique a décidé de la création de fonds parallèles où seraient consignées les informations appartenant aux nouvelles organisations sociales et politiques du régime, comme le Fonds d'archives du Parti communiste.

Le degré de concentration de la gestion des archives et de leur accessibilité à des chercheurs soviétiques et étrangers, a été le reflet de la plus ou moins grande ouverture du régime au cours de l'histoire de l'Union soviétique. Ainsi pendant une première période allant de 1938 à 1960 l'Administration centrale des archives de l'URSS *(Glavarkhiv SSSR)* a été placée sous contrôle direct du Commissariat du peuple des Affaires intérieures (NKVD) devenu, en 1946, le ministère de l'Intérieur (MVD). Après 1960, elle passe sous l'autorité du Conseil des ministres : cette période devait marquer une décentralisation de la gestion des fonds, qui durent toutefois rester soumis à des règles de communication restreinte, fixées par l'Administration centrale. Ce fut le cas des fonds appartenant aux anciennes Républiques soviétiques, des archives des organisations stratégiques ayant leur administration propre (ministère des Affaires étrangères, Parti communiste, Institut Marx-Engels-Lénine rattaché au Comité central qui hébergeait les archives du Komintern, KGB) ou encore des nombreuses collections manuscrites administrées par des institutions et des organisations secondaires.

À cet inventaire il faut ajouter les archives saisies par les troupes soviétiques lors de leur avancée en Europe en 1945, qui récupérèrent entre autres, beaucoup de fonds pillés par les nazis en Europe occidentale. Nombre de fonds sont restés interdits d'accès pour les rares chercheurs qui s'aventuraient en URSS ; de ce fait, l'ouverture graduelle à leur consultation n'a pas été le résultat d'un processus échelonné, mais au contraire d'une négociation permanente entre le *Glavarkhiv* et le gouvernement.

Le travail des historiens de l'URSS a bien entendu commencé avant la chute de l'URSS. Outre quelques rares autorisations accordées, il faut signaler l'existence des archives de Smolensk saisies par les Allemands pendant la guerre et récupérées par les troupes américaines. La connaissance de l'URSS a ainsi longtemps transité par la pénombre des récits de dissidents qui avaient quitté l'Union soviétique par vagues au cours des années 1930, 1960 et 1980 et les quelques fonds accessibles en territoire soviétique, ces derniers étant soumis à une lourde censure. En 1991, l'ouverture des archives de l'ex-URSS a permis à un ensemble de spécialistes de l'URSS mais aussi à ceux des dernières années de la Russie impériale, de confirmer ou d'invalider des hypothèses de travail qui avaient été développées pendant une grande partie du XXe siècle.

Un véritable « océan d'archives » (selon l'expression de Nicolas Werth) a permis de saisir la réalité de l'histoire soviétique en mettant à jour le fonctionnement du système politique mais aussi des réalités sociales contrastées. Plus important encore, ce travail a permis d'éclairer l'histoire tragique de l'URSS par un décompte minutieux des victimes de la répression stalinienne – conduit entre autres par l'association russe *Memorial* – ou encore la publication en France de synthèses importantes de l'histoire du communisme (Stéphane Courtois avec *le Livre noir du communisme* ou encore Anne Applebaum avec *Une Histoire du goulag*).

L'opportunité d'un tel exercice de mémoire historique a toutefois été rapidement mis à mal par le retour des autorités russes sur la libre consultation des différents fonds existants, en particulier des innombrables dossiers personnels constitués par toutes les administrations du régime, à commencer par le parti.

Cette situation, exacerbée au début des années 2000, marque un infléchissement de la ligne qui avait été tenue par Moscou au cours des années Eltsine, et s'inscrit dans un processus plus large de réévaluation de l'histoire officielle.

Armée rouge
Le fer de lance du régime soviétique

L'Armée rouge est le nom originel et usuel donné à l'armée de l'URSS, bien qu'elle fût renommée « Armée soviétique » dès 1946. Elle fut une armée politisée dès sa naissance, puisque forgée pour consolider le régime bolchevique. Au prix de pertes humaines sévères, l'Armée rouge se fait libératrice lors de la Seconde Guerre mondiale, avant de devenir un instrument d'occupation jusqu'à la chute de l'empire soviétique.

Jusqu'à la Révolution, la Russie est une grande puissance militaire. Pierre le Grand dote l'Empire d'une armée permanente et professionnelle. Les modèles suédois et prussien d'organisation comme de discipline s'imposent. Une réforme radicale de l'armée, en 1763, en fait l'une des meilleures d'Europe. Après une période d'indéniables succès, en particulier contre la France en 1812, l'armée russe subit des revers lors de la guerre de Crimée* (1853-1856) et surtout contre le Japon, en 1905.

La Première* Guerre mondiale surprend une armée russe en complète réorganisation qui a accumulé bien des retards sur ses adversaires. Armée de paysans, sous-encadrée, parfois sans armes, elle subit un choc considérable inauguré par la défaite de Tannenberg et qui s'achève dans l'effondrement de 1917.

La guerre civile : d'une cohorte de volontaires à une armée disciplinée

Après la révolution d'Octobre* 1917, l'armée russe se désintègre, comme la plupart des institutions de l'empire tsariste. C'est alors la garde rouge, formée d'environ 200 000 paysans et ouvriers volontaires, qui assume le rôle d'armée de substitution. Pour consolider un pouvoir fragilisé par la dissolution de l'Assemblée constituante en janvier 1918, les bolcheviks décident de remplacer la garde rouge par une armée permanente. L'« Armée rouge des Paysans et des Travailleurs » naît donc le 28 janvier 1918. « Entre dans l'Armée rouge celui qui est prêt à consacrer ses forces et sa vie à la défense des acquis de la révolution d'Octobre, du pouvoir des soviets, et du socialisme », proclame le décret officiel. À partir de mars 1918, c'est Trotski*, commissaire du peuple à la Guerre, qui va se charger de transformer une coalition de volontaires en armée organisée, au moment où la guerre civile s'étend sur plusieurs fronts.

Les mesures prises par Trotski sont plus pragmatiques qu'idéologiques. Le volontariat est remplacé par un service militaire obligatoire, pour faire face aux besoins de la guerre* civile si bien qu'en 1920, au plus fort de la guerre civile, l'Armée rouge compte près de 5 millions de soldats. Les bolcheviks acceptent ensuite, sur insistance de Trotski et malgré les réticences de Staline*, de réintégrer plusieurs dizaines de milliers d'anciens officiers et hauts gradés de l'armée tsariste, dont l'expérience du commandement s'avéra utile. La hiérarchie militaire, précédemment abolie, est en outre rétablie dès septembre 1918, et les sanctions disciplinaires durcies, face à l'impopularité de la guerre et aux désertions de masse. Le Parti bolchevique s'efforce également de resserrer son contrôle sur le pouvoir militaire. Pour s'assurer de la loyauté idéologique d'un ensemble disparate, des commissaires politiques responsables devant le Parti sont introduits dans chaque unité. Ils sont habilités à contester une décision militaire. L'Armée rouge devient progressivement un lieu de promotion sociale puisqu'elle est tout à la fois un lieu d'alphabétisation et de propagande, et un vivier du Komsomol (réunion des unions de jeunesse léninistes communistes) et d'adhésion au Parti.

L'année 1919 voit l'Armée rouge remporter ses premières grandes victoires, sous la férule de Trotski, premier stratège en tant que président du Conseil militaire révolutionnaire, et grâce à des commandants de renom tel Mikhaïl Toukhatchevski, à la tête de la 1re armée. En 1922, l'Armée rouge sort finalement victorieuse de la guerre civile. Elle aura perdu 1 million de soldats, contre 500 000 pour l'Armée blanche, et subit une humiliante défaite face à la Pologne*. Mais la victoire définitive permet aux bolcheviks de proclamer officiellement, en décembre 1922, la naissance de l'Union soviétique. Malgré son travail, Trotski quitte la direction de l'Armée rouge en 1924, sous la pression de la troïka Staline-Kamenev-Zinoviev.

La victoire face au nazisme : l'Armée rouge symbole de l'antifascisme

Alors que l'URSS s'industrialise rapidement sous l'impulsion de Staline, l'Armée rouge se modernise et s'équipe en artillerie et capacités aériennes. Forte de son expérience en matière d'offensive terrestre, elle devient l'une des armées les plus craintes du continent européen. Elle est aussi très politisée, puisqu'en 1933, près de la moitié des soldats sont membres du Parti communiste. Mais entre 1937 et 1939, la Grande* Terreur déclenchée par Staline, touche de plein fouet les hauts gradés de l'armée. Symbole de la purge, le maréchal Toukhatchevski est condamné à mort et fusillé pour intelligence avec l'Allemagne, après une parodie de procès. D'autres maréchaux, généraux et des milliers d'officiers seront exécutés ou envoyés dans des camps de travail.

Le remplacement des cadres de l'Armée rouge n'empêche pas, en septembre 1939, une facile victoire face au Japon lors d'un conflit frontalier mineur, ou la rapide invasion de la Pologne jusqu'à la ligne Curzon, à la faveur du pacte Ribbentropp-Molotov, signé le mois précédent. La guerre de Finlande, déclenchée sur ordre de Staline le 30 novembre 1939, instille néanmoins le doute sur la compétence du nouveau commandement. Les Soviétiques y perdent six fois plus de soldats que les Finlandais, en dépit d'une supériorité matérielle écrasante, et ne gagnent que 10 % du territoire de la Finlande.

À partir de juin 1941, lorsque Hitler lance l'invasion de l'URSS, l'Armée rouge connaît une série de défaites. Des centaines de milliers de soldats soviétiques sont encerclés et faits prisonniers, alors que la quasi-totalité de la flotte aérienne est détruite au sol. Pour Staline, l'effet de surprise est total et il mettra plusieurs jours avant de mobiliser son armée. L'inexpérience du commandement joue également, du fait des purges qui ont privé l'armée de ses meilleurs cadres, et aussi du fait de la croissance des effectifs entre 1939 et 1941, forçant la promotion des plus jeunes. L'obsolescence du matériel, la désorganisation générale et la supériorité tactique et numérique des forces de l'Axe expliquent aussi ces défaites éclairs. Pour stimuler les troupes, le gouvernement soviétique remplace la propagande communiste par une rhétorique nationaliste, abandonne son contrôle idéologique sur le commandement et introduit les distinctions individuelles. En même temps, les officiers ont tiré les leçons de leur défaite. En décembre 1941, alors que la Wehrmacht est aux portes de Moscou, la contre-offensive menée par le général Joukov repousse l'ennemi à plus de 200 km. L'Armée rouge a pu mobiliser des réservistes sibériens habitués aux conditions hivernales, et s'est équipée en matériel récent notamment avec des chars. La mobilisation se poursuit et s'intensifie par la suite si bien qu'au plus fort de la guerre, en 1943, l'Armée rouge compte plus de 12 millions de soldats. Les victoires décisives ont lieu cette année-là : à Stalingrad* en janvier, à Koursk en juillet. Dès lors, la percée soviétique sera continue.

Dans son avancée vers Berlin, l'Armée rouge ne se prive pas de « venger » certaines exactions nazies en commettant, à son tour, nombre d'atrocités envers les populations civiles. Sur ordre de Staline, elle s'arrête à l'été 1944 aux portes de Varsovie pour laisser les nazis exterminer la résistance non communiste. Mais auréolées de leur victoire sur l'« ennemi fasciste » en mai 1945, les troupes soviétiques jouissent d'un prestige international. On salue le courage de l'institution militaire soviétique, forte de ses 34 millions d'hommes mobilisés en quatre ans, dont 9 millions sont morts, un chiffre énorme. La propagande soviétique aidant, l'Armée rouge est élevée au rang de défenseur de la liberté, image relayée par certains intellectuels en Occident qui contribuera à l'attrait du communisme. En 1946, elle prend le nom d'Armée soviétique *(Sovietskaïa Armiia)*.

Une armée d'occupation impériale qui ternit sa réputation

Après la Seconde Guerre mondiale et dans un contexte de guerre* froide, l'Armée soviétique a conservé des effectifs fluctuant entre 3 et 5 millions de soldats, un chiffre élevé que seule l'armée populaire de Chine excédera. Mais avec l'arrivée de Khrouchtchev, l'accent mis sur les capacités nucléaires entraîne une réduction des effectifs, sans pour autant réduire son poids financier.

En parallèle, l'Armée soviétique s'est transformée en force d'occupation, disposant de bases militaires dans la plupart des pays de son glacis stratégique, écrasant par les chars les soulèvements populaires, et ternissant sérieusement sa réputation : révolte ouvrière à Berlin en juin 1953, insurrection de Budapest en octobre 1956, fin du printemps de Prague en août 1968... L'image des chars à Budapest marquera, pour nombre d'intellectuels français, la fin d'une illusion, celle du communisme soviétique comme alternative aux démocraties libérales. Sous Leonid Brejnev, l'armée est l'objet d'une grande sollicitude de la part du pouvoir. Le développement des dépenses militaires dans un contexte de guerre froide permet la constitution d'un complexe militaro-industriel économiquement autonome. À l'étranger, les experts militaires soviétiques sont présents dans la plupart des pays alliés de l'URSS.

En décembre 1979, l'Armée soviétique intervient en Afghanistan* pour soutenir un régime prosoviétique. Supérieures techniquement, les troupes soviétiques se révèlent pourtant incapables de contrôler les campagnes : l'insuffisance des effectifs, le matériel inadapté et le manque de préparation face à la guérilla conduisent à rendre cette guerre désespérée, même aux yeux des militaires. Les pertes enregistrées sont pourtant limitées, en comparaison des conflits précédents ; mais dans un contexte de glasnost, la critique prend de l'ampleur au sein de la société soviétique. D'autant que cette guerre alourdit les dépenses militaires qu'un réformateur comme Gorbatchev veut alléger. Si bien qu'en février 1989, l'Armée soviétique se retire de l'Afghanistan sur un constat d'échec et décrédibilisée par ses exactions, aux yeux de la population soviétique elle-même.

Le retrait puis la dissolution

Sur le plan intérieur, les chars soviétiques interviennent sporadiquement pour contenir les velléités nationalistes, en Lituanie ou en Arménie. Ces drames ne sauraient cacher pourtant la mise au second plan du pouvoir militaire lors du délitement de l'URSS. En août 1991, lors du coup d'État manqué, les chars entrent à Moscou pour assurer la sécurité des civils, mais sans se ranger du côté des putschistes conservateurs. En parallèle, et avec l'accord de Gorbatchev, les États européens du glacis stratégique deviennent pleinement souverains, d'où un retrait des forces soviétiques, formalisé le 1er juillet 1991 par la dissolution du pacte de Varsovie.

Cinq mois plus tard, l'Armée soviétique est dissoute avec l'URSS. Elle est encore une armée pléthorique et suréquipée de matériel obsolète. Malgré l'acte fondateur de la CEI, qui stipule la préservation d'un « espace militaire commun », les effectifs sont finalement répartis au sein des nouveaux États en fonction de leur nationalité, et les actifs militaires selon leur localisation. Mais c'est l'Armée de la Fédération de Russie, née en mai 1992, qui en sera la principale héritière : en matière d'équipements, de troupes, et surtout de capacités nucléaires, dont elle conserve le monopole.

⸱⸱⸱⸱> « Grande Guerre patriotique » (la)

Asie centrale
De la conquête à l'indépendance

Le terme d'Asie centrale désigne une aire géographique dont les limites varient considérablement dans le temps et selon que l'on retient des critères géographiques, linguistiques, culturels ou politiques pour la définir. Ce terme, qui a pour corollaire « haute Asie », « Asie intérieure » ou encore, en russe, « Asie moyenne » (très employé au xixe siècle), a été façonné dans le mouvement de l'expansion européenne vers l'Asie à l'époque moderne et contemporaine. La conquête russe de l'Asie centrale et de ses steppes est un thème d'inspiration dans la culture russe de la fin du xixe siècle, pour ne citer que la célèbre pièce symphonique d'Alexandre Borodine, *Dans les steppes de l'Asie centrale* (1880).

Le « carrefour des Empires »

Lieu de formation de puissantes confédérations nomades, les « Empires des steppes », l'Asie centrale est un réservoir de populations dont les migrations ont déferlé sur les pays sédentaires d'Europe et d'Asie. Après le démembrement de l'Empire mongol, aux xive et xve siècles, l'Asie centrale s'est morcelée en entités politiques distinctes. Elle a été conquise par la Russie au cours des xviiie et xixe siècles. Entre 1740 et 1895, les objectifs de la conquête russe en Asie centrale ont considérablement varié en fonction du contexte intérieur et international. L'incorporation de ces territoires peuplés de musulmans a fait l'objet de stratégies successives diverses. Aux conquêtes brutales et aux conversions forcées qui caractérisent la conquête de la steppe (aujourd'hui le nord du Kazakhstan) du xviie siècle succède la conclusion de traités et l'attribution d'un statut pour l'Islam au xviiie siècle. Au xixe siècle, on assiste à une colonisation « classique » des régions centrasiatiques méridionales – colonies de peuplement et mise en œuvre d'un système d'administration indirecte et de protectorats – suivie, au début de l'ère soviétique, par le découpage de la région en républiques selon le principe des nationalités.

À la fin du xixe siècle, la conquête russe de l'Asie centrale – une expression qui désigne la conquête des émirats méridionaux de l'ancienne Transoxiane, rassemblés dans un ensemble appelé « Turkestan » – est l'aboutissement du processus de formation et d'expansion de l'Empire russe, qui, depuis la conquête du khanat de Kazan en 1552, met les Russes aux prises avec les populations musulmanes. Ce processus de conquête, qui se poursuit jusqu'en 1920 (prise de Boukhara), est quasi continu dans le temps et dans l'espace. Différence majeure avec les Empires coloniaux français, portugais, espagnol ou britannique, l'Empire russe conquiert des territoires qui sont en continuité territoriale avec les terres russes. Ces conquêtes conduisent à la juxtaposition, selon les lieux et les périodes, de systèmes très différents d'administration coloniale. La prise de Kazan, en 1552, puis la conquête du khanat d'Astrakhan, en 1554-1556, par Ivan IV* le Terrible, marquent les débuts de la formation de l'Empire russe. La population tatare musulmane se voit privée de ses structures politiques et religieuses, subit l'expropriation de ses terres et une entreprise massive de conversion forcée à l'orthodoxie. C'est à partir de cette région aux confins de la Volga et de l'Oural que l'avancée russe vers l'Asie centrale reprend au xviiie siècle, en direction des steppes kazakhes. Là, les tribus nomades sont regroupées en « fédérations » – la Grande Horde, la Moyenne Horde, la Petite Horde – dont les luttes internes ont souvent pour enjeu le contrôle des pâturages. Tandis que l'avance russe se manifeste par la construction de fortins et de forteresses, dispositif à la fois défensif – contre les incursions de nomades kazakhs – et offensif – point de départ des conquêtes futures –, la société nomade est plongée dans une certaine anarchie. Après le Grand Malheur (l'invasion de tribus venues de Mongolie orientale en 1721-1725), les Kazakhs demandent la protection des Russes : en 1731, le chef de la Petite Horde fait serment d'allégeance au tsar, il sera suivi par celui de la Moyenne Horde, puis, plus tardivement (1742), par celui de la Grande Horde. Les Kazakhs sont alors dotés du statut d'allogènes *(inorodtsy)*. Les Russes mettront plusieurs décennies pour soumettre l'espace de la steppe kazakhe jusqu'à ses franges méridionales et orientales, peuplées par les Kirghizes.

De la conquête russe à la soviétisation

La conquête du « Turkestan » – c'est-à-dire des régions méridionales de l'Asie centrale actuelle –, alors parcouru par les tribus nomades turkmènes, karapalpakes et ouzbèkes, s'opère au xixe siècle. Héritières des Empires timourides et cheibanides, trois principautés composent alors la région : l'émirat de Boukhara, le khanat de Kokand et le khanat de Khiva. Dans cette région, la conquête est tardive car la guerre de Crimée ainsi que la rébellion de l'imam Chamil dans le Caucase* du Nord ont imposé au pouvoir russe d'autres priorités militaires. Elle s'accomplira en plusieurs étapes, de 1853 à 1873. Elle débute par l'avancée russe au Kokand, mais la guerre ne commence réellement qu'avec l'entrée des troupes russes dans la zone des oasis, à proximité de Tachkent (aujourd'hui la capitale de l'Ouzbékistan). En quelques années, la présence russe est établie et Tachkent, la ville la plus importante de la région (100 000 habitants), est conquise en juillet 1865. De cet événement découlent les conquêtes ultérieures : soumission de Boukhara en 1868, prise de Khiva le 29 mai 1873, invasion du Kokand en 1875. Enfin, dans les années 1873-1881, la conquête du pays turkmène est lancée : elle s'achève en 1884 par la prise de l'oasis de Merv. La région détient à l'évidence une importante fonction géostratégique pour l'Empire russe, qui s'oppose alors à l'Empire britannique dans le cadre du « Grand Jeu ». Dès 1881, la construction du chemin de fer* militaire transcaspien est entreprise dans ce contexte tandis que se poursuit la poussée conquérante vers le sud : les Russes soumettent les tribus turkmènes (1877-1885), prennent l'oasis afghan de Pandjeh en 1885 et, enfin, occupent le haut Pamir en 1895. Les accords négociés avec la Grande-Bretagne dans le contexte du « Grand Jeu », qui garantissent les frontières de la Perse et de l'Afghanistan, font de l'Afghanistan un État tampon entre les deux Empires. La gestion de ces nouveaux espaces conquis a permis aux Russes d'expérimenter différentes formes de domination. La nouvelle province du Turkestan, créée en 1865, est promue au rang de gouvernorat en 1867, placée sous les ordres du général von Kaufman, tandis qu'un gouvernorat des steppes regroupe les terres situées au nord-est de l'actuel Kazakhstan. Au cœur du Turkménistan actuel, on découpe la province de Transcaspienne. Les émirats de Khiva et de Boukhara sont érigés en protectorats : placés sous la tutelle étroite de la Russie, ils sont encore plus étroitement contrôlés par une Agence politique impériale russe, créée en 1885 : elle contrôle l'émir et son gouvernement, veille sur les concessions et défend les intérêts commerciaux et industriels russes tout en assurant la surveillance de la frontière russo-afghane. Ainsi, la présence russe en Asie centrale a pris des formes comparables à celles des autres empires coloniaux de l'époque : dans les zones kazakhes, on implante des colonies de peuplement, tandis que le Turkestan est voué à l'occupation militaire et administrative. En dehors des steppes kazakhes, la présence russe n'est pas assortie de prosélytisme religieux : le rite orthodoxe et la construction d'églises sont surtout destinés à l'usage des colons russes installés dans les quartiers modernes, construits à l'écart des villes musulmanes traditionnelles. En revanche, dans le gouvernorat des steppes, la colonisation de peuplement modifie profondément la composition de la population au détriment des Kazakhs. Dans cette région, la part de la population européenne passe de 20 % en 1887 à 40 % en 1911, avant d'atteindre 47 % en 1939. Les autorités russes s'efforcent de mettre fin au système tribal traditionnel et imposent une administration directe. D'une certaine manière, la révolution bolchevique parachève l'entreprise coloniale russe en Asie centrale, en procédant à la collectivisation des terres et, dans les steppes, à la sédentarisation forcée des populations nomades. Les tentatives pour encadrer l'Islam – tout comme celles qui visent, sans succès, à promouvoir la religion orthodoxe – déclenchent des révoltes en 1916. Par la suite, dans les années 1920-1930, le pouvoir soviétique procède au démantèlement des institutions religieuses. Dans la province du Turkestan, en l'absence d'une politique de russification forcée, le droit coutumier et les tribunaux chariatiques sont respectés jusqu'à la révolution bolchevique. Toutefois, les Russes procèdent ici à des expropriations massives afin de mettre en place la monoculture du coton, principal argument de la colonisation. Cette monoculture s'est poursuivie de manière extensive pendant la période soviétique, produisant l'un des désastres écologiques les plus dramatiques de la planète à la fin du XXe siècle : la disparition progressive de la mer d'Aral, du fait du détournement des eaux des fleuves qui l'alimentent à des fins d'irrigation.

Les nouveaux confins

Aujourd'hui, l'Asie centrale désigne communément le vaste espace de près de 4 millions de kilomètres carrés occupé par cinq États issus de la dislocation de l'URSS, en 1991 : le Kazakhstan, l'Ouzbékistan, le Turkménistan, le Tadjikistan et le Kirghizistan (ou Kirghizie). Au sens large, on peut y inclure, pour des motifs historiques ou ethnolinguistiques – l'Asie centrale se confondant alors avec le Turkestan –, les provinces chinoises du Xinjiang (région autonome des Ouïgours) ou du Tibet, la Mongolie, le nord-est de l'Iran, l'Afghanistan et le Pakistan, voire l'Azerbaïdjan. Au XXIᵉ siècle, l'Asie centrale demeure ce « carrefour des Empires » qu'elle était déjà au XIXᵉ siècle, aux confins des territoires ou des zones d'influence russe, chinoise, indienne, turque, iranienne, arabe et britannique, et aujourd'hui américaine. Les États qui composent aujourd'hui l'Asie centrale *stricto sensu*, membres de la CEI* depuis 1991, sont issus de républiques qui furent créées par l'administration soviétique entre 1924 et 1936. La capitale du Kazakhstan a été déplacée d'Almaty (Alma-Ata) à Astana (ancienne Akmolinsk, puis Tselinograd) après l'indépendance, mais les autres capitales, Bichkek (ancienne Frounze), Tachkent, Douchanbe et Ashgabat (ancienne Achkhabad), sont demeurées inchangées.

automobile
Une industrie tournée vers les véhicules industriels

Compte tenu de ses dimensions et de ses conditions climatiques, la Russie est un pays que l'on sillonne plutôt en en chemin de fer ou en avion que sur de confortables routes. Par ailleurs, le régime soviétique privilégiant, idéologiquement, la construction de biens d'équipement et les transports en commun, la voiture particulière n'y a pas connu un développement aussi intense que dans les petites nations capitalistes de l'Europe tempérée. En revanche, la Russie s'est relativement spécialisée dans la construction de véhicules industriels et de véhicules tous terrains extrêmement robustes.

Pourtant, la Russie s'était préparée à l'époque tsariste à l'avènement de l'automobile. En 1896, la première voiture de tourisme de série – semblable aux modèles Benz de l'époque – est présentée au public. Malheureusement, cette création suscite peu d'intérêt de la part des investisseurs. La licence est finalement vendue à l'usine russo-lettonne, basée à Riga qui poursuit la production sur la base de pièces importées. La vente des voitures

« russo-baltes » sur le marché est interrompue par la guerre, la révolution puis l'indépendance de la Lettonie, entraînant d'importantes difficultés douanières. Parallèlement en 1919, l'usine AMO, fondée quatre ans plus tôt à Moscou par les frères Riabouchinski, est nationalisée. En 1922, le combinat (l'équivalent d'un groupe industriel comprenant plusieurs sites de production) prend le nom de Mosavto, qui deviendra en 1933 Mosavto ZIS – usine moscovite automobile du nom de Staline –, devenue ZIL (du nom de Likatchev, son directeur) en 1956 lors de la déstalinisation. Cette usine a toujours fourni les véhicules les plus prestigieux de l'Union soviétique.

En 1936, la première ZIS 101 sort des lignes de production installées à Gorki. Elle dispose d'un moteur de 5 750 cm³ et d'une puissance de 90 CV. Elle comporte un certain nombre de nouveautés (désembuage du pare-brise, poste radio) et peut atteindre 120 km/h. En 1967, le modèle sera profondément remanié avec l'abandon du moteur en fonte pour un alliage plus léger et une série d'autres améliorations (freins à disques ventilés, fermeture des portes centralisée, etc.). Ces voitures, destinées à l'élite, sont toujours produites de nos jours (le dernier modèle est la ZIL 4112, sorti en 2007) et continuent de subir des tests techniques particulièrement approfondis avant livraison.

Popularisation et essor de l'automobile

Mais, dès la fin des années 1920, époque de la popularisation de l'automobile, notamment marquée par l'apparition du premier magazine spécialisé – *Za Ruliom* (toujours édité) – l'URSS s'est dotée d'une production de véhicules plus accessibles au grand public. Celle-ci est particulièrement due à la firme KIM, devenue MZMA – usine moscovite de véhicules de petit tirage – en 1945, puis AZLK – usine automobile des jeunesses léninistes – en 1968. En 1947, la première Moskvitch sort de ses chaînes ; on en produira 250 000 unités jusqu'en 1956. Véhicule modeste, cette automobile fait 23 CV et roule à 99 km/h. Elle s'inspire de l'Opel Kadett, dont les plans et les outillages ont été saisis lors de la « libération » du territoire allemand. En 1956, elle est remplacée par la Moskvitch 402, comparable à l'Opel Rekord, tant dans sa ligne que dans ses performances. Mais bientôt la firme rencontre des problèmes : elle ne trouve pas de fournisseurs pour des moteurs qu'elle voudrait plus puissants, qu'elle est obligée d'acheter auprès de Renault pour son modèle Aleko. À compter de 1993, avec sa transformation en société par actions, la firme commence à décliner ; en

1998, elle subit de plein fouet la crise financière et se retrouve à vendre ses véhicules à perte. Même l'élargissement des gammes breaks, combis, 4 x 4, ne parvient pas à sortir AZLK du marasme. Équipée pour produire plus de 100 000 véhicules par an, la firme n'en sortira que 810 en 2001, dernière année de son activité. L'année suivante, les 3 500 ouvriers, au chômage technique, font appel au président Poutine pour se faire rembourser des mois entiers d'arriérés de salaires. Placée sous administration judiciaire, la firme tente de s'en sortir en louant ses terrains, notamment ceux de son site Avtoframos de Moscou à Renault qui y installe une chaîne de montage pour la Logan (120 000 unités par an). En 2006, la liquidation est finalement prononcée, Avtoframos passant entièrement sous la coupe de Renault. Même si elles sont toutes durement affectées par l'ouverture à la concurrence étrangère (les importations représentent 22 % du parc automobile en 2005), toutes les usines ne connaissent pas la même débâcle. Par exemple, GAZ, un des constructeurs soviétiques les plus célèbres, réputé notamment pour ses camions, parvient à tirer son épingle du jeu grâce à une stratégie de recentrage sur les véhicules lourds et de partenariat avec l'étranger (notamment avec AB, Volvo et Toyota). Plus récemment, en 2007, GAZ s'est à nouveau lancé sur des marchés de véhicules de tourisme, rachetant à Chrysler deux modèles en fin de production aux États-Unis (la Stratus et la Sebring) pour en produire environ 65 000 unités à l'année. Créé en 1932, GAZ (usine automobile de Gorki), avait connu ses premiers succès avec un modèle directement inspiré de la Ford A. Mais c'est surtout la voiture de tourisme Pobieda – la Victoire –, sortie en 1946, qui avait fait sa renommée. D'une exceptionnelle robustesse, ce modèle souffrait néanmoins d'un poids élevé et d'une consommation importante (13 litres au 100). Ensuite, c'est la Volga, commercialisée en 1956, qui devint son produit phare. Élégante, cette voiture de moyenne gamme est adoptée par tous les états-majors de la fonction publique et les compagnies de taxis. En 1960, GAZ sort une voiture de luxe, capable de concurrencer la ZIL, la Tchaïka, une limousine 7 places pouvant rouler (si l'état des routes le permet) à 160 km/h. Dans le sillon de GAZ, de nombreux autres constructeurs soviétiques ont vu le jour. Tous sont installés dans l'Oural, suite à la mise à l'abri du front, lors de la Seconde Guerre mondiale. On peut notamment citer KAMAZ spécialisé dans les camions, et VAZ, le plus important d'entre eux, installé par Fiat à Togliatti en 1960. C'est VAZ qui produira la fameuse Jigouli ou Lada, dénomination destinée à l'exportation. Dans les années 1970,

VAZ met au point un 4x4, dit Niva, dont la puissance et la robustesse sont exceptionnelles. Au final, VAZ devient le premier constructeur automobile, avec 780 000 Lada construites en 1983. La firme est également soutenue par un bon niveau d'exportation. En 2002, VAZ, devenu Lada, fonde une joint-venture avec General Motors, pour produire un véhicule de loisirs – la Chevy Niva, à hauteur de 75 000 unités par an. En plein essor, la firme Lada finance d'importantes recherches qui aboutissent à la production de voitures de courses et au lancement sur le marché d'une voiture à hydrogène – l'Antel 2.

À côté de ces grands classiques, il faut mentionner quelques réalisations exceptionnelles et spectaculaires telles qu'une GAZ de record, équipée avec un moteur de MIG et pouvant rouler à 694 km/h – l'exploit date de 1954, année où la concurrence avec les États-Unis est à son apogée – ou des réalisations plus modestes mais tout aussi originales, telles qu'une voiture électrique conçue dès 1970 en Arménie, République mal dotée en pétrole, ou bien encore des véhicules pour handicapés, fabriqués par une petite usine de Serpoukhov au centre de la Russie.

Un marché en plein développement

Malgré le récent redémarrage de la production locale (+ 16 % de janvier à juin 2007), que l'on doit à l'explosion considérable du marché après 1991 et qui entraîne des embouteillages colossaux dans les grandes villes, les véhicules russes séduisent de moins en moins les consommateurs. En effet, après avoir attendu des années – lorsqu'on avait les moyens d'en acquérir, il fallait parfois plus de dix ans pour être livré – pour rouler dans des voitures médiocres (le manque de pièces détachées rendaient souvent les pannes rédhibitoires ; on emportait les essuie-glaces dans son sac avant de quitter son véhicule), les Russes tentent de rattraper leur retard. Aujourd'hui, on ne compte encore que 177 véhicules pour 1 000 habitants, tandis que la France, par exemple, en compte 530. Il faut dire que le réseau routier n'est pas des plus sûrs et des plus développés : tandis que la densité du réseau routier français est de 1,77 km pour 1 000 km², celle de la Russie européenne – la mieux dotée – est de 0,18 et l'Extrême-Orient russe n'est couvert qu'à 0,0005. De plus, l'absence d'autoroutes, l'insuffisance de routes à quatre voies, le manque d'entretien et de civisme routier rendent la circulation dangereuse. Avec 241 morts par an et par million d'habitants, la Russie se place certes avant l'Afrique (280 morts en moyenne), mais est encore très loin du plus avancé des pays européens (60). Malgré ces données peu rassurantes et la concurrence des transports de longue distance, il est certain que le marché automobile a de beaux jours devant lui, car les Russes ont aussi de plus en plus besoin de transports individuels de proximité : il faut transporter les nouveaux biens dont regorge à présent la Russie et se déplacer pour aller travailler sur un marché de l'emploi exigeant de plus en plus de mobilité.

Les faibles avantages comparatifs que possédait la production russe semblent en passe de disparaître : le prix des voitures russes a augmenté de 11 % en 2006 tandis que celui des véhicules importés baissait de 7 %. Dès 2005, la vente des voitures importées (neuves et occasions) dépassait pour la première fois celle de la production nationale (constituée à 17 % d'assemblage de modèles étrangers). De plus, les constructeurs étrangers ont fini par adapter – techniquement et financièrement - leur offre aux conditions russes. Se taillent la part du lion : Hyundai, Chevrolet, Toyota (notamment pour ses 4 x 4 dont raffolent les nouveaux riches), Mitsubishi, Daewoo, Nissan. Renault qui, après des années de stagnation sur le marché, s'est enfin résolu à adapter ses modèles (par exemple pour la hauteur de la garde au sol), arrive en 8ᵉ place notamment grâce à sa production locale de plus en plus développée.

aviation Qu'il s'agisse de la branche civile ou de la branche militaire, l'aviation en Russie a toujours revêtu une connotation stratégique allant au-delà du simple moyen de transport, par opposition directe au chemin de fer, qui a marqué à la fin du XIXᵉ siècle la conquête du territoire. L'aviation soviétique a connu un développement parallèle à celui de l'aviation en Occident, avec un premier vol habité en 1910. La production a été développée dans un premier temps à des fins militaires. Mais dès leur accession au pouvoir, les bolcheviks ont conçu la maîtrise des airs et de l'espace comme étant intimement liée à leur projet politique et à leur souci de propagande. Ils se sont employés très vite – au début des années 1920 – à créer les moyens administratifs nécessaires à la constitution de l'aviation soviétique. Déjà au cours des années 1930, plusieurs bureaux d'étude (comme celui de Mikoïan et Gourevitch ou MiG, et celui d'Andreï Tupolev, fondateur en 1922 de la Commission de construction d'avions métalliques) ont été mis en place par le ministère d'Industrie de l'URSS autour de projets d'aéronefs destinés à l'aviation militaire et civile.

Dès lors, l'aviation a été un vecteur de modernisation davantage qu'un simple moyen de transport, ce qui a lourdement conditionné son essor tout au long du XXe siècle. Des technologies nouvelles sont rapidement adoptées, comme le développement des moteurs à propulsion entre 1937 et 1945. Objet de propagande, ses prouesses techniques ont été largement diffusées ainsi que les exploits des héros de l'air comme Valéry Tchkalov (1904-1938), héros de l'URSS ayant effectué le premier vol sans escale Moscou-Vancouver (1937) en passant par le pôle Nord. Toutefois, l'écart croissant entre la production aéronautique civile et les besoins réels de la société soviétique a rendu le transport aérien en Russie obsolète et dépendant des avancées techniques de l'Occident. En dépit de quelques projets industriels plus ou moins aboutis (l'Iliouchine-96 ou encore l'avion de transport An-225), l'état de délabrement de la filière civile était manifeste au moment de la chute de l'URSS. Seule la branche militaire a été à la hauteur en matière de sophistication technique, comme en témoigne le succès des avions de chasse MIG-29 ou SU-24, qui ont bénéficié d'une exportation ininterrompue, orientée majoritairement vers des pays émergents en quête de renouvellement de leur armement, tels que le Venezuela et l'Iran.

Le transport civil intérieur connaît néanmoins un grand essor. Dans le milieu des années 1960, la flotte commerciale est remplacée par des avions pouvant transporter plus de 120 passagers. Le principal aéroport domestique de Moscou, Domodedovo, est inauguré en 1965. Le programme Tupolev, grâce au TU-144 puis au TU-154, permit à l'URSS de se doter d'une capacité de transport civil de premier plan, mais qui se révéla vite insuffisante. La conception du supersonique Tupolev (TU-144), qui devait beaucoup à l'espionnage industriel du projet français Concorde, connut un développement limité. Le premier modèle de production s'écrasa le 3 juin 1973, lors du Salon du Bourget... retardant de deux ans sa mise en vente.

Il n'en demeure pas moins que les années 1990 ont été des années noires pour l'industrie aéronautique, avec une désorganisation profonde des circuits de fabrication et de livraison à l'échelle nationale. La production d'aéronefs à usage civil a sévèrement chuté à cette époque, et ne constituait qu'une fraction réduite des niveaux européens ou américains (5 aéronefs par an contre 300 en Europe à la même époque). Cette situation n'a pas empêché le parc aéronautique des nouvelles compagnies d'aviation civile de se moderniser avec l'achat d'Airbus et d'avions Boeing en opération, comme en témoigne le renouvellement du parc de l'ancienne compagnie soviétique Aeroflot. Reste que la dégradation du secteur de la défense a conduit progressivement la Russie à renouer avec l'intervention publique et une collaboration avec l'étranger. Les années 2000 marquent un tournant. Le président Vladimir Poutine favorise ainsi la création d'une société intégrée de l'industrie aéronautique russe (OAK) par une directive du printemps 2006. Cette société atteint aujourd'hui un niveau de concentration industrielle exceptionnel et bénéficie d'investissements étrangers (l'Italie et la France avec la Snecma et le groupe Thalès). Dès 2007, le premier modèle d'une nouvelle série de moyens-porteurs, le Superjet 100, sort des usines Soukhoï.

B

babouchka La langue russe affectionne les diminutifs : Sacha pour Alexandre, *diedouchka* pour *diadia* (l'oncle) etc. *Babouchka* (dérivé de *baba*, grand-mère) est sans doute l'un des plus utilisés et des plus chargés de sens. La babouchka est bien plus qu'une « petite » grand-mère : inutile que l'interpellée soit votre ancêtre pour lui donner du babouchka. La babouchka se partage, elle est à tous, pour tous, pleine de ressources. Elle est l'incarnation d'une figure de conte ; un génie sur lequel on peut compter et dont on ne se moque qu'affectueusement. Image d'Épinal : elle est replète et porte de larges jupes, un fichu coloré sur la tête dont dépassent quelques cheveux gris, elle distribue ses petits pains chauds fourrés à la viande *(pirojiki)*. Mais si, par malheur, vous lui barrez la route, la voilà soudain qui tempête, donne des coudes, vous foudroie du regard et vous passe sur le corps, drapée de son statut de demi-déesse. Pour mériter ses pouvoirs, la babouchka s'abîme souvent en prières, à genoux malgré son grand âge, elle baise les icônes, se signe, allume un cierge et s'éloigne en marmonnant, trimbalant un grand sac, contenant d'autres sacs, tous emplis de mystères.

Mikhaïl Alexandrovitch **Bakounine** Jeune noble russe que la carrière des armes rebute, Bakounine (1814-1876) rencontre le philosophe Herzen qui l'encourage à partir étudier la pensée d'Hegel en Allemagne. En 1845, à Paris, il fait la connaissance de Marx, Engels et surtout de Proudhon, qu'il admire particulièrement. Témoin de la révolution de février 1848, acteur du Printemps des peuples en Allemagne, il se retrouve emprisonné en Russie (1850), puis exilé en Sibérie (1858). En 1861, il parvient à s'échapper et s'exile.

De retour à Paris, après s'être consacré brièvement à la question nationale (libération des Slaves), Bakounine rejette les notions d'État et de nation, sièges d'une autorité collective qui entrave à ses yeux la liberté individuelle. Il fonde la Fraternité internationale et détaille dans *Catéchisme révolutionnaire* les grands principes anarchistes : athéisme, antimilitarisme, socialisme et fédéralisme.

En 1868, il adhère à l'Association internationale du travail (AIT) fondée en 1864 par Marx, avec lequel il ne tarde pas à se brouiller. Les deux hommes s'affrontent notamment lors du congrès de Bâle (1869) autour de la question de la propriété du sol (que Bakounine voulait supprimer) et d'une conception plus fédéraliste de l'AIT. Les historiens ont montré que Marx en voulait personnellement à Bakounine à cause de son influence et de son opposition. En 1872, il obtient que Bakounine soit exclu de l'AIT, qui se dissout finalement en 1876.

Malheureux dans sa tentative de soulèvement à Lyon en 1870, témoin impuissant de l'échec de la Commune de Paris, le fondateur de l'anarchisme moderne meurt à Bâle dans le dénuement, en 1876.

Bakounine était un révolutionnaire écouté surtout dans les milieux anarchistes. Pierre Kropotkine a diffusé sa pensée en Russie. Mais l'hostilité de Marx à l'encontre de Bakounine fut aussi développé par les sociaux-démocrates : « L'anarchisme, c'est l'individualisme bourgeois à l'envers ! », dénonçait (de manière ambiguë) Lénine, aussi inquiet que Marx du succès possible d'une tendance politique assez bien ancrée à l'usine et à la campagne.

---⟩ anarchie

le ballet russe

La notoriété du ballet russe dépasse les frontières de la Russie pour s'inscrire dans le patrimoine mondial et reste aujourd'hui encore une des contributions majeures de la Russie à l'expression artistique. Le ballet russe et la très renommée École des danses traditionnelles de Russie ont été de puissants vecteurs de diffusion de la culture russe à l'étranger, avec des créations mettant en scène des épisodes de la mythologie russe tels que *l'Oiseau de feu* de Stravinsky, mais aussi des thèmes proches des canons esthétiques soviétiques comme *Gayaneh*, de Khatchatourian.

Bien que le ballet en Russie n'ait vu le jour qu'au XIXe siècle sous un ensemble d'influences européennes – française en particulier avec Marius Petipa –, la danse classique russe s'est très vite démarquée. Ainsi au début du XXe siècle, elle a été à l'origine d'une révolution de la danse à l'échelle mondiale. Si les ballets impériaux de Moscou et de Saint-Pétersbourg possédaient déjà une solide réputation, c'est grâce aux présentations des ballets russes à Paris en 1909 par Serge Diaghilev que la danse russe acquiert une renommée mondiale. Créateur hors pair, ce dernier a intégré chorégraphie et scénographie dans le but précis de faire ressortir l'individualité des danseurs et l'expression de leur personnalité sur la scène, à l'instar de la très célèbre Anna Pavlova. Ses nombreux disciples, parmi lesquels Fokine, Nijinski, Balanchine et Lifar, ont perpétué son art comme dans *les Danses polovtsiennes* (tirées du *Prince Igor* de Borodine). Établi à Paris, le célèbre chorégraphe a travaillé avec les artistes et compositeurs russes les plus importants de son époque, comme Stravinsky. De cette dernière collaboration restent des chorégraphies mémorables: *le Sacre du printemps* ou *Petrouchka*.

La Révolution russe a provoqué une émigration de nombreux artistes du monde de la danse vers l'Occident. Ils montent avec succès sur toutes les grandes scènes mondiales, en Europe, aux États-Unis et en Amérique du Sud. Une seconde vague de départs a lieu à partir des années 1960 (Noureïev en France ou encore Mikhaïl Barychnikov aux États-Unis). Mais l'URSS reste néanmoins une pépinière de talents qui profitent de créations comme *Blanche-Neige* de Prokofiev*, œuvre intéressante du réalisme socialiste. Obéissant à l'esthétique officielle, les académies de ballet ont privilégié une approche académique de l'enseignement, sans doute plus stricte que nulle part ailleurs, destinée à sélectionner les meilleurs danseurs dès le plus jeune âge et à former des étoiles telles que Galina Oulanova ou encore Maïa Plissetskaïa. Ainsi l'école soviétique a pu briller par la précision des gestes techniques et une virtuosité de l'expression corporelle inégalée à ce jour.

Le théâtre* Marinsky (anciennement Kirov) de Saint-Pétersbourg et le Bolchoï* de Moscou restent à ce jour des hauts lieux de la danse mondiale. Ils rivalisent avec les grandes troupes occidentales par la formation rigoureuse et par les générations de danseurs étoiles se produisant dans le monde entier.

les pays Baltes

Les Russes les ont appelés *Pribaltiki* et les Allemands *Baltikum*. L'histoire proprement dite des pays Baltes commence au XIIe siècle, et repose sur deux groupes ethniques, le groupe finno-ougrien, auxquels se rattachent les Lives, les Ingriens et les Estes, et le groupe balte composé de Prussiens, de Lettes et de Lituaniens. Ils constituent autant de groupes linguistiques tous marqués par une religion proche du paganisme finnois. Si l'influence romaine est presque nulle, le commerce permet, dès le VIe siècle, l'affirmation des influences scandinave et balte. Les Lettons connaissent un développement économique précoce.

Au XIIIe siècle, chaque pays balte forge son identité propre, selon les entreprises militaires et politiques successives, allemande, lituano-polonaise puis russe. En 1201, le port de Riga est fondé sous l'impulsion des chevaliers Teutoniques rapatriés de Terre sainte et du pape Innocent III. Une riche bourgeoisie allemande et chrétienne s'y développe. Les Lituaniens, ruthènes (anciens Ukrainiens) et orthodoxes pour l'essentiel, résistent à cette poussée mais s'ouvrent au catholicisme et, grâce au mariage du prince Jagaïlo avec la fille du roi de Pologne en 1386, lient leur destin à ce pays. Durant plusieurs siècles, la prépondérance polonaise et catholique est indiscutée à Vilnius au point que, face au danger russe, les deux pays fusionnent en 1569. À la même époque, face aux progrès de la Réforme suédoise, les jésuites décident d'adopter les langues lettone et lituanienne. L'université de Vilnius devient alors un foyer culturel considérable, en concurrence directe avec celle, réformée, de Tartu confortée par les succès militaires du roi de Suède Charles XI. La défaite de son successeur, Charles XII, face à Pierre le Grand à Poltava en 1709 conduit à l'invasion russe de la Livonie (Lettonie et Estonie actuelles).

Deux siècles de russification. Le traité de Nystad en 1721 et les démantèlements successifs de la Pologne* fixent pour deux siècles le sort russe des pays Baltes. La première conséquence en est la réhabilitation des « barons » en raison de la germanophilie des milieux gouvernementaux. Mais les problèmes persistants de la paysannerie sécrètent au XIXe siècle un nationalisme lituanien que catalyse l'orientation peu libérale de la politique de Nicolas Ier à l'égard de ces pays. L'aristocratie et le clergé « polonisés » sont à la pointe de la contestation mais subissent une répression implacable qui exacerbe un peu plus encore un nationalisme déjà bien enraciné.

En Estonie et en Lituanie, le panslavisme d'Alexandre III et de Nicolas II se heurte au pangermanisme des « barons ». Terre de toutes les convoitises expansionnistes, ces deux pays sont soumis, à la fin du XIXe siècle, à une russification profonde. Le capitalisme russe devient alors la règle, entraînant un exode rural et une poussée nationaliste dans les villes.

La Première* Guerre mondiale atteint les pays Baltes avec l'invasion allemande. La paix de Brest-Litovsk avalise l'occupation de ces territoires par l'Allemagne qui entreprend immédiatement une œuvre intensive de redécoupage et de germanisation. Devant les progrès de l'Armée rouge, aux portes de Riga en 1919, le gouvernement letton, installé après la proclamation de l'indépendance du pays le 18 novembre 1918, sollicite l'aide de l'Allemagne qui autorise l'envoi d'un corps de volontaires, les corps-francs Baltikum. Ils combattent plusieurs mois avant d'être rappelés après le coup d'État manqué contre le gouvernement de Riga du général von der Goltz, qui a contribué à restaurer la solidarité balte.

L'opinion internationale s'émeut du sort réservé aux Baltes par les Allemands, et la menace bolchevique pesant sur les jeunes Républiques est telle qu'elles sont reconnues *de facto* en 1920 et 1921, y compris par l'Union soviétique, qui rapatrie néanmoins les capitaux russes, et deviennent membres de la SDN. La guerre russo-polonaise conduit les Lituaniens à se joindre aux Soviétiques au nom de revendications territoriales autour de Vilnius. Chacun des nouveaux États se réorganise politiquement. La Lettonie adopte initialement des institutions proches de celles de la France puis évolue vers un renforcement de l'exécutif, tandis que la Lituanie, après le coup d'État de 1926, bascule dans la dictature.

En 1938, face aux prétentions allemandes sur le port de Memel (Klaïpeda) sous administration de la Lituanie, qui cède sans coup férir, les trois États signent en 1939 un pacte de non-agression avec le Reich mais se retrouvent, du fait du pacte germano-soviétique, placés sous l'influence directe de l'URSS*. Les trois gouvernements optent pour l'exil et les Soviétiques installent des autorités qui leur sont favorables. Pillages, éliminations systématiques des opposants et déportations se multiplient alors. Ils ne cessent qu'avec l'invasion allemande en juin 1941. Les nazis rattachent ces territoires à la Biélorussie pour en faire un « Ostland » placé sous l'autorité d'un *gauleiter* (chef d'une branche régionale du parti nazi). Les Soviétiques reconquièrent ces trois pays en 1944, y restaurent le statut de 1940 et en font trois nouvelles Républiques de l'URSS. Sous un semblant d'autonomie politique, ils sont en réalité intégralement phagocytés par le Parti communiste russe qui met en place une économie socialiste et une agriculture collectivisée tandis que les éléments réactionnaires ou nationalistes sont anéantis par un important appareil répressif. Cette «dékoulakisation» synonyme de prolétarisation accélérée des campagnes, avec la mise sous tutelle directe de l'industrie des pays Baltes, anéantissent à marche forcée les atouts et jusqu'à l'identité de ces territoires. Le «déracinement» culturel de ces trois États est parachevé par l'installation d'un appareil policier et politique fermement décidé à russifier cette région par leur dépopulation, l'éradication de tout élément rappelant leur histoire, la déportation massive, la colonisation soviétique, la lutte acharnée contre les Églises ou l'avènement imposé de la langue russe. Cet ambitieux projet d'anéantissement identitaire est cependant davantage demeuré de l'ordre du vœu pieux que du passage à l'acte. La communauté internationale n'a pour autant jamais reconnu cette annexion et a toujours regardé les pays Baltes comme des territoires occupés.

Vers l'indépendance. Le 23 août 1989, en référence à la date anniversaire du pacte germano-soviétique, une manifestation, «Voie balte» ayant réuni de 2 à 3 millions de Baltes, formant une chaîne humaine, relie les trois capitales. Dans les trois Républiques se créent dès 1988 des mouvements autonomistes : les Fronts populaires, comme *Sajudis* en Lituanie, marquent d'emblée leur distance avec les réformes gorbatchéviennes. Des pays Baltes se propage alors un mouvement de défiance à l'égard de l'URSS dans toutes les Républiques. Fin 1988, le Soviet suprême d'Estonie proclame la souveraineté de la République. L'initiative est reprise le 18 mai 1989 à Vilnius puis le 28 juillet à Riga. Moscou est mis devant le fait accompli et reconnaît fin juillet leur souveraineté. Le 11 mars 1990, la Lituanie franchit un pas en proclamant son indépendance, Vitautas Landsbergis, le leader de *Sajudis*, est président. Un Conseil des États baltes est restauré, le bras de fer avec Moscou s'engage. Les Occidentaux, dont la France, essaient de temporiser. Le recours à la force est cependant écarté, hormis en janvier 1991 en Lituanie et à Riga. Les troupes du ministère soviétique de l'Intérieur prennent d'assaut les bâtiments stratégiques dont les sièges de la télévision. L'intervention, qui fait une quinzaine de victimes, n'a pas de suite.

Des consultations officielles sont alors organisées sur l'indépendance et approuvées par 90 % des votants en Lituanie, 77 % en Estonie et

73 % en Lettonie. L'échec du putsch soviétique d'août 1991 permet aux pays Baltes de déclarer formellement leur indépendance politique, ce que le Kremlin est contraint de reconnaître le 4 septembre 1991. Les trois pays refusent ensuite d'adhérer à la CEI et lui préfèrent, l'année suivante, l'adhésion au Conseil des États de la mer Baltique, ouvertement tourné vers la Scandinavie et, au-delà, l'Europe de l'Ouest.

Les relations avec la Russie restent complexes en raison du poids des minorités russophones (25 % en Estonie, 35 % en Lettonie et 6 % en Lituanie) et de l'isolement géographique de l'enclave russe de Kaliningrad, source de tensions entre la Lituanie et la Russie. L'adhésion en 2004 des pays Baltes à l'Union européenne et à l'OTAN comme l'établissement de liens privilégiés avec les pays nordiques restent une source d'incompréhension et de tensions permanentes avec le voisin russe.

barde Le terme barde désigne en Russie soviétique un chanteur, auteur et compositeur, accompagné en général de sa seule guitare. Les textes des chansons sont aussi importants, sinon plus, que la musique*, souvent réduite à quelques accords. Les bardes russes sont à la frontière de la poésie et de la chanson, d'où l'expression «chanson d'auteur» pour qualifier leur style musical, qui se rapproche des chanteurs français à texte comme Georges Brassens. La chanson d'auteur russe, allusive et métaphorique, se situe bien loin du formalisme musical officiel de l'époque soviétique. Elle est aussi une forme de rébellion face au système politique et à ses hypocrisies, d'où son succès, qui va de pair avec sa clandestinité en URSS.

La chanson d'auteur connaît son essor à la fin des années 1950. Les concerts ne sont pas autorisés formellement, mais, grâce au «dégel» de l'époque Khrouchtchev, la censure se fait moins contraignante. Les rassemblements ont lieu au domicile d'amateurs, membres de l'intelligentsia. Les bardes, pour la plupart poètes, acteurs ou ingénieurs, sont eux-mêmes issus de l'élite intellectuelle soviétique. Ces réunions privées se font autour d'un thé ou de boissons plus fortes, et on écoute l'interprète lui-même dans une ambiance intimiste, ou l'un de ses enregistrements. L'apparition du magnétophone permet en effet de propager rapidement les cassettes clandestines, les *magnitizdats,* en référence aux *samizdats* (des éditions clandestines), et de populariser le genre.

Le succès de la chanson d'auteur doit beaucoup aux textes eux-mêmes, qui, outre leur esthétique, relaient un certain discours. Après la mort de Staline, les camps du goulag s'ouvrent. Les chansons de prisonniers, composées dans les camps et musicalement dépouillées faute d'instruments, envahissent les milieux culturels souterrains. Ces textes anonymes sont souvent écrits par des innocents, et abordent le quotidien des camps, dénoncent l'injustice du système, célébrant le « criminel » face à l'État. Ce folklore criminel est reçu par l'intelligentsia comme un symbole de contestation politique, ce qui influence largement, dans les années 1960, le contenu textuel de la chanson d'auteur. Mais, avec l'arrivée de Brejnev, la censure se durcit. Certains bardes émigrent, la majorité s'adapte. À partir des années 1970, d'autres sujets sont ainsi privilégiés. Les textes se concentrent plutôt sur l'individu, ce qui permet de souligner des valeurs humaines « authentiques » qui seraient en berne dans la société soviétique, telles que le courage, la confiance, l'amitié ou l'entraide et la solidarité. Les « chansons de pirate », ou celles qui abordent la « Grande Guerre patriotique », sont des exemples typiques. Les récits urbains célébrant Moscou ou les chansons d'amour figurent également en bonne place. Lorsqu'il y a critique politique, elle se fait de manière masquée, par des textes à double sens. Dans les années 1980, la libéralisation du régime permettra aussi d'aborder la thématique religieuse.

Vladimir Vyssotski, Boulat Okoudjava et Alexander Galitch sont souvent perçus comme les pionniers d'un genre musical qui a survécu à la chute de l'URSS, même si un artiste comme Okoudjava préférait le qualificatif de « poète » à celui de « barde ». Qu'importe le nom, la chanson d'auteur bénéficie aujourd'hui en Russie d'un statut reconnu. Des clubs d'amateurs de chansons d'auteurs, voire des clubs d'écriture et de composition, témoignent de sa popularité.

beaux-arts
Une peinture sous influence

La chronologie de l'art russe est difficile à établir. Les historiens de l'art, comme Grabar ou Alpatov, considèrent l'adoption du christianisme vers 988 comme sa date de naissance. Les Russes ont toujours eu un attrait pour l'art byzantin, mais il ne faudrait pas pour autant en conclure que leurs œuvres ne sont pas dotées de singularités nationales. L'art russe ancien est d'inspiration religieuse et sa proximité avec la vie populaire est évidente : la Russie paysanne possède un folklore puissant et exerce une influence indéniable sur l'« art savant » ; les artistes de cette période sont des moines tenus d'observer les canons religieux, ce qui pourtant ne les empêche pas de créer des œuvres à l'esthétique originale.

L'art russe ancien

L'art païen slave, anéanti par les néophytes de la christianisation, nous a laissé peu de témoignages. La conversion de la Russie à l'orthodoxie grecque (v. 988) est une ouverture sur la culture antique ; Vladimir* le Grand confie la construction et la décoration des églises à des architectes et des peintres grecs. La plus ancienne des églises est la cathédrale Sainte-Sophie de Kiev* (1037). Ces constructions sont de type byzantin, à plan cruciforme et à coupole, même si la couronne de treize coupoles qui orne Sainte-Sophie est d'inspiration locale.

Avec l'arrivée de l'art sacré byzantin, l'art russe acquiert une vocation humaniste affirmée, comme en témoigne le type iconographique de la « Vierge de Vladimir ».

À cette période, les Russes produisent de beaux émaux cloisonnés. De l'ancienne Kiev nous sont parvenus trois illustres manuscrits décorés avec un luxe exceptionnel, *l'Évangile d'Ostromir* (1056-1057), *le Recueil de Sviatoslav* (1073) et *le Code de Gertrude,* dont la partie slave fut rédigée entre 1078 et 1087. Plusieurs foyers culturels apparaissent au nord dans les villes de Vladimir, Souzdal et Rostov, où, fuyant les nomades de la steppe, les Russes s'établissent, apportant avec eux la tradition artistique kiévienne. L'église de l'Intercession-de-la-Vierge, édifiée près de Vladimir, en est un exemple particulièrement représentatif. Certains motifs de cette architecture présentent des affinités avec l'art roman occidental, et il n'est pas à exclure que des compagnons étrangers aient pris part à son édification. La peinture murale des villes de Vladimir et Souzdal est dominée par la tradition byzantine. Parallèlement, l'art des cités libres du Nord, de Novgorod* et Pskov contraste, par sa grande austérité et la sobriété de ses formes.

L'invasion mongole* du XIIIe siècle a coupé de l'influence byzantine les courants artistiques russes, et la création devient peu à peu plus autonome. L'art russe de cette époque « barbarise » le legs byzantin tandis que les maîtres s'affirment plus librement dans leurs œuvres.

Après la défaite des Tatars à Koulikovo, en 1380, commence une période d'essor culturel se poursuivant durant le xve siècle, qui sera celui de l'épanouissement de l'art russe ancien.

Théophane le Grec, peintre byzantin célèbre pour ses icônes vient s'installer dans la cité de Novgorod au cours de la seconde moitié du xive siècle et influence, par sa forte individualité, les artistes russes vers une nouvelle voie en produisant de nombreuses fresques dans les églises à travers toute la Russie.

À la fin du xive siècle, la capitale des arts se déplace à Moscou. Théophane, accompagné des Russes Roublev* et Prokhor de Gorodets, créent alors la première iconostase à personnage en pied dans la cathédrale de l'Annonciation.

Andreï Roublev est considéré comme le plus grand peintre de l'ancienne Russie. Ses personnages sont pleins de spiritualité et de noblesse d'âme et son chef-d'œuvre, *la Trinité*, reste l'une des plus belles icônes jamais réalisées.

L'âge d'or

Le xve siècle est considéré comme l'âge d'or de la peinture russe ancienne. Ses icônes* valent à la fois par leurs qualités plastiques et par les valeurs morales qu'elles illustrent. Le fondateur du royaume de Moscovie, Ivan III, rassemble les principautés autour de son trône, s'affranchit de la Horde d'Or mongole et commande aux Italiens Fioravanti, Novi, Ruffo et Solari l'édification du Kremlin*. Les maîtres d'œuvre italiens composent avec bonheur l'ordonnance classique de la Renaissance et le type traditionnel du temple russe, secondés par des maîtres locaux. C'est à cette époque qu'un deuxième peintre de génie se manifeste à Moscou, Dionissi.

Le xvie siècle, sous le règne d'Ivan le Terrible, évolue dans le cadre d'un régime despotique fondé sur la terreur, qui porte un coup irréparable à la libre inspiration. Néanmoins, plusieurs chefs-d'œuvre d'architecture voient le jour, dont le plus connu reste l'église Basile-le-Bienheureux (1555-1560), située sur la place Rouge.

Passé la crise du «temps des troubles», le xviie siècle se caractérise par une architecture qui n'atteint pas le faste du siècle précédent. Les meilleures productions de cette époque sont à chercher parmi les œuvres d'art somptuaires – revêtements d'icônes et reliures, coupes travaillées dans le style oriental, avec un lourd décor de gemmes et de perles.

Le xviiie siècle est un siècle impérial, inauguré par Pierre* le Grand, réformateur qui représente la rupture radicale avec le passé moscovite et l'ouverture vers l'Occident. Saint-Pétersbourg*, édifiée sur les marais, devient l'une des cités les plus majestueuses du monde. Les maîtres d'œuvre sont des étrangers comme l'Italien Rastrelli, et d'excellents architectes russes font leur apparition, comme Bajenov ou Kazakov. En peinture, le portrait occupe une place de premier plan, comme en témoignent les œuvres de Levitski, de Choubine, de Rokotov ou de Borovikovski. Influencés par les Français, ces peintres combinent une virtuosité technique à une observation psychologique. C'est dans la seconde moitié du XVIIIe siècle que se forme à la récente Académie des beaux-arts une nouvelle génération d'artistes russes, sensibles à l'esthétique occidentale. Les empereurs Alexandre Ier et Nicolas Ier poursuivent l'œuvre bâtisseuse de Pierre et de Catherine, et sous Alexandre Ier le style néoclassique, adapté aux traditions nationales, atteint son apogée ; on compte Zakharov et Voronikhine parmi les meilleurs architectes. Sous Nicolas Ier, le néoclassicisme fait place à un mélange éclectique de différents styles.

La peinture évolue du néoclassicisme vers le romantisme, dont la toile de Brioulov *le Dernier Jour de Pompéi,* est un des meilleurs exemples. Apparaissent des peintres de genre plus réalistes, comme Venetsianov, fondateur du « genre paysan » russe, ou le portraitiste Kiprenski, créateur d'une suite de portraits de personnages cultivés et de célébrités, parmi lesquels le poète Pouchkine.

La seconde moitié du XIXe siècle est considérée comme l'âge d'or de la culture russe dans la plupart des domaines, sauf les arts plastiques, qui ne produisent rien de vraiment novateur durant l'époque desséchante du réalisme. Les peintres « ambulants » tels que Perov ou Kramskoï prennent pour thèmes l'exploitation des pauvres gens, l'ivrognerie du clergé ou encore la brutalité de la police. Le contenu importe ici plus que la forme mais la peinture ne se limite pas à la seule critique sociale ; le réalisme s'empare de la peinture de genre, du paysage et des sujets historiques. Les peintres comme Verechtchaguine, Repine* ou Sourikov ont pour objectif de répandre l'art russe au sein des classes populaires, quand d'autres, comme Levitan, Polenov ou Korovine, passent maîtres du paysage.

Le non-conformisme

L'« âge d'argent », qui correspond au dernier quart du XIXe siècle et au début du XXe siècle, engendre la renaissance des beaux-arts. La chronologie n'est pas statique et il n'existe pas de frontière entre l'ancien et le nouveau siècle. La carrière de Repine se développe au-delà du tournant du siècle ; Vroubel et Serov s'étaient déjà lancés dans des expérimentations qui allaient révolutionner la peinture russe. Cette période est marquée par une explosion d'idées novatrices et originales. Le tournant du siècle voit l'émergence de Vroubel, peintre unique en son genre, et l'apparition de Malevitch*, Kandinsky, Filonov, Chagall et Tatline, qui appartiennent tous à l'avant-garde internationale. À l'intérieur de cette nouvelle génération, on peut distinguer deux orientations : une avant-garde formelle et une avant-garde socialement et politiquement consciente, qui tente de mettre les techniques artistiques au service de la transformation sociale. La première, représentée par Malevitch, Tatline ou encore Lissitzky privilégie la réflexion esthétique alors que la seconde prône une peinture néoprimitive avec Koustodiev, Larionov et Gontcharova.

Parallèlement apparaissent des peintres et des architectes adaptant le « style moderne » de l'Occident de façon originale ; ils se regroupent à Abramtsevo, près de Moscou, pour créer des œuvres – majoliques, céramiques, meubles – inspirées de l'art slave. Sur le front de la reconstruction, les architectes constructivistes comme Guinzbourg, les frères Vesnine ou Melnikov sont au premier rang en faisant connaître la jeune architecture soviétique.

Au début des années 1930 et sous la pression de Staline, on assiste à un reflux rapide et à la disparition des mouvements d'avant-garde. En 1932 apparaît le terme de « réalisme socialiste » qui assigne à l'art le rôle de privilégier une pédagogie sociale en employant des formes accessibles à tous. Ce phénomène avait déjà été amorcé dès le milieu des années 1920, avec pour conséquence l'émigration vers l'Occident de nombreux peintres comme Chagall, Larionov, Gontcharova, Annenkov ou Lanskoy.

Bien des talents se mettent, bon gré mal gré, au service de la nouvelle esthétique. Parmi ces artistes, il faut mentionner les sculpteurs Moukhina, Matviev, les peintres Deïneka, Petrov-Vodkine, Korine, Guerassimov et, dans les années 1960, Glasounov et Moïsseienko. Malgré des sujets purement propagandistes, leurs œuvres sont d'une très grande qualité artistique.

Durant les années du dégel, après le XXᵉ Congrès du parti, les artistes non conformistes font leur apparition. Nombres d'entre eux sont expulsés ou émigrent en Occident. À l'instar de ceux qui sont devenus célèbres comme Rabine, Chemiakine, Tselkov, Kabakov et Steinberg bon nombre de peintres cherchent leur voie dans la peinture contemporaine,

Makarenko, fidèle aux sources de l'art russe, ou encore Vichnevski, en quête d'expression de l'art abstrait lyrique. En opposition à l'art officiel, ce mouvement est global et génère une grande variété esthétique. Certains non conformistes partagent leur vie entre l'Occident et la Russie. Un mouvement underground de Saint-Pétersbourg, né au début des années 1950, se développe activement avec les peintres Arefiev, Gromov, Wasmi, Chaguine et Chwarts– tous exclus de l'École des beaux-arts pour « formalisme ». À Moscou, de jeunes artistes comme Oleg Korotovkikh ou Sergueï Artamonov profitent de la perestroïka à la fin des années 1980 pour bousculer les convenances, et parviennent à exposer dans les salles officielles comme la nouvelle galerie Tretiakov.

Les peintres contemporains de l'époque postsoviétique se sont souvent approprié le langage idéologique soviétique en tournant en dérision les slogans de propagande. Les chefs de ce mouvement, Komar, Melamid, investissent d'un nouveau sens l'affiche publicitaire. Le *Sots Art,* considéré comme l'image esthétique de la perestroïka, est une fusion inédite de l'avant-garde et de l'art officiel – jusqu'alors pourtant antagoniste – dont Kulik et Vinogradov, actuellement en vogue sur le marché international d'art contemporain, sont de bons représentants.

Berezina L'échec de la campagne de Russie contraint la Grande Armée napoléonienne à la retraite. Les troupes françaises, prises dans les rigueurs de l'hiver 1812 et acculées par les armées russes de Koutousov, de Wittgenstein et de Tchitchagov, butent alors contre les rives marécageuses de la rivière Berezina. Les Russes attendent les Français à Borisov. Mais Napoléon Ier*, en stratège rompu à l'anticipation, décide de franchir la rivière face au village de Stoudienka, seul endroit raisonnablement franchissable en ces instants.

Seule la rapide construction de ponts à travers les eaux gelées du cours d'eau peut assurer un repli efficace de l'armée impériale et sauver la vie de grognards épuisés. Deux ouvrages sont ainsi réalisés en moins de trois jours et permettent l'évacuation des troupes à partir du 26 novembre 1812. Les Russes, devant la retraite imprévue et réussie des Français, tentent de s'opposer à cette manœuvre, mais la défense orchestrée par le maréchal Victor pour protéger la retraite tient en respect les assauts adverses. Le dispositif tient bon jusqu'aux dernières lueurs du 28 novembre mais se craquelle puis s'effondre à l'aube du 29. La destruction des deux ponts laisse sur la rive gauche de la Berezina les soldats n'ayant pu encore la franchir. Les cosaques russes ont alors beau jeu de venir à bout des soldats français restés en territoire hostile.

La Berezina reste, par le succès stratégique français qu'elle représente comme par les pertes subies par les troupes de Napoléon – 45 000 hommes tués ou emprisonnés –, l'une de ces batailles dont l'issue « à la Pyrrhus » est plus significative par sa charge symbolique et ambiguë que par la clarté de son verdict militaire, ce qu'*Adieu!* de Balzac ou *Guerre et Paix* de Tolstoï n'ont jamais laissé de mettre en relief.

Biélorussie À la lisière de l'Europe, à mi-chemin entre la Russie et l'Union européenne, la Biélorussie reste l'un des États les moins connus de l'Europe orientale, ce qui est en partie dû à sa courte histoire d'État indépendant. Indépendance relative toutefois, car la position géographique de la Biélorussie a pour beaucoup limité ses chances de consolider une existence propre, à l'abri des dominations et des influences extérieures. À partir de quelle date convient-il de faire référence à la Biélorussie ? Est-il judicieux d'évoquer une nation biélorusse au xe siècle, alors que rien ne la distingue des habitants du royaume de Kiev*, ou bien faut-il lui préférer comme date de naissance le réveil de la conscience des intellectuels au cours du xixe siècle à Minsk ?

Indépendamment du point de départ que l'on attribue à la genèse de cet État, le fait est que la Biélorussie moderne a réussi, à la différence de nombre d'autres États, à conserver ses frontières historiques et à inscrire son destin hors de la tutelle de la Russie au début des années 1990. La référence au grand voisin de l'Est n'est pas fortuite, car, tout au long de son histoire, la Biélorussie reste marquée par cette relation d'étroite dépendance à l'égard de Moscou, mi-complaisance et mi-soumission résignée.

La Biélorussie reste un État charnière de l'ex-URSS* – tout comme l'Ukraine – et demeure ainsi traversée par une double appartenance à la culture d'Europe orientale et au catholicisme romain, dualité qui a été renforcée au cours des longues périodes de domination russe et lituanienne-polonaise. Polotsk a été le foyer de la culture biélorusse qui a toutefois rapidement été assimilée à celle du royaume de Kiev et des Rus au xe siècle. L'invasion de la Russie par la Horde d'Or et la disparition du royaume des Rus inaugurent une période de plusieurs siècles au cours de laquelle le territoire biélorusse appartient intégralement à plusieurs entités politiques, comme le grand-duché de Lituanie (XIIIe-XIVe siècles); ses habitants reçoivent à l'époque l'appellation de Litvins ou Lituaniens. L'alliance entre la Lituanie et la Pologne* (XVe-XIXe siècles) provoque par la suite une phase de forte polonisation de la culture biélorusse.

Au cours des siècles, la population biélorusse accepte progressivement la soumission des évêques de Rome tout en faisant le choix du rite uniate – rite oriental des églises chrétiennes. La noblesse biélorusse reste de son côté pleinement intégrée au royaume de la Pologne et adopte le catholicisme romain et la langue polonaise. Les partitions successives de la Pologne à la fin du XVIIIe siècle intègrent désormais la Biélorussie dans le giron de l'Empire russe. La méfiance réciproque entre la Russie et la Pologne, qui traverse tout le XIXe siècle, contribue à assigner une place spécifique au territoire et à sa population. De même, l'industrialisation progressive de la région favorise l'apparition d'une intelligentsia locale composée d'écrivains et de poètes (comme Yanka Kupala ou Kastus Kalinousky) dans les villes principales. Dans cette conjoncture, les révoltes paysannes de 1863, dans ce pays agricole, et leur violente répression par l'armée du tsar constituent un épisode fondateur de la nation biélorusse.

De l'URSS à l'indépendance. Bien que la Biélorussie parvienne à proclamer son indépendance en 1918, le territoire est divisé dès 1920, à la suite de la guerre entre le pouvoir bolchevique et la Pologne. Conséquence de cette division, la partie occidentale du pays passe sous contrôle polonais, et la partie orientale sous domination soviétique, où elle est proclamée République socialiste soviétique de Biélorussie avec Minsk pour capitale. En dépit du statut formel que confère l'URSS à cette république, dans la pratique cet événement se traduit par une russification des populations parlant le biélorusse, à l'image de ce qui advient dans la partie restée entre les mains de la Pologne. La fin de la Seconde Guerre mondiale marque la réunification de l'ensemble du territoire biélorusse aux mains de l'armée soviétique, territoire dévasté par la guerre et meurtri par le nombre important de victimes – un quart de sa population a disparu à la fin du conflit, dont de nombreux Juifs* – ainsi que par le transfert par Staline des industries stratégiques qui s'y trouvaient pour les mettre à l'abri de l'envahisseur nazi. Ces contraintes initiales n'entravent toutefois pas le développement d'une industrie de biens intermédiaires au cours de la seconde moitié du XXᵉ siècle et, progressivement, le pays devient l'atelier d'assemblage de l'URSS, complémentarité économique qui reste d'actualité encore aujourd'hui avec la Russie. Le pays conserve toutefois sa vocation agricole, favorisée par un territoire composé essentiellement de plaines et de grandes zones de marécages, qui contribue à maintenir une importante partie de la population dans les zones rurales.

La Biélorussie parvient à jouer un rôle actif dans la chute de l'URSS. Le mouvement populaire biélorusse d'opposition *(Adradzhenne)* est fermement soutenu par les fédérations étudiantes qui alimentent la contestation. Toutefois, l'indépendance de la Biélorussie n'est pas synonyme, loin s'en faut, d'un éloignement entre Minsk et Moscou au cours des années 1990 : la Biélorussie reste une enclave stratégique en termes économiques (pétrole, industrie) mais aussi politiques (frontières avec l'Union européenne). La Russie et son pétrole à bas prix sont une variable tout aussi importante pour les autorités de Minsk, qui voient dans le maintien de cette alliance un moyen de perpétuer une économie administrée ainsi qu'un régime politique ouvertement autoritaire. Les autorités de Minsk ancrent désormais la politique extérieure du pays à l'Est, et l'échec prématuré de la Communauté d'États indépendants (CEI*), fondée en 1991, laisse place au projet d'association politique avec la Russie au sein d'une confédération binationale. Toutefois, la dérive autoritaire du président Aleksandr Loukatchenko, au pouvoir depuis 1991, a progressivement éloigné la Biélorussie du giron européen et ralenti sensiblement les projets de rapprochement avec la Russie, qui s'accommode mal d'un chef d'État imprévisible à la rhétorique incendiaire.

bolchevik À l'origine, ce mot, qui signifie « majoritaire » en russe, désigne la fraction du Parti ouvrier social-démocrate de Russie (POSDR) dirigée par Lénine*. En 1903, lors du congrès de Bruxelles, un désaccord oppose Lénine et Jules Martov sur les statuts du parti. Comme il l'a exposé dans son opuscule *Que faire ?*, Lénine est partisan de restreindre le parti aux militants actifs, à des révolutionnaires professionnels, œuvrant dans la clandestinité et soumis à une discipline de fer. Tandis que son principal adversaire, Jules Martov, défend la conception traditionnelle de la social-démocratie d'un parti de masse ouvert et travaillant étroitement avec les syndicats. En réalité, Lénine est minoritaire au sein du POSDR, mais grâce à un concours de circonstances et de manœuvres, il se retrouve très provisoirement majoritaire pendant le Congrès. Il en profite pour qualifier sa fraction de « bolchevik » et ses adversaires deviennent les mencheviks (« minoritaires » en russe). Le rapport des forces a beau être inversé, la fraction de Lénine conserve l'appellation de bolchevik. Entre 1903 et 1917, le POSDR est miné par ces divisions entre bolcheviks et mencheviks. Une réconciliation de façade est opérée après l'échec de la révolution* de 1905, mais le conflit entre les deux tendances aboutit à une nouvelle scission en 1912. Les mencheviks majoritaires obtiennent alors le soutien de la IIe Internationale. Lorsque le régime tsariste tombe en février 1917, Lénine est en exil et les bolcheviks se réduisent à quelques milliers de militants. En quelques mois, Lénine renverse la situation, s'empare du pouvoir et impose le bolchevisme. Le PODSR change de nom pour devenir d'abord le Parti communiste de Russie (bolchevique) puis à partir de 1925, le Parti communiste d'Union soviétique (bolchevique).

À partir de 1918, les bolcheviks forgent la matrice d'un nouveau type d'organisation politique et d'un nouveau mode d'exercice du pouvoir. Les partis communistes vont se développer suivant un modèle défini par Lénine, en particulier à travers les fameuses 21 conditions d'adhésion à l'Internationale communiste (le Komintern). Le parti repose sur une organisation militarisée, composée d'une avant-garde de révolutionnaires professionnels disciplinés. Les partis communistes doivent reproduire la structure du parti soviétique et se soumettre à l'autorité de celui-ci. La bolchevisation des partis communistes par Moscou et la direction du Komintern fut un processus de longue durée. Il nécessita des purges successives – en particulier des militants et dirigeants qui venaient de la social-démocratie ou d'autres organisations du mouvement ouvrier – ainsi que la sélection et la formation de cadres à même de conduire cette bolchevisation.

Les bolcheviks instaurent également un mode d'exercice du pouvoir qui se caractérise par la création d'un parti-État qui veut exercer une domination sur la totalité du corps social, en s'appuyant sur des organes de répression qui pourchassent tous les « ennemis* du peuple ». Le système politico-administratif bolchevique est constitué d'une double structure – celle du parti et celle de l'État – qui donne naissance à une immense bureaucratie dirigée au sommet par le cercle du Kremlin. Dans les années 1930, Staline s'impose à la tête de ce parti-État en le soumettant par une terreur de masse qui s'exerce y compris contre les « vieux bolcheviks » qui sont éliminés.

En 1952, lors du XIXᵉ Congrès, Staline change le nom du parti – il supprime le qualificatif de bolchevik – qui devient le PCUS. Mais le bolchevisme ne disparaît pas pour autant. En Europe centrale et orientale, en Chine, au Cambodge, à Cuba, au Viêt Nam, le bolchevisme s'installe au pouvoir. Les partis communistes, les partis de l'extrême gauche trotskiste ou maoïste conserveront – et pour certains conservent encore – le mode d'organisation et de fonctionnement bolchevique.

⸺⟩ communisme, Octobre 1917

le Bolchoï Théâtre situé en plein cœur de Moscou, la plus grande et la plus prestigieuse scène de la capitale russe, voire de Russie. Le Bolchoï accueille différents genres artistiques : ballets*, pièces de théâtre, opéras. Pendant la période soviétique, il pouvait même servir de salle de cinéma ou de lieu de réunion du Parti communiste. La compagnie du théâtre du Bolchoï a été créée le 28 mars 1776 par le prince de la province de Moscou, Piotr Ouroussov, à la demande de l'impératrice Catherine II. En 1780, la compagnie construit un théâtre au coin de la rue Petrovka, d'où le nom de théâtre *Petrovski*. Mais celui-ci brûle avant même sa première représentation. Le prince Ouroussov charge alors l'entrepreneur anglais, Michael E. Maddox, de construire un nouvel établissement. Une fois bâti, le théâtre commence la production de pièces de théâtre et d'opéras. En 1805, juste avant le début d'une représentation, un incendie détruit à nouveau toutes les infrastructures. Ce n'est que vingt ans plus tard, à la demande de la famille impériale, qu'est bâti, sur l'ancien emplacement du théâtre Petrovski, un nouveau théâtre, d'après les plans de l'architecte franco-russe Joseph Beauvais. Le théâtre est alors appelé *Bolchoï* (« grand », en russe) pour le distinguer du *Malyj* (« petit ») théâtre qui avait été construit peu de temps auparavant. Le théâtre est inauguré le 19 janvier 1825. Son répertoire se concentre, dans les premiers temps, sur des auteurs russes, avant de s'ouvrir, quelques années plus tard, à des compositeurs et écrivains étrangers. Le Bolchoï accueille, dès ses débuts, sa propre compagnie de ballet qui s'est illustrée par des premières de célèbres ballets tels que *le Lac des cygnes* en 1877 de Piotr Ilitch Tchaïkovski ou encore par des compositions de Serguëi Rachmaninov. Au début du XXᵉ siècle, le théâtre révèle des artistes tels que la basse Feodor Chaliapine* ou la cantatrice Antonina Nejdanova pour ne citer qu'eux. Puis, dans les années 1930, le Bolchoï, haut lieu de l'art lyrique et du ballet soviétique, devient parfois le théâtre des drames de la censure : *Lady Macbeth de Mtsensk,* de Chostakovitch*, est interdit de représentation après que Staline a assisté à cet opéra au Bolchoï. Pendant la guerre, la troupe du théâtre se réfugie à Kouïbychev (aujourd'hui Samara), alors qu'à Moscou, un bombardier allemand endommage lourdement le Bolchoï. Restauré, il ouvre à nouveau ses portes en 1943 avec l'opéra de Glinka, *Ivan Soussanine,* et sera à nouveau, durant les décennies à venir, le havre créatif de danseurs comme Maya Plissetskaïa ou Vladimir Vassiliev. Comme de nombreuses institutions culturelles de Russie, le Bolchoï connaît après 1991 des difficultés financières qui ralentissent son activité. Après un passage à vide de quelques années, le Bolchoï a retrouvé tout son éclat artistique et est à nouveau la scène de grandes premières de ballets, d'opéras ou de pièces de théâtre.

Borodino

Borodino « Les Français s'étaient montrés dignes d'être vainqueurs, les Russes avaient conquis le droit d'être considérés comme invincibles. » Napoléon a ainsi souligné toute l'ambiguïté de cette « bataille des géants » de Borodino, mais qu'il s'est toujours complu à appeler « bataille de la Moskowa » pour souligner que les combats avaient eu lieu sous les murs de Moscou.

Ce 7 septembre 1812 s'est déroulé l'un des affrontements les plus décisifs de la campagne de Russie. Alors que les forces en présence sont à peu près égales (quelque 130 000 hommes et 600 canons des deux côtés), Napoléon Iᵉʳ* et le maréchal Koutouzov, secondé par Barclay de Tolly, engagent des combats extrêmement meurtriers ; ainsi, en quelques heures, plus de 70 000 hommes sont tués ou capturés de part et d'autre, sans que l'un des belligérants sorte nettement vainqueur de ce décompte macabre. À la tombée de la nuit, les Russes préfèrent battre en retraite, recul interprété hâtivement par les Français comme une victoire. Napoléon y voit le champ libre à la prise de Moscou où la Grande Armée pénètre une semaine plus tard mais, la ville ayant été vidée de ses réserves et incendiée, les soldats impériaux sont obligés de la quitter un mois après pour une retraite catastrophique.

Même si les mémoires française et russe peuvent en conserver aujourd'hui encore une lecture et une interprétation subjectives, Borodino relève, d'un point de vue strictement militaire et malgré les apparences, d'une victoire tactique russe et d'une défaite stratégique française.

Mikhaïl Afanassievitch Boulgakov Mikhaïl Boulgakov, auteur du chef-d'œuvre *le Maître et Marguerite*, a lutté sa vie entière pour obtenir la reconnaissance publique et l'assentiment du régime soviétique. En vain. Son parcours symbolise tant les difficultés réelles de la création artistique sous la dictature communiste, que les relations ambiguës nouées avec le pouvoir, en particulier avec Staline.

Né en 1891 à Kiev dans une famille aisée, et mort dans le dénuement à Moscou en 1940, Boulgakov est médecin de formation, comme Tchekhov. Monarchiste libéral, il se porte volontaire à la Croix-Rouge en 1916 et est envoyé dans un hôpital civil de la province de Smolensk. L'intensité du travail, son isolement, sa morphinomanie accidentelle lui fourniront plus tard le canevas de récits publiés dans le recueil *Carnets d'un jeune médecin* (1926).

Libéré du service au début de 1918, Boulgakov rejoint sa famille à Kiev*, où il assiste aux plus durs combats de la guerre* civile, décrits dans son roman sensible *la Garde blanche*. La capitale ukrainienne indépendante, avec à sa tête le chef du gouvernement civil (Hetman) Skoropadski, marionnette des Allemands, est prise tour à tour par les nationalistes ukrainiens de Petlioura, les Rouges, et l'armée des volontaires de Denikine. Antibolcheviques, les deux frères de Mikhaïl s'engagent aux côtés des Blancs ; lui-même est mobilisé comme médecin à Vladikavkaz.

C'est là qu'au printemps 1920, dans une ville envahie par les bolcheviks, Boulgakov renonce à la médecine pour se consacrer à l'écriture. Il rejoint Moscou en septembre 1921 et, jusqu'au milieu des années 1920, il travaille dans plusieurs rédactions. Ses premiers récits satiriques paraissent en 1923; il est remarqué par Evgeni Zamiatine pour *Endiablade* (1924). Boulgakov quitte alors sa première épouse pour Lioubov Biélozerskaïa.

En 1926, commencent les démêlés de l'écrivain avec la censure, qui fait obstacle à la publication de *la Garde blanche*, jugée trop favorable aux Blancs. Boulgakov doit batailler pour obtenir que la pièce qu'il en tire, *les Jours des Tourbine* (le nom de jeune fille de sa mère), soit jouée par le Théâtre d'art de Stanislavski. Jouée après avis favorable de Lounatcharski et Maïakovski*, vivement critiquée par les littérateurs « de gauche », elle rencontre un grand succès public. Les flux et les reflux constants de la censure ballottent la pièce entre interdiction et autorisation, à l'instar de sa fameuse pièce *l'Appartement de Zoïka*.

Boulgakov se trouve désormais sous surveillance : il est régulièrement interrogé par la police politique (OGPU). Mais Staline aimait, dit-on, *les Jours des Tourbine* et il intervient plusieurs fois pour que la pièce soit jouée. L'écrivain n'hésite pas à lui écrire directement. En juillet 1929, il demande ainsi la permission de quitter l'URSS ; en mars 1930, il déclare avoir brûlé ses manuscrits et sollicite un emploi dans le théâtre. Staline lui téléphone alors en personne. L'écrivain reste en vie, libre, obtient un emploi d'assistant metteur en scène au Théâtre d'art de Moscou, mais n'est pas autorisé à publier.

Pourtant, Boulgakov, qui a rencontré Elena Chilovskaïa, en fait le modèle de la Marguerite du roman éponyme, où il mêle la rencontre fantasmée de Pilate avec le Christ et un récit fantastique – où le Diable en personne (Staline ?), figure ambiguë du mal, sème le désordre dans la capitale du socialisme scientifique. Tout comme son ouvrage sur la vie de Molière ou son *Roman théâtral*, l'œuvre qui a occupé les dernières années de sa vie, ne paraîtra pas de son vivant.

À l'époque soviétique, son œuvre majeure est connue par ses aphorismes – « Les manuscrits ne brûlent pas », « sans document d'identité, un homme n'existe pas » –, mais reste peu étudiée. Dans les années 1980, son appartement à Moscou devient le lieu de rassemblement de ses lecteurs les plus passionnés qui recouvrent les murs de graffittis. Si *le Maître et Marguerite* n'a jamais été adapté, le film *Cœur de chien,* tourné en 1988 par Lenfilm, a connu un grand succès auprès du public.

--→ littérature

boyard Le mot tire son origine de l'ancien russe *boyarin* d'où provient également l'appellation plus récente de *barine* («seigneur»). Le terme désignant un état de noblesse se retrouve dans la plupart des langues slaves. En Russie moscovite, il indique le rang (comparable aux «Grands» de l'Espagne) des familles princières. Le titre apparaît déjà dans les chroniques du règne de Vladimir Ier. Il semble désigner ceux qui occupent les grades les plus élevés de l'administration civile et militaire de la principauté. De même dans les républiques municipales de Pskov et de Novgorod, les principales familles mêlées aux affaires de la cité sont désignées par le titre de boyards. Avec le développement de la monarchie moscovite, le titre de boyard se formalisa, les boyards constituèrent l'armature sociale et politique du pouvoir. Membres des conseils *(boyarskaïa douma)*, ils perpétuent une oligarchie aristocratique auprès du souverain. Certains obtiennent l'administration de provinces ou la direction séculière de domaines ecclésiastiques. La multiplication de princes apanagés augmenta le nombre de boyards, dont Ivan IV* divisa le corps entre les boyards de la Chambre, membres ordinaires de la Douma, et les boyards «proches», membres des Assemblées extraordinaires. Leur nombre varia selon les règnes. Ivan IV en avait 48, Boris Godounov 26 et Pierre le Grand, qui mit fin à l'institution, 51. Le titre s'éteignit avec le prince Ivan Troubetskoï, mort en 1750.

Membres de la Cour, les boyards se doivent de tenir leur rang. Un train de vie imposant un certain faste marque leur image. Mais c'est leur rôle politique qui rend leur place importante dans l'histoire russe. Les grandes familles (Romanov, Godounov, Izmaïlov, etc.) sont au cœur des intrigues qui marquent les luttes pour le pouvoir lors des interrègnes ou des faiblesses du pouvoir tsariste. Les boyards inspirent la révolte populaire lors de l'accession au trône d'Ivan IV. Porté au pouvoir par les boyards, Boris Godounov* ne parvient pas à créer une institution monarchique stable au profit de son fils : ceux qui l'ont élu se dérobent à sa mort. Si la noblesse épouse la plupart des conflits internes de la Russie c'est que les boyards et leurs familles s'accordent mal avec une monarchie cheminant vers l'absolutisme selon le modèle occidental. Lors de la révolte des vieux-croyants, l'exécution en 1675 de la boyarine Morozova, partisane d'Avvakoum, frappe les esprits. Sous Pierre le Grand, le mot comme l'institution tombent en désuétude, la nouvelle autocratie éclairée n'ayant que faire d'une noblesse qui rappelle trop l'ancienne Moscovie.

Leonid Brejnev
Secrétaire général du Parti communiste de l'Union soviétique du 14 octobre 1964 à sa mort, le 10 novembre 1982, Leonid Brejnev fut également par deux fois président du Présidium du Soviet suprême de l'URSS (une fonction qui lui conférait le rang protocolaire de chef de l'État), de 1960 à 1964 et de 1977 à 1982, période pendant laquelle il a cumulé les fonctions de chef de l'État et de chef du parti.

L'homme aux 200 médailles. Né le 1er janvier 1907 à Kamenskoïe (aujourd'hui Dnieprodzerjinsk) en Ukraine orientale, Leonid Brejnev est le fils d'un ouvrier métallurgiste. Il est de nationalité russe et adhère aux Jeunesses communistes (Komsomol) en 1923. Après des études supérieures techniques à l'Institut du machinisme agricole de Koursk, il devient topographe dans l'Oural, puis travaille dans l'administration de l'économie agricole dans la région de Sverdlovsk pendant la collectivisation. C'est alors qu'il rejoint les rangs du parti en 1931. De retour en Ukraine dans sa ville natale, il suit une formation de technicien métallurgiste. Diplômé en 1935, il est nommé secrétaire du parti du district de Dniepropetrovsk en 1938, s'engouffrant ainsi dans le vide créé par les purges massives effectuées au sein de l'appareil du Parti ukrainien entre 1936 et 1938, qui constituèrent une véritable aubaine pour l'avancement rapide de sa carrière. Il bénéficie alors de la protection de Nikita Khrouchtchev*, qui a accédé à la tête du Parti ukrainien en 1938. Pendant la guerre, il est commissaire politique et ne prend pas part aux combats. Il en concevra un complexe qu'il tentera de compenser, une fois parvenu au pouvoir suprême, en se faisant décerner de nombreuses décorations. En 1976, il reçoit le grade de maréchal de l'URSS, alors que ses faits de guerre ne le justifient en rien. Parvenu à la fin de sa vie, Brejnev pouvait s'enorgueillir d'avoir reçu plus de 200 médailles et décorations ! Une histoire drôle circulait alors à Moscou : « Pourquoi Brejnev a-t-il reçu toutes ces médailles ? Pour la prise du Kremlin ! »… Après la « Grande Guerre patriotique », il poursuit son ascension politique, toujours sous la protection de Khrouchtchev. En 1946, il est nommé premier secrétaire du parti dans la région industrielle de Zaporojie puis, en 1947, il accède à la direction du parti de la très stratégique région de Dnie-propetrovsk, toutes deux situées en Ukraine orientale et méridionale, sa région d'origine. Il constitue dans cette dernière région un réseau de clientèle – que certains journalistes baptisèrent par la suite la « mafia de Dniepropetrovsk » – qui lui sera toujours fidèle et qu'il favorisera une fois parvenu au sommet, dans les années 1970. En 1950, il est promu premier secrétaire de la République de Moldavie, membre du Comité central du PCUS et membre suppléant du bureau politique en 1952.

Sensible aux compliments. Lors du XIXe Congrès du PCUS, Staline, remarquant le fringant jeune chef du Parti moldave (il a alors 45 ans), s'exclama, non sans une certaine ironie : « Quel beau Moldave ! ». Contrairement à la majorité des dirigeants de l'URSS, Brejnev était en effet un bel homme, élancé, élégant et très souriant, réputé pour son calme et son caractère doux et conciliant, ainsi que pour sa modération et – qualité qui sera décisive pour son ascension politique – sa loyauté à toute épreuve. Loin des personnages grisâtres qui peuplaient les allées du pouvoir, Brejnev était un bon vivant, qui aimait passionnément la chasse, la bonne chère et qui jouissait sans modération de tous les plaisirs de la vie. Sentimental et démonstratif, il ne retenait ni ses larmes, ni ses colères, et ses longues et vigoureuses embrassades avec les « camarades » des « partis frères » d'Europe de l'Est sont légendaires… Sa jovialité était, pour ses détracteurs, une simple façade destinée à masquer tant bien que mal son indécision et sa faiblesse de caractère. L'historien Jaurès Medvedev rapporte que Iouri Andropov, chef du KGB de 1967 à 1982, aimait à dire de Brejnev qu'il suffisait de lui faire un compliment pour le convaincre et gagner son soutien politique… Tombé malade dans les années 1970, Brejnev cessa de porter beau. Cet homme qui, désormais, bafouillait, confondait les dates et les noms de ses interlocuteurs et avait de plus en plus de mal à marcher sans aide, devint à lui seul la figure emblématique du caractère de plus en plus « gérontocratique » de l'élite suprême de l'URSS, manifestement à bout de souffle. Les dirigeants occidentaux contribuèrent tous, ou presque, à la légendaire collection de limousines, de cabriolets et de coupés sport de célèbres marques américaines ou allemandes du chef suprême du PCUS. Henry Kissinger a livré quelques pages savoureuses sur les frasques du secrétaire général du Parti et ses escapades nocturnes en voiture avec le président Nixon dans la campagne moscovite...

Stagnation ou âge d'or ? L'ascension de Brejnev au sommet du pouvoir s'opère de manière graduelle à partir de 1954, date à laquelle il est nommé premier secrétaire du parti de la République du Kazakhstan – la troisième plus importante d'URSS après la Russie et l'Ukraine – pour superviser le lancement de la campagne de mise en valeur des « terres vierges ». Quelques semaines avant le XXe Congrès du PCUS, qui s'ouvre en février 1956, il rejoint la capitale où il parvient au poste de secrétaire du Comité central chargé de l'industrie lourde. Il se voit alors confier des responsabilités croissantes, supervisant bientôt l'industrie de défense et le secteur spatial. En 1957, lors de la tentative avortée de limogeage de Khrouchtchev*, il fait montre de toute sa loyauté à l'égard de son protecteur de toujours. Néanmoins, en octobre 1964, il est porté à la tête du PCUS par une majorité de membres du Comité central du parti, lassés du leadership de Khrouchtchev et souhaitant favoriser une « restauration » de l'appareil : un épisode qui fut qualifié de « coup d'État de la nomenklatura ». Ainsi, Brejnev succède à Khrouchtchev, son ancien mentor, après avoir participé à l'organisation de son limogeage. Contrairement à ses prédécesseurs au pouvoir suprême, Brejnev, qui n'a pas le goût des purges, va favoriser l'implantation et le maintien en fonction de la nouvelle génération de premiers secrétaires régionaux du parti. Ces apparatchiks le soutiendront jusqu'à sa mort et se maintiendront jusqu'en 1986, date à laquelle Mikhaïl Gorbatchev décide d'un renouvellement massif des cadres. Cette stabilité politique sera l'une des raisons pour lesquelles Gorbatchev qualifiera l'« ère Brejnev » – selon l'expression consacrée d'aujourd'hui – de « stagnation ». Rétrospectivement, pendant la tumultueuse période des premières années de l'ère postsoviétique, cette ère de « stagnation » devint par contraste, dans la conscience collective de bien des Russes – et de nombreux autres citoyens de l'ex-URSS – un véritable « âge d'or », un temps où les prix étaient stables, la vie simple, l'avenir prévisible, le quotidien ennuyeux, mais paisible et convivial. Il faut souligner que cette vision n'est pas, historiquement, dénuée de tout fondement. Pour la première fois dans l'histoire de l'URSS, les simples citoyens ont accédé à certains biens de consommation jusqu'alors introuvables ; nombre d'entre eux se sont vus attribuer un logement privatif et offrir des garanties sociales et un accès aux loisirs. L'«ère Brejnev» – ou plus exactement le leadership de Brejnev – est également entrée dans l'histoire comme marquée du sceau du clientélisme, du népotisme et de la corruption. Au tournant des années 1980, Iouri Andropov, qui a engagé une lutte politique sans merci contre le secrétaire général du Parti et son entourage, s'attaque à ses proches les plus notoirement corrompus. En 1983, quelques mois seulement après la mort de Brejnev, son gendre Iouri Tchourbanov est condamné pour corruption au terme d'un des procès les plus retentissants de l'histoire soviétique. Le nom de Brejnev demeure associé aux multiples histoires drôles qu'il a suscitées par sa balourdise et ses difficultés d'élocution caractéristiques de la fin de son «règne» où il était considéré comme une simple marionnette. En témoigne cette boutade : «On frappe à la porte du cabinet de travail du secrétaire général du Parti. Brejnev chausse vite ses lunettes, tire un papier de sa poche, se donne une contenance et lit à haute voix : "Qui est là ? " ».

C

calendrier La Russie orthodoxe suit le calendrier julien, qui a 13 jours de retard par rapport au calendrier grégorien mis en place le 4 octobre 1482 par le pape Grégoire XIII, que tous les pays catholiques romains ont immédiatement adopté. La Russie ne l'adopte que le 1er février 1918 ; c'est pourquoi la révolution d'Octobre 1917 est célébrée le 7 novembre dans le nouveau calendrier. Le calendrier liturgique de l'Église orthodoxe russe conserve le calendrier julien pour fixer les célébrations et, ainsi, Pâques ne peut précéder la Pâque juive selon les instructions canoniques du concile de Nicée (325).

Catherine II Le 6 février 1744, la princesse allemande Sophie Frédérique Augusta d'Anhalt-Zerbst, âgée de quinze ans, fille du prince d'Anhalt-Zerbst, arrive à Moscou. Le 28 juin, elle est reçue dans le giron de l'Église orthodoxe et prend le nom de Catherine. Le jour suivant, on célèbre ses fiançailles avec le grand-duc Pierre, neveu de l'impératrice Élisabeth et héritier du trône de Russie. Pierre III succède à sa tante en 1761 ; sept mois plus tard, il meurt assassiné après avoir été forcé à l'abdication par un coup d'État. Catherine II monte ainsi sur le trône de Russie à la faveur d'une noblesse, d'officiers et d'un clergé peu enclins à accepter les ouvertures annoncées par un début de règne trop laxiste. Le coup d'État qui intronise Catherine est présenté comme la volonté générale de la nation russe. L'impératrice proclame son attachement à l'Église comme sa volonté de retrouver la puissance extérieure de l'Empire. C'est le premier des paradoxes du règne ; Catherine, allemande et protestante d'origine, se fait championne de l'orthodoxie et du patriotisme russe. Le second est de concilier un gouvernement autoritaire, parfois féroce, avec l'esprit des Lumières et l'amitié des philosophes qui lui ouvrent les portes de l'Europe.

Dès 1766, un projet d'établir un nouveau code pour la Russie est arrêté. Le *Nakaz, ou Instructions pour la commission chargée de dresser le projet d'un nouveau code de lois,* constitue bien un programme de gouvernement d'une autorité éclairée. Pourtant, en décembre 1768, la commission est dissoute et les travaux définitivement interrompus. Peu importe! Catherine a établi son pouvoir en Russie et son prestige hors des frontières. De législatrice, la « Sémiramis du Nord », comme l'appelle Voltaire, devient mécène en dépensant sans compter pour l'achat de collections qui enrichissent le musée de l'Hermitage à Saint-Pétersbourg*. Elle commande au sculpteur Houdon un *Voltaire,* puis un *Buffon.* Elle fait venir Falconet qui réalise la statue équestre de Pierre le Grand. Son attention et sa générosité vont aux grands esprits. Diderot, le baron Grimm sont ses thuriféraires. L'étranger a ses faveurs davantage que les Russes comme Lomonossov. Catherine a élevé le mécénat au rang d'une politique à l'usage de sa propagande et de sa diplomatie.

Conquêtes et expansion de la Russie. Dans un siècle où l'Europe des États se construit, où le despotisme éclairé se fonde d'abord sur la puissance des nations, Catherine II a de grandes ambitions. Sans toutefois parvenir à réaliser « le grand projet grec », la reconquête de l'Empire byzantin, elle parvient à arracher aux Ottomans un débouché sur la mer Noire et surtout la riche province de Crimée*. La conquête puis la colonisation de ces nouvelles terres permettent de relier la mer Noire à la Caspienne et à la Baltique, réalisant les desseins de Pierre le Grand. L'autre grand succès de la « Minerve du Nord » concerne les affaires polonaises. En 1764, elle installe sur le trône de Pologne* son ancien amant Poniatovski. Puis, elle réalise l'exploit de réconcilier Marie-Thérèse d'Autriche et Frédéric II. Les trois partages successifs de 1772 à 1795 assurent à la Russie le contrôle d'un tiers de la Pologne. Voltaire applaudit!

De grandes réformes administratives. Pourtant, en 1773, la révolte du cosaque Pougatchev, qui prétend être Pierre III, révèle la fragilité de l'édifice et les limites de la modernisation à l'intérieur de l'Empire. L'ampleur et la virulence du mouvement impressionnent. Tout le bassin de la Volga jusqu'à Nijni-Novgorod, l'Oural et la région du Jaïk sont en révolte. La sédition touche tout à la fois les Cosaques du Jaïk, les Bachkires, les serfs de la Volga, des paysans et des ouvriers. Pougatchev parvient à reconstituer ses troupes et à allumer de nouveaux foyers. Catherine II craint que la révolte ne gagne la paysannerie de la Moscovie. Enfin, Pougatchev est capturé à Tsaritsin le 14 septembre 1774 et exécuté à Moscou le 10 janvier 1775. La révolte a fait trembler l'État russe et elle en a souligné les contradictions sociales. Catherine en tire la leçon et entame une série de réformes administratives complétant le dispositif financier qui, à partir de 1769, voit la création d'une banque centrale et l'apparition d'une monnaie papier. Le monopole de l'État sur le cuivre de l'Oural, l'abondance et même l'accroissement d'une population soumise à une fiscalité efficace, tout cela concourt à une saine politique financière.

Dans le domaine administratif, Catherine renforce la centralisation de l'État et le pouvoir sur les provinces. Celles-ci sont divisées en gouvernements de 300 000 ou 400 000 habitants, et en districts. L'administration se militarise et se rationalise ; elle est doublée d'un pouvoir exclusivement détenu par la noblesse qui fournit l'essentiel du personnel de la nouvelle bureaucratie. Il s'agit d'accompagner un développement industriel qui, pour l'essentiel, s'est produit dans la première moitié du siècle, en particulier dans l'Oural. Le règne de Catherine est l'âge des adaptations. Toutefois, le bilan reste favorable. L'impératrice sait attirer les marchands européens. Mais la question sociale est la grande faiblesse du règne en proie à l'aggravation du régime agraire. Le servage* domine la population paysanne, il s'étend aux nouvelles provinces, en Ukraine, en Crimée. Seule la vitalité de la communauté villageoise, le *mir*, parvient à atténuer la servitude rurale.

À la mort de Catherine II, en 1796, le nombre des serfs a considérablement augmenté mais des parcelles de prospérité se sont renforcées. La guerre a repris contre les Turcs, la Pologne et la Prusse. La France est en révolution. Il reste du règne de la Grande Catherine l'image d'une autocratie éclairée à peine ternie par les nombreux favoris et par une censure impitoyable. En 1790, Alexandre Radichtchev publie un véritable réquisitoire contre le régime, *le Voyage de Saint-Pétersbourg à Moscou* ; pour lequel il est arrêté et déporté en Sibérie.

Caucase
Carrefour stratégique

Le Caucase a été depuis l'époque médiévale une terre de convoitises pour les Turcs, les Persans et les Russes. Chacun considérait cette région comme une extension de son territoire, vu ses richesses naturelles et sa position stratégique.

À partir du XVIIIe siècle, la Russie assoit peu à peu sa domination, si bien qu'à la veille de la révolution bolchevique l'empire tsariste a annexé la totalité du Caucase. Encore faut-il distinguer le Caucase du Nord, fait de plaines, de la Transcaucasie montagneuse (ou Caucase du Sud), entre lesquels la présence russe va s'imposer différemment. Dans les plaines fertiles du Caucase nord, l'annexion impériale s'accompagne de colonies de peuplement par des Russes, Ukrainiens et Biélorusses, au détriment souvent des multiples ethnies locales. En revanche, la présence russe sera plus légère dans les régions du Caucase méridional. Après la révolution bolchevique de 1917, cette différence va se traduire dans la géographie politique de l'URSS*. Le Caucase du Nord reste intégré à la république fédérative de Russie, membre dominant de l'Union soviétique. À l'inverse, dans le Caucase sud, le gouvernement bolchevique donne dans un premier temps leur indépendance à la Géorgie, à l'Azerbaïdjan, et à l'Arménie, avant de la confisquer en 1921 lors de la guerre* civile. L'URSS, telle que fondée en décembre 1922, fait alors de la Transcaucasie une des quatre républiques fédérées, au même titre que la Russie, la Biélorussie et l'Ukraine. En 1936, lors d'une réorganisation administrative, la Transcaucasie est dissoute, donnant naissance à nouveau à la Géorgie, à l'Arménie et à l'Azerbaïdjan, intégrés séparément au sein de l'URSS.

Un point commun : les conflits ethniques

La chute de l'Union soviétique laisse donc en héritage deux types d'entités caucasiennes. Au nord, plusieurs « sujets » de la Fédération de Russie : le Daguestan, l'Ossétie du Nord, la Kabardino-Balkarie, la Tchétchénie* et l'Ingouchie. Au sud, trois nouveaux États souverains : la Géorgie, l'Arménie et l'Azerbaïdjan. Le Nord comme le Sud partagent en revanche un point commun, les conflits ethniques.

Le Caucase est en effet une mosaïque de peuples et de langues. Alors que sa localisation géographique en a fait un carrefour culturel et religieux, ses montagnes ont favorisé l'isolement au cours du temps des différents peuples. Rattachés ou non à la Russie, les territoires caucasiens se distinguent aujourd'hui par la multiplicité des conflits ethniques, gelés ou larvés, dont beaucoup ne datent pas de la chute de l'URSS. Certains, comme les conflits entre ethnies locales du nord Caucase, ont duré pendant tout l'empire tsariste. D'autres puisent leurs racines dans la politique soviétique des nationalités : le découpage territorial, l'interdiction d'écrire ou de parler certaines langues, la déportation massive des « peuples punis » (Tchétchènes, Ingouches, Balkars, Karatchaïs) par Staline en 1943-1944 puis leur retour sur des terres désormais occupées par des peuples épargnés... L'URSS ne fut certes pas synonyme de coexistence pacifique entre les peuples, mais la perestroïka puis la dissolution de l'Union soviétique ont réactivé nombre de conflits jusque-là mis en veilleuse par un pouvoir coercitif.

Face à ces conflits ethniques, la Russie post-soviétique va avoir des intérêts et une stratégie différenciés, selon leur localisation au nord ou au sud du Caucase, dans une région stratégique en matière énergétique.

La répression du séparatisme tchétchène

Les Tchétchènes, peuple musulman qui représente près de 20 % de la population du nord Caucase, sont particulièrement actifs dans la région. En proclamant unilatéralement l'indépendance de la Tchétchénie en mars 1992, le président Doudaïev, ancien général de l'armée soviétique, refuse explicitement l'autorité russe. Par contagion, il provoque l'irrédentisme de l'Ingouchie voisine, culturellement proche des Tchétchènes, mais qui réclame une partie de l'Ossétie du Nord, peuplée d'une majorité chrétienne orthodoxe et d'une minorité ingouche. Une guerre entre Ossètes du Nord et Ingouches en octobre-novembre 1992, se traduit par l'expulsion d'Ossétie du Nord de plusieurs milliers d'Ingouches, grâce au soutien militaire russe. Alors que la présence de l'armée russe se renforce dans la région, l'armée fédérale entre finalement fin 1994 en Tchétchénie, bombarde Grozny et sa population civile, sans succès probant puisque les accords de Khassaviourt en août 1996 accordent *de facto* l'indépendance à la Tchétchénie. En septembre 1999, alors que Vladimir Poutine* est désormais Premier ministre, Grozny est sévèrement bombardée à la suite de l'incursion d'indépendantistes tchétchènes au Daguestan. Cette nouvelle guerre meurtrière pour les civils est officiellement terminée en 2001, mais des affrontements sporadiques continuent entre l'armée russe et les séparatistes, tout comme les actions terroristes hors du territoire tchétchène. L'État fédéral craint alors qu'une scission de la Tchétchénie ne favorise les séparatismes voisins, le terrorisme islamiste, et plus généralement l'instabilité. Les attentats orchestrés par des séparatistes tchétchènes sont ainsi légion dans les « sujets » voisins : au Daguestan en mai 2002, en Ingouchie en juin 2004, à Beslan en Ossétie du Nord en septembre 2004, ou à Naltchik en Kabardino-Balkarie en octobre 2005. Le retour par la force de la Tchétchénie dans l'orbite fédérale s'opère néanmoins, facilité par un contexte international post-11 Septembre tolérant vis-à-vis de la lutte contre le terrorisme. Les leaders indépendantistes sont tour à tour éliminés, une Constitution locale est votée par référendum en 2004 et un exécutif acceptant l'autorité de Moscou est élu, ce qui assure une certaine stabilité, le tout à la suite d'élections contestées. La Tchétchénie reste aujourd'hui le sujet le plus autonome de la Fédération, et sa reconstruction actuelle dépend largement des subsides de Moscou, dans ce qui ressemble à une relation clientéliste entre le centre et la périphérie.

Les conflits gelés de Transcaucasie

La Géorgie est l'État transcaucasien le plus multiethnique, puisqu'en 1989 la nationalité titulaire ne représente que 70 % de la population. Certaines minorités sont concentrées dans des zones : c'est le cas des Abkhazes, des Ossètes et des Adjars. La géographie administrative soviétique reflétait cette réalité, puisque la Géorgie comptait deux républiques autonomes, l'Abkhazie et l'Adjarie, près de la mer Noire, et une région autonome au nord du pays, l'Ossétie du Sud. Dès 1987, l'opposition anticommuniste géorgienne s'épanouit dans le nationalisme, alors que les groupes minoritaires d'Abkhazie et d'Ossétie du Sud, plutôt russophiles, tentent d'obtenir davantage de droits culturels et linguistiques. L'Ossétie du Sud va jusqu'à demander son rattachement à l'Ossétie du Nord, qui fait partie de la Russie. Un conflit armé y éclate en décembre 1990, provoquant un exode massif de populations, ossète et géorgienne. La Russie fait alors pression sur les belligérants pour négocier, si bien qu'un cessez-le-feu est signé en 1992. Une force de maintien de la paix sous commandement russe assure avec plus ou moins de succès la stabilisation de la région. La Géorgie pouvait difficilement refuser un tel accord, car elle avait besoin de mobiliser ses troupes en Abkhazie, une zone portuaire et commerciale autrement plus stratégique. L'irrédentisme abkhaze s'était traduit dès juillet 1989 par des premiers accrochages, puis par un conflit armé à partir de 1991 qui s'est terminé en 1994 à l'avantage des Abkhazes – grâce entre autres au soutien de combattants tchétchènes. Un traité, signé sous les auspices de Moscou, entérine le déploiement d'une force d'interposition de la CEI*.

Dans ces deux conflits, l'attitude russe fut la même : soutien officieux aux sécessionnistes, puis pressions énergiques sur les belligérants, et enfin présence militaire de stabilisation, ce qui reporte *sine die* toute solution politique et donne une indépendance de fait aux zones concernées. L'influence régionale de la Russie en sort accrue, alors que l'État géorgien est affaibli. Après la « révolution des roses », qui renverse le président Edouard Chevardnadze en 2003, et l'élection d'un président plutôt pro-occidental et nationaliste, la Géorgie a tenté de réduire l'influence militaire de la Russie, même si le remplacement des troupes russes d'interposition n'est pas encore à l'ordre du jour.

En Azerbaïdjan, pays majoritairement musulman, c'est le Haut-Karabakh qui est source de conflits. Ce territoire, peuplé d'Arméniens chrétiens (à 75 % en 1989), fut détaché en 1921 de l'Arménie par Staline pour la « punir » de son anticommunisme et rassurer la Turquie voisine. Erevan exprime dès 1988 les premières revendications irrédentistes, auxquelles répond un pogrom antiarménien à Soumgait, en Azerbaïdjan. Les combats éclatent en 1992, sous l'influence tacite de la Russie, qui soutient d'abord l'Azerbaïdjan, puis l'Arménie, avant de négocier un cessez-le-feu en mai 1994, globalement respecté depuis, sans qu'une solution politique n'ait été trouvée, malgré les efforts de l'OSCE (Organisation pour la sécurité et la coopération en Europe). L'Arménie occupe encore aujourd'hui 20 % du Haut-Karabakh. Ce conflit gelé rythme en grande partie la vie politique arménienne, comme en témoigne l'assassinat du Premier ministre à Erevan en 1999. Mais, par comparaison au reste du Caucase, l'Arménie demeure un pôle de stabilité et, de par son voisinage difficile – Turquie, Azerbaïdjan, Iran –, un partenaire fiable pour la Russie, qui y possède des installations militaires, et qui perçoit comme une ingérence occidentale l'envoi hypothétique d'une force de maintien de la paix sous les auspices de l'OSCE.

La Russie : un État souverain aux réflexes de puissance impériale ?

Face à ces conflits, la Russie postsoviétique a globalement réagi selon deux lignes de conduite. Dans le Caucase du Nord, l'État russe a d'abord cherché à préserver son intégrité territoriale, réprimant notamment le séparatisme tchétchène. Dans le Caucase du Sud, la Russie va exploiter les dissensions ethniques, freiner la résolution politique des conflits et l'intervention occidentale, afin de maintenir une présence stratégique. Cette présence tient d'abord à un réflexe historique, puisque la Russie fut jusqu'en 1991 la puissance caucasienne dominante. Mais, au sud comme au nord, les ambitions russes sont exacerbées par les enjeux énergétiques. Les principaux oléoducs russes, qui acheminent le pétrole issu de la mer Caspienne, transitent par le Daguestan et la Tchétchénie, deux régions stratégiques ; le Caucase du Sud offre aux pays occidentaux des voies de transit alternatives, permettant de diversifier les risques d'approvisionnement en évitant la Russie, comme l'illustre l'oléoduc Bakou-Tbilissi-Ceyhan, achevé en 2006.

caviar
La quintessence du luxe gastronomique

Composé d'œufs d'esturgeons triés et salés d'une douzaine d'espèces, le caviar est la quintessence du luxe gastronomique russe et international. L'étymologie du mot reste en débat ; elle est généralement donnée comme issue d'un mot de dialecte persan passé en turc – *kha vyar* (œufs de poisson) – ou encore du grec *avyron* (œufs). En russe, comme dans la plupart des langues slaves, caviar se dit *ikra*. L'origine est, là aussi, peu claire : *ikra* pourrait être un dérivé du latin *iecur*, le foie, et donc par analogie « ce qui vient de l'intérieur ».

Si le caviar est produit dans de nombreux pays de l'hémisphère Nord, à partir d'esturgeons d'élevage principalement, c'est celui qui provient de la mer Caspienne qui est le plus recherché. Les principales sortes de caviar sont le béluga *(Huso huso)*, l'osciètre *(Acipenser gueldenstaedtii, acipenser persicus)* et le sevruga *(Acipenser stelatus)*. En France, quand il s'agit d'œufs de poissons, l'appellation « caviar » ne s'applique qu'aux œufs d'esturgeon. Mais si le mot caviar est synonyme de raffinement en français, le terme d'*ikra*, employé sans complément, fait souvent référence, en Russie et dans les pays de l'ancienne URSS, au bien plus modeste caviar d'aubergines…

Espèces et production

Poisson préhistorique, l'esturgeon apparaît il y a quelque 250 millions d'années. S'il peut vivre jusqu'à 100 ans, ce poisson arrive à maturité tardivement – vers l'âge de 10 à 15 ans. L'esturgeon vit en eau salée et se reproduit en eau douce. Au printemps, la femelle, portée par les flux, remonte les fleuves, le ventre chargé de centaine de milliers d'œufs. Elle en pond jusqu'à deux millions, ce qui correspond à un dixième de sa masse. Le plus gros des esturgeons pêché pour son caviar est le béluga (caviar aux grains gris), qui mesure jusqu'à 6 m de long et peut peser jusqu'à une tonne. On le trouvait dans les eaux de la mer Noire, de la mer d'Azov et de la mer Caspienne, mais il est aujourd'hui sérieusement menacé d'extinction. L'oscietre et le sevruga sont plus petits : ils peuvent atteindre respectivement 150 et 100 kg.

Les esturgeons ayant été pêchés au moyen de filets dormants ou traînants (en principe interdits, car ils détruisent les fonds marins dont se nourrissent les poissons), on en extrait la rogue (ovaires) et l'on enlève les grains qui s'y agglutinent. Ceux-ci sont lavés, égouttés, triés en fonction de leur couleur et de leur fermeté. Puis les œufs sont salés selon les indications d'un artisan « maître du caviar ». Un caviar peu salé *(malossol)* contient 4 % de sel. Le goût du caviar varie en fonction du lieu d'habitation et de la nourriture de sa « mère » : milieu boueux ou riche en algues et en plancton. Les experts en caviar décrivent les différentes saveurs avec la précision des œnologues : notes boisées, goût d'orange amère ou d'amande, longueur en bouche… Un talent qui vaut même à un éminent « maître du caviar » d'être décoré de l'ordre du Mérite russe par Boris Eltsine en 1998 !

Une longue histoire

On attribue la première consommation de caviar aux Perses du IXe siècle, qui le mangeaient pour ses vertus énergétiques, sous forme d'une masse séchée en biscuits ou en bâtonnets. Cependant, le caviar n'a pas toujours été le plat rare et fin que l'on connaît aujourd'hui. Ainsi, le caviar des esturgeons de l'Hudson était servi en guise d'apéritif salé dans les bars de New York pour encourager la consommation de bière.

Le caviar est surtout associé à la Russie. Il faisait déjà partie du quotidien de la noblesse et de la bourgeoisie sous Ivan IV le Terrible, puisque le *Domostroï,* le guide ménager de tout bon maître de maison rédigé sous son règne vers 1550, décrivait alors comment le conserver (à la cave) et à quelles occasions le servir à table (dimanches et jours de fête pendant le Carême). Au XVIIIe siècle, le caviar devient un produit d'exportation, au même titre que les fourrures et le miel. Pierre le Grand (1672-1725) imposa un monopole d'État sur la pêche et les produits de la pêche qui s'étendit tout naturellement au caviar, mets de la table impériale. Ainsi, en 1702, pour fêter le jour de la Saint-Pierre, le tsar proposa à ses convives pas moins de 13 livres de caviar lors d'un repas qui comprenait également 6 dindes, 24 oies, 6 moutons et 215 brochets, le tout arrosé de 2 tonneaux de vin de Rhénanie…

Assistant à une pêche à l'esturgeon sur les bords de la Caspienne, Alexandre Dumas décrit une spécialité culinaire encore relativement exotique dans la France du xixe siècle : « Ce qui est plus estimé que le pâté à la moelle épinière (de l'esturgeon), ce sont les milliers d'œufs que l'on recueille pour faire le caviar car on appelle particulièrement caviar une préparation d'œufs d'esturgeon ; privés d'air, les œufs se conservent quelque temps dans leur fraîcheur. Outre ceux-là, que l'on expédie le jour même où ils ont été enfermés dans des barils pareils à nos barils de poudre de huit, de quinze et vingt livres, il y en a encore qu'on prépare à demi-sel et à sel entier, qu'on envoie à leur heure. » La cour du dernier tsar, Nicolas II, consommait, prétend-on, 11 tonnes de caviar par an. La mode du caviar en tant que produit de luxe revient en Europe sous l'influence des émigrés russes des années 1920, dont certains s'établissent marchands de caviar, voire producteurs (notamment en France, dans l'estuaire de la Gironde).

Trafic et contrebande

Très convoité, le caviar pouvait, à l'époque soviétique, servir de devise. Il fit l'objet de bien des trafics. À la fin des années 1970, poussé par Iouri Andropov, le KGB fit éclater au grand jour l'une des plus grandes opérations de fraude et de contrebande jamais révélées en URSS : une saisie, près du port de Sotchi, sur la mer Noire, a révélé que des tonneaux étiquetés comme du banal hareng étaient en réalité emplis de caviar noir... Ce caviar de contrebande, destiné à l'Europe, rapportait des centaines de milliers de dollars aux fonctionnaires du ministère soviétique de la Pêche, et impliquait jusqu'à l'entourage du secrétaire général du PCUS, Leonid Brejnev...

La Caspienne fournit 90 % de la production de caviar sauvage du monde. Toutefois, la surpêche et la pollution – en raison des barrages qui déstabilisent l'écosystème des zones de frayage, des déchets portés par les affluents, de la production pétrolière... – déciment les bancs d'esturgeons depuis les débuts de l'industrialisation de l'URSS, dans les années 1930. Vers 1970, quelque 25 000 bélugas remontaient chaque année la Volga* pour frayer. On n'en compte guère que la moitié en 1990, selon le World Wildlife Fund. En outre, les spécimens pêchés sont de plus en plus petits. Dumas relatait la pêche (en 1796) d'un esturgeon de 20 m de long, qui contenait 3 300 kg de caviar... La protection de l'espèce relève de la « Convention sur le commerce international des espèces de faune et de flore sauvages menacées d'extinction » (dite « convention de Washington »). C'est une agence de l'ONU, le secrétariat de la Convention sur le commerce international des espèces de la faune et de la flore sauvages (CITES), qui est chargée de son application.

À la fin des années 1970, l'URSS exportait environ 2 000 t de caviar par an. L'éclatement de l'URSS a vu naître deux nouveaux États voisins sur le littoral caspien – l'Azerbaïdjan et le Turkménistan –, ce qui bouleversé le système de pêche et de contrôle en vigueur, établi entre l'URSS et l'Iran. Dans le même temps, de nombreuses fermes piscicoles d'esturgeons, qui relevaient de l'État, ont été mises en faillite du fait du manque de financements publics. Tous les États riverains de la mer Caspienne connaissent le braconnage, qui constitue parfois une activité familiale de subsistance, mais qui, le plus souvent, est le fait de véritables réseaux mafieux infiltrés à tous les niveaux de l'administration. Les braconniers « professionnels » profitent de leurs contacts dans les usines de poissons et les milieux de l'administration de la pêche pour obtenir des certificats d'authenticité. Le ministère russe de la Pêche a récemment dénoncé des abus des forces de l'ordre chargées de lutter contre la contrebande, lesquelles effectueraient parfois des saisies qui, en réalité, servent d'intermédiaire aux braconniers : les policiers revendraient le caviar comme produit confisqué.

Seules deux des vingt-sept espèces d'esturgeons sont totalement interdites au commerce. Les vingt-cinq autres espèces sont inscrites sur une liste (élaborée par la CITES) qui oblige les États membres à accepter une régulation du commerce par un système de permis et de quotas annuels. En 2006, afin de tenter de limiter la pêche et de permettre aux bancs d'esturgeons, notamment de bélugas, de se régénérer, la CITES n'a délivré aucun permis d'exportation pour le caviar de la mer Caspienne (sauf pour une espèce d'esturgeon iranien). L'impact réel de cette interdiction reste sujet à caution, certains arguant qu'elle n'aurait aucune influence sur le braconnage et le commerce illégal. En 2007, la CITES a approuvé une reprise des exportations, fixant des quotas limités aux cinq États riverains de la Caspienne. Même si les pays riverains s'engagent à réduire leurs prises, la CITES n'a guère de pouvoir de contrôle sauf par le biais d'un droit de regard sur les exportations. Or la demande russe interne suffit à elle seule à constituer une menace pour les esturgeons : à un prix vingt-cinq fois inférieur aux prix mondiaux, le caviar reste un « must » à la table des « nouveaux Russes » très fortunés, et même un peu moins fortunés. Ainsi, la quasi-totalité du caviar vendu à Moscou serait d'origine illégale, fruit du braconnage, ou tout simplement frauduleux en termes de qualité ou d'origine. La menace la plus tangible qui pèse sur l'avenir du caviar russe est le manque à gagner pour l'État, qui découlerait de l'instauration d'un système de contrôle plus efficace. Depuis 2005, la répression du braconnage semble s'intensifier, soutenue par la volonté exprimée par le gouvernement de rétablir un monopole d'État, monopole qui, avant 1991, avait existé presque sans interruption depuis Pierre le Grand.

---> cuisine

CEI (Communauté d'États indépendants) La Communauté d'États indépendants est une association économique et politique, fondée le 8 décembre 1991 par le traité de Minsk, dont l'objectif a été de faciliter l'indépendance des ex-républiques soviétiques tout en préservant une partie des liens économiques et politiques qui les unissaient à la Russie. La création de la CEI est intervenue dans une conjoncture mondiale d'émergence de blocs régionaux (ALENA, Mercosur, APEC) et a compté parmi ses membres la presque totalité des anciennes républiques soviétiques (Arménie, Biélorussie*, Kazakhstan, Kirghizie, Moldavie, Russie, Tadjikistan, Turkménistan, Ouzbékistan, Ukraine* et postérieurement la Géorgie d'Edouard Chevardnadze). Ces républiques avaient des économies plus ou moins complémentaires avec celle de la Fédération de Russie, qui remontaient à la période soviétique, et disposaient d'une complémentarité renforcée de leurs infrastructures énergétiques – Ukraine, Kazakhstan, Kirghizie – et industrielles – Biélorussie, Moldavie.

La désorganisation de l'État russe au cours des années Eltsine* (1991-1999) a toutefois modéré les ambitions des pays membres qui, en absence d'un projet clair, restaient soumis à une logique éminemment instrumentale au service des intérêts de Moscou, comme en témoigne la forte présence russe à la direction du bloc. Les relations tourmentées entre Moscou et certains des pays membres (Moldavie, Géorgie, Ukraine) liées à l'approvisionnement en hydrocarbure russe ont durablement terni la crédibilité de la collaboration pourtant au cœur du protocole d'association régionale signé en 1991. Le départ controversé des présidents issus de la nomenklatura de l'URSS en Géorgie (2003) et en Ukraine (2004), a fini de fragiliser le bloc : avec l'arrivée d'une nouvelle génération d'hommes politiques portés par de vastes programmes de réformes, une partie des membres s'orientent désormais résolument en direction de l'Union européenne. En outre, les nouveaux États d'Asie* centrale ont progressivement diversifié leurs partenaires politiques et commerciaux, comme l'attestent le rapprochement entre l'Ouzbékistan et les États-Unis et celui du Kirghizstan avec la Chine.

La CEI a pu tenir le rôle de forum d'échange entre chefs d'États de la région, facilitant le lien entre certaines capitales, et favorisant la mise en place du projet d'Union eurasienne ou encore le traité de sécurité collective entre les pays d'Asie centrale et la Russie. Toutefois, son bilan global restait largement décevant à la fin de 2007 : non seulement elle n'avait pas réussi à faire progresser les échanges entre les pays membres (21 % en 1991 contre 6 % en 2007), mais certaines de ces républiques, telles que le Turkménistan, avaient formellement tourné le dos à cette association. L'avenir de la CEI reste subordonné aux relations de la Russie avec ses anciens « partenaires » de l'URSS*.

chachlik Le chachlik est une très grande brochette d'origine caucasienne préparée la plupart du temps à base de viande (mouton, porc ou bœuf) marinée dans l'huile, le vinaigre et surtout les oignons. Toutes sortes de variantes sont possibles pour la marinade : citron, herbes, tomates. Sur les bords de la mer Caspienne, on mange d'excellents chachliks d'esturgeon, poisson à la chair très ferme et fine. Pour préparer le chachlik, outre les aliments, il faut de grandes broches métalliques *(champour),* de la bonne humeur et des amis. Ce plat est largement consommé dans toute l'ex-Union soviétique. En effet, aux beaux jours, le délicieux fumet accompagné de l'âcre fumée des chachliks émane de tous les parcs et datchas. La « chachlik party » est presque plus rituelle que nos barbecues. Elle s'accompagne bien sûr d'une grande consommation de vodka, à laquelle on préfère la bière s'il fait chaud.

⸱⸱⸱⸱> cuisine

Feodor Chaliapine Feodor Ivanovitch Chaliapine est considéré comme la plus grande basse slave de son temps et sa carrière est étroitement associée au développement de l'art lyrique en Russie à la fin du xixe siècle. Né le 13 février 1873 à Kazan, Chaliapine est issu d'un milieu rural défavorisé et ne reçoit qu'une instruction élémentaire, mais il parvient toutefois à gravir les échelons en tant que jeune chanteur dans les chorales de province et à rentrer dans la troupe dramatique de V. Serebriakova en 1889. À la suite à son premier rôle de soliste en 1890 (*Boris Godounov* de Moussorgski), il enchaîne rapidement les succès en province (Kazan et Oufa). Dès 1895, il exerce son art sous la direction des Théâtres Impériaux à Saint-Pétersbourg avec des représentations régulières au théâtre Marinskii où son registre imposant et son jeu dramatique novateur lui permettent d'incarner avec succès des rôles comme Méphistophélès du *Faust* de Gounod.

La carrière de Chaliapine est le résultat d'un exceptionnel concours de circonstances. En effet, le chœur du théâtre Bolchoï manquait d'un ensemble choral propre pouvant assurer des représentations régulières. C'est ainsi que les chœurs issus des églises et les étudiants du conservatoire de Moscou ou de l'École synodale étaient conviés à donner des représentations. En 1882, Ulrich Ossipovitch Avranek, l'un des maîtres du chœur du Bolchoï, entreprend de créer une troupe permanente, ce qui a un impact considérable dans la diffusion de l'art lyrique et sur l'évolution de la technique du chant. C'est grâce à cette initiative que le chœur du Théâtre Bolchoï devient au cours des décennies suivantes, un haut lieu du chant en Europe et que son créateur est reconnu comme le meilleur directeur de chant choral des Théâtres Impériaux. C'est dans ce contexte que se distingue l'art de Chaliapine. Sa renommée s'établit rapidement en Russie pour vite dépasser les frontières et devenir mondiale avec des succès à Milan (1902) ou à New York (1907). Sa maîtrise du registre basse, très présent dans l'art vocal russe, permettra de faire accéder à ce répertoire toute une lignée de grands chanteurs au cours du XXᵉ siècle. Ce sont surtout les « Saisons Russes » du chœur du Théâtre Bolchoï à Paris entre 1908 et 1909 et plus tard en 1914 à Londres, qui ont fait la renommée de Chaliapine. Ses représentations de *Boris Godounov,* du *Prince Igor* et de la *Khovantchina*, ont permis de faire entrer les œuvres russes dans les répertoires des opéras des grandes capitales du monde, avec des maîtres comme Chaliapine ou Sobinov. Le début du disque microsillon fera le reste. Chaliapine est demeuré en Russie les premiers temps de la Révolution, partagé entre ses sentiments de sympathie à l'égard d'une révolution populaire et ce qu'il percevait déjà comme un encadrement autoritaire de l'expression artistique par le pouvoir soviétique. Exilé en 1922 et déclaré « antiré-volutionnaire » par Moscou, il s'éteint à Paris en 1938.

chemin de fer En Russie, le réseau ferré est créé au cours du dernier tiers du XIXe siècle (1870-1890), c'est-à-dire tardivement par rapport aux pays européens. La géographie accidentée de la Russie ainsi que les exigences du commerce rendaient le transport fluvial sur le Don, le Dniepr ou la Volga de moins en moins adapté à la croissance des échanges. Le rail a connu un départ hésitant, mais très vite ce moyen de transport a joué un rôle clé dans l'histoire russe du XXe siècle en contribuant activement au développement économique et à la maîtrise des vastes étendues du pays.

Les premières voies ferrées, comme celle qui relie Moscou aux mines du Donetsk, ont pu être réalisées grâce à l'initiative visionnaire de certains entrepreneurs privés, tel Savva Mamontov, le célèbre mécène d'Abramtsevo. Cependant, c'est l'ouverture de l'économie russe aux investissements étrangers au cours des années 1860 qui donne son essor au chemin de fer russe. La mise en service de la première ligne, appelée *Tchugunka* – ou cheval d'acier –, a déclenché une rapide expansion du réseau ferré à la fin du XIXe siècle, une fois son intérêt stratégique admis à Saint-Pétersbourg. La carte du réseau prit d'abord une direction méridienne. Au sud, il s'agissait de relier les capitales au grenier du pays – les terres noires. Vers le nord, le train donne accès aux matériaux de construction et aux ressources naturelles. Le réseau est-ouest était destiné à l'acheminement de matières premières russes en direction de l'Allemagne et de la Grande-Bretagne à la fin du XIXe siècle. Le rail a favorisé le développement de l'industrie russe et a conduit à la création de l'Entreprise nationale du chemin de fer (1900), aux mains de l'État. Cet événement a marqué l'entrée de l'empire tsariste dans le cercle des puissances industrielles européennes et a permis, à l'initiative du comte Witte*, de prolonger un réseau stratégique vers les sources de minerai en Oural et en Sibérie. C'est dans ce contexte qu'est lancé le chantier du Transsibérien. En 1891, Alexandre III décide l'extension de la voie ferrée de l'Est au-delà d'Oufa, jusqu'à Vladivostok. Le chantier, financé en grande partie par les emprunts faits à l'étranger, est presque achevé en 1904. Une seconde voie double le Transsibérien par la Mandchourie. En 1916, Moscou est reliée à Vladivostok par 9 238 km de voies ferrées et une semaine de voyage.

Le pouvoir soviétique a intégré le développement du rail dans une logique plus large, destinée non seulement à valoriser le territoire et ses ressources, mais également à asseoir la présence de l'État aux confins de l'URSS. Cette dimension éminemment idéologique a conditionné l'extension territoriale du rail, au détriment de la rationalité économique ou sociale. Emblématique de ce phénomène est la construction de la ligne Baïkal-Amour-Magistral (BAM) entre 1972 et 1984 (4 234 km). Cet immense projet de réaliser un tronçon parallèle au Transsibérien mais plus au nord, éloigné de la frontière chinoise, est un vrai défi. Construit dans des conditions climatiques difficiles et sur un sol gelé en permanence *(permafrost)*, le BAM est une prouesse technique et un exploit politique qui mobilise des milliers de jeunes du Komsomol. Malheureusement, le projet s'est révélé ruineux et peu rentable.

Le système d'économie administrée mis en place par le pouvoir communiste a ainsi poursuivi le développement et la densification du réseau, prenant désormais en compte l'intérêt géopolitique et militaire d'un État soviétique soucieux de contrôler ses frontières. Le train reste à ce jour un facteur de développement de l'industrie en Russie, car il est responsable à lui seul de plus de 80 % des transports de marchandises. Le développement du pauvre réseau autoroutier de la Fédération de Russie a toutefois été clairement identifié comme une des priorités de fin de mandat de Vladimir Poutine, et un vaste programme de rénovation mené par le groupe Avtodor devrait permettre de rendre le dit réseau opérationnel à nouveau d'ici à 2012.

les Chœurs de l'Armée rouge

Composés uniquement d'hommes faisant partie de l'armée soviétique, l'Armée* rouge, les Chœurs, formés en 1928 par le professeur de conservatoire Alexandre Alexandrov, avaient pour mission de soutenir le moral des troupes et d'exalter l'idéal révolutionnaire. Ils n'étaient que 13 en 1928, puis leur nombre augmenta d'année en année. Leur répertoire était essentiellement consacré aux chants militaires (Hymne des corps d'armée, *Chant du soldat russe*), aux chants révolutionnaires *(Chant des partisans)* ou aux différents chants patriotiques et nationaux (hymne national soviétique ou hymne national russe). Leurs tournées dans le monde entier et la très large diffusion des disques de leur répertoire ont souvent permis de temporiser les échanges culturels durant la guerre froide. Aujourd'hui, malgré la disparition de l'URSS, la troupe existe encore et compte plus de 400 artistes parmi lesquels des chanteurs, des musiciens et des danseurs, et leur répertoire s'est élargi à d'autres genres musicaux, comme des chansons populaires ou des chansons étrangères.

Dmitri Dmitrievitch Chostakovitch Dmitri Chostakovitch est l'un

des compositeurs russes les plus marquants et les plus prolifiques du xxᵉ siècle. Il est né à Saint-Pétersbourg en 1906 dans une famille de l'intelligentsia polonaise, dont plusieurs membres avaient été déportés par le tsarisme. Admis au conservatoire à l'âge de treize ans, il compose sa première pièce trois ans plus tard. Six ans après, en 1925, il signe sa *1ʳᵉ symphonie,* aussitôt jouée à Berlin, Londres et Philadelphie par les plus grands chefs. En 1927, l'Association pour la musique contemporaine joue sa *2ᵉ symphonie,* appelée *Octobre* en commémoration du 10ᵉ anniversaire de la Révolution. Malgré ces gages d'adhésion sincère à la Révolution, les tensions avec les autorités politiques ne se font pas attendre : son opéra, *Le Nez,* inspiré d'une pièce de Gogol et raillant la bureaucratie, est jugé trop complexe, « formaliste ». Ainsi, cette pièce, aujourd'hui considérée comme un chef-d'œuvre du futurisme, disparaît rapidement de l'affiche et devient même un exemple à ne pas suivre. Un deuxième opéra, qui se veut le premier volet d'une trilogie consacrée à la femme russe, subit à peu près le même sort. Durant deux ans *Lady Macbeth de Mzensk* connaît un grand succès auprès du public et des professionnels. Mais, en 1936, Staline assiste à une représentation et n'apprécie pas. Quelques jours plus tard, paraît un article assassin dans la *Pravda,* intitulé « Du chaos en place de musique », qui scelle définitivement son sort.

Chostakovitch : « ennemi du peuple » ? Conscient de la gravité de la menace, Chostakovitch s'adresse au maréchal Toukhatchevski, héros national ayant maté la révolte de Kronstadt et mélomane, pour obtenir une protection. Or, celui-ci est bientôt arrêté et fusillé. Paniqué, le compositeur craint les représailles et renonce à faire jouer sa *4ᵉ Symphonie,* dont le côté introspectif n'est pas pour plaire au régime qui veut de la musique joyeuse, en accord avec le réalisme socialiste prôné par Jdanov*. Heureusement pour lui, sa *5ᵉ Symphonie* reçoit un accueil favorable. On considère qu'il s'est amendé et lui-même joue le jeu, évoquant l'humanisme optimiste de son œuvre. Au-delà des vastes débats idéologiques qui l'entourent, cette symphonie possède de telles qualités qu'elle est aujourd'hui la symphonie la plus enregistrée de toute l'histoire moderne. Chostakovitch comprend alors qu'il ne peut survivre qu'en allant plus loin et promet au pouvoir une symphonie sur Lénine qui, selon ses dires, lui demande un travail colossal et en conséquence ne peut être achevée rapidement. À dire vrai, il compose tout autre chose – sa 6ᵉ *Symphonie* – mais, ayant temporisé, il est ensuite sauvé par la guerre qui éclate. Il s'engage comme pompier auxiliaire à Leningrad et c'est dans des conditions extraordinairement difficiles qu'il compose sa 7ᵉ *Symphonie* dédiée au siège. Poignante, mais pleine d'espoir, l'œuvre est aussitôt exécutée à Moscou où elle est microfilmée, envoyée en avion à Téhéran, de là transportée en voiture au Caire d'où elle part vers l'Europe et les États-Unis. Elle sera continuellement jouée pendant la guerre, en marque de soutien des alliés aux combats héroïques menés par les armées soviétiques. En 1943, Chostakovitch compose une 8ᵉ *Symphonie*, parfois appelée *Stalingrad* par analogie avec la précédente. Celle-ci fut cependant nettement moins appréciée tant par le pouvoir soviétique, qui ne la jugea pas assez optimiste, que par les Occidentaux qui crurent y voir une répétition de la précédente. Son exécution fut donc interdite pendant plusieurs années. Sorti de la guerre, le pouvoir soviétique attend de son principal compositeur une œuvre majeure à la gloire de l'armée soviétique. Au lieu de cela, sa 9ᵉ *Symphonie* est une œuvre courte, joyeuse et insouciante qui provoque la consternation. Puis, Chostakovitch abandonne le genre pour écrire des œuvres plus intimes, comme son 3ᵉ *Quatuor*. C'est alors que sonne l'heure de la reprise en main de la musique par le congrès de l'Union des compositeurs en 1948. Avec d'autres, il est accusé de formalisme et sommé de rentrer dans l'ordre du réalisme socialiste.

Un double jeu. À compter de cette date, Chostakovitch entame une double vie : d'un côté il produit des œuvres politiquement correctes, de l'autre il écrit des pièces excessivement sarcastiques d'une très grande drôlerie. Ainsi du *Rayok* (littéralement « le Petit Paradis »), pièce pianistique brève qui met en scène une parodie du Comité central ou bien encore ses *Mélodies sur des pièces populaires juives*, qui cadrent mal avec l'antisémitisme ambiant. Prudent, le compositeur attendra deux ans après la mort de Staline pour faire jouer ces deux compositions. Car, en public, il n'a d'autre choix que de jouer le jeu : il est notamment envoyé en délégation à New York en 1949 et éprouve un malaise évident à devoir défendre une ligne politique en laquelle il ne se reconnaît pas. Le malaise est, semble-t-il, partagé : quelques mois après la mort de Staline, sa *10ᵉ Symphonie* provoque un déluge de controverses au sein de l'Union des compositeurs. Mais, grâce à son prestige, seules les œuvres de Chostakovitch arrivent à passer la censure et à créer l'événement, comme ce fut le cas pour le *1ᵉʳ Concerto pour violon* dédié à son génial exécutant, David Oïstrakh. Mais à nouveau l'œuvre est rapidement évincée de la scène soviétique tandis qu'elle connaît un succès retentissant partout dans le monde. Pour le quarantième anniversaire de la révolution d'Octobre, Chostakovitch rentre à nouveau dans le rang avec sa *11ᵉ Symphonie* consacrée à la révolution de 1905. Puis peu à peu, l'ambiance politique se détend. En 1959 Chostakovitch participe à la réception d'accueil de Stravinsky et fait preuve de son ouverture d'esprit envers une musique avec laquelle il se sent peu d'affinités mais dont il appréciait les qualités. En 1960, Chostakovitch devient membre du Parti communiste, passage obligé sans doute pour conserver son siège de premier secrétaire de l'Union des compositeurs de la République de Russie. En 1962, il délivre enfin sa *Symphonie 1917*, à la mémoire de Lénine ; certains crurent voir dans l'emphase de l'œuvre une sorte de parodie de la grandiloquence des slogans officiels. Cette mascarade permet néanmoins à Chostakovitch de voir ses œuvres préférées réhabilitées et lui donne une plus grande liberté d'écriture par ailleurs : il continue de dénoncer l'antisémitisme avec la symphonie *Babi Yar* et met en musique la poésie de Tsvetaieva, poétesse acculée au suicide par le stalinisme. En 1966, il est le premier compositeur à recevoir le titre de « héros du travail socialiste ». Jusqu'à ses derniers jours, en 1975, il continue d'écrire avec ardeur, innovant ou reprenant des œuvres classiques : il réorchestre notamment plusieurs œuvres de Moussorgski. Ce n'est qu'après sa mort que purent être révélés des écrits privés prouvant combien il avait intimement souffert des conditions politiques ayant entouré sa création.

---➔ musique

cinéma
Un art pris dans les contraintes politiques et économiques de la Russie du XXᵉ siècle

Le cinéma a connu en Russie avant la Révolution, puis pendant la période soviétique un développement significatif. À la fois objet politique pour le pouvoir bolchevique et domaine de création et d'innovation artistique, le cinéma est un élément très important de la vie culturelle et économique de ce pays.

Un siècle de cinéma russe

De 1895 à 1917, la Russie représente, pour les entreprises étrangères qui s'intéressent au cinéma, un espace géographique immense, prometteur des projets professionnels les plus fous. À partir de 1908, les premiers entrepreneurs russes s'emparent de la caméra pour produire leurs propres films. Plus tard, sous le communisme, le cinéma est promu au rang de « l'art le plus important de tous » et, à ce titre, l'industrie du cinéma est planifiée dans ses moindres détails. La période postcommuniste du cinéma russe donne, quant à elle, la mesure de l'état de la vie économique de la Fédération de Russie : brisée par 70 ans de planification et de monopole de la production, l'industrie du cinéma russe est menacée de disparaître au début des années 1990, jusqu'à ce que différentes sociétés de production réussissent à se stabiliser, soutenues à nouveau par l'État.

Un essor rapide

La première projection cinématographique des frères Lumière a lieu à Saint-Pétersbourg le 4 mai 1896, quelques mois après celle qui s'est déroulée à Paris en 1895. Le tsar Nicolas II organise des projections privées des meilleures productions dans une salle aménagée spécialement dans son palais de Tsarskoe Selo, près de Saint-Pétersbourg. Les premiers films réalisés en Russie sont avant tout des films d'actualités comme, par exemple, *le Couronnement du tsar Nicolas II*, filmé par un opérateur des frères Lumière le 14 mai 1896. Leur entreprise, appelée « Pathé Frères », domine la distribution ainsi que la production de films en Russie, suivie de près par Gaumont, jusqu'à la révolution de 1917. Photographe, reporter et fabricant d'intertitres russes pour les films français, Alexandre Drankov est le premier à faire concurrence aux firmes de cinéma étrangères. Son film d'actualités consacré aux quatre-vingts ans de l'écrivain Lev Tolstoï est une réussite technique et il devient le premier exportateur de films russes à l'étranger. Si son premier film, *Boris Godounov* (1907), est un échec, le suivant, *Stenka Razine*, qui sort le 15 octobre 1908, scelle son succès en Russie et à l'étranger : le film est consacré au célèbre Cosaque du Don, figure historique de la mythologie russe. À côté de ce producteur pétersbourgeois, un Moscovite, Alexandre Khanjonkov, se fait connaître en 1911 par un film historique la *Défense de Sébastopol*, tourné avec l'appui du tsar Nicolas II. D'autres figures du cinéma russe prérévolutionnaire se révèlent dans ces années-là, comme l'acteur Ivan Mosjoukine, l'actrice très populaire Vera Kholodnaïa, les metteurs en scène Evgueni Bauer, Yakov Protazanov, Vladimir Gardine, Piotr Tchardynine, le scénariste Vassili Gontcharov ou bien le réalisateur de films d'animation Wladislas Starewitch qui utilise des insectes naturalisés aux articulations en fil de fer comme personnages de ses films. Entre 1907, année du premier film russe et 1919, année de la nationalisation du cinéma, près de 2 000 films sont réalisés (seuls 300 ont été conservés). Au moment de la révolution d'Octobre, nombre de ces artistes de cinéma vont émigrer. Certains (Protazanov, Tchardynine) reviendront à la demande des bolcheviks, en manque de professionnels du cinéma, d'autres (Gardine) préféreront rester pour participer à l'ébauche d'un nouveau cinéma.

Au service de la propagande

La révolution de 1917 donne un nouvel aspect au cinéma en Russie puis en URSS : le cinéma est avant tout un outil merveilleux pour propager, parmi une population majoritairement illettrée, les idées du nouveau pouvoir. Et de ce fait, Lénine signe un décret le 27 août 1919 par lequel toutes les « industries et commerces cinématographiques sont transférés sous l'autorité du commissariat du peuple à l'Éducation », le département politique responsable de toutes les questions culturelles. Tous les biens du cinéma sont réquisitionnés et il est nationalisé. À partir de 1917 et jusqu'en 1991, il ne connaîtra qu'un seul producteur et qu'un seul distributeur : l'État. D'où l'importance politique que revêt l'industrie du cinéma pendant cette période. C'est également dans les premières années du nouveau régime soviétique que le cinéma, comme les autres médias en Russie soviétique, tombent sous le couperet d'une censure extrêmement pointilleuse qui évoluera au fil des différentes lignes idéologiques. Malgré ces contraintes politiques, le cinéma russe doit également être pensé selon des considérations économiques et artistiques : compétition financière (les studios étaient parfois en rude concurrence pour obtenir un budget plus conséquent que les autres), compétition de renommée (plus un studio avait de succès, plus il était certain de recevoir une prime pour l'année suivante), recherche de progrès technique (apparition du film sonore, du film couleur...) et surtout processus de création, de diffusion et de réception.

Les premières réflexions sur le cinéma

La Révolution ne tue pas toute initiative créatrice, bien au contraire, et l'on voit dans les années 1920 apparaître différentes personnalités, divers groupes de recherches théoriques, qui marqueront définitivement le cinéma soviétique et plus largement le cinéma mondial. Ainsi Lev Koulechov et son collectif d'acteurs (Alexandra Khokhlova, Vsevolod Poudovkine, Boris Barnet, Vladimir Foguel, Sergueï Komarov, etc.) créent la première école de cinéma d'URSS et engagent une réflexion sur le rapport entre les images et l'influence du montage sur la conscience du spectateur. Cette réflexion, un jeune décorateur de théâtre, Sergueï Eisenstein*, la prolonge dans son article, le Montage des attractions, qu'il met en pratique dans son premier film, la Grève, qui place le peuple au premier plan de l'histoire. Dans un autre genre, l'école de Dziga Vertov et son Kino Glaz (Ciné-Œil) proposent de «saisir la réalité» sur le vif, le cinéma devant être un œil sur le monde. La documentaliste Esther Shub essaye au contraire de retranscrire une vérité historique dans son film, la Chute de la dynastie des Romanov (1927), tout en utilisant un montage d'opposition des images. Les créateurs de la FEKS (École du comédien excentrique), fondée en juillet 1922, veulent, quant à eux, pousser le réel vers le burlesque et le comique jusqu'à la caricature abstraite. Mais c'est le studio Mejrabpomfil'm qui remporte les suffrages du public en donnant dans ses films une description souvent amusée et absurde des changements sociaux. La conférence de mars 1928, organisée par le Parti communiste d'URSS à Moscou sur le cinéma, marque une nouvelle étape de l'histoire du cinéma soviétique que la planification économique va renforcer.

Des thèmes imposés

À présent, chaque «fabrique» de cinéma doit réaliser un certain nombre de films par an, et sur certaines thématiques spécifiques: la collectivisation des terres, l'industrialisation, la libération des peuples opprimés par le pouvoir tsariste, l'alphabétisation, la construction socialiste, etc. Mais ces réformes mettent du temps à se mettre en œuvre comme en attestent les différents bouleversements que connaît la principale institution du cinéma soviétique: quatre changements institutionnels dans la décennie 1930 (Sovkino-Comité du Cinéma-Soiuzkino-GUKF-GUK-Comité de la cinématographie). Les cinéastes travaillent à améliorer la technique du cinématographe ; ils s'attellent à la sonorisation de leurs films : Abraham Room réalise le premier film documentaire sonore en 1929 avec le *Plan des grands travaux*. Nicolas Ekk réalise le premier film de fiction sonore en 1931, *le Chemin de la vie*, qui retrace la vie d'orphelins de la guerre civile et remporte un vif succès populaire. Alexandre Medvedkine, quant à lui, part arpenter les terres de la Russie soviétique à bord des « ciné-trains » pour filmer la réalité du pays. Alors que le parti nazi connaît un triomphe en Allemagne, Boris Barnet tourne une œuvre remarquable avec *le Faubourg* (1933) contre la guerre et pour l'amitié entre les opprimés. En 1934, l'industrie du cinéma soviétique produit 59 films de fiction, dont le célèbre *Tchapaïev* des frères Vassiliev, qui attire 30 millions de spectateurs en URSS venus saluer ce nouveau héros de la guerre civile. Les années 1930 voient également l'apparition des comédies musicales citadines de Grigori Alexandrov, comme *les Joyeux Garçons* (1933) ou *le Cirque* (1936), et celles plus campagnardes d'Ivan Pyrev (*la Riche Fiancée*, 1938). Les héroïnes de ces films, Lioubov Orlova et Marina Ladyna, deviennent de véritables stars du cinéma soviétique. Dans l'atmosphère de compétitivité idéologique de la fin de cette décennie, les héros historiques et les aventuriers concentrent l'intérêt du pouvoir et des cinéastes : *Alexandre* Nevski* (1938) d'Eisenstein, *Pierre 1er* (1937) de Vladimir Petrov, *Valeri Tchkalov* (1941) de Mikhail Kalatozov. Enfin, avec l'entrée de l'URSS dans la « Grande Guerre patriotique », c'est toute l'industrie du cinéma qui est mobilisée. Les studios de cinéma, Lenfilm, Mosfilm, Gorki Films sont déplacés en Asie centrale, où seront tournés les films durant la guerre. Les réalisateurs de fiction sont invités à partir sur le front filmer les combats avec le peu de pellicule qui subsiste. La thématique de la guerre est omniprésente dans les quelques films de fiction. *Deux Combattants* (1943) dépeint une amitié née de la guerre, *les Invaincus* (1944) esquisse le blocus de Leningrad, *Attends-moi* (1944) raconte une histoire d'amour pendant la guerre ; quant au film *les Indomptés* (1945), il décrit entre autres le massacre des Juifs pendant la guerre, scène trop rare dans le cinéma soviétique. En 1945, le cinéma soviétique est à bout de souffle : manque de pellicule, disparition de bon nombre d'opérateurs, réalisateurs, acteurs, morts aux combats. Commence alors ce que les historiens du cinéma ont appelé « la période de peu de films », qui dure jusqu'au milieu des années 1950. Moins d'une dizaine de films sont produits chaque année. Parmi eux, les plus marquants sont ceux entérinant le culte de la personnalité du «chef suprême», Staline: *le Serment* (1946) et *la Chute de Berlin* (1949) de Tchiaourelli.

Gel et dégel au cinéma

Après la mort de Staline, la période dite du «dégel» renoue avec une production plus soutenue: en 1955, 65 films sont produits dont la moitié traite de thématiques consacrées à la société soviétique contemporaine et l'autre moitié se concentre sur l'histoire de la révolution et de la guerre, mais de manière moins consensuelle. Le festival de Cannes en 1957 ne s'y trompe pas en attribuant le Grand prix du jury au film de Mikhaïl Kalatozov, *Quand passent les cigognes,* et le Prix spécial du jury au film de Grigori Tchoukraï *le Quarante et unième,* confirmant ainsi ce renouveau cinématographique. Ces films, comme *le Destin d'un homme* (1956) ou *la Ballade du soldat* (1959), remettent au centre de l'Histoire l'individu, avec ses doutes et ses espoirs. Les années 1960 voient s'amorcer un long processus de réflexion à la fois esthétique et existentialiste, mené par deux générations différentes. La première, brisée par les révélations du XXe Congrès, remet en cause ses idéaux politiques, comme le fait Mikhaïl Romm dans *Neuf Jours d'une année* (1961), porté par l'interprétation de Nikolaï Batalov, ou bien dans le film documentaire de montage, *le Fascisme ordinaire* (1965). L'autre génération est celle des cinéastes nés après la Révolution: ils ont connu la guerre, ils sont pour la plupart orphelins de leur père et regardent le monde d'une autre manière que leurs aînés. C'est sans doute ce qu'expriment le mieux les personnages des films de Marlen Khoutsiev dans *J'ai 20 ans* (1964), et *Pluie de juillet* (1966). Mais cette liberté de ton n'est pas pour plaire au pouvoir qui use de la censure parfois de manière tragique, allant jusqu'à marquer la vie de certains cinéastes. Alexandre Askoldov se voit interdire la diffusion de son film, *la Commissaire* (1967), qui restera «sur l'étagère» pendant près de 20 ans; les films d'Andreï Tarkovski* sont diffusés au compte-gouttes et le réalisateur s'exile à l'étranger. La censure ne faiblit pas sous la période brejnevienne et les films de Gleb Panfilov, interprétés par Irina Tchourikova, sont souvent amputés de certaines séquences indésirables: *Je demande la parole* (1975), *le Thème* (1979). Parallèlement, depuis les années 1960, le public soviétique marque ses préférences pour le rire dans les comédies telles que *le Prisonnier du Caucase* (1967) de Leonid Gaïdaï, *Ironie du sort ou Que la vapeur vous soit légère* (1975) d'Eldar Riazanov. Le burlesque que l'on trouve à la fin des années 1970, dans *Un* *miracle ordinaire* (1978) puis la censure qui sévit encore après Brejnev, pour *Mon ami Ivan Lapchine* (1984) d'Alexeï Guerman, démontrent les contradictions du système que les cinéastes remettent en cause lors du Vᵉ Congrès de l'Union des cinéastes à Moscou en mai 1986. Durant cette rencontre, une commission est établie qui réhabilite les films restés « sur l'étagère ». Ce sont aussi des réalisateurs originaires des différentes républiques nationales qui dénoncent d'un ton acerbe les crimes du passé, comme dans *le Repentir* de Tenguiz Abouladzé réalisé en 1984, sorti trois ans plus tard.

L'apprentissage d'un cinéma non dirigé

Mais il faut attendre la fin du régime soviétique pour que tous les films interdits soient réhabilités ainsi que leurs créateurs. Alors brusquement, dans une explosion de mots et d'images, les cinéastes abordent les thèmes qui leur avaient été jusqu'alors interdits : la sexualité (*la Petite Vera* de Vassili Pitchoul en 1988, *Interfilles* de Piotr Todorovski en 1989), l'antisémitisme (*Taxi Blues* de Pavel Lounguine*, 1989), le racisme (*Luna Park*, Lounguine, 1991), le goulag (*l'Été froid de 1953*, d'Alexandre Proshkine, 1988). Puis, le système de l'industrie du cinéma soviétique s'étant écroulé, il faut attendre quelques années avant de voir émerger divers producteurs, distributeurs, et avant que l'État ne vienne soutenir la culture cinématographique. La fin du xxᵉ siècle voit en Russie un timide renouveau cinématographique, avec une réflexion sur le régime soviétique dans les films d'Alexeï German (*Khroustaliov, ma voiture!*,1998), ou d'Alexandre Sokourov (*Taurus*, 2000). Au début du xxiᵉ siècle, près d'une centaine de films sont produits chaque année, et cette production est des plus diversifiées entre comédies sentimentales, films de guerre, films policiers, films historiques. Le prix attribué en 2003 par le Festival de Venise à Andreï Vzviagintsev pour *le Retour* signe un tournant dans l'industrie du cinéma russe à l'étranger. Mais il faut distinguer les films russes primés à l'étranger et qui n'ont que peu de succès en Russie même (les films de Sokourov, de Zviaguintsev), et les productions à gros budgets russes qui ne sont jamais diffusées dans les salles de cinéma à l'étranger et qui pourtant connaissent un réel succès auprès de la population russe telles que *le Frère* (1997) d'Alexeï Balabanov, avec Sergueï Bodrov junior, *Night Watch* (2004) de Timur Bekmambetov, *Jouer les victimes* (2006) de Kirill Serebrennikov... Timidement, mais sûrement, apparaissent aujourd'hui, de jeunes réalisateurs à la verve plus poétique, dont les œuvres sont parfois qualifiées de « cinéma d'auteur » et qui tentent de convaincre un public russe plus à l'écoute d'une réelle diversité cinématographique.

cirque de Moscou Ce cirque est mondialement connu pour les performances de ses artistes et la précision de ses numéros qui forçaient l'admiration partout où il se produisait. En 1847, séduit par la manière dont un écuyer italien jouait du violon sur le dos de son fidèle destrier, le tsar Nicolas Ier demande qu'une école soit créée pour former la jeunesse russe à l'art de la piste. C'est en fait une école d'équitation qui voit le jour, et il faut attendre 1927 pour que, sous le nouveau régime politique, une école de cirque apparaisse. Le cirque, divertissement populaire par excellence et accessible à tous, est alors promu à égalité avec les autres domaines artistiques par le pouvoir communiste. À la première promotion qui sort en 1930, appartient le clown *Karandash*, très connu pour son costume de Charlot et son air triste. Très vite, les diplômés de cette école forment le « cirque de Moscou », qui reçoit le statut d'école d'État. Le cirque de Moscou, véritable vitrine de l'URSS, voyage à travers le monde entier. Après 1991, il perd de son aura, mais continue à parcourir le monde. La Russie compte aujourd'hui essentiellement des collectifs d'artistes plus que des troupes officielles. L'école de Moscou a formé plus de 15 000 artistes dont des acrobates, des équilibristes, des jongleurs.

communisme
Les spécificités du modèle russe

Comme dans l'ensemble des nations européennes, les origines du communisme en Russie doivent être recherchées à la fois dans les luttes populaires contre les injustices sociales et dans l'interprétation par les intellectuels nationaux d'une idéologie internationale et internationaliste.

En Russie, le communisme s'est développé dans un contexte politique et culturel marqué par un rapport très spécifique à l'État, à la politique, à la question agraire, au parti et à la violence. L'idée d'un État moderne au-dessus des intérêts et désincarné est quasiment absente de l'espace russe. La légitimité personnelle, dynastique et divine du tsar* influe fortement sur les mentalités et explique l'échec de l'idée de représentation politique posant comme recours unique le renversement du souverain.

En outre, le pays a connu une libération tardive des paysans, condition suffisante pour que le capitalisme s'installe, mais sans avoir eu le temps de produire une vraie société bourgeoise avec des rapports sociaux plus équilibrés. La commune paysanne *(mir)*, forme traditionnelle de gestion collective de la répartition et de l'exploitation des terres en Russie, a été interprétée par certains courants révolutionnaires comme une forme de communisme, voire considérée comme un modèle d'organisation sociétale.

Les origines russe du communisme et l'apparition du courant social-démocrate

Cependant, le communisme au sens propre (marxien) du terme est apparu en Russie au tournant des années 1880. En effet, en 1882, Georgi Plekhanov prend l'initiative de traduire en russe le *Manifeste du parti communiste* rédigé par Marx et Engels en 1848. En 1883, date de la mort de Marx, le même Plekhanov fonde dans son exil suisse le premier cercle marxiste russe, avec le «populiste» *(narodnik)* Pavel Axelrod et Véra Zassoulitch – terroriste appartenant à l'organisation «la Volonté du peuple» qui a fui la Russie après son attentat manqué contre le chef de la police de Saint-Pétersbourg. Tous lisent les œuvres de Marx en allemand et, au sein de cercles ou en prison, étudient aussi la pensée des penseurs socialistes anglais et français du XIXe siècle.

À compter de cette date se développe le courant social-démocrate russe, fortement inspiré de l'exemple du SPD allemand (mais incapable de s'organiser à son image), et nourri directement des contacts avec les révolutionnaires européens, notamment avec les gardiens de la pensée de Marx : Friedrich Engels et Karl Kautsky. Alors que la couche ouvrière urbaine est encore peu importante dans une Russie à l'industrie balbutiante, les premières années du mouvement marxiste russe consistent essentiellement en l'affrontement avec les populistes et leurs héritiers socialistes-révolutionnaires (SR). Les sociaux-démocrates estiment que la révolution doit être l'œuvre du seul prolétariat, et non des paysans – y compris dans la phase initiale, démocratique et bourgeoise, qui conduira au renversement du tsar. Les marxistes rejettent également le terrorisme pratiqué par une partie des SR, dans le droit-fil du désaccord entre Marx et Bakounine qui a sonné le glas de la Ire Internationale en 1870.

Les grandes grèves, en particulier celle de l'industrie textile en 1896 à Saint-Pétersbourg, permettent aux ouvriers de tester la solidité de leur organisation et d'obtenir satisfaction auprès du gouvernement. Les intellectuels marxistes tentent de se rapprocher de cette classe ouvrière réduite (mais concentrée dans quelques centres industriels), pensant que les syndicats serviront de base à un véritable parti politique.

Ainsi, toujours dans la capitale, en 1895, le jeune avocat Vladimir Ilitch Oulianov, qui prendra le pseudonyme de Lénine*, fonde-t-il, avec le journaliste Martov, l'Union de lutte pour la libération de la classe ouvrière. Rapidement arrêtés, puis déportés en Sibérie, tous deux s'exilent finalement en Europe auprès des marxistes russes historiques. En 1901, ils fondent *l'Étincelle (Iskra)* à Munich; Lénine gagne en audience grâce à son rôle de rédacteur en chef.

Sur fond de crise économique, assez dure en Russie, les intellectuels marxistes en exil se donnent une double ambition: organiser un parti de dimension nationale depuis l'étranger et y engager les militants ouvriers les plus expérimentés. En effet, le Parti ouvrier social-démocrate de Russie (POSDR, ou RSDRP en russe), fondé officiellement le 1er mars 1898, peine à sortir de la théorie révolutionnaire. La dénonciation de « l'opportunisme » des « économistes » qui privilégient les revendications matérielles des ouvriers au détriment de l'obtention des libertés et du renversement de la monarchie n'élargit pas vraiment l'audience populaire des sociaux-démocrates.

La naissance du bolchevisme

En 1902, dans *Que faire ?*, Lénine prône l'organisation d'un parti de professionnels de la révolution disciplinés, hiérarchiquement structuré et élitiste. L'avant-garde du prolétariat serait seule habilitée à transmettre au peuple (paysans compris) une conscience politique, à lui révéler sa force et son essence prolétarienne. Lors du IIe Congrès du POSDR de l'été 1903, le fossé se creuse entre Lénine et Martov, qui considère, lui, que toutes les tendances doivent coexister dans un parti de rassemblement, à l'image du SPD allemand. La rupture est consommée entre la fraction majoritaire (bolcheviks*) et les minoritaires (mencheviks), même si elle ne sera officialisée qu'en 1912 lors de la fondation du parti bolchevique.

Pendant que Lénine, Trotski*, Plekhanov et Martov débattent à l'étranger, en Russie, la crise économique s'aggrave. Dans les campagnes, l'abolition du servage* improvisée par Alexandre II en 1861 pèse trop lourdement sur l'économie paysanne – même si le mouvement coopératif et le crédit connaissent un développement sans précédent. Les SR, assez présents en milieu rural, agitent auprès de la paysannerie le slogan

«La terre à celui qui la cultive», dirigé contre les grands propriétaires fonciers. En ville, les ouvriers supportent de plus en plus mal les dures conditions de travail et de vie, les bas salaires et l'insécurité de l'emploi. Il suffit d'une étincelle pour qu'au début de janvier 1905, 200 000 grévistes envahissent les rues de la capitale. Mais le 9 janvier, les cosaques chargent les manifestants, qui tombent par milliers.

Le «Dimanche rouge» provoque l'éveil d'une véritable conscience de classe chez les ouvriers, sans lien avec les querelles théoriques de l'étranger, qui expliquent toutefois les attitudes très contrastées des deux fractions. Pendant que Trotski, président du soviet de Saint-Pétersbourg, laisse aux ouvriers le soin de débattre des orientations politiques, confiant dans la justesse prolétarienne de leurs choix, les bolcheviks rechignent à reconnaître l'autodétermination ouvrière et cette révolution venue «d'en bas». Ils sont confortés dans cette opinion par l'échec final de la «révolution manquée» (selon l'expression de Trotski), incarné par la répression de 1906-1907.

Les sociaux-démocrates disposent de quelques élus à la nouvelle Douma, mais peinent à étendre leur influence. Ce n'est qu'à l'aube de la guerre que l'ample mouvement de grèves révèle une classe ouvrière beaucoup plus politisée, grâce à l'action clandestine des agitateurs professionnels du parti, prenant appui depuis 1912 sur un organe de presse puissant, la *Pravda*. Lénine renonce à attendre que le progrès capitalistique fasse son œuvre, comme en Europe occidentale : les agitateurs professionnels doivent aussi être prêts à s'emparer du pouvoir par la force. L'annonce en est clairement faite dans les discours qu'il prononce à son retour en Russie, grâce à l'amnistie des révolutionnaires décrétée par le Gouvernement provisoire issu de la révolution de Février 1917, et rassemblés dans les *Thèses d'avril*.

Du communisme clandestin au régime soviétique

La réussite du coup d'État d'octobre 1917 implique une profonde mutation du communisme bolchevique qui, de parti clandestin de professionnels aguerris, devient à la fois un régime, un État, un parti de masse et le cœur de la révolution mondiale. Ces trois dimensions se nouent d'emblée lorsque se déclenche la guerre civile, qui embrasera le pays trois années durant. Le parti bolchevique doit recruter en masse militants et combattants (dans l'Armée* rouge) afin de résister à la contre-révolution, à l'intervention étrangère et à la guérilla des nationalistes, des autres mouvements révolutionnaires ou des déserteurs paysans (Verts).

Lénine choisit également d'accélérer la mise en œuvre du programme communiste malgré des conditions économiques catastrophiques et de propager la révolution. Mais dès le début de 1921, quand la guerre civile s'achève et que la révolution européenne s'éloigne, Lénine opère un retour partiel à une économie de marché contrôlée par un État devenu omniprésent. En revanche, les fractions dans le parti sont interdites lors du Xe Congrès, la révolte des marins de Kronstadt en faveur de l'autogestion est écrasée sans pitié, et une purge permet d'écarter les «communistes du lendemain» qui ont adhéré au mouvement après Octobre.

L'histoire du communisme russe devient alors peu ou prou celle du parti bolchevique et de l'État soviétique. Plus exactement, l'histoire officielle imposée par les bolcheviks et la politique qu'ils mènent vis-à-vis des partis socialistes européens visent à renvoyer au second plan la lutte des travailleurs russes (qui continue, comme lors des grandes grèves de 1926 par exemple) et à rejeter dans l'ombre l'action de l'opposition à la «ligne générale», surtout après la disparition de Lénine, le 21 janvier 1924.

Le communisme soviétique de l'entre-deux-guerres se caractérise par les luttes de pouvoir entre Staline, le secrétaire général imposé par Lénine, et Trotski, puis Boukharine, Zinoviev et Kamenev. Ce conflit est étroitement lié aux grandes décisions économiques – collectivisation forcée de l'agriculture en 1929, instauration du plan quinquennal en 1928 – et politiques – purges régulières, violence d'État qui culmine lors de la famine ukrainienne de 1933, de la Grande* Terreur en 1937, puis avec les exécutions et les déportations des peuples de l'URSS* (Coréens, Allemands*, Tchétchènes), pratiquée au cours de la Seconde Guerre mondiale ou encore durant la campagne antisémite des dernières années du stalinisme.

La figure de Staline, plus que celle de Lénine, a lourdement pesé sur les 38 dernières années du régime soviétique. Tour à tour dénoncé par Nikita Khrouchtchev*, en 1956, lors du XXe Congrès du parti et remis à l'honneur par Brejnev*, le culte de la personnalité n'est qu'un des traits de la conception bien spécifique de la direction du pays. Le mélange de violence permanente et d'improvisation totale a assuré la survie du régime mais l'a aussi condamné à terme car le problème des nationalités, celui du niveau de vie général et de l'économie ont toujours été réglés de manière politique, c'est-à-dire idéologique.

En 1985, Mikhaïl Gorbatchev*, devenu secrétaire général du Parti communiste de l'Union soviétique, tente bien de refonder (perestroïka) le système communiste en y réintroduisant démocratie (pluralité des candidatures, glasnost) et efficacité économique (coopératives). Mais les forces de la société font sauter le couvercle qui pesait depuis trop longtemps sur l'URSS, ruinant du même coup le modèle du communisme mondial.

Du Komintern au Kominform : communisme international et patriotisme soviétique

L'Internationale communiste (IC, Komintern* ou IIIe Internationale) est née de l'échec de la IIe Internationale qui n'a pas su empêcher le déclenchement de la Première* Guerre mondiale. Dès les conférences pacifistes de Zimmerwald (1915) et de Kienthal (1916), Lénine a appelé à la création d'une nouvelle structure assurant la cohésion du mouvement révolutionnaire. Après le succès de la révolution d'Octobre, l'enjeu est la propagation rapide de la révolution mondiale. Fondé en mars 1919, en pleine guerre civile, le Komintern ne se développe qu'après son deuxième Congrès, tenu à Moscou en juillet 1920. Lénine y fait adopter les 21 conditions d'adhésion à l'IC qui fixent pour objectif la conquête révolutionnaire du pouvoir par l'organisation clandestine, le noyautage des partis, la rupture avec les « réformistes ». À l'issue de discussions passionnées dans l'ensemble des partis socialistes d'Europe, des scissions se produisent : en France lors du Congrès de Tours de décembre 1920, une majorité de (jeunes) militants suit Marcel Cachin et Boris Souvarine et laisse Léon Blum avec une minorité de socialistes, mais aussi l'essentiel des élus.

L'échec de l'« Octobre allemand » de 1923 (la tentative de soulèvement à Hambourg, Berlin, menée par le KPD) et la campagne antitrotskiste qui suit la mort de Lénine conduisent à la bolchevisation des partis communistes d'Europe, c'est-à-dire au renforcement du centralisme et de la discipline de parti. La révolution mondiale apparaît désormais comme un objectif à long terme : en attendant, la mission de tous les communistes est de soutenir sans faille la patrie de la Révolution et de combattre pour la satisfaction des revendications ouvrières. La politique de lutte « classe contre classe », qui rejette les socialistes dans le camp capitaliste, radicalise les partis communistes et leur fait perdre de l'audience, y compris en milieu syndical. Ce n'est qu'en 1934 qu'est abandonnée cette stratégie, qui fait place à l'antifascisme mondial, né en réaction à la victoire de Hitler en Allemagne. Ce mouvement s'accompagne d'une politique résolue d'ancrage national des partis communistes, concomitant du développement d'un patriotisme soviétique à l'échelle internationale.

En 1945, la victoire de Staline sur l'Allemagne nazie et le martyre de la population soviétique étendent durablement le prestige de l'Union soviétique. L'internationalisme communiste lie alors révolution mondiale, défense de la patrie du socialisme et lutte pour les grandes causes humanitaires universelles. La révolution s'incarne dans les mouvements de décolonisation, soutenus par le représentant soviétique à l'ONU ou par le Kominform. Cette structure internationale, créée en 1947 en réponse à la doctrine Truman et au plan Marshall, assure la cohésion de la ligne politique des PC jusqu'en 1956.

La défense de l'URSS s'incarne surtout dans le pacte de Varsovie (1955) qui justifie et inscrit dans la durée l'occupation militaire soviétique de l'Europe de l'Est. La création du COMECON (Conseil d'assistance économique mutuelle, 1949) y impose d'ailleurs le modèle économique soviétique (nationalisations et collectivisations) tout en créant un espace commun d'échanges commerciaux. Le communisme international s'exprime aussi par l'engagement indirect dans les conflits périphériques en Asie, en Amérique latine ou en Afrique. Dans ce contexte de guerre froide, les grandes manifestations pour la paix, contre la misère et l'oppression servent de formidable moyen de pression sur les opinions des démocraties occidentales.

La fin du communisme ?

La crise du communisme européen débute au tournant des années 1980, que ce soit dans les pays du bloc de l'Est, en France, en Italie ou dans les autres démocraties occidentales. La chute du mur de Berlin en 1989 et l'effondrement de l'URSS en 1991 sonnent le glas du modèle soviétique, certes controversé, mais imposé aux mouvements communistes depuis 1920. Promesse d'un lendemain meilleur ou explosion de la fin ?

⟶ révolution de 1905, Octobre et la révolution de 1917

conquête spatiale En 2007, la Russie a fêté, sous les auspices du président Vladimir Poutine, son « jubilé spatial ». Trois événements constitutifs de l'épopée de la conquête de l'espace ont été célébrés à cette occasion : le 150e anniversaire de la naissance de Konstantin Tsiolkovski (1857-1935), physicien, père de l'astronautique théorique et inventeur du moteur-fusée ; le centenaire de celle de Sergueï Korolev (1907-1966), maître d'œuvre du programme spatial de l'URSS, et le cinquantenaire du lancement du premier satellite artificiel *Spoutnik-1**. La coïncidence de ces dates permettait de rappeler le rôle majeur joué par l'URSS dans la conquête spatiale, symbole de la rivalité soviéto-américaine pendant toute la guerre froide. Objet d'une compétition technologique acharnée, miroir de la rivalité politique et idéologique entre les deux systèmes économiques et blocs militaires rivaux, la conquête spatiale s'inscrit dans le contexte de la course aux armements, qui commence dès la fin de la Seconde Guerre mondiale et qui va mobiliser, pendant les quarante années suivantes, cerveaux et investissements.

Spoutnik contre Mercury. La technologie des missiles intercontinentaux, inspirée par les V2 allemands, constitue le berceau de l'aventure de la conquête spatiale en URSS. La construction des missiles soviétiques à longue portée débute dans les années 1950. Le projet de mettre au point un missile intercontinental d'une portée de plusieurs milliers de kilomètres et capable de porter une bombe de plusieurs tonnes mobilise Sergueï Korolev, un ingénieur ukrainien, victime de la Grande Terreur de la fin des années 1930, dont les compétences aéronautiques lui avaient valu sa libération du goulag, sur les instances d'Andreï Tupolev, pendant la Seconde Guerre mondiale. Au cours de ses recherches, Sergueï Korolev obtient l'autorisation de construire un petit satellite afin de tenter de l'envoyer dans l'espace. Après plusieurs premiers essais infructueux, la fusée construite par Sergueï Korolev permet d'envoyer, le 4 octobre 1957, le satellite *Spoutnik-1* dans l'espace. Cet événement sans précédent dans l'histoire de l'humanité démontre au monde entier la capacité d'innovation et d'invention de la recherche soviétique. Pour les Américains, le lancement de *Spoutnik*, qui constitue une véritable humiliation nationale, est perçu comme un défi lancé par l'URSS qui doit être relevé au plus vite. Alors que les Américains se préparent à un premier lancement, les Soviétiques envoient dans l'espace, dès le 3 novembre 1957, le satellite *Spoutnik-2*, avec, à son bord, la chienne Laïka, qui ne revient pas vivante de son aventure spatiale. L'URSS n'est donc pas encore prête à envoyer un homme dans l'espace. C'est à l'inventeur allemand du V2, l'ancien Untersturmführer de la SS Wernher von Braun, que les Américains confient l'organisation de leur programme spatial. L'équipe réunie par Wernher von Braun parvient, le 31 janvier 1958, à envoyer la sonde *Explorer-1* dans l'espace. Pour tenter de combler le retard américain, le président Eisenhower fonde la NASA *(National Aeronautics Space Administration)* à la fin de l'année 1958. Néanmoins, les Soviétiques continuent à enregistrer succès après succès, notamment dans le cadre du programme *Luna*. Le 2 janvier 1959, la sonde *Luna-1* sort de l'orbite terrestre et survole la Lune, tandis que *Luna-2* se pose sur la Lune en septembre. Enfin, *Luna-3* transmet moins d'un mois plus tard des photographies de la face cachée de la Lune. Les Soviétiques reprennent alors le programme *Spoutnik* avec pour objectif d'envoyer un homme dans l'espace. Plusieurs lancements réalisés avec des chiens à bord, qui survivent cette fois à leur retour dans l'atmosphère, montrent que l'objectif est en voie d'être atteint. Cependant, les Américains répliquent en développant le programme *Mercury* et envoient, en janvier 1961, le chimpanzé Ham dans l'espace. L'événement est presque immédiatement suivi d'un exploit soviétique. Le 12 avril 1961, Iouri Gagarine* devient le premier homme à voyager dans l'espace dans la capsule *Vostok 1*. Il décolle du cosmodrome de Baïkonour (Kazakhstan) et effectue une révolution de 1 heure et 48 minutes autour de la Terre, à une moyenne de 250 km d'altitude. L'URSS vient de renforcer d'une manière éclatante son prestige dans le domaine spatial. Les Américains répondent, dès le 5 mai 1961, par le vol d'Alan Shepard, mais celui-ci s'effectue à une altitude beaucoup moins élevée et pendant une durée beaucoup plus courte.

***Apollo* et *Soïouz* : un terrain d'entente.** La conquête de l'espace figure parmi les tout premiers objectifs de la « nouvelle frontière » du président John Kennedy. Le 25 mai 1961, Kennedy annonce qu'un Américain posera le pied sur la Lune avant la fin de la décennie. Le programme *Apollo* et le projet *Gemini*, qui permet de réaliser plusieurs expériences de vols habités en orbite terrestre, mobilisent les énergies tandis que de son côté, l'URSS poursuit son programme *Luna*. L'envoi d'un homme sur la Lune constitue désormais l'enjeu principal de la rivalité spatiale soviéto-américaine. Chaque performance remportée par une des deux superpuissances est immédiatement suivie d'un autre exploit réalisé par la partie adverse, qui l'éclipse, et inversement. Le 20 février 1962, l'Américain John Glenn fait trois fois le tour de la Terre tandis qu'un satellite soviétique parvient à approcher Vénus en décembre 1962. En juillet 1965, la sonde *Mariner-4* survole Mars, mais l'URSS était parvenue à réaliser la première sortie d'un homme dans l'espace hors d'un vaisseau spatial, le 18 mars 1965. Quelques mois plus tard, les Américains réaliseront d'ailleurs le même exploit… Néanmoins, l'avance américaine se précise avec le projet *Apollo*, supervisé par Wernher von Braun. Après les tests de matériel en vol inhabité, la mission *Apollo-1* commence en janvier 1967. Fin 1968, *Apollo-8* parvient à placer un équipage en orbite lunaire : c'est un coup dur pour les Soviétiques, d'autant qu'au cours des mois suivants, *Apollo-9* et *Apollo-10* préparent les conditions d'un alunissage. Le 16 juillet 1969, *Apollo-11* décolle de la base de cap Canaveral, en Floride, et le 20 juillet, Neil Armstrong devient le premier homme à poser le pied sur la Lune. L'Amérique a remporté la course dans la conquête de l'espace : jamais les Soviétiques n'ont réussi à marcher sur la Lune. L'événement met fin à la compétition acharnée entre l'URSS et les États-Unis. Dans les années 1970, les Soviétiques comme les Américains cessent d'investir les sommes considérables nécessaires à la conquête spatiale et si l'esprit de compétition demeure, l'heure est à la détente et à la coopération. Le 24 mai 1972, les États-Unis et l'URSS signent un accord visant à procéder à un rendez-vous orbital entre les vaisseaux *Apollo* et *Soïouz*. Cette mission, qui aboutit le 17 juillet 1975 à la rencontre dans l'espace des deux équipages, immortalisée par la télévision qui l'a retransmise en directe – l'événement fut suivi par plus de 800 millions de téléspectateurs dans le monde entier –, restera gravée dans les mémoires. Toutefois, la plus grande réussite de cette mission ne fut pas technique, mais bien politique, puisqu'elle permit aux opinions publiques des deux camps de se rendre compte que les Soviétiques et les Américains pouvaient trouver des sujets d'entente. Ce type d'expérience de mise en commun de technologies se répètera en 1986 avec la visite de la navette spatiale américaine à la station *Mir*.

Si l'URSS a perdu la « course à la Lune », elle n'en a pas moins été la première à envoyer l'homme dans l'espace, ouvrant à l'humanité des horizons qui la dépassent encore. La conquête de l'espace a été à la fois un enjeu scientifique et une victoire idéologique pour un régime qui a affiché dès ses origines des ambitions prométhéennes dans de nombreux domaines. Après la disparition de l'URSS en 1991, le secteur spatial russe a souffert d'un déficit d'intérêt et d'investissement pendant l'ère Eltsine. Depuis le début du XXIe siècle, le Kremlin affiche sa volonté de revaloriser l'industrie spatiale, présentée à la fois comme un atout de la puissance russe et comme un secteur fondamental et prometteur de son développement scientifique, technologique et économique.

La Constitution de la Fédération de Russie
Un régime inédit dans l'histoire russe

L'Empire russe était une autocratie qui, au début du xxᵉ siècle, avait amorcé sa transition vers la monarchie constitutionnelle, un processus enclenché à la suite de la révolution* de 1905 et de l'humiliante défaite russe dans la guerre contre le Japon. Le 27 avril 1906, le tsar Nicolas II avait accordé une « loi fondamentale » qui tempérait l'autocratie en instituant un Parlement – la Douma – ainsi qu'un Conseil des ministres, sans que l'on pût toutefois parler de parlementarisme, puisque les ministres n'étaient responsables que devant le monarque. Au cours de la période soviétique (1917-1991), la Russie (RSFSR, République socialiste fédérative soviétique de Russie) connut plusieurs Constitutions successives, en 1918, en 1937 et en 1978, ces deux dernières étant de simples transcriptions, pour la Russie, de la Constitution de l'URSS* (celle de 1936, puis celle de 1977). Ces textes instituaient un régime de parti unique, non libéral et non pluraliste.

Une démocratie pluraliste

La Constitution de la Fédération de Russie, adoptée par référendum le 12 décembre 1993, établit une démocratie pluraliste, un régime inédit dans l'histoire russe. La nouvelle « loi fondamentale » a été adoptée par 58,43 % des voix (taux de participation : 54,37 %). Cette Constitution rompt de manière claire et définitive avec le système soviétique. Elle instaure un système politique pluraliste de type « mixte » – ni présidentiel ni parlementaire – assez voisin, sur le papier, de la Constitution française de 1958. Les deux textes ont été élaborés et adoptés dans une conjoncture caractérisée par une crise de régime – crise de la IVᵉ République en France, chute du système soviétique en Russie – et la montée en puissance d'un « homme fort » aux allures d'homme providentiel – le général de Gaulle en France et Boris Eltsine* en Russie postsoviétique. Dans les deux cas, une dynamique césariste met en place de nouvelles institutions, qui se présentent comme « en rupture » avec le système précédent. Tout comme la Vᵉ République, le système politique russe postsoviétique est marqué par une forte prééminence présidentielle. Le président de la Fédération de Russie est le chef de l'État, le chef de la diplomatie et le chef des Armées. Il est élu au suffrage universel direct au scrutin majoritaire à deux tours pour un mandat de quatre ans, qui ne peut être renouvelé consécutivement plus d'une fois. Élu pour la première fois le 12 juin 1991 dans le cadre de l'ancienne Constitution pour un mandat de cinq ans, Boris Eltsine, premier président de la Fédération de Russie, et premier chef d'État russe élu au suffrage universel direct de toute l'histoire, a été réélu en juillet 1996 au second tour. Vladimir Poutine* lui a succédé en janvier 2000 au titre de président par intérim, avant d'être élu président en mars 2000, puis réélu en 2004, chaque fois au premier tour. Le 2 mars 2008, Dmitri Medvedev est devenu le troisième chef de l'État de la Russie postsoviétique, élu dès le premier tour avec 70,28 % des voix.

Présidentialisme

Les deux mandats de Vladimir Poutine (2000-2008) s'inscrivent dans la continuité institutionnelle de la présidence Eltsine. Si la lettre de la Constitution instaure un exécutif bicéphale – le président est le chef de l'État et le Premier ministre est le chef du gouvernement –, l'exécutif russe n'a en réalité qu'un seul véritable chef, le président, qui dispose d'un pouvoir bien plus étendu que son homologue français. Le régime politique russe peut être qualifié de présidentialiste, en ce sens que le chef de l'État en est le pivot, voire l'aimant, la pièce maîtresse autour de laquelle s'articule tout le jeu institutionnel et politique. À l'instar du locataire de l'Élysée, le chef du Kremlin nomme le Premier ministre. Cette nomination est ensuite approuvée (ou rejetée) par la majorité des députés de la Douma. Le président peut dissoudre la chambre basse du Parlement, une prérogative constitutionnelle à laquelle ni Boris Eltsine ni Vladimir Poutine n'ont eu le besoin de recourir. Le président peut être destitué par la Douma, au terme d'une procédure d'*impeachment* dont les conditions de mise en œuvre sont extrêmement difficiles à réunir. Indice du caractère présidentialiste du système politique, le Président ne choisit pas son Premier ministre en référence à la majorité parlementaire, mais ès qualité. Cette pratique est susceptible d'évoluer dans un sens plus « parlementaire » : le Premier ministre pourrait désormais être choisi en fonction de la majorité politique se dégageant à la Douma. Jusqu'ici – et cette tendance fut nettement plus prononcée encore sous l'administration Poutine –, le Premier ministre est un intendant-en-chef au profil de technocrate, soumis à l'autorité politique du président. Le gouvernement est essentiellement chargé de la politique économique et sociale, même s'il inclut formellement les « ministères de force » qui font partie du « bloc du président » – une notion qui correspond à une interprétation très extensive du « domaine réservé » du président français – et qui recouvrent les domaines régaliens de la défense, de la sécurité, des affaires intérieures et de la diplomatie, tous étant placés sous l'autorité exclusive du chef du Kremlin.

En 2000, le « bloc du président » a fait l'objet d'une définition réglementaire dans le sens d'un renforcement des pouvoirs du président sur les ministères des Affaires étrangères, de l'Intérieur, de la Sécurité et de la Justice. Si la division des tâches instaurée sous Eltsine s'est maintenue et même renforcée sous Poutine, la Constitution de 1993 ne fait pas obstacle à ce qu'intervienne une réinterprétation plus favorable à l'extension des pouvoirs du chef du gouvernement, qui aurait pour conséquence que l'exécutif, aujourd'hui de fait monocéphale, soit davantage bicéphale et, par là, plus conforme à la lettre des institutions.

Instrument de sa prééminence politique et de sa puissance bureaucratique, le président russe dispose d'une administration (l'administration présidentielle, ou « administration du Président »), important corps de fonctionnaires à Moscou et dans les chefs-lieux des districts fédéraux, dirigé par un chef nommé et révoqué par le président. L'administration présidentielle a été créée en juin 1991 après la première élection présidentielle russe. Après la dissolution du PCUS, en août 1991, l'appareil du Comité central du parti, qui rassemblait les fonctionnaires les plus qualifiés et les plus compétents de l'État-parti soviétique, lui a été rattaché. L'administration présidentielle constitue depuis quinze ans le véritable centre de commande de la bureaucratie fédérale. Le président russe s'appuie également sur deux instances consultatives qui lui sont directement rattachées : le Conseil de sécurité et le Conseil d'État. Dans sa composition actuelle, le Conseil de sécurité, créé en 1993 et inspiré du modèle américain, comprend, outre son secrétaire, nommé et révoqué par le président, le Premier ministre, deux des premiers vice-Premiers ministres, le chef de l'administration présidentielle, les présidents des deux chambres de l'Assemblée fédérale, les ministres de la Défense, des Affaires étrangères, de la Sécurité, de l'Intérieur, et le chef du Service de renseignement extérieur, ainsi que les représentants plénipotentiaires du président dans les districts fédéraux, le ministre des Finances, le ministre de la Justice et le procureur général de la Fédération de Russie. Créé par Vladimir Poutine en 2000, le Conseil d'État de la Fédération de Russie est composé des chefs des administrations de la Fédération et, sur décision du président, de personnes ayant exercé cette même fonction pendant deux mandats au moins. Un Présidium de sept membres est désigné tous les six mois, par rotation, par le président. Cet organe ressemble à l'ancien Présidium du Comité central du PCUS, qui jouait un rôle clef dans le système politique de l'URSS. De tels cénacles constituent autant de « doublons » du gouvernement, puisque les mêmes ministres s'y croisent, côtoyant le cas échéant d'autres personnalités, nommées *intuitu personae* par le chef de l'État. Cette configuration de l'exécutif, à géométrie variable et évolutive, qui fait s'entrecroiser plusieurs cercles, esquissée par Boris Eltsine et renforcée par son successeur, permet au président d'en rester toujours le seul centre, l'incontournable charnière, l'articulation essentielle.

Fédéralisme

Conformément à la Constitution du 12 décembre 1993, la Russie est un État fédéral comprenant 89 entités fédérées – les « sujets de la Fédération » – qui se déclinent selon 26 appellations différentes : 21 Républiques, 7 territoires, 48 régions, 2 villes d'importance fédérale (Moscou et Saint-Pétersbourg), une région autonome et 7 districts autonomes. En 2008, à la suite de la fusion de plusieurs entités, le nombre des « sujets de la Fédération » a été ramené à 84, mais le découpage administratif interne de la Fédération de Russie, inchangé, est directement hérité de celui de l'ancienne RSFSR.

Dans tous les « sujets de la Fédération », le pouvoir exécutif est dirigé par un « chef d'administration » (communément appelé « gouverneur », ou « président » dans les républiques), élu pour quatre ans par l'Assemblée régionale sur proposition du président de la Fédération de Russie. Pendant près de dix ans, entre 1995 et 2004, les chefs d'administration ont été pour la plupart élus au suffrage universel direct. Privé d'une majorité à la Douma tout au long de ses deux mandats, Boris Eltsine fut contraint de s'appuyer sur les dirigeants régionaux – auxquels il avait annoncé, dans une formule restée célèbre, qu'ils pourraient « avaler autant de souveraineté » qu'ils le voudraient – et de leur concéder une autonomie et des droits politiques étendus. Vladimir Poutine mit fin au fédéralisme asymétrique qui s'était développé au cours des années 1990, en cherchant à rétablir la « verticale du pouvoir » (sous-entendu fédéral) dans les régions. En 2008, le fédéralisme russe peut être paradoxalement qualifié de « fédéralisme centralisé ». La législation des divers « sujets de la Fédération » a été mise en conformité avec le droit fédéral et les chefs d'administration régionale, de fait désignés par le Kremlin, ont perdu leur autonomie politique. De plus, conformément au décret présidentiel du 13 mai 2000, le territoire de la Russie est désormais subdivisé en sept « districts fédéraux » (Nord-Ouest, Centre, Sud, Volga*, Oural*, Sibérie* et Extrême-Orient), dans lesquels des « représentants plénipotentiaires du président », nommés et révoqués par ce dernier et membres de droit de l'administration présidentielle, supervisent l'activité des institutions fédérales dans les divers « sujets de la Fédération ». Par ce nouveau quadrillage, le pouvoir présidentiel fait l'objet d'une déconcentration – et par ce biais d'un renforcement – sur l'ensemble du territoire.

Le Parlement

Le Parlement russe (Assemblée fédérale) est composé de deux chambres : le Conseil de la Fédération (chambre haute) et la Douma d'État (chambre basse).

Le Conseil de la Fédération est composé de deux représentants par « sujet de la Fédération » : l'un représentant le pouvoir exécutif, l'autre le pouvoir législatif (représentatif) régional. Jusqu'en septembre 2000, le chef d'administration régionale (ou le président de la République) siégeait de droit à la chambre haute, de même que le président de l'assemblée régionale (ou de la république). Désormais, seuls les présidents des assemblées des entités fédérées conservent de droit leur siège au « Sénat » russe, tandis que les gouverneurs n'ont plus le droit de siéger : en contrepartie, ils se sont vu accorder le pouvoir discrétionnaire de désigner leur représentant. La durée du mandat des « sénateurs » russes varie en fonction de la république ou de la région qu'ils représentent.

La Douma d'État comprend 450 députés élus pour 4 ans au suffrage universel direct. Jusqu'en 2003, les députés étaient élus pour moitié au scrutin proportionnel de liste dans la circonscription fédérale (avec une combinaison entre la circonscription fédérale et 7 circonscriptions régionales correspondant aux districts fédéraux en 2003), et pour moitié au scrutin uninominal à un tour dans 225 circonscriptions territoriales. En 2007, les 450 députés de la Douma d'État ont tous été élus au scrutin proportionnel de liste, assorti d'un seuil de représentation de 7 % des suffrages exprimés en dessous duquel les partis ne bénéficient d'aucune représentation. L'élection de décembre 2008 s'est soldée par une très large victoire du parti propationnel Russie unie, qui dispose dans la Cinquième Douma d'une majorité de plus des deux tiers et lui permet d'engager des réformes constitutionnelles.

La démocratie russe

Le système politique de la Russie postsoviétique s'apparente à une démocratie plébiscitaire et non compétitive. L'élection des exécutifs (et en premier lieu du Président) est au centre de la vie politique, et celle des représentants – à commencer par l'élection de la Douma, mais aussi celle des assemblées régionales – est relativement secondaire. La vie politique est dominée par les exécutifs, qui, à tous les niveaux, contrôlent étroitement la composition des assemblées par le biais d'une véritable

« administration » des élections, pouvant aller jusqu'à des fraudes élec-
torales. Dans ces conditions, la démocratie est essentiellement animée
par un ressort plébiscitaire : le vote se fait pour (ou contre) le « parti du
pouvoir ». Sous la présidence de Vladimir Poutine, la recentralisation
fédérale s'est accompagnée d'une refonte du paysage politique dans le
sens d'une démocratie non compétitive caractérisée par la domination
grandissante et sans partage d'un grand parti, le parti proprésidentiel
Russie Unie, à la Douma et dans toutes les assemblées régionales. Une
législation sur les partis politiques a été adoptée, imposant des conditions
strictes aux organisations politiques pour se voir reconnaître le statut de
parti, qui seul permet désormais de présenter des candidats aux élections.
Pour disposer du statut de « parti politique », une organisation politique
doit avoir au moins 50 000 adhérents et des branches régionales dans
chacun des « sujets de la Fédération ». Cette réforme a encore renforcé
la position dominante de Russie unie et le caractère non compétitif de
la démocratie russe.

Résultats de l'élection présidentielle du 2 mars 2008 (1er tour)

Taux de participation : 69,78 %

Candidat	Résultat
Dmitri Medvedev	70,28 %
Guennadi Ziouganov	17,72 %
Vladimir Jirinovski	9,34 %
Andreï Bogdanov	1,28 %

Résultats de l'élection législative du 2 décembre 2007

Taux de participation : 63,0 %

Parti	Résultat en voix (%)	Résultat en sièges
Russie unie	64,30 %	315
PCFR	11,57 %	57
LDPR	8,14 %	40
Russie juste	7,74 %	38

contes russes Les contes russes, ou *skazki,* sont aujourd'hui encore
populaires en Russie. Ils furent portés par la tradition orale dans un pays
largement analphabète jusqu'à la révolution bolchevique. Alexandre
Pouchkine fut l'un des premiers, au début du XIXe siècle, à recueillir

autour de lui les contes populaires. Cette moisson l'inspirera pour écrire lui-même des contes en vers, tels *Le Conte du roi Saltan* ou *Le Conte du pope et de son serviteur Balda*. C'est néanmoins Alexandre Afanassiev, un archiviste moscovite admirateur des frères Grimm, qui réunira sur le papier une anthologie des contes populaires dans la seconde moitié du XIXe siècle, et par lequel le public français découvrira les contes russes.

Ce ne sont pas des contes de fées, puisqu'aucune fée n'y fait son apparition. Les personnages magiques sont des animaux ou des végétaux.

La nature était la source des croyances paysannes, faites de magie et de sorcellerie, dans un pays de forêts et de plaines, qui n'a connu la christianisation qu'au Xe siècle. La forêt dans les contes russes est ainsi le symbole de tous les mystères et de toutes les craintes. Les personnages effrayants en sont issus, comme la menaçante Baba-Yaga, sorcière décharnée, mangeuse d'enfants à ses heures, et terrée dans une maison montée sur des pattes de poulet, dans les tréfonds du bois. Les personnages humains eux-mêmes ont parfois le pouvoir de se transformer en animal pour se libérer d'un destin originel peu réjouissant. C'est ici l'autre récurrence du conte russe : le personnage le plus faible ou le plus mal doté, qu'il soit pauvre, opprimé par sa famille, ou paresseux, se retrouve, au terme d'épreuves initiatiques, transformé en héros valeureux.

Il en est ainsi de Vasselissa-la-très-belle, une orpheline de mère détestée par sa belle-mère : la marâtre l'envoie chez Baba-Yaga pour se faire dévorer, mais peine perdue, Vassilievna, aidée de sa poupée magique, se libère de la sorcière, tue sa mégère de belle-mère, et épouse un peu plus tard le tsar ! N'oublions pas l'essentiel : le conte russe, comme ses cousins occidentaux, se doit avant tout de rassurer les enfants…

Cosaques
Les meilleurs soldats de l'Empire

Ce terme désigne les communautés de paysans-soldats établis aux confins méridionaux des terres des Slaves de l'Est pour échapper successivement à l'emprise des khans mongols* de la Horde d'Or, des princes moscovites et/ou de l'État polono-lituanien. Organisés en communautés autonomes situées sur un territoire allant des côtes septentrionales de la mer Noire (actuelle Ukraine méridionale) à la Sibérie, dirigées par un chef, « ataman » ou « hetman », élu ou coopté, les Cosaques ont joué un rôle clef dans l'histoire russe et ukrainienne : tantôt défenseurs et explorateurs pour le compte des Empires, tantôt rebelles et gardiens de leur autonomie politique. La Russie et l'Ukraine* contemporaines puisent volontiers dans leur passé cosaque respectif, source de légitimation pour leurs mythologies nationales, un passé porteur de traditions tout à la fois démocratiques, patriotiques et orthodoxes.

Une identité géographique

Le mot turc *qazak* signifie « homme libre » ou « vagabond » et apparaît au cours du XIVᵉ siècle pour désigner des groupes de population, aussi bien turco-tatars que slaves, qui cherchaient à se soustraire à l'autorité du pouvoir central russe. Après une période de semi-nomadisme, les premières colonies cosaques se forment à la fin du règne d'Ivan IV le Terrible (1533-1584). La dégradation des conditions de vie des paysans de Moscovie (instauration du servage) et la mobilisation pour les guerres de conquête incitent les populations pauvres à émigrer vers les steppes méridionales nouvellement conquises (actuel Kazakhstan du Nord), là où l'autorité impériale est encore peu établie. Certains fugitifs se regroupent alors en communautés autonomes autarciques, vivant de maraudage et d'agriculture dans les villages cosaques – *stanitsy*, au singulier *stanits* – et attirant des hors-la-loi venant d'origines sociales et ethniques très diverses. Régulièrement soumises aux incursions des États voisins, les Cosaques en viennent à jouer le rôle de butoir aux marches de l'Empire russe et de l'État polono-lituanien.

Les Cosaques se sont donc définis en fonction d'une identité géographique plus qu'ethnique, religieuse ou politique. Les différents groupes de Cosaques se sont nommés en ayant recours à la toponymie des régions qu'ils habitaient. Ainsi, les Cosaques zaporogues, qui vivaient à l'ouest des rapides situés près de l'embouchure du Dniepr (le mot de Zaporogue vient de l'ukrainien *za porogi* ; « au-delà des rapides »), et les Cosaques du Don, qui étaient établis dans la steppe située au nord de la mer d'Azov et de l'embouchure du Don, constituent les communautés les plus anciennes et les plus puissantes. Plus tard sont apparus les Cosaques du Terek (établis dans le piémont caucasien et sur les contreforts septentrionaux du Caucase), les Cosaques de l'Oural et ceux du Kouban, des descendants de Cosaques zaporogues établis dans l'actuel territoire de Krasnodar. Les communautés cosaques étaient régies par des chefs élus, révocables en temps de paix. Les Cosaques zaporogues, considérés comme l'une des plus anciennes communautés – puisqu'ils revendiquent des origines remontant au XIVe siècle –, s'installaient plusieurs mois par an dans leur camp militaire, la *Sitch*, situé sur l'île de Khortitsia, quasi inaccessible, au-delà des rapides du Dniepr. C'est dans cette *Sitch* que se déroulaient les exercices militaires et que se réunissait le Conseil des Cosaques pour régler les questions administratives, politiques et militaires.

Des peuples insoumis. Jusqu'au XVIIe siècle, les communautés cosaques étaient presque indépendantes et ne se soumettaient que pour de courtes périodes à l'autorité des États et des Empires, s'employant comme mercenaires, explorateurs ou messagers, présents dans maintes entreprises militaires, et ce jusqu'à la guerre* civile (1918-1921). Agissant alternativement pour le compte de Moscou ou pour leur propre compte, les Cosaques ont joué un rôle décisif dans la conquête de la Sibérie*, à partir de la fin du XVIe siècle. Le chef cosaque Ermak, engagé par Stroganov, un puissant marchand russe qui avait financé la plupart des expéditions militaires décidées et conduites par Ivan le Terrible, organisa un raid victorieux contre le khanat de Sibir, dont il réussit à conquérir la capitale, Irtych, en 1583. Les Cosaques ont atteint le fleuve Amour, en Sibérie orientale, et la presqu'île de la Kolyma vers 1648. Partout sur la route de la Sibérie, ils ont établi des *stanitsy*. À l'ouest de l'Empire russe, ils sont intervenus, au sein de l'armée polonaise, pour libérer Vienne assiégée par les Turcs (1683).

Du XVIe au XVIIIe siècle, on retrouve des chefs cosaques à la tête des insurrections paysannes. Ces chefs sont revêtus d'une aura de justiciers. Dans la seconde moitié du XVIIe siècle, le Cosaque Stenka Razine entraîne ses hommes dans des expéditions de piraterie jusqu'en Perse, avant de se retourner contre Moscou, déclenchant une importante rébellion dans toute la région de la Volga. Capturé, il est écartelé sur la place Rouge en 1671. L'insurrection de Stenka Razine préfigure celle du Cosaque Iemelian Pougatchev, un siècle plus tard. Soulevant derrière lui les Cosaques de l'Oural et du Don contre l'autorité de l'impératrice Catherine II, Pougatchev déclenche une révolte de masse (serfs, minorités ethniques) qui sème le trouble dans plusieurs grandes villes (Nijni-Novgorod, Kazan) avant d'être écrasée par l'armée impériale. Pougatchev est exécuté sur la place Rouge le 10 janvier 1775 et les jacqueries qu'il a occasionnées, connues sous le nom générique de *pougatchevchtchina*, forment une épopée qui a accédé au rang de mythe historique, immortalisée dans le drame d'Alexandre Pouchkine, *la Fille du capitaine*, paru en 1836.

Une autonomie qui s'est progressivement érodée. En Ukraine, les Cosaques constituent une pièce maîtresse de la construction de l'identité nationale. En 1648, les Cosaques zaporogues menèrent sous les ordres de leur hetman Bogdan Khmelnitski, qui avait scellé une alliance avec les Tatars de Crimée, une série d'expéditions qui mirent fin à la souveraineté polonaise sur l'Ukraine centrale. Khmelnitski fonda un embryon d'État, le « hetmanat », placé sous la protection du tsar russe, mais doté d'une certaine autonomie (traité de Péréïaslavl, 1654). En 1709, le hetman Ivan Mazeppa voulut émanciper le « hetmanat » en s'alliant aux Suédois. Néanmoins, la défaite de ses troupes à Poltava place l'Ukraine – qui devient alors la « petite Russie » – sous l'autorité de Moscou jusqu'au XXᵉ siècle. Au cours du XVIIIᵉ siècle, l'autonomie des Cosaques s'est progressivement érodée face à l'affermissement du pouvoir tsariste. En 1775, l'impératrice Catherine II a fait raser la *Sitch*. Les Cosaques zaporogues ont migré vers le Danube ou le Kouban, quand ils n'ont pas rejoint les rangs de l'armée russe, où ils ont reçu des privilèges en retour de leur service au sein d'unités qui leur étaient propres. Certains se sont assimilés à l'aristocratie de l'Empire. Ainsi, le rôle des Cosaques a changé : ils sont devenus les meilleurs soldats de l'Empire, portant haut les couleurs de l'orthodoxie et de la bravoure militaire russe dans les guerres contre Napoléon, de Crimée ou du Caucase.

Dans les pages les plus noires de leur histoire, certaines unités cosaques se sont illustrées dans les pogroms orchestrés contre les Juifs* de l'Empire russe, au tournant des XIXᵉ et XXᵉ siècles. Pendant la guerre civile russe, les Cosaques ont rallié en majorité (mais pas exclusivement) l'Armée blanche monarchiste. L'« armée des Volontaires » d'Anton Denikine et, surtout, les troupes sibériennes de l'ataman Semionov étaient constituées de Cosaques qui, après la défaite contre les Rouges, ont rejoint l'émigration. La collectivisation des terres, les famines organisées et les déportations des années 1930 décimèrent les populations cosaques du Don et du Kouban. Pendant la Seconde Guerre mondiale, certaines unités cosaques furent reconstituées, les unes combattant aux côtés de l'Armée rouge, les autres aux côtés de la Wehrmacht.

Très présents dans la culture russe. La fin de l'URSS a ouvert la voie à une tentative de renouveau cosaque : on a procédé à l'élection d'atamans et à la constitution d'associations culturelles ou politiques. Le nouveau pouvoir, tant à Kiev qu'à Moscou, se plaît à évoquer les « racines cosaques» des nations ukrainienne ou russe. Ainsi, Boris Eltsine a institué un conseil pour les Affaires cosaques près le président de la Fédération de Russie, qui a fonctionné de 1994 à 1997. À Kiev, Bogdan Khmelnitski est couramment présenté comme le «père spirituel» de la nation ukrainienne. À Moscou, un décret présidentiel de 2007 a autorisé des patrouilles cosaques à mener à titre d'auxiliaires des opérations de maintien de l'ordre aux côtés des troupes du ministère de l'Intérieur. Dans les deux pays, certaines organisations cosaques se sont engagées à l'extrême droite de l'échiquier politique, volontiers nationalistes, voire antisémites et xénophobes.

En dépit du caractère désormais un rien folklorique de leur identité, les Cosaques restent très présents dans la mémoire collective et la culture russe et ukrainienne contemporaine. Un seul exemple, anecdotique, est révélateur de cette présence : en russe, le terme *khokhol,* qui désigne un Ukrainien de manière péjorative, renvoie à la queue-de-cheval portée par les Cosaques zaporogues… Les arts russe et ukrainien sont riches en références à l'univers cosaque, toujours évocateur de liberté et d'aventure. Il faut citer le célèbre tableau d'Ilia Repine*, *Cosaques zaporogues écrivant une lettre au sultan* (1880-1891), qui fait partie des collections permanentes du Musée russe de Saint-Pétersbourg. Dans la littérature* russe, les références aux Cosaques abondent. Outre *la Fille du capitaine* mentionnée plus haut, il faut citer *Taras Boulba,* le héros tragique créé par Nikolaï Gogol. Dans *les Cosaques,* Léon Tolstoï met en scène les Cosaques du Terek. Au XXe siècle, le roman culte de Mikhaïl Cholokhov, *le Don paisible,* retrace le destin des Cosaques d'une *stanitsa* prise dans la tourmente de la guerre civile. Le destin du hetman Ivan Mazeppa a inspiré par son symbolisme tragique les artistes romantiques de toute l'Europe : poèmes de Victor Hugo et de Lord Byron, opéra de Tchaïkovski, étude de Franz Liszt, tableaux de Delacroix et de Géricault… qui tous s'appellent *Mazeppa.*

Crimée Presqu'île de la mer Noire (26 000 km²), l'antique Chersonèse est dominée au sud par la chaîne des Taurides. Lieu d'installation de nombreuses colonies successives, grecques et vénitiennes entre autres, la Crimée devient un État tatar en 1430. Avec la guerre menée par Catherine II* contre la Turquie, la Crimée passe sous domination russe en 1783. L'occupation provoque une émigration continue de la population tatare qui devient minoritaire à la fin du XIXe siècle. La construction du port de Sébastopol* fait de la presqu'île un endroit stratégique pour la Russie. Son siège en 1854 est la principale opération lors de la guerre de Crimée qui oppose alors la Turquie, la France, l'Angleterre à la Russie. La défaite russe provoque, à bien des égards, un traumatisme politique qui est à l'origine des grandes réformes d'Alexandre II*. À la fin guerre civile, le général Wrangel y concentre ses troupes et permet ainsi le départ de plusieurs dizaines de milliers de réfugiés fuyant l'Armée rouge. En 1921, la Crimée devient une République soviétique autonome. La Seconde Guerre mondiale en fait un nouveau champ de bataille en particulier en avril-mai 1944. C'est à Yalta*, lieu de villégiature de la noblesse russe, puis des dirigeants soviétiques, que Staline reçoit, en février 1945, Roosevelt et Churchill pour décider des modalités de la fin de la guerre. Les Tatars, suspects d'avoir collaboré avec l'ennemi sont déportés en Asie centrale (environ 192 000) quelques jours seulement après la libération de la presqu'île. Officiellement 22 % meurent durant le transport (46 % selon les associations tatares). Après la mort de Staline, les Tatars* demandent justice. Malgré la répression, ils sont réhabilités en 1967 sans pour autant obtenir le droit au retour. Le général Piotr Grigorenko, passé à la dissidence, devient leur défenseur. Les Tatars doivent attendre la perestroïka pour envisager de revenir en Crimée (environ 300 000 seraient de retour depuis 1991). Entre-temps, la Crimée a été rattachée à l'Ukraine soviétique en 1954. L'indépendance de ce pays en 1991 provoque la rupture du lien de la Crimée avec la Russie malgré l'opposition d'une majorité de la population locale russophone. De plus, Moscou n'est pas prête à laisser l'ancienne flotte soviétique de la mer Noire à l'Ukraine. En 1992, la Crimée proclame sa souveraineté juridique. Elle devient alors République autonome. Sébastopol acquiert un statut particulier permettant un partage du contrôle de la flotte entre la Russie et l'Ukraine*. Le développement touristique et la baisse des tensions nationalistes semblent apaiser pour un temps les rivalités.

cuisine La polysémie du terme est équivalente en français et en russe, mais les aromates originaux de l'histoire nationale donnent à ce mot, *koukhnia*, une saveur singulière. Il sera d'abord question de la cuisine en tant que culture d'un goût et mélange réussi des cultures de l'Empire ; puis de la cuisine en tant que pièce centrale de l'habitat russe et soviétique.

À l'instar des grandes cuisines nationales, la cuisine russe est d'abord une cuisine populaire, paysanne même. La pomme de terre est quasiment de tous les repas, tandis que le chou embaume souvent les cages d'escalier. Ce qui frappe aussi, c'est la permanence des bouillies *(kacha)*, dont celle de sarrasin *(gretchka)* qui accompagnent les plats en sauce.

La batterie impressionnante de salaisons nous rappelle que la rigueur du climat impose toujours sa logique de consommation. Les Russes conditionnent volontiers les légumes (en particulier les fameux cornichons) dans une solution salée agrémentée de diverses plantes. De même, la variété des procédés de conservation du poisson révèle l'importance de cet aliment en Russie, à la différence de la France. Séché, fumé, salé, légèrement salé *(malossol)*, le poisson est pêché dans les rivières, les lacs *(Omouls* du Baïkal), la mer.

Tous les « œufs » de poisson *(ikra)* se mangent, mais ceux des salmonidés (caviar* rouge, quatre ou cinq sortes) et des esturgeons de la Caspienne (caviar noir, trois catégories) sont les plus appréciés. À l'époque soviétique, le caviar noir faisait partie des rations subventionnées par l'État, qui cherchait ainsi à promouvoir l'image d'une société « heureuse et joyeuse » (Staline, 1936) au luxe comparable à celui des nations capitalistes. Aujourd'hui, son prix a presque rejoint les standards internationaux, du fait de la surexploitation et de la pollution de la Volga.

La cuisine russe s'est évidemment nourrie au fil du temps de multiples apports de l'Empire des tsars, à l'ouest (Europe orientale), au sud (Caucase) et à l'est (Extrême-Orient). De Sibérie ont migré de gros raviolis nommés *pelmeni*, hérités de la cuisine chinoise. On ne doit pas les confondre avec les *varenniki*, petits chaussons oblongs bouillis, fourrés plutôt avec des fruits, et communs à l'est de l'Europe. La Russie partage également avec cette région les soupes, dont le bortsch ukrainien (pot-au-feu aux betteraves) ou la *solianka* (soupe de viandes ou de poissons mélangés) ; et des desserts, comme le *strudel* ou le gâteau au fromage blanc *(vatrouchka)*. De fromages, justement, la Russie en compte peu hors du *tvorog*, un fromage de vache frais égoutté consommé tel quel ou utilisé comme ingrédient. Le sud de la Russie fournit les fruits et les légumes, sans oublier les épices ; le Caucase est connu pour ses *chachliks** (brochettes), et l'Ouzbékistan pour le *plov*, un plat de riz à la viande et aux épices.

Plusieurs boissons scellent également l'originalité de la Russie. Le thé, bu à toute heure, peut être considéré comme une boisson nationale, à l'égal du kvas et de la vodka*. Cependant, si le thé est apparu récemment (après 1850) à l'imitation des Britanniques, le kvas – boisson légèrement fermentée à base d'orge qui se boit surtout l'été – et la vodka – alcool de grain ou de pomme de terre – appartiennent à la culture locale. Dérivé du terme « eau » *(voda)*, cette eau-de-vie a longtemps et plusieurs fois été monopole d'État, générant une distillation clandestine *(samogon)*, encore vivace aujourd'hui.

La consommation (excessive…) d'alcool est le corollaire d'un type de convivialité spécifique où *zakouski* (amuse-bouches) et toasts jouent un rôle prépondérant. Le caviar rouge, le hareng peu salé et les blinis (crêpes épaisses) sont souvent de la partie, « croqués » après chaque gorgée de vodka… qui suit elle-même les toasts prononcés dans un ordre déterminé. Souvent long (il existe d'ailleurs des répertoires de toasts), un toast comprend l'histoire du toast, le toast lui-même puis les commentaires des auditeurs, qui font désormais partie du toast. Les Russes passent ainsi volontiers leurs soirées à domicile, préférant aux bars et restaurants le confort et la chaleur de leur cuisine.

L'histoire du noble *Oblomov*, le héros du roman de Gontcharov, qui finit par épouser sa cuisinière, n'est que l'un des multiples exemples de la présence remarquée de la cuisine dans la littérature russe. À l'époque soviétique, toutefois, la réalité a dépassé la fiction. Confronté à la crise du logement dans les villes soumises à la pression de l'exode rural, le pouvoir révolutionnaire a créé des appartements communautaires *(kommunalka)* à partir des logements d'où avaient été expulsés nobles et bourgeois. Salle de bains (quand elle existait !) et cuisine étaient partagées par les familles qui habitaient chacune une seule pièce. La cuisine était le lieu des conflits et des fêtes, des rapines et de la solidarité. Plus tard, à Moscou et dans les villes nouvellement construites, la cuisine est restée au centre de la vie des deux ou trois pièces des appartements. C'est là, notamment, que les dissidents qui ne pouvaient discuter librement en public se réunissaient pour des soirées littéraires, musicales et politiques.

Astolphe, marquis de Custine Né en 1790, officier et diplomate sous la Restauration, écrivain mondain, il entreprend un voyage en Espagne dont il publie le récit. Lecteur de Tocqueville, il s'intéresse à la Russie. Il part en 1839 et séjourne principalement à Saint-Pétersbourg, Moscou et Iaroslav. Ce voyage lui inspire un livre, *Lettres de Russie. La Russie en 1839*, publié en 1843, réquisitoire contre l'Empire de Nicolas Ier. L'ouvrage marque une rupture dans le regain de sympathie de la France à l'égard de la Russie après 1814 et trouve un écho favorable dans les milieux républicains prêts à soutenir la Pologne ou à accueillir les exilés russes. En dépit des préjugés de l'auteur, les *Lettres* pointent les effets calamiteux du despotisme de Nicolas Ier. Mais Custine en conclut que la Russie est fondamentalement étrangère à la culture politique occidentale. Il meurt en 1857.

···> relations franco-russes, voyages français en Russie

D

datcha Une datcha est une habitation secondaire à la campagne. Le mot désignerait, à l'origine, un gîte personnel « donné » (*dat* signifie « donner » en russe) par le propriétaire terrien à son serf. À la fois lieu de villégiature et ressource économique, la datcha à l'époque soviétique fournissait un apport complémentaire de nourriture grâce à son jardin. Souvent habitation modeste en bois *(isba)*, elle est parfois constituée de plusieurs pièces. Un bain (sauna) complète souvent le confort importé de la ville. Sous le régime communiste, de vrais villages de datchas ont été bâtis pour les écrivains (comme Peredelkino près de Moscou), les artistes, les militaires, les scientifiques et, bien entendu, pour les dirigeants.

décabristes (ou décembristes) Ce terme vient du mot « décembre » en russe. Les guerres napoléoniennes et surtout l'occupation de la France en 1814 et 1815 ont engendré des idées réformatrices dans la jeune noblesse russe. L'exemple de la Restauration et de Louis XVIII accordant une Constitution fait son chemin au sein de sociétés secrètes et de loges maçonniques dont l'objectif est de transformer les institutions archaïques de la Russie, d'abolir le servage et de supprimer la censure. À la mort d'Alexandre Ier et profitant de l'interrègne, un groupe de jeunes officiers et d'aristocrates mené par le prince Troubetskoï tentent une insurrection à Saint-Pétersbourg le 14 décembre 1825. Le grand-duc héritier, Nicolas, engage la répression. Elle est particulièrement violente. Aux exécutions s'ajoute l'exil en Sibérie* du plus grand nombre des insurgés. Les princes Troubetskoï et Volkonsky, le comte Mouraviev-Apostol, l'élite du mouvement et de la jeune noblesse russe partent pour la Sibérie accompagnés de leurs épouses. Figures de martyres, les décabristes seront considérés comme les pionniers du mouvement révolutionnaire russe. Les exilés ne seront libérés qu'en 1852.

démographie La chute de l'URSS* n'a pas déclenché la crise démographique russe mais, en modifiant l'environnement économique et social, elle l'a aggravée. Le déclin démographique de la Russie trouve son origine dans les années 1960, lorsque la mortalité commence à augmenter alors que le taux de fécondité diminue. La confirmation de ces tendances provoque en 1992, pour la première fois, une diminution nette de la population. Celle-ci ne cesse de baisser depuis, si bien qu'entre 1994 et 2006, la Russie est passée de 148,6 millions d'habitants à 142,7 millions, soit une perte nette de 6 millions d'individus.

La forte mortalité russe découle d'abord de la dégradation progressive d'un système de soins incapable, à la fin des années 1960, de s'adapter aux nouveaux besoins sanitaires. La prévention des maladies cardio-vasculaires et le traitement des maladies chroniques sont alors occultés, le système de santé soviétique se cantonnant aux soins de base et à une lutte contre les maladies infectieuses, par ailleurs inachevée. Le phénomène de mortalité précoce est en outre aggravé par les comportements. En 2000, le risque de mort violente pour un homme russe (par accident, suicide, meurtre ou empoisonnement) était ainsi trois à quatre fois plus élevé que pour un Occidental. L'alcoolisme, enfin, très fréquent chez les hommes, accroît les risques de mort accidentelle. Ainsi, la baisse de l'espérance de vie a été presque continue depuis le milieu des années 1960. Entre 1965 et 2003, elle passe, pour les hommes russes de 65 ans à 58 ans, soit moins que pour un homme français au sortir de la Seconde Guerre mondiale. Dans le même temps, l'espérance de vie d'un homme français passait de 67 à 76 ans... Réduire la mortalité en Russie suppose de lourds investissements dans le système de santé, un accès aisé aux soins, et une lutte accrue contre l'alcoolisme et les comportements à risques, autant de politiques qui, si elles sont menées, ne porteront leurs fruits qu'à long terme. C'est en partie l'idée du nouveau «concept» de la politique démographique russe, entériné en 2007 et qui doit courir jusqu'en 2025.

Les naissances ne compensent pas la forte mortalité, au contraire. Aujourd'hui, avec un indice d'environ 1,3 enfant par femme contre 2,2 en 1987, la Russie est parmi les pays européens à plus faible taux de fécondité, au même titre que l'Allemagne, l'Italie et l'Espagne. Or, si dans un pays occidental le taux de remplacement des générations est de 2,2 ; en Russie, il est supérieur à 2,5, car il faut en plus compenser la baisse du nombre de femmes, apparue dans la période de chute de la fécondité, au cours des années 1990. Cette chute reflète l'évolution de la structure familiale, qui s'est rapidement transformée à la fin de l'URSS. Au crépuscule de l'Union soviétique, le mariage précoce était la norme, avec une première naissance qui suivait rapidement. Dans les années 1990, le moment de la formation d'un couple et celui du premier enfant se décalent, une tendance amplifiée par l'allongement des études, l'accès facilité à la contraception, et la fin du mariage obligatoire pour se voir attribuer un logement. Aux nouveaux modèles familiaux s'ajoutent aussi les bouleversements économiques et sociaux : le retrait de l'État a engendré un sentiment d'incertitude sur l'avenir qui n'incite sans doute pas à procréer. Si les allocations familiales existent depuis 1991, leur faible montant comme les retards dans leur versement n'incitent pas à avoir des enfants. La politique familiale en Russie est encore à l'état embryonnaire, représentant en 2004 moins de 0,3 % du PNB, contre 2,8 % en France. À partir de 2007, l'État russe a néanmoins revalorisé les aides, à travers le « capital-mère », pour inciter notamment à la naissance d'un second enfant.

Dans ces conditions, l'appel à l'immigration semble indispensable, ne serait-ce que pour combler le déficit de main-d'œuvre. Dans les années 1990, le retour au pays des Russes de l'ex-Empire soviétique a permis de « limiter les pertes ». Ce réservoir est désormais épuisé. Or la législation de plus en plus restrictive, la xénophobie grandissante ou la difficulté de la langue sont autant d'obstacles pour les immigrés potentiels.

Selon un scénario « moyen », la Russie pourrait voir sa population passer sous la barre des 100 millions d'habitants en 2050, soit une perte de 40 millions d'habitants. Certaines zones seront désertées. Car toutes les régions ne sont pas touchées de la même manière, en raison des flux migratoires intérieurs. Les Russes fuient désormais les régions dénuées d'avenir économique et affligées d'un climat rigoureux, comme la Sibérie* ou l'Extrême-Orient, là où, jadis, l'État soviétique versait des compensations financières pour inciter la population à habiter ces espaces vides. À l'inverse, le Caucase* du Nord accueille un nombre important de réfugiés, certaines zones de l'Oural attirent la main-d'œuvre grâce à une croissance économique retrouvée. Moscou enfin concentre une large part de la richesse nationale, ce qui explique le dynamisme démographique relatif de la capitale russe.

déportations Les déportations – le déplacement forcé d'individus et de population – s'inscrivent dans la longue durée de l'histoire russe. Elles ont toujours eu deux fonctions : sanctionner et éloigner les criminels et les opposants politiques, et coloniser par les travaux forcés des terres inhospitalières de l'Empire. La première mention dans le droit russe de la peine d'exil intérieur date de 1649. Par la suite, de nombreux opposants au régime tsariste – de Dostoïevski* à Trotski* et Staline*, en passant par les décabristes* – ont été déportés en Sibérie*. La déportation collective a également été pratiquée à l'encontre de minorités nationales considérées comme des menaces pour la sécurité du pays. Pendant la Première* Guerre mondiale, environ un million de personnes, principalement des Juifs* et des Allemands*, ont été déplacées des régions bordant les frontières occidentales vers l'intérieur de la Russie. Mais les déportations impériales n'ont jamais eu le caractère massif, planifié et meurtrier de celles pratiquées par le régime soviétique.

Entre 1920 et 1953, environ 7 millions de personnes, appartenant à des groupes sociaux ou nationaux collectivement punis, ont été déportées principalement en Sibérie et en Asie centrale, à commencer par les Cosaques* en 1920, selon un schéma qui allait servir de modèle. Leurs villages étaient vidés ou détruits en quelques heures, puis les hommes adultes étaient déportés par convois ferroviaires vers des lieux où rien n'était prévu pour les accueillir. À partir de 1929, les vagues de déportations de « déplacés et colons spéciaux » (femmes et enfants compris) se succèdent. La première frappe les koulaks*. Plus de 1,8 million de ces « paysans riches », que le pouvoir a décidé de « liquider en tant que classe » pour cause de résistance à la collectivisation, sont déportés vers le Grand Nord, la Sibérie et le Kazakhstan. En 1933, c'est au tour des « éléments socialement dangereux », puis des groupes ethniques suspects (Finlandais, Coréens, Polonais, Baltes, Allemands, Grecs), considérés comme une menace par le pouvoir soviétique en raison de leurs liens potentiels ou réels avec l'étranger. À partir de 1939, les déportations touchent les territoires annexés par l'URSS dans le cadre du pacte germano-soviétique, en particulier les Baltes (1940-1941), puis les groupes accusés de collaboration avec l'ennemi allemand : Allemands de la Volga (1941), les peuples du Caucase* (Kalmouks, Karatchaïs, Tchétchènes, Ingouches) et les Tatars* de Crimée (1943-1944). Après la guerre, les nationalistes ukrainiens, les Baltes et les soldats de l'armée de Vlassov sont victimes de nouvelles déportations. En 1953, ce «second goulag» des déplacés spéciaux compte plus 2,7 millions de personnes. Toutes ces opérations sont décidées par Staline* et les membres du Politburo. Trois décennies de déportations auraient fait environ 1,5 million de morts. Ce lourd bilan est le produit des défaillances logistiques et de la désorganisation conjuguées à la violence du processus. Les déportations de masse cessèrent après la mort de Staline en 1953. À partir de la fin des années 1950, le retour des survivants dans leurs foyers créa de nouveaux conflits avec les colons russes qui s'étaient installés à leur place. Des pays Baltes à la Tchétchénie, en passant par l'Ukraine et la Crimée, l'héritage de ces déportations demeure un facteur de tensions dans les relations entre la Russie et les peuples de l'ancienne Union soviétique.

⤑ Goulag

dissidence
Être un intellectuel non-conforme en URSS

Le 29 juin 1958, à l'occasion de l'inauguration de la statue du poète Vladimir Maïakovski* (1893-1930) dans le centre de Moscou, l'Union des écrivains de l'URSS organise sur la place éponyme une grande manifestation de lecture publique de poésie. Cette cérémonie officielle donne naissance à une nouvelle pratique, plus informelle : à l'heure du «dégel» khrouchtchévien, caractérisé par une certaine libéralisation de l'espace public en URSS, de jeunes poètes et intellectuels «non-conformistes» se retrouvent régulièrement au pied de la statue pour lire des textes non publiés d'Ossip Mandelstam ou de Marina Tsvetaïeva.

Vladimir Boukovski, l'un des plus célèbres dissidents soviétiques, a évoqué ces soirées dont il fut l'un des organisateurs : «C'était une sorte de club à ciel ouvert, un Hyde Park moscovite…». Les autorités mettent rapidement un terme à ces réunions en les dispersant. Toutefois, celles-ci reprennent un temps, en septembre 1960. La place de la statue de Maïakovski est devenue l'agora des non-conformismes, « le phare » de la libre parole et de la libre posture en URSS : en russe, *maïak* signifie « phare ». L'heure est aux débats littéraires, mais la politique, un domaine monopolisé par la parole officielle, la seule autorisée, n'est jamais bien loin. La publication en Occident du *Docteur* Jivago* de Boris Pasternak* (1957) ou celle, en URSS, d'œuvres jusqu'alors interdites d'Evgueni Zamiatine et de Boris Pilniak, ainsi que celle de la nouvelle d'Alexandre Soljenitsyne, *Une journée d'Ivan Denissovitch,* par la revue *Novyï Mir* (1962) – qui parle pour la première fois ouvertement du goulag* – font que cette période est restée gravée dans la mémoire de l'écrivain Vassili Axionov comme « une époque où il était plus intéressant de lire que de vivre »…

Du non-conformisme à la dissidence

L'arrestation, en octobre 1961, de Vladimir Boukovski et de deux de ses camarades, ainsi que leurs condamnations à des peines allant de cinq à sept ans de camp de travail à régime sévère pour « activité antisoviétique », sonnent la fin du « dégel » et marquent l'avènement de la dissidence. Les intellectuels et artistes « non-conformistes » cherchent, par leur goût pour l'informel et le spontané, à donner la réplique au formalisme un rien pompeux du pouvoir. Confrontés à la répression, certains « non-conformistes » deviennent des dissidents et déploient leurs activités dans la clandestinité. Dans les années 1960, le *samizdat* – autopublication de textes manuscrits ou ronéotypés distribués clandestinement – connaît un développement qui ne se démentira plus. Plus que de « la » dissidence, il convient de parler « des » dissidences en URSS : monarchistes grand-russes, anarchistes ou trotskistes, nationalistes arméniens, baltes ou géorgiens, libéraux, chrétiens orthodoxes, juifs sionistes, baptistes ou adventistes… Toutes les tendances se retrouvent dans la contestation de l'ordre existant. L'ouverture, en février 1966, du procès engagé contre les écrivains Andreï Siniavski et Iouliï Daniel pour avoir publié en Occident des ouvrages sous les pseudonymes respectifs d'Abram Terz et Nikolaï Arjak, marque un tournant dans l'histoire de la dissidence. La protestation orchestrée par les amis de Siniavski et Daniel s'appuie désormais sur les instruments fournis par le pouvoir lui-même : la Constitution et le droit positif soviétiques. « Respectez la Constitution soviétique ! », « Respectez la publicité des débats ! », lisait-on sur les pancartes furtivement brandies sur les marches du tribunal dont l'accès était interdit au public. Sous l'impulsion du mathématicien et poète Alexandre Essenine-Volpine, le «non-conformisme» se transforme alors en un mouvement civique, celui des «défenseurs du droit» *(pravozachtchitniki)*, soucieux de «prendre le pouvoir au mot». Le respect du droit devient le leitmotiv de la dissidence. Chaque année, le 5 décembre – jour anniversaire de l'adoption de la Constitution de l'URSS (1936) – des «meetings de la transparence» sont organisés, presque toujours immédiatement dispersés. Le 25 août 1968, quatre jours après l'intervention soviétique à Prague, sept individus ont le courage de manifester sur la Place rouge, rappelant le «droit des peuples à disposer d'eux-mêmes». Ils sont arrêtés sur-le-champ. Parmi eux, Viktor Fainberg est victime d'un mode de répression qui va se généraliser dans les années 1970 et toucher des centaines de personnes : l'internement psychiatrique dans des établissements pénitentiaires spécialisés.

La dissidence au cœur de la guerre froide. Pendant les années 1970, la question des droits de l'homme en URSS accède au rang de priorité dans les agendas de la politique internationale. Le 3 janvier 1975, le président américain Gerald Ford signe l'amendement Jackson-Vanik (du nom de ses deux initiateurs, un sénateur et un représentant), adopté à l'unanimité par les deux chambres du Congrès des États-Unis. Élaboré sous la pression des ONG qui militent en faveur d'une pression accrue sur le pouvoir soviétique afin qu'il reconnaisse le droit à émigrer des juifs soviétiques, les *refuzniks,* ce texte lie l'attribution par Washington de certains avantages commerciaux aux États étrangers (l'URSS est clairement visée) à la reconnaissance expresse de ce droit. En outre, en décembre de la même année, l'acte final de la Conférence sur la sécurité et la coopération en Europe, généralement connue sous le nom des accords d'Helsinki, signé par l'ensemble des pays des deux blocs politico-militaires alors rivaux, mentionne l'engagement des signataires à respecter les droits de l'homme et les libertés fondamentales. Sur le fondement de ce nouveau texte, certains dissidents, dans la continuité des premiers «défenseurs du droit» des années 1960, autour du physicien Iouri Orlov, fondent le «groupe de pression en faveur de l'application des accords d'Helsinki en URSS» et publient en *samizdat* un périodique – *la Chronique des événements courants* – qui s'efforce de recenser les innombrables violations des droits de l'homme à travers toute l'URSS. Dans ce contexte, une grande offensive répressive est menée contre les dissidents par le KGB. Ces derniers sont au cœur des marchandages de la guerre froide. Il faut mentionner certains épisodes emblématiques : l'expulsion d'URSS, le 13 février 1974, d'Alexandre Soljenitsyne*, déchu de la citoyenneté soviétique, ou encore le spectaculaire « échange », opéré le 18 décembre 1976, entre le dissident Vladimir Boukovski et un autre prisonnier politique, le chef du parti communiste chilien Luis Corvalan. En 1978, l'écrivain Alexandre Zinoviev – qui a toujours nié être un dissident – est contraint de s'exiler après la publication de son roman, *les Hauteurs béantes*, évocation saisissante de la réalité soviétique. Enfin, l'arrestation du physicien Andreï Sakharov*, le 22 janvier 1980, suivie de son assignation à résidence dans la ville de Gorki (aujourd'hui Nijni-Novgorod) – alors fermée aux étrangers – témoigne de la prise de conscience, par les autorités soviétiques, du poids politique du discours des dissidents à l'heure de l'intervention militaire en Afghanistan et de l'agitation sociale en Pologne…

Les héritages de la dissidence. Le retour d'exil d'Andreï Sakharov, prix Nobel de physique, la réception d'un appel de Mikhaïl Gorbatchev* en personne, le 16 décembre 1986, pour l'inviter à rejoindre la capitale soviétique et l'élection de l'un des plus célèbres dissidents soviétiques comme député du peuple de l'URSS en 1989, marquent à la fois la fin d'une époque, celle de la répression, et le début d'une autre, celle de l'entrée de la dissidence de plain-pied dans l'espace public. Dans les années 1990-2000, deux grandes figures ont fait leur retour en Russie : Alexandre Soljenitsyne, en 1994, et Alexandre Zinoviev, en 1999, après l'invasion de la Yougoslavie par les forces de l'OTAN, qu'il condamne vivement. Ces deux hommes ont en commun d'avoir exprimé leurs réticences à l'égard de l'instrumentalisation de la dissidence soviétique par les dirigeants occidentaux. Ils ont de plus tenu, une fois dans l'émigration, des propos fort peu appréciés par les médias occidentaux – qui avaient pourtant « héroïsé » ces hommes quelques années auparavant – contre la « dérive matérialiste et relativiste de l'Occident » (Soljenitsyne) ou encore contre le « totalitarisme postdémocratique occidental » (Zinoviev)… À l'heure postsoviétique, seul un nombre très limité d'anciens dissidents soviétiques est entré en politique et aucun d'entre eux, à l'exception notable de Sergueï Kovalev – célèbre dissident qui fut pendant un temps le conseiller du président Eltsine pour les droits de l'homme – n'a jamais accepté de responsabilité de haut rang. Les dissidents conservent en général un profond scepticisme à l'égard du pouvoir et si certains sont devenus des activistes, ils se sont cantonnés strictement à la sphère de la défense des droits de l'homme et des libertés fondamentales. Ainsi, certaines ONG russes d'aujourd'hui – *Memorial* ou les «Comités de mères de soldats» – sont les héritières directes du positionnement et des modes d'action de la dissidence. Ces organisations ont permis de contrer la désinformation, voire de briser le blocus de l'information par le pouvoir, à l'heure des guerres en Tchétchénie. En outre, elles fournissent une assistance juridique à de larges pans de la population russe.

Le positionnement politique de la «postdissidence» n'est pas sans faire l'objet de vives critiques car le retrait de la scène politique ne s'accompagne pas, loin de là, d'une parfaite neutralité. Le désintérêt de cette mouvance pour les questions sociales à l'heure des privatisations des années 1990 leur est souvent reproché, de même que leurs liens étroits avec les «démocrates» au pouvoir pendant les années 1990, tout comme l'aide qu'ils ont reçue, et reçoivent encore, de la part de certains oligarques et/ou de fondations occidentales. En outre, ils sont assez généralement perçus, à l'instar des intellectuels populistes russes du xixᵉ siècle si bien dépeints par Nicolas Leskov dans son grand roman *Vers nulle part*, comme formant un groupe social à part, une petite élite investie d'une mission de vigilance sacrée, un rien méprisante envers un peuple russe qu'elle considère, sans le dire publiquement, comme un troupeau peu éclairé, profondément marqué par un penchant atavique pour l'autoritarisme. Cette vision continue d'influencer le regard de nombreux experts et journalistes occidentaux, et, par leur intermédiaire, la perception que les opinions publiques occidentales ont de la Russie postsoviétique.

le *Docteur Jivago*

Pour ce roman publié en 1957, l'écrivain russe Boris Pasternak* reçut le prix Nobel de littérature, mais dut le refuser sous la pression du Parti communiste. Le livre dépeint les aventures de Iouri Jivago, de sa famille d'adoption (les Gromeko), et de Lara Antipova, sa maîtresse, dans la Russie de la première moitié du xxᵉ siècle. Les différents soubresauts politiques et sociaux de l'histoire soviétique, principalement de la guerre civile, modèlent la vie de ces personnages et des gens qui les entourent, chacun choisissant l'un ou l'autre camp, entre conformisme et résistance. Le roman fut sévèrement critiqué par la censure soviétique pour ne pas avoir fait une peinture exclusivement positive de la révolution et de ses conséquences. Attendu en 1954, le roman est finalement édité en 1957 en russe et en italien à Milan, par l'éditeur communiste Feltrinelli. En 1965, le réalisateur américain David Lean l'adapte au cinéma, avec Omar Sharif dans le rôle du docteur Jivago et Julie Christie dans celui de Lara. Le film connaît alors un immense succès couronné par cinq Oscars aux États-Unis. Ce n'est qu'en 1987 que le roman est enfin publié en URSS. Le film ne sera projeté sur les écrans russes qu'en 1990.

Fiodor Mikhaïlovitch Dostoïevski Quelque fantasmagorique qu'elle puisse souvent paraître, il n'y a rien dans l'œuvre de Dostoïevski qui n'ait été intensément vécu, ressenti, expérimenté. L'idiot, le joueur, l'illuminé, l'épileptique, l'éternel mari sont autant de facettes de Dostoïevski lui-même, homme chez qui la passion n'eut d'égale que la compassion. Né en 1821, Fiodor Dostoïevski est confronté très jeune à la misère et la folie. Son univers est celui de l'hôpital pour nécessiteux où son père exerce la médecine. Sensible, il est durement frappé par le décès précoce de sa mère, emportée par la tuberculose. Malgré sa situation modeste et sa légendaire avarice, le père de Fiodor assure à ses fils une éducation de qualité. Fiodor dévore avec passion la littérature russe et européenne, notamment Balzac qu'il érige en modèle. Parallèlement, il fait la découverte d'une autre Russie, d'un autre peuple – ce qui pour lui ne fait qu'un tant il ne s'intéressait qu'aux hommes – en se rendant dans la campagne de Darovoié où son père a fait l'acquisition d'un petit domaine, sur lequel il règne en tyran. À bout, un groupe de serfs l'assassine cruellement. Ce drame provoque en Dostoïevski un torrent de sentiments contradictoires – soulagement, culpabilité, fascination – qui nourriront la plupart de ses œuvres, et plus particulièrement *les Frères Karamazov*.

Diplômé du collège des ingénieurs de Saint-Pétersbourg, il démissionne rapidement de son poste de fonctionnaire pour se consacrer à la littérature. Son premier ouvrage, *les Pauvres Gens*, rédigé à l'âge de 23 ans, rencontre un succès immédiat et fait de lui la coqueluche des cercles éclairés de la capitale. Mais rapidement, Dostoïevski se brouille avec le beau monde : il est trop maladroit, sincère, naïf.

Le vice et la vertu. Il se lance à corps perdu dans l'écriture et accumule les échecs. On l'accuse de pasticher Gogol*, ce qui est effectivement le cas du *Double*, publié en 1844 et dont la ressemblance avec *le Nez* est indéniable. Pourtant *le Double* est bien une œuvre personnelle, directement inspirée des récentes déconvenues de l'écrivain, et qui aborde l'une de ses obsessions majeures : la tension dialectique du vice et de la vertu au cœur de l'âme humaine. Révolté par l'archaïsme du régime, Dostoïevski fréquente un cercle socialiste qui – réuni autour de Petrachevsky – concocte d'inoffensives diatribes contre les institutions. Arrêté, condamné à mort puis gracié au moment même d'être exécuté, il est puni de quatre ans de bagne à Omsk, en plein cœur de la Sibérie*. De cette expérience douloureuse, Dostoïevski retire non seulement le matériel qui lui sert à écrire *Souvenirs de la maison des morts* (1860), mais également une conception totalement nouvelle du destin politique de la Russie. Il rejette définitivement le socialisme, qu'il juge trop froid, rationnel, déconnecté de la richesse émotionnelle du peuple russe dont il a sondé l'immensité dans l'âme des plus grands criminels et qu'il ne peut se résoudre à voir malmenée par une démocratie hâtivement importée. Ce sont ces convictions qui inspireront *les Possédés* en 1871. Après le bagne viennent six années de service militaire en relégation à la frontière de l'Asie centrale. Dostoïevski y reprend la plume pour y rédiger les souvenirs du bagne et une comédie, *le Bourg de Stepantchikovo et sa population*. Mais il passe l'essentiel de son temps à faire la conquête d'une jeune veuve. Étant parvenu à éliminer un concurrent plus jeune que lui, il l'épouse puis rentre à Tver et bientôt, à Saint-Pétersbourg, où il va vivre pendant seize ans sous surveillance policière. Le mariage s'avère décevant – il fait une violente crise d'épilepsie lors de sa nuit de noces – et la vie difficile : ses fictions littéraires étant peu goûtées par les critiques, il touche de faibles cachets aussitôt engloutis dans d'aléatoires aventures journalistiques.

Ruiné par le jeu. Cherchant à se dégager de cette vie oppressante, Dostoïevski part pour l'Europe : ce sera le premier séjour d'une longue série dans les casinos qui se solderont immanquablement par la faillite, l'écrivain étant incapable de quitter la table de jeu sans avoir remis tous ses gains sur le tapis. Comme le remarquera plus tard sa seconde femme, il a désormais besoin de cette déchéance pour écrire, comme si par la création il pouvait racheter toutes ses pertes de jeu. Durant ce premier voyage européen, il est accompagné d'une étudiante – Pauline Sousslova – jeune beauté qu'il aime d'autant plus que celle-ci le trompe et le méprise et qu'il mettra en scène dans *le Joueur* (1866). À son retour, Dostoïevski enterre tour à tour sa femme puis son frère. De cette période de solitude, on retiendra *Mémoires écrits dans un souterrain*, où le héros exprime un mépris fanatique des lois de la nature, où il n'est question que de repousser les limites du possible. Lors d'un second voyage en Europe, toujours ruiné par le jeu, pressé par ses créanciers, Dostoïevski écrit *Crime et Châtiment* (1866). Ce roman magistral, universellement connu, pose la question du prix de la vie et de la liberté, celle de l'égalité entre les hommes ainsi que celle de la justice, divine ou humaine. Rassuré par le succès et aidé par sa seconde femme, qui fait office de sténographe, il enchaîne la rédaction de plusieurs grandes œuvres, dont *l'Idiot*. La folie du jeu le quitte, peut-être à la suite de la mort de sa première fille. Il entreprend *le Journal d'un écrivain,* publié sous forme de périodique, où se mêlent opinions politiques et nouvelles, qu'il interrompt bientôt pour rédiger l'œuvre qui sera le plus grand succès de son vivant : *les Frères Karamazov* (1880). Adulé, comparé aux plus grands – Tourgueniev, Gogol, Tolstoï –, il est invité à prononcer un discours en l'honneur du centième anniversaire de la naissance de Pouchkine. Dans cette intervention, il met ses dernières forces, tentant de réconcilier occidentalistes et slavophiles dans la figure d'un Russe universel. Quelques mois plus tard, en 1881, alors qu'il a repris son *Journal d'un écrivain* et rédige la suite des *Frères Karamazov,* il meurt d'une hémorragie interne. L'œuvre de Dostoïevski, mélange de mysticisme et d'humanisme, a mis en avant de façon intemporelle et universelle le lien intime entre liberté et responsabilité. Sans doute est-ce là l'une des raisons pour lesquelles la Russie stalinienne ne lui réserva pas un bon accueil. En 1931, Lounatcharski, commissaire du peuple à la culture, déconseillait la diffusion de ces ouvrages petits-bourgeois. En 1936, au plus fort de la répression stalinienne, on pouvait être arrêté pour avoir lu *les Possédés.* Les lecteurs étaient en effet stupéfaits par tant de prescience : « Comment a-t-il pu savoir tout cela ? ». Ce n'est donc qu'en 1956 que furent publiées les œuvres complètes de Dostoïevski. Et il a fallu attendre la perestroïka pour que les tirages consacrés à ce fleuron de la littérature deviennent réellement significatifs.

---> âme slave, littérature

drapeau Au cours de son histoire, la Russie a connu deux drapeaux, tous deux fortement inspirés de l'étranger. Le drapeau tricolore de l'Empire russe a été rapporté par Pierre* le Grand en 1669 d'un voyage dans les Provinces-Unies, l'actuelle Hollande. L'histoire dit que le choix des trois couleurs, bleu, blanc et rouge, aurait été suggéré en 1581 aux Hollandais par le roi de France, Henri IV. En effet, le bleu est la couleur de l'étendard de la royauté franque ; le blanc, celui de la monarchie de droit divin ; et le rouge, celui de l'oriflamme déposé parmi les objets symboliques de la royauté *(regalia)* à l'abbaye de Saint-Denis.

Les trois bandes horizontales, dans un ordre différent, ne constituent pas à proprement parler un drapeau national : il s'agit tout d'abord du drapeau marchand de la marine russe. Cette originalité s'explique sans doute par l'absence d'une monarchie pluriséculaire (comme en France) ou de principautés suffisamment importantes pour posséder un drapeau (comme en Grande-Bretagne). C'est le 7 mai 1883 que le tsar Alexandre III décide de consacrer ce pavillon étendard national.

Les deux révolutions de l'année 1917 imposent le drapeau rouge – signe de ralliement des révolutionnaires européens, au moins depuis la révolution de 1848 en France. Après la chute de Nicolas II, les bannières rouges se multiplient dans les rues, ornées de slogans tels que « Terre et Liberté » ou, un peu plus tard, « Tout le pouvoir aux soviets ».

Le drapeau de l'Union des républiques socialistes soviétiques est donc rouge carmin et comporte deux symboles en son coin supérieur gauche. La faucille* et le marteau représentent l'union des prolétaires de l'industrie et de l'agriculture, donc le mouvement communiste, tandis que l'étoile à cinq branches symbolise l'Armée* rouge créée en janvier 1918. Chaque République soviétique possède son propre drapeau, variante du drapeau de l'Union obtenue grâce à l'adjonction d'une bande horizontale d'une ou deux couleurs.

En 1991, lors de la chute de l'URSS, le président Eltsine décide de revenir au drapeau tricolore de l'époque tsariste. Les autres républiques inventent ou retrouvent, pour la plupart, leur drapeau national, plus ou moins proche de l'exemple russe.

E

échecs Bien que l'origine du jeu des échecs au VIe siècle reste imprécise à ce jour – la Chine et l'Inde en réclamant chacune les origines –, il est arrivé au cours du IXe siècle en Russie par l'Asie centrale (Ouzbékistan) en suivant la route commerciale entre la mer Caspienne et la Volga. Ce jeu a su compter avec le soutien actif du tsar Pierre le Grand (1689-1725), qui a été le premier à y voir un moyen de « civiliser » la population. Ainsi, la pratique régulière et reconnue des échecs a permis aux joueurs russes de se bâtir une solide réputation internationale dès la fin du XIXe siècle, comme en témoigne la participation de M. Chigorine aux finales du tournoi mondial à La Havane en 1889. Ce n'est pourtant que sous l'impulsion du pouvoir soviétique que cette discipline devient un sport officiel de l'URSS (1924) et la section échecs *(chakhmaty)* du Comité fédéral de culture physique est encadrée dès ses débuts par des militaires haut-gradés. L'existence de circuits de compétition régionaux et nationaux tout comme le recrutement de joueurs dès leur plus jeune âge (Boris Spassky n'avait que 11 ans lorsqu'il remporta son premier tournoi à Leningrad) permettent à l'URSS de bénéficier de contingents de joueurs de renommée mondiale, parmi lesquels Boris Kasparov, Anatoli Karpov, Tigran Petrossian et Boris Spassky restent les plus connus.

Pratique sportive, les échecs n'en demeurent pas moins une discipline de combat : à ce titre, les compétitions ont revêtu une dimension politique, mettant en concurrence l'Est et l'Ouest. Le match entre l'Américain Bobby Fischer et B. Spassky, en Islande, en 1972, a permis aux États-Unis de mettre à mal la domination soviétique, inentamée depuis la fin de la Seconde Guerre mondiale. La montée en puissance des États-Unis au cours des années 1970 est confirmée avec l'abandon d'Anatoli Karpov lors du match contre le champion du monde Fischer, à Manille, en 1975. Bien plus dramatique et largement médiatisée a été la rencontre record entre Anatoli Karpov et Garry Kasparov à Moscou en 1984 (48 matchs en 5 mois), suspendue par le Comité d'organisation suite à des préoccupations concernant la santé des deux joueurs.

L'aura de ce sport a survécu à la disparition de l'URSS et reste aujourd'hui un héritage qui confère toujours prestige et reconnaissance sociale auprès d'une large couche de la population russe. En témoigne la visibilité de l'ancien champion d'échecs Kasparov lors du lancement de sa candidature contre Vladimir Poutine pour les élections de 2008.

┈┈⟶ Karpov-Kasparov

écologie
Un sujet longtemps ignoré, encore négligé

Si, en 1986, Tchernobyl* révèle au monde le « désastre écologique » soviétique, l'URSS est en réalité confrontée depuis plusieurs décennies à de nombreux problèmes environnementaux. Les premières mobilisations écologiques apparaissent en URSS au début des années 1960 pour lutter contre la destruction de la mer d'Aral. En effet, le détournement partiel de deux fleuves, l'Amou-Daria et le Syr-Daria, pour irriguer les cultures d'Asie centrale a considérablement réduit sa surface.

Les autorités, quoiqu'elles minimisent les taux de pollution, admettent les problèmes soulevés par la destruction de l'environnement. Tout d'abord celui de la désertification. De 8 % des terres en 1960, les déserts et semi-déserts représentent un peu moins de 25 % en 1990. En outre, plus de la moitié des sols est non cultivable. La lutte contre la désertification devient un enjeu en raison de la diminution de la surface agricole utilisable. Par ailleurs, la déforestation est considérable. Aux pluies et neiges acides s'ajoute la surexploitation de la forêt considérée comme une ressource intarissable. Les coupes sont largement minimisées et le braconnage est incontrôlé, notamment en Sibérie. Au point qu'un ensemble comme la taïga est directement menacé.

La pollution nucléaire est aussi un point crucial, mais elle est ignorée sinon niée par les autorités soviétiques. Ainsi, de 1949 à 1963, 113 essais nucléaires en plein air ont été organisés à Semipalatinsk au Kazakhstan sans que la population soit informée des dangers. Il en fut de même dans l'archipel de la Nouvelle-Zemble sur la même période avec des dégâts irréparables pour la nature. La stagnation économique des années 1960-1970 fut une période d'accumulation de ces problèmes non négligeable dans la crise terminale du régime.

De nombreux mouvements de protection de la nature, non politisés et souvent liés au régime, naissent en URSS dans les années 1960. D'autres, notamment étudiants, se développent dans les universités où ils sont officiellement autorisés. L'ensemble des associations officielles a pu compter plus de 40 millions de membres à la fin des années 1970. Écrivains, scientifiques et intellectuels s'engagent aussi pour des causes spécifiques comme celle, pionnière et retentissante, de la défense du lac Baïkal dans les années 1960.

Mais le danger écologique principal est surtout apparu dans la mise en route du « projet du siècle ». Ces travaux titanesques visaient à détourner certains fleuves de Sibérie vers l'Asie centrale. Le projet est lancé officiellement en 1971 mais d'emblée contesté notamment par nombre de scientifiques. Cependant, si les thèmes écologiques font alors irruption dans les discours officiels, ceux-ci mettent en cause les méfaits du capitalisme.

Avec Andropov, le sujet devient central en 1982. Il en fait l'un des pivots de sa politique de réforme. Il n'est pas question, comme le dira également Gorbatchev, d'imputer les dégâts écologiques aux dysfonctionnements du système socialiste mais d'en justifier la réforme pour aller plus avant. La propriété collective des moyens de production apparaît alors comme la meilleure réponse à la « crise écologique ». Le « projet du siècle » est définitivement écarté comme signe de la politique nouvelle en 1986.

L'explosion de la centrale nucléaire de Tchernobyl, le 28 avril 1986, l'irradiation de 500 000 personnes et le déplacement de 350 000 autres, révèlent au monde l'inconscience soviétique en matière d'environnement. Le nombre des associations écologistes se démultiplie alors et, malgré la volonté de récupération des autorités, commencent à peser sur les décisions, surtout au niveau local. Faute de véritable perspective politique, ces mouvements s'allient souvent avec les partis nationalistes, comme en Ukraine ou en Biélorussie lors des élections de 1989.

La question de l'écologie a toujours été liée à celle des ressources naturelles, partie intégrante de la politique de sécurité nationale et partant de la souveraineté de l'État. Ainsi la loi sur la sécurité de 1993 fait de l'écologie un élément de la sécurité du pays et donc relevant du secret d'État. Cette conception avait néanmoins été remise en question par la glasnost lancée par Gorbatchev. Tchernobyl a joué à cet égard un rôle déclenchant et favorisé l'émergence d'un mouvement écologiste qui débouche en 1988 sur la création d'un Comité pour la protection de l'environnement devenu en 1991 le ministère de l'Environnement. En outre, dans un effort de rationalisation pour éviter la dispersion des institutions chargées de la protection de l'environnement, des comités écologiques régionaux sont institués. Eltsine a poursuivi au début cette politique de transparence en l'inscrivant dans la Constitution de 1993 qui prévoit le droit des citoyens à un « environnement sain » mais aussi à une « information fiable sur l'état de l'environnement ». La chute brutale du PIB et de la production industrielle après 1991 ont cependant mis un coup de frein à cette politique même si la pollution a mécaniquement diminué en raison du ralentissement de l'activité.

Le ministère de l'Environnement redevient le Comité d'État à l'environnement en 1996 et disparaît en 2000 à l'arrivée de Poutine qui refuse dans ce domaine une séparation des pouvoirs. L'environnement est rattaché au ministère des Ressources naturelles et fait de nouveau l'objet d'un secret d'État dont étaient pourtant exclues les questions d'environnement en vertu de la loi de 1997.

Un sujet politique sensible. Une série d'affaires d'« espionnage écologique » à la fin des années 1990 illustre la volonté des services secrets russes soucieux de taire les informations sur l'environnement considérées comme stratégiques, car liées au secteur militaire. Le FSB (Service fédéral de sécurité de la Fédération de Russie) a ainsi poursuivi trois anciens militaires qui avaient révélé les risques de pollution engendrés notamment par les cimetières de sous-marins nucléaires dans la mer Blanche et le Pacifique. En 2003, le ministère des Ressources naturelles a ainsi soustrait du domaine public toutes les informations relatives à la prévision des catastrophes naturelles. L'opinion ne semble guère s'en émouvoir d'autant que la loi de 2006 sur les ONG a muselé les organisations écologistes. Les nationalistes soutiennent même Poutine, au prétexte que les normes occidentales en matière d'écologie cherchent à déposséder les Russes de leurs richesses naturelles.

La question de l'environnement, longtemps négligée ou sciemment ignorée par les autorités soviétiques, a néanmoins sensibilisé peu à peu la société russe dans les années 1960-1970 au point de devenir l'un des principaux enjeux de l'ouverture gorbatchévienne. Enjeu à double tranchant au demeurant. S'il peut s'avérer un thème mobilisateur et fédérateur, il est aussi le symbole de la faillite du système et un puissant ciment de rejet du régime.

Conscients de l'importance des intérêts liés à l'écologie comme de son caractère politiquement explosif, les dirigeants de l'ex-URSS ont relégué à l'arrière-plan les problèmes environnementaux et les ont soustraits à la connaissance de l'opinion publique, essentiellement en raison des considérations militaires auxquelles ceux-ci sont associés. En revanche, lorsqu'à l'échelle internationale les questions écologiques ont pu servir leurs intérêts, les responsables russes ont toujours su allier avec pragmatisme l'ouverture (ratification – tardive – du protocole de Kyoto en vue d'intégrer l'OMC) et la fermeté (pressions de Gazprom exercées sur les compagnies pétrolières japonaises ou Shell dans le projet Sakhaline II). Plus qu'une préoccupation sincère de la Russie contemporaine, l'environnement demeure parmi d'autres un argument politique cyniquement considéré et régulièrement instrumentalisé.

l'Église russe
Une influence fondamentale sur l'État et la société

Christianisme orthodoxe et Russie sont liés par une communauté de destin. En effet, la naissance de l'État russe coïncide avec l'introduction de la foi chrétienne et, lors de la conversion entre les IXe et Xe siècles (le « baptême de la Russie »), les Russes se sont littéralement imprégnés du christianisme. Les arts, les lettres, la culture populaire, jusqu'à une certaine vision du monde et une conscience de soi, puisent à la source de l'orthodoxie.

Le christianisme est introduit par les slaves bulgares à partir du IXe siècle. L'élaboration d'une liturgie et la traduction de la Bible en slavon permettent une première conversion des élites Varègues. Mais la poussée décisive se fait au siècle suivant sur l'initiative de Byzance. La Russie kiévienne connaît une progression soutenue de la foi chrétienne. L'élément décisif est la conversion du grand-prince de Kiev, Vladimir Ier*, en 988, suivie de son mariage avec Anne, sœur de Basile II, empereur de Byzance. Églises et cathédrales se dressent partout de Kiev à Novgorod constituant ainsi une nouvelle terre orthodoxe à l'est de l'Europe. Mais c'est le schisme de 1054 puis les invasions mongoles qui donnent à l'Église russe un rôle prédominant dans l'édification de la personnalité du pays.

Le développement du monachisme, l'action du moine Alexis, nouveau métropolite de Moscou (1353-1378) face aux prétentions de la

Horde d'Or mongole ou aux menaces de la Lituanie catholique, l'énergie missionnaire d'Étienne, évêque de Perm, et surtout le rôle de Serge* de Radonège auprès de Dimitri Donskoï, dont la victoire à Koulikovo en 1380 annonce la fin du joug tatar, concourent à la naissance du nouvel État russe principalement autour de Moscou.

Le baptême de la Russie

La tentative de réconciliation entre Byzance et Rome au concile de Florence provoque un sentiment de trahison. En 1448, l'Église russe proclame son indépendance de Constantinople et devient autocéphale. La chute de Byzance en 1453 semble confirmer la justesse du choix russe à tel point que Moscou s'imagine l'héritière des capitales de la chrétienté que furent Rome puis Byzance. Dès lors la « Sainte Russie » succède à l'Empire romain de Constantin dans un mélange d'orgueil et de doctrine au service de l'État comme de l'Église. En même temps, la Russie devient la terre canonique de l'Église russe. Ce messianisme national apparaît comme un bouclier face à l'Occident qui connaît successivement la Réforme et la Contre-Réforme. L'Église russe doit alors préciser ses dogmes et se replie dans le ritualisme. La spiritualité se fait plus sensible à l'Ancien Testament. En 1589, le patriarcat de Moscou est créé mais en 1596, le métropolite de Kiev et les évêques orthodoxes de Pologne et de Lituanie signent un acte d'union avec Rome. Au XVIIᵉ siècle, le patriarche Nikon est partisan du retour de l'orthodoxie russe à ses sources grecques : la liturgie est rénovée ; les pratiques magiques et les tentations messianiques sont âprement combattues. La brutalité de la réforme de Nikon et l'attachement d'une grande partie de la population aux rites anciens provoquent le schisme (raskol) des « vieux-croyants » menés par l'archiprêtre Avvakoum, et la multiplication de sectes. Affaiblie, l'Église russe ne peut s'opposer à la sécularisation décidée par Pierre le Grand qui supprime le patriarcat de Moscou en 1721. Un synode dirigé par un laïc, « Procureur général du Saint Synode », gouverne désormais l'Église. Sous la tutelle de l'État, l'Église orthodoxe subit l'influence occidentale ; le nombre de prêtres est réduit ; les élites russes s'éloignent de la piété populaire.

À la fin du XVIIIᵉ siècle, la traduction de la *Philocalie*, traité de prières, (1793) inaugure la renaissance du christianisme russe. L'enseignement de Séraphin de Sarov (1759-1833) donne vigueur à une nouvelle spiritualité. De nouveaux monastères sont fondés ; des missions franchissent l'Asie et gagnent l'Amérique ; le latin est retiré de l'enseignement des séminaires ; le retour aux textes bibliques et patristiques est encouragé. Parallèlement, le monde de la culture et des arts se rapproche du sentiment religieux soit par opportunité slavophile soit pour mieux saisir la question sociale. Peuple russe et peuple de Dieu se confondent. Gogol, Dostoïevski, Tolstoï font, tous, une expérience personnelle de l'orthodoxie. Le monastère d'Optino au sud de Moscou devient un important centre spirituel qui accueille les grands esprits du temps dont Vladimir Soloviev (1853-1900) qui propose une approche rationnelle du dogme. L'intelligentsia réinterprète le message social de l'Église. Au début du xxᵉ siècle, de brillants penseurs rénovent la philosophie religieuse pour mieux appréhender les changements du monde ; certains viennent du marxisme comme Serge Boulgakov ou Nicolas Berdiaev.

Pendant ce temps, l'Église cherche à se dégager de l'ombrageuse tutelle de l'autocratie conservatrice. Un concile est prévu en 1904 ; la pusillanimité de Nicolas II le repousse à 1917.

Religion d'Église, religion du peuple

Alors que l'État russe prend forme à partir de la Moscovie, le clergé orthodoxe se dote d'une organisation et d'une tradition propres. Les conciles de 1547 et 1549 canonisent une quarantaine de saints russes. Celui de 1551 traite de nombreux aspects de la vie religieuse dont les icônes.

L'évêque *(épiscop)*, au sommet de la hiérarchie ecclésiastique, est le vrai chef spirituel de la communauté du diocèse, l'éparchie. Les trois éparchies les plus importantes de Russie, Novgorod-Saint-Pétersbourg, Moscou et Kiev, sont dirigées par un évêque qui a rang de métropolite. L'évêque est le lien entre l'Église locale et l'Église universelle. Les prêtres n'en sont que les représentants auprès des fidèles. L'évêque est le garant de la pureté de l'orthodoxie et le pasteur doué d'un charisme qui en fait un personnage essentiel de la société russe locale. L'organisation synodale de l'Église russe ne permet plus l'élection par la communauté des fidèles comme dans les premiers temps de l'Église ; l'évêque est alors nommé par ses pairs, recruté dans sa communauté monastique. En effet, seul le « clergé noir » (les moines) peut envisager, par de longues études et une ascèse éprouvée, d'accéder à la dignité épiscopale.

La communauté monastique est au cœur de la spiritualité orthodoxe. L'orthodoxie ne reconnaît qu'une seule communauté uniquement contemplative. Le monachisme russe emprunte les formes de dévotion des monastères grecs. Le moine est le symbole vivant de la piété ; il a contribué à la christianisation des campagnes, en particulier dans le nord. Bâtisseur selon l'exemple de saint Serge de Radonège, il est un propagateur de la foi en attirant à son monastère de nouveaux compagnons mais aussi les paysans qui y trouvent conseils économiques et autorités morales. Les moines vivant dans les régions reculées ou pratiquant une ascèse remarquée obtiennent vite une notoriété de sages qui confère à la sainteté, le *starets*. Le *starets* est un personnage typique de la société russe dans laquelle il remplit une mission de guide spirituel dont saint Séraphin de Sarov (1759-1833) fut l'exemple le plus illustre.

Le bas clergé, le «clergé blanc», est, lui, pleinement dans le monde. Le pope administre auprès des fidèles les sacrements et l'ensemble de la liturgie. S'il ne possède pas l'éducation du moine, il doit avoir le rang de bachelier pour être prêtre. Il est à la fois loin et trop proche du peuple. Souvent en charge de plusieurs villages au sein de sa paroisse, il délègue aux laïques beaucoup de ses fonctions. Marié, souvent en charge de famille, (le concile de Nicée avait proclamé la compatibilité du sacerdoce et du mariage), le prêtre participe à la vie quotidienne de ses ouailles et partage souvent sa misère au risque de perdre la distance nécessaire au respect de la fonction sacerdotale. Les accusations d'ivrognerie, de corruption alimentent un anticléricalisme que vient tempérer une forte dévotion.

La religion populaire, comme l'a souligné Pierre Pascal*, a pu se passer du prêtre et même de l'Église grâce à un culte domestique qui s'exerce au sein de la maison devant les icônes ou dans un modeste oratoire. Le clergé n'intervient alors que pour les bénédictions ou les baptêmes. Pourtant le peuple russe reste sensible à l'esthétique de la liturgie. Même s'il ne comprend pas le slavon, il en saisit le sens. Les cloches des églises aux coupoles peintes ou dorées rythment le calendrier religieux. À l'intérieur, les murs couverts de fresques, conçues comme un livre d'images, et d'icônes noircies par la fumée des chandelles, accueillent une communauté dévote qui se signe trois fois, par respect de la Trinité, selon un mouvement de droite à gauche. Mais c'est le chant (le plus souvent choral), élément essentiel de la spiritualité orthodoxe, qui recueille toute la ferveur des fidèles. Il accompagne la liturgie dominicale de saint Jean Chrysostome et, bien entendu, celle des grandes fêtes religieuses dont celle de Pâques est la plus importante. Ainsi, la liturgie orthodoxe, avec ses chants, ses icônes, l'encens, les lumières, les lectures des livres saints, apparaît comme une expérience renouvelée du Royaume de Dieu. Entre chaque célébration, la règle monastique se rappelle aux chrétiens par des jeûnes sévères comme celui qui précède Pâques.

L'Église hors la loi

La Révolution bolchevique inaugure pour l'Église russe la période la plus sombre de son histoire. Se réclamant d'un athéisme militant, le nouveau pouvoir engage une lutte sanglante et inégale contre le clergé et l'héritage religieux. À Moscou, le concile parvient à se réunir aux premiers jours de la Révolution de Lénine ; le patriarcat est rétabli et confié à l'évêque de Vilnius, Tikhon. Dès le mois de décembre, les premiers décrets restreignant les libertés et les moyens de l'Église sont promulgués. Le 4, toutes les terres sont nationalisées, le 11 les établissements d'enseignement passent sous la tutelle de l'État. Les premiers assauts violents ont lieu contre les bâtiments et les personnes ; la laure (grand monastère orthodoxe) de Petrograd est attaquée. Le 20 janvier, la séparation de l'Église et de l'État est proclamée, la première perd du même coup ses droits juridiques et *de facto*, devient hors la loi. Les fêtes religieuses sont supprimées. Durant la guerre civile, des milliers de prêtres, de moines et de moniales sont assassinés. La hiérarchie ecclésiastique est décimée. Le patriarche tente l'accommodement avec le nouveau pouvoir. Il ordonne au clergé de s'abstenir de tout engagement politique, laissant ainsi les Blancs dans le plus grand désarroi. En 1922, le pillage des églises et des monastères est aggravé par les besoins du régime pour conjurer la famine. Au même moment les bolcheviks encouragent un schisme qui voit la création d'une progressiste mais éphémère « Église Vivante » sur l'initiative d'Alexandre Vedensky. Tikhon meurt en 1923 ; le pouvoir soviétique attend 1929 pour reprendre l'offensive. L'activité de « propagande religieuse » devient un crime. L'athéisme militant est alors le fer de lance de la politique antireligieuse du pouvoir. Le dimanche n'est plus jour chômé. Un grand nombre d'églises et de monastères sont détruits ou réaffectés. En 1931, Lazare Kaganovitch, responsable du parti à Moscou, fait dynamiter l'imposante église du Saint-Sauveur. Des milliers d'icônes* sont brûlées. Le clergé est assimilé aux « koulaks », ennemis du peuple et en subit les sanglantes conséquences.

La guerre offre un répit à l'Église russe. L'élan patriotique auquel est convié le clergé russe est nécessaire au régime ; il permet une normalisation des rapports entre l'Église et l'État. En échange d'une soumission au régime, le nouveau patriarche Alexis obtient la réouverture d'églises, de monastères (dont la Trinité-Saint-Serge à Zagorsk) et même des Académies et de huit séminaires. Il reconstitue un épiscopat. De son côté, Staline trouve dans l'Église russe un instrument utile à sa politique. Les contacts avec les Églises orthodoxes des nouveaux pays frères sont favorisés y compris avec celles de Finlande. Pour le Vatican, le patriarcat de Moscou devient un interlocuteur ombrageux qui approuve la politique stalinienne en particulier la répression des églises d'Ukraine*, de Roumanie ou de Tchécoslovaquie, forcées à l'union aux orthodoxes (églises uniates). Dans le même temps, le pouvoir soviétique encourage l'émigration blanche à renouer avec le patriarcat de Moscou, alors même que la communauté russe est divisée entre l'Église synodale, dite « hors frontières » et l'Église russe, placée sous la juridiction du patriarcat de Constantinople et organisée par le métropolite Euloge.

Une renaissance fragile

Paradoxalement, le « dégel » provoque de nouvelles persécutions. Moins violentes, elles aboutissent néanmoins à la fermeture de nombreux établissements religieux et à un renforcement de la censure. La dissidence s'organise. Des prêtres et des croyants sont déportés sous le regard d'autorités ecclésiastiques passives. Les réformes gorbatchéviennes et la célébration du millénaire du baptême de la Russie provoquent un réveil de l'Église russe. En 1987, des prisonniers sont libérés. La même année, l'évêque Vladimir Rodzianko, voix de l'orthodoxie russe sur les ondes occidentales, est à Moscou ; quatre ans plus tard, il célèbre la messe de Pâques au monastère Donskoï. Lors des fêtes du « millénaire », au mois de juin 1988, un concile, réuni sous l'autorité du patriarche Pimène, refonde l'ordre canonique dans l'Église et, surtout, dans la paroisse. En octobre 1990, une loi rétablit la liberté de conscience. Elle autorise l'Église à s'exprimer et à s'organiser dans le respect de la laïcité. Le renouveau est manifeste. Après la disparition du régime communiste, on compte plus de 17 000 paroisses et 450 monastères ; l'édition, et surtout la réédition de livres religieux est un succès ; des laïcs s'engagent dans les œuvres paroissiales à un moment où la crise sociale et économique rend cette entreprise plus que nécessaire. Pourtant, le nouveau patriarche Alexis II, élu en 1990, doit faire face à de nombreuses difficultés. La formation des nouveaux religieux est trop rapide et souvent lacunaire. Des contestations émergent ; elles remettent en cause les hiérarchies héritées du passé communiste. Plus fondamentalement, les projets de rénovations liturgiques (utilisation de la langue russe, relations œcuméniques, rôle des laïcs) portés par certains prêtres provoquent une réaction violente de la hiérarchie à partir de 1994. Des excommunications sont prononcées, des livres de théologiens orthodoxes occidentaux sont brûlés, comme ceux du père Alexandre Men, assassiné à coups de hache en 1990 et qui fut un des grands prédicateurs de l'orthodoxie russe malgré les persécutions du KGB. Les relations avec les autres confessions se détériorent. Devant faire face à une offensive évangélique des Églises protestantes en particulier mais aussi de l'Église catholique, l'Église russe se raidit. Elle se rapproche du nouveau pouvoir et fait cause commune avec un État russe en quête de légitimité. Elle le rejoint dans un patriotisme sévère. Ainsi, elle maintient une attitude intransigeante à l'égard des uniates et épouse la position de Moscou à l'égard de l'Ukraine. L'Église accompagne les célébrations officielles, apporte un soutien marqué aux dirigeants en place. Les oligarques recherchent son appui. Depuis l'arrivée de Vladimir Poutine au pouvoir, l'intervention de la hiérarchie orthodoxe dans les discussions législatives en matière de liberté de conscience est constante et toujours à son profit. Pourtant si 80 % de la population russe se déclare orthodoxe, le nombre de pratiquants ne dépasserait pas 6 %. L'Église n'a pas su profiter de la transition politique et s'est trouvée désorientée face à une société déchirée par la crise et l'appétit de consommation. Elle n'a pu proposer autre chose qu'un repli sur un discours traditionaliste, des pratiques sacralisées et parfois un ritualisme magique. C'est sans doute sur les marges de l'orthodoxie que s'insinue le mouvement. L'arrivée de Benoît XVI sur le trône pontifical romain, le voyage d'Alexis II en France en octobre 2007 sont sans doute des événements à prendre en compte pour permettre une évolution de l'orthodoxie russe malgré les obstacles.

Serguei **Eisenstein** Ce cinéaste est né en 1898, à Riga en Lettonie,

d'un père ingénieur et architecte, d'origine juive allemande converti à l'orthodoxie, et d'une mère appartenant à la grande bourgeoisie russe orthodoxe. Venu étudier à Saint-Pétersbourg, le jeune Serguei travaille en tant que décorateur des trains de propagande, puis à partir de 1921 pour le théâtre du *Proletkult* (Le théâtre de la culture prolétarienne). Il se lance dans le cinéma* avec un premier film, *la Grève* (1924), dans lequel il applique pleinement ses théories sur l'impact de l'image sur le spectateur : le héros du film, c'est la masse populaire, c'est-à-dire le collectif et non l'individu ; les images fonctionnent comme des aimants les unes par rapport aux autres ou bien, au contraire, comme des repoussoirs ; les plans (gros plans, plans larges, plans en contre-plongée) ont souvent une signification amplificatrice. Eisenstein prolonge ses recherches théoriques esthétiques dans *le Cuirassé Potemkine* (1925) dont le comité de commémoration de la révolution de 1905 lui confie la réalisation, puis dans *Octobre* (1928) qui donne de la révolution de 1917 une nouvelle réalité. *La Ligne générale* ou *l'Ancien et le Nouveau* (1929) décrit la collectivisation et la mécanisation de la campagne soviétique. Eisenstein est invité à Hollywood en 1929, avec son assistant Grigori Alexandrov et son opérateur attitré Édouard Tissé, pour réaliser un film sonore. Mais *Que Viva Mexico!* (1932) qu'il réalise sur place ne sortira jamais et Eisenstein reste silencieux pendant quelques années avant que le pouvoir ne lui commande à nouveau un film pour les vingt ans de la révolution d'Octobre. Eisenstein réalise alors *le Pré de Béjine* (1937), qu'il est obligé de remanier une première fois pour se conformer aux exigences du pouvoir. Le film est finalement interdit et en grande partie détruit. À sa demande, on lui confie la réalisation d'un film célébrant le patriotisme russe : *Alexandre* Nevski* (1938) qui rencontre un immense succès. Prolongeant ses recherches sur la notion de pouvoir et de domination, Eisenstein crée une biographie cinématographique d'*Ivan le Terrible*. La première partie du film (1945) réalisée à Alma-Ata pendant la guerre, est un véritable succès. La seconde partie (1946), déplaisant à Staline, est interdite jusqu'en 1958. Eisenstein meurt en février 1948 à Moscou, âgé de 50 ans alors qu'il préparait une troisième partie d'*Ivan le Terrible*. Durant toute sa carrière Eisenstein a réalisé huit films dont deux interdits.

Boris Eltsine Né le 1ᵉʳ février 1931 dans un village de la région de Sverdlovsk (Oural) d'un père ouvrier dans le secteur de la construction, Boris Nikolaïevitch Eltsine est décédé à Moscou le 23 avril 2007. Diplômé de l'Institut polytechnique de l'Oural, il entre au PCUS en 1961. En 1964, il est nommé à la tête du combinat de la construction des logements de la ville de Sverdlovsk (aujourd'hui Ekaterinbourg). En 1968, il est promu responsable du secteur de la construction du comité régional du parti de Sverdlovsk. En 1976, il accède à la fonction de premier secrétaire du parti de la région de Sverdlovsk. En 1981, il est élu membre du Comité central lors du XXVIᵉ Congrès du PCUS. Après l'élection de Mikhaïl Gorbatchev* à la tête du PCUS (mars 1985), il est promu responsable du secteur de la construction au sein du Comité central (juin 1985), puis premier secrétaire du comité du parti de la ville de Moscou (décembre 1985), devenant l'un des plus puissants

« barons » régionaux de l'URSS. Eltsine fait partie de la « cohorte » des responsables de la nouvelle génération promue par Gorbatchev, qui ont pour trait commun d'être des hommes d'appareil qui ne sont pas seulement des « bureaucrates », mais qui sont aussi dotés de compétences techniques et qui ont, pour nombre d'entre eux, exercé des responsabilités à la tête d'une grande entreprise ou d'une branche de l'économie. Toutefois, lors de la réunion plénière du Comité central du PCUS d'octobre 1987, Boris Eltsine s'oppose de manière frontale à Gorbatchev et au Bureau politique du Comité central du PCUS, instance suprême du parti, auxquels il reproche de ne pas mener le train des réformes avec suffisamment de diligence. Cette prise de parole provoque son limogeage presque immédiat de la direction du parti de la capitale. Profitant de la glasnost, il entreprend une carrière politique largement fondée sur son éviction des cénacles suprêmes du pouvoir. Jouant habilement de l'ostracisme dont il est la victime, cet homme, qui a pourtant gravi tous les échelons de l'appareil du parti, se livre à une véritable croisade contre les privilèges matériels d'une nomenklatoura* dont il est le plus pur produit ! Il en recueille rapidement les dividendes en termes de popularité. Cet apparatchik, dont la trajectoire est très similaire à celle de Gorbatchev, se fait le porte-étendard des forces réunies au sein de la coalition « Russie démocratique ».

Contre un quelconque retour en arrière. Élu député du Congrès des députés du peuple de l'URSS (1989), puis député du Soviet suprême de la RSFSR (1990), il est élu président de cette dernière instance en juin 1990. Le 12 juin 1991, Boris Eltsine est élu président de la Fédération de Russie, devenant le premier chef d'État élu au suffrage universel direct de toute l'histoire de la Russie. Pourvu d'une légitimité démocratique qui fera toujours défaut à son adversaire politique principal d'alors, Mikhaïl Gorbatchev, Boris Eltsine joue un rôle décisif en août 1991, au moment du putsch contre ce dernier. Il se fait obéir des forces armées, qui n'obtempèrent pas aux ordres des putschistes (parmi lesquels figurent pourtant le ministre de l'Intérieur et le chef du KGB !), et prend la tête de la « résistance » opposée à un retour en arrière vers le passé soviétique. Dans ce tournant décisif de l'histoire politique de la Russie, Eltsine a non seulement remporté une victoire contre les putschistes, mais également marqué un point décisif contre Gorbatchev qui, littéralement « sauvé » par Eltsine, se voit privé du peu de légitimité qui lui restait et rapidement, dépossédé de tous ses pouvoirs. Le 21 août 1991, Boris Eltsine dissout par décret les organisations du parti sur le territoire de la Russie. La colonne vertébrale du système politique de l'URSS est irrémédiablement touchée. Après la dislocation de l'URSS en décembre 1991, Eltsine entre en conflit avec le Soviet suprême qui, en 1990, l'avait porté au pouvoir. Le Parlement russe s'oppose aux réformes économiques lancées par l'exécutif en janvier 1992, qui visaient à instaurer une économie de marché par le biais d'une « thérapie de choc ». Le conflit opposant le président et le Soviet suprême constitue une entrave au processus législatif qui doit accompagner les réformes dans tous les domaines – on parle alors d'une véritable dyarchie – et atteint son paroxysme en octobre 1993. Passant outre les dispositions constitutionnelles, qui ne lui conféraient en rien une telle prérogative, le président prononce la dissolution du Soviet suprême et ordonne la dispersion par la force des députés qui, opposés à cette dissolution, s'étaient retranchés dans l'enceinte de l'assemblée (dans le bâtiment de la « Maison blanche »), à Moscou, aujourd'hui le siège du gouvernement. Ce coup de force présidentiel, qui se solde par la mort de 160 personnes à Moscou, est qualifié de coup d'État par les opposants communistes et nationalistes. Il a permis une rupture institutionnelle claire et définitive avec le passé soviétique. Le 12 décembre 1993, une nouvelle Constitution est adoptée par référendum. Le système politique russe postsoviétique est porté sur les fonts baptismaux. Boris Eltsine est réélu à la présidence en juillet 1996, lors du second tour d'un scrutin où toute l'élite, ou presque, s'était rassemblée autour de lui contre son principal adversaire, le chef du parti communiste (PCFR), Guennadi Ziouganov, présenté comme le candidat du « retour en arrière ». Le pacte conclu par Boris Eltsine avec les principaux oligarques est alors apparu au grand jour. Eltsine étant très affaibli par des problèmes de santé nombreux et répétés, son entourage, surnommé « la famille », exerce une influence décisive au cours de son second mandat. L'oligarque* Boris Berezovski, Anatoli Tchoubaïs, ministre de l'Économie et des Finances et chef d'orchestre des privatisations des années 1990, ou encore la fille du président, Tatiana Diatchenko, sont alors les « régents » considérés comme les plus influents. Le 31 décembre 1999, Boris Eltsine annonce en direct à la télévision sa démission en faveur du Premier ministre, Vladimir Poutine*. À compter de cette date, Boris Eltsine disparaît presque totalement de la scène publique, russe et internationale.

émigration Dans son histoire moderne, la Russie connaît une alternance de périodes d'émigration massives et de périodes où ses frontières restent hermétiques. Comme dans toute l'Europe, la révolution industrielle entraîne une forte émigration économique. De 1861 à 1915, l'Empire russe voit partir 4,3 millions de sujets vers l'étranger « lointain », dont plus de la moitié dans les quinze premières années du xxe siècle. Les deux tiers partent pour l'Amérique du Nord. Ils quittent pour la plupart les marches occidentales de l'Empire et sont Juifs, Polonais, Russes, Ukrainiens, Baltes. Mais la révolution de 1917 et la fermeture des frontières de la Russie soviétique en 1918 modifient la donne. La guerre civile entraîne une nouvelle vague d'émigration, celle des élites. En 1922, le Bureau international du travail estime à 1 127 415 le nombre des réfugiés. La première vague est composée des représentants de la haute société russe qui avaient les moyens de fuir la révolution. Elle est vite rejointe par le flot de ceux qui fuient le pays lors de la débâcle des armées blanches du sud et d'Extrême-Orient. Commence alors pour eux un long voyage passant par Constantinople, la Bulgarie, Belgrade, puis Berlin, véritable capitale intellectuelle russe au début des années 1920, enfin Paris et la France qui compte 863 000 émigrés en 1922 dont une grande partie continue vers l'Angleterre et les États-Unis. Les écrivains comme Bounine, Vladimir Nabokov, la jeune Nina Berberova, rejoignent l'Occident. Marc Chagall revient à Paris et Kandinsky en Allemagne. Les hommes politiques comme Milioukov ou Kerenski se sont enfuis. À l'est, la ville de Kharbine et la Mandchourie constituent le premier point de chute jusqu'à l'invasion japonaise ; la Chine, l'Australie ou la Californie sont alors les dernières destinations. Cette Russie « hors frontières » tente de recomposer une vie culturelle et religieuse à défaut d'une vie politique compromise par l'installation durable du communisme en URSS. En 1945, une grande partie de la communauté russe d'Europe centrale fuit devant l'armée soviétique. Les Russes restés en Yougoslavie, comme le journaliste Choulguine, sont déportés. Le 14 juin 1946, l'URSS décrète « l'amnistie » et exhorte les émigrés, souvent « bénéficiant » du statut d'apatride ou de « réfugiés » (détenteurs du passeport « Nansen » de la SDN ; créé en 1922 par l'explorateur norvégien, ce passeport permit aux personnes déplacées par la guerre de retrouver une identité), de prendre la citoyenneté soviétique et de revenir. En France, 10 000 personnes peut-être prirent le passeport rouge et 1 000 à 2 000 se dirigèrent vers l'Union soviétique dont les frontières se fermèrent derrière eux. Une seconde vague de retour, encore plus modeste, s'amorce à la fin des années 1950. Par ailleurs, les déplacements de populations et de frontières dus à la guerre provoquent une nouvelle hémorragie de 8 à 10 millions de personnes principalement dans les nouveaux territoires soviétiques. En 1947, le pays se ferme à nouveau. Pourtant dans les années 1970 le rideau de fer devient poreux. Sous la pression occidentale, des dissidents sont bannis ou s'enfuient (Soljenitsyne*, Tarkovski*, Noureïev*, Rostropovitch, Zinoviev, Brodsky); le pouvoir autorise près de 250 000 Juifs* à s'installer en Israël ou aux États-Unis. À partir de 1987, avec la perestroïka, le régime légalise les départs. Cela commence par les «indésirables», dissidents libérés qui obtiennent le précieux visa de sortie. Très vite l'autorisation d'émigrer est donnée aux Juifs, Allemands, Grecs, Arméniens. En 1993, tout citoyen de Russie est autorisé à quitter le pays. De 1992 à 2000, en moyenne 100 000 personnes émigrent chaque année vers l'Allemagne (56 %), Israël (27 %) et les États-Unis (10 %). Mais dès 1996, le flot baisse et les départs sont largement compensés par l'arrivée massive de Russes en provenance des nouveaux États de l'ancienne URSS. Ainsi se superposent des vagues d'émigrations aux origines différentes, témoins d'une histoire dramatique mais au capital intellectuel et culturel d'une exceptionnelle richesse.

⤳ dissidence

ennemi du peuple Le 28 novembre 1917, Lénine* signe un décret mettant hors la loi les dirigeants du parti constitutionnel-démocrate et les qualifiant d'«ennemis du peuple». Pour les traquer, il crée quelques jours plus tard la Tcheka, le «bras armé de la dictature du prolétariat», selon l'expression de son premier dirigeant, Felix Dzerjinski.

Dès lors, la liste des ennemis du peuple n'allait cesser de s'allonger : des premiers opposants aux dissidents en passant par les Cosaques*, les koulaks*, les trotskistes, les nationalistes bourgeois, les «cosmopolites sans racines», les «éléments socialement étrangers» ou autres spéculateurs et espions. Si les ennemis du peuple furent nombreux et variés, leur sort fut commun. Ils étaient déportés dans le système concentrationnaire après avoir été jugés de manière expéditive – le plus souvent à la suite d'aveux réels ou imaginaires extorqués sous la torture –, voire sommairement exécutés comme pendant la guerre civile et la Grande* Terreur. Et la répression pouvait atteindre les membres de leur famille et de leur entourage.

Si la figure de l'«ennemi» fut centrale dans le système soviétique, c'est parce qu'elle était au cœur même de la conception du politique – assimilée à une guerre totale – des dirigeants bolcheviques*. L'adage «qui n'est pas avec nous est contre nous» était devenu l'axiome du régime. Déshumanisé et animalisé, l'ennemi doit être traité comme un insecte nuisible selon les propres mots de Lénine, justifiant ainsi la terreur à grande échelle pour l'annihiler. La chasse à l'ennemi est indissociable de la dénonciation permanente de complots visant à renverser le régime soviétique. Cette mobilisation contre l'ennemi permettait de maintenir toute la société sous tension et de justifier toutes les défaillances du «socialisme réel». L'ennemi du peuple – les agents de l'étranger, les oligarques*, les terroristes – n'a pas disparu dans la Russie postsoviétique. Il est rendu responsable des maux dont souffre la nouvelle Russie.

étoile rouge L'étoile rouge à cinq branches (chacune représente un continent) symbolise, pour les communistes, l'union des travailleurs du monde entier. En Union soviétique, elle a été popularisée par les soldats de l'Armée rouge qui la portaient sur leurs casquettes. L'*Étoile rouge* est d'ailleurs le titre de l'organe de presse de l'armée; le Théâtre de l'Armée rouge à Moscou a été construit en 1929 selon un plan en étoile. Dès 1923, l'étoile rouge rejoint la faucille et le marteau sur le drapeau* de la nouvelle URSS. Elle figure également sur les principales tours du Kremlin* de Moscou.

Europe À mesure que s'édifiait leur empire, les Russes se sont interrogés sur leur identité, la question restant sensiblement la même : la Russie est-elle européenne ou asiatique ? Au début du XIXe siècle émergent deux écoles de pensée qui imprégneront durablement la culture politique russe, encore jusqu'à aujourd'hui. Les «slavophiles» insistent sur la spécificité spirituelle des pays de langues slaves, dont la Russie serait la tête de pont, et rejettent tout rapprochement ultérieur avec un Occident jugé décadent et corrompu. Les « occidentalistes » à l'inverse voient l'avenir de la Russie en Europe, « l'Europe » désignant moins une zone géographique aux contours flous qu'un modèle de modernisation socioéconomique assis sur certaines valeurs morales et politiques. Pendant la période soviétique, l'opposition structurante entre le communisme et le capitalisme rendra ce type d'interrogation superflue, gelant quelque peu les débats. La question revient pourtant sur le devant de la scène en 1985, lorsque Mikhaïl Gorbatchev* évoque à l'envi le concept de « Maison commune européenne ».

C'est sur une voie « occidentaliste » que Boris Eltsine* s'engage, sur le terrain des valeurs comme en termes de relations internationales, lorsqu'à la chute de l'URSS les concepts de démocratie libérale ou d'économie de marché sont importés par l'élite politique réformatrice. Comme le dit André Kozyrev, ministre des Affaires étrangères en 1992, l'objectif est alors de rejoindre le rang des peuples civilisés, un objectif que les renouvellements ministériels ne modifieront pas. Symptômes de cette volonté, les accords internationaux, qui se multiplient dans les années 1990. La Russie adhère à l'Organisation pour la sécurité et la coopération en Europe (OSCE) en 1995, puis au Conseil de l'Europe en 1996, une enceinte qui fait de la défense des droits de l'homme sa raison d'être. Elle entame en 1997 un partenariat commercial étroit avec l'Union européenne, et signe cette même année un acte de coopération avec l'OTAN, l'ennemi militaire d'hier. Lors de ces rapprochements institutionnels, la Russie accepte plus les décisions qu'elle ne pèse sur elles. L'État russe, affaibli par ses désordres internes, n'est pas en position de force pour négocier. En 1999, une crise aiguë survient lorsque Moscou s'oppose aux bombardements en Yougoslavie, mais cela ne semble pas infléchir la stratégie russe de rapprochement, puisque, lorsque Vladimir Poutine est élu président, en 2000, il rappelle aussitôt l'appartenance de la Russie au monde « civilisé » européen.

Un partenaire incontournable. Sept ans plus tard, pourtant, la Russie a raidi sa position vis-à-vis de l'Europe. Vladimir Poutine dénonce volontiers l'arrogance occidentale, alors que l'État russe est désormais perçu par l'Union européenne et ses États membres comme un fournisseur de gaz* imprévisible. En même temps, la Russie s'est éloignée des valeurs européennes qu'elle avait promis de faire siennes dix ans avant : les élections sont encadrées, tout comme la presse ou le droit d'association. Ainsi, les plaintes enregistrées par le Conseil de l'Europe concernent pour un cinquième la violation des droits de l'homme en Russie. L'OTAN est perçue comme le cheval de Troie de la puissance américaine, qui tenterait de s'implanter dans le « proche étranger » russe, en Géorgie ou en Ukraine, comme le prouveraient, selon la perception russe, les révolutions de couleur en 2003-2004. En sept ans, la Russie a certes retrouvé certains outils de la puissance, la stabilité et le rôle de partenaire énergétique indispensable en particulier. Mais le successeur de Boris Eltsine a aussi imprimé sa marque. Vladimir Poutine fait de l'indépendance de son pays un leitmotiv, puisque son discours se construit désormais autour de la « spécificité russe » et de la « démocratie souveraine », deux notions qui reflètent l'idée d'une Russie que nul État ou institution ne saurait influencer dans ses choix politiques. Outre qu'elle légitime la concentration du pouvoir et flatte le patriotisme, cette rhétorique est populaire dans un pays où l'opinion publique associe volontiers la démocratie « à l'européenne » à l'anarchie des années Eltsine. Ce discours ne saurait pourtant cacher une réalité, celle des échanges économiques croissants entre la Russie et les pays européens. Premier partenaire de la Russie pour les hydrocarbures, l'Union européenne est aussi un exportateur et un investisseur massif, deux tendances nettes depuis que Vladimir Poutine est président, tendances qu'il encourage lui-même dans ses discours, tout en soulignant la pleine souveraineté de la Russie sur certains secteurs jugés stratégiques.

L'ambivalence présidentielle vis-à-vis de l'Europe reflète dans un sens les contradictions d'une population attirée par le mode de vie « occidental », mais méfiante à l'égard de ce voisin qui aurait humilié la Russie dans les années 1990. L'élite dirigeante elle-même, aussi occidentalisée soit-elle, garde à l'esprit l'idée que la Russie est une puissance de premier ordre, pont entre l'Europe et l'Asie, garante de la sécurité du continent au même titre que l'OTAN, et qu'elle doit à ce titre peser dans le concert des nations européennes, à la différence des années 1990, perçues comme une décennie de subordination. D'où la tendance russe à exploiter les divisions européennes, en traitant par exemple de manière bilatérale avec l'Allemagne, l'Italie, ou la France en matière gazière. Dans ce schéma où la négociation se fait entre États souverains, une appartenance future à l'Union européenne est difficilement envisageable. L'adhésion à l'Union européenne n'a d'ailleurs jamais été évoquée sérieusement, ni d'un côté ni de l'autre.

Un petit paradoxe en soi, lorsqu'on sait que la Russie a, avec le reste de l'Europe, un passé commun plus dense que celui de la Turquie, pays candidat à l'adhésion.

F

Karl Fabergé Nom mythique s'il en est, au point que l'on en viendrait à oublier que derrière lui se cache un créateur et même une dynastie de joailliers issue d'une famille française émigrée, après la révocation de l'édit de Nantes, d'abord en Allemagne puis en Russie. C'est le grand-père de Karl Fabergé qui prendra la nationalité russe au début du XIXᵉ siècle.

Karl Fabergé (1846-1920) se retrouve à la tête de l'entreprise familiale de joaillerie en 1870 après un périple européen de plusieurs années qui l'a formé à son métier. Sous son égide, l'entreprise prend un tel essor qu'elle accède bientôt au rang de fournisseur de la Cour qu'elle séduit en lui proposant bijoux, objets de vitrine précieux et petite horlogerie dans des styles reprenant les traditions décoratives françaises du XVIIIᵉ siècle ou italiennes de la Renaissance. Mais le créateur n'oublie toutefois pas de flatter la fibre patriotique de l'aristocratie russe en faisant aussi référence aux arts traditionnels dans ses créations ; il ouvre d'ailleurs une succursale à Moscou. Parallèlement le marché de différentes cours d'Europe s'ouvre (Suède, Norvège, Angleterre), tandis que Karl Fabergé est récompensé d'un grand prix à l'Exposition universelle de Paris en 1900.

Mais c'est une spécialité typiquement russe qui va hisser Fabergé au rang de mythe : ses célèbres œufs, que les experts évaluent tout au plus à une cinquantaine d'exemplaires. Pour honorer la tradition orthodoxe d'offrir le matin de Pâques un œuf, symbole de fertilité, Karl Fabergé crée pour la tsarine des pièces d'orfèvrerie exceptionnelles d'or et de pierres précieuses dotées de mécanismes animant de minuscules automates qui ne se déclenchent que lorsqu'on ouvre l'œuf.

Longtemps convoités par les magnats américains, les œufs Fabergé sont depuis quelques années exclusivement « chassés » par de puissants oligarques russes enrichis par la privatisation du secteur de l'énergie. À l'automne 2007, un œuf a ainsi été adjugé plus de 12 millions d'euros à Londres, au profit d'un groupe de collectionneurs russes créateurs d'un certain musée national russe, initiative à visée patriotique dont les mauvaises langues affirment qu'elle sert surtout à ces hommes à se « refaire une virginité ».

famines
Des crises de sous-développement aux famines politiques de l'ère soviétique

Au xxᵉ siècle, avec un décalage de quelques dizaines d'années par rapport aux autres nations européennes, la Russie a connu un recul progressif des famines. Ces dernières étaient causées le plus souvent par les mauvaises récoltes dues aux catastrophes naturelles (inondations, incendies) ou au climat (froid, sécheresse), plus ponctuellement par les guerres. À l'époque moderne et au xixᵉ siècle, il est possible de repérer des foyers de malnutrition et de disette (qui peuvent tourner localement à la famine) dans le bassin de la Volga. C'est même fréquemment le cas : en 1820-1821, en 1833-1834, en 1839-1840, en 1843-1846, en 1848-1851 et en 1854. Cela explique en partie la faible espérance de vie en Russie (31 ans en 1913) et sa baisse lors des famines.

L'abolition du servage* imposé par le tsar Alexandre II en 1861 a aussi signifié la fin de l'obligation pour les propriétaires de constituer des réserves, ainsi que le développement d'une agriculture industrielle au détriment de l'agriculture de subsistance. De nouvelles famines se produisent, en 1872-1873, en 1880-1881, en 1883-1884 et en 1891, toujours dans les mêmes régions. Dans la moyenne Volga, souvent touchée par le gel hivernal et la sécheresse estivale, alternent souvent très bonnes années et famines. La Haute Volga, les steppes kazakhes et l'Oural sont aussi régulièrement touchés. En cas de crise prolongée, c'est le sud de l'Ukraine, les Terres noires et la Sibérie, aux sols pourtant riches, qui en pâtissent. Ce qui fait la spécificité des famines de l'espace russe au xxᵉ siècle, c'est leur expansion spatiale, leur durée et leur diffusion au sein de la population.

L'originalité des famines soviétiques
Les famines localisées causées par les deux conflits mondiaux, qui appartiennent à une histoire plus européenne que russe ou soviétique, sont à part.

Ces crises alimentaires affectent surtout les villes du fait de la ponction des récoltes pour le front et de l'autoconsommation paysanne, élevée en cas de guerre. Mais la faim à Petrograd en 1917 n'était pas pire que celle des villes allemandes asphyxiées par le blocus de l'Entente. Le siège de «900 jours et 900 nuits» de Leningrad par les troupes nazies a isolé l'ancienne capitale du reste du pays, conduisant certains à l'anthropophagie, ce qui a certes marqué la mémoire et la psychologie locales, mais qui ne permet pas de placer cette famine dans la catégorie, plus politique, des grandes famines soviétiques.

En 1920, la Russie rouge en guerre* civile, affamée, fait appel à l'aide humanitaire internationale; en 1933, l'Ukraine* est victime d'une famine peut-être délibérément provoquée par le pouvoir central; en 1946-1947, l'Union soviétique victorieuse de la guerre peine à sortir de la pénurie alimentaire. Il faut ajouter à cette liste un état de famine endémique dans certaines régions qui replongent à la moindre difficulté agricole. Ainsi, en 1925, dans la région de Tambov, l'augmentation de population due à la présence pérennisée de réfugiés de l'ancien Empire russe met en difficulté une agriculture encore fragile et favorise une nouvelle famine.

Ces famines démarrent par une crise de subsistance classique (excès du climat, récoltes médiocres), s'aggravent du fait de la destruction de l'environnement social en temps de guerre et se prolongent parfois du fait de décisions politiques. Des catastrophes de cette ampleur suscitent des réactions elles aussi exceptionnelles : mouvements de population volontaires ou forcés, réquisitions et formations de réserves, cartes de rationnement et marché noir. Enfin, les famines influent sur l'équilibre entre villes et campagnes.

La famine de 1920

Au tournant de 1920, la Russie entre dans sa septième année de guerre. Tous les éléments se liguent pour provoquer une grave crise dont le climat est en partie responsable. La guerre a désorganisé la production en privant les campagnes d'hommes – qui n'ont été remplacés ni par les réfugiés, trop faibles, ni par les prisonniers de guerre, trop peu nombreux – et de cheptel. La perte de l'Ukraine, occupée par les Allemands dès 1918, prive la Russie rouge de son grenier à blé. La révolution agraire de l'été 1917 a certes permis d'augmenter légèrement la surface ensemencée, mais le bouleversement des structures de production a asséché les canaux traditionnels de commercialisation. La guerre civile voit donc logiquement se développer pillages et réquisitions, d'autant plus que des flux migratoires incontrôlés gênent la redistribution des productions agricoles entre régions surproductrices et régions consommatrices.

Si la crise alimentaire atteint son pic dans ces dernières contrées en 1917, 1918 et 1919, elle touche ensuite de plein fouet les provinces agricoles, villes comprises, en 1920 et surtout en 1921. Ce renversement s'explique en premier lieu par l'intervention des bolcheviks dans le cadre du « communisme de guerre ». Les réquisitions effectuées de force par des unités spéciales de ravitaillement, la Terreur* rouge et la remobilisation massive de soldats dans les rangs de l'Armée rouge réduisent les capacités de résistance paysanne. Le mouvement de diffusion de la famine rurale provoque, quant à lui, une fuite vers les villes où se déroulent les distributions et contribue ainsi à les repeupler.

1920 et 1921 sont les années de la grande famine, née de deux sécheresses terribles : elle affecte au moins 36 provinces de Russie d'Europe, soit près de 26 millions de Russes et 9 millions d'Ukrainiens, selon la Croix-Rouge internationale. En réalité, c'est plus de la moitié de la population soviétique qui a été touchée. Si elle n'a pas diminué de plusieurs millions, c'est pour partie grâce aux efforts du gouvernement bolchevique : institution du Comité d'aide aux populations affamées *(Pomgol)*, confiscation des biens de l'Église pour financer l'intervention, etc. Mais le secours (initialement destiné aux seuls enfants) est surtout venu de la solidarité internationale, incarnée notamment par l'*American Relief Association* (ARA). Denrées alimentaires, médicaments, mais aussi outillage ou cheptel ont pu être massivement importés avec l'accord des autorités soviétiques, pourtant réticentes au départ.

L'acheminement vers les régions souffrant de famine a été fortement gêné par un réseau de transports en ruines, mais cette aide a sans conteste empêché la famine de s'aggraver et de perdurer. La bonne récolte de 1922 a suscité l'optimisme des dirigeants du pays, qui imposent et annoncent que la famine a brusquement cessé ; mais localement, elle continue de sévir jusqu'en 1923 et même 1924. Si la famine fait 9 millions de morts entre 1914 et 1922, les diverses épidémies (grippe espagnole en 1919, typhus en 1920-1921 et choléra en 1922) tuent environ 7 millions de personnes ; les combats 5 millions. Ces trois mortalités exceptionnelles, qui se nourrissent entre elles, constituent l'originalité de cette crise par rapport à celles du XIXe siècle ou même à celle de 1933.

La famine ukrainienne de 1933 : un génocide ?

La famine ukrainienne de 1933 fait partie d'une série de famines qui, entre 1931 et 1933, ont aussi affecté la Sibérie orientale, le bassin de la Volga et le Kazakhstan – où près de 1,4 million de personnes (soit 30 % de la population) sont mortes de faim. La crise ukrainienne se déroule en deux temps. En 1931 et au début de 1932, la famine y naît de mauvaises récoltes, conjuguées à un impôt agricole record (42 % de la moisson) destiné à remplir les objectifs du plan quinquennal qui prévoit des exportations à un rythme soutenu. En réaction, les paysans tentent de cacher une partie des céréales, sans grand succès. Les autorités locales, dirigeants de la république d'Ukraine compris, protestent contre un plan jugé irréalisable et exigent la suspension de la collecte d'État afin de nourrir les travailleurs agricoles affaiblis, et surtout de préserver la capacité future d'ensemencement.

C'est alors, à partir de l'été 1932, que débute la seconde phase, décidée par Staline* et Kaganovitch : l'aggravation volontaire et planifiée de la famine dans le but de détruire la résistance paysanne et, plus largement, d'écraser la nation ukrainienne. Pour les dirigeants soviétiques qui gardent en mémoire la vague insurrectionnelle contre la collectivisation forcée de l'agriculture au tournant des années 1930, l'Ukraine apparaît très vulnérable politiquement. Il faut faire un exemple. On commence par priver les districts réfractaires de la possibilité de recevoir des produits alimentaires ou manufacturés, on exige le remboursement immédiat des crédits, et un impôt d'exception vise les dernières réserves paysannes.

Pendant que l'Union soviétique continue d'exporter massivement, le pouvoir central n'accorde qu'une aide alimentaire ridicule aux districts affamés, pour l'essentiel délivrée aux citadins, presque jamais dans les campagnes. Staline ordonne également la déportation de dizaines de milliers de « koulaks* » vers la Sibérie, ainsi que l'arrestation et le retour forcé des populations qui fuient les villages envahis de cadavres. Pour remplacer les koulaks et les 4 millions de morts de faim, on envoie environ 200 000 colons, pour la plupart de nationalité russe, notamment dans l'est du pays.

C'est cet acharnement, aujourd'hui attesté par les sources retrouvées dans les archives, qui rend cette famine spécifique à l'époque même et dans toute l'histoire de l'URSS. De fait, même si elle n'a pas été planifiée au départ, elle s'inscrit dans la logique idéologique de la révolution des campagnes par la collectivisation, la « dékoulakisation » et la collecte d'État à tout prix ; elle est aussi le produit de l'impérialisme russe alors remis à l'honneur par Staline au détriment des autres nations soviétiques. Le *Holodomor* (l'extermination par la faim) fut-il un génocide pour autant ? Il n'était pas prévu de rayer l'Ukraine de la carte, mais d'en renforcer le contrôle pour la transformer en fer de lance de la nouvelle Union soviétique. Cette utilisation de la famine de masse comme arme est toutefois sans équivalent dans l'histoire contemporaine.

faucille et marteau Ce symbole désigne l'alliance des ouvriers (villes) et des paysans (campagnes), leitmotiv socialiste popularisé notamment par Engels, après la mort de Marx. Dans la tradition ouvrière européenne, c'est d'abord la roue dentée qui représente les ouvriers ; puis c'est le marteau du forgeron qui s'impose comme symbole récurrent des ouvriers. En Russie, la faucille et le marteau, présents dans les rues en 1917, rappellent l'alliance des ouvriers et des soldats (souvent paysans) au sein des soviets. Ils figurent ensuite sur le drapeau* de l'URSS créé en 1923.

la femme soviétique Les bolcheviks proclament dès 1918 l'égalité des droits entre les hommes et les femmes. Mais peu après, le féminisme est rejeté au rang des déviationnismes bourgeois, ce qui suspend tout débat autour de la condition féminine. Pendant l'époque soviétique, les femmes bénéficieront d'avancées sociales réelles, dont l'alphabétisation massive, l'accès aux soins médicaux de base, le droit au travail et épisodiquement le droit à l'avortement. Les mentalités et la société demeurent néanmoins traditionalistes. Dans le monde politique d'abord, les postes à haute responsabilité au sein du Parti communiste sont monopolisés par les hommes, ce qui ne favorise pas un examen attentif de la condition féminine. Professionnellement, les femmes, bien qu'en moyenne plus éduquées que les hommes, ont un accès restreint aux postes de direction, et bien souvent, à position équivalente, des salaires moindres. La femme continue enfin d'assurer l'ensemble des tâches domestiques et l'éducation des enfants, tout en assumant leur emploi obligatoire. La société soviétique est fondamentalement patriarcale, mais au sein du foyer, le cumul des responsabilités endossées par la femme conduit à un certain matriarcat domestique. Le « double fardeau » de la femme soviétique est d'autant plus pénible que la différence d'aptitudes physiques est niée par le régime, l'emploi féminin pouvant être en usine, dans les champs ou de nuit, *a fortiori* lorsque le creux démographique de la Seconde Guerre mondiale oblige l'État à compenser le déficit de main-d'œuvre masculine.

La perestroïka apporte quelques améliorations à la condition féminine, bien que la gestion du quotidien se complique avec la hausse des prix. Les salaires féminins dans l'enseignement sont revalorisés, le nombre de crèches augmenté et le travail à temps partiel introduit. Politiquement, la présence féminine est encouragée et se renforce même en mars 1989, au Congrès des députés élus du peuple. Mais les mentalités restent traditionnelles, Gorbatchev lui-même regrettant que les femmes n'aient plus le temps d'assumer les tâches domestiques. Néanmoins, sous la perestroïka, la question féminine n'est plus un tabou, les discriminations à l'égard des femmes étant désormais dénoncées dans une presse féminine qui se libéralise.

Lorsque la Russie naît sur les décombres de l'URSS, la question féminine apparaît sur le devant de la scène politique, alors qu'en pratique, la société évolue lentement. Dans la sphère professionnelle, des textes juridiques rapidement adoptés visent à améliorer la condition des femmes : protection au travail, droits sociaux lors de la maternité, interdiction du travail de nuit... Effet pervers des textes législatifs, la surprotection des femmes nuit à leur embauche, et ce alors qu'elles souffrent déjà du chômage plus que les hommes, puisqu'elles occupent surtout des postes dans le secteur public non marchand, l'enseignement et les services médico-sociaux en premier lieu. Dans le secteur intellectuel, les ingénieurs ou les économistes à la planification, majoritairement des femmes, font aussi les frais de la transition. Une fois en poste, l'inégalité salariale demeure puisqu'en 1997, le salaire féminin moyen atteint 70 % de celui des hommes, un chiffre qui reste néanmoins aligné sur celui de certains pays occidentaux. En cause notamment la concentration des femmes dans les emplois de services mal payés, et leur accès encore réduit aux postes de direction. L'environnement social défavorable et l'érosion des prestations freinent ainsi la natalité, alors que l'espérance de vie des femmes, comme celle des hommes, décroît dans les années 1990. La situation des femmes russes n'est pourtant pas statique. Les femmes assumant « le double fardeau » restent majoritaires, mais leur nombre tend à diminuer : beaucoup tiennent à leur travail qui leur assure une certaine indépendance et leur permet de s'épanouir, mais reconnaissent la pénibilité de leurs multiples activités. À côté, les femmes au foyer ont fait leur apparition et cette catégorie tend à s'accroître dans un contexte économique favorable, tout comme celle des *working girls*, focalisées sur leur carrière, éduquées, et indépendantes financièrement.

Politiquement, la présence des femmes dans les organes législatif et exécutif fédéraux reste encore limitée. En 1993, le Parti « Femmes de Russie » avait certes obtenu 12 % des sièges à la Douma, mais instable comme tous les nouveaux partis de l'époque, il n'avait pu obtenir les 5 % de voix requis en 1995. Dans la Douma de 2003, seuls 10 % des élus sont des femmes, soit un chiffre qui, sur dix ans, a stagné, sinon régressé, et ce alors que l'électorat féminin dépasse de près de dix millions l'électorat masculin. C'est dans la société civile que les femmes se font plus actives que les hommes, ainsi de nombreux mouvements féminins opérant souvent dans les œuvres sociales ont fleuri dans les années 1990. L'un des plus connus est l'Union du comité des mères de soldats, né en 1989, destiné à défendre les droits de l'homme au sein d'une armée aux mœurs brutales, et dont l'influence est allée croissante avec les deux guerres en Tchétchénie*. Mais les mouvements féministes n'ont pas bonne presse en Russie, auprès des hommes comme des femmes. Le féminisme reste lié, dans la perception dominante, à une attitude agressive vis-à-vis des hommes, voire à une idéologie importée d'Occident. Un certain consensus existe encore en Russie autour des vertus traditionnellement liées à la femme, telles que la bonté, la douceur ou l'amour, et qui justifieraient *a priori* son rôle dans l'assomption de certaines tâches, comme l'éducation des enfants ou la bonne tenue du foyer. La société russe reste globalement patriarcale, et les mœurs de la gente masculine relativement brutales. Les pratiques condamnables de certains hommes, tels que la violence domestique ou les crimes sur leur conjointe, sont encore fréquents, voire tolérés par les autorités policière et judiciaire, bien que dénoncés par des associations féministes et officiellement reconnus par le gouvernement.

football Le football a été introduit en Russie au début des années 1890 par des diplomates, ingénieurs et commerçants britanniques désirant souvent s'en réserver la pratique. Le premier club autochtone, appelé « Sport », est toutefois créé en 1897 à Saint-Pétersbourg et le football commence à se diffuser au sein de la bourgeoisie locale. En 1912 est fondée la Football Association de toutes les Russies. Présidée par le franco-russe Georgy Duperron, elle adhère immédiatement à la Fédération internationale de football association (FIFA). L'équipe nationale russe participe au tournoi olympique de Stockholm et est éliminée au premier tour par la Finlande (1-2) avant de perdre le match de consolation face à l'Allemagne (0-16).

La guerre puis la Révolution bolchevique entravent un temps le développement du football qui reprend sous la NEP au sein de coopératives ouvrières ou d'usines nationalisées : en 1930, on compte environ 250 000 footballeurs. Géré par les syndicats, le football de compétition est critiqué pour son professionnalisme larvé qui s'écarte de la ligne officielle de la « culture physique » et du « sport rouge ». Il n'en devient pas moins le spectacle sportif favori des masses de l'ère stalinienne. En raison des conditions climatiques, il se joue à la belle saison. En 1935 est inauguré un véritable championnat national réparti en quatre divisions ainsi qu'une coupe d'URSS. Les supporters se pressent pour suivre les matchs opposant les Dynamo, Spartak, Lokomotiv et Torpedo de Moscou et le Dynamo de Kiev. Ces joutes sportives entraînent parfois des affrontements violents entre supporters nourris par l'aversion pour le ministère de l'Intérieur, organe de tutelle des équipes du Dynamo. Malgré ces « déviances », le football est honoré : le Dynamo et le Spartak de Moscou reçoivent l'ordre de Lénine en 1937. Et bien que l'URSS refuse d'adhérer à la « bourgeoise » FIFA, les équipes soviétiques vont rencontrer les formations des pays limitrophes et poussent jusqu'en Occident pour attester des intentions pacifiques du régime.

En 1946, la fédération soviétique adhère finalement à la FIFA et le Dynamo de Moscou effectue une brillante tournée en Grande-Bretagne. En 1958, l'équipe nationale d'URSS participe à sa première Coupe du monde en Suède. Toutefois, au contraire des jeux Olympiques où les délégations soviétiques tiennent le haut du pavé, les footballeurs soviétiques ne brillent que par intermittence au niveau international. L'équipe d'URSS n'est jamais classée parmi les trois premières d'une Coupe du monde et n'a remporté qu'un trophée continental en 1960, la Coupe Henri Delaunay, futur Championnat d'Europe des nations. De même, malgré un réservoir de 3,7 millions de joueurs dans les années

1970 et peut-être en raison de la longue trêve hivernale qui démobilise leurs joueurs, les clubs soviétiques n'ont jamais pu gagner ni atteindre la finale de la Coupe d'Europe des clubs champions. Leurs seuls succès européens sont le fait de formations périphériques ou «allogènes». Le Dynamo de Kiev, emmené par son attaquant vedette Oleg Blokhine et dirigé par Igor Lobanovski – un entraîneur sachant allier beau jeu et rigueur et futur sélectionneur soviétique –, remporte la Coupe des vainqueurs de coupe (C 2) en 1975 et 1986 ainsi que la Supercoupe d'Europe en 1975. Le Dynamo de Tbilissi s'adjuge aussi la C 2 en 1981. Malgré son modeste palmarès, le football soviétique a tout de même bénéficié d'une certaine aura en Occident. Il a en effet formé de célèbres gardiens de but dont le modèle a été l'«araignée noire» Lev Yachine. Portier du Dynamo de Moscou, ce dernier s'est vu attribuer le Ballon d'or de l'hebdomadaire *France Football* récompensant le meilleur joueur européen en 1963. Une distinction obtenue ensuite par les joueurs du Dynamo de Kiev, Oleg Blokhine (1975) et Igor Belanov (1986). Surtout, à l'heure de la détente, Yachine a pu être l'incarnation, aux yeux des journalistes occidentaux, d'un socialisme sportif «à visage humain».

À partir de la perestroïka, le football soviétique s'ouvre : les premiers joueurs soviétiques sont transférés à l'étranger comme Aleksandr Zavarov et Sergueï Aleinikov à la Juventus de Turin en 1988 et 1989 en raison des liens noués depuis les années 1960 entre le groupe FIAT et l'URSS. Puis vient le temps de l'éclatement et de la création de fédérations et de championnats nationaux. Ceux de Russie et d'Ukraine dominent depuis le football de l'ex-URSS. Ils peuvent compter sur un vivier de 847 000 joueurs licenciés pour le premier et de 692 000 pour le second en 2006. Mais les clubs contrôlés par les oligarques* russes ou ukrainiens, comme le Spartak Moscou, le Dynamo de Kiev ou le Shaktar Donetsk engagent désormais des joueurs brésiliens et africains afin de pouvoir faire bonne figure dans les compétitions européennes. S'ils obtiennent encore des résultats modestes en Ligue des Champions, le CSKA Moscou a remporté la Coupe de l'UEFA en 2005. Cette ouverture sur le football professionnel capitaliste est aussi accomplie par l'oligarque russe Roman Abramovitch qui, installé au Royaume-Uni, a racheté en juillet 2003 le club londonien de Chelsea. Et, en 2012, la fédération ukrainienne doit organiser le Championnat d'Europe des nations en partenariat avec son homologue polonaise. Outre l'intérêt que porte le président français de l'UEFA, Michel Platini, à l'Est de l'Europe, ce choix vient aussi récompenser un pays « quart de finaliste » de la Coupe du monde 2006 et qui a vu éclore, au sein du Dynamo de Kiev, l'attaquant vedette de l'AC Milan et de Chelsea, Ballon d'or 2004, Andreï Chevtchenko.

----> olympisme, sport

la franc-maçonnerie

L'histoire de la franc-maçonnerie en Russie est celle d'une greffe étrangère qui n'a pas pris dans un pays où, parallèlement, parlementarisme et libéralisme ne sont jamais parvenus à s'implanter. Pour autant le phénomène maçonnique n'a cessé de soulever le plus grand intérêt des élites du pays mais aussi la méfiance, voire la franche hostilité de l'État.

La légende veut que Pierre le Grand, initié à Londres, ait, à son retour, créé la première loge russe. Mais il semble que ce soit plus indirectement que l'implantation des loges puisse être attribuée au tsar. Pour accompagner ses réformes, Pierre le Grand fit venir un grand nombre de conseillers étrangers, ceux qui étaient franc-maçons créèrent leurs loges locales dans lesquelles ils ne tardèrent pas à accueillir des Russes, dont certains avaient déjà, au cours des voyages* européens de leur jeunesse (accompagnés de leurs précepteurs occidentaux), été reçus en loges en Angleterre, en Allemagne ou en France. D'autre part, la Grande Loge d'Angleterre pour la Russie est créée en 1731, son premier Grand Maître provincial est anglais.

Le phénomène ne tarde pas à rencontrer un vaste écho parmi les nobles acquis à l'ouverture de la Russie vers l'Europe. Des loges russes se créent entre 1730 et 1750 à Saint-Pétersbourg, Moscou, Riga appelant de la part d'observateurs étrangers une certaine ironie : passetemps, agapes, goût du secret et de la pompe attirent plus les Russes que la réflexion. Ces critiques sont certainement à tempérer. Officiers et intellectuels, qu'ils s'orientent vers des loges mystiques ou vers des loges plus politiques, s'y pressent, fascinés par les idées nouvelles que véhicule la franc-maçonnerie.

La franc-maçonnerie sous surveillance. Au début, le pouvoir ne voit pas ces développements d'un trop mauvais oeil. Pierre III fait des conférences en loges. Catherine II, admiratrice des Lumières, leur laissera une grande liberté, du moins jusqu'à ce que la Révolution française éclate. Rassemblant des membres de la Cour et de l'armée, excluant les femmes, les loges sont brutalement perçues par l'impératrice comme des lieux de complot contre sa personne. Ne se contentant pas d'écrire de petites comédies raillant la franc-maçonnerie, Catherine la Grande désapprouve publiquement les réunions des loges. Après cet avertissement, la plupart des obédiences décident de se dissoudre ; celles qui se maintiennent discrètement sont étroitement surveillées par la police. Si le successeur de Catherine, Paul Ier, redonne à la franc-maçonnerie quelques signes d'encouragement, il ne la restaure pas entièrement dans toutes ses prérogatives. C'est avec Alexandre Ier qu'elle va renaître. Encouragées par la bienveillance du nouveau souverain à leur égard, les loges se multiplient sur tout le territoire. Le général Koutouzov, Pouchkine et Tolstoï sont des francs-maçons enthousiastes (*Guerre et Paix** consacre des dizaines de pages à l'initiation de Pierre Bézoukhov). La campagne de Russie refroidit quelque peu les esprits. Certaines loges tournent le dos aux idées progressistes pour adopter une attitude conservatrice et nationaliste. D'autres, au contraire, veulent activer les réformes. Cette dernière branche donne naissance à des sociétés secrètes radicales. Inquiété par des bruits de complot, Alexandre Ier interdit en 1822 tant les sociétés secrètes que les loges maçonniques. La découverte du complot des décabristes* en 1825 impliquant de nombreux francs-maçons leur fait perdre définitivement la confiance du pouvoir. La fin du xixe siècle russe se fera sans les loges, laissant la place libre à des sociétés clandestines révolutionnaires.

Alexandre II lance sa politique de réformes, dont l'abolition du servage* en 1861 est la mesure la plus marquante, et pour laquelle il ne semble pas que la franc-maçonnerie ait joué un autre rôle que celui d'avoir permis la maturation des esprits de certaines élites. Le tsar réformateur est assassiné par des révolutionnaires et son successeur, Alexandre III, s'accroche à l'autocratie. Le début du xxe siècle verra une renaissance timide des loges au sein desquelles la bourgeoisie émergente se fait sa place et notamment les avocats et les juristes (fonctions issues de la réforme de la justice de 1864) libéraux. La Douma comprend de nombreux francs-maçons et le gouvernement Kerenski de 1917 sera quasi exclusivement composé de « frères ».

Éclipse et renaissance. Mais la révolution libérale est balayée par les bolcheviks. L'arrêt de mort de la franc-maçonnerie, considérée comme un instrument au service de la classe bourgeoise, est signé. En 1922, un décret l'interdisant est promulgué ; aucune réflexion (*a fortiori* secrète) ne peut exister à côté de la doctrine marxiste-léniniste. Pour les frères qui n'auraient pas pris cette mesure au sérieux, la police politique organise arrestations et déportations. À la fin des années 1920, les loges sont définitivement brisées.

De nombreux Russes blancs francs-maçons, émigrés en France ou en Allemagne, recréent sur place leurs loges quand ils n'intègrent pas les obédiences locales. Mais il existe aussi le cas de réfugiés russes demandant une première initiation. L'envie de s'intégrer dans le pays d'accueil et de rechercher aide et protection explique plus sûrement cet engouement qu'une volonté de poursuivre de l'étranger le combat contre les Rouges.

Avec l'effondrement du système soviétique beaucoup ont espéré voir la renaissance de la franc-maçonnerie en Russie. L'initiative viendra, comme au XVIIIe siècle, de l'étranger. La Grande Loge de Russie a été reconstituée par la GLNF (Grande Loge nationale française) en juin 1995. Devant l'urgence de recréer des loges et la concurrence entre les obédiences pour initier les bons éléments, on accélère un peu les procédures d'initiation, on s'ouvre plus facilement. Le Grand Maître actuel de la Grande Loge de Russie, Andreï Bogdanov, a pu réunir le nombre suffisant de signatures pour être le candidat à l'élection présidentielle du parti démocrate. L'homme, partisan d'une entrée de la Russie dans l'Union européenne et opposant des manifestations de rues est accusé d'être télécommandé par le Kremlin. Même après plus de 70 ans d'absence, les vieux réflexes antimaçonniques ont la vie dure dans ce pays où la franc-maçonnerie n'est jamais parvenue à imposer la voie libérale entre conservatisme et révolution.

G

Youri Gagarine 12 avril 1961 : pour la première fois un homme s'arrache à l'attraction terrestre et effectue un vol orbital autour de la Terre.

Fils d'ouvrier, né à Smolensk en 1934, un temps fondeur avant de se former au pilotage, Youri Gagarine a accompli et porté en lui le plus vieux rêve de l'humanité : explorer l'espace.

Occultant, bien involontairement, l'exploit scientifique et technique le Soviétique a concentré tout l'exploit sur sa personne. À peine *Vostok 1*, la capsule qui l'avait fait tourner autour de la planète était-elle revenue à son point de départ que Gagarine vit le cours de sa vie lui échapper. De ce jour Gagarine n'effectuera plus le tour de la Terre que par avion, promené par les autorités russes tel un trophée sur les cinq continents. L'URSS, persuadée d'afficher le symbole de l'accomplissement du communisme, le montre partout. En réalité c'est une idole que les Soviétiques ont fabriquée, les foules se massent pour apercevoir le premier homme dont les yeux ont vu la Terre depuis l'espace.

Mais bientôt c'est la personnalité de l'homme qui va se briser, le star-system déstabilise le héros soviétique, d'autant plus que les autorités russes lui interdisent de participer, à l'avenir, aux nouveaux programmes spatiaux. À leurs yeux le risque de voir disparaître le symbole de l'écrasante supériorité soviétique en matière de conquête* spatiale ne peut plus être couru. Gagarine est alors non seulement écarté de tous les nouveaux programmes spatiaux mais il lui est même interdit de reprendre son métier de pilote. Le héros désœuvré se mettra à boire et à multiplier bagarres et aventures, rendant le scandale de plus en plus difficile à masquer. Au moins cela lui aura-t-il permis d'échapper au sort de son ami Komarov brûlé vif au retour sur terre de la capsule Soïouz le 24 avril 1967.

En 1968, on autorise enfin Gagarine à revoler mais, quelques mois plus tard, son avion s'écrase au sol, fermant les yeux de « l'homme qui nous a ouvert la route des étoiles » selon le beau mot d'Armstrong.

gaz et pétrole
Un rôle géopolitique essentiel

Enjeux majeurs du nouveau « Grand Jeu » qui se déploie sur l'échiquier eurasiatique et dont ils constituent l'objet principal, les hydrocarbures abondent sur le territoire de la Russie, plus particulièrement en Sibérie* et dans l'Extrême-Orient russe. L'île de Sakhaline possède d'immenses réserves en hydrocarbures – tant offshore que sur l'île elle-même –, tandis que les sous-sols du bassin d'Irkoutsk, sur le plateau oriental de la Sibérie centrale, recèlent d'immenses quantités de gaz et de pétrole, des réserves dont l'ampleur n'est pas encore évaluée avec précision.

Les spécialistes attendent beaucoup des réserves en hydrocarbures du bassin de la Iakoutie, au nord-est de la Sibérie, où les campagnes de prospection ne sont pas achevées. Si l'on ajoute à cela les quantités estimées du bassin de Krasnoïarsk, en Sibérie centrale, les réserves en hydrocarbures de la Sibérie sont immenses. Toutefois, eu égard aux conditions géographiques extrêmes de leur exploitation, la rentabilité de ces ressources sur le marché mondial n'est pas immédiate. En effet, l'extraction et le transport du gaz et du pétrole sibériens supposent de surmonter les obstacles liés, d'une part, au gel permanent et, d'autre part, à l'immensité du territoire. Dépendante aujourd'hui à 80 % des marchés européens pour ses exportations d'or noir et de gaz naturel, la Russie a développé ces dernières années une nouvelle « diplomatie des hydrocarbures ». Ainsi, le monopole gazier Gazprom – un groupe dont l'État détient la majorité des parts et dont les dirigeants sont de hauts responsables de l'exécutif – n'a pas hésité, avec l'aval des autorités politiques, à suspendre à plusieurs reprises, pendant quelques heures, ses livraisons vers l'Ukraine* et la Biélorussie, des États qui bénéficient encore de tarifs préférentiels accordés aux pays issus de l'URSS, très inférieurs au prix du marché mondial. Certains observateurs ont interprété ces coupures comme l'indice de la volonté du Kremlin d'exercer une pression politique sur les dirigeants de l'« étranger proche », en particulier ceux de l'Ukraine, issus de la « révolution orange » de 2004. Il faut sans doute davantage interpréter ce geste comme visant à réaffirmer le dessein des autorités de Moscou de faire du secteur énergétique l'un des piliers d'une puissance russe en devenir et de rappeler aux pays de l'axe euro-atlantique, ses principaux clients, leur capacité de nuisance. En effet, en interrompant les livraisons pendant quelques heures, Gazprom a fortement désorganisé les réseaux de transport de l'« or bleu » par gazoducs.

L'un des principaux moteurs de l'économie soviétique puis russe

La géopolitique actuelle des hydrocarbures en Europe a été largement façonnée par la construction des oléoducs et des gazoducs, décidée pendant l'ère Brejnev et réalisée, pour une bonne part, dans les années 1970-1980. Ainsi, le célèbre oléoduc Droujba (« Amitié ») – le plus long du monde (plus de 4 000 km) – relie les champs pétrolifères du bassin de l'Ob aux pays européens (notamment l'Allemagne) depuis le milieu des années 1970. En d'autres termes, en choisissant, vers le début des années 1970, de faire du secteur énergétique l'un des principaux moteurs de leur économie en développant l'exportation des hydrocarbures, les dirigeants soviétiques ont pris une orientation économique décisive pour plusieurs générations. Aujourd'hui, la géopolitique des hydrocarbures en Eurasie voit s'imposer de nouveaux centres de gravité. Au-delà des ressources de la Russie, celles du bassin de la mer Caspienne constituent un enjeu décisif du « Grand Jeu », dont la Russie est un acteur incontournable, du simple fait que, pour la plupart des États de la région appelés à devenir de gros producteurs (les anciennes républiques soviétiques du Kazakhstan, de l'Azerbaïdjan et du Turkménistan), les routes d'exportation des hydrocarbures passent par le territoire russe. Ainsi, très dépendant de ses recettes gazières, le Turkménistan, qui se présente parfois comme le « nouveau Koweït » de l'Asie centrale, ne voyait, en 2000, que 10 % de ses exportations transiter par l'Iran voisin, 90 % du gaz turkmène destiné à l'exportation transitant par la Russie. Les solutions alternatives – construction d'un gazoduc transcaspien ou d'un gazoduc reliant le Turkménistan, l'Afghanistan et le Pakistan – demeurent hypothétiques. Autour de la mer Caspienne, les gisements de pétrole d'Atyraou, Tenguiz et Kachagan font du Kazakhstan une véritable puissance pétrolière, au point que certains observateurs parlent de ce pays comme d'un nouvel « émirat pétrolier », comparable à ceux du golfe Persique. L'industrie extractive y est en plein essor, bénéficiant d'investissements directs étrangers très importants. Très dépendant de la Russie pour ses approvisionnements et ses exportations énergétiques, l'économie kazakhe repose sur l'or noir, qui fournit plus de la moitié des recettes à l'exportation et près de 40 % des recettes budgétaires du pays.

Ici encore, la Russie est incontournable. Sa position a été encore renforcée par la mise en service, à l'automne 2001, de l'oléoduc caspien CPC, qui rejoint le grand port pétrolier russe de la mer Noire, Novorossisk. Vers le milieu des années 1990, l'Azerbaïdjan était, lui aussi, dépeint sous les traits d'un futur «pétro-État», à l'heure où venait d'être signé le «contrat du siècle» avec un consortium occidental mené par le groupe British Petroleum. Ces espérances ont été déçues, car pour l'essentiel, les ressources énergétiques offshore de la Caspienne se trouvent dans le nord du bassin, dans les secteurs russe et kazakh. En 1999, plusieurs forages secs ont entraîné de nouvelles désillusions. Toutefois, la même année, d'importantes ressources en gaz ont été découvertes, laissant présager le développement du secteur gazier dans la région caspienne. En 2001, plus de 30 % du PIB de l'Azerbaïdjan provenaient du secteur pétrolier. Bakou dépend désormais moins que ses voisins kazakh et turkmène de la Russie pour l'exportation de ses ressources, puisqu'un nouvel oléoduc, construit avec l'appui des États-Unis et de la Turquie et financé par un consortium de compagnies occidentales (parmi lesquelles la compagnie française Total) et centrasiatiques, dont la British Petroleum est le plus gros actionnaire, relie désormais les rives de la Caspienne à celles de la Méditerranée. Long de 1 768 km, l'oléoduc «Bakou-Ceyhan» – du nom du port turc sur la Méditerranée qui en est le point d'arrivée – a été inauguré en 2005-2006.

L'empire Gazprom

Véritable «État dans l'État», le monopole Gazprom, premier producteur et premier exportateur mondial de gaz, contrôle l'ensemble de la filière du gaz naturel, de la production à la distribution, et fournit (en 2007) le quart du gaz consommé dans les pays de l'Union européenne. La dépendance des États européens à l'égard du gaz russe varie d'un pays à l'autre : si 26 % du gaz consommé en France vient de Russie, près de 50 % des importations allemandes viennent de Gazprom, et ce chiffre dépasse 80 % pour la Pologne, la Hongrie, la Slovaquie, l'Autriche, la Grèce, la Serbie et la République tchèque (chiffres de 2006). L'entrée de la Russie dans les circuits de l'économie mondiale pousse Gazprom à développer une stratégie d'internationalisation fondée sur le renforcement de ses exportations, le développement de ses investissements directs à l'étranger et la diversification de ses réserves, notamment hors du territoire de la Russie. Si le ministère du Gaz et du Pétrole de l'Union soviétique était déjà un

« empire » dans l'URSS des années 1980, Gazprom est aujourd'hui bien plus que la toute première entreprise de Russie : elle se confond, disent certains, avec l'État lui-même. Ainsi, Dmitri Medvedev, le troisième président de la Fédération de Russie, élu en 2008, a occupé pendant près de sept ans la présidence du conseil de surveillance du groupe, cumulant pendant tout ce temps ce poste avec ses fonctions au sein de l'exécutif. Plus que de connivence, il faut parler de convergence ! Depuis l'arrestation de l'oligarque* Mikhaïl Khodorkovski, ancien PDG de Ioukos – qui était alors le premier groupe pétrolier de Russie – le Kremlin a entrepris de reprendre en main le secteur pétrolier, afin de restructurer un « complexe énergétique » dont les branches (gaz et pétrole) soient plus intégrées l'une à l'autre, afin d'en faire un instrument politique et financier plus efficace, au service de la Russie et de son élite dirigeante. Par ailleurs, Gazprom, tout en diversifiant ses clients – la Russie tente de se positionner sur les marchés asiatique et nord-américain (exportation de gaz naturel liquéfié) –, ne cesse de renforcer son monopole sur les grands marchés (européens) à l'exportation. En amont, le groupe cherche également à sécuriser ses approvisionnements en Asie centrale, développant dans cet objectif des relations privilégiées avec les dirigeants centrasiatiques, ce qui se traduit notamment par des prises de participation dans divers secteurs économiques au Kazakhstan et en Azerbaïdjan. En aval, Gazprom développe aujourd'hui une stratégie qui vise à s'assurer la maîtrise des réseaux de distribution de gaz en Europe : la politique un peu brutale des prix imposés va de pair avec une prise de contrôle des réseaux d'approvisionnement, ce qui ne fait qu'accroître la dépendance de pays comme la Moldavie, l'Arménie ou la Biélorussie à l'égard du géant russe. Dans cette perspective, l'Ukraine constitue un cas particulier, puisque le gaz russe ne peut être livré à ses clients européens sans transiter par les gazoducs qui traversent ce pays. En outre, la « révolution orange » intervenue dans un contexte de chantage au gaz a certainement poussé Gazprom à contourner l'obstacle ukrainien. Le gazoduc Nord Stream, qui devrait relier la Russie à l'Allemagne par un réseau sous-marin en mer Baltique en 2011, de même que le prolongement du gazoduc Blue Stream, qui relie les côtes russes de la mer Noire à celles de la Turquie, permettant des prolongements vers les Balkans et l'Europe centrale, sont autant de projets qui devraient consolider la présence de l'« empire Gazprom » sur le continent européen.

le **Général Dourakine** Publié en 1863, *le Général Dourakine* est un

roman qui raconte le voyage imaginaire vers le Voronovo jadis aimé de la petite Sophie Rostopchine, plus connue par des générations de petites filles sous le nom de comtesse de Ségur. De retour dans son château de Gromiline, près de Smolensk, avec la famille Dérigny, le général Dourakine (de *dourak*, «idiot») voit son bonheur perturbé par l'arrivée de sa nièce, Mme Papofski, et de ses enfants, d'odieux garnements. Non seulement cupide, Mme Papofski fait aussi rapidement preuve du plus absolu chauvinisme, envisageant de dénoncer son oncle comme « polonais » et « catholique ». Il est vrai que le général, homme au tempérament emporté mais au cœur d'or, cache chez lui le prince polonais Pajarski accusé d'avoir comploté contre la Russie, qu'il fait passer aux yeux de tous pour un précepteur anglais. Averti de la menace encourue, le général décide de rentrer en France. Mme Papofski exulte : le domaine est enfin à elle ! Mais, comme dans tous les romans de la Comtesse, la méchanceté ne sera pas récompensée. En réalité le général a secrètement vendu la propriété. Apprenant la vérité Mme Papofski en mourra. La morale est sauve, les gentils sont récompensés, les méchants punis et à l'occasion les enfants auront découvert quelques aspects du mode de vie russe, les mœurs, les habitudes culinaires au détour de l'aventure vécue par le général et la famille Dérigny. La vision a le charme des souvenirs d'enfance de la Comtesse et de la nostalgie du pays qu'elle ne devait jamais revoir.

Glasnost → Gorbatchev

Boris **Godounov** Exhumé par la tragédie de Pouchkine* et l'opéra

de Moussorgski, Boris Godounov souffre d'une réputation de tyran, d'usurpateur et d'assassin. Chambellan d'Ivan IV le Terrible puis régent durant le règne de Fédor Ier, Boris Godounov (v. 1552-1605) se fait élire tsar en 1598 à la mort de Fédor, dernier souverain de la lignée des princes descendants de Riourik. La mort de Dimitri, frère épileptique de Fédor, est imputée au nouveau tsar, jetant une ombre sur sa légitimité. À son élection, l'œuvre de Boris Godounov n'est pas mince. Il a fondé le patriarcat de Moscou en 1589 créant ainsi les conditions d'une Église* russe autocéphale, c'est-à-dire indépendante du patriarcat de Constantinople. Il a repoussé la menace suédoise et poursuivit la conquête de la Sibérie. Son règne permet une stabilisation politique de la Russie. Mais la grande famine de 1601-1604 stoppe brutalement une certaine prospérité. En 1604, le moine Grégori Otrepiev tente de soulever la population en se faisant passer pour Dimitri, mais malgré le soutien des armées polonaise et lituanienne et de paysans affamés, il échoue à conquérir le trône. En 1605, Boris Godounov meurt subitement, sa femme et son fils Fédor II seront assassinés peu après. Ils sont inhumés au monastère de la Trinité-Saint-Serge près de Moscou. La crise dynastique de 1598 inaugure le « temps des troubles » durant lequel s'affrontent les grandes familles princières jusqu'à l'avènement de Michel Romanov en 1613.

Nikolaï Vassilievitch Gogol

Nikolaï Gogol est sans conteste l'un des écrivains majeurs de la littérature* russe. L'importance de son œuvre repose tant sur la justesse du tableau dressé d'une Russie en proie à ses contradictions, que sur l'influence qu'il a pu avoir sur les générations d'écrivains russes du xxe siècle. Né à Sorotchintsy en Ukraine en 1809, Gogol a reçu sa formation littéraire du cercle familier immédiat. La figure de son père, ancien officier cosaque, écrivain à ses heures, ainsi que celle d'une mère pieuse, ont été à la source de l'inspiration comme des contradictions du jeune écrivain. Arrivé à Saint-Pétersbourg en 1828, il parvient à poursuivre une carrière d'écrivain tout en occupant un poste de modeste fonctionnaire de 14e rang. Gogol tourne toutefois très vite le dos à la fonction publique dès la publication de ses premières œuvres *Hanz Küchelgarten*, (1829), *la Nuit de la Saint-Jean*, (1830), lui préférant un milieu universitaire qu'il considère davantage compatible avec son choix du métier d'écrivain. Professeur adjoint d'histoire à l'université de Saint-Pétersbourg, il entre en contact avec les figures de proue littéraires des cercles pétersbourgeois comme Tourgueniev ou encore Pouchkine – il publie des nouvelles dans le journal *Sovremennik* comme *Soirées du hameau* (1831-1832); *la Perspective Nevski* (1835); *le Journal d'un fou* (1835) mais aussi une pièce de théâtre *le Revizor* (1836).

Bien que Gogol ait voulu montrer l'aspiration au salut incarnée par des personnages confrontés à l'absurdité de leur existence, c'est bien une critique acerbe de la société de l'époque tsariste et de l'administration qui apparaît alors dans ses textes. La critique puis la censure par le pouvoir d'une partie de son œuvre – sort qui fut réservé notamment à son ouvrage majeur, les Âmes mortes, en 1841 – ne font qu'accentuer le décalage entre les intentions littéraires de l'auteur et la lecture que la société et ses pairs font de ses livres. Ainsi des Âmes mortes, récit des aventures de Pavel I. Titchikov, acquéreur malhonnête d'âmes de serfs décédés, mais aussi portrait sans concession d'une Russie rurale avec ses pratiques douteuses et ses passe-droits. La rédaction de la nouvelle le Manteau, en 1843, ne fait que reproduire ce dilemme entre l'écrivain et son œuvre : les vicissitudes du petit fonctionnaire Akakïevitch mettent ainsi à nu une administration tsariste inefficace et corrompue. La frustration progressive de l'auteur face à l'accueil qui lui est réservé, ainsi que les difficultés rencontrées avec le pouvoir et certains cercles littéraires, le conduisent à séjourner en Europe occidentale (Rome, Paris) mais aussi à faire de longs voyages, notamment un pèlerinage en Palestine en 1848 alors qu'il est progressivement inspiré par un fort sentiment religieux. Sa santé se dégrade et il meurt le 4 mars 1852, à Moscou, sans avoir achevé le deuxième volume des Âmes mortes.

Mikhaïl Gorbatchev
Le dernier dirigeant de l'URSS

Arrivé au secrétariat du PCUS en 1985, cet apparatchik lance une série de réformes politiques et économiques, qui lui valent une grande popularité dans les pays occidentaux. Mais l'échec de la perestroïka et de la glasnost suscite en URSS* même une forte impopularité, et provoque la chute d'un régime que Gorbatchev n'entendait que réformer...

De la « gorbymania » à l'échec de l'élection présidentielle de 1996

Mikhaïl Gorbatchev est né le 2 mars 1931 dans une famille paysanne du territoire de Stavropol (Russie méridionale). En 1950, il est reçu au concours d'entrée de la faculté de droit de la très prestigieuse université d'État de Moscou. Membre des Jeunesses communistes (Komsomol), il est admis dès 1952 dans les rangs du Parti communiste. En 1953, il se marie avec une étudiante de la faculté de philosophie, Raïssa Titarenko (1932-1999), qui deviendra trente ans plus tard l'une des épouses de dirigeants politiques les plus célèbres de la planète. En 1955, une fois diplômé, le jeune Gorbatchev entre à la *Prokuratura* (parquet général) de l'URSS. Il en est presque immédiatement écarté en vertu d'un décret secret pris par Khrouchtchev qui interdit aux jeunes juristes frais émoulus de la faculté d'exercer les fonctions de procureur, au motif que la promotion massive de jeunes procureurs avait facilité, dans les années 1930, l'organisation de purges massives que des professionnels plus expérimentés auraient sans doute refusé de cautionner. Gorbatchev regagne alors Stavropol et gravit les échelons de la hiérarchie régionale du Komsomol, puis du parti. En 1971, il est nommé premier secrétaire du comité du parti de Stavropol et membre du Comité central. Âgé de 40 ans, il est le plus jeune membre de cette instance, où il représente une région agricole et, à ce titre, se voit promu en 1978 secrétaire du Comité central chargé de l'agriculture. Protégé par le chef du KGB, Iouri Andropov (secrétaire général du PCUS de novembre 1982 à février 1984), il entre, en 1981, au Bureau politique, « saint des saints » du pouvoir soviétique, dont il devient le benjamin. Sa promotion rapide doit beaucoup à la position géographique de la région de Stavropol, au piémont du Caucase. Toutes les stations thermales où se repose l'élite suprême pendant une partie de l'été y sont situées. Il est du devoir du premier secrétaire de cette région d'accueillir les hauts dignitaires et de se tenir à leur disposition. Ainsi, depuis 1971, Gorbatchev s'est personnellement occupé du séjour en villégiature de tous les membres du Bureau politique et de bien des ministres, ambassadeurs, hauts responsables de l'armée et des services de sécurité, patrons des ministères économiques ou de grandes entreprises.

À la mort de Konstantin Tchernenko, en 1985, il est élu secrétaire général du PCUS, à une voix près. Il lance la perestroïka et préside au processus de désarmement et de détente avec l'Occident qui aboutit au désengagement unilatéral et total de l'URSS en Europe de l'Est, à la chute du mur de Berlin et à la réunification de l'Allemagne (1990). Au moment où il reçoit le prix Nobel de la paix (1990), une campagne internationale de publicité en sa faveur, inégalée dans l'histoire de la fabrication de l'image des chefs d'État – la « gorbymania » –, est orchestrée dans les pays occidentaux. L'élégance et le goût des mondanités du couple Gorbatchev font le reste : Gorbatchev devient la coqueluche des médias occidentaux, qui en font le symbole d'une « nouvelle URSS ». Cette popularité contraste vivement avec son impopularité forte en Russie et, plus généralement, dans les pays issus de l'URSS, où il est vu comme le fossoyeur de la puissance soviétique humiliée et perdue. Ses réformes économiques, qui butent dès le départ sur la réticence de l'appareil du parti à les appliquer, se soldent par un échec patent et demeurent, dans la conscience collective, associées aux pénuries massives et à l'inflation galopante qu'elles ont occasionnées. Quant à ses réformes politiques, favorablement perçues comme libérales dans les pays occidentaux, elles ont aussi débouché sur la liquidation du système soviétique et le démantèlement de l'URSS... Après sa démission, en décembre 1991, du dernier mandat officiel qu'il occupait, président d'une URSS qui a cessé d'exister, il mène la carrière d'un ancien président, donnant des conférences dans le monde entier. Il a créé la « Fondation Gorbatchev », institution de recherche en science politique et en sciences sociales basée à Moscou. En outre, il préside la « Croix-Verte internationale », une ONG internationale de défense de l'environnement. Cinq ans après son éviction du sommet de l'État, son impopularité était toujours au zénith en Russie. Candidat à la présidence de la Russie en 1996, il n'a guère obtenu que 1,1 % des voix. La trajectoire politique de Mikhaïl Gorbatchev fournit une parfaite illustration de la célèbre maxime « nul n'est prophète en son pays »...

Perestroïka, glasnost, démocratisation et chute de l'URSS

Lorsqu'il lance la perestroïka (littéralement « restructuration »), Mikhaïl Gorbatchev incarne à 47 ans l'espoir de tous ceux qui, au sein de l'appareil du pouvoir soviétique, ont acquis la conviction que l'URSS est confrontée à une crise structurelle dans tous les domaines. Ce slogan désigne les mesures que le nouveau secrétaire général a décidé d'entreprendre pour réformer le système soviétique. La perestroïka est, dès ses débuts, une opération de communication politique à grande échelle, destinée à redorer le blason de l'URSS auprès de l'opinion publique occidentale afin de restaurer son crédit auprès des élites et des décideurs occidentaux. En 1986, Gorbatchev fait paraître un livre, *Perestroïka*, traduit en 32 langues et diffusé sur toute la planète. Preuve de l'efficacité de cette stratégie de séduction, le vocable va vite entrer dans le lexique politique des langues occidentales.

Première étape de la perestroïka, la politique dite d'« accélération » *(ouskorenie)* vise à introduire progressivement les mécanismes du marché en URSS et à élargir la marge d'autonomie des entreprises. Elle comprend des réformes qui font la part belle à la technocratie industrielle et qui se heurtent à l'opposition des premiers secrétaires régionaux du parti, qui y voient une menace pour le pouvoir de contrôle qu'ils exercent localement sur l'économie. Gorbatchev opère donc dans les rangs de l'appareil du parti la purge la plus importante depuis les années 1930 : près de la moitié des membres du Comité central du PCUS sont renouvelés en 18 mois (1986-1988). Prenant vite conscience que les nouveaux secrétaires régionaux sont tout aussi rétifs aux réformes que les anciens, le secrétaire général du PCUS décide d'employer, pour les stimuler, l'arme de la glasnost. Ce terme, lui aussi entré dans le vocabulaire politique occidental, a été traduit par « transparence ». La glasnost désigne la deuxième phase de la perestroïka. Elle doit être plus précisément traduite par « publicité » – au sens juridique de la « publicité des débats ». Pour contraindre l'appareil du parti à le suivre dans son entreprise réformatrice, Gorbatchev impose une ouverture jusqu'ici inédite de l'espace public. Dans la plus pure tradition léniniste, la glasnost est une arme du pouvoir contre les récalcitrants aux réformes, dénoncés comme autant d'éléments « conservateurs » dont on cherche à éroder les positions et les dogmes. Un à un, les tabous de l'histoire sont brisés et les dysfonctionnements du système soviétique sont dénoncés avec une vigueur croissante. L'espace public est ouvert à de nouveaux acteurs jusqu'ici privés de parole et, assez rapidement, l'entreprise de libéralisation échappe au pouvoir. La légitimité du parti s'en trouve fortement ébranlée.

La stratégie de Gorbatchev consiste en une vaste opération de désinformation tendant à faire croire au monde entier qu'une opposition irréductible existe entre les « réformateurs » et les « conservateurs », alors que cette présentation ne correspond pas aux véritables clivages qui scindent les échelons supérieurs du parti en de multiples clans et groupes d'intérêt. Gorbatchev donne à croire que les « réformateurs » sont en danger constant, que les « conservateurs » sont toujours majoritaires au sein de l'appareil du parti et qu'ils s'opposent systématiquement à sa politique de désarmement et de désengagement militaire… En fait, les « conservateurs », qui ne se comptent pas seulement dans les rangs de l'appareil du parti, mais aussi dans les rangs de la technocratie des directeurs d'usines, expriment avant tout leur crainte de voir le système soviétique tout entier s'effondrer sous l'effet de réformes souvent conduites de manière velléitaire et irréfléchie. La stratégie de la glasnost apparaît de manière emblématique en janvier 1987, lorsque la décision est prise de retransmettre la séance plénière du Comité central du PCUS en direct à la télévision. Gorbatchev y apparaît comme devant justifier chacune de ses réformes face à un appareil agressif, fossilisé et incompétent.

De Gorbatchev à Eltsine. C'est dans le prolongement de la glasnost qu'est lancée la démocratisation, la troisième étape de la perestroïka. La

XIXᵉ Conférence du PCUS (juin-juillet 1988) constitue l'apogée de la glasnost. Tous les débats sont télédiffusés. Mais cette tactique de marginalisation de la «partitocratie» finit par se retourner contre ses promoteurs. «Le vent a tourné», déclarera Boris Eltsine* en 1989, poursuivant : «Le processus de démocratisation est irréversible et il doit être mené à son terme.» En 1988, le secrétaire général du PCUS impose à tous les premiers secrétaires régionaux du parti – de façon à se débarrasser des derniers réfractaires à la perestroïka – d'être élus à la tête des comités exécutifs des soviets pour se maintenir à la tête des comités du parti. Gorbatchev justifie cette mesure par la nécessité de renforcer les institutions en les démocratisant. Il provoque ainsi le transfert du pouvoir réel des instances du parti vers l'État. L'élection du nouveau Congrès des députés du peuple en mars 1989 achève de jeter le discrédit sur un parti divisé, affaibli et profondément déstabilisé. Le nouveau Parlement soviétique, où pour la première fois de l'histoire de l'URSS une partie des députés a été élue par un scrutin pluraliste, devient l'épicentre de la vie politique. Là où ils se présentaient face à d'autres candidats, les membres du PCUS sont le plus souvent battus. Pour Mikhaïl Gorbatchev, le Congrès des députés du peuple devient la source principale de légitimité politique. En février 1990, cette institution vote la création d'un poste de président de l'URSS afin de permettre à Mikhaïl Gorbatchev d'occuper la fonction suprême. Le secrétaire général du Parti est élu président en mars 1990, le jour même où le parti, par un vote de la même institution, a été privé de son rôle dirigeant… En août 1991, le putsch des «conservateurs», qui déclarent vouloir écarter provisoirement Gorbatchev du pouvoir pour sauver l'URSS de la désagrégation en instaurant l'état d'urgence, vient à point nommer conforter la grille de lecture du président de l'URSS, selon lequel il est le seul garant de la poursuite des réformes… La mise en échec des putschistes par le président de la Russie, Boris Eltsine, sonne le glas du combat entre «réformateurs» et «conservateurs», met fin à la perestroïka et, ce faisant, donne le coup de grâce à l'URSS. L'histoire de la perestroïka comporte de nombreuses zones d'ombre, mais il n'est guère contestable que cette entreprise de réforme a provoqué la chute du système soviétique, qu'elle entendait seulement moderniser.

Maxime Gorki L'œuvre de Gorki est une fresque de la condition du petit peuple russe soumis à un demi-siècle de transformations violentes. La vie de l'écrivain lui-même a été bouleversée par les frustrations et les espoirs provoqués par le passage de la Russie tsariste à l'Union soviétique de Staline. Né à Nijni-Novgorod en 1868, fils d'un cordonnier et orphelin dès son jeune âge, Alekseï Maksimovitch Pechkov – qui prendra le pseudonyme de Maxime Gorki, c'est-à-dire l'« Amer » – a été contraint d'apprendre divers métiers manuels qui se sont avérés riches d'inspiration pour certains de ses romans, tels que *la Mère* (1907) et *Enfance* (1914). Convaincu de sa vocation, il tente très tôt d'être admis dans les cercles littéraires de sa ville. Il entreprend alors des études supérieures à Kazan, mais doit y renoncer faute de ressources suffisantes. Tout en gagnant sa vie comme boulanger et peintre d'icônes, il écrit et fréquente des cercles d'étudiants, il s'imprègne des idéaux révolutionnaires ainsi que de l'atmosphère intellectuelle d'une Russie en mutation. Désenchanté, suicidaire (1888), il publie son premier roman *Makar Chudra* et acquiert sa notoriété grâce à des publications dans la revue littéraire *Russkoje Bogatsvo*. Dans la Russie du début du XXe siècle, il est désormais un écrivain reconnu ainsi qu'un collaborateur du mouvement révolutionnaire et un ami de Lénine.

Ses écrits ouvertement opposés au régime tsariste et son appartenance au Parti social-démocrate le placent sous le coup de la censure et attirent l'attention de la police du tsar dès 1902. Incarcéré à Riga l'année suivante, l'auteur décide de s'exiler à Capri de 1906 à 1913, ce qui lui permet de continuer son combat politique depuis l'étranger. En 1906, il entame une visite pour collecter des fonds aux États-Unis où il bénéficie du parrainage de Mark Twain et de W. D. Howells, soutien qui est loin d'être partagé par les cercles conservateurs qui gouvernent l'Amérique à l'époque. Il bénéficie également d'une légitimité inégalée accordée par ses pairs en Russie : Tchekhov* va jusqu'à démissionner de l'Académie des lettres lorsque Gorki se voit refuser sa nomination par un décret du tsar en 1902. Bénéficiant d'une amnistie, il retourne en Russie en 1914, où il assiste trois ans plus tard au déclenchement de la Révolution. Critique à l'égard du mouvement bolchevique et de son leader, il devient pourtant la figure de proue littéraire du nouveau régime et le véritable parrain du réalisme socialiste en littérature*. Reparti en

Italie pour des raisons de santé en 1921, il revient en 1928 mais, âgé et malade, il cautionne un régime stalinien qui l'instrumentalise (sa visite organisée et filmée par la propagande, au camp de concentration de Solovki, n'est pas à son honneur) mais lui accorde aussi une reconnaissance officielle de premier rang (Ordre de Lénine en 1933). Il devient le premier président de l'Union des écrivains soviétiques et meurt à Moscou en 1936. Son décès sera l'objet de rumeurs : il aurait peut-être été assassiné sur les ordres d'un pouvoir inquiet de la relative liberté de ton que l'écrivain tentait de préserver. Sa ville natale, Nijni-Novgorod, prend son nom dès 1932 et ce jusqu'en 1991.

goulag Acronyme russe pour désigner la «Direction principale des camps» du Commissariat du peuple aux Affaires intérieures (NKVD) créée en juillet 1934. Au-delà de cette dénomination administrative, le goulag est devenu le terme générique pour désigner l'ensemble du système concentrationnaire soviétique. Les premiers camps de concentration sont instaurés dès le mois d'août 1918 pour y enfermer, dans les anciens camps de prisonniers de guerre, les «éléments douteux» (paysans riches, religieux, opposants), pourchassés par le régime bolchevique. Le système concentrationnaire est institutionnalisé avec le décret de février 1919 qui autorise la Tcheka – l'ancêtre du KGB* – à interner dans des camps les ennemis du pouvoir bolchevique, puis en avril avec la création de la «Direction des camps de travail forcé». Jusqu'en 1934, l'organisation administrative des camps est modifiée au gré des multiples reconfigurations institutionnelles de l'appareil policier et répressif.

En un peu plus de trois décennies (1919-1953), le nombre de détenus dans les camps soviétiques a été multiplié par environ 150, passant de 16 000 en 1919 à 2,5 millions en 1953 à la mort de Staline. Le goulag est véritablement devenu un système concentrationnaire à grande échelle à partir de 1930 avec la «dékoulakisation» et la collectivisation. La croissance est alors exponentielle : 179 000 détenus en 1930 ; près d'1,3 million en 1936, 1,8 million en 1938 après la Grande* Terreur, 1,9 million en 1941. Après une baisse (relative) due à la surmortalité de la guerre, les statistiques repartent à la hausse dès 1945 pour atteindre le chiffre de 2,5 millions en 1953. Entre 1930 et 1953, ce sont entre 15 et 18 millions de personnes qui sont passées par le goulag soviétique. À ces chiffres, il faut ajouter ceux des déportés spéciaux du « second goulag » – les peuples collectivement punis pour faits supposés de collaboration avec l'ennemi nazi, puis occidental – soit 2,7 millions de personnes en 1953.

Sur le plan géographique, le goulag forma un véritable « archipel » sur le territoire de l'URSS, selon l'expression d'Alexandre Soljenitsyne. Les premiers camps furent installés sur les îles Solovki au large d'Arkhangelsk sur la mer Blanche, puis au début des années 1930, « l'empire des camps » (selon l'historien français Nicolas Werth) se développe dans les régions les plus inhospitalières de l'URSS : le long du littoral de la mer Blanche ; au Grand Nord (Vorkhouta, Norilsk) ; à l'extrême nord-est, dans la Kolyma accessible seulement par mer, dans l'Oural et en Sibérie occidentale, en Asie centrale (Kazakhstan et lac Baïkal). Le traitement inhumain des détenus dans ces régions aux redoutables conditions de vie provoque une mortalité particulièrement élevée (environ 2 millions), avec des hausses brutales en 1933 (au moment de la grande famine), en 1937 (Grande Terreur) et pendant la guerre (24,9 % en 1942 ; 22, 4 % en 1943). Mais ces chiffres ne tiennent pas compte des décès lors des transferts des prisonniers avant leur arrivée dans les camps.

Une double fonction répressive et économique. Dans le système soviétique, le goulag remplit une double fonction : répressive et économique. Il sert d'abord à mettre à l'écart de la société tous ceux qui sont considérés comme « socialement dangereux » par le pouvoir. Cette catégorie comprend aussi bien les « politiques » – entre 25 et 30 % des détenus – que les « droits communs » qui ne sont pas tous des criminels endurcis, loin s'en faut. De nombreux détenus du goulag étaient des victimes de la « criminalisation » des relations sociales. En effet, diverses lois (en particulier en 1932 et en 1947) prévoyaient des peines de camps, de 5 à 10 ans, pour des infractions à la législation du travail ou pour de simples vols. Officiellement, les détenus devaient se réhabiliter par le travail dans les camps. En réalité, le système concentrationnaire soviétique visait à détruire les individus, à les déshumaniser et à les « déciviliser ».

Le goulag a pour fonction d'utiliser une main-d'œuvre réduite en esclavage pour exploiter les ressources naturelles, mettre en valeur les régions les plus reculées de l'URSS et réaliser les grands travaux décidés par le Kremlin. Ainsi, en 1930, la construction du canal mer Blanche-Baltique a mobilisé plus de 120 000 détenus en deux ans, faisant au minimum 15 000 morts, pour une réalisation pratiquement inutilisable !

Au fil des ans, les fonctions répressives et économiques du goulag sont devenues de moins en moins compatibles. La productivité de cette main-d'œuvre servile et maltraitée était faible. Après la Seconde Guerre mondiale, le goulag est entré en crise avec la multiplication, jusqu'en 1955, des révoltes de détenus. Dès la mort de Staline, le système concentrationnaire commence à être démantelé par Beria qui amnistie 1,5 million de prisonniers, des délinquants pour l'essentiel. Leur libération soudaine et improvisée provoque un véritable choc dans la société soviétique et une hausse brutale de la criminalité. Les libérations de détenus se poursuivent au cours des années suivantes, notamment après le XXᵉ Congrès du PCUS en 1956. Administrative-ment, le goulag disparaît en 1960, mais les camps où les opposants et les dissidents* sont envoyés jusqu'à la perestroïka de Gorbatchev perdurent jusqu'au milieu des années 1980.

Système de répression, de destruction et d'exploitation, le goulag fut aussi un espace où les détenus développèrent une forme de culture avec son langage, ses codes et ses rites, admirablement restituée dans les œuvres d'Alexandre Soljenitsyne* ou de Varlam Chalamov.

---> déportations

la « Grande Guerre patriotique »
Un conflit majeur dans l'histoire de la Russie

Le terme de « Grande Guerre patriotique » est inauguré par un éditorial de la *Pravda* paru au lendemain de l'invasion de l'URSS par l'Allemagne, en juin 1941. Il rappelle par analogie la « Guerre patriotique » de 1812 contre Napoléon Iᵉʳ. La « Grande Guerre patriotique » débute à l'aube du 22 juin 1941 lorsque l'armée allemande lance l'« opération Barbarossa » contre l'URSS. Le front de l'Est sera le plus meurtrier de la Seconde Guerre mondiale. Sur 13,5 millions de soldats allemands morts au front, 10 millions perdent la vie sur le front de l'Est. Côté soviétique, près de 9 millions de soldats et 19 millions de civils soviétiques meurent au cours du conflit.

La guerre joue comme un catalyseur du sentiment identitaire soviétique, exploité par le pouvoir qui développe un culte de la « Grande Guerre patriotique ». Le 9 mai 1945, date de la capitulation allemande (et non le 8 mai en raison du décalage horaire) marque la fin de la Seconde Guerre mondiale pour l'URSS (Moscou ne déclare la guerre au Japon qu'en août 1945).

Le déroulement de la guerre

À l'aube du 22 juin 1941, l'attaque allemande prend de court l'Armée* rouge : 3 millions d'hommes passent la frontière, l'aviation soviétique est presque totalement détruite au sol ; la Wehrmacht fait prisonniers des centaines de milliers de soldats soviétiques. Elle rencontre d'abord peu de résistance : les populations de l'Ukraine occidentale et des pays Baltes, annexées de force par l'URSS en 1940 (conformément à l'un des protocoles secrets du pacte germano-soviétique de non-agression mutuelle de 1939) et soumises depuis aux répressions sanglantes des services de sécurité soviétiques, accueillent les soldats allemands en libérateurs. L'armée allemande atteint Smolensk mi-juillet, et prend Kiev le 19 septembre 1941, capturant 650 000 soldats soviétiques. À l'automne, la Wehrmacht engage le siège de Leningrad qui durera 900 jours et coûtera la vie à 1,5 million de civils tués par les bombardements, les maladies, la malnutrition.

L'Armée rouge ne parvient à ralentir l'avancée allemande qu'en décembre 1941, aux portes de Moscou. L'occupation allemande sur un territoire qui comprend 90 millions d'habitants (sur 194 millions d'habitants en URSS) entraîne le massacre systématique des populations juives (« la Shoah par balles »), exécutées par les *Einsatzkommandos* des SS, assistés parfois de collaborateurs autochtones. Environ 2 000 détachements de résistance soviétique clandestine (les « partisans ») s'organisent dès l'été 1941. Contrôlés depuis Moscou, ils effectuent des opérations de guérillas, harcèlent des divisions allemandes et sabotent les lignes de communication et de transport. Comme l'illustre l'accueil peu hostile réservé à l'envahisseur allemand dans les régions occidentales de l'URSS, la « nation soviétique » n'a guère eu le temps de s'ancrer dans les esprits lorsque la guerre commence. L'URSS n'existe que depuis 19 ans, et sa population est usée par deux décennies d'épreuves : la guerre civile (1918-1920), la collectivisation forcée des terres (début des années 1930), les famines et les répressions… La nécessité d'entretenir un sentiment patriotique pousse Staline à puiser dans la mémoire populaire russe afin de reconstruire le patriotisme, appelant en renfort certains grands mythes de l'histoire russe : le prince (et saint) Alexandre* Nevski, vainqueur des chevaliers de l'ordre Teutonique au XIIIe siècle, le feld-maréchal Koutouzov qui avait contribué à repousser Napoléon* hors des terres russes en 1812. Fait encore plus marquant, Staline réhabilite l'Église orthodoxe. Symbole emblématique de cette « réconciliation » avec l'histoire de la Russie impériale, les cloches sonnent de nouveau dans les cathédrales du Kremlin pour la fête de Pâques 1943.

À partir de 1942, l'Union soviétique organise l'effort de guerre : les centres industriels de l'ouest et du centre sont évacués au-delà de l'Oural ; certains ponts et barrages stratégiques sont dynamités pour ralentir l'avancée allemande. L'industrie est reconvertie dans l'armement, aidée par les livraisons des Alliés. Au front, les soldats de l'Armée rouge se distinguent par leur hargne au combat, nourrie par leur patriotisme, indéniablement, mais également par la terreur stalinienne. Staline* sacrifie les hommes sans compter. En juillet 1942, le dirigeant suprême soviétique édicte l'ordre n° 227 interdisant toute retraite ou toute reddition sans ordre formel du commandement, sous peine d'exécution immédiate. « Pas un pas en arrière, [...] les trouillards et les lâches doivent être exterminés sur place. » En 1942, une seconde offensive allemande vers le sud vise le centre pétrolier de Bakou, mais échoue devant Ordjonikidze (Vladikavkaz) en novembre 1942. Cette ville du centre de la zone du piémont caucasien est le point le plus avancé de l'offensive allemande pendant la guerre. Fin 1942, l'Allemagne occupe une vaste portion du territoire de l'URSS occidentale, à l'ouest d'une ligne allant du mont Elbrouz, point culminant de la chaîne du Caucase, au sud, à la Carélie au nord.

La victoire soviétique à Stalingrad*, le 2 février 1943, après trois mois de combats parfois au corps à corps, symbolise a posteriori le « tournant » de la guerre à l'Est, même si la mise en difficulté de la Wehrmacht commence plus tôt, dès l'hiver 1942 sous l'effet combiné du froid et d'un manque croissant d'hommes et de matériel. À partir de l'hiver 1943, l'Armée rouge reprend lentement les territoires occupés, aidée par les détachements de partisans. Le 5 juillet 1943, les Allemands lancent une offensive dans le saillant de Koursk, qui entre dans l'histoire comme la plus grande bataille de chars de tous les temps, opposant 2 700 « panzers » allemands à 4 000 chars soviétiques. Les pertes sont considérables des deux côtés mais alors que l'Armée rouge peut reconstituer ses forces en quelques semaines, la machine de guerre allemande sort définitivement affaiblie de la bataille de Koursk. Début 1944, les Allemands sont repoussés jusqu'à la frontière polonaise de 1939. Avec le débarquement de Normandie en juin 1944, et donc l'ouverture de ce « deuxième front » à l'Ouest longtemps réclamé par Staline, la Wehrmacht ne peut plus faire face et, en avril 1945, les Soviétiques entrent dans Berlin.

L'issue de la guerre

La guerre a permis à l'URSS de sortir du relatif isolement international qui était le sien pendant tout l'entre-deux-guerres. Son appartenance au camp des vainqueurs lui confère un statut de grande puissance et lui donne le contrôle de la moitié de l'Europe, c'est-à-dire les pays d'Europe centrale, orientale et balkanique libérés par l'Armée rouge, plus tard regroupés sous l'influence de Moscou au sein du pacte de Varsovie. Les pertes humaines, provoquées aussi bien par l'ennemi que par les erreurs stratégiques et la brutalité de Staline, s'élèvent à 27 millions de morts. Il faut ajouter à cela 1,5 million de déportés à la fin de la guerre ou dans l'immédiat après-guerre : les Tchétchènes et les Ingouches, les Tatars* de Crimée et les Allemands de la Volga, soupçonnés de collaboration, les victimes des déplacements de populations menés dans les territoires récemment annexés (pays Baltes*, Ukraine* occidentale) et les soldats soviétiques rentrés de captivité qui, comptant parmi les rares citoyens soviétiques à avoir voyagé à l'étranger, étaient susceptibles d'instiller dans la société soviétique leurs doutes sur les dogmes diffusés par la propagande officielle.

Mémoire et culte de la « Grande Guerre patriotique »

Le souvenir de la « Grande Guerre patriotique » en Union soviétique est au carrefour de plusieurs « mémoires » : d'une part, la mémoire officielle, mise en scène par les célébrations pompeuses du 9 mai, le gigantisme des monuments, la production cinématographique et littéraire à destination des masses et d'autre part la mémoire privée, celle des familles touchées par le conflit, ou encore la mémoire collective entretenue par des hauts faits particulièrement tragiques, comme le blocus de Leningrad. Cette convergence de la propagande officielle et de l'émotion populaire a été abondamment exploitée par le pouvoir pour légitimer et « ancrer » le patriotisme soviétique.

Staline a cherché à faire oublier la guerre – à l'exclusion de son propre rôle de « généralissime ». Les faits d'armes sont minimisés ; le maréchal Joukov, adoré de ses soldats, est rétrogradé ; la publication de mémoires de guerre est interdite ; le statut des anciens combattants est minimisé, et les invalides de guerre sont déportés. Dès 1947, le 9 mai cesse d'être un jour férié, Staline prônant l'ouverture d'un « nouveau front », celui du « travail et de la reconstruction ».

En février 1956, Nikita Khrouchtchev* présente devant le XXe Congrès du PCUS le célèbre « rapport secret », qui dénonce notamment les erreurs stratégiques commises par Staline pendant la guerre. Il lui est reproché d'avoir ignoré les signes de l'imminence de l'attaque allemande et d'avoir organisé la répression contre la quasi-totalité du commandement militaire en 1937-1941, contribuant à affaiblir les capacités de défense de l'URSS à la veille d'un conflit largement pressenti. Khrouchtchev livre une nouvelle lecture de la victoire soviétique : « Ce n'est pas Staline, mais bien le parti tout entier, le gouvernement soviétique, notre héroïque armée, ses chefs talentueux et ses braves soldats, la nation soviétique tout entière qui ont remporté la victoire dans la Grande Guerre patriotique ». Le « dégel » khrouchtchevien se traduit également par un traitement renouvelé de la « Grande Guerre patriotique » dans le domaine littéraire et artistique, laissant plus de place à des regards plus réalistes et moins officiels sur ce conflit. Le célèbre film de Mikhaïl Kalatozov, *Quand passent les cigognes* (Palme d'or au festival de Cannes en 1958), témoigne de ce renouveau. Néanmoins, l'historiographie officielle ne lève pas le voile, loin s'en faut, sur toutes les réalités de la guerre. Ainsi, le génocide des Juifs est minimisé au profit de la victimisation du peuple soviétique tout entier ; certains peuples déportés pour « collaboration » sont réhabilités en 1956 (notamment les Tchétchènes), mais pas tous (Tatars de Crimée) ; enfin, l'existence du protocole secret du pacte germano-soviétique ou encore le massacre d'officiers polonais par les Soviétiques à Katyn* seront officiellement niés jusqu'en 1990.

Leonid Brejnev crée un véritable culte de la Seconde Guerre mondiale afin de cimenter une société soviétique de moins en moins réceptive aux mots d'ordre officiels. Dans un geste symbolique et populiste, Brejnev rétablit le Jour de la Victoire (9 mai) comme jour férié en 1965. La même année, il instaure le titre de « ville-héros » à Leningrad, Stalingrad, Odessa, Sébastopol, la forteresse de Brest-Litovsk, Kiev, Kertch, Novorossisk, Minsk, Toula, Mourmansk et Smolensk. Des capsules comprenant la terre de ces « villes-héros » sont enterrées à côté de la tombe du Soldat inconnu, inaugurée au pied de la muraille du Kremlin, à Moscou, en 1967. Certaines « villes-héros », comme Volgograd, Kiev et Brest-Litovsk, s'enrichissent de gigantesques complexes monumentaux : statues représentant la « Mère-patrie » ou la « Victoire » (à Volgograd – ex-Stalingrad – et Kiev), des bas-reliefs représentant des scènes de bataille et dotés d'un système audio qui diffuse un bruitage de pétarades d'armes automatiques et de cris (Volgograd).

La période de la glasnost a remis en cause l'interprétation officielle soviétique de la « Grande Guerre patriotique ». Ainsi, le processus d'accession à l'indépendance des pays Baltes a remis en cause la version officielle de la « libération » de ces États à la suite de la révélation du partage des zones d'influence entre Staline et Hitler en 1939 (pacte germano-soviétique). Depuis une dizaine d'années, un mouvement révisionniste tente de réhabiliter l'historiographie soviétique officielle, et notamment le rôle de Staline pendant la guerre, et trouve un certain écho en Russie : des bustes ou des plaques commémoratives à la gloire de Staline ont été inaugurés dans plusieurs villes russes (Tcheliabinsk, région de Tioumen, Makhatchkala). En 2006, la Douma d'État a réintroduit un titre officiel qui rappelle celui de « ville-héros », le titre de « ville d'honneur militaire ».

la Grande Terreur La paternité de l'expression « Grande Terreur » revient à l'historien américain Robert Conquest qui en a fait le titre de son livre, paru en 1968, sur la répression de masse en URSS pendant les années 1930. Elle désigne précisément la période qui s'étale entre juillet 1937 et novembre 1938 au cours de laquelle environ 1,5 million de personnes sont arrêtées dont 750 000 sont fusillées après avoir été sommairement jugées. Cette répression à grande échelle vise à épurer le pays de tous les « éléments socialement dangereux » ou supposés tels : koulaks*, minorités nationales, cadres du parti, de l'armée et de l'administration, opposants à Staline*, simples citoyens. Vingt ans après la révolution d'Octobre, près d'une décennie après la « dékoulakisation », cette nouvelle vague de violence déclenchée par le pouvoir contre la société constitue une étape décisive de la consolidation du pouvoir de Staline. Il est le maître d'œuvre de l'ensemble des opérations – totalement secrètes – de cette Grande Terreur.

À la fin du mois de juillet1937, deux ordres opérationnels du NKVD (Commissariat du peuple des affaires intérieures) signés par Staline fixent le cadre et les catégories visées par les opérations de masse. Le premier, l'ordre n° 00439 du 25 juillet 1937, lance la répression contre les minorités nationales considérées comme des agents et des espions de l'étranger, en particulier celles vivant près des frontières de l'URSS : Allemands*, Finlandais, Grecs, Estoniens, Roumains, Coréens, Polonais, Kurdes, tous sont les cibles de cette « épuration ethnique ». Jusqu'en novembre 1938, plus de 335 000 personnes appartenant à ces minorités sont condamnées et les trois quarts exécutées. Parmi elles, on compte plus de 110 000 Polonais dont les cadres et les dirigeants du parti communiste polonais dissous sur ordre de Staline en août 1938.

Le deuxième, l'ordre n° 00447, est le point de départ « des opérations de répression des ex-koulaks, criminels et autres éléments antisoviétiques ». Ce texte fixe les différentes catégories de personnes à arrêter à partir du 5 août 1937, les peines à leur infliger – exécution après jugement par trois juges ou peine de camp de 10 ans – et les quotas à réaliser par région pour chacune des catégories. Staline ordonne aux agents du NKVD « d'annihiler sans pitié » tous les éléments antisoviétiques. Les catégories ainsi définies recouvrent des groupes et des situations extrêmement variés : anciens koulaks ayant purgé leur peine, petits paysans, délinquants, religieux, « gens du passé » (anciens propriétaires, fonctionnaires de l'ancien régime, etc.).

Les autorités locales mettent en œuvre avec zèle les instructions de Staline et de son commissaire du peuple aux affaires intérieures, Nicolaï Ejov, alimentant ainsi la spirale de la répression meurtrière. Non contentes de remplir les quotas d'arrestations et d'exécutions qui leur sont assignés, elles réclament des augmentations au Politburo qui les leur accorde. La Grande Terreur touche l'ensemble du territoire soviétique même si certaines régions la subissent plus violemment. C'est notamment le cas de l'Ukraine* qui est à nouveau une cible privilégiée de la répression sans toutefois que le nombre des victimes (250 000) n'atteigne celui de la grande famine* de 1932-1933 (5 à 6 millions de morts).

Staline utilise également la Grande Terreur comme un instrument de soumission et de renouvellement des élites. Elle lui permet d'éliminer la vieille garde bolchevique à travers les trois grands procès de Moscou qui se déroulent entre 1936 et 1938. Ces opérations publiques détournent l'attention, en particulier à l'étranger, de la répression de masse conduite secrètement. Toutes les institutions sont visées : le PCUS, le Komintern*, les administrations et les organes de répression. L'Armée* rouge subit une purge de grande ampleur. Outre son chef, le maréchal Toukhatchevski, elle perd la quasi-totalité des officiers supérieurs et plus de 30 000 cadres sont arrêtés. Les milieux artistiques et intellectuels ne sont pas épargnés, comme les écrivains Isaac Babel ou Ossip Mandelstam.

La Grande Terreur provoque une grave désorganisation du pays au point que Staline décide, par une résolution secrète, d'y mettre un terme le 17 novembre 1938. Ejov est démis de ses fonctions de chef du NKVD – il sera ensuite arrêté et fusillé – et est remplacé par Beria, géorgien comme Staline.

La Grande Terreur s'inscrit dans la logique de la dynamique totalitaire et dans la longue trajectoire de la répression en URSS. Elle prolonge les opérations de masse entamées avec la « dékoulakisation » au début des années 1930. Les méthodes utilisées pendant les années 1937-1938 seront à nouveau employées pendant et après la Seconde Guerre mondiale contre d'autres « ennemis* du peuple » (populations des territoires conquis, prisonniers de guerre, peuples suspects de collaboration avec l'Allemagne, etc). La mort de Staline en 1953 a probablement empêché le déclenchement d'une nouvelle Grande Terreur. Il faudra attendre l'effondrement de l'URSS pour que le secret soit levé sur cette répression de masse.

⎯⎯> déportations, goulag

grands travaux La politique dite des « grands travaux » a consisté, dans les pays en proie à la crise des années 1930, démocratiques (États-Unis) ou non (Italie, Allemagne), à relancer la machine économique par l'intervention directe de l'État. Ce dernier était à la fois commanditaire et maître d'œuvre de gigantesques travaux d'aménagement destinés à développer de nouvelles activités agricoles ou industrielles, employant ainsi des dizaines de milliers de chômeurs. En Union soviétique, l'utilité économique et sociale des « grands chantiers », largement vantée par la propagande, a également servi des buts plus politiques tout en révélant le revers sombre du système. Dans cet article, on traitera surtout de l'époque stalinienne, en particulier des années 1930.

Lénine avait déclaré en 1919, lors de la fondation du *Goelro* (Commission d'État pour l'électrification de la Russie) chargé d'étendre le réseau électrique, que le communisme, c'était « les soviets plus l'électrification ». Treize années plus tard, l'érection du *Dneprogress*, le plus grand barrage hydroélectrique jamais construit sur le territoire russe, symbolisait la réussite éclatante du premier plan quinquennal (1928-1932) qui prévoyait l'industrialisation à marche forcée du pays. Le film d'A. Matcheret, *Des travaux et des hommes*, a magnifié cette épopée et glorifié la mobilisation de la population. Mais il a aussi incidemment dévoilé le recrutement fréquent d'ingénieurs étrangers, notamment américains, l'importation de machines inconnues en Russie et la lutte constante contre les pénuries de matériel.

L'électricité produite par le *Dneprogress* témoignait du bond technologique soviétique et donnait ainsi corps à l'utopie de la transformation totale de la nature par l'homme, au cœur de la pensée socialiste. C'est ce qui explique la multiplication de projets abandonnés (barrage sur le Pacifique), réalisés en dépit du bon sens (irrigation massive des champs ouzbeks qui a provoqué la disparition de la mer d'Aral) ou finalement inutilisés (voie ferrée le long du cercle polaire arctique). La même distorsion de la pensée marxiste a justifié l'entreprise de réécriture de l'histoire scientifique (les Soviétiques auraient tout inventé ou presque) ou les fausses théories (la plus fameuse étant celle de Lyssenko* en biologie).

On doit aussi compter parmi les grandes réalisations du régime la construction de canaux de navigation (Volga-mer Blanche), de combinats métallurgiques ou sidérurgiques géants (Magnitogorsk, ville nouvelle de l'Oural) ou le plan « stalinien » de reconstruction de Moscou* (1935). Ces « exploits » socialistes suscitaient l'adhésion et la fierté des pionniers qui participaient à l'aventure, avec le sentiment de fonder une nouvelle société aux codes révolutionnaires.

Alors que l'ensemble du pays se couvre de nouveaux « fronts » ouverts contre « l'arriération » économique, la main-d'œuvre manque toutefois cruellement. L'exploitation des mines d'or de la Kolyma dans des conditions climatiques effroyables a en fait été rendue possible par l'exploitation de centaines de milliers de prisonniers du goulag* réduits à l'esclavage ; il en était de même sur la plupart des grands chantiers, qui coûtèrent la vie à nombre de « zeks » (du russe *zaklioutchen*, « prisonniers du goulag »).

Les successeurs de Staline renouent avec une politique moins ambitieuse, même si Nikita Khrouchtchev avance le projet des « agrovilles » (transfert des villes à la campagne). Après-guerre, le pays s'industrialise tant bien que mal : les gigantesques combinats industriels, les expérimentations du complexe industrialo-militaire et la surexploitation des ressources naturelles posent aujourd'hui de graves problèmes écologiques.

Vassili Semionovitch Grossman

Vassili Grossman naît en 1905 à Berditchev, en Ukraine, dans une famille juive assimilée, où on ne parle pas yiddish. Diplômé ingénieur chimiste en 1929, il abandonne cette voie pour la carrière d'écrivain, dans laquelle il se distingue dès 1934. Gorki le remarque à la publication de «Dans la ville de Berditchev», une nouvelle sur la guerre civile tout à fait dans la ligne du parti. En 1941, il s'engage comme correspondant de guerre pour *l'Étoile rouge*, le quotidien de l'Armée rouge.

En 1945, Grossman rassemble ses chroniques, très appréciées des soldats, dans *Stalingrad. Choses vues*. Son roman sur les premières semaines de la guerre en 1941, *Le peuple est immortel*, élu à l'unanimité pour le prix Staline, est toutefois éliminé par Staline au profit de la *Chute de Paris*, d'Ehrenbourg, traitant un thème politiquement moins dangereux.

La même année Grossman est malgré tout chargé d'établir, avec Ehrenbourg, le *Livre noir* détaillant les atrocités de guerre nazies en URSS. Or, entre-temps, il a appris que sa mère avait été fusillée par les nazis en 1941. Cette perte lui inspire, pour son chef-d'œuvre *Vie et destin*, la «Lettre d'une mère», adieu imaginé par l'écrivain transcendant une réalité qu'il ne parvient pas à accepter.

Grossman a aussi découvert en 1944 «l'Enfer de Treblinka», titre d'un long article censuré car il traite du martyre juif et non du sacrifice de la population soviétique dans son ensemble. L'écrivain prend alors violemment conscience de sa judaïté. À ses yeux, stalinisme et nazisme sont deux idéologies fondées sur la négation de l'humain. Les dialogues entre les personnages de *Vie et destin* témoignent de l'impossibilité d'exprimer pensées et émotions, à haute voix ou même intérieurement.

Cette critique du régime stalinien explique que le roman soit refusé en 1960. Grossman sollicite Khrouchtchev, puis s'entretient avec Souslov, responsable de l'idéologie. L'écrivain clame sa sincérité et prie les autorités de «rendre la liberté» à son livre confisqué. Cette confrontation sans issue avec le pouvoir amène Grossman à remanier profondément *Tout passe* (1963), son testament spirituel : il juge que la Russie, à l'inverse de l'Occident, a construit l'esclavage moderne au lieu de libérer l'homme. L'écrivain croit cependant à «l'humain dans l'homme » et à la bonté de l'individu, qui s'oppose au bonheur de masse imposé par les États totalitaires.

Grossman meurt en 1964 sans qu'aucun des textes écrits après *Pour une juste cause* (1952, formant diptyque avec *Vie et destin*) n'ait paru. Il faut attendre 1980 pour qu'une édition incomplète de *Vie et destin* soit publiée en Israël grâce à Andreï Sakharov, et 1988 en URSS.

guerre civile
La mise en place violente du régime communiste

La guerre civile désigne l'affrontement entre les partisans de la restauration de l'Ancien Régime déchu (les « Blancs ») et les défenseurs du nouveau régime socialiste né de la révolution d'Octobre* (les « Rouges »). Le conflit serait né le 7 novembre 1917, en particulier lors de violents combats de rue à Moscou, et aurait pris fin avec la défaite du général Wrangel, en novembre 1920. Cependant, les combats ne cessent qu'après l'écrasement de la révolte des marins de Kronstadt (mars 1921), lorsque la grande révolte paysanne conduite par le socialiste-révolutionnaire (SR) Antonov à Tambov est anéantie par le général Toukhatchevski, en juillet 1921. La guerre civile oppose donc les bolcheviks à des adversaires très disparates : les troupes contre-révolutionnaires loyales à la famille impériale, les insurgés révolutionnaires (anarchistes*, socialistes-révolutionnaires et mencheviks) et divers mouvements indépendants les uns des autres, souvent paysans, appelés à l'époque « Verts ».

La Russie démembrée

Cependant, la guerre civile est aussi fille de la Grande Guerre – plus sûrement que du mouvement ouvrier russe, encore peu implanté du fait du caractère agricole du pays et de la jeunesse des partis révolutionnaires. Les soldats déserteurs ont joué un rôle indéniable dans l'embrasement des campagnes et la chute du gouvernement provisoire, en propageant les rumeurs et en important les armes à l'intérieur du pays. La guerre civile s'est aussi compliquée de l'intervention étrangère. Les Allemands envahissent l'Ukraine dès la signature du traité de Brest-Litovsk (mars 1918), qui ampute la Russie de 26 % de sa population, 27 % de sa surface cultivée et 75 % de sa production d'acier et de fer. Environ 2 000 soldats britanniques débarquent à Mourmansk, au nord du pays, tandis que les marins français occupent Odessa, au sud, afin de soutenir l'allié russe contre les révolutionnaires qui ont signé la paix et menacent l'Europe.

Surtout, les mesures de contrôle politique et d'exclusion prises par l'administration tsariste, puis systématisées par le gouvernement provisoire, ont inspiré les mesures bolcheviques les plus radicales. Au nombre de celles-ci, on compte la formation de l'Armée* rouge, l'application précipitée du programme communiste de mise en commun des biens de production et l'organisation d'une police secrète (Tcheka) garante de la dictature politique.

L'Armée rouge est instituée par Trotski* à partir des 10 000 hommes que comptait la Garde rouge. Le 9 juin 1918, le gouvernement décrète la remobilisation obligatoire : les effectifs passent de 360 000 hommes en juillet à 800 000 en novembre, 1,5 million en mai 1919 et 5,5 millions à la fin de 1920. Pour lutter contre les désertions massives de soldats et rétablir la discipline, Trotski fait appel à 50 000 anciens officiers tsaristes, fins connaisseurs en la matière, et n'hésite pas à prendre en otage des villages entiers. Mais l'armée assiste aussi financièrement les familles de conscrits et promeut les simples soldats en officiers.

Dans le même temps est adopté le « communisme de guerre » qui vise la restauration de l'autorité étatique malmenée par le conflit mondial et la guerre civile. Loin de la rapide disparition de l'État théorisée par Marx, la Russie voit l'État prendre en mains l'économie russe entière au moyen de nationalisations successives, essentiellement au printemps 1918. Si dans les villes, les bolcheviks luttent contre l'autogestion ouvrière des soviets, ils tentent aussi de réduire à néant l'autonomie locale des communes paysannes. Ils lancent une vaste campagne de réquisitions des récoltes par l'intermédiaire des comités de paysans pauvres (*kombedy*) – en fait, de véritables détachements armés.

L'instauration de la dictature politique, dissimulée derrière le slogan « tout le pouvoir aux soviets », sert de cadre à cette action économique. Les bolcheviks prennent rapidement le contrôle des moyens de communication et d'information, et interdisent plusieurs journaux. Le coup d'État bolchevique se produit lorsque Lénine* s'oppose à l'Assemblée constituante qu'il avait tant réclamée au gouvernement provisoire. Les 41 millions de Russes ayant voté en décembre 1917 ont en effet donné la majorité aux socialistes-révolutionnaires ou SR (370 sur 707 députés, seulement 175 bolcheviks), mieux implantés dans les campagnes. L'Assemblée élit à sa présidence le SR Tchernov et annule les décrets d'Octobre. Le 19 janvier, les Gardes rouges empêchent alors sa réunion : c'est la fin de la démocratie parlementaire en Russie.

Blancs, Rouges, Verts…

Le pouvoir d'en bas, celui des soviets (progressivement noyautés par les bolcheviks), est transformé en un pouvoir par le haut, c'est-à-dire qu'il passe de la société à l'État et dans l'État au parti bolchevique. Pire, le parti libéral KD est interdit en juillet 1918 ; les SR sont éliminés physiquement car ils s'opposent militairement aux bolcheviks et qu'une SR, Fanny Kaplan, serait l'auteur de l'attentat de juillet 1918 contre Lénine ; les mencheviks essayent de jouer le jeu de la légalité et de constituer une opposition au sein des soviets. Mais en février-mars 1921, 2 000 d'entre eux sont arrêtés ; en avril, le mouvement anarchiste est décapité à son tour. La Commission extraordinaire de répression de la contre-révolution et du sabotage (Tcheka), dirigée depuis décembre 1917 par Félix Dzerjinski, fait régner la « Terreur rouge » avec ses détachements militaires, ses tribunaux spéciaux et ses camps.

L'échec de la révolution mondiale impose aux bolcheviks de vaincre seuls, en Russie. En effet, lorsque la IIIe Internationale (Komintern*) est fondée à Moscou en mars 1919, les spartakistes, membres du Parti communiste allemand, ont déjà été anéantis à Berlin, le fondateur du Parti communiste hongrois, Bela Kun, a été chassé de Budapest. Quelques mois plus tard, la guerre en Pologne* s'achève, laissant le pays hors de l'orbite révolutionnaire. Mais les puissances étrangères qui ont soutenu le chef d'État polonais, Pilsudski, abandonnent au même moment les autres théâtres d'affrontement de la guerre civile.

Ainsi, en Sibérie, l'amiral Koltchak* est pris et fusillé en février 1920. L'éloignement de cette immense région a permis aux mencheviks et aux socialistes-révolutionnaires de s'insurger eux aussi. La proximité des frontières a favorisé l'intervention étrangère et d'étranges épopées, comme celle du baron Ungern, narrée par Vladimir Pozner dans *le Mors aux dents*. Environ 30 000 soldats tchèques et slovaques se sont aussi soulevés contre les bolcheviks. Ils s'étaient pourtant constitués prisonniers pour ne pas avoir à lutter contre leurs « frères » slaves pour le compte de la monarchie autrichienne et se trouvaient sur le chemin de Vladivostok, d'où ils voulaient rejoindre le front français pour y combattre les Allemands. Ayant pris le contrôle de plusieurs cités le long du Transsibérien, ils sont finalement défaits.

Dans le sud du pays, le général Kornilov puis, à sa mort en avril 1918, le général Denikine, commandent une « armée des volontaires » de 3 000 officiers, rapidement mise en déroute. Mais les Blancs obtiennent le soutien des Cosaques du Don contre la politique agraire des bolcheviks, ainsi que le met en scène Mikhaïl Cholokhov dans *le Don paisible*. Les Rouges n'en triomphent qu'à grand-peine en novembre 1920.

Dans *la Garde blanche*, Mikhaïl Boulgakov décrit le siège de Kiev, occupé d'abord par les Allemands et leur marionnette, l'ataman (hetman) Skoropadsky; puis par les nationalistes ukrainiens de Simon Petlioura; enfin par les Rouges. Dans *Cavalerie rouge*, Isaac Babel dévoile la cruauté au combat des troupes rouges de Boudienny, exercée contre les Blancs, la population civile (en particulier juive) et les anciens alliés – comme l'anarchiste Nestor Makhno, défait en août 1920.

Cependant, pour l'essentiel, les combats les plus rudes livrés par les Rouges l'ont été contre les « Verts » – en fait, une myriade de groupes combattants de tailles variées, disséminés sur l'ensemble du territoire, plus ou moins politisés mais rarement liés à des partis politiques. Le cas le plus fameux est celui d'Antonov, ancien SR qui a tenu tête aux bolcheviks plusieurs mois à la tête de plusieurs milliers de déserteurs et de paysans. L'éradication de ce « bandit » a nécessité l'usage de l'aviation, de l'artillerie lourde et, semble-t-il, des gaz de combat.

Les Rouges, tout aussi sanguinaires que leurs adversaires, s'en sont distingués par leur cohésion, due à la puissance de l'idéologie communiste et à une propagande efficace. Ils ont en effet contrebalancé la violence politique par une pédagogie appliquée à l'ensemble de la population adulte, dissimulée sous le terme d'« éducation politique ». Au sein de l'Armée rouge notamment, l'alphabétisation, les spectacles et la culture physique ont été généralisés. Les meetings, les affiches, le théâtre sont mis à contribution.

Mais la guerre civile a également entraîné une archaïsation de la société russe, vidant les villes des ouvriers qui ont fui vers la campagne, des aristocrates forcés de fuir, d'intellectuels qui se sont exilés. Les huit années de conflits superposés ont contribué à la brutalisation et à la massification de la politique, imposant une mobilisation permanente des esprits et des corps.

Guerre et Paix

Guerre et Paix L'œuvre monumentale de Lev Tolstoï* a paru entre 1865 et 1869. À travers l'évocation de la Russie à l'époque napoléonienne, l'écrivain développe une théorie extrêmement sombre et résignée de l'Histoire selon laquelle la liberté de l'individu s'efface toujours devant le déterminisme des événements. Le récit ne suit pas une trame linéaire, d'autant moins que l'auteur jalonne l'histoire de nombreuses réflexions propres ou de digressions personnelles.

Bien que *Guerre et Paix* se déroule entre 1805 et 1820, l'essentiel de l'action tourne autour de la guerre de la troisième coalition, la paix de Tilsit (1807) et la campagne de Russie, soit plus précisément de 1805 à 1812. Si la guerre franco-russe, à travers notamment d'admirables récits de bataille, fournit l'essentiel de la sève du roman, la société russe, le monde nobiliaire, le servage ou les sociétés secrètes font l'objet d'une dissection quasi chirurgicale et donnent de la Russie d'Alexandre Ier un panorama politique, social et psychologique sans équivalent. La profusion des personnages et des situations est telle qu'aucun d'entre eux ne se distingue véritablement, hormis peut-être Pierre Bezoukhov.

La postérité de ce chef-d'œuvre est à l'image de l'instantanéité de son succès puisque l'on ne compte pas moins d'une dizaine d'adaptations cinématographiques ou télévisuelles et un opéra éponyme de Prokofiev.

guerre froide
Un moment exceptionnel dans l'histoire russe

La guerre froide fut un conflit total – idéologique, stratégique, territorial, économique, social, scientifique et culturel – qui divisa le monde en deux camps pendant un peu plus de quarante ans. Elle débute au tournant des années 1946-1947 en raison de l'accumulation des tensions et des désaccords entre les anciens Alliés – États-Unis, Grande-Bretagne et URSS –, en particulier sur le règlement de la question allemande. La coopération qui avait permis de vaincre l'Allemagne nazie et de jeter les bases du nouvel ordre mondial lors des conférences de Téhéran, Yalta* et Potsdam fait place à la concurrence et bientôt à l'affrontement.

Le rideau de fer

Dès 1946, Staline tente de pousser son avantage au Moyen-Orient avec une offensive sur l'Iran et la Turquie qui est en grande partie à l'origine de la doctrine de l'endiguement *(containment)*, exposée par le président Truman devant le Congrès en mars 1947, qui vise à stopper l'extension de la zone d'influence soviétique et à soutenir tous les États menacés par les communistes. Le processus de formation des blocs qui s'enclenche alors aboutit à la division du monde en deux camps, comme l'annonce Andreï

Jdanov* lors de la création du Kominform, en septembre 1947. Staline accélère la soviétisation de toute la partie de l'Europe* qu'il contrôle. Elle se traduit par la monopolisation du pouvoir entre les mains des partis communistes, l'élimination de leurs concurrents et adversaires, la reproduction du modèle d'organisation du parti-État soviétique. La guerre reste froide entre les États, mais la violence exercée contre les sociétés est-européennes prolonge les violences de la Seconde Guerre mondiale. En février 1948, le « coup de Prague » permet à l'URSS d'étendre sa domination sur la moitié de l'Europe. L'URSS semble alors au faîte de sa puissance. Jamais l'Empire tsariste n'avait réussi à contrôler d'aussi vastes territoires jusqu'au cœur historique de l'Europe.

Mais, en juin 1948, la rupture entre Staline* et Tito – qui cherche à s'émanciper de la tutelle soviétique – ouvre une nouvelle phase de la guerre froide, marquée par la consolidation des blocs et la montée des tensions en Europe et surtout en Asie.

Si le théâtre européen ne se transforme pas en champ de bataille, la tension est à son comble d'abord avec la crise de Berlin (juin 1948 - mai 1949) – lorsque les Soviétiques organisent le blocus des zones occidentales –, l'acquisition de l'arme atomique par l'URSS et la création de l'OTAN. Les années 1949-1953 sont marquées au sein du bloc soviétique par les purges, les procès et la militarisation des économies. Aux États-Unis et au Royaume-Uni, certains prônent une politique de refoulement *(roll back)* du communisme, mais les opérations de guerre psychologique et de déstabilisation des régimes est-européens ne sont guère couronnées de succès, incitant les Occidentaux à revenir à une politique plus prudente. Les intellectuels et les artistes sont mobilisés pour la défense de chacun des blocs, faisant de la propagande une composante centrale de l'affrontement entre les deux camps.

En Asie, après la chute de l'Empire japonais, en 1945, la guerre se poursuit en Chine, en Corée et en Indochine. À partir de 1949, l'Asie devient le théâtre majeur de la guerre froide avec la révolution chinoise et surtout l'offensive nord-coréenne contre la Corée du Sud, lancée en juin 1950 par Kim Il-sung avec l'approbation de Staline. L'entrée en scène de troupes chinoises et américaines plonge le monde dans une ambiance de troisième guerre mondiale.

Un semblant de détente

La mort de Staline, en mars 1953, ouvre à la voie à une première « détente » qui permet de renouer le dialogue avec les États occidentaux et la

Yougoslavie de Tito, mais non de mettre un terme à la guerre froide. Au contraire, celle-ci s'étend à de nouveaux espaces à mesure que la décolonisation donne naissance à des États indépendants. L'URSS accède alors à des zones – Afrique, Amérique latine – auparavant hors de son influence. Sous l'impulsion de Khrouchtchev*, elle déploie une politique d'alliance avec le tiers-monde qui combine vente d'armes et exportation d'un modèle de développement (parti unique, système répressif et économie socialisée) dont l'Égypte de Nasser sera le symbole.

Si la coexistence pacifique devient le principe directeur de la politique étrangère soviétique à partir du XXe Congrès du PCUS, en février 1956, elle ne signifie pas pour autant un abandon des «conquêtes du socialisme» comme le montrent la répression brutale des mouvements de révolte à Berlin-Est en 1953 et à Budapest en 1956, puis la construction du mur de Berlin en 1961. La crise de Cuba d'octobre 1962 met en lumière les contradictions de la politique de Khrouchtchev, qui proclame la coexistence pacifique tout en faisant de l'arme nucléaire l'instrument d'une diplomatie offensive. Le successeur de Staline voudrait tout à la fois jouer jeu égal avec les États-Unis, conserver son statut de chef du système communiste mondial – contesté par la Chine –, ne rien céder des conquêtes européennes et poursuivre l'expansion dans le tiers-monde. Mais tous ces objectifs sont difficilement compatibles entre eux.

À partir de 1962, la guerre froide entre dans une nouvelle phase de détente qui porte, pour l'essentiel, sur les négociations stratégiques entre Moscou et Washington. La crise de Cuba ayant fait la démonstration des dangers du jeu nucléaire, les deux Grands s'emploient à limiter les risques de dérapage et à conserver leur prééminence, avec notamment la signature du traité de non-prolifération et les accords sur la limitation et la réduction des armements nucléaires. La détente permet également de stabiliser la situation en Europe. Au milieu des années 1970, l'URSS croit avoir atteint ses objectifs. Sur le plan militaire, elle a obtenu la parité stratégique avec les États-Unis. Sa domination sur l'Europe de l'Est est officiellement reconnue avec l'*Ostpolitik* de Willy Brandt et les accords signés à Helsinki en 1975 lors de l'Acte final de la conférence sur la sécurité et la coopération en Europe. Le long processus de décolonisation et la contestation des États-Unis, qui cristallise avec la guerre du Vietnam, lui confèrent d'importantes marges de manœuvre. L'URSS semble donc tirer le plus grand profit de la détente.

Cependant, à la fin des années 1970, les dirigeants soviétiques commencent à estimer que son coût est supérieur à son bénéfice. Moscou subit ses premiers revers dans le tiers-monde avec la perte de l'Égypte en dépit de près de vingt ans d'investissements politique, économique et militaire. Les États-Unis profitent du conflit sino-soviétique pour se rapprocher de Pékin.

Le combat des droits de l'homme

Mais surtout, pour obtenir la reconnaissance de ses conquêtes est-européennes, l'URSS a dû se résoudre à des concessions sur le chapitre des droits de l'homme qu'elle tenait pour négligeables. Or, après l'échec du « printemps de Prague », en 1968, les opposants et les dissidents portent précisément leur combat sur ce terrain des droits de l'homme en se saisissant des dispositifs juridiques des accords d'Helsinki. Cette stratégie finit par porter atteinte à l'image et à la légitimité de l'URSS. Entre 1979 (révolution iranienne et invasion de l'Afghanistan*) et 1985 (arrivée de Gorbatchev au pouvoir), la guerre froide connaît alors une nouvelle phase de radicalisation, en particulier dans le tiers-monde, où la détente est restée théorique. En Amérique latine, en Afrique et au Moyen-Orient, les rivalités Est-Ouest ont alimenté guerres civiles et conflits régionaux. En Asie, elles provoquent de nouvelles tragédies, en particulier avec le génocide commis par les Khmers rouges et l'exode des boat people vietnamiens. La crise des euromissiles et la création du syndicat indépendant Solidarnosc en Pologne replacent l'Europe au cœur de la guerre froide.

La fin de l'URSS

Au début des années 1980, l'URSS semble encore être une puissance solide avec ses forces nucléaires, ses capacités de projection, son armée pléthorique et son système de contrôle et de répression des sociétés. Mais ses succès apparents masquent des fragilités profondes qui vont précipiter sa chute.

L'arrivée de Gorbatchev* au pouvoir, en mars 1985, ouvre la voie à la sortie de la guerre froide même si cet horizon semble alors encore inimaginable. Conscient du coût excessif pour l'économie soviétique de la course aux armements et de la compétition dans le tiers-monde, Gorbatchev relance les négociations avec Washington, retire les troupes soviétiques d'Afghanistan et met en œuvre des réformes destinées à régénérer le système soviétique. Mais elles produisent l'effet contraire. En moins de deux ans, l'URSS s'effondre. La chute du mur de Berlin, en novembre 1989, entraîne la perte des pays satellites est-européens, Gorbatchev ayant refusé de recourir à la force pour les conserver. Il est contraint d'accepter la réunification de l'Allemagne. Puis ce sont les républiques soviétiques qui contestent l'autorité de Moscou. En décembre 1991, la Russie succède à l'URSS, hérite de son siège au Conseil de sécurité et de son arsenal nucléaire, mais elle sort vaincue de la guerre froide. Elle est amputée des conquêtes accumulées au cours des trois siècles précédents : États baltes*, Ukraine*, Biélorussie*, Caucase* et Asie centrale*.

La guerre froide fut un moment exceptionnel dans l'histoire russe. Pour la première fois, la Russie devint une puissance globale, disposant d'une force militaire équivalente à celle les États-Unis. La guerre froide fut l'instrument d'une expansion territoriale sans précédent de l'Empire réalisée par la contrainte, mais également par une force d'attraction tout aussi inédite reposant sur la mobilisation d'une idéologie de type révolutionnaire. Cette combinaison de la force et de la séduction – le charme universel d'Octobre, selon l'expression de François Furet – permit à la Russie d'exercer une influence bien au-delà de sa sphère traditionnelle et de mobiliser à son profit de larges couches sociales à travers le monde. Toutefois le coût humain et économique de cette compétition pour la puissance avec le monde capitaliste fut si élevé pour l'URSS qu'il finit par conduire à sa chute.

HIJ

Alexandre Ivanovitch Herzen Penseur, publiciste et homme politique russe né le 6 avril 1812 à Moscou. L'itinéraire intellectuel et politique de cet aristocrate est déterminé par la lutte contre l'autocratie et le servage sous le règne particulièrement sévère de Nicolas Ier. En 1834, il est arrêté pour propos subversifs et condamné à la relégation en compagnie de son compagnon de lutte, Nicolas Ogarev. Durant ses huit années d'exil, Herzen découvre la Russie des campagnes, le monde des paysans et la bureaucratie provinciale. De ces pérégrinations, il émerge une première œuvre critique à l'égard du pouvoir et la conviction forte que la liberté passe par le développement de la Russie selon un modèle occidental, l'affranchissement des paysans étant la première étape obligée. Il publie son premier roman à thèse *Qui est coupable?* Émigré volontaire en Europe en 1847, Herzen rencontre à Paris Bakounine* et Sazonov, noyau de l'émigration radicale russe. Il fréquente Proudhon. Spectateur attentif de la révolution de février 1848, désespéré par les journées de juin, il est compromis et doit s'exiler l'année suivante en Suisse dont il devient citoyen en 1851. En 1857, il fonde le journal bilingue *Kolokol (la Cloche)* dont l'audience dans les milieux socialistes est vite importante en Europe comme en Russie. La fin du servage* en Russie en 1861 apparaît comme le triomphe de son combat. Sa doctrine s'étoffe. Il plaide pour un chemin vers le socialisme propre à la Russie qui doit tenir compte de la paysannerie mais également des traditions communautaires. D'autre part, il polémique avec Bakounine et refuse de miser sur l'élan révolutionnaire et la spontanéité des masses. Au contraire, il affirme la nécessité d'une propagande patiente et d'une organisation préalable propres à assumer l'étape révolutionnaire. Épris de justice et de liberté, ce « gentilhomme russe et citoyen du monde », comme l'écrit Dostoïevski, s'éteint à Paris en 1870. En 1912, Lénine en fit l'éloge, faisant ainsi rentrer Herzen, bien malgré lui, dans le panthéon soviétique.

hiver « Ciel de brume ; la tempête tourbillonne en flocons blancs, et vient hurler comme une bête [...] ». Ces vers, tirés d'*Eugène Onéguine* de Pouchkine, et qui célèbrent les soirs d'hivers, sont parmi les plus récités de Russie. Devenu célèbre en France par les campagnes de Napoléon, le général Hiver, toujours prêt à dérouter l'envahisseur, est un élément structurant de la société russe. Féroce car continental, il n'est pas avare en températures excessives : au mois de février, les − 25 °C sont monnaie courante en Russie européenne, tandis que la Sibérie* flirte avec les − 40 °C. Un siècle et demi après la déroute de la Berezina*, les troupes allemandes connurent à leur tour l'assaut ravageur du général Hiver : en décembre 1941, par des températures de − 20 °C, les soldats russes de Sibérie, bien équipés et habitués à l'hiver, contre-attaquent aux alentours de Moscou*. Les armées allemandes, bloquées depuis quelques semaines, sont décimées. Elles manquent d'équipement adapté. Les moteurs des chars et des avions gèlent et les soldats aussi.

Pourtant, en temps de paix, lorsque le temps est sec et que le vent ne vous arrache pas les oreilles, il vous est donné de survivre, pourvu que vous soyez bien couverts et que vous puissiez trouver un abri pour y consommer thé ou vodka. De fait, les pauvres de Russie paient régulièrement un lourd tribut à cette saison, les décès pouvant se chiffrer par milliers si la rigueur est au rendez-vous. Les premières neiges, qui tombent généralement dans la deuxième quinzaine d'octobre, donnent le signal du grand calfeutrage auquel se livre tout un chacun. À l'aide de larges rubans adhésifs, on immobilise toutes les fenêtres jusqu'au printemps à l'exception des *fortotchkas* (vasistas) qui permettent de faire rentrer des courants d'air glacé dans des pièces généralement surchauffées. On étouffe également dans les moyens de transport, y compris dans les voitures particulières. En effet, bien dotée en ressources naturelles, la Russie ne se pose pas encore la question des économies d'énergie. Par contre, elle a depuis longtemps résolu le problème de la conservation des fruits et légumes, en développant une impressionnante industrie du bocal, accompagnée d'un savoir-faire inégalé en matière de soupes, compotes, salaisons.

Une fois installé, l'hiver offre de multiples plaisirs : patinage*, ski, luge, pêche sur la glace, roulades dans la neige au sortir du sauna, glaces à la vanille. Il magnifie le moindre paysage : les usines ne sont plus grises, les congères offrent de tendres obstacles, les coupoles dorées des églises étincellent sous le soleil. À cela s'ajoute la magie de Noël : en russe, le père Noël s'appelle « Grand-Père gel » *(Died Moroz)* et sa compagne – ou sa fille selon les versions – se nomme *Sniegourotchka,* « la fée des Neiges », héroïne de nombreux contes* et opéras. Les fleuves, pris dans les glaces, peuvent être traversés en voiture. Certains hivers, les grands lacs peuvent être équipés de voies ferrées posées à même leur surface. Ces conditions extrêmes permettent des découvertes inouïes : en paléontologie (mammouths de plus de 20 000 ans), en archéologie (tribus chamanes de plusieurs siècles) ou bien encore en géologie. Ainsi, à Vostok, un des endroits les plus inhospitaliers de la Terre avec ses 3 500 mètres d'altitude pour une température moyenne annuelle de – 55 °C, des équipes internationales ont pu forer une carotte de glace de 3 623 mètres révélant des données climatiques vieilles de 140 000 ans.

Mais la rudesse de l'hiver se fait tout autant ressentir lorsque le printemps arrive. Les rues et les trottoirs se transforment en ruisseaux de boue, les peintures se craquellent, les pianos se désaccordent. Des rebords de toits menacent de tomber d'immenses stalactites de glace, qui risquent de tuer des passants imprudents. Des acrobates sont rémunérés spécialement pour débarrasser les toitures de ces véritables « épées de Damoclès ». Même en Iakoutie, il faut faire face à l'arrivée du printemps : ainsi la ligne de chemin de fer Baïkal-Amour est montée sur pilotis pour remédier à l'instabilité provoquée par le dégel superficiel du permafrost.

Quant à savoir si le réchauffement climatique pourrait détruire tout cet édifice social et culturel, les avis sont partagés. L'hiver 2006, particulièrement doux, a été pour certains l'occasion de lancer un signal d'alarme. Il a pu sembler révoltant que plusieurs centaines d'ours ne puissent hiberner en toute sérénité. Plus sérieusement, les climatologues envisagent de possibles impacts négatifs sur la couverture forestière du territoire. Jamais à court d'idées audacieuses ou saugrenues, certains savants russes proposent de lutter contre le réchauffement climatique en dispersant de fines gouttelettes de soufre dans la stratosphère pour réfléchir le rayonnement solaire. À contre-courant, un membre de l'Académie des sciences, anticipe de son côté, un important refroidissement planétaire à l'horizon 2050, conséquence d'une baisse de luminosité du soleil. La splendeur de l'hiver russe n'est donc peut-être que temporairement menacée.

humour Dans ce vaste Empire, multiethnique, aux confessions les plus diverses, les charges contre les minorités sont monnaie courante. Ainsi, le Russe (de nationalité, *rossijan*) aura tendance à moquer son cousin ukrainien, désigné par la houppe caractéristique des Cosaques *(khokhol)*, pour son appétit insatiable et son caractère paysan. On rit aussi des Caucasiens « basanés » *(tchërnye)*, commerçants madrés et parvenus ; ou des Juifs* *(evrei)*, ou « youpins » *(jidy)* avares, rusés et comploteurs. Les scènes avec des représentants du peuple tchoukte, venus de l'extrême nord de la Sibérie, soulignent le mépris des habitants de Moscou pour les immigrés *(limita)*.

Le fondement xénophobe de l'humour russe est exacerbé par le passé communiste où l'« amitié des peuples » contrainte était peu appréciée. À l'inverse, il existe des humours « nationaux », notamment l'humour juif, porté par des acteurs, des humoristes et surtout de grands écrivains. L'école odessite est célèbre pour avoir produit Isaac Babel et ses *Récits d'Odessa*, ou encore Ilf et Petrov et leurs récits satiriques des années 1920 et 1930, en particulier *les Douze Chaises* et *le Veau d'or*. Au cinéma, le parangon du film comique yiddish est *le Bonheur juif (Evreïskoïe stchastie)*, d'Alexandre Granovski (1925).

Les Russes sont particulièrement friands des courtes histoires narrées de vive voix, désignées par le terme *anekdot*. Ce type d'humour, souvent noir et fataliste, s'est développé à l'époque soviétique, dans le droit fil de la tradition paysanne de la *tchastushka*, bout-rimé drolatique chanté. Ce détournement populaire des codes servait de soupape pour l'expression de l'opinion, alors fortement surveillée. Ainsi, dans les années 1920, on pouvait entendre : « Peut-on construire le socialisme en un seul pays ? Oui, mais il vaut mieux aller vivre ailleurs. » ; dans les années 1930 « Dans un questionnaire : Est-ce que vous avez été réprimé ? Si non, pourquoi ? », et durant les années Brejnev : « Quel enfer est préférable, le socialiste ou le communiste ? Le socialiste bien sûr. Soit il n'y a pas d'allumettes, soit on manque de carburant soit le chaudron est en réparation, soit les diables sont à une réunion du parti. » Aujourd'hui, ces historiettes reflètent le désabusement concernant la Russie, territoire de « nouveaux Russes » brusquement enrichis et de potentats corrompus. L'ancien Premier ministre Tchernomyrdine a lui-même lancé un fameux adage après son limogeage : « On a essayé du mieux possible, mais il n'a pas été possible de faire mieux. »

icône Partie intégrante de la liturgie, la place des images saintes (icônes) est déterminée par le 7e concile œcuménique de Nicée (787). Ainsi, la célébration d'une fête nécessite l'exposition de l'icône afin d'éclairer le sens de la cérémonie. L'icône n'est nullement un élément décoratif ou une pieuse illustration des écritures mais bien un dogme de foi. Plus généralement, les églises sont, par leur architecture et leurs fresques, la manifestation visible de la parole divine. La première icône est la Sainte Face, le visage du Christ tel qu'il apparaît sur le linge de la Passion, un portrait qui n'est pas fait de la main de l'homme et qui perpétue le message de l'Incarnation. La représentation s'étend à Marie mais également à l'ensemble des saints. Si le concile recommande la présence d'icônes sur les routes et dans les maisons particulières (« le beau coin »), c'est dans les églises que l'icône prend toute sa place. À la fin du Moyen Âge, alors que le sanctuaire est traditionnellement séparé de la nef par une balustrade, celle-ci est remplacée par l'iconostase, une paroi couverte d'icônes. Elle représente l'ensemble de l'Église*, les anges, les apôtres, les Pères, les douze grandes fêtes et s'ordonne autour du Christ-roi entouré de Marie et de saint Jean-Baptiste. Des règles ont fixé les représentations qui, depuis Byzance, s'introduisent en Russie par Kiev (cathédrale Sainte-Sophie) et Moscou. Vladimir, Pskov et Novgorod* deviennent les principaux foyers de l'art religieux russe. En 1236, avec l'invasion mongole, Novgorod en est le principal refuge. Sa prospérité attire les artistes byzantins, bulgares et serbes. Théophane le Grec, à la fin du XIVe siècle, y réalise des fresques incomparables. Il prépare le renouveau de la peinture d'icônes au XVe siècle marquée par l'œuvre d'Andreï Roublev* (1350/1360-1430), moine sans doute formé au monastère de la Trinité-Saint-Serge, puis par celle de Dionisi – le Maître Denis – (1440-1502 ?) à la conception plus narrative. Au XVIe siècle, les motifs laïcs apparaissent (Simon Ouchakov). Puis, sous l'influence du baroque occidental, les éléments décoratifs sont accentués.

Sans cesser d'être un art religieux, la peinture d'icônes se popularise. Au xixᵉ siècle, l'icône est présente dans tous les foyers. Les révolutionnaires de 1917 organisent des bûchers spectaculaires où disparaît une grande partie du patrimoine domestique russe. Considérée comme un art mineur, l'icône est alors laissée aux savants et spécialistes de l'art qui en permettent la sauvegarde.

intelligentsia Le terme *intelligentsia*, dérivé du substantif *intelligent* (intellectuel), est passé directement du russe dans les autres langues et signifie « (le groupe des) intellectuels ». L'intelligentsia réunit les personnes d'un niveau d'instruction supérieure dont les professions relèvent d'une activité intellectuelle, c'est-à-dire les étudiants, les professeurs, les écrivains et ceux qui influent sur l'opinion, journalistes et hommes politiques. La définition traditionnelle du xixᵉ siècle, dans la lignée de l'esprit des Lumières, ajoute à ce statut social le sentiment partagé que l'intelligentsia doit jouer un rôle social majeur : guider le « peuple » vers son affranchissement politique, économique et culturel. La cohésion de ce groupe est assurée par le *numerus clausus* des universités et la hiérarchie étatique divisée en 14 rangs *(ciny)*, qui s'applique à toutes les professions non manuelles.

L'intelligentsia se conçoit elle-même comme une élite, avec son propre recrutement, ses modes de vie, à la charnière entre la machine étatique et le reste de la population. Un intellectuel se considère comme un véritable civilisateur, un diffuseur de la culture *(Kulturträger)* qu'il produit en même temps qu'il l'impose au peuple – dont il se démarque absolument par l'instruction, bien sûr, mais surtout par cette hauteur de vue et la mission qu'il s'est assignée. Le monopole de la production culturelle est la condition *sine qua non* de la réussite de l'entreprise qui implique une mise au service de la collectivité *(obščestvennost')* et donc, bien souvent, un engagement direct ou indirect dans les instances officielles. L'archétype de cette conception est l'intellectuel populiste *(narodnik)* qui, en 1873-1874, « marcha au peuple », s'installa à la campagne au sein de la paysannerie pour l'instruire et l'éveiller.

En revanche, les gestionnaires modernes, à l'occidentale – par exemple les employés des *zemstva*, ces administrations locales autonomes nées en 1864 après l'abolition du servage – ne sauraient appartenir à l'intelligentsia proprement dite. Cette dichotomie reproduit en fait le conflit entre « occidentalistes » et « slavophiles » qui structure le champ intellectuel russe au xixᵉ siècle. Quand l'atmosphère révolutionnaire se durcit au tournant du xxᵉ siècle, le débat se reconfigure autour du problème de la destruction (terrorisme) ou de la construction (propagande politique), puis de la légitimité même de l'intelligentsia à jouer son rôle de guide des « masses » ou du « prolétariat ». Les sociaux-démocrates, Lénine en tête, pratiquent alors un double discours mêlant un anti-intellectualisme virulent au discours théorique du parti qui considère l'intelligentsia comme une « avant-garde du prolétariat » disposant seule de la capacité à éveiller la conscience ouvrière.

Dans les années qui suivent octobre 1917, l'intelligentsia se voit nier brutalement son rôle privilégié : privée du statut de « classe », au sens marxiste du terme, elle est assimilée à la « bourgeoisie », implicitement à la « nationalité » juive dont les membres sont nombreux à exercer une profession libérale ou artistique. Cette ancienne intelligentsia est tolérée pendant une phase de transition, mais explicitement appelée à être remplacée de force par une nouvelle « intelligentsia soviétique » qu'elle devra instruire et former dans les structures spécialement conçues à cet effet : facultés ouvrières, écoles de la jeunesse communiste, écoles des Soviets et du Parti, universités communistes. Le terme d'intelligentsia a désormais une connotation péjorative, surtout lorsqu'il est employé dans des expressions alambiquées du type « intelligentsia rurale ».

À l'époque soviétique, les attaques contre l'intelligentsia sont régulières et violentes, y compris de la part des intellectuels dits « de gauche ». Cette pression constante la contraint à se définir sans cesse par l'intermédiaire de textes réflexifs ou de débats publics adressés autant à elle-même qu'au pouvoir en place. L'intelligentsia analyse donc intensément sa place dans le régime et son rapport à la révolution. On fait volontiers remonter le problème à Ivan* le Terrible, qui aurait le premier utilisé les compétences intellectuelles de préférence à l'origine noble pour le service de l'État. La relation entre Nicolas Iᵉʳ et le poète Pouchkine*, faite à la fois de liberté et de contrainte, de critique et de louange, sert également de fondement à cette réflexion. La participation des artistes eux-mêmes aux instances décisionnelles de la censure soviétique illustre bien ce paradoxe apparent. Mais l'intelligentsia continue à œuvrer peu ou prou pour la collectivité, servant à la fois de courroie de transmission et de bouc émissaire, participant à la réalisation du communisme tout en cherchant à en éviter les pires dérives – à l'instar des dissidents qui constituent une force de proposition alternative tolérée, mais stigmatisée. Souvent condamnés publiquement et touchés en premier, les intellectuels ont toutefois été globalement moins frappés par la terreur politique de masse que le reste de la population.

isba Petite maison de bois, l'isba est l'habitat traditionnel de la campagne russe. Prédominante dans les zones forestières, elle est aussi présente, à moindre densité, dans les régions de steppe ou de toundra.

L'étymologie du mot est sujette à caution : selon certains, il pourrait signifier « faite de bois », pour d'autres, il désignerait un refuge, puisque l'isba est, en réalité, la pièce principale de la maison qui, pendant longtemps, fut la seule à être chauffée.

Le choix du bois comme matériau de construction s'impose par son abondance qui le rend plus abordable. Mais le bois est également considéré comme plus sain, plus facile à entretenir et à chauffer, moins affecté par l'humidité. L'isba est aussi plus simple à construire, nécessitant la mobilisation de moins de corps de métiers. Et, avantage ultime, elle peut se construire en été, les fûts abattus en hiver étant mis à sécher jusqu'au mois de mai. Une fois les fûts appariés et taillés, on réunit une douzaine de personnes, parents ou voisins, qui prêtent main-forte pour l'emboîtage des différentes parties. La fin de l'opération est évidemment l'occasion d'importantes libations villageoises.

S'il existe plusieurs modèles (on dénombre quatre modèles de base et trois principales variantes), l'isba est généralement construite selon un schéma bien déterminé. Sa taille est limitée à huit à dix mètres de long, contrainte imposée par la longueur et la résistance des troncs. Elle est disposée légèrement en hauteur, reposant sur de grosses pierres ou des pieux de chêne, ce qui permet de la soulever facilement, pour la réparer ou même la déménager. Cette mobilité a aussi facilité le déplacement de population, soit pour suivre les mouvements de défrichement, soit en cas d'exode rural, ou au contraire, lors d'un retour de la ville à la campagne.

On accède à l'intérieur par un petit escalier de bois, prolongé par un perron. La première pièce dans laquelle on pénètre est le *seni*. Non chauffé, le *seni* sert de tampon thermique entre l'extérieur et l'intérieur.

Ainsi, l'été on peut y dormir car il y fait meilleur. Dans son prolongement, on trouve souvent une pièce de configuration assez similaire, le *tchulan*, qui sert de garde-manger ou de remise à outils. Depuis le *seni*, on accède à la pièce principale, l'isba proprement dite, dont la pièce maîtresse est le poêle. Rectangulaire, de vastes dimensions – il occupe souvent plus du tiers de la pièce –, le poêle ne sert pas uniquement à chauffer la pièce : on l'utilise comme chauffe-plats et ses larges rebords permettent d'y dormir, ce qui est en général le privilège des babouchkas*. Il peut aussi abriter en hiver, dans un de ses recoins, la volaille et le menu bétail. Parfois, il permet aussi d'organiser des séances de bains de vapeur, mais cette pratique relativement malsaine est peu à peu abandonnée pour la construction de bains *(banya)* séparés. Le poêle est construit par un spécialiste, de manière à éviter toute ouverture superflue vers l'extérieur et de façon à réduire les risques d'incendie. Néanmoins, avant la mise en place d'un volet mobile spécifique ou d'autres solutions telles que des conduits en brique ou en tôle, le tirage n'était pas toujours idéal et on parlait ainsi des « isbas noires », enfumées et relativement mal chauffées. Le passage à des solutions plus propres donna naissance aux « isbas blanches ».

Le mobilier de l'isba est plutôt réduit. Le pourtour de la pièce est longé d'un banc soudé aux parois extérieures qui satisfait largement aux besoins courants. Le même principe est adopté pour les étagères. La table elle-même est souvent fixée au sol. Ainsi, le mobilier proprement dit se limite souvent à quelques coffres – qui renferment les pelisses, linges et dots - et quelques tabourets. Un autre élément important de l'isba est « l'angle aux icônes ». Situé non loin de la table, c'est là que se célèbrent tous les événements de la vie familiale. Avec l'enrichissement, très progressif, de la classe paysanne, apparaissent de nouvelles pratiques : à l'extérieur, les isbas des koulaks, les paysans les plus riches, sont décorées de superbes sculptures de bois peintes ; à l'intérieur, pénètrent la lampe à pétrole, puis l'électricité. Avec l'arrivée de la collectivisation, l'isba perd son rôle productif, mais connaît peu d'améliorations. Il faut attendre les années 1950 pour que des entreprises de construction se mettent à construire des isbas en série, avec des matériaux modernes, permettant l'agrandissement des foyers. Avec la chute de l'Union soviétique, l'isba traditionnelle revient à la mode, mais elle gagne en confort : elle se dote d'un étage, les pièces sont grandes, bien éclairées, l'eau et l'électricité sont connectées. Malgré ces modernisations, les isbas continuent de dégager un fort parfum d'herbe et de bois, si bien qu'on a toujours l'impression en y pénétrant de pousser la porte d'un été enchanté.

Ivan IV Vassiliévitch, dit Ivan le Terrible À la galerie Tretiakov,

à Moscou, une toile peinte par Ilya Repine en 1885 représente la terreur d'Ivan Vassiliévitch au moment où il prend conscience d'avoir assassiné son fils, Ivan Ivanovitch (1581). Composé après l'exécution des révolutionnaires terroristes qui ont assassiné le tsar* Alexandre II en 1881, le tableau se veut une réflexion sur la folie inhérente au pouvoir absolu. L'artiste a également traduit dans l'esprit de la fin du XIXe siècle, influencé par la naissance de la psychologie, le surnom de « Terrible » donné au premier « tsar de toutes les Russies ».

Fils de Vassili III, grand-prince de Vladimir et de Moscou, Ivan naît en 1530 et doit succéder à son père à l'âge de trois ans. Sa mère, Elena Glinskaïa, assure la régence, mais meurt empoisonnée en 1538. Le jeune monarque vit dans la crainte constante de subir le même sort, victime potentielle de l'une ou de l'autre faction de boyards qui luttent pour dominer le pays. Sa jeunesse se passe dans une certaine oisiveté où se mêlent jeux cruels et profonde dévotion : on racontait alors qu'à force de se prosterner devant les icônes, une callosité s'était formée sur son front.

Ivan prend le premier le titre de « tsar » le 16 janvier 1547 à la cathédrale de l'Assomption du Kremlin. Ses sept épouses successives lui donnent trois héritiers mâles : Ivan (qu'il tuera), Fedor (Ier) et enfin Dimitri (V). En 1549-1550, il convoque l'assemblée des représentants nobles de toute la Russie *(zemskij sobor)* afin de soumettre à son approbation un nouveau code royal *(sudebnik).*

Ivan se distingue de ses prédécesseurs par sa méfiance paranoïaque envers les boyards*. Il leur préfère des personnes d'extraction modeste, promues pour leurs capacités. L'archétype en est le chef de sa police spéciale, le favori Maliouta Skouratov. Ivan décide également de soumettre le clergé à l'État par l'intermédiaire du Saint Synode (1551) et crée une garde personnelle, les *streltsy*. Dans la décennie 1550, le régime se durcit, notamment envers la paysannerie qui est peu à peu soumise au servage*, et les terres confisquées aux boyards forment l'*opritchnina*. Ce domaine royal réservé est administré de manière féroce par les *opritchniki*, police personnelle et secrète du tsar luttant contre ses ennemis.

Ivan cherche également à étendre le territoire national aux dépens d'autres cités, comme Novgorod*, sauvagement ruinée en 1570 – mais aussi des Suédois, des Livoniens et des Tatars*. En 1552, après deux campagnes infructueuses, il parvient à faire tomber Kazan, le fief des héritiers de la Horde d'Or. Le tsar décide alors de consacrer une nouvelle cathédrale, Saint-Basile-le-Bienheureux, en l'honneur de cette victoire. Ce joyau de l'architecture russe, situé sur la place Rouge, est achevé en six années à peine. Ivan parvient également à vaincre les Tatars de Crimée (1572) qui pillaient régulièrement le royaume et avaient pris Moscou l'année précédente. Mais à sa mort, en 1584, la Russie est en crise économiquement, socialement et politiquement.

Certains ont vu dans le film *Ivan le Terrible* de Sergueï Eisenstein*, sorti en 1942, une dénonciation de Staline et des horreurs du totalitarisme. Staline avait, au contraire, détesté ce tsar en proie au doute et aux hallucinations, plus comparable à un Hamlet indécis qu'à celui qui devait alors vaincre l'Allemand pour que survive la nation...

Andreï Jdanov Né en 1896 en Ukraine, Andreï Jdanov est le fils d'un inspecteur d'école. Il adhère au bolchevisme dès 1915 et, après la première révolution de 1917, il dirige le soviet de soldats du régiment auquel il appartient. Secrétaire régional du parti à Nijni-Novgorod en 1922, il en grimpe les échelons jusqu'à être nommé responsable de la propagande en 1938. Fervent artisan du «réalisme soviétique», en lequel il met beaucoup d'espoir pour édifier le socialisme, il contrôle toute la production artistique en Union soviétique.

En 1947, c'est à cet homme fort du régime qu'est confiée l'organisation des partis communistes d'Europe dans le Kominform, créé à Szklarska-Poreba le 22 septembre de la même année. C'est en ce jour constitutif que le discours de Jdanov prend des allures de doctrine. En réponse à la doctrine Truman d'endiguement du communisme *(containment),* reposant sur l'octroi massif d'aides économiques et financières pour la reconstruction de l'Europe (futur plan Marshall), les Soviétiques réagissent par le refus systématique de toute aide, aussi bien pour les États qu'ils contrôlaient déjà que pour l'Union soviétique. Voulant montrer qu'elle considère la proposition américaine comme une déclaration de guerre, l'Union soviétique, par la bouche de Jdanov, entérine l'idée d'un partage du monde entre deux systèmes, deux blocs. C'est la doctrine communiste de la « guerre froide » qui est ainsi proclamée :

« Le but que se pose le nouveau cours expansionniste des États-Unis est l'établissement de la domination mondiale de l'impérialisme américain [...]. C'est aux partis communistes qu'incombe le rôle historique de se mettre à la tête de la résistance au plan américain d'asservissement de l'Europe. »

À partir de ce moment, plus aucun écart, même minime, de la ligne ne peut être accepté par Moscou de la part des partis communistes d'Europe, qu'il s'agisse à l'Ouest de la participation à des gouvernements de coalition ou à l'Est de la plus petite inflexion par rapport aux directives de Moscou.

Andreï Jdanov meurt l'année suivante, en 1948. Quelques années après, sa mort est attribuée, comme tant d'autres, au « complot des blouses blanches », symbole de la paranoïa du « petit père des peuples ».

⸺⟶ art, littérature, musique

Juifs
Une histoire marquée par les persécutions et l'émigration

Si la présence de Juifs est attestée depuis l'Antiquité dans le Caucase, la Russie n'a guère compté de population juive sur son territoire avant le xviiie siècle. À la suite des trois partages de la Pologne entre 1772 et 1795, 500 000 à 700 000 Juifs passent sous l'autorité de l'Empire. Dans un premier temps, l'impératrice Catherine II mène une politique assez libérale à leur égard, leur accordant de nombreux droits. Mais les protestations des marchands russes contre cette concurrence, en particulier à Moscou, la conduisent à prendre des mesures limitatives. À partir de 1791, les Juifs ne peuvent s'installer que dans une zone de résidence de la Baltique à la mer Noire, dont les contours vont considérablement évoluer jusqu'en 1917.

Des mesures discriminatoires aux pogroms

Sous Nicolas Ier, la situation des Juifs de l'Empire se dégrade. Animé d'un profond antijudaïsme, combiné à un exercice très autoritaire du pouvoir, le tsar instaure de nombreuses mesures discriminatoires et la conscription

Le monde russe à travers la peinture

1.

2.

Les capitales 1. Fondée par Iouri Dolgorouki au XIIe siècle, Moscou devint la capitale d'une principauté éponyme à partir de laquelle l'empire russe se construisit. Capitale temporelle du nouvel État et capitale spirituelle, elle se développe en cercle concentrique autour de son kremlin, forteresse bâtit sur la Moscova. 2. Saint-Pétersbourg éclipse deux siècles durant Moscou (1712 à 1918). La ville de Pierre le Grand devient la vitrine occidentale de l'Empire. Théâtre des grandes révolutions russes du début du XXe siècle, les bolcheviks lui préférèrent Moscou, plongeant la ville, qui prend le nom de Leningrad, dans une relative léthargie.

I

1. ЛЕВИТАНЪ

2.

Les paysages 1. À la fin du XIXᵉ siècle, le paysage devient une expression du sentiment national russe. Isaac Levitan propose une image de l'automne. La prédominance du ciel transforme les couleurs d'un paysage monotone. Depuis des siècles, le village russe ne connaît guère de transformation : des isbas le long d'un chemin de terre impraticable une grande partie de l'année, une vaste clairière entrecoupée de bouleaux, des jardins familiaux complètent une propriété collective. 2. L'hiver, la neige transforme le paysage. L'étage d'une maison reflète l'aisance sociale du propriétaire, comme la possession d'un animal de trait. Les peintres ont rejeté les paysages idéalisés au profit d'une représentation plus réaliste de la nature, nouveau théâtre de la culture russe.

3. La forêt domine le paysage de la Russie, le pin plus au sud remplace le bouleau. Ivan Chichkine, un des grands paysagistes russes du XIXᵉ siècle saisit toute la chaleur de l'été russe, prisonnière des pins éclairés par le soleil.

1.

2.

La religion 1. La *Procession religieuse dans la province de Koursk* d'Ilia Repine (1883) symbolise toute la piété démonstrative du peuple russe. Sous l'autocratie, autorités civiles et religieuses s'associent aux célébrations. Mais c'est la ferveur populaire qui s'exprime au premier plan, les moujiks portent la châsse, le mendiant infirme poursuit la marche malgré le bâton qui le menace. 2. Source majeure de la spiritualité orthodoxe russe, l'icône apparaît dans toute sa splendeur dans l'œuvre la plus célèbre d'Andreï Roublev (1360 ? – 1430). La *Sainte Trinité* nous est présentée ici sous la forme de trois anges dont la conversation céleste semble interrompue.

3. La fin du XIXe siècle met à l'honneur un passé russe, véritable roman national. La naissance de la Russie comme État-nation coïncide au XIVe siècle avec la victoire contre la Horde d'Or, la primauté de Moscou sur les autres principautés et, surtout, l'œuvre de saint Serge de Radonège, fondatrice de la spiritualité russe. Nesterov met en scène la vision de l'enfant Bartholomé (le futur Serge), fils de paysan illettré initié aux Écritures par un starets. La culture savante rencontre la piété populaire, un thème important de la création russe de l'époque.

1.

2.

3.

Le monde rural 1 et 2. Alexis Venetsianov, *Paysanne avec une faux et un râteau*, vers 1825, et Boris Koustodiev, *La Foire russe en 1906*. Le monde paysan, qui constitue l'essentiel de la population de la Russie, est un sujet de prédilection des peintres et des écrivains russes. Monde idéalisé, la communauté rurale s'apparente chez les uns à un christianisme originel, chez les autres à la cellule de la future société collectiviste. Pourtant, cette société connaît le servage jusqu'en 1861. Son abolition fragilise la population paysanne faute d'une véritable réforme agraire. 3. La collectivisation des terres et l'industrialisation des années 30 ont bouleversé le monde rural russe. Le kolkhoze est devenu la nouvelle communauté paysanne, soumise comme toute la société soviétique aux impératifs politiques et économiques du régime. Alexandre Volkov, peintre du réalisme socialiste, présente la sortie d'un bureau de vote dans un village à l'occasion des élections – à candidat unique – au soviet suprême après la guerre (peinture de 1949).

Troubles et tragédies 1. Le *Portrait de Nicolas II* par Serov a été longtemps soustrait au regard du public. L'empereur apparaît ici avec la simplicité qui caractérisa son caractère. Gardien de la tradition autocratique, il se révéla incapable de toute réforme et ne put empêcher une révolution qui l'emporta avec sa famille en 1918. 2. Paysans soldats, les Cosaques ont joué un rôle clé dans l'histoire russe. Tantôt mercenaires et explorateurs pour le compte de l'empire russe, tantôt gardiens farouches de leur autonomie, les Cosaques ont acquis une légende de rebelles à tous les régimes. Ilia Repine a choisi pour illustrer cet état d'es-prit une scène à la fois cocasse et terrible, celle de la *Réponse des Cosaques zaporogues au Sultan de Constantinople* (1880) qui, en 1676, leur demandait soumission. 3. Alexandre Guerrassimov fut l'artiste le plus représentatif de la peinture officielle sous Staline. Ce tableau inquiétant représente le Secrétaire général du Parti cheminant au Kremlin. en compagnie de son compagnon Vorochilov, chef de l'Armée rouge. En arrière plan, Moscou, la capitale transformée par l'industrialisation et le nouvel urbanisme des années 1930. Le temps est à l'orage, il est vrai que les purges de la « Grande Terreur » ont commencé.

2.

3.

X

L'univers urbain 1. Jusqu'à la Révolution, la ville russe reste très proche de l'univers des paysans. Andreï Riabouchine (1861-1904) place sa scène de *Rue à Moscou* (1895) au XVIe siècle, pourtant elle lui semble très contemporaine avec ses maisons en bois, ses rues embourbées, son peuple qui ne se distingue guère de celui des campagnes. 2. Alexandre Samochvalov, *Dans l'usine de tissage* (1929) et 3. Kosma Petrov-Vodkine, *Les Ouvriers* (1926). La révolution a mis au cœur de la civilisation russe l'industrie et le prolétariat. La femme soviétique tient le même rôle que l'homme, ouvrier dans un monde sans classe. La peinture doit rendre compte de cette nouvelle réalité sociale, sublimée quand il s'agit d'applaudir à la construction d'un homme nouveau. La ville soviétique devient le lieu privilégié de cette construction sociale qui s'accompagne de la plus violente migration rurale que l'Europe eut connu.

3.

4. Oleg Korotovskikh, *Les Amis à table*, Moscou (1985), collection privée, Paris. Durant la période soviétique, la sociabilité urbaine se replie vers le domaine privé : la famille ou les amis. La cuisine des appartements devient alors le lieu privilégié des échanges. Selon la tradition russe, le repas est un élément essentiel de la convivialité.

Cartographie

L'ÉTAT RUSSE DE 1300 À 1689

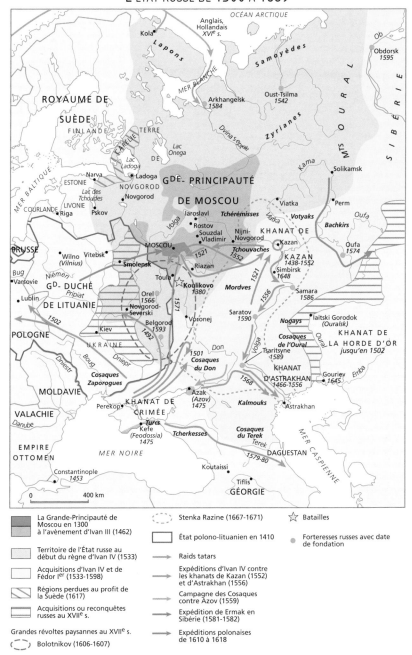

Légende:

La Grande-Principauté de Moscou en 1300 à l'avènement d'Ivan III (1462)

Territoire de l'État russe au début du règne d'Ivan IV (1533)

Acquisitions d'Ivan IV et de Fédor Ier (1533-1598)

Régions perdues au profit de la Suède (1617)

Acquisitions ou reconquêtes russes au XVIIe s.

Grandes révoltes paysannes au XVIIe s.

Bolotnikov (1606-1607)

Stenka Razine (1667-1671)

État polono-lituanien en 1410

Raids tatars

Expéditions d'Ivan IV contre les khanats de Kazan (1552) et d'Astrakhan (1556)

Campagne des Cosaques contre Azov (1559)

Expédition d'Ermak en Sibérie (1581-1582)

Expéditions polonaises de 1610 à 1618

Batailles

Forteresses russes avec date de fondation

LA RUSSIE DE PIERRE LE GRAND ET CATHERINE II (1682-1796)

La Russie en 1689, au début du règne de Pierre le Grand

Acquisitions de Pierre le Grand entre 1689 et 1721 (paix de Nystad)

Acquisitions d'Anna Ivanovna et d'Élisabeth Petrovna de 1730 à 1762

Territoires réunis à l'Empire russe :

en 1774, paix de Kutchuk-Kaïnardji

en 1783

en 1784

en 1792, paix de Iași

Territoires provenant des partages de la Pologne

en 1772

en 1793

en 1795

Limites des gouvernements après la réforme de 1775

Limites de l'Empire russe à la fin du règne de Catherine II, 1796

Révolte de Boulavine, 1707-1708

Domaine insurrectionnel de Pougatchev, 1773-1774

Campagnes de Pougatchev

Principales usines métallurgiques

Principaux centres d'industrie textile

Foires importantes

Batailles

XIV

FORMATION DE L'EMPIRE RUSSE (1689-1900)

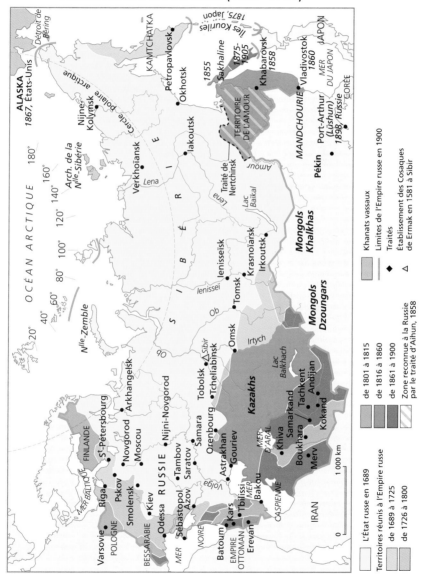

L'État russe en 1689

Territoires réunis à l'Empire russe

de 1689 à 1725

de 1726 à 1800

de 1801 à 1815

de 1816 à 1860

de 1861 à 1900

Zone reconnue à la Russie par le traité d'Aihun, 1858

Khanats vassaux

Limites de l'Empire russe en 1900

Traités

△ Établissement des Cosaques de Ermak en 1581 à Sibir

0   1 000 km

L'URSS

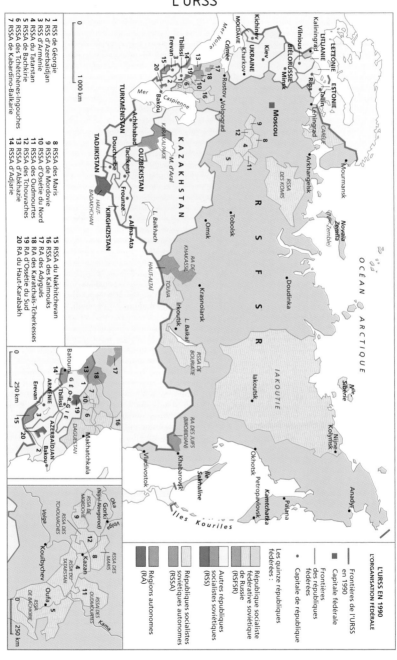

Légende des numéros :

1. RSS de Géorgie
2. RSS d'Azerbaïdjan
3. RSS d'Arménie
4. RSSA du Tatarstan
5. RSSA de Bachkirie
6. RSSA des Tchétchènes-Ingouches
7. RSSA de Kabardino-Balkarie
8. RSSA des Maris
9. RSSA de Mordovie
10. RSSA d'Ossétie du Nord
11. RSSA des Oudmourtes
12. RSSA des Tchouvaches
13. RSSA d'Abkhazie
14. RSSA d'Adjarie
15. RSSA du Nakhitchevan
16. RSSA des Kalmouks
17. RA des Adyguès
18. RA des Karatchaïs-Tcherkesses
19. RA d'Ossétie du Sud
20. RA du Haut-Karabakh

L'URSS EN 1990
L'ORGANISATION FÉDÉRALE

— Frontières de l'URSS en 1990
■ Capitale fédérale
— Frontières des républiques fédérées
• Capitale de république

Les quinze républiques fédérées :

- République socialiste fédérative soviétique de Russie (RSFSR)
- Autres républiques socialistes soviétiques (RSS)
- Républiques soviétiques socialistes autonomes (RSSA)
- Régions autonomes (RA)

XVI

pour les Juifs, assortie de conditions particulièrement sévères. L'objectif est d'éloigner les jeunes Juifs de leurs familles pour les convertir à l'orthodoxie. Dans ce but, le tsar crée des écoles juives modernes dispensant un enseignement général et religieux qui produiront la première génération de Juifs russifiés.

Après ces années sombres, les Juifs bénéficient des réformes libérales d'Alexandre II. Il leur ouvre les portes des universités et il permet, sous conditions, à certaines catégories de marchands, d'artisans, aux médecins de s'installer en dehors de la zone de résidence. La population juive, qui connaissait alors une forte croissance démographique (2,3 millions en 1850, 3,9 millions en 1880), commence à augmenter dans les grands centres urbains (Saint-Pétersbourg, Moscou, Kiev, Odessa) où elle développe une vie culturelle et une littérature en yiddish et en hébreu.

L'assassinat du « tsar libérateur » en 1881 déclenche une longue période de persécutions et de violences à l'égard des Juifs de Russie. Accusés par la rumeur d'être les auteurs de l'attentat, les Juifs sont victimes d'une première vague de pogroms. Alexandre III revient sur les réformes de son père. Pour les Juifs, cela se traduit par un rétrécissement de la zone de résidence (1882), l'interdiction de s'installer dans les campagnes, l'instauration d'un *numerus clausus* à l'entrée des écoles et des universités (1887) et l'expulsion des Juifs de Moscou (1891).

En butte à l'hostilité croissante de la société et du pouvoir, près de 1,5 million émigrent entre 1881 et 1914, principalement aux États-Unis. Malgré ces départs massifs, le recensement de 1897 dénombre 5,2 millions de Juifs représentant environ 4 % de la population de l'Empire, concentrés à plus de 93 % dans la zone de résidence. À la veille du XXe siècle, la population juive de l'Empire est nombreuse, géographiquement concentrée, persécutée et socialement déclassée mais connaît une puissante dynamique intellectuelle et culturelle.

L'année 1897 marque un tournant dans l'histoire des Juifs de Russie. À quelques mois d'intervalle, on assiste à la naissance du mouvement sioniste, de l'Union générale des ouvriers juifs de Pologne, de Lituanie et de Russie (Bund) et du Parti ouvrier social-démocrate de Russie (PODSR). Chacun de ces mouvements propose un projet aux Juifs de l'Empire : le premier la création d'un État juif en Palestine ; le deuxième une autonomie nationale culturelle reposant sur le yiddish et le socialisme et le troisième, qui nie l'existence d'une nation juive, l'assimilation dans le combat révolutionnaire. En raison de l'aggravation des manifestations d'antisémitisme, notamment lors des pogroms de Kichinev en 1903 ou de l'affaire Beilis en 1911 – du nom d'un Juif accusé du meurtre rituel d'un enfant – le sionisme et le Bund deviennent les mouvements les plus populaires parmi les Juifs russes. Même si le PODSR compte un nombre important de dirigeants juifs russifiés comme Léon Trotski, il est très minoritaire au sein du judaïsme russe.

La Première Guerre mondiale éloigne un peu plus les Juifs du pouvoir tsariste. En 1915, plus de 600 000 Juifs vivant près des frontières occidentales, soupçonnés d'espionnage au profit de l'Allemagne, sont expulsés vers l'intérieur de la Russie. La révolution de février 1917 les libère de toutes les discriminations légales qui pesaient sur eux et la révolution d'Octobre va leur ouvrir les portes du pouvoir.

L'échec du Birobidjan

Après leur victoire, les bolcheviks sont obligés de réviser leur programme d'assimilation. Largement devancés par les courants sioniste et bundiste, ils tentent de proposer une synthèse de leurs projets, sous le mot d'ordre de la « Palestine à Moscou », lancé en octobre 1918 par Simon Diamenstein, le chef de la section juive – la *Evsektsia* – du Parti communiste russe. L'idée est d'offrir aux Juifs un territoire – comme le réclament les sionistes – en prenant en compte la spécificité culturelle et nationale juive – comme le veulent les bundistes. En 1923, le pouvoir soviétique lance un projet d'installation des Juifs à la campagne qui se concrétise en 1928 par la création d'une « unité administrative juive » en Extrême-Orient, au Birobidjan, transformé en région administrative juive en 1934. Sans aucun lien avec l'histoire juive, réalisée dans une région aux rudes conditions de vie, l'expérience du Birobidjan fut un échec. Moins de 20 000 Juifs s'y étaient installés en 1939.

Après les années 1920 qui ont vu l'essor de la culture yiddish, notamment avec la création du théâtre juif de Moscou, au cours de la décennie suivante, la *Evsektsia* est dissoute, la Grande* Terreur décime les cadres du Birobidjan et les Juifs pâtissent de la politique de russification de l'appareil d'État et du parti. Mais le pire reste à venir.

La Seconde Guerre mondiale constitue le moment paroxystique de l'histoire des Juifs de Russie. Après la signature des pactes germano-soviétiques en août et septembre 1939, la population juive soviétique augmente de plus de 50 % avec l'annexion des États baltes, de la partie orientale de la Pologne, de la Bessarabie et de la Bukovine du Nord. Sur 5 millions environ de Juifs qui se trouvent en Union soviétique, 80 % vivent dans des territoires qui vont être occupés par les armées nazies. Plus de 2,6 millions de Juifs soviétiques seront exterminés entre 1941 et 1944, dont 1 million par balles.

Paradoxe, alors même que se déroule cette entreprise de destruction, Staline crée pour mobiliser les États-Unis et la Grande-Bretagne en faveur de l'effort de guerre soviétique, une institution – le Comité antifasciste juif – qui rayonne au plan international et, pour la première fois, laisse les Juifs retrouver leurs racines et exprimer leur identité. Mais le CAJ, présidé par Solomon Mikhoels, devient rapidement le porte-parole des Juifs d'URSS, au point de proposer la création d'une République juive en Crimée à Staline, qui rejette ce projet.

En 1947, malgré son opposition historique au sionisme, l'URSS décide de soutenir la création d'un État juif en Palestine pour affaiblir Londres et tenter d'opérer une percée au Moyen-Orient alors que la guerre froide s'esquisse. Les Juifs d'URSS pensent alors qu'ils peuvent ouvertement exprimer leur sympathie à Israël. Le premier ambassadeur de l'État juif, Golda Meir, est accueillie avec enthousiasme en septembre 1948 à la synagogue de Moscou, ce qui provoque la colère de Staline.

Une des cibles privilégiées de la répression stalinienne

Commencent alors les années noires. Les Juifs soviétiques deviennent l'une des cibles privilégiées de la répression stalinienne. Cette campagne débute à Moscou avec la liquidation du CAJ et se poursuit avec la purge dans les milieux intellectuels et artistiques sous couvert de lutte contre le cosmopolitisme et le nationalisme bourgeois juif. Elle se développe également au même moment en Europe de l'Est dans le cadre de purges et des procès (comme ceux des dirigeants communistes juifs Rajk et Slansky) consécutifs à la rupture Staline-Tito. La répression menace de s'étendre à l'ensemble des Juifs d'URSS avec l'affaire des Blouses blanches.

Le 13 janvier 1953, la *Pravda* publie un article dénonçant un complot sioniste, ourdi par des médecins, dont certains sont Juifs, sur ordre de l'organisation juive américaine *Joint*. Ils sont accusés d'avoir assassiné deux proches de Staline – A. Chtcherbakov (mort en 1945) et A. Jdanov (mort en 1948) – et d'avoir tenté d'éliminer des chefs de l'armée. Des rumeurs sur un plan de déportation des Juifs commencent à circuler. Des dizaines de rapports de la sécurité d'État indiquent la multiplication de manifestations antisémites dans le pays.

Staline meurt le 5 mars 1953. Cette campagne antisémite s'arrête aussitôt. Après ces années noires, le divorce est consommé entre les Juifs d'URSS et le pouvoir soviétique. Même si la répression de masse a cessé, ils sont demeurés la cible de l'hostilité du pouvoir soviétique en raison des tensions autour de la question de l'émigration. En effet, une partie des Juifs soviétiques a considéré que le départ de l'URSS était la seule solution face à la persistance d'un antisémitisme d'État et populaire. Mais pour le pouvoir soviétique, il était hors de question d'autoriser une émigration de masse des Juifs comme de n'importe quel autre groupe. Cette question est donc devenue progressivement un enjeu des relations américano-soviétiques, en particulier après la guerre des Six-Jours de juin 1967. Dans le cadre des négociations entre Moscou et Washington, 250 000 Juifs soviétiques sont autorisés à quitter l'URSS dans les années 1970 pour rejoindre principalement les États-Unis. M. Gorbatchev ouvre les portes à l'émigration en 1988 : près de 500 000 Juifs d'URSS partent pour Israël en moins de trois ans.

Après la disparition de l'URSS en décembre 1991, la communauté juive russe renaît, malgré les départs massifs qui se poursuivent, développant à nouveau une vie culturelle, religieuse et économique. Les Juifs de Russie et les « Russes » d'Israël construisent un espace transnational dont la dynamique est assurée par la circulation de flux scientifiques, économiques, financiers et culturels. Mais les succès de certains oligarques* d'origine juive (Boris Berezovski, Roman Abramovitch, Mikhaïl Khodorkovski et de nombreux autres) ravivent les sentiments antisémites d'une partie de la société plongée dans une crise identitaire et sociale sans précédent.

Les Juifs de Russie ne sont plus persécutés par le pouvoir. Mais en un siècle de persécutions, de massacres et d'émigration, la population juive de Russie est passée de plus de 5 millions à environ 200 000 personnes (sur 147 millions d'habitants). Et cette communauté est menacée de déclin démographique. Sombre bilan.

K

Mikhaïl **Kalachnikov** Né en 1919, Mikhaïl Kalachnikov est blessé au cours de la bataille de Briansk en 1941. C'est en convalescence que ce sergent commence à dessiner des armes alors qu'il est encore hospitalisé. Beaucoup d'entre elles sont écartées dans un premier temps : un pistolet-mitrailleur en 1942 puis une carabine semi-automatique en 1945 à qui l'on préfère celle de la Simonov, la SKS. Il imagine et dessine alors, entre 1945 et 1949, plusieurs modèles expérimentaux de fusils d'assaut que les autorités soviétiques observent avec un certain intérêt. Il quitte peu après l'armée et est embauché à l'usine d'armement IZHMASH d'Ijevsk.

En 1949, l'armée soviétique fait sien, sous la désignation d'AK-47, l'un de ses prototypes de 1947, qui devient le fusil réglementaire de l'infanterie motorisée. Les parachutistes et les équipages de blindés adoptent également une version connue sous le nom d'AKS. La nouvelle arme, par ailleurs appréciée dans son principe et son fonctionnement, est constamment modernisée, surtout dans le but de simplifier et d'amplifier sa production, encore compliquée et coûteuse. Après plusieurs modèles expérimentaux en 1950 et 1951, une nouvelle version est adoptée par l'Armée rouge 1953. Sa désignation reste AK-47 mais elle est souvent qualifiée de « version légère » en raison de l'allègement de son poids et de l'amélioration de sa maniabilité. Par la suite, de nombreux aménagements et perfectionnements étayent l'histoire d'une kalachnikov de plus en plus éloignée du modèle originel. Un mythe est cependant né. Les pays membres du pacte de Varsovie adoptent l'arme et le nombre d'AK, plus ou moins modifiés, produits au sein du bloc soviétique et imités, revendus ou exportés à travers le monde, est inquantifiable.

Cette arme se survit aujourd'hui à elle-même par une postérité cinématographique, littéraire, numismatique ou philatélique et continue d'apparaître aussi bien sur le drapeau du Mozambique que dans la conversation courante.

Karpov-Kasparov Duel à double détente, l'affrontement Karpov-Kasparov a largement dépassé le cadre des échecs* pour atteindre celui de la politique. Tout ou presque a opposé ces deux hommes de légende.

D'un côté Anatoli Karpov, modeste, incarnant le sang-froid et la mesure, né en 1951 à Zlatoust dans l'Oural. Il a été initié aux échecs par son père avant de se lancer dans les concours internationaux. Champion d'Europe junior à 16 ans, champion du monde junior à 18 ans, Grand Maître international à 19 ans, il est choisi pour affronter Bobby Fischer, l'Américain qui a enlevé à la Russie son titre en 1972. Sacré champion du monde en 1975, il conservera son rang jusqu'en 1985, année de sa rencontre avec un joueur de 12 ans son cadet… un certain Garry Kasparov.

Originaire de Bakou, fils d'un père juif et d'une mère arménienne, le jeune Garry Kasparov se révèle très tôt un prodige : champion d'URSS junior à 13 ans, Grand Maître à 17 ans, il rencontre Anatoli Karpov deux ans plus tard. Surdoué et fougueux, le jeune Kasparov adjoint très tôt à la compétition le combat politique, faisant de ses duels avec Karpov le symbole de la modernisation du régime soviétique. Il soutient Mikhaïl Gorbatchev puis Boris Eltsine et crée, dans le même esprit, l'Association des Grands Maîtres pour ébranler la toute-puissance de la Fédération internationale des échecs contre laquelle il est entré en guerre.

L'aîné aura reçu tous les honneurs à l'époque soviétique, décoré de l'ordre de Lénine, président du Fonds soviétique pour la paix, député du Congrès du peuple et même membre de la Commission des Affaires étrangères du Soviet Suprême avant de soutenir, tardivement, la perestroïka. Rien de tel pour Garry Kasparov qui aura contribué à ébranler le régime soviétique. Aujourd'hui c'est avec fougue qu'il combat Vladimir Poutine auquel il n'hésite pas à prédire une fin de règne prochaine. Avec le parti qu'il a créé, l'Autre Russie, et en s'appuyant sur une notoriété internationale qui le protège autant qu'elle lui donne de la voix, l'ancien champion d'échecs défie le maître de la Russie, comme s'il voulait démontrer à son pays et au monde qu'il n'est pas, sur un échiquier, de pièce imprenable.

Katyn Le nom de la forêt de Katyn, près de Smolensk, est lié à jamais à l'une des pages les plus sombres de la Seconde Guerre mondiale : le massacre de 4 404 prisonniers de guerre polonais, pour la plupart officiers, par la police politique soviétique. Cet épisode sanglant symbolise à la fois la fureur de la logique répressive qui triomphe en Union soviétique et le sort des populations d'Europe centrale et orientale, prises en étau entre les puissances allemande et russe.

De fait, ce massacre délibéré découle directement du partage de la Pologne*, décidé dans le cadre du protocole secret du pacte germano-soviétique signé le 23 août 1939 par Molotov et Ribbentrop. La fin programmée de l'État polonais, né en 1920 de la défaite des deux Empires lors de la Grande Guerre, était une forme de revanche sur l'histoire pour Hitler comme pour Staline* – qui gardait en mémoire la résistance polonaise pendant la guerre civile. Les troupes nazies pénètrent donc à l'ouest dès le 1er septembre, suivies par l'Armée rouge, à l'est, le 17 du même mois. La défaite de l'armée polonaise est rapide et sans appel. Sur 250 000 militaires faits prisonniers par les Soviétiques, environ 40 000 (dont 8 500 officiers) sont confiés aux agents spéciaux du Commissariat du peuple des Affaires intérieures, le NKVD. Ils sont internés dans trois camps de concentration, qui accueillent également des représentants de l'élite polonaise, celle des *pany* exécrés par les Rouges pendant la guerre civile. À Kozielsk, ils sont 5 000, qui seront, pour la plupart d'entre eux, les victimes de Katyn, exécutées d'une balle dans la nuque, le 3 avril et le 13 mai 1940. En cela, le NKVD applique scrupuleusement l'ordre d'exécution lancé par le Politburo le 5 mars précédent. En tout, à cette période, au moins 14 400 prisonniers polonais disparaissent.

Ce massacre, parmi d'autres, serait peut-être resté dans les seules mémoires locales – comme les exactions des *Einsatzgruppen* en Ukraine – si les nazis n'avaient décidé de s'en servir à des fins de propagande antibolchevique. En avril 1943, ils mettent au jour une fosse commune où pourrissent plusieurs milliers de corps et constituent une commission indépendante. Les Soviétiques nient le crime et l'imputent aux nazis, mais leur version est démentie par l'expertise et la datation.

En 1944, les Soviétiques, ayant repris la zone de Katyn, exhument les corps et mettent en place une commission (commission Burdenko) qui conclue à l'assassinat des officiers polonais par les nazis. Roosevelt et Churchill connaissent la vérité grâce aux enquêtes qu'ils ont eux-mêmes commanditées, mais décident de ne pas la révéler. Le rapport Burdenko est soumis au tribunal de Nuremberg comme pièce à charge pour l'accusation de crime contre l'humanité. La défense des dignitaires nazis, fondée sur le *Livre Blanc* établi en 1943, met en évidence l'impossibilité de prouver leur culpabilité directe et signe l'échec des Soviétiques. Les Alliés voient aussi là une bonne occasion de montrer qu'ils sont des juges impartiaux, voire, selon certains historiens, de suggérer la responsabilité soviétique. Il faut attendre la glasnost pour que soit révélée l'affaire en URSS, puis 1990 pour qu'elle soit reconnue officiellement par Mikhaïl Gorbatchev.

KGB Créé en 1954, le KGB *(Komitet Gossudarstvennoï Bezopasnosti)* ou Comité chargé de la sécurité d'État fut, jusqu'à la chute de l'URSS*, en 1991, l'institution chargée du renseignement extérieur, du contre-espionnage et de la surveillance du territoire, notamment de la mission de la surveillance des frontières (à partir de 1957). Sous couvert de lutter contre la « diversion idéologique », le KGB a également fait office de police politique, orchestrant la répression contre les oppo-sitions politiques et les dissidences. Le siège du KGB, sur la place de la Loubianka, au cœur de Moscou, abrite aujourd'hui la direction du FSB (Service fédéral de la sécurité de la Fédération de Russie) qui lui a succédé. La Loubianka est un haut lieu symbolique du pouvoir soviétique : au lendemain de l'échec du putsch d'août 1991, à l'heure du triomphe de Boris Eltsine et du camp « démocrate », la statue de Félix Dzerjinski, fondateur de la Tcheka (première police politique soviétique, prédécesseur du KGB), qui ornait la place, fut déboulonnée sous l'œil des caméras du monde entier. Dans les années 2000, sous la présidence de Vladimir Poutine*, ancien officier du KGB, Dzerjinski – surnommé « Félix de fer » – fut de nouveau à l'honneur : il fut un temps question de réhabiliter la statue. Le KGB a joué un rôle déter-minant dans l'élaboration et le déploiement de la stratégie de l'URSS dans la guerre* froide, tant en URSS que sur des terrains extérieurs, et en premier lieu en Europe. Iouri Andropov, secrétaire général du

PCUS (1982-1984) et chef du KGB pendant quinze ans (1967-1982), évoquait en ces termes le rôle de cette institution presque mythique de la superpuissance soviétique : « Notre tâche se résume à mener une bataille silencieuse et obstinée sur trois fronts principaux : politique, économique et idéologique. »

De la Tcheka au KGB. La « Commission extraordinaire de lutte contre la contre-révolution et le sabotage », ou VTchK – couramment désignée sous le nom de Tcheka –, est instituée par les bolcheviks dès les premières semaines du pouvoir soviétique, par un décret du Conseil des commissaires du peuple du 20 décembre 1917. Au nom de la lutte des classes, elle organise la « terreur rouge » : au cours des seules années 1918 et 1919, près de 10 000 personnes sont fusillées sur décision de la Tcheka. Les fonctionnaires de la police politique et du renseignement resteront, pour la postérité, les « tchékistes ». Il n'est pas rare, à l'ère postsoviétique, d'employer ce terme pour désigner les fonctionnaires du FSB. Dès 1918, des troupes armées spéciales sont créées et placées sous l'autorité de la Tcheka. En février 1922, elle est remplacée par la Guépéou – GPU : « Direction politique principale » – du Commissariat du êuple des Affaires intérieures (NKVD). Après la création de l'URSS, la Guépéou est remplacée par l'OGPU – « Direction politique principale unifiée » –, un organe qui n'est plus rattaché au NKVD et qui acquiert son autonomie. Au début de la décennie 1930, les agents de l'OGPU participent à la collectivisation forcée des terres et à l'organisation, dans certaines régions (Ukraine*, Russie méridionale), des famines* provoquées afin de briser toute résistance. En juillet 1934, les bureaucraties du renseignement et de la sécurité fusionnent au sein du NKVD. En février 1941, au lendemain de la « Grande* Terreur » et à la veille de l'entrée en guerre (juin 1941), un grand ministère de la sécurité d'État – le NKGB – est créé. Cet organe est chargé de coiffer le renseignement extérieur et le contre-espionnage. En 1946, il est rebaptisé MGB – ministère de la sécurité d'État –, avant de fusionner, au lendemain de la mort de Staline (mars 1953), avec le ministère de l'Intérieur – MVD – et de se voir placé sous la direction de Beria. Après l'élimination de ce dernier par ses rivaux pour la succession – Khrouchtchev et Malenkov –, la sécurité d'État retrouve son autonomie avec la création, par un décret du 13 mars 1954, du KGB, un organe qui conserve cette appellation jusqu'en 1991. Après la chute de l'URSS, le FSB, créé en 1995, coiffe la sécurité intérieure, et le SVR – Service de renseignement extérieur – succède à l'ancien premier directorat du KGB (contre-espionnage).

Soldats de la guerre froide et orfèvres de la désinformation. À partir de 1978, le chef du KGB siège de plein droit au Conseil des ministres de l'URSS. Cette évolution de la hiérarchie des préséances au sommet du pouvoir soviétique traduit la montée en puissance de la bureaucratie des « guébistes » (agents du KGB), ces indispensables « soldats de la guerre froide » dont les ambitions sur le terrain de la politique sont alors grandissantes. Les « guébistes » ont tiré un grand prestige de leurs actions extérieures. Dès les années 1920, le contre-espionnage soviétique s'était illustré dans de spectaculaires opérations d'élimination d'émigrés ou d'opposants à l'étranger, dont l'assassinat de Léon Trotski* à Mexico, le 21 août 1940, est emblématique. En 1943, le célèbre *SMERCH (Smiert' chpionam!)*, littéralement : « Mort aux espions! », est créé en tant que direction du contre-espionnage et de lutte contre la « diversion idéologique » rattachée au NKVD. Cette organisation bien réelle entrera dans la fiction sous le nom de l'organisation du « spectre ». La fiction soviétique, elle aussi, s'empare du thème des espions et de la défense de la patrie par des opérations d'infiltration et de contre-espionnage réussies. Le personnage de l'agent double Stirlitz – agent soviétique infiltré au sommet de l'armée allemande pendant la Seconde Guerre mondiale – héros, d'une série télévisée culte de 1973, *les Dix-Sept Instants du printemps,* est un monument du patrimoine culturel soviétique et russe. Quoiqu'elle n'en soit pas directement inspirée, cette fiction n'est pas sans lien avec le destin de l'agent double soviétique Richard Sorge. Au cours de cette guerre froide qui est aussi une guerre psychologique, les agents soviétiques passent maîtres dans le déploiement des méthodes de désinformation, un terme d'origine soviétique. La désinformation passe notamment par l'orchestration de rumeurs, telle celle qui a fait croire, dans les années 1980, que le virus du sida avait été inoculé en Afrique par des chercheurs biologistes américains sous la protection de la CIA... Outre la « guerre de l'information » et les célèbres « psy-ops » *(psychological operations),* les méthodes du renseignement soviétique innovent en matière de retournement d'agents et d'infiltration des organisations politiques des minorités nationales, relais de l'influence soviétique au Moyen-Orient par exemple, ainsi que dans l'instrumentalisation de certaines organisations terroristes moyen-orientales et occidentales. L'histoire des opérations extérieures du KGB est loin d'être écrite et, en bonne logique, les mythes et la réalité sont étroitement entremêlés. S'il n'est pas l'apanage de ses services, l'emploi de certaines méthodes cruelles – empoisonnement, assassinats ciblés – semble encore porter la « marque de fabrique » des services soviétiques, et aujourd'hui des services secrets russes. Ainsi, l'empoisonnement au polonium d'Alexandre Litvinenko, un ancien agent du FSB, n'est pas sans évoquer la célèbre affaire de l'assassinat d'un dissident bulgare, exilé à Londres, Guéorgui Markov, empoisonné par une pointe de parapluie dans une cohue à la sortie d'un autobus le 7 septembre 1978...

Renseignement, corruption et crime organisé. L'entrée du chef du KGB au Conseil des ministres de l'URSS en 1978 indique que l'appareil de la sécurité d'État et son chef avaient gagné en poids politique. Dans les années 1970, les « guébistes » déploient un nouveau pan de leur activité : la lutte contre la criminalité économique et les nombreuses formes de corruption. Un nouveau département est créé à cet effet au sein du 3e Directorat principal du KGB. Une nouvelle fois, la sécurité d'État entre en concurrence avec le ministère de l'Intérieur. La lutte contre la criminalité économique est l'un des principaux instruments de la bataille pour le pouvoir politique. Une étude partiellement fondée sur des documents internes du KGB a montré que cette nouvelle direction ne se contentait pas de doubler les opérations du ministère de l'Intérieur, mais conduisait ses propres enquêtes en utilisant certaines méthodes de la Tcheka, telle l'infiltration de réseaux criminels par le biais du recrutement de chefs de gang. Au milieu des années 1980, aux premières heures de l'ouverture de l'économie administrée au marché, des groupes associant des agents de renseignement, des bureaucrates et des hommes de l'ombre s'affrontaient dans des guerres souterraines, franchissant la frontière, de plus en plus poreuse, entre légalité et illégalité. C'est ainsi que se formèrent les groupes *(grouppirovki)*, souvent qualifiés de « mafieux », dirigés par des parrains *(vory v zakone)* bénéficiant de complicités au sein de l'État pour échafauder de vastes organisations criminelles.

Placés à l'interface de la légalité et de l'illégalité du simple fait de leur fonction d'agents de la lutte contre le crime économique, certains responsables du KGB ont couvert et même organisé – certains *vory v zakone* sont d'anciens responsables du KGB –de vastes trafics : drogue, armes, matières premières et circuits de blanchiment.

Nikita Khrouchtchev
Né le 17 avril 1894 dans un village de la région de Koursk au sein d'une famille ukrainienne de petits paysans pauvres, Nikita Khrouchtchev travaille dès l'âge de 9 ans comme berger. Adolescent, il quitte sa région natale pour le bassin minier du Donbass (Ukraine* orientale), où il est d'abord employé comme apprenti serrurier, puis comme ajusteur. Il prend part à la guerre civile du côté des Rouges et adhère au Parti bolchevique dès 1918. Au début des années 1920, devenu mineur dans le Donbass, il est remarqué par Lazare Kaganovitch, alors chef du parti bolchevique de l'Ukraine, dont il devient le protégé. Nikita Khrouchtchev est nommé secrétaire de district du parti en 1925, délégué au XIVe Congrès du parti et membre du Comité central du parti de l'Ukraine. Il suit son mentor à Moscou comme secrétaire de l'Académie industrielle (1929), une institution où il se fait remarquer par son activisme débridé et son zèle politique. Dès le début des années 1930, il gravit les échelons dans la hiérarchie du parti de la capitale, nommé deuxième secrétaire, puis premier secrétaire de la ville de Moscou en 1935. Il supervise alors la construction du métro de la capitale. Il est élu au Comité central du parti de l'URSS* en 1936. En 1938, après une vague de purges à laquelle il n'est sans doute pas étranger, il regagne l'Ukraine en qualité de premier secrétaire du parti de la république, entrant également au bureau politique du Comité central, « saint des saints » du pouvoir soviétique. Entre 1939 et 1941, il dirige la soviétisation des territoires conquis sur la Pologne. Commissaire politique pendant la guerre, il participe à la défense de Kharkov et de Stalingrad*. Il perd son fils au combat et termine la guerre avec le grade de général. Entre 1944 et 1949, il cumule les fonctions de chef du parti et de président du Conseil des ministres de l'Ukraine et, de retour à Moscou au début des années 1950, il est chargé de reprendre en main l'organisation du parti de la région de la capitale et devient secrétaire du Comité central pour les questions agricoles. Partisan de la poursuite de la transformation des

campagnes commencée avec la campagne de la collectivisation dans les années 1930, prônant l'urbanisation des campagnes et l'industrialisation de l'agriculture, il essuie néanmoins de vives critiques pour son projet « d'agrovilles », projet qu'il relancera une fois parvenu au pouvoir suprême, dans les années 1950. Lorsque Staline* meurt en mars 1953, Khrouchtchev appartient au cercle très restreint des hauts responsables qui ont eu l'habileté de survivre aux vagues successives de purges, d'avant-guerre comme d'après-guerre, qui ont décimé les élites soviétiques.

Succéder à Staline. Après la mort de Staline s'ouvre une délicate période de succession pour le pouvoir suprême. De mars 1953 à mars 1958 – date à partir de laquelle Nikita Khrouchtchev réussit à cumuler les fonctions de chef du parti et de l'État –, les luttes d'influence font rage au sommet. En tant que chef du parti, Khrouchtchev contrôle la carrière des premiers secrétaires des comités régionaux du parti, tous représentés au Comité central. Cette position stratégique lui permet de gagner en influence et en pouvoir, mais aussi de déjouer les complots ourdis contre lui. Dans un premier temps, Khrouchtchev et Malenkov s'allient pour écarter Lavrenti Beria, dernier ministre de l'Intérieur et chef de la sécurité d'État de Staline. Sommairement exécuté en décembre 1953, Beria est la seule victime physique de la lutte pour le pouvoir au sommet après Staline. En liquidant Beria, Khrouchtchev et Malenkov évinçaient à tout jamais celui qui avait supervisé les purges et les répressions politiques en URSS à partir de 1941 et qui, mieux que quiconque, connaissait le degré exact d'implication dans ces crimes de chacun des successeurs de Staline… Grand maître de cérémonie du XXᵉ Congrès du PCUS, qui s'ouvre en février 1956, Nikita Khrouchtchev lit à la tribune un « rapport secret » qui, divulgué par des fuites dans la presse occidentale, dénonce les crimes et le « culte de la personnalité » de Staline, ouvrant la voie à la déstalinisation. Pour de nombreux Soviétiques, les indices d'un changement de ligne politique étaient déjà tangibles dès le lendemain de la mort de Staline. Le retour des prisonniers du goulag dans la société, accéléré par les réhabilitations en chaîne opérées après le XXᵉ Congrès, constitue l'indice le plus manifeste du « dégel » pour le citoyen ordinaire. Le « dégel », entré dans la postérité comme lié au nom de Khrouchtchev, renvoie aussi à une période où, après deux décennies de guerres et de terreur, un pluralisme intellectuel et artistique, limité, est autorisé. Mais comme tous ses homologues de la nomenklatoura*, Khrouchtchev éprouve une méfiance instinctive à l'égard des intellectuels et des créateurs. Inaugurant en décembre 1962 la première exposition d'art abstrait autorisée à Moscou après deux décennies de réalisme socialiste obligatoire, il prononce une phrase restée célèbre et très révélatrice de sa conception de la liberté intellectuelle et artistique : « De telles œuvres sont étrangères à l'esprit de notre peuple. C'est à cela que devraient réfléchir ceux qui se donnent le nom de peintre, mais qui font des tableaux dont on ne sait s'ils ont été exécutés par la main de l'homme ou la queue d'un âne »…

Rattraper et dépasser les États-Unis ! Par son volontarisme politique, le « khrouchtchévisme » peut être vu comme un nouveau stalinisme. Khrouchtchev se heurte de plus en plus souvent à Malenkov et à Molotov qui, en retour, perçoivent les initiatives du chef du parti comme désordonnées et incohérentes. Le 18 juin 1957, Malenkov et Molotov tentent de renverser le Premier secrétaire du parti par un vote majoritaire du Présidium convoqué pendant un voyage du premier secrétaire en Finlande. Informé, Khrouchtchev en appelle au Comité central, une instance plus large (225 membres titulaires en 1956) qui rassemble les premiers secrétaires régionaux du parti. Le maréchal Joukov se range du côté de Khrouchtchev et organise en un temps record l'escorte de tous les membres du Comité central à Moscou par des avions militaires dépêchés aux quatre coins de l'URSS. Le 22 juin 1957, le Comité central casse le vote du Présidium et condamne les « activités du groupe anti-parti » mené par Malenkov, Molotov et Kaganovitch, qui sont exclus de leurs responsabilités et limogés. Signe de l'évolution des mœurs politiques, les conjurés ne sont ni poursuivis, ni emprisonnés, ni déportés. En octobre 1957, le maréchal Joukov est à son tour évincé pour « culte de la personnalité », apportant la preuve que Nikita Khrouchtchev est bien un homme d'appareil formé à l'école de Staline… Si la nomenklatoura régionale du parti le soutient en 1957, elle se lasse vite de cet homme emporté, désinvolte et vite perçu comme velléitaire. Ses réformes intempestives perturbent le fonctionnement du système soviétique instauré par Staline en déstabilisant l'organisation du parti, colonne vertébrale des institutions politiques, ainsi que le système centralisé de l'administration de l'économie. Les fuites en avant idéologiques du Premier secrétaire ainsi que ses innombrables lubies exaspèrent de nombreux responsables. Fasciné par le gigantisme américain, Khrouchtchev adopte le slogan « Rattraper et dépasser les États-Unis ! ». Les mots d'ordre péremptoires et les prophéties se succèdent : « chimisation totale de l'agriculture », « fusion des nationalités en un seul peuple soviétique », « avènement du communisme en 1980 »… En dépit de succès tangibles qui inscrivent l'URSS dans la modernité – le 12 avril 1961, Iouri Gagarine*, un Soviétique, est le premier être humain envoyé dans l'espace –, de nombreux responsables soviétiques estiment que, dirigé par Khrouchtchev, le pays est devenu ingouvernable. C'est pourquoi l'appareil du parti appuie le renversement de Khrouchtchev. Les motifs de l'éviction du Premier secrétaire – « subjectivisme, initiatives désordonnées, précipitation, infantilisme, vantardise, phraséologie, ignorance des réalités, mépris des masses » – traduisent l'état d'esprit d'une large majorité de responsables. Le 15 octobre 1964, les premiers secrétaires régionaux du parti, réunis en plénum du Comité central, « acceptent la démission » de Khrouchtchev et soutiennent la « restauration » menée par Leonid Brejnev*.

Kiev Dans *la Garde blanche*, Mikhaïl Boulgakov* décrit splendidement les rives immuables du Dniepr qui l'ont vu naître. La neige de l'hiver 1919 peine à étouffer le bruit du canon et à effacer le sang versé par les factions combattantes : nationalistes de Petlioura, Ukrainiens indépendants manipulés par les Allemands, anarchistes de Makhno ou Rouges bolcheviques. Prise et reprise, Kiev connaît les plus intenses combats de rue de la guerre* civile et est alors à un tournant de sa très riche histoire.

Aujourd'hui peuplée de près de 2,7 millions d'habitants, la ville a sans doute été fondée au Ve siècle par les Khazars, peuple semi-nomade d'Asie – comme l'indique son nom, signifiant « sur la rive » en turc. Point de passage obligé du commerce fructueux entre la Baltique des Vikings et Byzance, la ville suscite la convoitise des Varègues. Descendant de Riourik, Oleg chasse les Khazars et fonde au IXe siècle la Rous, berceau de la nation ukrainienne également revendiqué par les Russes (depuis que la Moscovie s'est nommée Russie au XIIe siècle) et les Biélorusses.

En 988, le grand-prince Vladimir Ier* se convertit au christianisme et décide l'évangélisation de la population. Son fils Iaroslav le Sage fait bâtir au xie siècle la cathédrale Sainte-Sophie de Kiev (inscrite au patrimoine mondial de l'Unesco) sur le modèle de celle de Constantinople, quoique dans un style original qui annonce celui de l'orthodoxie russe. Plus encore que les menaces extérieures (Polovtses, Mongols), les troubles internes mènent toutefois la Rous à sa ruine, au xiie siècle.

Commencent alors pour la nation ukrainienne et Kiev, sa capitale, de longs siècles de sujétion : aux Mongols, à la Lituanie, à la Pologne, aux Cosaques* zaporogues, puis aux Russes de la monarchie moscovite en 1669. Sous la tutelle de son puissant voisin, ce centre majeur de pèlerinage (grottes de la laure de Petchersk), se modernise. L'université de Kiev est fondée en 1834 ; à la fin du xixe siècle, la ville se situe au troisième rang de l'Empire des Romanov derrière les deux capitales russes, Moscou et Saint-Pétersbourg.

Après la période révolutionnaire qui a vu le Parlement ukrainien (la Rada) déclarer l'indépendance le 20 novembre 1917 et les combats de la guerre civile, Kiev devient en 1934 capitale de la République socialiste soviétique d'Ukraine. Au début de la Seconde Guerre mondiale, la ville résiste au siège de la Wehrmacht ; quand elle est prise, le 19 septembre 1941, elle est déjà partiellement détruite. L'occupation, puis surtout la reprise de la ville, le 6 novembre 1943, provoquent de lourdes pertes matérielles et humaines.

Mais le plus tragique est déjà arrivé : le 29 septembre 1941, les 120 000 Juifs* de Kiev (15 % de la population totale), convoqués par les autorités allemandes, sont conduits au ravin de Babi Yar : au moins 34 000 d'entre eux sont alors fusillés. Babi Yar sera encore, quelque temps plus tard, le théâtre de l'assassinat de masse de 60 000 Juifs, Ukrainiens, Tziganes ou Polonais, célébré par Evtouchenko dans un poème éponyme mis en musique par Chostakovitch.

Aujourd'hui capitale de la République ukrainienne proclamée fin 1991, Kiev a vu son profil changer radicalement après le passage à l'économie de marché. En 2004, la place de l'Indépendance a été le siège de la « Révolution orange » qui a vu des milliers d'Ukrainiens camper dans le froid pour défendre une démocratie actuellement bien ancrée, quoique plongée dans les difficultés propres aux phases de transition politique.

···→ Ukraine

Alexandr Vassilievitch **Koltchak** Officier de l'armée impériale, la personne de l'amiral Alexandr V. Koltchak reste une figure tragique de la guerre* civile russe au lendemain de la révolution d'Octobre*. Ayant choisi le camp tsariste, il échoue dans sa tentative d'unifier les forces antibolcheviques sous son égide, constituant par là la dernière tentative sérieuse d'opposition au pouvoir soviétique.

Né le 16 novembre 1874, Alexandr Koltchak, diplômé de l'Académie navale impériale de Saint-Pétersbourg (1894), connaît une carrière exceptionnelle grâce aux nombreuses missions auxquelles il participe en Europe et en Asie, notamment avec la flotte du Pacifique. Il acquiert sa notoriété par sa participation active à la mission Arctique dépêchée par le tsar Nicolas II au pôle Nord. Distingué lors des combats de la guerre contre le Japon (1905), il joue un rôle de premier plan lors de la Première Guerre mondiale à la tête de la flotte de la mer Noire. Sa participation active dans la défense de la Russie touche à son terme avec l'abdication du tsar en 1917, qui inaugure une période de désorganisation croissante des forces armées impériales sous le gouvernement Kerenski. C'est à ce moment que Koltchak quitte la Russie pour y retourner un an plus tard dans le but de lever une armée capable de s'opposer à l'avancée bolchevique, combattre l'armée allemande et restaurer l'ordre impérial à partir de la Mandchourie. Forte de soutiens extérieurs (Français, Britanniques, Américains et Canadiens), cette « Armées blanche » – la *Garde blanche*, immortalisée par M. Boulgakov* – se voit vite confrontée à la grande difficulté de lutter sur des fronts si éloignés les uns des autres et de réunir sous un unique commandement des factions par trop hétéroclites, où convergent d'anciens soldats de la garde impériale et des mercenaires comme ceux de la Légion tchèque. Porté au pouvoir par un coup d'État dans la ville d'Omsk à la fin 1918, Koltchak se voit accorder le titre de « dirigeant suprême de l'État russe ». Mais sa manière brutale de conduire à la fois les affaires intérieures et le conflit armé lui aliène progressivement la population. Par ailleurs, l'absence d'objectifs lisibles – par opposition à un programme élaboré des bolcheviques – provoque de nombreuses dissensions dans son propre camp (autour du statut de la propriété agricole ou encore de l'organisation du pouvoir à la fin du conflit). Minée par la désorganisation croissante de son administration, abandonnée par les soutiens extérieurs une fois la paix signée entre les alliés et l'Allemagne, l'armée contre-révolutionnaire de Koltchak se dirige à terme vers la défaite, qui survient en 1920 avec l'exécution de l'amiral prisonnier, trahi par des forces de son propre camp. La figure de Koltchak a longtemps été bannie en URSS mais, avec l'ouverture des archives, son rôle exact dans la guerre civile, de même que l'étendue réelle de ses exactions ont été révisés, comme en témoignent les deux procédures de réhabilitation portées devant la justice russe en 1999 et 2001 par des mouvements nationalistes russes.

Komintern Acronyme russe d'«Internationale communiste» (IC). Dès 1914, Lénine* considère que la IIe Internationale – l'Internationale socialiste – a échoué en ne pouvant empêcher le déclenchement de la Première Guerre mondiale et qu'il faudra, le moment venu, en créer une nouvelle. Le Komintern, ou IIIe Internationale, est fondé le 2 mars 1919 au Kremlin. Le «parti mondial de la révolution» ne prend véritablement son élan que lors du IIe congrès qui se déroule à Moscou du 19 juillet au 7 août 1920. Les deux cents délégués provenant de 37 pays fixent les 21 conditions auxquelles toute organisation devra se soumettre pour devenir une section nationale du Komintern. Outre les partis communistes, l'IC comprend une branche syndicale et des internationales de la jeunesse, des paysans, du sport*, etc. Elle est dotée également d'un service des cadres qui assure la sélection, la promotion et l'élimination de ceux-ci.

Dès sa naissance, le Komintern est subordonné à l'autorité et aux intérêts de l'URSS. Un «œil de Moscou» – un représentant de l'IC – supervise les partis communistes et veille à ce que les instructions soient appliquées. Les multiples virages de l'IC épousent les changements de la politique soviétique. Ainsi, le VIIe et dernier congrès de l'IC, qui se tient à Moscou en 1935, entérine la tactique des Fronts populaires d'alliance antifasciste qui succède à la ligne «classe contre classe» appliquée entre 1928 et 1934 qui avait fait de la social-démocratie, qualifiée de «social-fasciste», l'ennemi principal du communisme international, facilitant ainsi l'arrivée au pouvoir du nazisme en Allemagne.

En 1937, l'appareil du Komintern est décimé par la Grande Terreur, comme toute l'élite communiste du pays. En 1939, il lui revient de faire appliquer par les partis communistes la nouvelle politique d'alliance entre l'Allemagne nazie et l'URSS à la suite des pactes germano-soviétiques. Le Komintern, dont les dirigeants (Dimitrov, Manouilski, Ulbricht, Thorez, etc.) sont réfugiés à Oufa, est dissous par Staline en mai 1943, pour apaiser les inquiétudes des États-Unis et de la Grande-Bretagne avec lesquels il s'apprête à conduire les négociations pour préparer l'après-guerre.

Komsomols L'organisation de la société soviétique reposait sur un encadrement strict des professions, mais aussi des différentes générations. À l'origine, la participation active des jeunes à la politique a été favorisée par le rôle important qu'ils ont joué lors de la révolution d'octobre 1917 et au cours des années de la guerre* civile. Avant 1914, un grand pourcentage de jeunes de plus de 14 ans, quittant leur campagne, ont été appelés à renforcer la main-d'œuvre dans les grands centres industriels, ce qui leur a permis d'acquérir très vite une expérience de première main de l'organisation ouvrière ainsi que de la politique. Bien qu'hésitant à reconnaître le rôle de la jeunesse dans la révolution, les bolcheviks ont vite compris l'intérêt de créer une organisation de masse permettant un vrai contrôle social, prenant modèle sur les premières organisations de jeunesse européennes, et de soustraire la jeunesse à l'influence familiale.

Fondée le 29 octobre 1918, l'organisation des Jeunesses communistes est connue dans un premier temps sous le nom d'Union Nationale des Jeunesses léninistes communistes (VLKSM) véritable filiale du futur Parti communiste*. Cette organisation qui a par la suite acquis le nom de Komsomol (Union communiste de la jeunesse) a joué un rôle clef dans l'endoctrinement des jeunes âgés de 14 à 28 ans. Elle devait servir de trait d'union entre les organisations de l'enfance («les Pionniers») et l'entrée en responsabilités au sein du parti.

Peu influente dans la structure même du parti, cette organisation a permis au PCUS de disposer d'un relais idéologique efficace. L'utilité de l'organisation pour ses membres était immédiate : accès à l'enseignement supérieur, bourses, colis alimentaires, camps de vacances. Surtout, le Komsomol était le sas du parti. Plusieurs dirigeants soviétiques de l'URSS poststalinienne, tels que Leonid Brejnev ou encore Iouri Andropov, ont pu accélérer leur ascension dans l'appareil du parti du fait de leur passage dans des branches régionales du Komsomol. Le caractère de plus en plus étendu de l'organisation de même que la progression exponentielle de ses membres (10 millions au début des années 1970) ont en partie contribué à montrer les limites du système. Au cours de la période Gorbatchev, le Komsomol n'était plus à même d'assurer la promotion sociale de ses membres, et le XXᵉ Congrès de l'organisation a marqué le début de la fin de cette organisation, fragmentée et peu adaptée aux changements rapides de la société soviétique. Toutefois, les membres du Komsomol ont pu bénéficier d'avantages stratégiques au moment de la perestroïka, soit par l'accès privilégié à la libre entreprise, soit par la nomination à des postes stratégiques en charge de la régulation des marchés (Comités antimonopoles, postes au sein des ministères et des industries d'exportation de matières premières stratégiques). Parmi les figures les plus importantes de cette période reste le milliardaire Mikhaïl Khordorkovsky, ayant bâti la base de sa fortune au cours de la période 1990-1994. Le Komsomol disparaît avec l'URSS.

koulak Ce terme, qui signifie « poing » en russe, désigne traditionnellement le paysan aisé, qui assure l'équilibre économique de la commune en louant des terres aux plus pauvres, en employant certains d'entre eux, en prêtant semences ou outils agricoles. Il est respecté, craint et envié par les autres paysans. Dès l'année 1918, les bolcheviks stigmatisent le koulak comme ennemi de classe à abattre. Les années de la NEP laissent un répit précaire à la paysannerie. Mais au lendemain de la collectivisation, le pouvoir soviétique appelle à la « liquidation des koulaks en tant que classe » (1930-1932). La plupart n'ont pas attendu pour « s'autodékoulakiser » en vendant ou en massacrant leur cheptel. Cependant, environ 500 000 koulaks, sélectionnés arbitrairement pour atteindre les objectifs fixés, sont envoyés au goulag* ; 2,5 millions d'hommes, de femmes et d'enfants sont déportés en Sibérie* et au Kazakhstan. Désormais, on ne parlera plus de « koulak » que dans des formules accusatoires alambiquées (« koulak garde blanc fasciste ») vidées de tout sens social, mais lourdes de signification politique.

le Kremlin Les villes anciennes russes n'avaient pas de murailles, excepté la partie centrale (cathédrale, palais du souverain) qui était enfermée dans une citadelle (*kreml* en russe). Citadelle fondatrice de la Russie

moscovite, et cœur historique de l'État, le Kremlin devient, par méto-
nymie, un synonyme du pouvoir russe dans toute sa complexité. « ...
geôle, palais, sanctuaire ; boulevard contre l'étranger, bastille contre
la nation, appui des tyrans, cachots des peuples : voilà le Kremlin »
résume, avec son emphase coutumière, le marquis Adolphe de Custine en 1839, dans ses *Lettres de Russie*. Si on associe le Kremlin à
Moscou*, il en existe néanmoins d'autres en Russie : à Novgorod*,
Pskov, Kazan, entre autres.

Le Kremlin de Moscou. Les chroniques russes citent pour la première fois
une cité fortifiée bâtie sur une colline au confluent de deux rivières, la
Moskova et de la Neglinnaïa en 1147, date retenue d'ailleurs pour la
fondation de la ville de Moscou (par le Prince Iouri Dolgorouki). Mais
il ne reste rien des premiers siècles d'existence du Kremlin : les forteresses en rondins sont détruites par les Tatars au XIIIᵉ siècle, puis par les
grands-princes de Moscou afin d'en étendre le périmètre pour pouvoir
accueillir une population grandissante avec l'ascension de la principauté.

Les premières constructions en pierre (églises et une enceinte en
pierre calcaire) sont édifiées sur les ordres de Dmitri Donskoï (grand-
prince de 1359 à 1389).

C'est à la fin du XVᵉ siècle que le Kremlin, symbole d'un État russe
centralisé, commence à prendre l'allure que nous lui connaissons
aujourd'hui : ses enceintes imposantes en brique et hérissées de tours
protègent 37 hectares de terrain. Il reste plusieurs édifices datant de
l'époque des règnes d'Ivan III et de son fils Vassili III : le palais des
Facettes et les parties les plus anciennes du palais des Térems, et plusieurs églises de la place des Cathédrales :
– la cathédrale de la Dormition (1479), lieu de couronnement des
souverains, conservatoire de reliques et des icônes les plus sacrées ;
– la cathédrale de l'Annonciation (1489), lieu de prière « familial »
de la famille du tsar ;
– la cathédrale de l'Archange-St-Michel (1508), nécropole des
grands-princes et des tsars ;
– la tour-clocher d'Ivan le Grand (1508).
Le Kremlin abrite jusqu'au XVIIIᵉ siècle de nombreuses maisons
privées : résidences de boyards, monastères, échoppes.

La plupart des grands souverains russes tentent de laisser leur marque architecturale sur le Kremlin même si, à partir de 1712, il n'est plus la résidence des tsars, la capitale de l'Empire ayant été transféré à Saint-Pétersbourg. Ainsi Pierre le Grand y fait construire l'Arsenal. Catherine II*, soucieuse de ne pas négliger le rôle de Moscou, se fait couronner au Kremlin, dans la cathédrale de la Dormition. Elle engage, elle aussi, des travaux au sein de la citadelle (bâtiment du Sénat).

En 1812, le Kremlin est conquis par des étrangers, pour la première fois depuis la prise de Moscou par les Polonais en 1610 durant le temps des troubles. En effet, Napoléon s'installe au Kremlin en septembre 1812, violant ce sanctuaire historique des Russes. Les soldats français, éblouis, y découvrent des armes, des « ornements servant au sacre des empereurs, et tous les drapeaux pris aux Turcs depuis cent ans » relate le bulletin de la Grande Armée, publié dans le *Moniteur,* périodique officiel de l'Empire. Un mois plus tard, le 23 octobre, les Français, contraints de se retirer vers l'ouest, font sauter le Kremlin, miné auparavant sur ordre de Napoléon : « l'arsenal, les casernes, les magasins, tout a été détruit. Cette ancienne citadelle qui date de la fondation de la monarchie, ce premier palais des Czars, ont été ! », constate-t-on, non sans enthousiasme, dans le *Moniteur.* Une rénovation majeure est ensuite initiée par Nicolas Ier (1825-1855) : bien que relativement peu endommagé, l'ensemble du Kremlin est restauré par les architectes Osip Bové et Konstantin Ton : construction du palais du Kremlin, de l'Armurerie, rénovation des tours. Le périmètre du Kremlin s'agrandit aussi : des jardins sont aménagés sur sa face ouest, les douves sont comblées et la place Rouge contiguë est rénovée.

Malgré ces changements, le Kremlin semble conserver au XIXe siècle une atmosphère chargée de mystère et d'ambivalence : le marquis de Custine évoque ainsi les « sauvages magnificences » de la citadelle, comparant les cathédrales du Kremlin avec leurs « voûtes étroites et leurs épaisses murailles » à des « prisons peintes ».

Le Kremlin à l'heure soviétique et postsoviétique. C'est sous le pouvoir soviétique que le Kremlin perd ses monuments les plus anciens. Environ 17 églises sont rasées, comme celle du Sauveur-dans-le-Bois bâtie en 1330 ; le monastère Tchoudov (« des miracles ») se transforme en palais des Congrès, bloc de verre et de béton voulu par Nikita Khrouchtchev. En

1935, les aigles bicéphales ornant le sommet de cinq tours sont remplacés par des étoiles rouges en verre. À l'extérieur, la façade nord-est du Kremlin en bordure de la place Rouge est transformée en nécropole. Des plaques fixées sur l'enceinte de briques commémorent les personnalités soviétiques enterrées au pied de la forteresse : d'abord 238 bolcheviks tombés au cours de la révolution d'Octobre, puis des personnalités dont la plus connue est sans doute le journaliste américain John Reed (1887-1920). À partir de 1924, les sépultures s'étendent vers la place Rouge avec le mausolée de Lénine et les tombes d'autres dirigeants soviétiques. Pendant une quinzaine d'années après la Révolution, le Kremlin accueille dans ses divers palais des dizaines de chefs bolcheviks qui s'y installent avec leurs familles. Les réunions mais aussi les banquets rythment les journées, alors que fiacres et automobiles se croisent sous le porche des portes du Kremlin dans un va-et-vient continuel jusque tard dans la nuit. Puis, une fois l'ancienne garde décimée par les purges, le Kremlin devient le domaine du seul Staline. Même s'il n'y vit plus à partir de 1932, la pratique de la lampe qui brûle à la fenêtre du Kremlin symbolisant « le petit père » qui veille sur son peuple, est entrée dans le mythe du lieu. Le territoire du Kremlin n'est ouvert au public qu'en 1955, deux ans après la mort de Staline. Il devient un lieu de rituel et de symbolisme soviétiques : c'est au pied du mur du Kremlin que Leonid Brejnev fait installer la tombe du soldat inconnu et c'est sous le « sapin du Kremlin », érigé dans l'enceinte de la citadelle tous les 31 décembre, que les enfants de la nomenklatoura reçoivent leurs cadeaux de Nouvel An. Les « kremlinologues » de l'époque de la guerre froide, quant à eux, observent le passage des limousines depuis la route gouvernementale et jusqu'à la porte Borovitskaïa, à l'affût de quelques indices sur les événements se déroulant à l'intérieur...

Fort de symbole, le Kremlin est aussi acteur de la fin de l'URSS : le 25 décembre 1991, Mikhaïl Gorbatchev démissionne de son poste de président de l'URSS, et le même soir à minuit, le drapeau soviétique flottant sur le Kremlin est baissé, remplacé par les couleurs russe. À partir de 1992, le Kremlin devient la résidence officielle du président de la Fédération de Russie. Économie de marché oblige, le Kremlin devient aussi une marque – il prête son nom à une vodka, à une sorte de saucisson fumé et à un... régime amincissant très à la mode à Moscou.

L

langue russe La langue russe appartient au groupe slave des langues indo-européennes et au sous-groupe des langues slaves orientales, avec le biélorusse et l'ukrainien. Bien que parlée par près de 285 millions d'habitants sur une étendue géographique inégalée de la planète, elle ne connaît que peu de variations en termes de dialectes ou de parlers locaux. Les premières traces écrites de codification de la langue des Rus' remontent à la création de l'alphabet* cyrillique (IXe- Xe siècles) et à l'introduction de la chrétienté en Russie, à la fin du Xe siècle. Le russe parlé et écrit a connu des transformations importantes tout au long de son histoire et est resté fortement marqué par les emprunts et les influences étrangères. Après une première période caractérisée par l'adoption du russe écrit de la langue ecclésiastique se succèdent des vagues d'invasion du sol russe qui enrichissent le russe d'apports des langues du groupe nordique (suédois), ou d'origines slave occidentale (polonais) ou mongoles. À la fin du XVe siècle, avec l'avènement du pouvoir impérial, le russe écrit connaît une évolution notable. Le russe administratif coexiste avec le slavon liturgique, qui pendant des siècles avait fait office de *lingua franca* du peuple russe. Le tournant occidental initié sous le règne de Pierre* le Grand (1682-1725) enrichit ces premières influences d'un vocabulaire en provenance des pays d'Europe occidentale, comme l'allemand *(kartofel, buterbrod, gaus)* ou le Français *(palto, bystro, restorant)*.

La réforme de 1917-1918 simplifie une langue chargée de lourdeurs orthographiques et élimine certains signes diacritiques ou lettres ecclésiastiques à double emploi. La période soviétique (1922-1991) transforme le vocabulaire avec sa terminologie révolutionnaire et celle qui dérive de l'industrialisation ou des avancées scientifiques. Par ailleurs, les acronymes multiplient leur présence comme instruments pour désigner des nouvelles réalités propres à l'expérience soviétique : *goulag* (« direction générale des camps d'internement »), *kolkhoz* (« propriété collective »). Enfin, la russification des confins soviétiques fait aussi évoluer la langue.

Bien qu'ayant perdu du terrain au profit d'autres langues régionales, comme l'ukrainien, au cours des années 1990 et 2000, dans la périphérie de l'ex-URSS, la langue russe a laissé des traces des différentes images superposées de la Russie au-delà de ses frontières : tsar, oukase, pogrom, steppe sont des mots passés dans la langue française. Le russe reste à ce jour une des six langues officielles de l'ONU mais perd de son influence. Le russe moderne, surtout au cours des années 1980 et 1990, a subi les conséquences d'une occidentalisation rapide de la société, avec une transformation de la langue parlée et de celle des médias. Elle a été marquée par l'emprunt d'un nombre important de termes issus de l'anglais américain, tels que *imedzh* (« image »), *lobbyrovat* (« faire du lobby »), *kseroks* (« photocopie »). Au début des années 2003, les autorités russes ont manifesté leur volonté de restreindre l'utilisation des mots étrangers dans la langue scolaire et les médias, sans être parvenues à ce jour à appliquer ces dispositions. Reste que la langue russe demeure exposée à une latinisation *de facto* de son écriture, comme en témoigne la progression rapide d'Internet dans les foyers et les sites gouvernementaux, désormais soumis aux obligations de la traduction en anglais.

Légion des volontaires français contre le bolchevisme

(LVF) Le 22 juin 1941, le jour même de l'attaque nazie contre l'URSS, Jacques Doriot, fondateur du Parti populaire français, et Marcel Déat, du Rassemblement national populaire, manifestent séparément leur intention de prêter main-forte à l'armée allemande dans sa lutte contre le bolchevisme. Par la voix de l'ambassadeur allemand Otto Abetz, le ministre des Affaires étrangères du IIIe Reich, Joachim von Ribbentrop, donne son accord pour la création d'unités de volontaires à concurrence de 15 000 hommes, chiffre par ailleurs jamais atteint. Le 6 juillet est fondé un comité central de la LVF, officiellement créé le 5 août, patronné par les principaux chefs de la collaboration. Cette légion ne concerne que la zone occupée, Vichy ne lui accordant qu'une reconnaissance de principe mais lui refusant toute aide matérielle. Un peu plus de 13 000 hommes se présenteront jusqu'en juin 1944 mais seule une moitié sera finalement retenue. Deux bataillons rassemblant 2 500 hommes sont envoyés en septembre au camp de Deba en Pologne. Le drapeau régimentaire est tricolore et les ordres sont donnés en français.

Mis en route les 28 et 30 octobre, les deux bataillons placés sous le commandement de Roger Labonne gagnent Smolensk puis font marche vers Moscou, mais les conditions climatiques sont telles que près de 400 passent de vie à trépas. Les premiers combats en novembre autour de Borodino sont sanglants et la LVF, insuffisamment préparée, est retirée du front est, puis sévèrement réorganisée, « purgée » de 1 500 hommes, entraînée et enrichie de nouveaux Français mieux formés aux combats. Plus aguerrie et réorganisée en trois bataillons, la LVF de 1942 est engagée à l'arrière du front dans la lutte contre les partisans.

Un nouveau chef militaire, Edgar Puaud, est nommé en juillet 1943.

Le 22 juin 1944, alors que la Wehrmacht cède partout, un bataillon français oppose une résistance désespérée en avant de Borissov, non loin de la Berezina. Les rescapés rejoignent alors leurs compatriotes de la Waffen SS ralliés peu après par des éléments de la Milice en Poméranie pour former une brigade puis une division qui prend le nom de Charlemagne, forte de 7 000 hommes dont la plupart périront dans les différents combats jusqu'à la chute finale de Berlin.

En juillet 1944, Heinrich Himmler donne l'ordre du démantèlement de la LVF. Sa dissolution officielle est prononcée en septembre 1944.

Vladimir Ilitch Oulianov, dit **Lénine**
La construction de l'homme nouveau

Né à Simbirsk le 10 avril 1870, Vladimir Ilitch Oulianov est le deuxième fils d'un inspecteur des écoles qui meurt en 1885. Deux ans plus tard, l'exécution de son frère aîné, Alexandre, étudiant à Saint-Pétersbourg et mêlé à un complot contre la vie du tsar Alexandre III, précipite l'engagement révolutionnaire de Vladimir Ilitch. Étudiant en droit, il passe de l'université de Kazan à celle de la capitale. C'est là qu'il entame sa formation intellectuelle par la lecture de Tolstoï et de Tchernychevski. En 1889, il fait sa première lecture de Marx, l'année de la naissance de la IIe Internationale et du triomphe de la social-démocratie allemande, mouvement très organisé et fortement hiérarchisé qui apparaît à Oulianov et à beaucoup de socialistes européens comme un modèle. La création d'un « parti » discipliné, centralisé et idéologiquement uni se conçoit comme l'instrument nécessaire à la logique de lutte des classes définie par Marx et Engels. Cette structure politique est l'étape indispensable à la victoire finale du prolétariat. Ce schéma initial, le futur Lénine ne s'en détachera jamais.

Que faire ?

Avocat en 1893, il plaide peu et fréquente les groupes des sociaux-démocrates russes en particulier celui des «marxistes» dominé par la figure de Plekhanov. Celui-ci dirige la revue *Natchalo* («Le Début») à laquelle participent Axelrod, Martov, Véra Zassoulitch. Désormais, Oulianov est membre du noyau originel des marxistes russes. Très vite cependant, un conflit de personnes mais aussi de doctrines l'oppose à Plekhanov. C'est dans la polémique doctrinale de ses nombreux articles qu'il publie sous différents pseudonymes qu'Oulianov se forge sa propre théorie. Il s'en prend aux héritiers officiels du marxisme comme Eduard Bernstein auquel il reproche sa pusillanimité révolutionnaire. 1897 est l'année du premier exil pour Oulianov, qui est condamné à la relégation en Sibérie* pour trois ans avec sa femme Nadejda Kroupskaïa. Lectures, traductions, conversations avec d'autres exilés étoffent sa théorie révolutionnaire. Après un dernier séjour à Oufa, il quitte la Russie en 1900. Dès lors, il entreprend un long vagabondage dans toute l'Europe. À chacune des étapes de ce voyage, il retrouve les exilés russes qui entretiennent la fièvre révolutionnaire ou les groupes socialistes locaux toujours prêts à échanger et à débattre. C'est à Genève, véritable Mecque du socialisme, qu'Oulianov et sa famille – il n'a pas d'enfant mais sa belle-mère accompagne le couple – retrouve Plekhanov. Mais les retrouvailles tournent vite à la rupture définitive. Oulianov fonde son propre journal *Iskra* («l'Étincelle») puis part successivement pour Munich et Londres. L'Angleterre, patrie du capitalisme, connaît le triomphe de son modèle économique et social à tel point que le socialisme anglais semble, aux yeux de l'exilé russe, s'en accommoder. De son séjour anglais Oulianov repousse toute interprétation philanthropique du marxisme, de même qu'il avait conclu depuis plusieurs années à l'impasse du populisme russe estimant que Marx n'avait pas écrit pour les paysans de Russie et d'Ukraine ni pour les travaillistes de Manchester. Publiée en Suisse, sa brochure, *Que faire?*, prend acte de ce constat et donne le fil rouge de la doctrine et de la méthode de celui qui, désormais, adopte définitivement le pseudonyme de Lénine («l'homme de la Lena» en est une des interprétations possibles). La réunion constitutive du parti social-démocrate russe à Bruxelles, puis à Londres, en 1903, est l'occasion pour Lénine d'affirmer ses positions et de mettre les socialistes russes devant des choix politiques déterminants. Combatif et déterminé, il prend la direction du mouvement, sa femme Nadejda Kroupskaïa en assure le secrétariat, Axelrod et Plekhanov sont court-circuités.

Un nouvel exil

Mais, désormais la majorité des délégués (les bolcheviks*, de « bolché », le plus) a voté en faveur de Lénine pour une conception nouvelle du parti, composé de militants professionnels déterminés à poursuivre un but commun : la révolution prolétarienne en Russie et sa victoire. En face, les tenants de l'ouverture et de la souplesse doctrinale comme Axelrod et Martov, sont minoritaires (les mencheviks). Dans la bataille Lénine perd *Iskra*. La révolution* de 1905 le surprend à Genève. C'est l'occasion de donner de la voix. Il revient en Russie en novembre, et c'est du bout des lèvres qu'il accepte la résolution du parti de participer au soulèvement armée. Tout l'appareil s'écroule sous la répression. Pour Lénine, c'est le temps d'un nouvel exil en Europe, mais aussi celui d'une méditation sur les conditions de la prise du pouvoir. En 1907, les sociaux-démocrates envoient des députés à la nouvelle Douma. C'est encore un échec ; l'Assemblée est rapidement dissoute. Cette fois l'expérience politique est concluante au détriment des mencheviks. Les congrès successifs ne parviennent plus à combler la faille entre les deux options. Pendant ce temps, Lénine se rend à Capri chez Gorki. Puis il s'installe à Paris où réside une importante communauté russe. L'appartement du 4, rue Marie-Rose, est le lieu de rendez-vous du groupe des révolutionnaires russes – Kamenev, Zinoviev, Rykov – auquel se joint l'Allemand Kautsky. Lénine mène une vie rangée, studieuse, promenant sa calvitie et sa barbe connues de toutes les polices d'Europe, de bibliothèques en conférences. Il ne délaisse pas l'activité militante et organise une école des cadres à Longjumeau. Il ne fréquente pas les socialistes français à l'exception de Paul Lafargue, le gendre de Marx. En 1912, lors de la conférence de Prague, la rupture avec les mencheviks est consommée. Les partisans de Lénine proclament leur indépendance, créent leur comité central et fondent leur propre journal légal à Saint-Pétersbourg, la *Pravda*, confié à Molotov. La même année, l'agitation reprend en Russie. Lénine quitte Paris pour Cracovie, à la frontière de l'Empire.

La naissance du léninisme

La dernière grande étape de la construction théorique de Lénine avant la Révolution se situe à la veille de la Grande Guerre. Il prend le contre-pied des positions « nationalistes » des socialistes européens. Il rappelle, notamment à Kautsky, l'universalisme de l'opposition socialiste à la guerre ; d'autre part, il réaffirme, face aux tentations des socialistes polonais à faire front commun avec l'Empire austro-hongrois, le droit des nations à disposer de leur sort ; enfin, la guerre, qui est par nature impérialiste, doit être utilisée comme instrument de la victoire du prolétariat et de la chute définitive du capitalisme. Les trois piliers de l'action révolutionnaire selon Lénine sont donc posés lorsque la guerre éclate. En même temps, ils constituent l'acte d'accusation de l'Internationale socialiste prise au piège du patriotisme. La rupture avec le socialisme européen est consommée.

Lénine s'exile en Suisse où il retrouve Radek et Kamenev. Trotski*, revenu du menchevisme, fait amende honorable. C'est le temps de la mise au point avec la rédaction de *l'Impérialisme, stade suprême du capitalisme*. La guerre est le produit du capitalisme et la bourgeoisie porte seule la responsabilité du conflit ; la social-démocratie s'est définitivement compromise ; l'ampleur du conflit provoque dans un même mouvement la révolution prolétarienne et l'émancipation des peuples sur toute la planète. Le thème de la révolution mondiale est dessiné. Lors des dernières conférences de Zimmerwald et de Kienthal, Lénine ne cède sur aucune de ses positions.

« Tout le pouvoir aux soviets ! »

La révolution de Février 1917 le surprend. Mais très vite, il ne s'agit pas pour lui d'applaudir l'événement mais de l'exploiter. Son retour en Russie est négocié avec les Allemands par le socialiste suisse Fritz Platter, et s'effectue le 8 avril dans un train spécial, vers la Suède. À Petrograd, Lénine radicalise sa position en demandant l'arrêt de la guerre. Il est sûr d'obtenir l'adhésion des garnisons et d'une grande partie des ouvriers. Le 1er mai, il lance le mot d'ordre « Tout le pouvoir aux soviets ! », ce qui revient à légitimer les conseils d'ouvriers face au gouvernement provisoire. L'outrance et la surenchère sont les seuls moyens pour les bolcheviks de survivre et de se faire entendre dans une capitale en proie à l'agitation politique, à la floraison quotidienne de nouveaux partis et aux conflits d'autorité. Dès lors, Lénine ne s'embarrasse plus de la question de la légalité pour accéder au pouvoir. Malgré un premier échec en juillet et l'exil forcé en Finlande, Lénine prouve au monde l'efficacité de sa doctrine quand le 24 octobre (7 novembre), quelques jours avant la réunion du Congrès des soviets, son parti tente un second coup d'État contre un gouvernement moribond et avec l'appui des forces révolutionnaires dans les garnisons et les conseils d'ouvriers, alliés pour la circonstance. Trotski est déjà président du Soviet de la ville, de fait c'est lui qui dirige l'insurrection. Lénine devient président du Conseil des commissaires du peuple à 47 ans. Au gouvernement s'installent des hommes jeunes, déterminés issus de l'émigration ou de l'appareil intérieur du parti (Trotski, Staline*, Boukharine, Radek, Dzerjinski, etc.) qui tiennent assez fermement le pouvoir pour se permettre l'élection d'une Assemblée constituante dans laquelle les bolcheviks sont très minoritaires. Elle est vite dispersée.

Immédiatement, Lénine prend des décisions de première importance : la paix qui aboutit au traité de Brest-Litovsk, la création d'une police politique, la Tcheka, la mise en place d'une IIIᵉ Internationale, le Komintern*, destinée à exporter la révolution selon le nouveau modèle communiste défini en 21 conditions. La paix extérieure conclue, toutes les forces sont jetées dans la guerre civile ; la bolchevisation du pays est en marche. Paradoxalement, Lénine se fait plus discret ; il s'installe au Kremlin de Moscou, la nouvelle capitale. Il sort peu et ne s'accorde aucune détente. Le 30 août 1918, il échappe de peu à la mort sous les balles de Fanny Kaplan. L'attentat sert de prétexte à l'élimination de l'opposition social-révolutionnaire (de gauche). Dès lors, la Terreur rouge est plus que jamais à l'ordre du jour. Quelques jours avant, il avait laissé Sverdlov prendre la décision d'exécuter toute la famille impériale. La victoire sur les Blancs conforte le pouvoir du parti et la volonté de Lénine d'étendre la révolution au-delà des frontières. Il décide la guerre contre la Pologne* qui se termine par un fiasco. En 1919 il met la dernière touche à sa brochure, *la Maladie infantile du communisme*, c'est-à-dire le gauchisme. Encore une fois, Lénine éprouve le besoin de théoriser l'expérience. En pleine guerre, il ne cesse jamais d'être un révolutionnaire par la plume, de philosopher, de polémiquer, lui qui a une telle méfiance à l'égard des intellectuels. Cette brochure constitue sa morale communiste ; la codification du léninisme y apparaît en toute clarté constituant ainsi un manuel révolutionnaire.

La figure du père

L'année 1920 apporte bien des déboires. Lénine prend des décisions de plus en plus expéditives. La répression n'est plus seulement dictée par la nécessité de la guerre mais par la mise en place d'un État policier et répressif dont l'objectif est de conjurer les échecs du pouvoir bolchevik. Sur ce point, Lénine, par son déni de la légalité au profit du politique, a bien une responsabilité dans la naissance du totalitarisme soviétique. Seule concession du moment, la NEP (Nouvelle Économie politique) est décidée en mars 1921. Chef de gouvernement, idéologue de la révolution, père de la nouvelle République des soviets, Lénine entretient sa popularité. La photographie, le cinéma, la peinture, la gravure, le chant, bientôt tous les arts sont mis au service de la propagande révolutionnaire et du chef de la Révolution. Ainsi, se crée de son vivant le culte de la personnalité de Vladimir Ilitch. Si bien que lorsque les premières attaques cérébrales le frappent fin 1921 et que la maladie le rend méconnaissable, le secret est bien gardé jusqu'à le soustraire aux regards publics de la fin novembre 1922 jusqu'à sa mort le 21 janvier 1924. Durant sa maladie, il tente de multiplier les réflexions politiques dans de courtes notes ; il juge les hommes en place, propose des modifications ; une des dernières notes, celle dictée entre le 31 décembre 1922 et le 4 janvier 1923 devient pour la postérité « le testament » de Lénine dans lequel il regrette la centralisation excessive de l'URSS ; une dernière consigne conclut à l'éloignement nécessaire de Staline jugé « trop brutal ». Mais depuis longtemps, il n'a plus prise sur les décisions. Ses funérailles sont l'occasion de donner le signal du culte officiel de Lénine et du léninisme. Embaumé, son corps repose sur la place Rouge à Moscou. En 1930, un mausolée de granit édifié par l'architecte Chtchoussev abrite sa dépouille. Le culte de Lénine connaît un développement sans précédent dans le monde communiste, de telle sorte que la figure de Validimir Ilitch a su cimenter bien des communismes et assurer bien des transitions. Leur point commun est la référence à une doctrine qui, se revendiquant du marxisme, a établi une stratégie de la prise du pouvoir fondée sur la discipline et l'opportunisme politique.

---> communisme, Octobre et la révolution de 1917

Anatole **Leroy-Beaulieu** Leroy-Beaulieu (1842-1912) est un collaborateur de la *Revue des deux mondes*. Libéral influencé par le saint-simonisme, lecteur de Tocqueville mais surtout de Taine, il est passionné par les questions sociales. En 1872, la revue l'envoie en Russie pour y découvrir un éventuel allié de la France contre l'Allemagne. Leroy-Beaulieu y effectue des séjours pendant quinze ans. *L'Empire des tsars*, publié en articles à partir de 1878, puis en trois volumes de 1881 à 1889, est le résultat de cette considérable enquête. Après une description méthodique du milieu, des populations, l'auteur s'attelle à montrer les dynamiques en cours, les transformations d'une société russe sortie du servage. Leroy-Beaulieu définit la Russie comme un ensemble appartenant à la fois à l'Asie et à l'Europe, ce qui forge

l'identité du pays. Il dresse un bilan des réformes d'Alexandre II et découvre que la modernisation se heurte à la bureaucratie d'État mais aussi à une élite peu disposée au bouleversement social. Il perçoit les dangers du conservatisme politique d'Alexandre III. Mais sa thèse est celle des libéraux russes : le chemin de la modernisation est en cours. L'ouvrage est, à la fin du siècle, le plus complet sur la Russie ; il est pionnier par sa méthode et les questions posées (rôle des facteurs religieux et nationaux). Il vaut à son auteur d'entrer à l'Institut.

littérature russe
Une réflexion sociale et politique

La littérature russe à proprement parler est née relativement tard, une fois que la langue– elle-même dérivée du vieux bulgare transcrit, au xᵉ siècle, en alphabet* « cyrillique » par les moines Cyrille et Méthode – s'est stabilisée et que l'écrit s'est libéré de la référence religieuse, au xvIIIᵉ siècle.

Il existe cependant une littérature médiévale en vieux russe à l'origine des contes populaires oraux qui seront recueillis sous leur forme orale moderne par Alexandre Afanassiev, au cours du xIxᵉ siècle. Cette ancienne littérature se distingue des cultures européennes par les bylines, compositions épiques en vers qui chantent les exploits de personnages légendaires (cycle de Kiev, cycle de Novgorod) ou historiques, comme Ivan le Terrible. Les récits historiques font aussi leur apparition : la *Chronique de Nestor* retrace l'histoire des Slaves jusqu'au xIIᵉ siècle et le *Dit d'Igor* – dont la date d'écriture demeure controversée – appelle à l'unité des peuples slaves.

L'âge d'or

Sous le joug mongol, alors que Byzance est elle aussi occupée (par les Turcs), la Russie est coupée de l'Europe et n'est que marginalement touchée par la Renaissance et la Réforme, qui s'arrêtent à ses frontières. Il faut attendre le xvIIIᵉ siècle et l'ouverture sur l'Europe, décidée par Pierre* le Grand, pour que des ouvrages classiques soient traduits, notamment par Cantemir. Le russe moderne se structure alors, codifié dans la première grammaire rédigée par le savant Lomonossov* (1711-1765). Sous le règne de Catherine II*, les Lumières pénètrent en Russie, désormais ouverte à l'influence occidentale. L'impératrice invite Voltaire à sa cour, fait publier une revue et se pique même d'écrire de brèves comédies. Mais cette libéralisation tourne court, comme en témoigne le sort de Radichtchev (1749-1802), condamné pour son tableau désolant de la campagne russe dans *Voyage de Saint-Pétersbourg à Moscou* (1789). Son contemporain Derjavine (1743-1816), auteur notamment de l'*Ode sur la mort du prince Mechtcherski*, est considéré quant à lui comme le premier poète de langue russe.

S'ouvre alors la période de floraison, entamée par un demi-siècle de triomphe de la poésie, qui sera appelée par la suite l'« âge d'or » de la littérature russe. La poésie russe est à ce moment plus proche d'un sentimentalisme rejetant le froid classicisme français que réellement influencée par le romantisme européen. C'est l'époque d'Alexandre Pouchkine* (1799-1837) et de Mikhaïl Lermontov (1814-1841). Le premier est réellement emblématique. D'une part, même si sa langue maternelle est le français, il représente pour beaucoup le classique russe par excellence, capable d'exprimer le génie de la langue en vers aussi bien qu'en prose. *Eugène Onéguine*, une épopée en vers, ou *la Fille du capitaine*, un récit mythique, ont été lus et étudiés par des générations d'écoliers. Pouchkine chante la liberté, l'amour de la Russie, et livre une vision critique, souvent teintée d'humour – autre trait marquant de la littérature russe. Par ailleurs, Pouchkine, à la fois proche du tsar Nicolas Ier, qui voyait en lui le chantre de la nation, et puni par la censure et les exils, symbolise le destin de l'intelligentsia russe.

Sa mort brutale en duel, chantée par Lermontov dans *la Mort du poète*, symbolise le passage au romantisme et à ses héros maudits. L'écrivain, célèbre pour son personnage de Petchorine *(Héros de notre temps),* et pour sa réflexion sur l'absurdité de l'existence au sein d'une société confite dans ses traditions et ses tabous, meurt jeune à 27 ans, comme son aîné, au cours d'un duel.

Le réalisme

La génération suivante prend le tournant du réalisme au moment où les révolutions russe (les décembristes en 1825) et européenne (1830 en France) témoignent de la crise profonde des monarchies autoritaires. Griboïedov (1795-1829) publie à cette époque la pièce la plus jouée du répertoire à ce jour : *le Malheur d'avoir de l'esprit* (jouée de manière posthume en 1831). Outre la critique sociale (la vie compassée de province, le servage des paysans) et politique (l'inféodation au pouvoir), le texte brille par sa capacité de retranscription de la langue orale, ses jeux de mots et les tirades de Tchatski, devenues proverbiales. Loin de ce réalisme revendiqué, Krylov (1769-1844) écrit au même moment près de deux cents fables, inspirées des modèles classiques ou originales, en se servant lui aussi de la langue populaire pour inscrire les caractères russes dans la mémoire littéraire. Humour*, réalisme cruel et mysticisme définissent également l'œuvre du premier grand auteur ukrainien écrivant en russe, Nicolaï Gogol* (1809-1852). Premier fantastique russe, il se rend célèbre avec ses folkloriques *Soirées du hameau*, ses satiriques *Nouvelles de Pétersbourg* ou son acide *Revizor*. Son roman inachevé, *les Âmes mortes*, pour partie brûlé un soir de fièvre, affine au travers du voyage sans fin de Tchitchikov la typologie moqueuse des personnages russes et la réflexion sur la destinée du pays, comparé à une troïka lancée à toute vitesse. La nouvelle *le Manteau* est, quant à elle, un monument de poésie sociale en l'honneur des humiliés et des oubliés de la fête impériale. Les héritiers de Gogol poursuivent son observation sans concession (Gontcharov peint les propriétaires terriens dans *Oblomov*, Leskov le clergé dans *Gens d'Église*) ou deviennent écrivains militants.

Avant l'« âge d'or » du grand roman russe et l'« âge d'argent » de la fin du siècle, vient l'heure de Saltykov-Chtchedrine (1826-1889), pourfendeur sarcastique de la société impériale et de l'idiotie provinciale, auteur d'*Histoire d'une ville* et surtout du roman social, avec Ivan Tourgueniev* (1818-1883). Ce dernier, devenu célèbre par ses scènes de la vie paysanne dénonçant le servage, doit s'exiler en Europe, d'où il ne rentrera pas. Les écrits de ce principal ambassadeur de la culture russe en Occident sont de plus en plus politiques. En 1862, *Pères et fils* paraît juste après l'abolition du servage.

Le conflit générationnel se situe entre les aînés qui ont obtenu cette avancée sociale et les plus jeunes, révolutionnaires, qui, comme le héros Bazarov, se radicalisent jusqu'à professer un nihilisme violent.

Un engagement philosophique et politique

Ces années sont aussi celles de deux monuments de la littérature russe : Léon Tolstoï (1828-1910) et Fiodor Dostoïevski* (1821-1881). Monumentaux, ils le sont par leurs œuvres, devenues pour la plupart des classiques, par leur style, reconnaissable entre mille, et par leur réflexion morale ou leur engagement philosophique et politique. Dostoïevski, revenu du bagne où il passe cinq années difficiles au cours desquelles son épilepsie s'aggrave, peint, avec le Raskolnikov de *Crime et châtiment* ou le prince Mychkine de *l'Idiot*, l'énigme d'une humanité considérée de l'intérieur, sculptée par les tourments angoissés d'une âme sans repos. Le mysticisme de la foi russe et la lourdeur de la faute originelle imprègnent aussi ses *Frères Karamazov* ;

tandis que les hésitations révolutionnaires des héros des *Possédés* prolongent sa réflexion sur la morale dans le débat social de l'époque.

Tolstoï*, pour sa part, insiste sur la place de l'individu dans la grande histoire, avec *Guerre et Paix*. Il est aussi célébré dans la Russie de la fin du XIXe siècle pour l'anarchisme chrétien qu'il professe. Opposé à l'État, il préfère la simplicité de la vie paysanne en communauté ; opposé à l'Église orthodoxe et à son apparat hypocrite, il préfère une foi naturaliste fondée sur l'amour du prochain : Tolstoï prône la révolution morale intérieure, non violente, et incarne alors pour beaucoup la conscience nationale.

Anton Tchekhov* (1860-1904), leur contemporain, fait partie de ces écrivains médecins que la Russie a compté (entre autres Boulgakov). Sa dénonciation du bagne dans *l'Île de Sakhaline* (1890), publiée après son retour d'un voyage d'inspection, change radicalement sa vie. Tchekhov s'installe à la campagne et publie alors de nombreux écrits, excellant tant dans le genre de la nouvelle, dont il est le maître russe incontesté que dans les pièces de théâtre – *la Mouette*, *Oncle Vania* ou *la Cerisaie* font partie du répertoire mondial. Il est souvent considéré comme le plus pur styliste de la langue russe. Ivan Bounine (1870-1953), auteur des *Allées sombres* et premier prix Nobel russe de littérature, en 1933, est sans doute, de ce point de vue, son héritier le plus direct.

À l'inverse, Maxime Gorki* (1868-1936), révélé par sa réflexion sociale et politique comme tant d'autres auteurs russes, possède un style assez dense, qui tend même parfois à une certaine lourdeur. Sa pièce *les Bas-fonds* (1902) signe son adhésion aux thèses révolutionnaires des sociaux-démocrates russes. Le tournant du siècle est en ébullition permanente et annonce un nouvel âge d'or pour la poésie russe, terre du symbolisme de Valeri Brioussov (1873-1924) et surtout d'Alexandre Blok (1880-1921), auteur du monumental poème *les Douze*, ode à la révolution et à ses apôtres. En réaction au symbolisme, qui refusait de limiter le monde aux apparences de la réalité, le mouvement acméiste d'Ossip Mandelstam (1891-1938) et d'Anna Akhmatova (1889-1966) se fait le chantre de la poésie intimiste du quotidien et forme donc un prélude au futurisme russe – éloge du mouvement, de la modernité, de la vitesse et de la civilisation urbaine.

Une littérature soviétique ?

Peut-on parler de littérature *soviétique* ? Le débat n'est pas clos, mais on ne peut en tout cas s'en tenir à la simple contemporanéité avec la période soviétique. Si on laisse de côté la littérature dite « de commande sociale », produite à l'époque par des écrivains convaincus des bienfaits de la révolution et du parti, il reste soit des satiristes hors pair (Mikhaïl Zochtchenko, Ilf et Petrov, auteurs du drolatique *Veau d'or*) dans la droite lignée des anciens critiques du tsarisme, soit des grands écrivains qui sont, à notre sens, des classiques russes. C'est le cas de Mikhaïl Boulgakov* et de son *Maître et Marguerite*, de Boris Pasternak* et son *Docteur* *Jivago* (deuxième prix Nobel russe, en 1958), de Vassili Grossman et son *Vie et destin*... et même d'Alexandre Soljenitsyne* et son *Archipel du Goulag*. Quoique la thématique de leurs œuvres soit nécessairement influencée par le régime politique dans lequel elles ont été écrites, leur style et leur langue restent russes, leur intention, politique et didactique.

Ce n'est pas le cas de Vladimir Maïakovski*, ni de Joseph Brodski (troisième prix Nobel, en 1987), ni de celui qui est peut-être le seul véritable prosateur soviétique : Andreï Platonov (1899-1951). Ses récits, de *Tchevengour* à *la Fouille* en passant par *Djann* et *Moscou heureuse*, retravaillent la langue officielle en lui donnant une profondeur moins ironique que poétique. Platonov interroge constamment la violence de ce vocabulaire inédit appliqué mécaniquement à la vie confuse de l'après-1917, et poursuit sans relâche l'« homme nouveau » soviétique, perdu dans l'immensité russe et dans un temps historique qui le dépasse.

Mikhaïl Vassilievitch Lomonossov

Mikhaïl Vassilievitch Lomonossov, fondateur de l'université de Moscou, est considéré comme le premier grand savant russe. Éclectique, son génie s'exprima aussi bien dans les sciences naturelles que dans la littérature, et c'est peut-être à lui que les Russes doivent de n'avoir jamais su dresser de cloisons étanches entre les sciences* et les lettres. Pourtant, rien ne destinait le jeune Lomonossov à un tel parcours. Né en 1711 sur les bords de la mer Blanche, dans la région d'Arkhangelsk, il ne reçoit officiellement pas d'autre éducation que celle que lui apporte la navigation en compagnie de son père, héritier d'une lignée de marins-pêcheurs. Mais Lomonossov, pris par la passion de la connaissance, dévore les rares ouvrages qu'il trouve au village (grammaire, arithmétique, versification) et décide bientôt qu'il ne peut se passer d'une véritable instruction. À l'âge de dix-neuf ans, il part à pied pour Moscou, distante d'environ 1 500 km. Là, les paysans n'ayant pas accès aux études, il se fait passer pour fils de gentilhomme et s'inscrit à l'université slavo-gréco-latine. Cinq ans plus tard, il rejoint l'Académie des sciences de Saint-Pétersbourg, fondée vingt ans plus tôt, où son amour des sciences trouve enfin à s'épanouir. Il se fait bientôt remarquer par ses brillants résultats, fruit d'un labeur acharné, et bénéficie d'une bourse lui permettant d'aller étudier en Allemagne, à Marburg. Il y rédige ses premiers travaux scientifiques, consacrés à la physique des matériaux. Il perfectionne également son allemand, et s'initie à l'apprentissage du français, langues sur la base desquelles il entame sa réflexion sur la nécessaire modernisation de la langue russe. C'est à Freiberg, où il est envoyé pour s'initier à la métallurgie, qu'il rédige ses *Lettres sur les règles de la versification russe*. Mais, de tempérament colérique, il se fâche avec le professeur principal. Il lui est interdit de rentrer en Russie car les boursiers n'étaient pas censés quitter l'université avant la fin de leur cursus, ni se fâcher avec leurs professeurs. Il s'établit alors en Hollande où il se marie. En 1741, autorisé à rejoindre l'Académie des sciences, il est nommé professeur adjoint en physique puis professeur en 1745, fonction qu'il conservera jusqu'à la fin de ses jours. Il est bientôt nommé académicien et on lui confie toutes sortes de tâches qu'il accomplit avec bonheur et facilité : direction du collège, création du catalogue de minéralogie. Parallèlement il continue de s'intéresser à la littérature et publie en 1754 son *Traité de grammaire russe*. Selon Lomonossov, la langue russe mérite d'être rendue accessible à tout un chacun car elle « a la splendeur de l'espagnol, la vivacité du français, la robustesse de l'allemand, la douceur de l'italien, le tout enrichi par la force de l'imagination et la concision du grec et du latin ». Ses travaux posent les bases de la langue russe moderne. Actif, volontaire, curieux, il est désespéré par l'étroitesse d'esprit de ses collègues de l'Académie qui ne partagent pas sa volonté d'ouvrir et de moderniser la Russie par les sciences. C'est alors qu'il s'adresse au favori de l'impératrice Élisabeth, Chouvalov, en lui suggérant d'ouvrir une université à Moscou qui comprendrait trois facultés (Philosophie, Droit et Médecine), et qui aurait pour vocation la formation générale des roturiers. Le projet est accepté et l'université ouvre ses portes le jour anniversaire du couronnement d'Élisabeth Petrovna. Dans le même temps, Lomonossov ouvre une fabrique de mosaïque, conduit des expérimentations chimiques et physiques de tous ordres, se préoccupe de créer une pension pour la famille d'un de ses défunts collègues. Il s'intéresse aussi à l'industrie naissante, s'enthousiasme pour les ressources minéralogiques de la Sibérie et se lance dans la création d'un atlas recensant les différentes richesses de la Russie, réunissant aussi bien des données géographiques qu'économiques. En 1763, il publie un manuel sur les fondements de la métallurgie qui connaît un grand succès. Il étudie aussi scrupuleusement l'histoire de la Russie, qu'il analyse et pour laquelle il propose un découpage en plusieurs périodes. Il compose également de nombreuses poésies. Sa réputation dépasse les frontières nationales : il est fait docteur honoris causa des Académies des sciences de Stockholm et de Bologne. Lomonossov s'éteint en 1765. En matière de sciences naturelles, on peut retenir ses travaux sur la théorie cinétique des gaz, la théorie ondulatoire de la lumière, la conservation de la matière. Lomonossov fut la première personne à relater le gel du mercure et à observer l'atmosphère de Vénus pendant son passage près du Soleil. Après sa mort, Lomonossov fut célébré par Pouchkine qui dit de lui : « en unissant une volonté hors du commun avec une intelligence extraordinaire, il a embrassé tous les domaines de l'esprit humain ». Il fut également célébré par le régime soviétique lorsque, après-guerre, celui-ci chercha à ancrer sa légitimité dans l'histoire prérévolutionnaire : en 1940, l'université de Moscou reçoit son nom, et en 1948, l'expédition soviétique qui découvre la dorsale océanique qui traverse l'océan Arctique baptise celle-ci du nom de Lomonossov.

loubok (*lubok*) Le *loubok* est un type spécifique de gravure sur bois populaire apparu au XVIIᵉ siècle. Inspiré de thèmes religieux ou du folklore profane, il mêle dessin et texte, récit et caricature. Ce phénomène à la fois artistique et populaire, artisanal et commercial, est comparable aux images d'Épinal françaises. Genre littéraire et mode original de représentation, le *loubok* participe de l'art populaire des mystères et des farces, qui fleurit au moment des foires. Le quotidien matériel, évoqué assez crûment, y est exprimé dans une langue au rythme particulier, qui le rapproche des bouts rimés (des poésies) paysans *(tchastouchki)*. Le *loubok* est destiné à susciter l'interprétation collective : c'est une forme de jeu d'esprit où l'humour est central.

Avec l'avènement de l'ère industrielle et des techniques de reproduction, le *loubok* rencontre le succès auprès du public populaire, surtout paysan, et favorise la promotion des valeurs urbaines à la campagne. Les couleurs vives (jaune et rouge) très contrastées, supplantent progressivement les simples traits noirs du dessin. La maison d'édition Sytin, au tournant du XXe siècle, accroît la production et la diffusion du *loubok*, contribuant ainsi au développement d'une consommation de masse dont se serviront les bolcheviks au cours de la guerre civile.

⟶ Maïakovski

Pavel **Lounguine** Né en 1949 à Moscou, il débute comme scénariste

au milieu des années 1970 puis réalise son premier film en 1990, *Taxi Blues*, qui connaît un très grand succès et pour lequel il reçoit le prix de la mise en scène au Festival de Cannes. Le film est alors un miroir de la société soviétique en dérive de la fin de l'URSS. Son film suivant *Luna Park*, en 1992, prolonge cette vision d'une société en mal-être, pleine de violence envers les autres et surtout envers soi-même. Dans l'attente de la reconstruction de cette société, Pavel Lounguine se consacre pendant un temps au documentaire avec *Goulag, le secret du bonheur* (1991, France), *Nice, La petite Russie* (1993, France), *Pionnier clandestin* (1993, France), *les Esquimaux : un peuple de trop* (1994, France), *le Siècle des écrivains* (1995, France), *la Mer de toutes les Russies* (1995, France). Puis à nouveau il se fait l'écho de la Russie contemporaine, décryptant le processus de création de la mafia russe avec *Ligne de vie* (1996), *Un nouveau Russe* (2002), ou bien s'intéressant au quotidien des Russes et à la pérennité des anciennes valeurs soviétiques dans *La Noce* qui lui permet d'obtenir le prix d'interprétation pour l'ensemble des acteurs au Festival de Cannes. *Familles à vendre* (2005), *l'Affaire des « Âmes mortes »* (2005, Télévision) ou bien *l'Île* (2006) perpétuent les réflexions du réalisateur sur la prééminence de la corruption en Russie, et sur le mal-être de la société russe.

⟶ cinéma

Trofim Denissovitch **Lyssenko** Né en septembre 1898 à Karlovka

en Ukraine dans une famille de paysans, Trofim Denissovitch Lyssenko est technicien de formation. Il s'illustre dès 1927 en démontrant la possibilité d'économiser du fourrage en transformant une terre agricole en prairie. Il étudie ensuite la « vernalisation » du blé (technique qui permet de transformer les blés d'hiver en blés de printemps en les soumettant à de basses températures) et présente son travail à un congrès du Parti communiste en 1929. À cette même époque débute la contestation universitaire de ses travaux qui désavouent les théories génétiques avancées par Mendel. Le parti lui apporte un soutien sans faille, ignorant de la pertinence scientifique de ses travaux mais conscient de tout son intérêt politique.

Fort de ce soutien on ne peut plus officiel, Lyssenko développe la théorie de la possibilité de modifier l'identité génétique d'une plante en transformant son environnement et, partant, de faire, par exemple, pousser du blé dans la toundra sibérienne. L'activisme, pour ne pas dire le zèle, qu'il déploie à combattre les thèses « mendéliennes » durant les années 1930, toujours avec l'appui du PCUS, consacre tout à la fois ses vues scientifiques comme son rôle au sein de l'appareil puisqu'il est nommé à la tête de l'Académie Lénine des sciences agronomiques de l'URSS en 1938. Plus qu'à la recherche il va, dès lors et jusqu'à la fin de la Seconde Guerre mondiale, consacrer son énergie à l'élimination sans discernement de tous ceux qui, peu ou prou, ont émis des théories déviantes par rapport aux siennes. Porté par le succès politique du régime auquel il doit tout, Lyssenko soutient la notion d'une biologie de classe et revient à l'idée de transmission des caractères acquis que Darwin, à son époque, avait fini par abandonner. Lyssenko affirme que la nature des plantes peut être modifiée par les conditions du milieu. Cette théorie enchante Staline* car elle confirme la théorie marxiste sur la capacité de l'homme à changer le monde. En effet, les citoyens soviétiques doivent pouvoir acquérir le modèle de l'homme nouveau et le transmettre à leurs descendants. Ceux qui ne sont pas capables d'une telle transformation doivent alors disparaître, et peuvent dans ces conditions être éliminés.

Naturellement, le caractère suspect à l'époque, ridicule aujourd'hui, de ses allégations a conduit à l'Ouest, des biologistes favorables au communisme (Monod, Haldane) à émettre des doutes quant aux hypothèses de Lyssenko. Haldane et Monod finiront d'ailleurs par quitter le parti. Jusqu'à la chute de Khrouchtchev, le lyssenkisme reste la doctrine officielle de l'URSS en la matière. Il devient même, pour qui le conteste en dedans ou en dehors, l'un des critères, un temps, d'évaluation de bonne soumission « soviétique ».

Peu après, en 1965, Lyssenko fut relevé de ses fonctions académiques et disparut de toute référence officielle à mesure que ses thèses se défaisaient. Sa mort, en 1976, passera pratiquement inaperçue.

--→ sciences

M

mafia L'organisation des groupes criminels de la Russie postcommuniste rappelle à bien des égards la mafia sicilienne : large palette d'activités licites ou illicites, stabilité et adaptabilité des groupes, hiérarchie rigoureuse et discipline interne, goût du secret, monopolisation d'un territoire ou d'un secteur d'activité et usage de la force en cas de résistance. Vu la taille du pays, il n'y a pas « une » mafia russe, mais des mafias, et pas nécessairement russes, comme le prouvent les bandes d'origine tchétchène ou géorgienne. Le crime organisé, intimement lié à la Russie des années 1990, ne naît pas à la chute de l'URSS. Le phénomène connaît pourtant une expansion fulgurante à ce moment-là, parce que le nouvel État russe est non seulement incapable de contrôler la criminalité économique, le racket et la violence, mais aussi parce qu'une large frange des administrations d'État et des services de sécurité va participer de ce phénomène.

Déjà à l'époque soviétique, profitant des pénuries récurrentes, des individus bien introduits capitalisent sur leurs relations personnelles avec des membres de la nomenklatura ou de l'administration pour organiser des trafics de biens rares, destinés à une clientèle qui en a les moyens. Ces pratiques informelles s'institutionnalisent si bien que dans les années 1980, des « criminels économiques » largement enrichis disposent à la fois d'un réseau solide de relations au sein de l'élite dirigeante et d'un savoir-faire technique avancé en matière de production clandestine ou d'écoulement parallèle de marchandises : alcools, matériel hi-fi importé, jeans, vidéocassettes. La perestroïka, en encourageant la création d'entreprises privées, permet de légaliser certains trafics et de blanchir ou réinvestir des capitaux illicites, via la création de petits commerces ou de banques. D'anciens criminels économiques deviennent ainsi des hommes d'affaires respectables, bien introduits auprès du parti ou de l'État. La criminalité économique s'est développée sans violence.

À l'inverse, à cette même période, où le contrôle social et la répression se relâchent, un type inédit de criminalité apparaît : des bandes de rues rackettent les nouveaux commerçants. Chaque entrepreneur se voit contraint de payer un tribut à la bande opérant sur son territoire en échange d'une « protection », sous peine de représailles. La pratique de l'extorsion forcée se répand rapidement. Certaines bandes s'enrichissent, se structurent et se transforment en groupes organisés aux ambitions croissantes.

Une amplification avec la chute de l'URSS. La chute de l'URSS amplifie, voire « coalise » les deux types de criminalité. Les privatisations massives permettent aux criminels économiques de jouer sur leurs relations avec l'ancienne nomenklatoura encore en poste au sein du nouvel État russe, pour orienter à leur profit la vente ou la reprise d'actifs étatiques. Disposant souvent de richesses en dollars, ils peuvent aussi racheter à la population les « bons » de privatisation chiffrés en roubles. Les criminels économiques deviennent ainsi propriétaire d'actifs conséquents. En parallèle, l'État russe n'est pas capable d'assurer ses missions régaliennes, coercitives ou judiciaires, telles que la protection physique des citoyens, l'arbitrage des contentieux d'affaires, la justice ou l'extraction fiscale. Les groupes organisés vont s'engouffrer dans ces failles : les trafics de drogue, de voitures volées importées ou d'armes obtenues par la corruption se multiplient, alors que les propriétaires d'entreprises nouvellement privatisées évitent rarement l'extorsion. Mais la gestion directe des entreprises privatisées, qui permettrait de détourner les profits, aiguise l'appétit des groupes mafieux. Selon un schéma fréquent, le propriétaire, souvent issu de la criminalité économique, va accepter sous la menace de partager la direction de son entreprise, ou tout au moins le partage des bénéfices, avec un groupe criminel. Celui-ci, en échange, lui fournit une protection, un « toit » en russe, tout en usant de la violence face aux entreprises ou aux groupes mafieux concurrents.

L'État russe, ou plutôt ses membres, participent largement à ce système. Certains hommes politiques ou agents administratifs pratiquent, chacun à leur niveau, la criminalité économique ou l'organisation de trafics ; les membres à responsabilité au sein des services de sécurité profitent de leurs ressources coercitives pour pratiquer le racket en échange d'une protection ; les services judiciaires, corrompus ou menacés, deviennent enfin un instrument aux mains des groupes mafieux qui cherchent à mutuellement s'affaiblir. La guerre des *kompromaty*, ou « guerre des dossiers compromettants », relayée par des médias également subordonnés, en est un signe visible.

Les règlements de compte sanglants sont alors chose courante. La violence des bandes rivales, largement médiatisée, s'explique pour des raisons sociologiques. Le gros des recrues provient des vétérans de la guerre d'Afghanistan, d'anciens groupes sportifs de l'Union soviétique ou des membres des services de sécurité. Tous partagent une situation sociale difficile, un goût pour l'affrontement physique et un sens du collectif. Le phénomène mafieux perd en visibilité à la fin des années 1990. Les chefs criminels se sont soit entre-tués, soit reconvertis dans des activités légales et respectables de l'économie. Vladimir Poutine*, un ancien du FSB, rend surtout aux structures de force le monopole de la violence légitime sur le territoire, comme il domestique les services judiciaires. Rien ne permet pourtant d'affirmer que le phénomène mafieux a disparu. Les assassinats continuent, plus discrètement, car les médias n'amplifient plus les faits de la même manière. Il est enfin probable que la criminalité économique se perpétue au sein des services de sécurité bien que Vladimir Poutine use d'une rhétorique anticorruption pour mieux asseoir sa légitimité.

Vladimir Vladimirovitch Maïakovski Pour nombre de Russes et d'habitants des anciens « pays frères » d'Europe orientale, le nom de Vladimir Maïakovski rappelle les strophes alambiquées, imbibées d'enthousiasme socialiste, que l'on se voyait contraint d'apprendre à l'école ou aux Jeunesses communistes. Panthéonisé cinq ans après sa mort brutale, sur décision de Staline, Maïakovski a pourtant peu fait de son vivant pour mériter ce titre posthume de poète officiel.

Maïakovski est né en 1893 en Géorgie dans une famille modeste, qui s'installe à Moscou en 1906. C'est dans la capitale à peine remise de la révolution de 1905 que le jeune homme approfondit son engagement politique, en adhérant à la fraction bolchevique du parti social-démocrate. En 1909, son activité révolutionnaire lui vaut d'être incarcéré onze mois, dont cinq passés en isolement. À sa sortie, en 1910, Maïakovski entre aux beaux-arts de Moscou, où il rencontre le peintre et poète David Bourliouk, membre du mouvement futuriste. Maïakovski se porte volontaire en 1914, mais il est refusé. Durant la Grande Guerre, il fait la connaissance de Lili Brik, sœur d'Elsa Triolet et épouse d'Ossip Brik, poète et théoricien littéraire. La passion que lui inspire la jeune femme et l'énergie avec laquelle il s'investit dans le travail poétique se conjuguent dans *le Nuage en pantalon* (1915). Dans cet ouvrage majeur du symbolisme russe fleurit une conception révolutionnaire, faite d'expérimentation sur les formes verbales et nourrie des thèmes de la modernité urbaine, de la nouveauté technique et de l'accélération du temps.

Spectateur privilégié de la révolution d'Octobre 1917 à Petrograd, Maïakovski s'engage du côté des bolcheviks et entre à l'agence ROSTA, pour laquelle, tout au long de la guerre civile, il crée des affiches d'agit-prop inspirées de la technique du *loubok**, dont l'inventivité visuelle fait reconnaître entre mille ses dessins. Cet engagement écarte du poète nombre de ses amis, dont Boris Pasternak, qui rejettent le paradis prolétarien sur terre décrit dans sa pièce *Mystère-Bouffe* (1918).

En 1922, avec Brik et Sergeï Tretiakov, Maïakovski fonde le Front gauche de l'art (LEF) et se distingue par la virulence des débats littéraires qu'il engage avec les tenants d'autres courants artistiques. Même si les dirigeants soviétiques tolèrent le mouvement et prêtent la fameuse salle des Colonnes pour les disputes, peu goûtent les provocations et le style du poète et dramaturge. Lénine, en particulier, professait en art un classicisme assez convenu qui cadrait mal avec le personnage de Maïakovski.

C'est pourquoi pendant sa courte carrière, en dépit d'une certaine gloire, il s'est souvent trouvé en butte aux attaques de la presse littéraire, où on lui reprochait son « formalisme ». Maïakovski se révèle d'ailleurs un analyste lucide des imperfections du nouveau régime. En 1924, dans son poème *Vladimir Ilitch Lénine,* il exhorte les dirigeants à ne pas canoniser le défunt guide et refuse le culte mis en place; *la Punaise* (1929) et *les Bains* (1930), deux pièces satiriques très critiques, sont censurées. Malheureux dans ses amours avec Lili, très affecté par l'hostilité politique et littéraire à son égard, Maïakovski se suicide en avril 1930.

---> littérature

Kazimir Severinovitch **Malevitch** En 1915, à la « Dernière exposition futuriste 0.10 » de Petrograd, un surprenant *Carré noir sur fond blanc* domine les toiles classées par Malevitch (1878-1935) sous l'appellation « suprématisme de la peinture ». Il est accroché sous le plafond, dans le coin à l'opposé de l'entrée, là où est fixée traditionnellement l'icône* dans les isbas. Cette absence revendiquée d'objet s'inscrit de fait dans la tradition de l'icône orthodoxe qui représente moins (l'objet) qu'elle ne signifie (l'idée). *Carré noir sur fond blanc* est l'acte de naissance du suprématisme. Ce mot signifie étymologiquement l'exploitation du dernier degré de la création artistique. Le suprématisme tend au dépouillement total, au degré suprême de la pureté.

Cette œuvre majeure du XXe siècle marque l'aboutissement d'un parcours artistique entamé dans sa ville natale de Kiev et développé après 1907 à Moscou. Là, il se fait connaître dans l'orbite des peintres Larionov et Gontcharova, qui lui permettent d'exposer et de voyager en Europe. Il tisse alors des amitiés avec le linguiste Jakobson ou le poète Khlebnikov.

Passé par le réalisme, l'impressionnisme, le symbolisme, le « cézannisme », le cubofuturisme, le cubisme et le suprématisme, Malevitch aboutit à ce qu'il nomme le supranaturalisme. Au début des années 1920, il renoue avec la figuration et le thème de prédilection de la paysannerie, sans renoncer aux leçons de l'abstraction. À la différence de ses œuvres des années 1910, dessinées d'un trait brut, ou de ses images d'Épinal (*loubok**) de la Grande Guerre, ses portraits de paysans associent en effet codes de couleurs franches, disposées en à-plats épais, sélection minutieuse des formes représentées et symbolisme du décor et des détails.

Cette évolution correspond à celle de sa vision du régime – et, réciproquement, de l'attitude des autorités envers l'avant-garde artistique. Revenu du front après la révolution de Février, Malevitch accueille Octobre avec l'enthousiasme propre aux intellectuels de gauche, pour qui la transformation du pays est désormais possible. Elle doit être menée non seulement sur le plan politique, mais dans le domaine artistique, par l'éducation populaire.

C'est pourquoi il participe aux commissions artistiques d'État (IZO) et s'engage volontiers dans l'enseignement, notamment au sein des Vkhoutemas (Institut supérieur des Arts et Techniques). Mais victime, comme tant d'autres, de la campagne de 1928-1932 contre le «formalisme dans l'art», il perd toute possibilité de faire école et se retrouve même emprisonné plusieurs mois.

En 1935, Malevitch meurt d'un cancer. Les autorités lui font des funérailles nationales, que ce peintre prolifique, architecte et céramiste, auteur de nombreux écrits théoriques, avait au préalable organisées lui-même, en un ultime manifeste suprématiste : ses disciples décorèrent sa sépulture d'un carré noir.

⟶ arts

marché noir Le marché noir est apparu, comme dans les autres nations belligérantes, dans une Russie ruinée par la guerre totale (1914-1918). Mais il s'est aggravé durant la guerre civile (1918-1921), enraciné pendant la NEP (1921-1928) et finalement institutionnalisé, au point de perdurer tout au long du régime soviétique.

À l'origine, le marché noir consistait en un circuit parallèle de vente ponctuelle de produits agricoles de consommation courante, alors que la famine gagnait les villes. Le monopole sur le grain, puis sur le commerce intérieur, instauré par l'administration tsariste, appliqué par le Gouvernement provisoire et pérennisé par le pouvoir soviétique alimente le marché noir, fils de la pénurie et des restrictions officielles.

La guerre civile voit naître la figure du «trafiquant» *(mechotchnik)*, reconnaissable dans les trains à son sac bourré de provisions. Il cède la place aux «spéculateurs» et autres «Nepmen» que le personnage d'Ostap Bender a immortalisé dans la satire d'Ilf et Petrov. Par la suite coexistent plusieurs réseaux de marché noir, plus ou moins légaux ou réprimés selon les époques. La kolkhozienne vendant le fruit de son lopin, le fonctionnaire bradant la «propriété socialiste», les «magasins fermés» où certains produits de consommation rares étaient réservés aux titulaires des listes ou nomenklatoura sont autant de facettes du marché noir, symbole de l'échec de l'économie communiste en Russie.

mathématiques La tradition mathématique en Russie est vieille de trois siècles, depuis que Pierre Iᵉʳ a fait venir Henry Farquharson, un professeur de mathématiques écossais (accompagné d'un chargement d'instruments de mesure), avec pour mission d'enseigner le savoir et l'usage des mathématiques. Farquharson crée à Moscou l'École de mathématiques et de navigation en 1701. Exerçant dans un environnement privé de tout concept scientifique où les chiffres arabes ont du mal à s'imposer, il peut être considéré comme le fondateur de l'enseignement mathématique en Russie. En 1727, Catherine Ire invite Leonhard Euler à enseigner à Saint-Pétersbourg. Euler a le souci de transmettre son savoir, il s'entoure de disciples et contribue à élever le niveau culturel de la population. Ces élèves n'ont pas le renom de leur maître mais ils consacrent leur vie à répandre l'esprit mathématique chez les jeunes.

À partir de cette époque, la discipline s'est perpétuée jusqu'à aujourd'hui. Malgré l'effondrement de l'URSS et les coupes claires dans les budgets scientifiques, Moscou rivalise avec Paris et les États-Unis. Un haut responsable de l'Académie des sciences affirme même que les mathématiques russes n'ont jamais été en crise. Sans doute parce que les mathématiques, sous la Russie tsariste comme en URSS, ont été protégées de l'oppression étatique. Sans doute aussi parce qu'elles peuvent survivre à la pénurie : il suffit parfois d'un tableau noir et d'une craie pour démontrer. C'est moins vrai depuis les années 1970 où le retard pris en informatique a affaibli la discipline. Les autorités, quel que soit le régime, les ont soutenues. Elles sont source de prestige, coûtent peu en investissements et sont suffisamment éloignées des préoccupations politiques pour ne pas entrer en conflit avec l'autorité

L'école de Saint-Pétersbourg avec Nicolaï Lobatchevski, Mikhaïl V. Ostrogradski et Pafnouti L. Tchebychev, assoit la notoriété des mathématiciens russes dans le monde. La carrière de Nikolaï Lobatchevski (1792-1856) est liée étroitement aux aléas de la vie intellectuelle de l'époque. Il vient d'une famille modeste, mais entre à l'université de Kazan, dont il deviendra président. Lobatchevski a un esprit critique envers les vérités assénées tant politiques que scientifiques, et il est plusieurs fois sanctionné. Il s'attaque au théorème d'Euclide et, pour le mettre en défaut, développe une géométrie non euclidienne. On a dit, longtemps après sa mort, qu'il était le « Copernic de la géométrie » mais il a eu peu de reconnaissance de son vivant.

Mikhaïl Ostrogradski (1801-1861) termine ses études à Paris, car l'université de Kharkov lui refuse le diplôme s'il ne suit pas un cours de théologie. À Paris, il rencontre tous les grands mathématiciens français :

Laplace, Binet, Fourier, Cauchy, Poisson, dont il continuera la tradition dans le domaine de l'analyse et des mathématiques appliquées.

Pafnouti Tchebychev (1821-1894), fondateur de l'école de Saint-Pétersbourg, est connu dans plusieurs domaines, comme la théorie des nombres et l'intégration des fonctions algébriques, mais ses travaux sur les probabilités ont ouvert la voie aux probabilités modernes. Il est devenu célèbre avec une contribution prometteuse sur un sujet en débat depuis Euclide : la distribution des nombres premiers dans la séquence de tous les nombres naturels. Grâce à ses longs séjours à l'étranger, il a maintenu des amitiés avec les mathématiciens en pointe. Il a été membre de l'Académie des sciences de Paris.

Le changement de règles d'admission concernant les femmes permet à Sofia Kovalevskaïa (1850-1891) de devenir membre correspondante de l'Académie en 1889. Elle est déjà une référence en mathématiques en Suède et à Paris. En 1875, ses travaux sur les équations aux dérivées partielles revisitent les résultats d'Augustin Cauchy concernant la méthode des « fonctions majorantes ».

À l'époque soviétique, les mathématiciens ont une position éminente à l'étranger. Ils couvrent tout le spectre des mathématiques pures et des mathématiques appliquées. Pour répondre aux souhaits des planificateurs soviétiques, la science doit faire « l'unité de la théorie et de la pratique ». Il existe une rivalité entre les chercheurs en mathématiques de Moscou qui avaient une approche quasi philosophique et tout à fait abstraite, et ceux de Saint-Pétersbourg, plus près du slogan marxiste. L'école de Moscou, autour de Nikolaï Lusin (1883-1950) puis d'Israël Gelfand (né en 1913), s'intéresse à l'analyse fonctionnelle. Elle produit de nombreux savants de renom, dont Andreï N. Kolmogorov (1903-1987), qui pose les fondements de la théorie des probabilités en 1933.

À Saint-Pétersbourg, les chercheurs mêlent la théorie des équations différentielles, la théorie des nombres et les probabilités avec la balistique et la mécanique. Leningrad, Kharkov, Kiev, Odessa, Novossibirsk sont des foyers très actifs, et la liste des domaines de recherche et des mathématiciens qui ont fait progresser la discipline est longue : l'analyse fonctionnelle avec Marc G. Krein (1917-1989), les équations différentielles avec Nikolaï Bogoliubov (1919-1992), la théorie des nombres avec Ivan M. Vinogradov (1891-1983), l'algèbre avec Aleksandre G. Kurosh (1908-1971).

Mstsislaw V. Keldych (1911-1978) a mis les mathématiques au service de la dynamique des fusées, de l'arme atomique et des premiers calculateurs. Serguéï Sobolev (1908-1989) a été directeur de l'Institut de mathématiques de Novossibirsk. Il est l'un des fondateurs de la théorie des distributions (ou fonctions généralisées), des objets utiles en physique.

Depuis la chute de l'URSS, les mathématiciens russes continuent à recevoir les médailles Fields et à collaborer avec la France. En 2002, un accord entre le CNRS et l'Académie des sciences crée un laboratoire franco-russe qui maintient la brillante équipe russe et développe les échanges.

⟶ sciences

Dmitri Ivanovitch **Mendeleïev** On dit des Russes qu'ils sont fantasques et désordonnés. Cependant, cette nation a vu naître, croître et mourir l'un des esprits les mieux organisés de tous les temps : Dmitri Mendeleïev, père du célébrissime tableau périodique des éléments chimiques. En russe, ce tableau est qualifié de « loi ». Et c'est bien de cela qu'il s'agit. Né en 1834, c'est en 1869, à l'âge de trente-cinq ans, que Mendeleïev publie sa trouvaille : une présentation simple organisant les propriétés physiques des éléments en fonction de leur poids atomique. Cette découverte, si elle ne s'est pas avérée fondamentale dans le développement des sciences* physiques, a permis d'organiser les connaissances accumulées en chimie depuis plus de deux siècles. Le plus étonnant est que les éléments de ce tableau étaient rangés selon un modèle qui permettait de prévoir les propriétés d'éléments non découverts en 1869. Il laissa d'ailleurs des cases libres à cet effet. Mais la contribution de Mendeleïev à la vie scientifique moderne est loin de s'arrêter à cet apport pédagogique. Tout du long de son existence, Mendeleïev fit preuve d'une curiosité et d'une imagination sans bornes : il s'intéressa à toutes les énergies fossiles (gaz, pétrole, charbon) et à leurs conditions d'exploitation, à l'isomorphisme des minéraux, à la physique des liquides. Ainsi, c'est à lui que nous devons de savoir que la proportion optimale d'alcool dans la vodka* est de 40 % (en

réalité 38°, mais pour des raisons fiscales, le régime tsariste arrondit à la dizaine supérieure)!

Un esprit libre. Sans être miséreux, Mendeleïev est d'extraction modeste : son père était directeur du collège d'une petite ville de Sibérie et la fratrie comptait quatorze enfants. Lorsque son père meurt, la famille s'installe à Saint-Pétersbourg, où elle vit dans la gêne. Mendeleïev n'a que quinze ans, il est déjà un élève brillant, mais – chose courante à l'époque – il est atteint de tuberculose. Il part donc faire ses premières armes de professeur à Odessa où le climat ensoleillé lui assure une guérison définitive. Il y fait montre de ses qualités et est nommé directeur du collège local. En 1856, il revient à Saint-Pétersbourg où il soutient son doctorat de chimie, donne des cours, commence à publier. En 1860, il participe au premier congrès international de chimie à Karlsruhe. Par la suite, Mendeleïev séjournera souvent en Allemagne où il appréciait de dialoguer avec ses pairs. En 1861, il publie un manuel de chimie qui resta longtemps une référence. C'est que l'homme est non seulement d'expression limpide, mais également passionnément en prise avec son temps, qualités qui font de lui un excellent pédagogue. La même année, il découvre la température d'ébullition absolue, dite aussi «critique». Curieux de tout, il voyage, étudie, compare. Il s'intéresse au pétrole, à la naissance de l'industrie, mais aussi à l'agriculture, la médecine etc. Après un voyage aux États-Unis, il publie un ouvrage sur les conditions d'extraction pétrolière outre-Atlantique et au Caucase. Il anticipe aussi la gazéification du charbon et l'importance des ressources du Donbass (très grand bassin houiller, au sud-est de l'Ukraine) pour le développement de l'Empire russe. Il s'engage contre le spiritisme, donne des cours dans des instituts féminins. Son autorité ne cesse de croître. Il est l'un des membres fondateurs de la Société russe de chimie (1869). On l'invite même à participer à une commission gouvernementale sur la réforme du tarif douanier. Mais cet esprit libre se voit bientôt écarté par le régime. Ayant soutenu l'envoi d'une pétition étudiante peu révérencieuse, Mendeleïev se voit démis de ses fonctions de professeur. Cette opposition au tsarisme lui valut d'être encensé post mortem par le pouvoir soviétique. Ainsi la «légende» soviétique raconte qu'il tint alors à prononcer une dernière leçon mais ne put contenir des larmes de colère lorsqu'il aperçut la police impériale pénétrer dans l'amphithéâtre pour mettre fin à sa carrière devant un parterre d'étudiants admiratifs et effarés. Malgré cette disgrâce, qui l'éloigna à jamais de l'université, Mendeleïev put poursuivre des activités publiques : il travailla pour différents ministères, fonda le *Journal des poids et mesures*, s'attaqua à la météorologie, effectua – à près de soixante-dix ans – un voyage dans l'Oural consacré à l'étude de l'industrie métallurgique. Parallèlement, il reçoit plusieurs prix internationaux, tels que les médailles de la Royal Society. Durant les dernières années de sa vie, le vieux savant rassemble les textes de ses différentes recherches dans l'objectif de les publier. Bien qu'il commence à perdre la vue, il rêve encore de faire un voyage « exploratoire » en Arctique, mais s'éteint en 1907, sans avoir pu réaliser ce dernier vœu. Le 101e élément, découvert en 1955, a été baptisé « mendélévium » en son honneur. Primo Levi, le célèbre écrivain, qui était également chimiste, s'inspira de sa table pour rédiger son recueil de nouvelles *le Système périodique*. Ce tableau comporte aujourd'hui 105 noms, Mendeleïev en avait recensé initialement 63 et en avait ajouté une petite dizaine dans les années 1880.

métro (metropoliten)

Le métro de Moscou* est le plus étendu de la planète, et il est réputé pour sa grande efficacité. Le métro est une création soviétique et moscovite, cette double appartenance a déterminé pour beaucoup ses caractéristiques ainsi que son évolution. La volonté d'équiper la capitale de l'Empire russe d'un transport souterrain n'était pas absente des préoccupations de l'administration tsariste, comme en témoignent les premiers projets, élaborés en 1901. La nécessité d'équiper Moscou d'un transport rapide obéissait à une tendance générale des grandes métropoles mondiales, telles que New York (1904) ou Paris (1900), qui au début du xxe siècle ont créé des réseaux de transport souterrain. Toutefois, les tournants dramatiques de l'histoire russe et l'arrivée d'un pouvoir révolutionnaire au Kremlin ont mis entre parenthèses ce projet, qui n'a refait surface qu'au début des années 1930. La construction de la première ligne de métro, Sokolnitcheskaïa, a duré quatre ans : ce chantier urbain d'envergure fut le fruit du travail ininterrompu de travailleurs forcés réquisitionnés pour la tâche ou de migrants parfois illégaux venant des quatre coins du pays.

Ce n'est donc qu'en 1935 que le métro moscovite est inauguré et baptisé du nom de l'un des membres du parti les plus dévoués à la personne de Staline, Lazare Kaganovitch. La première ligne allait de la station de métro Sokolniki jusqu'au célèbre Park-Kultury (parc Gorki) et comportait 13 stations traversant l'anneau central de la ville. Le développement du réseau se poursuivra pendant une période de trente ans; 12 lignes ont été créées à ce jour, couvrant 282 km.

Comme souvent pour les transports en Russie, le métro remplit un double rôle: il achemine les passagers de la capitale soviétique, et ses stations sont aussi des extensions de la ville en termes décoratifs et symboliques. Ainsi, la station Kropotkinskaïa censée marquer le point d'entrée du palais des Soviets, a été bâtie avec le marbre récupéré lors de la démolition de la cathédrale du Christ-Saint-Sauveur, par l'architecte Alekseï Douchkine, qui a aussi conçu les stations Maïakovskaïa et Ploshad Revolutsii.

Les décors somptueux de l'intérieur des stations de la période stalinienne ont servi de refuge pour le commandement suprême des armées pendant le siège de Moscou par l'armée allemande en 1941. Cette logique de guerre a été perpétuée par la suite dans la conception même des lignes des années 1950 et 1960: très profondes, les stations de la ligne Arbatskaïa ont constitué aussi des refuges antiaériens en cas d'attaque américaine. Au cours des décennies suivantes, l'extension du réseau moscovite, comme celle des grandes villes soviétiques (Leningrad en 1955), a progressé régulièrement, mais n'a jamais égalé la démesure de la période stalinienne. Le métro moscovite a pu toutefois devenir le symbole de la présence soviétique dans les États satellites: ainsi, les villes de Prague, Varsovie ou Tachkent ont profité d'un système analogue de transport. À la suite de plusieurs accidents graves pendant la période soviétique, un vaste programme de rénovation a été entrepris dans les années 1990-2000.

Aujourd'hui, le métro reste le principal moyen de transport urbain des grandes villes. Il accueille – signe des temps – de la publicité commerciale, qui fait concurrence aux ors et aux marbres de l'époque soviétique.

Michel Strogoff « Je me suis lancé dans la Sibérie de manière à ne pas m'arrêter un jour! », écrit Jules Verne à Hetzel, son éditeur, en avril 1875. En effet, quelle course que celle de Michel Strogoff, capitaine des courriers du tsar, chargé de la périlleuse mission de traverser la Sibérie* pour relier Moscou à Irkoutsk, ville coupée du monde par la destruction du télégraphe et assiégée par les Tartares!

Curieuse personnalité que celle de Michel Strogoff, courageux à l'extrême, dur au mal, dévoué au tsar jusqu'au sacrifice, machine quasi indestructible au service du pouvoir. Alors, avec un tel héros, Jules Verne n'avait nul besoin d'imaginer des engins extraordinaires comme dans ses autres romans : l'immensité des paysages russe, les périls de la vie sauvage et le dévouement sans bornes du héros à son pays et à son tsar étaient amplement suffisants. Sur sa route pleine d'obstacles, Michel Strogoff rencontre deux journalistes, un Français et un Anglais, qui portent un regard effaré et quasi moqueur de la civilisation occidentale sur l'archaïsme russe, de la modernité sur ces terres froides et tyranniques dans tous les sens du terme pour l'homme. Au fil de l'ouvrage, Jules Verne dénonce l'État policier et les déportations* des opposants en Sibérie, laisse entendre que le pays est aussi en retard technologiquement qu'institutionnellement, que les mentalités ne valent guère mieux et surtout que son étendue menace son unité.

⟶ relations franco-russes

Nikita **Mikhalkov Kontchalovski** Réalisateur, scénariste, producteur
et acteur, Nikita Mikhalkov est né en 1945 dans une famille d'artistes : son arrière-grand-père est peintre, ses parents, poètes et auteurs de l'hymne soviétique, son frère cinéaste (Andreï Kontchalovski). Nikita commence dès 14 ans à jouer de petits rôles au cinéma* jusqu'à ce qu'il connaisse le succès dans le film *Je m'ballade à Moscou* (1963), de Georgui Daniela. En 1971, il est diplômé du VGIK, l'Institut de cinéma de Moscou, grâce à son film *Une journée tranquille à la fin de la guerre*. En 1974, Mikhalkov réalise son premier film, *Amis chez les ennemis, ennemis chez les siens*. Puis au cours des dix années suivantes, il réalise presque un film par an : *Esclave de l'amour* (1975), *Partition inachevée pour piano mécanique* (1977), *Cinq Soirées* (1978), *Quelques jours de la vie d'Oblomov* (1979), *la Parentèle* (1981), *Sans témoins* (1983), *les Yeux noirs* (1987), pour lesquels il reçoit de nombreux prix en URSS comme à l'étranger. Il continue également à interpréter des rôles dans des films d'autres réalisateurs comme *Siberiade* (1979), *Une gare pour deux* (1983), *Romance cruelle* (1984) ou bien dans ses propres films. À la fin des années 1980, Mikhalkov crée sa propre

maison de production *Studio Tri-Te* et réalise *Urga* (1991), *Anna de 6 à 18 ans* (1992), *Soleil trompeur* (1994), *Nikita Mikhalokov, voyage sentimental au pays* (1995), *le Barbier de Sibérie* (1998), *12* (2007). À partir de 1992, il s'investit dans la vie politique du pays en occupant des postes à responsabilité dans diverses institutions culturelles dont l'Union des cinéastes de Russie.

joug mongol En ce début du xiiie siècle, le territoire russe – la Rus – ne forme pas un État unifié. Les principales cités, telles Kiev*, Vladimir, Rostov, Riazan ou Novgorod*, sont des centres politiques, économiques et culturels, pris dans des jeux d'influence à somme nulle. En parallèle, l'expansion mongole débute. Gengis Khan, reconnu empereur en 1206, a fait de la grande armée impériale un instrument de conquête implacable. La Mandchourie est annexée en 1215, l'Iran est occupé en 1231. Les Mongols sont apparus pour la première fois en Russie méridionale en 1222, mais ils ne lancent leur invasion qu'en 1236. Quatre ans plus tard, les principautés russes sont vaincues et détruites : Riazan, Moscou, Vladimir, Kiev... Seule Novgorod, sauvée de la cavalerie mongole par les marécages printaniers, échappe à une destruction programmée.

Toutes les principautés acceptent pourtant le « joug mongol », une domination qui se traduit par une dépendance des princes russes vis-à-vis de leurs nouveaux maîtres. Celle-ci se matérialise par le paiement d'un « tribut » à la puissance occupante, un impôt particulièrement lourd. Les Mongols se mêlent peu de politique intérieure, mais gardent le contrôle des administrations essentielles à leur domination : la justice, les postes, l'administration des impôts. La justice, civile, commerciale et pénale, réputée pour la sévérité de ses peines, faisait respecter l'ordre ; les postes permettaient une transmission rapide et fiable des informations entre le centre impérial et la périphérie ; la collecte fiscale, enfin, d'abord confiée à un haut-fonctionnaire mongol, est rapidement déléguée au grand-prince lui-même, le « premier des princes » russes.

Le statut de grand-prince existait avant l'invasion mongole ; désormais le khan de la « Horde d'Or », la zone de l'Empire mongol la plus proche de la Russie, désigne le souverain russe. Le titre est surtout disputé entre deux villes qui profitent de leur expansion commerciale, Moscou et Tver. Grâce à une certaine servilité auprès du khan, c'est le prince de Moscou qui récupère en 1328 ce statut. En 1378, le grand-prince de Moscou, Dimitri, refuse de payer l'impôt, livre bataille aux Mongols qui envoient leur armée et remporte une victoire prestigieuse, mais sans lendemain. Le joug mongol se perpétue, mais Moscou jouit désormais d'une certaine aura aux yeux des autres principautés. Au xve siècle, alors que la Horde d'Or est sur le déclin, l'ascension moscovite continue : Ivan III, grand-prince de Moscou, se proclame souverain de toutes les Russies (Ivan IV prendra le titre de tsar), annexe Novgorod et Tver ; en 1480, il se rebelle contre l'occupant et dresse son armée autour de la ville. L'armée mongole, intimidée et hésitante, finit par fuir.

C'est la fin du joug mongol, qui aura duré près de deux siècles et demi. L'héritage mongol sur la Russie est multiple. L'existence d'un ennemi commun a favorisé l'unification de principautés russes divisées ; la tolérance religieuse des Mongols a permis de faire de l'orthodoxie un ferment d'unité nationale, et de ses représentants ecclésiastiques des acteurs politiques de premier plan ; il est en outre probable que le mode de gouvernement tsariste, centralisé, autocratique et arbitraire, se soit inspiré du pouvoir mongol. Économiquement, les effets sont ambivalents : les pertes humaines et matérielles consécutives à l'invasion furent immenses, même si, après coup, l'agriculture et le commerce furent encouragés par la puissance occupante. Le joug mongol a enfin nourri les débats autour de la nature historique et géographique de la Russie, européenne ou asiatique.

monnaie Le rouble a une histoire vieille de huit cents ans, marquée la plupart du temps par un interventionnisme politique qui a longtemps bloqué la convertibilité de la devise, et qui n'a disparu que récemment.

Le terme « rouble » viendrait du slavon, langue dans laquelle le verbe *roubit* signifiait « couper à la hache », en référence à la manière dont on séparait en morceaux les lingots d'argent. L'usage des roubles en papier-monnaie se répand au xixe siècle, sous forme d'assignats qui rapidement ne seront plus échangeables en roubles or ou roubles argent, à cause des besoins de financement nés de la guerre. À l'époque déjà, par l'usage dans la vie courante d'un papier-monnaie impossible à convertir ni en métal précieux ni en devises étrangères, le pouvoir politique peut imposer un cours forcé de la monnaie. La stabilité politique et l'embellie économique à la fin du XIXᵉ siècle permettent de donner au rouble cette convertibilité, par son rattachement au système international de l'étalon or : chaque monnaie y est définie par un poids fixé en or, ce qui induit des taux de change centraux entre les devises, autour desquels les taux de change réels varient.

La Première Guerre mondiale détruit ce système. L'hyperinflation, aggravée par les dépenses militaires, plombe à nouveau la valeur du papier-monnaie. Le nouveau gouvernement soviétique émet d'autant plus volontiers des roubles papiers qu'il est persuadé que la monnaie disparaîtra à terme dans la société communiste. À la faveur de la NEP impulsée par Lénine en 1922, une monnaie parallèle est introduite, le « chervonets ». Les pièces sont en or, et le papier-monnaie peut s'échanger contre de l'or. Dans un nouveau système monétaire international encore dominé par l'or, le chervonets devient la première monnaie soviétique convertible. Cette convertibilité est néanmoins abrogée par Staline lors du premier plan* d'industrialisation.

À partir de là, le rouble soviétique ne sera plus convertible. Des taux artificiellement élevés sont fixés par l'État, en or ou en dollars, mais l'achat de devises étrangères est interdit. Le marché noir des devises révèle l'écart : en 1989 alors que le taux officiel est de 1,57 dollar pour 1 rouble, on se procure 1 dollar pour 13 roubles. Sur le marché intérieur, le rouble offrira constamment un pouvoir d'achat limité dans une économie de pénurie où les prix sont dissociés de la demande réelle de biens et de services.

Le rouble soviétique survit à la chute de l'URSS. Mais, dès janvier 1992, la Russie libéralise la plupart des prix de détail et de gros pour obtenir une stabilisation macroéconomique aussi rapide que possible. L'ex-monnaie soviétique est désormais convertible avec le dollar, mais une inflation galopante se conjugue à la dépréciation rapide de la devise. Alors que les épargnants sont ruinés, le troc se développe, et l'économie se « dollarise ». En janvier 1993, un nouveau rouble fiduciaire est émis par la Banque centrale de Russie (BCR). Celle-ci interdit en juillet la circulation de l'ancien papier-monnaie soviétique, lui substituant de force le nouveau rouble russe, à un taux fixé unilatéralement. Ce faisant, la BCR sape un peu plus la confiance de la population dans sa monnaie et détruit de fait la « zone rouble » héritée en partie de l'ancien espace soviétique, trop coûteuse pour l'économie russe : chaque nouvelle banque centrale nationale abusait de son droit d'émettre des crédits libellés en roubles, contribuant ainsi à exporter l'inflation en Russie. Entre 1995 et 1997, l'inflation se poursuit, mais à un rythme moindre, alors que le rouble se stabilise par rapport du dollar, grâce à une politique monétaire qui encadre les variations du rouble, mais qui nuit aux exportations russes.

La crise financière d'août 1998 touche de plein fouet une monnaie russe encore convalescente. Devant l'incapacité de l'État à rembourser ses dettes, les financiers étrangers liquident leurs créances en roubles, les échangent contre des dollars et rapatrient leurs capitaux, provoquant ainsi une abondance de roubles qui fait chuter la devise russe. Face à la fuite des capitaux, la BCR est dans l'incapacité d'encadrer strictement les variations du cours. Entre août 1998 et août 1999, le taux de change passe ainsi de 5 roubles à 25 roubles pour 1 dollar !

En 2007, ce taux est encore à 25 roubles pour un dollar, preuve d'une certaine stabilité. Mieux, au 1er juillet 2006, le rouble est devenu totalement convertible : la circulation des capitaux entre la Russie et l'étranger est relativement libérée de l'interventionnisme politique, une situation qui contraste avec l'histoire monétaire russo-soviétique. Le rouble a aujourd'hui gagné la confiance des experts financiers et de la population, et pourrait à moyen terme se muer en réserve de valeur, au même titre que le dollar ou l'euro. Ce succès monétaire s'explique en partie par la hausse du prix des hydrocarbures qui a inondé le pays en devises étrangères garantissant la valeur du rouble. Deux mérites au moins reviennent aux gouvernements en place, par contraste avec l'ère Eltsine* : une collecte fiscale efficace auprès des grands groupes russes et une politique macroéconomique stable et prévisible. Sur le plan intérieur, l'économie s'est « dédollarisée ». Une loi passée en 2006 interdit même l'affichage de prix exclusivement en devises étrangères, une pratique introduite dans les années 1990 ; jadis moqué par les Soviétiques eux-mêmes, le rouble participe désormais de la fierté nationale.

Moscou Fondée au XIIᵉ siècle, Moscou – nommée d'après la rivière du même nom (la Moscova, en russe *Moskva-reka* ou « rivière Moscou ») – est la capitale politique de la Fédération de Russie, ainsi que le principal centre administratif, économique, financier, intellectuel et culturel du pays. Elle est, avec Saint-Pétersbourg* – souvent appelée « capitale du Nord » –, l'une des deux « villes d'importance fédérale » qui comptent parmi les 84 « sujets de la Fédération ». Moscou est aussi la capitale du district fédéral du Centre, l'une des 7 « super-régions » de Russie, instituées par Vladimir Poutine en 2000. Selon le recensement de 2002, la ville capitale compte 10 382 754 habitants, dont 84,8 % de Russes. On estime généralement que la population de Moscou avoisine les 13 millions, si l'on prend en compte les très nombreux travailleurs immigrés qui ne sont pas officiellement enregistrés comme résidents, mais qui y vivent et y travaillent, attirés par la prospérité, le dynamisme et la vie trépidante qui font de la principale métropole de l'espace postsoviétique l'une des grandes mégapoles planétaires – une ville où les prix de l'immobilier sont parmi les plus élevés du monde – en ce début de XXIe siècle.

Si l'on retrouve la mention du nom de Moscou dans une chronique de 1147, la ville semble se matérialiser dans l'histoire en 1156, date à laquelle le prince de Rostov, Iouri Dolgorouki – célébré comme le fondateur de Moscou –, fait construire un mur d'enceinte en bois sur l'emplacement de ce qui deviendra par la suite le Kremlin* (littéralement « la forteresse »). La muraille d'enceinte, dont certaines parties sont toujours debout, n'est construite qu'à la fin du XIVe siècle, après la victoire décisive de l'armée du prince moscovite Dmitri Donskoï contre les Tatars au cours de la bataille de Koulikovo (1380). En 1327, Moscou devient la capitale d'une principauté éponyme qui sera l'épicentre de la construction étatique de la Russie moderne. Le Kremlin de Moscou est aujourd'hui la résidence du titulaire du pouvoir suprême – le président de la Fédération de Russie – et le centre géographique du pouvoir politique russe. Tel a été le cas pendant plusieurs siècles, avant que Saint-Pétersbourg ne devienne, pendant plus de deux siècles (de 1712 à 1918), la nouvelle capitale de l'Empire par la grâce du volontarisme de Pierre le Grand (1672-1725). Toutefois, alors même que Moscou avait perdu son statut de capitale temporelle, le gouvernement de l'Église orthodoxe résidait toujours à Moscou et les monarques continuaient de recevoir le sacre dans les églises du Kremlin. La ville de Moscou, qui s'est développée en une série de cercles concentriques dont la forteresse constitue le milieu, a été maintes fois menacée par des invasions étrangères ou des insurrections. Elle a été plusieurs fois détruite et a failli être rayée de la carte. L'invasion napoléonienne de 1812 conduisit les Moscovites à incendier volontairement la ville, qui fut ensuite rebâtie en pierre.

L'avènement d'une grande métrople. Après la révolution d'Octobre 1917, Moscou devient la capitale de la Russie soviétique, puis celle de l'URSS à partir de 1922. Au cours des années 1930-1950, sous le règne de Staline, Moscou va subir des transformations urbanistiques majeures et prendre son visage actuel. Les dirigeants veulent inscrire dans le plan urbain le statut de capitale moderne de Moscou, voulue comme emblématique du régime soviétique, tout en poursuivant la logique «traditionnelle» d'un développement radioconcentrique. La création de grands axes de circulation conduit à la démolition de nombreux bâtiments anciens, et en particulier d'un nombre considérable d'édifices religieux. Surnommée la «ville aux mille bulbes d'églises», la capitale russe change radicalement d'aspect dans les années 1930. Les nouvelles chaussées radiales structurent désormais l'espace urbain du centre-ville, aujourd'hui circonscrit par l'«anneau des jardins» *(sadovoïe kol'tso)*, un large boulevard circulaire qui tient lieu de «périphérique» moscovite. Cet axe routier est doublé d'une ligne de métro circulaire *(kol'tsevaïa liniia)* qui permet des correspondances avec l'ensemble des lignes et relie les neuf grandes gares de la capitale, toutes construites ou reconstruites dans les années 1930, ce qui faisait alors de Moscou le nœud ferroviaire de l'URSS, point de passage obligé pour tout citoyen se rendant d'un point à un autre du vaste pays. Le métro de Moscou, inauguré en mai 1935, comprend aujourd'hui 173 stations et permet le transport quotidien de plus de 2,5 millions de voyageurs : il est le métro le plus emprunté du monde. Dans les années 1990, un troisième cercle a été achevé, celui de l'autoroute circulaire MKAD *(Moskovskaïa kol'tsevaïa avtodoroga)*, le nouveau périphérique extérieur qui circonscrit le «Grand Moscou» des années 2000 et permet de relier non plus les gares, mais les aéroports. Très présentes jusqu'à la fin des années 1980, les entreprises industrielles se sont redéployées vers la périphérie. De même, on observe une floraison de nouveaux espaces urbains autour du périphérique extérieur, où se développent les hypermarchés et les centres commerciaux, et la municipalité a entrepris de bâtir un nouveau quartier d'affaires « à l'américaine », baptisé *Moskva-City*, sur des terrains récupérés grâce à la fermeture d'une immense fonderie.

Moscou n'est aujourd'hui plus tant une capitale qu'une métropole caractérisée par une forte pression démographique et une croissance qui font d'elle une Russie à part, un îlot de prospérité au luxe souvent tapageur qui contraste avec le développement moins rapide des autres grands centres urbains de la Russie et, surtout, avec la relative stagnation des petites villes et des campagnes. La capitale russe est incontestablement le centre urbain le plus attirant de l'ancien espace soviétique et, pour de nombreux ressortissants des pays issus de l'URSS, elle demeure « La » capitale. La culture populaire – pour ne citer que le film très connu du début des années 1980, *Moscou ne croit pas aux larmes* – a véhiculé l'image d'une métropole intellectuelle et culturelle, mais aussi d'une « foire aux vanités », et d'un « miroir aux alouettes » pour de nombreux provinciaux... Théâtre de bien des ascensions sociales et scène obligée de la réalisation de toute ambition d'envergure en Russie, Moscou n'est pas loin d'occuper la place que Paris détient dans la conscience collective française, d'autant que, si la Russie est fédérale, elle n'en est pas moins un État centralisé. Il faut ajouter à la centralisation administrative la concentration économique forte de l'activité à Moscou, capitale financière et capitaliste qui abrite plus de 80 % des capitaux en circulation dans le pays.

Maire de Moscou depuis 1992, Iouri Loujkov, qui est l'un des hommes politiques les mieux réélus de Russie, jouit d'une grande popularité parmi ses administrés. Dans la tradition d'un certain volontarisme politique, qui veut qu'un chef d'administration soit aussi un « bâtisseur », Loujkov a profondément redessiné le paysage urbain moscovite à l'heure postsoviétique. Si l'on excepte certaines reconstructions symboliques – en premier lieu celle de la cathédrale du Christ-Saint-Sauveur, rasée sur l'ordre de Staline en 1931 pour laisser la place à un édifice gigantesque (le Palais des soviets) qui ne fut jamais construit – et certaines réalisations monumentales, on observe que Iouri Loujkov a opté pour la poursuite d'un certain style d'urbanisme qui, désormais, fait l'identité de la ville. Ainsi, le *skyline* des sept gratte-ciel bâtis sous Staline est confirmé par certains projets de construction de hauts édifices à la nouvelle périphérie de Moscou.

⤳ Constitution de 1993

moujik ⋯⟩ paysans

musique
Une pépinière de génies

La musique est un art majeur en Russie, apprécié et pratiqué du haut en bas de la pyramide sociale. Malgré le renchérissement de ces dernières années, les salles de concerts ne désemplissent pas, et chacun se met sur son trente et un pour faire honneur aux musiciens, couverts de fleurs à l'issue de leurs prestations. Si l'on peut expliquer ce phénomène par une correspondance entre âme* slave et lyrisme, il faut aussi souligner qu'il est le fruit d'une longue tradition, qui a fait tour à tour de la musique, l'enfant chéri du pouvoir politique ou le refuge des esprits libres. Un jour ouverte aux influences étrangères et le lendemain fer de lance du nationalisme. Ainsi, quel qu'ait été le «régime», la musique a toujours occupé dans ce pays une place de choix et la Russie a offert au reste du monde d'immenses compositeurs et interprètes.

Des épopées médiévales à Glinka

Au Moyen Âge, la Russie est faite de petits royaumes dont les princes et leurs épopées sont chantés par des bardes*. Ils accompagnent leurs chansons de geste – *bylines* – au son du *gousli*, petite table trapézoïdale, comportant sept à huit cordes. Mais l'instrument est secondaire, la partie vocale reste prépondérante. Les rythmes sont très libres et la mélodie, ample, est souvent mélancolique. Les compositions sont influencées par les musiques scandinaves et orientales. On importe aussi des instruments, tels la *domra*, guitare d'Asie centrale, qui se transforme bientôt en balalaïka.

Mais la musique populaire, trop irrévérencieuse, contrarie l'Église qui en interdit l'exercice au XIIᵉ siècle. Cet interdit a pour effet de répandre la musique dans les campagnes les plus reculées et d'inciter les interprètes de musique religieuse à prendre de la distance avec les «canons» byzantins. Au milieu du XVIIᵉ siècle, la musique populaire, toujours vivace grâce aux lignées de bardes, est de nouveau mise à l'index par le tsar Alexis dans une période particulièrement troublée politiquement. Il faut attendre la fin du siècle et l'arrivée du prince Galitzine puis de Pierre le Grand pour que musique et théâtre obtiennent un semblant de reconnaissance officielle. Durant tout le XVIIIᵉ siècle, la mode est à la «cupidonnade», la bonne société danse sur des menuets importés d'Allemagne ou de France, accueille des compositeurs d'opéras italiens. Mais ceux-ci ne restent pas longtemps imperméables au charme du « folklore » russe qu'ils font entrer peu à peu dans leurs œuvres. Le succès est au rendez-vous, d'autant qu'après la campagne de Napoléon, un besoin de musique nationale se fait sentir. En 1835, Verstovski, directeur du tout nouveau Bolchoï*, fait jouer le premier opéra russe, *le Tombeau d'Askold*, de sa composition. Mais c'est Glinka, son contemporain (1804-1867), qui est considéré comme le véritable père de la musique russe. Ses compositions les plus célèbres, *Rouslan et Ludmila* (sur un poème de son ami Pouchkine) et *Kamarinskaïa*, mettent toutes deux en valeur la tradition populaire. Pourtant, à l'instar de ses prédécesseurs, Glinka reste ouvert aux influences étrangères. Ainsi, après un séjour en Espagne, il compose une *Jota aragonaise* et *Une nuit à Madrid*.

Le XIXᵉ siècle, âge d'or de la musique russe

Encouragés par le succès de Glinka, un groupe de jeunes musiciens, dont la plupart sont autodidactes, se lance dans la composition inspirée du folklore. C'est le fameux groupe des Cinq (dont le nombre ne fut jamais stable) qui a donné à la Russie deux de ses plus célèbres compositeurs : Moussorgski et Rimski-Korsakov. Les autres membres du groupe (notamment Balakirev, Cui et Borodine) ont laissé une œuvre moins marquante. Borodine, dont le principal métier était la chimie, a cependant signé plusieurs œuvres dignes d'intérêt telles que *le Prince Igor* et *Dans les steppes d'Asie centrale*. Le groupe est dominé par une exigence de liberté, de mise en valeur des textes et de la langue (d'où une importante production d'opéras et de romances) et par un certain nationalisme musical, qui n'exclut pas une dose d'orientalisme. Les thèmes sont suggérés par Stassov, un archéologue au patriotisme exacerbé. Ainsi, parmi les œuvres les plus célèbres de Moussorgski, on trouve *Boris Godounov* et *Khovanstchina*, « drames nationaux populaires » inspirés de l'histoire médiévale. Particulièrement doué pour retranscrire les sentiments, Moussorgski est aussi très inventif et c'est en grande partie grâce à son œuvre que la musique russe commence à se bâtir une réputation internationale, intéressant des compositeurs comme Ravel ou Debussy. De son côté, Rimski-Korsakov lègue à la postérité une œuvre variée, quoique plus conventionnelle : *Shéhérazade*, *le Capriccio espagnol*, *le Coq d'or*. Pour son équilibre entre orchestration et chant, *Snégourotchka*, peu connue hors de Russie, était sa composition préférée.

Parallèlement au groupe des Cinq, une autre « école » se développe, celle des frères Rubinstein, qui créent les premiers conservatoires de Russie

(Saint-Pétersbourg en 1862 et Moscou en 1866). Ce courant, plus conformiste, est aussi plus ouvertement tourné vers l'Occident. C'est au contact des Rubinstein que Piotr Ilitch Tchaïkovski prend son envol. S'il fréquente peu le groupe des Cinq dont le caractère turbulent le met mal à l'aise (il entretient cependant des rapports amicaux avec Rimski-Korskakov), il est comme eux inspiré par le folklore et la littérature russes (*la Dame de pique*, *Voivode*, etc.). Mais sa musique reste plus simple dans sa forme et plus intellectuelle dans son inspiration : il met en musique des œuvres comme *La Tempête* de Shakespeare ou *Manfred* de Byron. Ces deux courants donneront le jour à plusieurs compositeurs et interprètes de renom tels que Glazounov, Liadov, Scriabine, Rachmaninov.

De la révolution musicale à la révolution politique

C'est avec Stravinsky, admirateur des Cinq et élève de Rubinstein, que la musique russe entre de façon fracassante dans la modernité et le XXᵉ siècle. Jeune compositeur, ses œuvres sont appréciées, mais elles s'inscrivent dans la lignée de ses prédécesseurs. C'est alors que Stravinsky fait la rencontre de l'impresario Diaghilev. Celui-ci lui passe commande de ballets* dans lesquels le caractère totalement novateur de Stravinsky trouve à s'affirmer. Après l'*Oiseau de feu* et *Petrouchka* en 1911, Stravinsky crée l'événement à Paris en 1913 avec *le Sacre du printemps*. Un critique, présent lors de la première représentation, relate dans ses mémoires : «l'explosion fut atomique. Au dernier accord, plus rien ne restait debout dans le domaine de l'harmonie, du contrepoint, de la grammaire et de la syntaxe classique. Une terreur panique s'empara de l'assistance »… Mais le succès des «Ballets russes» éloigne rapidement Stravinsky de Moscou; il s'établit à Paris puis aux États-Unis et ne retournera en Russie qu'une seule fois en 1962. Un destin bien différent de celui de son contemporain Sergueï Prokofiev* qui, après plusieurs années d'exil, rentre en URSS en 1936 et devient, avec Chostakovitch*, l'un des deux plus grands compositeurs de l'Union soviétique.

Tempo soviétique, la musique instrumentalisée

Dès la révolution d'Octobre, la musique, comme les autres formes d'art, est contrôlée par le parti. Au cours de la première décennie, les compositeurs jouissent d'une liberté relative, même si certains lieux d'élite – comme le Bolchoï – sont dans la ligne de mire des bolcheviks, qui veulent en réduire le budget. Sur le plan idéologique, Arthur Lourié, qui dirige le département «musique» du Commissariat du peuple à l'éducation, est relativement libéral. Il considère que « l'immense valeur créée par l'ancienne culture » doit être rendue accessible au plus grand nombre. Sur le terrain, une lutte acharnée oppose les novateurs (comme Scriabine), réunis dans l'Association de musique contemporaine, aux idéologues, regroupés dans l'Association des musiciens prolétariens. Ces derniers finissent par avoir le dessus. On crée des opéras sur des thèmes révolutionnaires, Scriabine est attaqué, Lourié « omet » de rentrer d'une mission à l'étranger tandis Lounatcharski, commissaire du peuple à l'éducation renie ses « vieilles hérésies et ses doctrines erronées ». À la fin des années 1920, la contrainte se précise : Prokofiev et Chostakovitch, dont les œuvres ont illuminé les premières années de l'URSS, sont taxés de fascisme. Chostakovitch est particulièrement visé : certaines de ses œuvres, comme *Le Nez*, sont retirées du répertoire. En 1933, l'Union des compositeurs donne sa vision du réalisme socialiste dans un nouvel organe de presse *Sovietskaya Muzika* : « l'attention principale du compositeur soviétique doit être dirigée vers les principes progressistes et victorieux de la réalité, en particulier vers ce qui est héroïque, large et beau ». Certains s'adaptent : Chebaline avec sa symphonie, *Lénine*, Miaskovski avec sa symphonie, *Kholkoze*. À la même période, Chostakovitch est de nouveau attaqué pour son opéra *Lady Macbeth de Mzensk* tandis que Prokofiev, peu conscient du danger, décide de rentrer à Moscou. À son tour rapidement mis en cause, il est temporairement sauvé par la guerre qui lui offre l'occasion d'écrire sa *7e symphonie* consacrée au siège de Leningrad. De fait, les musiciens, mobilisés pour galvaniser le front, jouent le jeu. Mais dès la fin de la guerre, la situation se dégrade sérieusement. En 1948, à la suite d'un opéra « géorgien » ayant particulièrement déplu à Staline (*la Grande Amitié* de Mouradeli), Jdanov* convoque les plus grands musiciens au siège du Comité central et annonce la couleur : tout ce qui ressemble de près ou de loin au « formalisme » est condamné, seul le réalisme a droit de cité. La musique symphonique et l'opéra sont particulièrement visés. À cette occasion Tikhon Khrennikov se montre particulièrement virulent. Élu secrétaire général de l'Union des compositeurs, il en restera le patron jusqu'en 1992. C'est à lui que l'on doit l'enfermement du monde musical soviétique, mais aussi le développement d'un grand réseau d'écoles et de conservatoires destinés à populariser la pratique musicale et à produire des bêtes de concours. Malgré les verrous posés par Khrennikov, à partir des années 60, les musiciens russes entrent en contact avec la musique moderne, dodécaphonique et sérielle : Schoenberg, Berg, Boulez. Stravinsky est même officiellement invité en URSS en 1962. Si cela ne permet pas l'émergence d'un véritable courant de musique contemporaine, plusieurs s'y essaient : Denisov, Pärt, Oustvolskaïa, Schnittke. Leurs œuvres, soumises à de rigoureuses procédures d'autorisation, sont interdites au public. Or nombre d'entre elles obtiennent un véritable succès à l'étranger et parviennent à être localement distribuées grâce à des éditions clandestines *(samizdats)* de partitions. De son côté Chostakovitch mène une double vie, produisant des œuvres plaisantes aux oreilles des apparatchiks et distillant avec prudence des compositions plus dérangeantes. Les années 1970 n'offrent guère plus de liberté et certains artistes se voient dans la nécessité d'émigrer : c'est notamment le cas d'Andreï Volkonski et de Mstislav Rostropovitch. Il y a cependant des trous dans les mailles du filet : la création en 1974 à Gorki (Nijni-Novgorod) de la 1re *symphonie* de Schnittke en est un exemple. Totalement iconoclaste, offrant une place à une longue improvisation de jazz, l'œuvre dérange à ce point qu'il faut attendre 1986 pour qu'elle soit de nouveau jouée.

De Vyssotski à la perestroïka : la libération par la chanson

C'est dans le registre de la chanson populaire que la contestation parvient finalement à percer. Trois noms sont à retenir : celui d'Alexandre Galitch, artiste ukrainien chantant la mémoire de Pasternak, le sort des Juifs, et qui fut forcé d'émigrer en 1974 ; celui de Boulat Okoudjava, d'origine géorgienne, fils d'« ennemis du peuple » et qui, dans un répertoire discret et mélancolique, dénonce l'ambiance guerrière, l'arbitraire, et enfin et surtout celui de Vladimir Vyssotski, acteur de théâtre* populaire, devenu chanteur par hasard et par nécessité et dont la popularité atteindra des sommets. Il chante aussi l'absurdité de la guerre et la cruauté d'un régime qui le lui rend bien. Lorsque sa voix rauque et sa guitare en colère se taisent brusquement en 1980, des milliers d'anonymes défilent devant sa dépouille. En plein milieu des jeux Olympiques, l'événement constitue une bien mauvaise surprise pour les caciques du régime. Entre la musique sous haute surveillance et la clandestinité rebelle, il reste une place – assez conséquente – pour les héritiers de la romance du XIXe siècle. Le répertoire se diversifie alors et l'Union soviétique connaît sa propre chanson de variété relayée par le disque, la radio et la télévision. Typiquement russe, ce style est notamment incarné dans les années 1980 par des célébrités comme Alla Pougatcheva ou Philippe Kirkorov. Mais si les bardes se sont tus, la jeunesse reprend le flambeau de la contestation avec l'apparition, sous haute surveillance, du rock soviétique. Parmi les groupes les plus populaires, on peut citer Kino, Machina Vremeni, Nautilus Pompilius, Akvarium, DDT. Les paroles, dont le rôle est prépondérant, évoquent les aspects les plus noirs de la vie soviétique : l'alcoolisme, les pénuries, les crimes, l'ennui. Chaque concert est un événement, les lumières s'éteignent à dix heures, le public est évacué par la police culturelle. La perestroïka permet à ce courant de sortir de l'ombre. Endeuillée par la mort accidentelle du chanteur de Kino, vécu comme un événement national en 1991, l'affiche russe *(estrada)* se renouvelle rapidement. Aujourd'hui, le monde musical russe est pour ainsi dire normalisé : tous les styles s'expriment et les groupes anglo-saxons connaissent une large audience. La musique classique, encore honorée (inauguration de la Maison internationale de la musique en 2003), souffre pourtant d'une émigration importante de ses talents, notamment de ses plus grands pédagogues.

N

Napoléon Ier et la Russie Des relations entre Napoléon Ier et la Russie, l'histoire retient principalement la campagne de 1812 ayant entraîné les armées de l'Empereur, alors au faîte de sa gloire politique et militaire, dans la conquête de la Russie du tsar Alexandre Ier. En partie à juste titre, car l'Empereur n'a jamais fait preuve d'une quelconque intention ni même montré un intérêt stratégique particulier à accroître sa domination territoriale et continentale ou à affronter ouvertement les Russes avant la paix de Tilsit. Certes, après le traité de Presbourg, le 26 décembre 1805, signant la fin de la troisième coalition et la défaite de l'Autriche, Napoléon s'irrita des prétentions de la Russie et de son ralliement à la Prusse lors de la quatrième coalition. La confrontation, inévitable, eut lieu lors des campagnes de Prusse, à Golymin et Pultusk le 26 décembre 1806, puis de Pologne, à la faveur des batailles d'Eylau le 8 février, d'Ostroleka le 16 février, d'Heilsberg le 10 juin et enfin de Friedland le 14 juin 1807. Cette impressionnante série de victoires françaises se conclut les 7 et 9 juillet par la signature des deux traités de Tilsit jetant les bases de l'amitié franco-russe. Ceux-ci confirment dans l'esprit de l'Empereur une conviction et une crainte. La conviction qu'un seul empereur doit asseoir sa domination sur le continent européen. La crainte que l'absence de véritables échanges commerciaux engendre, à son tour, une dégradation des relations diplomatiques déjà fragiles.

Alexandre, qui redoute la reconstitution de la Pologne* sur injonction française, d'autant plus qu'il n'a pas les moyens d'y faire pièce, préfère jouer les cartes ottomane et anglaise, qui offrent le double avantage du débouché économique et de l'éventuel appui militaire contre la France.

Napoléon Ier de son côté, en raison de l'échec de son projet de mariage avec l'une des sœurs d'Alexandre comme des entorses faites au Blocus, laisse entendre et se prépare à traduire par les armes la lassitude que lui inspire la solidité supposée de ses liens avec le tsar. L'heure a déjà sonné dans son esprit et sa stratégie vise à la ruine de l'Angleterre et de l'insolence de son économie. La Russie, pour Napoléon Ier, de partenaire de taille équivalente, glisse donc, dès 1811, vers un statut d'adversaire idéal et de diversion dans un combat escompté contre le Royaume-Uni, mais aussi de concurrent incontournable pour la suprématie européenne que seul un affrontement militaire, dans son esprit, pouvait régler.

nationalités
La Russie, empire multiethnique

Après 1552, date à laquelle les armées du tsar Ivan IV* dit « le Terrible » conquièrent le khanat de Kazan, l'Empire russe est un empire multiethnique qui incorpore progressivement un nombre croissant d'ethnies de cultures et de confessions différentes, marqué par une grande asymétrie.

Les « allogènes »

La « politique des nationalités » de l'Empire russe se distingue par son caractère différentiel : chaque groupe ethnique ou religieux relève d'un statut spécifique, plus ou moins élevé dans la hiérarchie implicite qui existe entre ces groupes. Ce « différentialisme », d'essence pragmatique, est tantôt dicté par les circonstances de la conquête d'un territoire, tantôt par les caractéristiques politiques ou religieuses propres à la région conquise. Ainsi, la Pologne* (entre 1815 et 1831) ou la Finlande (de 1809 à 1899) jouirent d'un statut proche de celui d'une monarchie constitutionnelle. De même, l'Ukraine* (de 1654 à 1764), la Livonie et l'Estonie (respectivement de 1710 à 1783 et de 1795 à 1880) ont connu le régime du « self-rule ». Ces exceptions se révélèrent incompatibles avec le maintien du principe de l'autocratie, mis en danger à la fin du XIXe siècle : cette autonomie relative accordée à certains fut supprimée, sauf en Finlande, qui jouit d'une large autonomie jusqu'en 1899, date à laquelle Nicolas II édicte le manifeste de février, mettant fin au statut privilégié de ce territoire qui avait été conquis par la Russie en 1809. En dehors de cette notable exception et du statut des principautés de Boukhara et de Khiva jusqu'en 1868 et 1873, l'administration impériale avait divisé le territoire de la Russie en provinces, ou gouvernorats *(goubernia)*, et celui des zones périphériques en « gouvernorats généraux » à la tête desquels étaient nommés des gouverneurs généraux investis de compétences militaires et civiles très étendues, le cas échéant accordées à titre de pouvoirs d'exception.

L'Empire russe était une société d'ordres *(soslovie)* reconnaissant les privilèges personnels selon la Table des rangs établie par Pierre le Grand en 1722. Au début du XIXe siècle, une nouvelle catégorie juridique fut établie, celle des *inorodtsy*, c'est-à-dire les « allogènes ». Le statut de 1822, rédigé par Mikhaïl Speranski, crée cette catégorie juridique qui désigne en premier lieu les populations sibériennes nomades ou sédentaires vivant de la chasse ou de la cueillette, leur garantissant une large autonomie tout en les maintenant au rang de sujets de seconde zone. Ce statut fut peu à peu étendu aux autres groupes ethniques. On se mit à désigner comme allogènes les populations non russes de l'Orient, puis tous les non-Russes d'une manière générale. Cela permit d'opérer une distinction jusqu'alors inexistante entre la « nation russe » et les autres nationalités de l'empire. Naturellement inclus dans la catégorie des « allogènes », les Juifs sont contraints de résider dans la « zone d'installation » à l'ouest de l'empire – autour d'un axe faisant se rejoindre la mer Noire et la mer Baltique – et sont soumis à des mesures de discrimination économique et sociale. Au cours du XIXe siècle, l'émergence – selon des modalités et une chronologie diverses – de mouvements nationaux parmi certaines nationalités de l'Empire russe fut perçue à Moscou comme une menace pour l'unité de l'empire, d'où leur répression quasi systématique. En outre, l'apparition de mouvements nationaux dans l'empire a favorisé en retour l'apparition d'un nationalisme russe, perceptible dans la politique d'Alexandre III et de Nicolas II, qui visait à promouvoir la langue russe et la religion orthodoxe et à maintenir fermement l'ensemble impérial par le principe de l'autocratie, du moins jusqu'en 1905.

Au début du XXe siècle, l'Empire russe est à son apogée territorial. Le recensement de 1897, premier recensement de l'histoire russe, dénombre dans l'empire 122 666 500 habitants. Il révèle que la majorité de la population est composée de non-Russes (alors appelés « Grands Russiens »). Le critère retenu ayant été celui de l'usage ou non-usage courant de la langue russe, il est probable que la proportion réelle des non-Russes ait en réalité avoisiné 60 %.

Nationalités en URSS

À l'ère soviétique, la politique des nationalités est totalement refondue selon le principe de la territorialisation des nationalités. Cette politique, quoiqu'elle visât à la rationalité, n'en a pas moins reproduit une certaine hiérarchie entre les groupes, un héritage de la gestion impériale de la diversité ethnique. La catégorie de « nationalité » entre dans le droit : chaque citoyen relève d'un groupe national et cette appartenance est inscrite sur le passeport de tout citoyen soviétique (le fameux « cinquième point »). En Russie postsoviétique, les nationalités n'existent plus en droit, même si les individus continuent largement à les employer dans la définition de leur identité.

La question des nationalités pèse dès ses origines sur la structure et la destinée de l'État soviétique. Auparavant, la révolution de 1905 avait montré toute l'importance des nationalités – et le rôle qu'elles étaient susceptibles de jouer dans les diverses stratégies politiques – dans la lutte contre l'autocratie, notamment dans les territoires périphériques de l'Empire russe. Objet d'un long débat entamé à la fin du XIXe siècle dans le sillage de l'austromarxisme, la question nationale se pose dans des termes particulièrement complexes. En effet, l'héritage légué par Marx et Engels en la matière est indigent, alors même que la fin du XIXe siècle confronte l'ensemble des courants de la IIe Internationale (1889-1914) à la montée en force des problèmes nationaux en Europe occidentale, dans l'Empire austro-hongrois, dans l'Empire ottoman et dans l'Empire russe. Dans le sillage du congrès de Brünn (1899), Karl Renner et Otto Bauer élaborent, à partir de la situation des minorités nationales dans l'Empire austro-hongrois, le principe de l' « autonomie nationale culturelle » extraterritoriale, première tentative de compromis entre la théorie socialiste et la réalité des aspirations nationales. Si ce principe remporta immédiatement un grand succès auprès des divers courants du socialisme russe, le POSDR (Parti ouvrier social-démocrate de Russie, futur Parti communiste), quant à lui, ne fit aucune référence à la question nationale lors de son premier congrès en 1898. Néanmoins, lors du congrès de 1903, divers points sur la question nationale sont introduits dans le programme du POSDR. Le point 9 du programme du POSDR affirme en particulier le droit de toutes les nations à l'autodétermination, une déclaration de principe marquant l'opposition des marxistes russes à toute forme d'oppression, qui n'a, à l'époque, aucune valeur programmatique. Hostiles par principe au fédéralisme comme aux diverses variantes de l'autonomie nationale culturelle élaborées par les austromarxistes, les mencheviks d'abord – parce qu'ils ont de fortes positions parmi les Juifs* et les Géorgiens – puis les bolcheviks vont être progressivement contraints de prendre en compte la question nationale. Relativement ignorant en la matière, du moins jusqu'en 1913, Lénine prend conscience de l'intérêt qu'il y aurait à se servir nationalités comme d'un tremplin pour la révolution et demande pour cela l'expertise d'un certain nombre de bolcheviks caucasiens comme Stepan Chahoumian et Staline*. Auteur du célèbre opuscule *le Marxisme et la question nationale* (1913), Staline est chargé de réfuter les thèses austromarxistes, qu'il a mal comprises. Il ressort tout de même de son étude une définition de la nation – « la nation est une communauté stable, historiquement constituée, communauté de langue, de territoire, de vie économique et de formation psychique qui se traduit par une communauté de culture » – et une conséquence pratique : le droit à l'autodétermination, à l'égalité civique, à l'autonomie régionale, à la protection des langues des minorités nationales. Dans le courant de l'été 1913, Lénine réinterprète le point 9 du programme du POSDR dans un sens qui lui paraît plus favorable à la réalisation de ses objectifs. « Le paragraphe de notre programme ne peut être interprété dans un autre sens que celui de l'autodétermination politique, c'est-à-dire le droit à la séparation ou la création d'un gouvernement indépendant. » C'était là reconnaître aux nationalités de l'Empire russe un seul droit : celui de se séparer de la Russie et de former un État indépendant. En revanche, le principe du « centralisme démocratique » n'admet ni l'établissement de relations fédérales ni l'autonomie culturelle extraterritoriale. Lénine précise enfin que donner le droit à la séparation ne signifie pas la nécessité de la séparation tout comme le droit au divorce ne signifie pas d'en faire nécessairement l'usage. Solution tactique plutôt qu'argument théorique, le nouveau slogan de Lénine en faveur de l'autodétermination allait s'avérer très efficace au moment où la Première Guerre mondiale et les révolutions de 1917 entraînent dans l'Empire russe une véritable déflagration des mouvements nationaux. Si par la déclaration des droits des peuples de Russie (14 novembre 1917) signée par Lénine et Staline, ce dernier alors commissaire aux nationalités, les bolcheviks promettent aux nationalités de Russie le « droit de se séparer librement et de se constituer en États indépendants », en pratique la Pologne, la Finlande et les États baltes* parviendront à maintenir l'indépendance acquise. En revanche, en Ukraine, en Géorgie, en Arménie et en Azerbaïdjan, la soviétisation est de mise à partir de 1920-1921.

Comment le nouvel État soviétique s'accommode-t-il de la question nationale et des nationalités ? La création, dès octobre 1917, d'un commissariat aux nationalités (le *Narkomnats*), composé de sections nationales, semble manifester une intention généreuse. Mais dès 1921, les républiques nouvellement soviétisées, unies à la RSFSR par des traités bilatéraux qui maintiennent une fiction de diplomatie autonome, imposent de revoir l'organisation de l'État soviétique. Hostile par principe à l'idée d'une fédération, Lénine se convainc néanmoins en 1922 de la nécessité d'établir une organisation qui maintienne un certain degré d'autonomie des nations tout en amarrant cet ensemble par des institutions centralisées. Ainsi, la naissance de l'URSS en 1922, fausse fédération rassemblant une république fédérative de Russie et des républiques fédérées, les RSS de Biélorussie*, d'Ukraine et de Transcaucasie, reflète certes la diversité nationale du nouvel État. Mais par ailleurs, l'État-parti, le PCUS, y intervient constamment comme un puissant instrument d'unité et de centralisation. En pratique, nations et nationalités se voient dotées en Union soviétique de statuts divers. Certaines nations y constituent des républiques fédérées théoriquement « souveraines » (républiques socialistes soviétiques, ou RSS) tandis que des nations plus petites sont dotées d'un cadre étatique non souverain : ce sont les républiques autonomes (républiques socialistes soviétiques autonomes, ou RSSA). Les nationalités, formations ethniques moins élaborées souvent enclavées dans les territoires d'autres nations, bénéficient elles aussi d'une reconnaissance de leur spécificité culturelle et disposent également d'une organisation territoriale au sein des régions autonomes et des districts autonomes. Ainsi, l'organisation interne de l'État soviétique, revue par les Constitutions de 1924 et de 1936, reflète-t-elle la diversité ethnique de la société, mais le « droit de sécession » est évidemment muselé par le parti unique et la centralisation qu'il met en œuvre. Les PC des républiques sont de simples filiales et ne disposent d'aucune autonomie. En 1927, 65 % des membres du PCUS sont des Russes, alors que les Russes représentent alors 52,9 % de la population totale de l'Union soviétique. À partir de 1923, une politique volontariste est menée pour enraciner le pouvoir soviétique et le parti. En vertu de cette nouvelle politique, la *korenizatsiia* (« indigénisation »), les républiques fédérées (et autonomes) doivent être dirigées par leurs propres cadres. Pendant les années 1920 et les années 1930, la politique soviétique des nationalités a varié considérablement. Guidé par le slogan officiel stalinien, « une culture nationale par la forme, socialiste dans son contenu », le gouvernement bolchevique est d'abord pressé par la nécessité d'enraciner le pouvoir soviétique auprès des nationalités : la promotion des langues et des cultures nationales répond à cette préoccupation. Alphabets, livres, brochures de propagande publiés dans plus d'une centaine de langues différentes montrent que cette politique a été poussée à l'extrême dans le courant des années 1920 mobilisant l'expertise des savants linguistes et ethnographes. Avec l'installation de la dictature stalinienne, cette politique laisse ensuite la place à une violente offensive contre les nationalités : la « bataille des alphabets », qui va aboutir à l'imposition quasi généralisée de l'alphabet* cyrillique (sauf en Arménie et en Géorgie), marque une intention, souvent suivie d'effets, de russification culturelle.

⸻⸽ URSS

Nevski (Alexandre) ⸽ Alexandre Nevski

Nicolas II
Né en 1868, Nicolas Alexandrovitch accède au trône en 1894, à 26 ans. C'est un jeune homme timoré qui succède à Alexandre III, empereur autoritaire et farouchement conservateur. Nicolas II prend en charge un pays qu'il ne connaît guère et qui est en complète transformation. La Russie a entrepris une révolution économique considérable alors que ses institutions, malgré les réformes d'Alexandre II, sont restées immobiles. Tsar* autocrate, souverain orthodoxe, Nicolas entend maintenir l'intégrité de sa charge, conseillé en cela par son mentor Pobedonostsev, procureur du Saint Synode. Toutefois, il entend laisser le comte Witte* poursuivre son œuvre de développement économique et industriel. Enfin, le tsar assure la continuité de la politique étrangère de son père en maintenant ses alliances, notamment avec la France, et les axes d'expansion en Asie ; il envisage un temps une offensive vers le Bosphore. Peu à l'aise dans son rôle public, Nicolas privilégie sa vie privée et sa famille. Marié à Alix de Hesse-Darmstad, il a cinq enfants (Olga, Tatiana, Maria, Anastasia* et Alexis né en 1904). Son épouse, peu populaire en raison de ses origines allemandes, se montre instable. L'hémophilie de son fils la rend influençable et encline à un mysticisme exacerbé.

Le tournant du siècle est marqué par des troubles, en particulier dans les universités : le climat social se détériore. Nicolas II est bien décidé à maintenir le cap autoritaire du régime. Witte est écarté et il nomme Plehve au ministère de l'Intérieur. Homme conservateur et brutal, ce dernier entreprend la répression sur tous les fronts : révoltes paysannes, grèves ouvrières, manifestations nationales en Finlande, en Arménie. Des pogroms contre les Juifs* sont organisés. En 1904, Plehve est assassiné. Mais la tension est montée en Extrême-Orient entre la Russie et le Japon à propos de la Corée. Nicolas choisit la guerre. Le conflit tourne au désastre pour l'armée et la flotte russes. L'empereur doit également faire face à une véritable révolution qui débute par une manifestation à Saint-Pétersbourg conduite par le pope Gapone, durement réprimée (le « Dimanche rouge »). Nicolas II perd tout crédit dans l'opinion. Il tente de retourner la situation par des promesses de réformes politiques alors que le pays s'embrase de Moscou à Varsovie, de Saint-Pétersbourg à Odessa et Bakou. La Russie glisse dans la sédition. Le 17 octobre, Nicolas se décide à engager le pays vers une réforme constitutionnelle, rappelle Witte et promet l'élection d'un parlement. Malgré d'importantes concessions, Witte peine à redresser la situation ; il parvient toutefois à obtenir un emprunt auprès de la France (2,25 milliards de francs). Nicolas profite de ce succès pour se débarrasser de Witte et trouver un ministre selon son cœur. Ce sera Stolypine. Par ailleurs, il s'accommode mal du nouveau Parlement, la Douma, qu'il dissout deux fois de suite. Pourtant Stolypine entreprend de travailler avec la troisième assemblée. Il engage le pays dans une réforme agraire avec au bout du chemin l'avènement d'un empire libéral. Mais son projet rencontre l'hostilité des *zemstvos,* ces assemblées rurales mises en place par Alexandre II. En 1911, Stolypine est assassiné par un anarchiste. La situation politique est on ne peut plus confuse. En 1914, Nicolas voit clairement les mécanismes qui poussent à la guerre. Tout en maintenant les préparatifs militaires, il plaide pour la paix auprès de son cousin Guillaume II. Les premiers mois de la guerre sont un désastre alors que la Russie est plus que jamais vulnérable à l'intérieur. En 1915 Nicolas prend le commandement des troupes et se retire du jeu politique. L'effet est déplorable. Le pouvoir se désorganise ; l'influence de Raspoutine* attise la méfiance à l'égard de la famille impériale. L'échec de l'offensive de Broussilov en juillet 1916 précipite la fin du régime. La révolte éclate en février 1917 à Petrograd ; le tsar se laisse convaincre d'abdiquer le 2 mars à Pskov. La monarchie est balayée. La famille est arrêtée, mise à isolement. En juillet elle est transportée à Tobolsk par le gouvernement Kerenski.

Les bolcheviks au pouvoir décident le transfert à Ekaterinbourg. La ville est menacée par les Blancs. Le pouvoir décide alors d'en finir avec les Romanov. Dans la nuit du 16 au 17 juillet 1918, toute la famille est assassinée. Au même moment d'autres membres sont également exécutés à Alapaevsk. Les corps sont jetés dans une mine. En 1977, le premier secrétaire de la région de Sverdlovsk (Ekaterinbourg), Boris Eltsine, est chargé de raser la maison Ipatiev, lieu du drame. Le même Eltsine, après identification des restes, procède à l'inhumation du dernier tsar le 17 juillet 1998 dans la cathédrale Saint-Pierre-et-Saint-Paul de Saint-Pétersbourg.

----> révolution de 1905, Octobre et la révolution de 1917

nomenklatoura Il n'existait pas de classe dirigeante en URSS, du moins officiellement. Bien qu'elle fût niée par l'idéologie marxiste-léniniste officielle, qui s'en tenait au dogme de la « société sans classes », l'existence d'un rapport entre dominants et dominés a été dénoncée dès l'instauration du régime soviétique. Dès le début des années 1920, le philosophe et sociologue Célestin Bouglé écrivait qu'en dépit des proclamations officielles sur la « dictature du prolétariat » il existait bel et bien, en Russie soviétique, une classe dirigeante, comme dans toutes les sociétés et quel que fût leur régime politique, libéral, autoritaire ou socialiste. Ce sont ensuite des marxistes qui ont apporté les preuves les plus tangibles de l'existence d'une classe dirigeante en URSS. Dans les années 1930, Trotski a livré la première critique générale d'un système soviétique qui s'était, sous la férule de Staline, bureaucratisé et mué en un capitalisme d'État. Au lendemain de la Seconde Guerre mondiale, de nombreux témoins venant d'URSS (tel Viktor Kravtchenko, ingénieur exilé aux États-Unis, auteur de *J'ai choisi la liberté*, 1947) ou des pays de l'Europe soviétisée sont venus corroborer cette vision. Après celle de Trotski, la critique politique la plus élaborée se retrouve sous la plume de Milovan Djilas, ancien haut dignitaire du PC yougoslave, dans *la Nouvelle Classe*, un livre publié à New York en 1957. L'ouvrage est une critique marxiste de l'histoire de l'URSS qui dénonce la formation, dans les pays communistes, d'une classe dirigeante d'un type nouveau, fondée sur l'expropriation totale des moyens de production et leur gestion monopolistique au nom du bien du peuple par une poignée de dirigeants politiques. Selon Djilas, cette classe dirigeante a ceci d'inouï qu'elle constitue un groupe de privilégiés qui gouverne au nom de l'abolition des privilèges, une classe possédante qui nie sa propre existence. Il faut attendre la fin des années 1970 avec la parution de *la Nomenklatoura*, l'ouvrage de Mikhaïl Voslenski, pour disposer d'un corpus d'observations concrètes « de l'intérieur » étayant et illustrant la thèse de Djilas. C'est d'ailleurs à compter de la publication de cet ouvrage, paru dans toutes les langues occidentales ou presque, que le terme de *nomenklatoura* se généralise et entre dans le vocabulaire politique des langues européennes, en particulier en français.

Une nouvelle élite. Avant que Voslenski, un ancien haut fonctionnaire du département international du Comité central du PCUS ayant fait défection et « passé à l'Ouest » à la fin des années 1960, en dévoile le fonctionnement, contribuant à conférer à ce terme un sens sociologique qu'il n'avait pas auparavant, le terme de *nomenklatoura* n'était guère connu que des « nomenklatouristes » (ou membres de la *nomenkla-toura*) eux-mêmes ! Le sens premier de ce terme renvoyait à la liste (nomenclature) des postes de direction pour lesquels toute nomination (ou révocation) devait être approuvée – en réalité, elle était décidée au préalable – par l'instance supérieure du parti. Par extension, on y rattachait la liste des personnes nommées ou tenues en réserve pour ces postes. Ces différentes listes n'étaient ni publiées, ni communiquées aux intéressés. L'institution de la nomenklatoura reflète la conception marxiste purement fonctionnelle, voire instrumentale, de l'élite, sélectionnée non pas ès qualités, mais en vertu de ses aptitudes à être totalement au service de la direction du parti. À l'origine, en 1920, la nomenklatoura était un mécanisme administratif destiné à garantir aux instances supérieures du parti les moyens de contrôler la nomination de personnes « sûres » à tous les postes clefs de l'administration, de l'armée et de l'économie. La loyauté politique des titulaires de ces postes de direction était alors une condition absolue de la pérennité du nouveau régime. Pendant la guerre civile, le recrutement exigeait la manifestation d'une loyauté idéologique. Dans son ouvrage, Voslenski fait un parallèle entre l'entrée dans l'élite soviétique des premières années 1920 et l'entrée en religion. Progressivement, l'institution se bureaucratise et devient pléthorique. Un nombre croissant de postes fut progressivement versé dans le système de la nomenklatoura. Vers 1980, les effectifs de la nomenklatoura, ou plutôt des nomenklatouras – car il existait des nomenklatouras à chaque échelon administratif (républiques, régions, villes, etc.) –, étaient estimés à 300 000 individus, soit plus d'un Soviétique sur mille. Au sommet de l'État-parti, la nomenklatoura «suprême», contrôlée par le bureau politique du Comité central du parti, comprenait l'ensemble des ministres et des ambassadeurs, mais aussi le patriarche de l'Église orthodoxe russe, les académiciens et les directeurs d'instituts de recherche dépendant de l'Académie des sciences de l'URSS...

Symbole d'une société bloquée. Pendant la perestroïka, la critique de la nomenklatoura en tant que «classe de privilégiés» a fait florès. Elle est devenue l'un des éléments principaux de la critique du système soviétique, critique venue de l'extérieur (l'ouvrage de Voslenski n'est publié en URSS qu'en 1989), mais aussi critique de l'intérieur du système, opérée par certains «nomenklatouristes» eux-mêmes, comme en témoignent les débats qui se tinrent au sein du Congrès des députés du peuple de l'URSS, élu au printemps 1989. C'est ainsi que Boris Eltsine*, après son éviction du Comité central du parti en 1987, fit de l'abolition des privilèges de la nomenklatoura l'un des thèmes principaux de son discours. À la fin des années 1980, la dénonciation des dérives de la nomenklatoura va servir de fondement à une critique de moins en moins nuancée de l'élite soviétique dans son ensemble. On critique l'absence de circulation réellement méritocratique en son sein, l'incompétence et l'absence de professionnalisme de nombre de ses membres, leur inadaptation au changement et à la modernité, leurs pratiques dominées par le népotisme, la corruption, le clientélisme, les abus de pouvoir... La nomenklatoura entre ainsi dans le discours des politiciens: elle ne désigne plus du tout une institution (depuis bien longtemps) ni même une classe sociale, mais la classe dirigeante d'un régime frappé d'illégitimité. Dans la Russie de Poutine, alors que la nomenklatoura a disparu – avec le parti unique – depuis plus de quinze ans en tant qu'institution, l'emploi de ce terme est monnaie courante, en particulier dans la bouche des opposants, qu'ils soient démocrates, nationalistes ou communistes, qui dénoncent régulièrement la mainmise d'une «nouvelle nomenklatoura» sur le pays.

Un produit d'exportation. La publication de l'ouvrage de Voslenski a popularisé et internationalisé le terme de *nomenklatoura*. En France, ce terme va entrer dans le vocabulaire des journalistes et des essayistes. La « révélation » de l'existence de la *nomenklatoura* en URSS, quelques années après celle du goulag par Alexandre Soljenitsyne – autant de réalités déjà bien connues, mais encore largement occultées dans une France où le PCF, strictement aligné sur Moscou, représentait encore un quart de l'électorat –, a coïncidé avec le discrédit croissant jeté sur la gérontocratie soviétique, en pleine confusion (grève générale en Pologne, invasion de l'Afghanistan par l'Armée rouge), contribuant ainsi encore davantage à ternir l'image du communisme. Contrairement aux textes de Soljenitsyne*, le caractère non polémique, essentiellement descriptif et presque « clinique » de l'ouvrage de Voslenski a contribué à sa bonne réception dans tous les cercles. En 1986, les journalistes Alexandre Wickham et Sophie Coignard ont publié une enquête intitulée *la Nomenklatoura française*. Dans la définition qu'ils donnaient en filigrane de cette nomenklatoura, celle-ci était définie comme un tissu de connivences, de corporatismes, de clientélismes et de népotismes divers, un ensemble de réseaux formant une sorte de pouvoir par les signes, insaisissable à l'œil nu, mais bien réels. Cette cryptocratie constituerait un frein à la démocratie, censée dépendre de l'existence d'une méritocratie. À l'image de son « homologue » soviétique, la « nomenklatoura française » contrôlerait également l'accès aux vrais privilèges, inconnus du grand public. Ainsi, quelques décennies après l'entrée de l'intelligentsia dans le vocabulaire français – au début du XXᵉ siècle –, la Russie a donné au monde un nouveau concept politique, instrument fructueux de l'analyse des systèmes politiques et des hiérarchies sociales, qui, ironie de l'histoire, a survécu à l'existence du régime qui l'a engendré.

Normandie-Niémen Après l'attaque nazie lancée contre l'URSS, le général de Gaulle envisage d'envoyer des soldats français sur le front de l'Est. Quinze mois plus tard, en septembre 1942, le groupe de chasse n° 3 « Normandie » des Forces aériennes françaises libres est constitué à Damas sous les ordres des commandants Pouliquen et Tulasne. Il rejoint, en novembre, Ivanovo au nord-est de Moscou où 58 pilotes et mécaniciens français s'entraînent sur des avions Yak jusqu'en mars 1943. À partir d'avril, l'escadrille escorte les bombardiers russes et abat de nombreux appareils allemands malgré plusieurs pertes en vies humaines dont celle de Tulasne. Le front commence à se déplacer vers l'ouest et le groupe a remporté 72 victoires homologuées en novembre 1943.

À cette date, ayant bénéficié de renforts, le groupe « Normandie » se transforme en un régiment composé de trois groupes, « Rouen », « Le Havre » et « Cherbourg », commandés par les lieutenants Albert, Mourier et Lefèvre. Après un printemps 1944 relativement calme, l'offensive reprend. En juillet, de redoutables combats aux abords du fleuve Niémen font rage durant lesquels le régiment montre un comportement exemplaire. Staline reconnaissant les rebaptise « Niémen ». De Gaulle, en déplacement à Moscou en décembre, remet la croix de la Libération au groupe qui combat jusqu'à la capitulation allemande le 9 mai 1945.

« Normandie-Niémen », grâce au sacrifice de 42 de ses hommes soit plus de la moitié du groupe, reste la première formation de chasse française avec ses 273 victoires homologuées, ses 5 240 missions et ses 869 combats.

Rudolf Noureïev

Né en 1938 de parents bachkirs, Rudolf Noureïev se passionne pour la danse dès son plus jeune âge, à Oufa, avec les danses folkloriques. Repéré pour son agilité et sa facilité étonnante pour tous les sauts et portés de danse, il est envoyé à l'école de ballet* du Kirov (aujourd'hui le Mariinski) à Leningrad, alors le meilleur corps de ballet du monde, où il apprend la technique et la précision de la danse. Mais l'originalité de sa personnalité, son individualisme dans la recherche chorégraphique et sa passion de la danse provoquent divers litiges avec le pouvoir soviétique. Lors d'une tournée en Europe avec la troupe du Kirov, il réussit à échapper à la vigilance des agents du KGB et demande asile en France. De Paris, il rejoint finalement la Royal Academy of Dancing de Londres, à la demande de la danseuse Margot Fonteyn, et forme avec elle un couple de scène qui durera des années, interprétant *Giselle, le Lac des cygnes, le Pas de deux de Don Quichotte*, et bien d'autres, et ce jusqu'en 1970. Il travaille avec différents chorégraphes par-delà les frontières, tels que Frederick Ashton, George Balanchine, Maurice Béjart, Rudi Van Dantzig, Martha Graham, Murray Louis, Kenneth MacMillan, Roland Petit, Paul Taylor ou Glen Tetley. Il danse aussi bien dans des ballets classiques que dans des troupes de danse contemporaine. En 1983, Noureïev est nommé par Jack Lang, alors ministre de la Culture, directeur de la danse à l'Opéra de Paris, poste qu'il conserve pendant six ans. C'est en France qu'il s'éteint, en 1993, à 54 ans.

Novgorod

Novgorod-la-haute (*Veliki Novogorod*), située au nord-est de Moscou, par opposition à Novgorod-la-basse (*Nijni Novgorod*), qui se trouve sur les rives de la Volga, a été l'un des centres de la civilisation russe du haut Moyen Âge. À ce titre, elle conserve de nos jours une place toute particulière dans l'histoire de la Russie, comme centre politique, commercial et culturel résolument tourné vers l'Occident après sa conversion à la chrétienté, en 988. La ville acquiert très vite une place stratégique, comme le feront les villes de Souzdal et Pskov, toutes deux appartenant au « cercle d'or ». Dans le cas de Novgorod, la rivière Volkhov, qui traverse la ville, lui permet l'accès aux ports du réseau hanséatique. À l'image de Venise ou des villes hanséatiques, auxquelles elle reste étroitement associée, le commerce détermine fortement la vitalité, la richesse et la variété culturelle de la ville. L'architecture trahit aujourd'hui encore cette multiplicité d'origines, comme en témoignent les portes de Korsun de la cathédrale Sainte-Sophie, provenant de la ville allemande de Magdeburg.

Fondée en 862 par le premier monarque russe, le prince Riourik, sur un emplacement varègue, Novgorod reste à ce jour une des sources les plus significatives de l'imaginaire et la culture russes, en partie liée au rôle fondateur qu'elle a pu jouer : c'est à Novgorod que l'unité des Slaves est déclarée, de même que c'est là que le prince Iaroslav le Sage promulgue les premières règles de lois (incorporées plus tard dans le droit russe), la *Rousskaïa Pravda*. C'est surtout à Novgorod que des historiens russes éminents, tels que Vassili Klioutcheski, s'accordent pour fixer le berceau de la nation russe. La ville marque ainsi le point de départ de l'expansion du royaume des Rus', avec une poussée importante vers le sud et la construction d'un réseau de cités comme la principauté de Kiev*, qui toutefois relèguent progressivement Novgorod à une place secondaire.

Entre le IXe et le XVe siècle, la ville joue un rôle spécifique de centre névralgique du négoce de la Russie du Nord. Ce n'est toutefois qu'au XIIe siècle (1136) que Novgorod devient une ville libre, à l'image de la Venise de la Renaissance, où une assemblée de citoyens *(vietch)* élit librement un seigneur *(knia)* pour gouverner ses destinées matérielles et spirituelles. La ville de Novgorod connaît au cours de cette période un développement constant de son commerce, bien que jouant un rôle secondaire pour le réseau des villes de la Hanse. Ayant échappé à la domination des chevaliers Teutoniques au cours du XIIᵉ siècle grâce à l'intervention du prince Alexandre* Nevski, elle est définitivement soumise au pouvoir de Moscou en 1478, n'ayant par la suite jamais pu restaurer une quelconque prééminence politique. Il reste que Novgorod reste une référence culturelle majeure en Russie, ne serait-ce que par la concentration d'œuvres littéraires y faisant référence, depuis les *byliny* (sagas épiques) comme celle de Sadko le pêcheur, jusqu'aux écrits des romantiques et décabristes russes.

O

Octobre et la révolution de 1917
La troisième révolution russe

Octobre est à la fois un événement historique et un symbole, l'aboutissement inattendu d'un processus révolutionnaire somme toute assez neuf en Russie et le point de départ (très précoce) mythifié d'un nouveau régime, appelé à durer plus de soixante-dix années. Octobre est l'œuvre des bolcheviks*, fraction du Parti ouvrier social-démocrate de Russie dirigée depuis 1903 par V. I. Oulianov, dit Lénine*. Le « Grand Octobre » sacralisé par les commémorations, idéalisé par les films (*Octobre* d'Eisenstein, *la Fin de Saint-Pétersbourg* de Poudovkine) et constamment célébré par la propagande est-il un simple putsch militaire orchestré par un groupe d'hommes armés et décidés, ou parachève-t-il la révolution du peuple russe ?

Coup d'État ou révolution ?

Le renversement du Gouvernement provisoire opéré le 25 octobre (7 novembre) constitue sans conteste une prise illégale d'un pouvoir se réclamant déjà d'une révolution – celle de Février 1917 qui avait provoqué la chute de la monarchie (du 20 février au 3 mars). Mais ce coup d'État découle aussi de la situation de crise où se trouve plongée la Russie depuis le début du XXe siècle. Octobre s'inscrit dans la continuité du mouvement ouvrier russe comme de la révolution paysanne, qui ont connu une première éruption majeure lors de la révolution de 1905. Octobre constitue pour les bolcheviks la troisième révolution russe, après celle, « manquée » (dixit Trotski*) de 1905, et celle inachevée de Février 1917.

Dans le dernier tiers du XIXe siècle, les libéraux (constitutionnels-démocrates ou KD) luttent pour que soit instituée une monarchie parlementaire à l'anglaise ; les plus radicaux (socialistes et sociaux-démocrates) visent la démocratie ; le terrorisme politique (le mouvement « Volonté du Peuple ») fait rage. Produit de l'alphabétisation d'une paysannerie récemment libérée du servage, de l'émergence d'une conscience ouvrière en pleine révolution industrielle et de l'opposition des intellectuels au régime, la révolution de 1905 est déclenchée par la défaite russe contre l'armée japonaise, preuve du dysfonctionnement de l'autocratie. La révolution* de 1905 est une ample révolte populaire dans les villes et dans les campagnes, pour la première fois structurée en mouvements comme l'Union panrusse des paysans, proche des socialistes-révolutionnaires (SR).

La Douma

Après la répression sanglante d'une manifestation par les cosaques, lors du « Dimanche rouge » du 9 janvier 1905, le tsar est contraint d'accorder au peuple l'élection d'une assemblée, la Douma, le 3 mars. Le mouvement s'amplifie à l'automne et de nouvelles concessions sont faites, par le Manifeste du 17 octobre : libertés fondamentales, élargissement du corps électoral et pouvoir décisionnel de la Douma. Les élections libres permettent à nombre de militants de la révolution d'accéder à la représentation politique. Mais rapidement, la répression s'organise : après de nouvelles élections où beaucoup sont privés du droit de vote, la Douma devient une chambre de ratification des décisions du tsar, les oukases.

L'échec de l'État à mener depuis 1914 une guerre qui dépasse toutes les prévisions par son ampleur et sa durée accélère la décomposition d'un Empire envahi de toutes parts et miné de l'intérieur par d'irrémédiables conflits sociaux. L'hiver 1917 est particulièrement dur et des incidents éclatent devant les devantures vides. Le 20 février, privée d'approvisionnement en matières premières, la direction des usines Poutilov décide de fermer et met à la rue des milliers d'ouvriers. La protestation commence le 23 février par une manifestation organisée à Petrograd. Le dimanche 26 février, les ouvriers des faubourgs se dirigent à nouveau vers le centre-ville, convainquent certains soldats de ne pas tirer et de fraterniser ; quelques bataillons ouvrent tout de même le feu et font 150 morts.

Dans la nuit du 26 au 27 février, plusieurs régiments de la Garde se mutinent ; dans la matinée, manifestants et mutins s'emparent de l'Arsenal et marchent vers le Palais d'Hiver. Parallèlement, deux pouvoirs se mettent en place, celui de la Douma opposée au tsar et celui des soviets. Au Palais de Tauride, le 26 février, sous la direction du député menchevik Skobelev et d'ouvriers militants mencheviks, on fonde le soviet des députés ouvriers. Le 27 février, le KD Milioukov annonce au Soviet que la Douma a pris le pouvoir. Le 2 mars, Nicolas II* abdique en faveur de son frère Michel pour sauver la monarchie, mais ce dernier, le 3 mars, refuse la couronne impériale : c'en est fini de la dynastie des Romanov.

La grande lueur à l'est, espoirs déçus

Le Gouvernement provisoire se forme autour du prince Lvov (ancien ministre de la première Douma, appartenant au Parti démocrate constitutionnel) et de la personne de Milioukov, qui se charge du ministère le plus important : celui des Affaires étrangères. La nouvelle de l'abdication soulève d'importants espoirs. Des milliers de comités se créent spontanément et adressent aux soviets leurs revendications. Le 6 mars, le Gouvernement provisoire proclame les libertés civiles, amnistie tous les révolutionnaires emprisonnés ou exilés, convoque une Assemblée constituante, abolit la peine de mort, supprime toute discrimination de caste, de race et de religion, reconnaît le droit de la Pologne et de la Finlande à l'indépendance, promet l'autonomie aux minorités nationales de l'Empire russe.

Mais aucune concession sociale n'est faite ; la République n'est pas proclamée, et surtout la question de la paix n'est pas abordée. Or les ouvriers* demandent l'application du programme de la social-démocratie : l'octroi de la journée de travail de huit heures, d'assurances sociales, d'un salaire décent. Les paysans exigent que la terre appartienne à ceux qui la travaillent et menacent les terres non cultivées d'un « partage noir » communautaire et égalitaire. Les soldats, eux, désirent avant tout la fin de la guerre et, en attendant, réclament un assouplissement de la discipline. Mais l'état-major exige les moyens de gagner la guerre ; et la bourgeoisie désormais au pouvoir n'est pas disposée à satisfaire ces revendications.

La poursuite de la guerre précipite les événements. Dès le 4 mars, Milioukov a rassuré les puissances alliées sur la participation russe. Auprès du peuple, il prétend agir au nom du « défensisme révolutionnaire » : pour sauver la révolution de Février, il faut continuer la guerre contre les gouvernements autoritaires prussien et autrichien. Mais le 18 avril, dans une note qui devait rester secrète, il avoue que la guerre sert les visées impérialistes russes (détroits et Europe centrale). Divulguée, cette preuve provoque l'émoi et pousse Milioukov à la démission. En juillet 1917, Lvov démissionne à son tour.

Le SR Kerenski prend alors la tête du gouvernement où entrent également les mencheviks Dan et Tseretelli. Mais les grèves reprennent et les désertions se multiplient (80 000 à la mi-mai). Les paysans procèdent à des saisies violentes de terres, confisquées aux grands propriétaires et aux paysans qui ont séparé leur exploitation de la commune paysanne depuis les lois Stolypine de 1906. Ils refusent de se soumettre aux réquisitions du gouvernement pour l'approvisionnement des villes et du front.

De la révolution bourgeoise à la révolution prolétarienne

Début juillet, suite à une nouvelle offensive allemande, des soldats de la garnison de Petrograd se mutinent pour ne pas être envoyés au front. Le Gouvernement provisoire réprime les manifestations du 3 juillet et procède à de multiples arrestations ; Lénine doit s'enfuir en Finlande et se cacher. Les KD revenus au pouvoir veulent muscler le gouvernement et reprendre la guerre à outrance. Mais le général Kornilov, nommé dans ce but à la tête des armées, tente de renverser le gouvernement en s'appuyant sur sa « Division sauvage » de Cosaques. Kerenski sauve alors la révolution en négociant avec le Soviet : les syndicats de cheminots et de télégraphistes empêchent la progression de Kornilov, les soviets informent ses soldats des intentions du général et le mettent ainsi en échec.

En retour, les bolcheviks emprisonnés sont libérés ; leur influence au Soviet est de plus en plus forte. Les défaites militaires infligées par l'armée allemande, la crise alimentaire dans les villes, les jacqueries paysannes de l'été 1917 sont autant de facteurs participant de la crise continue du pays et « catalysés » par la guerre, qui prouvent à Lénine que la décomposition de l'État est totale : la situation parfaite pour tenter un coup d'État. Prenant acte de la faiblesse numérique et organisationnelle de la classe ouvrière en Russie, il a adapté la pensée de Marx et théorisé l'accélération du passage de la phase bourgeoise et libérale de la révolution (1789) à sa phase prolétarienne (1792-93). C'est ce qu'il avait exprimé dans ses *Thèses d'Avril*, discours prononcé à Petrograd lors de son retour d'exil.

Lénine parvient avec difficulté à convaincre les autres bolcheviks de la nécessité de prendre le pouvoir par la force avant que ne s'ouvre la session de l'Assemblée constituante, où règnent socialistes-révolutionnaires et mencheviks. Trotski est le plus réticent. C'est pourtant lui qui organise le Comité militaire révolutionnaire de Petrograd, structurant à peu près 40 régiments, les gardes rouges de 200 usines et une quinzaine de comités de quartier, soit 20 000 à 30 000 hommes. Le Comité rallie la garnison de Petrograd le 21 octobre.

Le 24 octobre au soir, agissant au nom du Soviet, les gardes rouges s'assurent sans résistance le contrôle des ponts de la Neva et des centres stratégiques. Dès 10 heures le lendemain matin, Lénine fait afficher que le gouvernement est destitué et que tout le pouvoir revient au Comité militaire. Le soviet de Petrograd est convoqué pour midi et Lénine y apparaît pour la première fois publiquement depuis son retour de Finlande : dans son discours, il annonce que « la troisième révolution russe doit en fin de compte mener à la victoire du socialisme ».

La victoire n'est pas totalement acquise : le Gouvernement provisoire s'est réfugié dans le palais d'Hiver, la résidence des tsars. L'assaut est donné tard dans la nuit par environ 6 000 hommes ; les membres du Gouvernement provisoire sont arrêtés. Au moment de l'assaut final s'ouvre le IIe Congrès panrusse des soviets. Les mencheviks quittent la tribune, laissant leur dirigeant Martov isolé. Ce dernier est chassé par Trotski qui le renvoie « aux poubelles de l'Histoire ». Trotski fait alors voter par les bolcheviks et les SR de gauche un texte préparé par Lénine accordant tout le pouvoir aux soviets. Ce faisant, les bolcheviks ont passé outre la légalité au nom des idéaux révolutionnaires, créant un précédent lourd de conséquences.

···≽ communisme

Odessa Ville portuaire de la mer Noire, Odessa est créée en 1794. La porte méridionale de la Russie étant enfin ouverte, Catherine II souhaite fonder une ville nouvelle. Son plan initial prévoit une cité orthogonale et rationnelle. Le duc de Richelieu, Armand Emmanuel du Plessis (le futur ministre de Louis XIII), ayant fui la Révolution française, administre la ville de 1803 à 1814, puis le général Vorontsov lui succède : ils donnent un élan à Odessa qui devient la véritable capitale du sud de l'Empire. En 1850, la ville accueille 10 000 habitants et devient, malgré les guerres et les épidémies de peste et de choléra, un centre d'attraction pour des milliers de migrants venus de toute l'Europe centrale, Juifs, Polonais, paysans ukrainiens et russes, mais aussi de la Méditerranée, Grecs et Italiens. Port franc dès 1817, Odessa devient une place commerciale de premier ordre ; l'industrie s'y développe plus nettement à la fin du XIXe siècle. Cité prospère et cosmopolite, Odessa est aussi une capitale culturelle. Elle attire poètes et écrivains ; elle est la patrie d'Anna Akhmatova, de Vera Inber, d'Isaac Babel et de bien d'autres. La ville est également le foyer d'une école d'architecture renommée et d'une école de peinture. Après la révolution, Odessa accueille une cité du cinéma ; Alexandre Dovjkenko en est un des maîtres mais c'est le film d'Eisenstein, *le Cuirassé Potemkine*, tourné en 1925 qui fait entrer la ville dans l'histoire du cinéma. En 1905, comme la plupart des centres industriels de Russie, Odessa connaît une agitation révolutionnaire ; en juin les marins du cuirassé Potemkine appartenant à la flotte de la mer Noire se mutinent. Ils trouvent refuge dans le port d'Odessa. Les funérailles d'un des marins donnent lieu à une manifestation aux pieds du grand escalier qui mène au port ; elle est durement dispersée. C'est cet épisode qui est repris dans la scène la plus dramatique du film. Avec la révolution de 1917, Odessa est un enjeu stratégique. La ville devient ukrainienne puis elle est occupée par les armées françaises et grecques. Elle est le théâtre de l'exode des Russes blancs jusqu'à sa prise par l'Armée rouge en 1920. Rattachée à la RSS d'Ukraine, Odessa connaît de nouveaux jours sombres de 1941 à 1944. Bombardée par les troupes roumaines et allemandes, la ville est occupée. En octobre, des milliers de Juifs* sont déportés et massacrés. La ville est libérée en avril 1944. Le pouvoir soviétique opère à son tour des déportations, notamment celle des minorités suspectes comme les Grecs. Dans les années 1950-1960, Odessa connaît un développement industriel et touristique. Au moment de l'indépendance de l'Ukraine, la position d'Odessa, ville de langue russe, remet en cause l'accès de la Russie à la mer Noire. Aujourd'hui Odessa compte plus d'un million d'habitants ; 4ᵉ ville d'Ukraine, elle est zone franche depuis 2000 et est devenue un des pôles économiques de premier plan pour l'Ukraine. La perspective de la construction d'un oléoduc vers l'Europe à partir d'Odessa pour recevoir le pétrole d'Azerbaïdjan montre tout l'intérêt stratégique de ce port pour tous les riverains de la mer Noire.

oligarques Chez Aristote, l'oligarchie est une déviation de l'aristocratie, un système de pouvoir où le principe de la distinction des meilleurs par le mérite ou l'éminence personnelle (aristocratie : « gouvernement des meilleurs ») a dégénéré en une forme de gouvernement où ce sont ceux qui s'imposent par la richesse ou par la force qui exercent le pouvoir.

Entré dans le vocabulaire russe courant vers le début des années 1990, le terme d'oligarque désigne, parmi les grands capitalistes issus des privatisations, ceux des magnats qui exercent (ou cherchent à exercer) une influence plus ou moins occulte et préjugée néfaste sur le pouvoir politique. Si l'oligarchie est un concept, l'oligarque est une réalité, c'est-à-dire un homme – très rarement une femme –, un personnage public, incarné par certaines figures de proue : Boris Berezovski, Vladimir Goussinski et Mikhaïl Khodorkovski, en premier lieu. Parvenus à la tête de puissants groupes industriels et financiers, rares sont les oligarques russes qui ont pourtant accédé à des fonctions politiques : seuls Boris Berezovski et Vladimir Potanine furent un temps ministres ou responsables de l'administration présidentielle. C'est d'abord en tant que magnats de la finance ou des médias que ces hommes ont gagné une influence politique. Le qualificatif d'oligarque paraît indissociable des noms précités. Bien que d'autres oligarques leur aient aujourd'hui succédé, ce terme est beaucoup moins usité dans la décennie 2000 que pendant les années 1990.

Au tout début du XXe siècle, le politologue Robert Michels, dans un ouvrage classique sur les partis politiques, avait mis en évidence les tendances oligarchiques des démocraties modernes. Observons que c'est avec l'avènement d'une démocratie en Russie que sont apparus ces nouveaux acteurs. Le pluralisme électoral offre un terrain propice à la constitution d'oligarchies partisanes et permet à diverses catégories d'oligarques – les caciques d'Amérique latine, les *tycoons* nord-américains… – d'exercer une influence parfois décisive sur les scrutins. En Russie, le rôle politique des oligarques est apparu au grand jour à l'occasion de la campagne présidentielle de 1996. Ces hommes sont alors apparus, pour la première et la dernière fois, comme formant un groupe d'intérêt poursuivant un objectif commun : la réélection du président Eltsine. Début avril 1996, sept d'entre eux, tous banquiers ou exerçant une partie de leurs activités dans le secteur financier, se retrouvent au Kremlin, à l'initiative de Boris Berezovski, pour manifester leur soutien à Boris Eltsine et pousser ce dernier à engager une campagne offensive contre son adversaire communiste, Guennadi Ziouganov, dont ils craignent la victoire dans les urnes. Cet épisode est entré dans l'histoire sous le nom de *semibankirchtchina*, ou « gouvernement des sept banquiers ». Cette expression journalistique renvoie implicitement à la *semiboïarchtchina*, ou « gouvernement des sept boyards », qui désigne la période de transition politique (1610) précédant l'avènement de la dynastie Romanov sur le trône, où le pouvoir fut placé entre les mains de sept princes, en attendant l'élection d'un nouveau tsar (Michel Romanov). Deux des sept magnats, Boris Berezovski et Vladimir Goussinski, contrôlaient alors la quasi-totalité des chaînes de télévision d'audience nationale en Russie. Ils se sont mis au service d'une propagande sans nuance en faveur d'un chef d'État très impopulaire, mais auquel ils étaient redevables de leur fortune et de leur position, et dont ils jugeaient le maintien au pouvoir comme la condition indispensable à la conservation de ces dernières...

Des relations étroites avec le pouvoir politique. L'oligarque russe est, comme tous les grands capitalistes des périodes pionnières, un aventurier et, parfois même, un outsider. Cependant, par la généalogie de sa fortune et le contexte de son ascension – celui de la déréliction d'une bureaucratie soviétique dont il a eu le génie de repérer et d'exploiter les failles –, il est aussi, et surtout, un « animal politique » doté d'une conscience aiguë de la précarité de sa situation, toujours susceptible d'être entravée, et même ruinée par la révélation des conditions exactes de sa réussite ou, d'une manière plus triviale encore, par des poursuites judiciaires lancées à son encontre. Du fait même du degré étroit de connivence entre les dirigeants politiques et les oligarques, ces derniers ne disposent d'aucune autonomie politique véritable. Certains, à l'évidence, n'ont pas compris à temps ce qui pourtant, aujourd'hui comme hier, fait partie de la condition de l'oligarque russe... Ainsi, Mikhaïl Khodorkovski, qui purge depuis 2005 une peine de neuf ans pour fraude fiscale et abus de biens sociaux dans une colonie pénitentiaire à régime sévère, a pu écrire qu'il n'y aurait de démocratie en Russie que lorsqu'un grand patron aurait le droit d'être plus riche que les dirigeants politiques ! À cette nuance près que certains magnats sont bien plus riches que les dirigeants politiques, mais avec l'aval et, dans la plupart des cas, la protection de ces derniers, conformément à un système dont Khodorkovski a lui-même bénéficié.

Dès son arrivée au pouvoir en 2000, Vladimir Poutine* a entrepris de circonscrire l'influence de ces oligarques avant de les évincer. Aujourd'hui, Boris Berezovski vit en exil à Londres et Vladimir Goussinski en Israël ; l'un comme l'autre n'ont plus aucun avoir en Russie. Le second président russe a laissé entendre que cette entreprise était guidée par des motifs d'intérêt national. Mikhaïl Khodorkovski, qui était devenu le PDG du groupe pétrolier *Ioukos*, a été arrêté en 2003 à la veille d'une transaction de grande envergure qui, selon certaines sources, devait aboutir à la création d'un nouveau géant pétrolier russe comportant 40 % de capitaux américains *(Exxon Mobil)*... Khodorkovski, qui entretenait d'excellentes relations avec ses homologues américains, ainsi que les élites politiques de Washington, finançait des partis d'opposition et tenait un discours politique. Certains commentateurs ont même évoqué l'antisémitisme sous-jacent de la « campagne anti-oligarques » menée par Vladimir Poutine, étant donné que la majorité de ces hommes sont Juifs*. Au-delà de ces motifs d'inspiration patriotique ou nationaliste qui les sous-tendent, et qui sont généralement très mal perçus par les élites et les médias occidentaux, la mise à l'écart des oligarques des années 1990 a eu pour objectif et pour résultat de substituer de nouveaux oligarques à des hommes auxquels le président Poutine, issu des services secrets – et de ce fait, bien disposé à faire usage de toutes les informations accumulées par ces services sur les nouveaux capitalistes russes – reprochait leur manque de loyauté et, surtout, leur capacité de nuisance.

olympisme Si le général de Boutowski a représenté l'Empire des tsars au Congrès de rénovation de l'olympisme organisé à Paris en 1894 par Pierre de Coubertin, ses sportifs n'ont participé aux Olympiades modernes qu'en 1908. La délégation de cinq athlètes remporte alors, aux premiers Jeux de Londres, trois médailles dont une d'or en patinage* artistique avec Nikolaï Panine. Quatre ans plus tard, ce sont 178 sportifs russes qui se rendent à Stockholm pour n'obtenir que quatre médailles.

Les Spartakiades. Il faut attendre 1952 pour que des athlètes russes fassent leur réapparition dans l'arène olympique. Entre-temps, les bolcheviks ont rompu avec le Comité international olympique (CIO) et créé en 1921 l'Internationale du Sport Rouge (ISR), une contre-organisation censée réunir les sportifs prolétaires de tous les pays. Afin de lutter contre le sport « bourgeois », l'ISR organise les Spartakiades, des Olympiades ouvrières dont la première édition réunit, en 1928 à Moscou, 4 000 athlètes dont 600 étrangers. Elle s'associe également à sa rivale réformiste, l'Internationale Sportive Ouvrière Socialiste (ISOS), dans l'organisation de contre-jeux à Barcelone en juillet 1936. Toutefois cette olympiade ouvrière, qui devait concurrencer les Jeux «nationaux-socialistes» de Berlin, est finalement annulée en raison du déclenchement de la guerre d'Espagne.

Guerre froide dans les stades. À partir de 1945, le sport soviétique entame son entrée progressive dans les compétitions et organisations internationales mises sur pied par les fédérations «bourgeoises». Certes, l'URSS ne participe pas aux Jeux de Londres en 1948 et le Comité olympique soviétique n'est constitué qu'en avril 1951 mais il est reconnu un mois plus tard par le CIO, ce qui ouvre les portes des Jeux d'Helsinki aux athlètes soviétiques (1952). Ces derniers ont eu tout le loisir de se préparer à affronter leurs adversaires «capitalistes», d'autant qu'une résolution du PCUS, adoptée en 1949, stipule que les comités sportifs d'URSS ont pour but «d'augmenter le niveau des performances sportives, et d'aider ainsi les athlètes soviétiques à s'imposer dans les compétitions sportives mondiales dans un futur proche». C'est que la nature de la guerre froide renforce encore la fonction symbolique du sport. Alors que tout affrontement militaire direct serait suicidaire, les victoires sportives sont autant d'affirmations de la supériorité du système socialiste. La presse ne s'y trompe pas : le *New York Times*, en particulier, souligne que les adversaires numéro 1 des athlètes américains sont leurs concurrents soviétiques. Aussi, les jeux Olympiques de 1952 sont marqués par une profonde ambiguïté. D'un côté, la délégation soviétique et celles des pays frères sont logées hors du village olympique afin d'éviter tout contact avec l'Ouest et les médailles soviétiques sont célébrées par la presse communiste comme autant de victoires du socialisme sur le camp «impérialiste» ; de l'autre, des fraternisations ont lieu entre athlètes soviétiques et américains, notamment au cours de l'épreuve de saut à la perche. Au final, l'URSS fait presque jeu égal avec les États-Unis. Les athlètes soviétiques remportent 71 médailles dont 22 médailles d'or, leurs adversaires américains 76 médailles (40 médailles d'or). Ainsi la suprématie olympique américaine est largement entamée d'autant que les athlètes des démocraties populaires s'illustrent à l'image de l'officier de l'armée tchèque Emil Zatopek, vainqueur en athlétisme des 5 000 et 10 000 mètres et du marathon.

La domination soviétique. Des Jeux de Melbourne en 1956 à ceux de Montréal en 1976, la délégation soviétique campe au sommet du tableau des médailles, à l'exception de l'Olympiade mexicaine (1968) où elle se classe deuxième. Ses points forts sont la gymnastique ainsi que les sports de base tels que l'athlétisme et la natation. L'URSS domine aussi les JO d'hiver où elle obtient la première place au nombre de médailles de 1956 à 1976, à l'exception des Jeux de Grenoble où elle se classe deuxième derrière la Norvège. Cette prééminence est assurée grâce aux performances de ses représentants en patinage artistique et de vitesse, en hockey sur glace, en ski de fond et en biathlon. Le système pyramidal de l'organisation du sport soviétique qui permet de détecter les talents dans le vivier du sport de masse, la discipline de fer imposée à des athlètes d'État dont les meilleurs peuvent espérer bénéficier des privilèges de la nomenklatura, ainsi qu'une préparation scientifique usant largement du dopage, permettent d'instaurer une domination qui n'est pas que symbolique.

Les affrontements olympiques opposant hockeyeurs ou basketteurs soviétiques et américains sont en effet souvent rudes, de même qu'aux Jeux se règlent les comptes entre équipes du bloc de l'Est et celles du « Grand frère ». Ainsi, le 7 décembre 1956, quelques semaines après l'écrasement de l'insurrection de Budapest par les chars soviétiques, les équipes de Hongrie et d'URSS de water-polo se disputent violemment la médaille d'or dans la piscine olympique de Melbourne, à tel point que l'eau du bassin est colorée de sang à l'issue d'un match remporté, cette fois, par les Hongrois. Mais la politique de l'URSS à l'égard de l'olympisme consiste aussi à utiliser la « fraternité » olympique à des fins diplomatiques. Ainsi, Constantin Andrianov et Alexeï Romanov, les deux Soviétiques devenus membres du Comité international olympique en 1951 et 1952, proposent de mettre fin au système de cooptation et de laisser entrer très largement les représentants des pays du Sud, pour contrebalancer l'influence des pays capitalistes et du président américain du CIO, Avery Brundage (1952-1972).

Les boycotts des Jeux. La politisation de l'olympisme est une arme qui se retourne toutefois contre l'URSS lorsque, après l'invasion de l'Afghanistan par les troupes soviétiques en décembre 1979, le président américain Jimmy Carter mène la campagne de boycott des Jeux de Moscou qui doivent se dérouler à l'été 1980. 80 comités nationaux olympiques sont présents à la cérémonie d'ouverture le 19 juillet 1980, mais c'est le chiffre le plus faible de l'histoire de l'olympisme. Les représentants des États-Unis, du Japon, de la RFA ou de la Corée du Sud font notamment défaut. L'occasion de démontrer la supériorité du socialisme sur le capitalisme « décadent », dans des équipements flambant neuf et une ville de Moscou en partie rénovée, fait long feu. Du moins l'URSS peut rendre la pareille quatre ans plus tard à l'Amérique reaganienne. À l'exception de la Roumanie de Ceausescu, tout le bloc socialiste, ainsi que Cuba et l'Éthiopie, refusent de se rendre à Los Angeles au prétexte que la sécurité des athlètes soviétiques n'y serait pas assurée.

Ces derniers qui ont participé aux JO d'hiver de Sarajevo en 1984, reviennent aux JO d'été quatre ans plus tard à Séoul au nom de la politique de coopération internationale initiée par Mikhaïl Gorbatchev. Ce sera leur dernière apparition dans une Olympiade. Malgré la dissolution de l'URSS en décembre 1991, un semblant d'unité sportive est préservée aux Jeux d'Albertville et de Barcelone en 1992 auxquels participe une délégation de la Communauté des États indépendants (CEI) qui remporte encore la première place au nombre des médailles (112) devant les États-Unis (108), sous la dénomination d'« Équipe unifiée ».

La Russie revient en tant que délégation à Atlanta en 1996 ; elle s'y classe deuxième derrière le pays hôte, de même qu'à Sydney en 2000, encore dans le sillage des États-Unis. Le système sportif hérité de l'URSS est toujours capable de produire de grands champions comme le nageur Aleksandr Popov vainqueur des 50 et 100 mètres nage libre à Barcelone et Atlanta.

Face à la montée de la Chine. Aux Jeux d'Athènes (2004), toutefois, la délégation russe est dépassée en nombre de médailles d'or par son homologue chinoise (27 contre 32), une puissance sportive en pleine ascension. Si les difficultés qu'a connues la Russie expliquent sans doute ce relatif affaiblissement, la politique conquérante de Vladimir Poutine n'oublie pas, comme aux beaux jours de l'URSS, le sport et l'olympisme. La ville de Moscou se porte candidate pour l'organisation des Jeux 2012 finalement remportée par Londres. Le Kremlin soutient ensuite la candidature de la station touristique de Sotchi située entre mer Noire et Caucase, à laquelle est confiée en juillet 2007 l'organisation des jeux Olympiques d'hiver 2014. Quant aux oligarques, ils ont, à l'initiative de Roman Abramovitch, constitué en 2006 un fonds de soutien pour plus de 700 athlètes afin qu'ils préparent au mieux les Jeux de Pékin 2008 sans devoir s'expatrier.

---→ sport

Oural L'Oural désigne une chaîne de montagnes emblématique, marquant la frontière entre l'Europe et l'Asie, face aux vastes étendues de la steppe sibérienne. Cette division intérieure marque ainsi le caractère bicéphale qui traverse toute l'histoire de la Russie, résolument tournée vers l'Occident et ses valeurs humanistes, mais aussi vers l'Asie et son mysticisme. L'Oural est aussi une région aux caractéristiques géostratégiques spécifiques, qui a été le théâtre d'événements historiques ayant déterminé l'extension et le caractère continental de l'État russe aujourd'hui.

La frontière avec l'Asie avait été traversée par les marchands de la ville de Novgorod* à partir du xiie siècle. À cette époque, l'Oural reçoit la dénomination de «Ceinture de Pierre». Les Russes avaient pu, à partir de l'Oural, établir des avancées jusqu'aux fleuves Ob et Ienisseï. Avec la chute du khanat de Kazan, en 1552, l'Empire russe s'étend progressivement pour atteindre les rives du Pacifique un siècle plus tard. Très vite, l'Oural constitue un avant-poste sur lequel s'établissent des centres administratifs et de garnison que sont Perm, Orenbourg et Ekaterinbourg. La deuxième étape de l'urbanisation est le résultat de la première industrialisation, commencée au xviie siècle (Tcheliabinsk et Magnitogorsk).

La colonisation rapide de la région à partir du xvie siècle est proportionnelle à l'attention toute particulière que lui accorde le pouvoir impérial, qui décide de la construction d'usines métallurgiques dès 1630 (cuir et fer). L'abondance des ressources minières permet un développement rapide et continu jusqu'à la Première Guerre mondiale. Aux yeux du nouveau pouvoir soviétique, qui compte sur les ressources minières pour mener à bien ses projets de développement, la conquête de l'Oural est une priorité. Devenue un centre névralgique de l'extraction et du raffinage du fer, la région et ses ressources ont permis l'unification de l'Empire par le rail à la fin du xixe (Novossibirsk devient une étape essentielle du Transsibérien) tout comme l'industrialisation de l'URSS au cours des deux premiers plans quinquennaux (1929-1939). Son rôle dans l'histoire reste à ce jour étroitement lié à la décision de Staline* de faire transporter – à la suite de l'invasion allemande en 1941 – une grande partie de l'industrie lourde et d'armement de l'Union soviétique afin de conserver les moyens de résister à l'avancée de l'armée nazie en territoire russe. La victoire de l'Armée rouge a été facilitée en ce sens par des conditions de production stratégiquement idéales. Cet épisode a contribué à faire pivoter le centre de gravité économique de l'URSS après la guerre. Divisée en douze unités administratives différentes avec la Constitution* de 1993, l'Oural retrouve une unité lors de la réorganisation de la Fédération de Russie, en 2003, comme District fédéral sibérien, avec pour capitale la ville de Novossibirsk.

ouvrier
Du prolétariat à l'« Homo sovieticus »

Selon l'historiographie soviétique, l'ouvrier russe a fait la Révolution et l'ouvrier soviétique, aidé par ses camarades du monde entier, prouve, par ses exploits au travail et la qualité de son éducation, la justesse de la voie socialiste. Mais en Occident, on s'est longtemps interrogé sur une révolution « prolétarienne » quasiment privée de base ouvrière et sur les faux-semblants de la condition ouvrière sous un régime inédit de « dictature du prolétariat ». Y a-t-il jamais eu de « classe ouvrière » en Russie, puis en Union soviétique ?

La « question ouvrière » dans la Russie tsariste

La « question ouvrière » est née en Russie avec un léger décalage par rapport aux autres puissances européennes, qui ont connu leur première puis leur seconde révolution industrielle plus tôt, au cours du XIXe siècle. À l'occasion des grandes grèves de 1895-1896, notamment à Saint-Pétersbourg, unis par les caisses d'entraide, les ouvriers prennent conscience de leur pouvoir tandis que les intellectuels marxistes, réunis dans les cercles d'études, y voient l'acte de naissance de la « classe » ouvrière. Le mouvement ouvrier et le parti ouvrier (POSDR) se développent séparément, comme en témoigne la révolution* de 1905, spontanément déclenchée par les ouvriers des deux capitales et de quelques centres industriels, puis dirigée par Trotski* au nom de la fraction menchevique du POSDR. Si la répression tsariste, symbolisée par le « Dimanche rouge » du 9 janvier 1905, est terrible, dans cette immense nation agricole, les ouvriers pèsent encore peu. En outre, le parti bolchevique dirigé par Lénine fait pâle figure auprès du SPD (Parti social-démocrate) allemand de Karl Kautsky ou de la SFIO (Section française de l'Internationale ouvrière) de Jean Jaurès.

Une révolution prolétarienne ?

En 1917, en l'espace de quelques mois, ce sont pourtant deux révolutions populaires, en partie ouvrières, qui mettent à bas un empire autocratique vieux de trois siècles et donnent naissance au premier régime communiste. C'est la grève des ouvriers des usines Poutilov, à Petrograd, qui met le feu aux poudres en février : les conseils (soviets) élus spontanément constituent un contre-pouvoir important. Ce sont encore les ouvriers, menés cette fois par les bolcheviks*, qui ébranlent le Gouvernement provisoire lors des journées de juillet. Et c'est au nom du prolétariat, avec son aide symbolique (quelques milliers de gardes rouges, milices ouvrières des quartiers usiniers) que les bolcheviks s'emparent du pouvoir quasi vacant en octobre*. Pour autant, ce n'est pas une révolution prolétarienne : Lénine* avait théorisé dans *Que faire ?* une révolution opérée par une avant-garde de professionnels organisés sans attendre l'éveil de la conscience ouvrière. Par conséquent, ce sera au parti de faire naître dans les « masses » cette conscience politique qui fait défaut aux trois millions d'ouvriers russes.

Ce dédoublement est sensible lorsqu'on compare la représentation de l'ouvrier dans la propagande soviétique et son rôle réel. Les premières affiches imposent l'image d'un ouvrier qui forge la nouvelle société, alors que le parti l'épure de ses anciennes élites. Au cours de la guerre civile, son marteau se transforme en arme pour écraser la contre-révolution, liant ainsi production et lutte armée, comme pendant la Première Guerre mondiale à laquelle les bolcheviks ont justement mis fin. En 1920, on lui adjoint une femme qui symbolise sa libération et l'égalité entre les sexes, même si elles sont peu nombreuses dans les usines et si le nombre d'ouvriers est descendu à un million. Au milieu des années 1920, dans le cadre de « l'alliance entre les villes et les campagnes », l'ouvrier, grand frère du paysan, est censé lui livrer des produits manufacturés et être son « parrain » culturel. Les résultats sont quasi nuls. Dans les années 1930, l'image de l'ouvrier s'efface peu à peu au profit des grands travaux du régime lancés par le plan quinquennal. Il passe au second plan, se fondant de plus en plus dans la masse qui sert de décor à l'émergence de la figure toujours plus imposante de Staline.

Les ouvriers soviétiques et la dictature du prolétariat

Cependant, la condition ouvrière change radicalement, pas seulement dans les discours ou sur les affiches. Les cartes de rationnement de la guerre civile favorisent les ouvriers des villes au détriment des paysans ou des nobles déchus (les « ci-devant »). En 1924, après plusieurs purges du parti qui ont touché nombre de combattants de l'Armée rouge, Staline* décide de lancer une « promotion Lénine » de 240 000 ouvriers qui entrent au parti directement « depuis l'établi ». Il s'agit de rendre plus prolétarien un parti d'intellectuels vieillissants au moment même où se joue la succession de Lénine, qui vient de disparaître. C'est le début de la politique qui fera florès au cours des années 1930 : la promotion sociale de *vydvijentsy* (« promus ») triés en vertu de leur origine sociale et, surtout, de leur appartenance au parti. À la fin des années 1920, cela se traduit par le déclenchement de l'exode rural qui, craignent les bolcheviks historiques, menace le parti de perte d'identité et de culture communiste.

Dans la première décennie du régime soviétique, les ouvriers ont également perdu une grande partie de leur pouvoir collectif : privés d'ennemi de classe puisque la bourgeoisie a été éliminée, ils ont perdu tout objectif d'organisation. D'autre part, les soviets nés de la révolution de Février ont été progressivement noyautés par les bolcheviks et constituent désormais l'administration de base qui exécute les mesures les plus impopulaires. Les syndicats et les associations (culturelles, comme le *Proletkul't*) ont été eux aussi mis au pas et servent de courroie de transmission entre le parti et la classe ouvrière. Celle-ci, dans un contexte de crise économique, souffre du chômage, voit le retour des modes de management de l'ancien régime et perd ses avantages en nature (alimentation, transports gratuits). De grandes grèves éclatent régulièrement, comme en 1926 : seules la censure de l'information et les mesures répressives évitent aux dirigeants d'affronter une révolution à l'échelle nationale.

Plan quinquennal et stakhanovisme

C'est dans ce contexte que la « Nouvelle opposition » à Staline tente de faire obstacle au pouvoir croissant dont le Secrétaire général dispose, en faisant appel à la classe ouvrière. Mais les ouvriers ne comprennent pas forcément les enjeux politiques et ne distinguent pas le discours d'un Zinoviev, qui en appelle aux « prolétaires » ouvriers, de celui d'un Staline, qui fait alliance avec la paysannerie pauvre et moyenne. L'éviction de l'industrialiste Trotski, en 1927, coïncide avec le lancement du premier plan quinquennal qui assigne à l'ensemble de l'économie soviétique des objectifs chiffrés ambitieux, mais peu réalistes. La hausse de la production industrielle s'obtiendra par la modernisation des structures de production, le recrutement massif d'ouvriers et leur direction à l'américaine afin d'accroître la productivité.

Ce sont les grands travaux des années 1930 qui symbolisent le mieux cette véritable révolution industrielle, dans son aspect positif – grands barrages, comme le Dneprostroï sur le fleuve Dniepr, le Bielomorkanal, canal de la Volga à la mer Blanche ou l'absurde ligne de chemin de fer sur le cercle polaire. En 1919, Lénine avait déclaré que le communisme, c'était « le pouvoir des soviets et l'électrification de tout le pays » et ainsi donné naissance en 1921 à l'embryon du *Gosplan*, le *Goelro*. L'hydroélectricité devait être le moteur de la nouvelle industrie soviétique et c'est pourquoi, comme en témoigne le film d'Alexandre Matcheret *Des travaux et des hommes* (1931), on recrute sur ces chantiers capitaux des ingénieurs étrangers, souvent américains.

Mais en dépit du volontariat, les bras manquent. Le développement du système des camps du goulag lors de la répression politique et ethnique des années 1930 offre une main-d'œuvre traitée quasiment en esclave et aisément renouvelable. Pas moins de 25 000 hommes meurent ainsi sur le chantier du Bielomorkanal. Le régime lance aussi une campagne pour promouvoir la productivité au moyen du record (falsifié) du mineur Alexeï Stakhanov*, dont le rendement au travail aurait représenté quinze fois la norme. Mais la mobilisation autour d'objectifs révisés à la hausse désorganise trop l'industrie : le stakhanovisme s'effondre, l'héroïsation de l'ouvrier soviétique est stoppée net.

Classe ouvrière, ou « Homo sovieticus » ?

L'ouvrier ne se trouve donc plus vraiment en tête d'affiche du discours officiel, alors même que l'industrialisation de l'espace russe connaît pour la première fois un fort développement, commun à plusieurs portions de territoire. L'entreprise d'éducation culturelle des adultes, pilier de l'intervention du régime dans la vie privée des citoyens, diffuse de nouvelles normes de comportement communiste – sobriété, politesse, volontarisme, entraide, émulation. Dans certaines usines ou certaines villes ouvrières, comme Magnitogorsk dans l'Oural, une culture soviétique naît, fondée sur la fierté de l'appartenance à la nouvelle génération appelée à former une véritable élite prolétarienne, qui se distingue par sa capacité à « parler bolchevique » et à se référer aux valeurs modernes imposées d'en haut dans la vie quotidienne comme sur le lieu de travail.

D'autres ouvriers, en revanche, résistent plus ou moins consciemment et violemment à cette acculturation contrainte : l'alcoolisme reste un fléau, la productivité demeure faible, le « hooliganisme » (retards, absentéisme, mauvais soin ou bris des machines) est monnaie courante. Le cycle résistance-répression-résistance s'entretient constamment lui-même et semble sans issue. Enfin, l'état déplorable de l'outil productif soviétique, l'absence de perspectives de carrière et un niveau de vie qui peine à s'élever provoquent une désaffection générale et expliquent aussi le désintérêt de l'ouvrier par rapport à sa production.

Paradoxalement, la mise en place d'un régime communiste semble avoir conduit à la disparition du prolétariat russe en tant que tel, supplanté dès les années 1930 par une masse laborieuse relativement atomisée, déracinée de son terreau rural et privée de toute perspective politique ou sociale.

P

palais des Soviets Le palais des Soviets à Moscou* a été le projet architectural le plus monumental de l'histoire de l'URSS. Cet immense bâtiment d'une hauteur de 315 m, surmonté d'une statue de Lénine de près de 100 m, devait abriter le siège du Soviet suprême. À la suite d'un concours organisé à Moscou, auquel ont participé des architectes célèbres comme Walter Gropius ou Le Corbusier, le choix final a été porté sur le projet de l'architecte Boris Yofan en 1931. La même année, la cathédrale du Christ-Saint-Sauveur est détruite pour libérer le site, mais le palais ne fut jamais construit à cause de la Seconde Guerre mondiale et parce que le site était trop fragile géologiquement pour supporter une telle structure. Les années 1940 voient l'abandon définitif de ce projet utopique, à l'image des projets pour le nouveau Berlin conçus par l'architecte de Hitler Albert Speer. Les fondations du palais furent utilisées pour créer la piscine Moskva, la plus grande piscine chauffée d'Europe, fermée dans les années 1990 pour laisser place à la reconstruction de la cathédrale du Christ-Saint-Sauveur.

Pierre Pascal Pierre Pascal peut être considéré comme l'un des grand « passeurs » français de la culture russe. Né en 1890, ce normalien, slaviste de formation, est à la mission militaire française à Petrograd quand éclate la révolution d'Octobre. Il participe alors, avec un groupe de partisans, à la naissance du premier mouvement communiste français. Passionné par la Révolution en marche, il approche les dirigeants soviétiques, parcourt le pays en pleine guerre civile. De cette période, il tirera des carnets et un journal, menant ainsi une analyse au jour le jour d'une grande acuité (ces précieux témoignages n'ont été publiés qu'après 1975). Collaborateur du Komintern et à l'Institut Marx-Engels de Moscou, il participe à la traduction des œuvres de Lénine en français. Considéré comme déserteur, il ne peut rentrer en France qu'en 1933. Grâce au professeur Paul Boyer, il intègre l'École nationale des langues orientales. Enseignant et savant reconnu, on lui doit des travaux sur la littérature russe (Dostoïevski) et sur l'histoire religieuse en particulier une thèse sur l'archiprêtre Avvakum (1620-1682) et les débuts du schisme *(Raskol)*. Après sa mort en 1983, ses archives ont été déposées à la bibliothèque de l'université de Paris X (BDIC).

---> Église russe

Boris Pasternak
Né en 1890, mort en 1960, Boris Pasternak est un poète, nouvelliste et romancier russe, qui symbolise par sa vie et son œuvre le déchirement de l'artiste face à la Révolution, entre son idée et sa réalité.

Le recueil lyrique qui le fait connaître auprès du grand public russe, *Ma Sœur la vie,* est ainsi rédigé à l'été 1917, peu après la révolution de Février, dans un mélange d'euphorie et d'exaltation. Il y décrit des paysages estivaux magnifiés, en usant d'une langue métaphorique qui deviendra sa marque de fabrique. L'énergie et l'inspiration prolifique qui animent Pasternak – il le reconnaîtra plus tard – trouvent leur origine dans le fol espoir né de l'élan révolutionnaire. Malgré son attachement aux valeurs libérales, Pasternak approuve le coup d'État des bolcheviks en 1917 parce qu'il adhère à l'idéal de la Révolution, un idéal lyrique qui ne représente pas la réalité du pouvoir soviétique, fait de froide rationalité, de réalisme politique et de violence. Pasternak ne sera jamais membre du Parti communiste.

Politiquement, il est néanmoins classé comme un « compagnon de route », signe que les espoirs placés dans le régime soviétique n'ont pas disparu. Deux figures ressortent d'ailleurs de son œuvre des années 1920, le Poète et le Révolutionnaire, sans que Pasternak ne tranche sensiblement pour l'un ou pour l'autre. En 1934, l'écrivain reçoit une reconnaissance officielle du pouvoir soviétique. Nommé au sein de l'Union des écrivains, il est salué par son ami Boukharine, bolchevik de la première heure et éminence grise du parti, comme l'un des plus grands poètes de l'époque. Les années 1930 seront pourtant celles du musellement artistique. Alors que le réalisme socialiste est devenu doctrine esthétique officielle en 1932, Pasternak est traqué par le parti. L'écrivain se lance ainsi dans les traductions d'auteurs étrangers, seule activité littéraire autorisée, dont Shakespeare notamment. À partir de 1936, les purges staliniennes, dont Boukharine sera l'une des victimes, achèvent de dissiper ses espoirs dans le régime.

Après la Seconde Guerre mondiale pendant laquelle il a officié comme professeur dans l'Oural, Pasternak entame la rédaction de sa grande fresque historique, *Le Docteur * Jivago*, dont l'histoire prend place dans la Russie pré- et post- révolutionnaire. Ici encore, les figures du Poète et du Révolutionnaire sont au premier rang, mais le second revêt les habits de la médiocrité et de la cécité intellectuelle, preuve que Pasternak a finalement tranché. Interdit en URSS pour antisoviétisme, *Le Docteur Jivago* est d'abord publié en Italie par l'éditeur Feltrinelli en 1957 avant d'être diffusé dans tout l'Occident. L'attribution du prix Nobel en 1958 se transforme en drame pour Pasternak, car il doit choisir entre refuser le prix ou s'exiler. Profondément attaché à la terre russe, il choisit de rester en URSS, déclinant une reconnaissance suprême et subissant dans sa patrie les admonestations publiques des institutions littéraires officielles. Terré dans le silence, Pasternak meurt deux ans plus tard, de maladie et sans doute de tristesse. La version originale du *Docteur Jivago* ne sera autorisée en URSS qu'en 1988. La reconnaissance officielle viendra tardivement, en 1990, une année proclamée par l'UNESCO « année Pasternak », à la demande de l'Union soviétique, qui désire célébrer le centenaire de sa naissance.

····⟶ littérature

patinage Les conditions climatiques ont offert un cadre propice aux jeux de glisse, sur les lacs et rivières gelés de la Russie des tsars. Le patinage, pratiqué au cours des longs hivers* russes avec des patins le plus souvent taillés dans des os d'animaux, est l'une des distractions favorites des jeunes *moujiks*. Si Pierre le Grand a appris l'art du patinage aux Pays-Bas, au début du XVIIIe siècle, l'aristocratie et la bourgeoisie de Saint-Pétersbourg adoptent les formes de glisse hollandaise et occidentale et la course sur patins à lames d'acier au siècle suivant. En 1864 est fondée, dans la capitale, la Société des patineurs amateurs et en 1889, un championnat russe de vitesse est organisé. Dès lors, les patineurs russes participent aux compétitions internationales, Saint-Pétersbourg accueillant notamment les premiers championnats du monde de patinage artistique en 1896. Puis, en 1908, Nikolaï Panin devient le premier champion olympique de l'histoire du sport* russe dans l'épreuve de patinage artistique des jeux de Londres.

Bien que le patinage reste présent dans les loisirs d'hiver après la révolution bolchevique, le sport soviétique accuse un retard dans les trois formes de patinage (vitesse, artistique et hockey sur glace) qui se sont formalisées dans le monde capitaliste et sont dominées par les Américains, les Canadiens et les Norvégiens. Toutefois, après avoir refusé les règles du hockey canadien qui se joue avec un palet et non une balle, parce que favorisant la violence physique, les hockeyeurs soviétiques adoptent ce type de hockey dès 1946. Ayant adhéré à la Fédération internationale en 1952, ils deviennent champions du monde amateur deux ans plus tard, sous la houlette de l'entraîneur du CSKA Moscou, Anatoli Tarasov. Ce dernier pose alors les bases du jeu soviétique fait de rapidité, d'évitements et de passes ; en 1972, l'équipe d'URSS tient la dragée haute à une équipe nationale canadienne composée de professionnels de la Ligue nationale de hockey (NHL) dans la « Supersérie » de huit matchs, joués pour moitié au Canada et en URSS.

Les patineurs de vitesse dominent eux aussi très vite les championnats du monde et les jeux Olympiques, à la suite du sprinter Yevgeny Grishin, vainqueur des épreuves du 500 et du 1 500 m aux jeux de Cortina d'Ampezzo (1956) et de Squaw Valley (1960). Un temps délaissé parce que jugé aristocratique et coûteux, en raison des frais élevés de la construction d'une patinoire artificielle, le patinage artistique devient le domaine d'excellence de patineurs soviétiques, en couple et en danse sur glace. Lyudmila Belousova et Oleg Protopopov inaugurent une série de victoires presque ininterrompues aux jeux d'Innsbruck (1964) et de Grenoble (1968), suivie par celles d'Irina Rodnina de 1972 (Innsbruck) à 1980 (Lake Placid) avec deux partenaires différents. Une discipline de fer, l'inspiration des chorégraphies du Bolchoï et du Kirov alliées la logique des blocs qui préside chez les juges expliquent la longue domination soviétique. De 1965 à 1991, les patineurs soviétiques remportent 24 titres mondiaux en couple et 16 en danse, de 1970 à 1991.

La dissolution de l'URSS élargit les horizons des sportifs soviétiques. Les meilleurs hockeyeurs russes commencent alors à investir les patinoires de la NHL à l'instar du défenseur du CSKA Moscou, Vyacheslas Fetisov, parti jouer sous les couleurs rémunératrices des New Jersey Devils puis des Detroit Red Wings. De même, les entraîneurs de patinage artistique tels que la célèbre Tatiana Tarasova ou d'autres, plus obscurs, sont allés monnayer les secrets de l'école soviétique à l'Ouest. Les résultats des concurrents russes sont devenus plus irréguliers au niveau international. Ainsi, l'équipe de hockey sur glace n'a remporté que la onzième place des championnats du monde organisés à Saint-Pétersbourg en 2000 alors que, effet possible de la libéralisation de la société et de l'économie, les patineurs et patineuses russes brillent désormais davantage en individuel qu'en couple, tout en devant faire face à la concurrence de leurs homologues chinois et occidentaux.

---> olympisme

patronyme Le patronyme (*otchestvo* en russe; de *otiets* qui signifie « père » en russe) se construit sur le nom du père. Il est indiqué dans tous les documents officiels relatifs à une personne. Il est d'usage en Russie de s'adresser avec respect à une personne en utilisant son prénom et son nom patronymique. Pour les hommes, on ajoute, à la fin du prénom du père, les suffixes -*ovitch* ou -*evitch* (Lev Nikolaïevitch Tolstoï); pour les femmes, on ajoute les suffixes -*ovna* ou -*evna* (Marina Ivanovna Tsvetaeva).

Ivan Petrovitch Pavlov Prix Nobel de médecine en 1904, Ivan P. Pavlov (1849-1936) s'est distingué par ses recherches sur la physiologie animale. Au cours des années 1890, il entame les travaux qui le rendirent célèbres sur l'activité des glandes digestives du chien. Il démontre que la sécrétion de salive et de sucs gastriques peut être déclenchée par le contact direct avec de la nourriture, mais aussi par d'autres stimuli externes (sifflet, métronome, etc.). Il développe alors sa théorie des réflexes conditionnels selon laquelle les réactions acquises par apprentissage et habitude deviennent des réflexes lorsque le cerveau établit des liens entre le stimulus et l'action qui suit. En 1904, il est le premier Russe à recevoir le prix Nobel et expose ses travaux en russe. Mais ses expériences ne seront traduites en anglais et diffusées auprès des scientifiques qu'en 1927. Le russe étant alors une langue peu connue, un contresens est alors commis et on parle encore aujourd'hui de « réflexes conditionnés », alors que « réflexes conditionnels » est plus exact. Anticommuniste épargné par le pouvoir soviétique pour sa valeur scientifique, ce fils de prêtre put continuer ses recherches malgré la mort de son fils dans les rangs des Blancs et sa dénonciation ouverte de la répression de masse.

---> sciences

paysans La Russie reste, du fait de sa superficie de 17 millions de kilomètres carrés, un pays composé de vastes étendues agricoles. Aujourd'hui, 10 % de la surface totale de la Russie est composée de terres cultivables, dont seulement 60 % utilisés pour les cultures, le reste étant destiné à des pâturages. Les régions les plus riches ont historiquement été la région des Terres-Noires – connues aujourd'hui sous le nom de région économique de Tchernozem – et la région de la Volga*, bien que d'autres régions comme la Sibérie* du Sud-Ouest aient pu être intégrées au cours du XIXe et du XXe siècle. L'agriculture russe a été extensive de par son territoire, mais limitée à une courte période de l'année. Ces limites naturelles n'ont pas empêché la Russie de devenir l'un des plus importants producteurs de cultures céréalières (blé, orge et avoine), d'oléagineux (tournesol et soja) et de féculents (pommes de terre) à l'échelle mondiale.

Les caractéristiques du territoire ont ainsi marqué la place et le développement de la paysannerie au long de l'histoire de la Russie. La figure du *moujik* et son habitat *(isba*)* a fait également office de dernier bastion de l'âme russe *(dusha)* dans des contrées marquées par l'incertitude des frontières de l'Empire. Le moujik russe est resté éminemment sédentaire par opposition aux nomades éleveurs de troupeaux, cette évolution ayant été favorisée par le pouvoir tsariste et sa politique de peuplement de la périphérie de l'Empire. En conséquence, le servage* a pu être introduit assez tôt dans les campagnes russes, ce qui a fait du paysan dans la plus grande partie de l'histoire de la Russie un être asservi, soumis à la bonne volonté du *khoziaïn*, ou seigneur (comme le montre si bien Tolstoï dans *Maître et Serviteur*). Bien que bénéficiant du statut formel de propriétaire libre, le serf était en réalité répertorié dans les « biens » – ou « âmes » – et restait attaché au territoire par la loi de l'Empire. Le paysan comme sa descendance voyaient ainsi leur destin lié à celui de leur maître. C'est sous l'élan modernisateur du tsar Alexandre II* que le servage a été définitivement aboli en Russie

(1861) sans pour autant améliorer la condition du monde paysan, soumis à de lourds tributs par le pouvoir central.

L'arrivée des bolcheviks au pouvoir et la constitution de l'URSS ont représenté un tournant tragique pour le monde paysan. La « militarisation des campagnes », évoquée dans le *Manifeste du parti communiste*, de Karl Marx, a été mise en pratique au cours des années 1920 et 1930, avec des vagues d'exécutions de petits et moyens exploitants, assimilés à des classes de privilégiés du monde agricole *(koulaks*)*. La méfiance naturelle du pouvoir à l'égard de la paysannerie, jugée peu apte au développement d'une conscience de classe, y a certainement joué un rôle majeur, tout comme la nécessité stratégique de garantir l'approvisionnement des grandes villes, lieux de l'industrialisation nouvelle, ce qui s'est traduit par un lourd encadrement administratif et policier de la structure productive. Aux famines des années 1920 et à la guerre civile s'ajoutaient la collectivisation forcée et ses conséquences dramatiques : les exécutions, les déportations, de nouveau la famine ; les paysans ont payé un lourd tribut à la révolution.

Imposée par le régime, la collectivisation a été effectuée dans la violence dès 1929 avec la confiscation de terres, de machines, de bétail et de semis. Les deux axes majeurs de la « socialisation » des campagnes ont été la collectivisation des structures productives et le développement d'une bureaucratie destinée à l'administrer. Les fermes d'État *(sovkhoze)* et les fermes collectives *(kolkhoz)* ont été les deux modèles d'organisation de l'agriculture soviétique : si les premières possédaient une structure entièrement étatique, les secondes étaient des structures autofinancées dont la production revenait en majeure partie à l'État, lequel autorisait la vente du surplus dans les marchés de l'URSS. Bien que les sovkhozes se soient imposés dès 1937 comme la forme privilégiée d'organisation de la campagne russe, les exploitations privées ont pu être autorisées en quantités marginales.

La collectivisation de l'agriculture en URSS a pâti des mêmes contradictions structurelles que la planification industrielle : inadéquation de la demande et de l'offre et défaillances des réseaux de distribution. Les nombreuses initiatives politiques de revitalisation de la campagne soviétique (programme des Terres vierges de Khrouchtchev* en 1958, brigades de production de Gorbatchev* en 1986) ont été de cuisants échecs et l'écart des niveaux de production dans les exploitations collectives et privées était patent à la fin de l'URSS (avec 3 % de la surface cultivable, ces dernières représentaient 25 % de la production agricole totale). À la fin des années 1980, l'URSS était un importateur net de produits alimentaires.

La politique agricole du gouvernement Eltsine (1991-1999) a surtout été consacrée à faire disparaître les exploitations collectives et étatiques, ce qui faisait sens dans la conjoncture du démantèlement de l'héritage soviétique. Il s'est agi d'une reconversion difficile, due à l'absence d'instruments destinés à encourager l'initiative individuelle et au manque de ressources capables de financer une réforme agraire digne de ce nom. La situation d'opposition permanente des communistes et des agrariens au sein de la Douma, en particulier au cours de la seconde législature (1995-1999), a également rendu impossible l'approbation de la loi sur la propriété de la terre (1996). Reste que cette évolution a placé la Fédération de Russie en porte-à-faux du reste du monde, où la privatisation et le regroupement des exploitations agricoles au sein de larges ensembles intégrés s'imposait comme la seule stratégie capable d'assurer une compétition au niveau international. Elle a également conduit à ce que la part de la propriété privée n'atteigne que 5 % en 1996, selon les chiffres de l'OCDE.

Bénéficiant d'une conjoncture économique d'après-crise financière favorable à la production nationale, la présidence de Vladimir Poutine* (2000-2008) a effectué un tournant qui a renforcé le secteur agroalimentaire, pour des raisons commerciales tant que stratégiques. Le programme *Directions fondamentales de la politique agro-industrielle à l'horizon 2010*, présenté en juillet 2000 par le ministre de l'Agriculture de l'époque, Alexeï Godeïev, a ainsi mis l'accent sur une politique commerciale plus défensive, un rééchelonnement des dettes des exploitants ainsi qu'un système d'assurances destiné à protéger la production des aléas climatiques. Reste que son statut de candidat à l'Organisation mondiale du commerce depuis 1993 oblige la Russie à respecter les dispositions tarifaires relatives à l'agro-industrie fixées par le GATT.

Perestroïka ⟶ Gorbatchev

Pierre le Grand Fils d'Alexis Iᵉʳ et de Nathalie Narychkine, Pierre naît en 1672. Sur le trône en 1692, il laisse sa mère gouverner et préfère les expériences nautiques, la vie militaire et les moments de rude camaraderie. Il apprécie la compagnie d'étrangers en particulier ceux du faubourg allemand de Moscou. Féru de technique, d'économie et passionné par le commandement militaire, ce colosse aux mœurs simples et parfois brutales entreprend, en 1697, un voyage en Europe afin d'observer, incognito ou presque, les sciences nouvelles et les mœurs de ses voisins, c'est « La Grande Ambassade ». Son retour à Moscou est précipité par la révolte des *streltsy*, garde prétorienne créée du temps d'Ivan* le Terrible. L'anéantissement de la sédition marque la naissance d'un pouvoir sans partage et le début des réformes pétroviennes en Russie. Par une série d'oukazes pris entre 1699 et 1702, le tsar* impose l'interdiction de la barbe sauf pour le clergé, l'adoption du calendrier julien, le port de l'habit allemand (occidental), autorise la présence du protestantisme. Puis il révolutionne les institutions : un Conseil des ministres, un Sénat, une Cour de Justice, des gouvernements locaux remplacent, sous son autorité, les assemblées traditionnelles. Si elle reste superficielle, cette européanisation à marche forcée de la société russe dans les premières années du siècle n'en est pas moins déterminante pour le renforcement de l'autocratie. Chaque mesure est l'occasion d'affirmer l'autorité du tsar et, le cas échéant, d'éliminer des opposants. À la fin du règne, l'œuvre réformatrice est parachevée par deux mesures de grande importance. La première est la suppression du patriarcat de Moscou et son remplacement par un collège ecclésiastique (le Saint Synode) qui fait de l'Empereur (le titre remplace désormais celui de « tsar ») le chef de l'Église* russe. Puis, en 1724, il établit la « table des rangs » instituant une hiérarchie du mérite. Enfin, dans la même veine, il ouvre les portes de la noblesse aux gens de moindre extraction. Cette frénésie réformatrice n'a qu'un but : renforcer l'État russe pour lui donner sa place dans le monde, c'est-à-dire en Europe et face aux Turcs. C'est aussi dans cette perspective qu'il entreprend l'œuvre colossale de fonder une ville portuaire, Saint-Pétersbourg*. Situé au fond du golfe de Finlande sur la Baltique, le chantier de la ville de Pierre est inauguré en 1703. Les architectes hollandais, allemands, français se succèdent. Bâtie dans des conditions naturelles

épouvantables, Saint-Pétersbourg sort des marais. Elle doit être pour la Russie la vitrine de l'Occident mais également le nouveau visage que Pierre Ier veut donner à son pays. À la mort du tsar, en 1725, sa nouvelle capitale a près de 35 000 habitants et assure 90 % du trafic portuaire de l'empire.

Sur le front militaire, le règne de Pierre Ier est dominé par les guerres contre la Turquie et la Suède. Au sud, le tsar affermit les frontières de l'empire, mais ne parvient pas à accéder durablement à la mer Noire. La guerre contre Charles XII de Suède lui donne l'occasion d'entrer dans le jeu diplomatique des pays d'Europe. La victoire de Poltava en 1709 permet à Pierre Ier de se donner, enfin, l'image d'un chef de guerre, la seule qui autorise le respect. À la fin du règne, il aligne 130 régiments soit 200 000 hommes, plus que le roi de Prusse, et 50 vaisseaux d'une marine créée de toutes pièces.

Après sa mort, le mythe s'installe grâce, entre autres, à Fontenelle et à Voltaire. De la volonté réformatrice, on retient trop facilement l'action d'un prince éclairé. À l'évidence, le règne a affermi l'autorité de l'État, héritage des Romanov ; l'ouverture à l'Occident, au marché, aux influences de toute nature est irrémédiable ; l'élite sociale est transformée. Cependant, ce règne brutal laisse pour compte la grande masse de la population introduisant ainsi deux modèles de société en Russie.

plan quinquennal *(piatiletka)* L'économie de l'URSS* a fonctionné

selon les principes de la planification durant la majeure partie de son histoire (1928-1991). Cette planification de l'économie en URSS puise une partie de ses racines dans l'organisation patrimoniale de la propriété de la période tsariste. Elle a une source idéologique également dérivée de la nature même de l'État soviétique, qui concentre tous les moyens de production au nom du prolétariat, en accord avec la doctrine du marxisme-léninisme. La mise en place d'une économie administrée a été accompagnée d'instances et d'outils administratifs spécifiques dont la planification pluriannuelle reste l'expression la plus aboutie. Initiée sous Lénine*, la planification soviétique a débuté par un vaste programme d'électrification qui devait s'étendre sur une période de dix ans (plan d'électrification pour la RSFSR – Russie soviétique – du 22 décembre 1920) et qui voulait résoudre le sous-développement des infrastructures du pays.

C'est après l'arrivée de Joseph Staline* au pouvoir que les contours des institutions régissant le Plan sont définitivement arrêtés : les objectifs décidés par le Politburo (bureau politique du parti) mis en œuvre par le comité d'État à la Planification (Gosplan) comptent avec l'assistance de comités chargés des fournitures (Gossnab) ou encore de la fixation des niveaux de production (GosKhozRasstchet). Le tout reste régi par un jeu complexe de relations avec les différents ministères et administrations régionales, progressivement en charge de la mise en œuvre concrète des programmes d'État. Les principes de l'économie administrée sont inscrits dans la loi fondamentale soviétique qui consacre le principe de « [...] la propriété socialiste des instruments ainsi que des facteurs de production » (Chapitre I, art. 4, Constitution de 1936). Le plan est appliqué dans un premier temps en recourant à la terreur avec des déportations en masse et des conditions extrêmes de réalisation, comme en témoignent l'assignation de quotas irréalistes et l'utilisation des prisonniers du goulag (construction du canal de la mer Blanche en 1931) ou d'une main-d'œuvre à très bon marché.

Chaque plan a une coloration spécifique et renvoie aux nécessités propres des différentes périodes de développement économique de l'URSS. Ainsi le 1er et le 2e plan (respectivement 1928-1932 et 1933-1937) ont pour objectif majeur de développer l'industrie lourde et les infrastructures au moyen d'un accroissement substantiel de la production d'acier et charbon. Le 6e plan (1956-1960) marque un infléchissement, car il a pour objectif d'assouvir la forte demande de biens de consommation courante, tout comme il a l'ambition de développer la surface agricole du pays, au moyen du programme de mise en valeur des Terres vierges impulsé par Nikita Khrouchtchev*.

Le plan devient au cours des années 1960 et 1970 un système d'administration économique de nombreux dysfonctionnements et d'une insuffisance chronique de moyens économiques et humains. L'économie soviétique combine ainsi une constante demande inassouvie de sa population, un système de pénurie et une inflation contenue. L'ensemble de ces facteurs grève la croissance économique et rend obsolète la spécialisation de l'industrie soviétique (elle restait néanmoins une grande productrice mondiale d'industries lourdes), vite devancée par ses concurrents occidentaux. Les derniers plans n'ont pas l'ambition des précédents : ils contribuent au tarissement du développement industriel de la Russie et provoquent un scepticisme croissant quant à l'efficacité de cette organisation auprès des managers d'État. Le 12ᵉ et dernier plan (1986-1990) marque la dissolution progressive des instruments de planification dans les réformes de marché, initiées par Gorbatchev* durant la perestroïka.

Pologne Pologne et Russie sont proches par la langue et la culture, éloignées par l'appartenance religieuse, en guerre depuis le Moyen Âge. Marquée par les occupations russes du XIXᵉ et du XXᵉ siècles, leur relation est aujourd'hui assez délicate à appréhender. La nation polonaise acquiert son statut de frontière lorsque le schisme de 1054 sépare définitivement l'Église chrétienne d'Occident – dont le centre est Rome – de l'Église d'Orient qui rayonne à partir de Byzance. À la différence d'autres langues slaves, le polonais s'écrit en lettres latines, non en cyrillique. En 1385, afin de résister à la pression des chevaliers Teutoniques, le royaume de Pologne s'allie avec la Lituanie païenne.

La Pologne connaît son apogée avec l'union de Lublin (1589) : son territoire de la Baltique à la mer Noire entre en concurrence avec les monarchies suédoise, prussienne ou russe. Le déclin de la puissance polonaise est toutefois rapide. Si Napoléon* ressuscite brièvement un grand-duché de Varsovie (1807-1813), la Pologne est désormais écartelée entre les empires prussien (Poznan, Gdansk), autrichien (Galicie) et russe (Biélorussie, Ukraine, Lituanie, Varsovie), conséquence de quatre partitions (1772, 1793, 1795 et 1815).

Au XIXᵉ siècle, la Pologne est un foyer révolutionnaire très actif. La révolution de 1830 à Paris y provoque un fort écho, mais la révolte est lourdement écrasée en 1831 par Nicolas Iᵉʳ, tsar qui a subi la rébellion décabriste* lors de son accession au trône en 1825. La Pologne est soumise à une politique de russification forcée, ses universités sont fermées, l'élite nationale est décapitée. Mais c'est surtout l'insurrection de 1861-1864 menée par Romuald Traugutt qui marque les esprits. La répression sanglante des Prussiens et des Russes pousse de nombreux Polonais à l'émigration, dont Marie Sklodowska-Curie. La population juive, dense dans certaines villes et rassemblée dans les *shtetls* (bourgs ruraux juifs au sein de la « zone de résidence » où les Juifs avaient le droit de s'installer dans l'empire tsariste) victime de pogroms réguliers, commence à émigrer vers l'Europe ou les États-Unis.

Au cours de la Première* Guerre mondiale, la Pologne se retrouve au cœur du front est : si les Allemands envahissent la région de Varsovie, les Russes prennent la Galicie aux Autrichiens. Mais la Grande retraite de mai 1915 et l'occupation sont le prélude à la libération du pays, qui devient une nation à part entière grâce au traité de Versailles signé en juin 1919. Mais de nouveaux pogroms ont touché plusieurs centaines de milliers de Juifs* polonais et les violences ont créé autant de réfugiés en fuite.

Surtout, le traité crée les conditions d'une guerre future en imposant un statut spécifique à Dantzig et à son couloir qui sépare la Prusse orientale du reste de la patrie et brise l'unité allemande, ce qui provoque un immense déplacement de population. Enfin, la guerre civile qui fait rage en Russie touche de plein fouet la Pologne, presque conquise par les bolcheviks en 1920, quand une révolution mondiale semble encore possible. Le traité de Riga scelle toutefois l'indépendance de la République polonaise, qui dérive ensuite vers un régime autoritaire dirigé par Pilsudski.

La Pologne est, avec les États baltes, la principale victime du pacte germano-soviétique signé le 23 août 1939. Son protocole secret prévoit en effet le partage du pays en deux, projet réalisé quelques semaines seulement après l'invasion nazie début septembre. Les Soviétiques déportent environ 320 000 Polonais et liquident une partie de l'élite nationale dans la forêt de Katyn*. Les nazis qui occupent le pays après le 22 juin 1941 éliminent, dans les multiples camps de la mort (Auschwitz, Treblinka, Belzec, etc.), près de 20 % de la population, essentiellement les Juifs*.

Après la victoire et malgré des faits héroïques de résistance, les Polonais se voient imposer le gouvernement procommuniste de Lublin contre celui en exil à Londres, malgré le partage des zones d'influence réglé à Yalta* qui prévoyait des élections libres. Les Soviétiques conservent ainsi la partie orientale annexée en 1939, peuplée surtout d'Ukrainiens. Le territoire polonais est déplacé vers l'ouest et comprend désormais le sud de la Prusse orientale, la Poméranie et la Silésie, pourtant allemandes.

Le pays devient une « démocratie populaire » membre du pacte de Varsovie (1955). Si la RDA est l'élève modèle des pays du Bloc de l'Est, la Pologne conserve un clergé puissant, une paysannerie propriétaire et une certaine liberté d'expression, notamment grâce au cinéma (Wajda, et à l'affiche, Fangor ou Skarzynski). L'intervention de l'armée soviétique est évitée lors du soulèvement de 1956 et en 1981, lorsque le général Jaruzelski proclame l'état de guerre pour mettre un terme à la révolte ouvrière du syndicat non-communiste Solidarnosc. Menée par Lech Walesa, elle ébranle alors le bloc soviétique tout autant que l'élection, en 1978, au trône pontifical de l'évêque de Cracovie, Karol Wojtyla, sous le nom de Jean-Paul II.

Aujourd'hui, la relation entre Pologne et Russie est compliquée par l'entrée de la première dans l'Europe (2004) et l'OTAN. Surtout, la mémoire de la période communiste reste à construire de manière plus objective et réaliste que la récente « chasse aux sorcières » opérée par les dirigeants populistes, et dénoncée notamment par Bronislaw Geremek.

populistes (narodniki)

Les populistes *(narodniki)* ont été un mouvement social et politique de contestation du pouvoir tsariste à la fin du XIXe siècle. Hétéroclite, ce groupe aspirait à l'éveil de la conscience populaire – du peuple russe, ou *narod* –, en particulier dans les campagnes russes, qui concentraient à l'époque l'essentiel de la population. Ayant notamment pour objectif le démantèlement du système absolutiste, ils n'en étaient pas moins convaincus de la nécessité de respecter le processus de développement historique spécifique à la nation russe. À ce titre, la doctrine des *narodniki* restait critique envers l'introduction des principes du capitalisme en Russie, principes qu'ils considéraient comme obéissant à une évolution des structures économiques et sociales propres à d'autres pays.

À la différence de l'Angleterre de l'époque, la Russie n'avait encore développé d'industrie et ne possédait pas un marché intérieur suffisamment vigoureux; aussi les populistes considéraient-ils que la mise en place de ces principes risquait de faire disparaître des formes d'organisation sociale propres à la nation russe. L'opposition des *narodniki* au régime tsariste a été particulièrement virulente au moment de la mise en œuvre du programme d'industrialisation de Sergueï Witte*. Les populistes estimaient ainsi que la création d'un marché restait un préalable indispensable à l'installation d'industries, nécessaire à l'absorption de la production nationale. Cette opposition frontale à la modernisation forcée de la Russie a donné lieu à une controverse rendue célèbre entre marxistes – Lénine* et Plekhanov – et populistes – Mikhaïlovski – en 1893-1894 à propos du rôle que devait jouer le prolétariat comme auteur du changement. Les contradictions du mouvement populiste ont été le résultat de la difficile cohabitation entre anarchistes et libéraux bourgeois : très vite, la nature révolutionnaire des débuts, qui avait encouragé les associations paysannes ainsi que les attentats à l'encontre des hauts fonctionnaires de l'Empire, a cédé la place à un mouvement slavophile nationaliste et conservateur. Discrédités par l'avancée de l'industrialisation et l'urbanisation croissante du pays, les *narodniki* ont progressivement perdu leur influence au profit des mouvements d'inspiration marxiste au début du xxe siècle.

Alexandre Pouchkine Considéré comme le fondateur de la littérature* russe moderne, Pouchkine naît à Moscou en 1799 dans une famille d'aristocrates russes. Il est l'arrière-petit-fils d'Abraham Hanibal, un prince camerounais au destin étonnant, capturé par des marchands d'esclaves au service des Ottomans et devenu le filleul de Pierre le Grand. Dès son plus jeune âge, il se passionne pour la poésie et le théâtre français ou anglais. Admis en 1811 au collège de Tsarskoïe Selo, il perfectionne son apprentissage des lettres. Son talent lui attire très vite la sympathie du milieu cultivé de Saint-Pétersbourg. En 1814, il publie pour la première fois dans le *Messager de l'Europe* ; mais le jeune poète adopte très tôt une vie dissipée. Des vers séditieux le conduisent vers l'exil en 1820. C'est le temps de la découverte de la Russie du sud, du Caucase notamment. Il compose ses premières œuvres, très inspirées de Byron. Après un second exil, deux pièces maîtresses sont achevées : *Eugène Onéguine*, premier roman en vers et véritable « encyclopédie de la vie russe » et *Boris Godounov** tragédie où l'histoire russe est convoquée autour d'un despote à la personnalité complexe.

Gracié par Nicolas Ier qui le prend sous sa protection, Pouchkine entame des pièces plus courtes comme *Mozart et Saliéri* dans laquelle il construit la légende noire du rival italien. En 1834 paraît une courte nouvelle d'une grande intensité dramatique, puis en 1836 est publié *la Fille du Capitaine*, roman historique avec la révolte de Pougatchev en toile de fond. Pouchkine s'essaie à tous les genres, poésie lyrique, roman en vers, roman historique, théâtre, tout en faisant entrer la

Russie et les Russes comme sujets littéraires. Son poème *le Cavalier d'airain* (la statue de Pierre le Grand réalisée par Falconet) symbolise bien des aspects contradictoires et tragiques de l'histoire russe. À Saint-Pétersbourg, marié à Natalia Gontcharova en 1831, Pouchkine mène une vie sociale intense. Il meurt en duel en 1834, tué par un officier français, le baron d'Anthès. La nouvelle garde littéraire russe perd ainsi son jeune mentor. Mikhaïl Lermontov écrit trois ans plus tard un poème vengeur *Le poète est mort*. L'œuvre de Pouchkine passe à la postérité, reprise, adaptée, commentée deux siècles durant par les plus grands artistes russes.

Vladimir Poutine Deuxième président de la Fédération de Russie élu le 26 mars 2000 et réélu le 14 mars 2004, Vladimir Poutine a d'abord été le dernier Premier ministre de Boris Eltsine* (16 août 1999 - 31 décembre 1999) avant de cumuler, après la démission de ce dernier, sa fonction à la tête de l'exécutif avec celle de président par intérim (31 décembre 1999 - 26 mars 2000).

Né le 7 octobre 1952 à Leningrad d'un père ouvrier et d'une mère employée, diplômé de la faculté de droit de l'université d'État de Leningrad (1975), cet homme, dont la forte popularité fut constante tout au long de ses deux mandats à la présidence, a débuté sa carrière dans le renseignement. Recruté par le KGB* (Comité de sécurité de l'État) dès sa sortie de l'université, il fut d'abord affecté au secrétariat de la direction du KGB de Leningrad, avant d'être dirigé vers le contre-espionnage. Dans un livre d'entretiens publié à la veille de sa première élection à la présidence en mars 2000 et destiné à le faire connaître alors qu'il était encore presque inconnu du grand public, le futur président évoque sa vocation précoce d'agent de renseignement, qui lui aurait été inspirée par les livres et les films d'espionnage, très populaires dans l'URSS des années 1960-1970. Il raconte comment, vers l'âge de 14 ans, il aurait vaincu sa timidité pour passer les portes du bâtiment de la direction du KGB de Leningrad. Apostrophé par le gardien de faction, le jeune Vladimir l'aurait interrogé naïvement sur la meilleure façon de rejoindre les rangs de cette institution auréolée de prestige où, selon ses termes, « un seul agent peut parfois faire pour son pays ce que des armées entières ne sont pas en mesure de faire »... Sûr de son choix, ce bon élève, germaniste et excellent judoka, n'avait plus qu'un seul but : entrer à la faculté de droit, puisque les jeunes juristes représentaient alors une bonne partie du vivier de recrutement de la Sécurité d'État. Après son recrutement, Vladimir Poutine gravit les échelons de la hiérarchie des services secrets, parvenant au grade de commandant (1984). Diplômé de la Haute École du KGB et de l'Institut Andropov (1985), il se spécialise dans le renseignement relatif aux pays de langue allemande. Il effectue une mission de longue durée à la représentation du KGB à Dresde (RDA), où il est chargé de conduire des opérations de désinformation de l'ennemi (1985-1990). Quittant l'active en 1990, il est ensuite versé dans la réserve au grade de lieutenant-colonel (1992). En 1998, lorsqu'il retrouve « la Maison » – l'institution a été rebaptisée FSB après la chute de l'URSS –, c'est pour en prendre, pendant quelques mois, la direction. Vladimir Poutine n'est déjà plus tant un « ancien du KGB » qu'un homme d'appareil madré qui connaît parfaitement les rouages, les mentalités et les travers de l'élite postsoviétique à laquelle il appartient.

Un homme politique de l'ère post-soviétique. Dans l'Allemagne de l'Est de la fin des années 1980, Vladimir Poutine assiste aux premières loges à l'agonie du bloc socialiste et au repli géopolitique de l'URSS. De retour à Leningrad en 1990, il quitte les services de renseignement et opte pour une reconversion. Nommé conseiller du recteur de l'université d'État pour les affaires internationales, il rejoint, en juin 1991, l'équipe d'Anatoli Sobtchak (1937-2000), ancien professeur de droit de l'université, élu maire de la « capitale du Nord », rebaptisée Saint-Pétersbourg* le 6 septembre 1991. Vladimir Poutine prend la direction du Comité des relations extérieures de la ville, une fonction qui lui confère la supervision des relations économiques internationales dans le contexte des privatisations et de l'ouverture internationale des marchés russes. Le futur président russe devient un maillon essentiel du système de pouvoir à Saint-Pétersbourg, rouage indispensable à l'interface des réseaux politiques et de ceux des affaires, qui s'entrecroisent pour former un tissu de connivences dont il connaît tous les tenants et les aboutissants. Après la défaite électorale de Sobtchak en juillet 1996, Vladimir Poutine, à l'instar de nombreux membres du « clan des Pétersbourgeois », qui s'est formé autour du chef du Kremlin dans les années 1999-2001, rejoint les rangs de l'administration présidentielle à Moscou. Il occupe d'abord les fonctions de chef-adjoint de la très stratégique direction des affaires présidentielles (juin 1996 – mars 1997), puis celles de premier chef-adjoint de l'administration présidentielle chargé de la politique régionale (mars 1997 – juillet 1998). Nommé ensuite directeur du FSB, Vladimir Poutine occupe cette fonction jusqu'à son accession à la tête du gouvernement, le 16 août 1999. Le nouveau Premier ministre est rapidement apparu comme le successeur de Boris Eltsine, qui a démissionné en sa faveur le 31 décembre 1999.

Le clan présidentiel. Vladimir Poutine est le successeur de Boris Eltsine et, à certains égards, il en est aussi l'héritier. Par contraste avec ce dernier, il a fait montre d'une autorité – certains diraient même d'autoritarisme – beaucoup plus affirmée et d'un goût pour le respect des formes et de la hiérarchie, visant à réinstaurer une «verticale du pouvoir» – pour reprendre l'une de ses plus célèbres formules – dans le système politique. Sa longue présidence restera marquée par la recentralisation du pouvoir en politique intérieure et la réaffirmation de la vocation de puissance de la Russie dans un contexte économique favorable lié à l'envolée du prix des hydrocarbures, première ressource à l'exportation du pays. L'ascension politique de Vladimir Poutine est le fruit d'un enchaînement de circonstances imprévisibles, si ce n'est rocambolesques : rien ne prédestinait cet homme à accéder aux plus hautes fonctions de l'État. Il fut choisi pour sa loyauté envers la «famille Eltsine». Au moment de la nomination du futur dauphin à la tête du gouvernement, la fille de l'ancien président défunt le décrivait comme «l'homme le plus fiable et le plus loyal» du clan présidentiel. Dès le lendemain de son accession à la tête de l'État, le nouveau président prenait un décret garantissant à son prédécesseur une immunité pénale qui le protégeait, lui et ses proches, contre d'éventuelles poursuites judiciaires. L'affaire *Mabetex*, du nom d'une entreprise suisse de travaux publics soupçonnée d'avoir versé des pots-de-vin pour le compte de certains membres de la «famille Eltsine» sur des comptes numérotés pour emporter plusieurs contrats de rénovation de bâtiments officiels, avait failli, au printemps 1999, mettre un terme prématuré à la carrière du président Eltsine. Cette affaire ouvrait la voie, à un an de l'élection présidentielle prévue en mai 2000, à une succession défavorable au clan présidentiel d'alors. Alors que le procureur général,

Iouri Skouratov, menaçait d'engager des poursuites, il est destitué de ses fonctions pour «conduite immorale» sur le fondement d'un document vidéo, télédiffusé sur une chaîne nationale, le montrant – lui ou son sosie! – en fâcheuse posture en compagnie de prostituées. Le soupçon existe que les services du FSB, alors dirigés par Poutine, aient procédé au montage de ce document fort opportun… Homme de confiance de «la famille», puis catalyseur et chef d'un clan, celui «des Pétersbourgeois», Vladimir Poutine est souvent dépeint sous les traits d'un leader fort, voire d'un autocrate. En réalité, il semble avoir une conception collective (à ne pas confondre avec une conception collégiale) du pouvoir. Il a mis en œuvre un système de pouvoir néo-clanique qui repose sur une solidarité identitaire très forte du groupe dirigeant, qu'il paraît considérer comme la meilleure garantie de la loyauté de ses membres, ainsi que sur une imbrication très étroite des pouvoirs politique et économique. L'importance de ces mécanismes de pouvoir est telle qu'à certains égards, la mise à l'écart des oligarques, dans les années 2000, ressemble à une série de «raids» visant à asseoir les positions du clan présidentiel dans les médias et le secteur énergétique. Celui qu'il a désigné comme son successeur, Dmitri Medvedev, élu troisième président de la Fédération le 2 mars 2008, fut l'un de ses collaborateurs à la mairie de Saint-Pétersbourg avant de devenir, dès son accession aux plus hautes fonctions à Moscou, l'un de ses plus proches adjoints. Avant même l'élection de Medvedev, Vladimir Poutine avait répondu positivement à l'invitation de ce dernier de devenir, en cas de victoire, son Premier ministre. Ainsi, contrairement à la succession Eltsine – Poutine, la succession Poutine – Medvedev ressemble à un passage de relais très progressif, assortie d'une période de transition pendant laquelle les deux hommes vont cohabiter à la tête d'un exécutif fédéral désormais bicéphale. Comme l'a noté un observateur moscovite, «la présence de Poutine à la tête du gouvernement est la meilleure garantie de la pérennité du poutinisme». L'homme et son «système», ou du moins la figure qu'il incarne, font l'objet d'un véritable plébiscite en Russie, au point que les sondages ont indiqué régulièrement le souhait d'une majorité d'électeurs de voir Poutine rester au Kremlin, dut-il modifier la Constitution* qui interdit à un même homme d'effectuer plus de deux mandats successifs à la présidence.

Première Guerre mondiale
La Grande Guerre oubliée

Les années 1914 à 1917 constituent une période encore assez mal connue de l'histoire russe, surtout en comparaison des révolutions de 1917. La « grande lueur à l'est » a en effet jeté dans l'ombre la participation russe au conflit mondial. Quoique l'ouverture complète des archives soviétiques date de 1993, il a, par exemple, fallu attendre le XXIᵉ siècle pour que voient le jour des études uniquement dédiées à la Première Guerre mondiale en Russie. Le prolongement du conflit mondial en une longue guerre* civile, d'une violence inouïe s'est conjugué à la nécessité politique et a créé un véritable refoulé.

Le creuset des révolutions et de la guerre civile

À priori, l'Union soviétique est dépourvue d'instances du souvenir : ni date de commémoration, ni monuments aux morts ou tombe du Soldat inconnu, ni associations d'anciens combattants. Cela est dû, en large partie, à la mythification dont a fait l'objet la guerre civile (1918-1921). Le « prolétariat » en armes a vaincu tout à la fois les anciennes élites, la paysannerie, les partis adverses, les puissances européennes. La génération des bolcheviks historiques, après des années de répression et d'exil, est installée solidement au pouvoir. Nul besoin, par conséquent, de s'appesantir sur la guerre « impérialiste » qui n'a fait que précipiter cette ordalie victorieuse.

Cependant, nombre de questions cruciales restent en suspens. Tout d'abord, pourquoi la Grande Guerre conduit-elle, ici et nulle part ailleurs, à une révolution d'une telle ampleur alors, que selon la tradition des sciences politiques, la guerre extérieure, codifiée, est censée conjurer la menace d'une guerre civile, déchaînement incontrôlé des tensions internes ? Le conflit mondial constitue-t-il le « catalyseur » (selon Lénine) d'un affrontement aux racines profondes, russes ou contient-il les germes identitaires, engendre-t-il les pratiques politiques et sociales de la guerre civile qui embrase la Russie ?

Enfin, le front constitue un lieu d'apprentissage pour des millions de jeunes hommes venus d'horizons sociaux très divers, tous contraints de devenir adultes en faisant la guerre. Les historiens sont partagés : ces soldats sont-ils des « paysans en uniforme » (l'armée est paysanne à 90 %) qui finissent par déserter pour organiser la jacquerie de l'été 1917 ; ou bien sont-ils devenus des combattants, animés par la violence dont ils sont d'abord les victimes, et ensuite les acteurs ?

La Russie dans le conflit mondial. Il convient d'abord de replacer l'effort de guerre russe dans le contexte général du conflit. L'une des spécificités du front oriental, outre son étendue, est qu'il associe jusqu'à la fin de 1917 une invasion des marges occidentales de l'empire russe par les armées allemandes et une occupation par les troupes russes d'une portion de territoire austro-hongrois. Aucun de ces espaces n'appartient au berceau de ces deux nations impériales : il ne s'agit que de la Pologne écartelée entre elles et l'Allemagne, et des glacis que sont l'Ukraine (la « marche ») et la Biélorussie (ou Petite-Russie). Les Russes parviennent dans les premières semaines du conflit à envahir une partie de la Prusse orientale, au nord, et de l'empire ottoman, au sud.

Les deux noms de bataille qui symbolisent la Grande Guerre pour les Russes ont logiquement une consonance étrangère : Tannenberg – défaite en rase campagne à la fin du mois d'août 1914 – et Przemysl – *la* victoire russe, obtenue en mars 1915. Après le premier hiver de la guerre et l'installation dans la durée, l'effort de remobilisation se fait sentir sur tous les fronts. En Russie, on produit en nombre photos, actualités filmées, schémas, affiches qui mettent en scène ce jour de gloire. Mais la faiblesse des deux armées qui se sont affrontées à Przemysl contraste tout de même avec la violence de la « guerre totale » entre Français et Allemands, qui détruit hommes (Verdun), paysages et monuments (Reims) alors que L'vov (Lemberg), la perle de la Galicie, est épargné.

Pourtant la Russie est la nation qui a mobilisé le plus d'hommes et qui a subi les plus lourdes pertes. On estime que, de 1914 à 1918, 18 millions de Russes ont combattu, entre 40 et 50 % des hommes du monde rural. Environ 2 millions sont morts – chiffre auquel il faudrait ajouter 1,5 million de civils tués. Le nombre de blessés avoisine les 6 millions et la guerre a coûté à la Russie 9 millions de naissances. Les prisonniers se comptent par centaines de milliers : 100 000 à Tannenberg, 900 000 lors de la retraite de Galicie en mai 1915 ; au total, au moins 3 millions de combattants passent la guerre en détention en Allemagne ou en Autriche-Hongrie. Il faut enfin mentionner les 10 millions de personnes déplacées (Polonais, Ukrainiens, Juifs* pour l'essentiel), dont 7 millions se réfugient en Russie.

Ces chiffres impressionnants découlent du fait que l'embourbement au front, après la guerre de mouvement, est ici moins « immobile » qu'à l'ouest. Si les grandes offensives planifiées sont plus rares, elles semblent bien plus efficaces, d'un côté (Broussilov pendant l'été 1916) comme de l'autre (août 1914, mai 1915, été 1917). Les tranchées existent pourtant sur le front russe et se distinguent lors des fraternisations avec les soldats austro-hongrois d'origine slave à Pâques, en 1916. L'armée est en grande difficulté à compter de cette date, mais la Russie cède de l'intérieur, en résultat de plusieurs décennies de conflit social.

De l'Union sacrée à l'incapacité à poursuivre la guerre

À l'instar des autres pays européens, la déclaration de guerre suscite en Russie un mouvement d'« Union sacrée » autour du tsar et transcende un temps les profondes divisions sociales. Une vague d'antigermanisme sans précédent submerge le pays : les magasins allemands sont pillés à Moscou, leurs propriétaires expulsés ou internés ; parler l'allemand est strictement interdit ; Saint-Pétersbourg est rebaptisé Petrograd. L'affrontement entre Germains et Slaves, protestants et orthodoxes, semble satisfaire les esprits belliqueux de l'état-major comme une population à qui l'on a inculqué la haine nationaliste du puissant voisin.

Mais, en dépit de l'intense propagande patriotique et religieuse du début de la guerre, la popularité de la famille impériale s'effrite – surtout quand Nicolas II* décide de prendre personnellement la tête de l'armée, en 1916. Le fossé entre l'État tsariste autocratique et l'élite du pays se trouve reconfiguré par l'entrée dans le conflit mondial. Si les propriétaires fonciers et la bourgeoisie commerçante sont peu actifs, une masse d'experts issus du Zemstvo, l'administration locale autonome instituée en 1864, s'investit pleinement dans la gestion du pays. Unis dès 1915 dans le Zemgor, leur expertise soutient la mobilisation décrétée par le tsar, mais construit aussi une légitimité qui entre en concurrence avec celle de la monarchie.

Les industriels russes, confrontés à la passivité de l'État, mènent quasiment seuls l'effort de restructuration des outils de production ou de réorientation de l'investissement vers les branches clefs (la chimie). Mais la productivité ne décolle pas ; les goulets d'étranglement se multiplient ; les défaites militaires accentuent les dysfonctionnements d'une industrie inférieure à celle de l'adversaire allemand. Or la guerre coûte très cher ; l'endettement de l'État tsariste sur le plan national et international atteint des records, tout comme l'inflation, contraignant à la dévaluation du rouble. L'échec du gouvernement apparaît ici dans toute son étendue : ni l'imposition, ni les emprunts n'offrent de solution pérenne.

La population souffre terriblement et n'a plus confiance en ses dirigeants. La question alimentaire met à l'épreuve le fragile cœur de l'économie russe, l'agriculture. Plus que les conditions naturelles, c'est l'incompétence humaine qui conduit le pays au bord du gouffre : en dépit de la création de structures de contrôle idoines, les bras et la force animale manquent, les récoltes sont mal redistribuées, les soldats du front sont sous-alimentés alors que les villes meurent de faim. Les grévistes sont déjà 560 000 en 1915 et au moins 1,1 million en 1916. Quant aux désertions, on estime qu'elles ont concerné en 1917 environ 200 000 soldats, plutôt cantonnés en réserve qu'en provenance du front.

La Grande Guerre, « catalyseur de l'histoire »

Dans des conditions qui se dégradent, l'unité nationale laborieusement créée autour de la famille impériale, grâce à l'action de l'Église et à la force intégratrice de l'armée, se dissout irrémédiablement. Lors de l'épisode matriciel de la Grande Guerre se sont imposées comme critère d'action gouvernementale de lourdes tendances d'exclusion, de répression, de violence généralisée. Le renversement de la monarchie de février 1917 contribue indéniablement à la démocratisation de la société russe mais s'inscrit aussi dans le même horizon de « brutalisation ». L'économique et le social occupent désormais le champ politique, qui dérive rapidement vers la radicalisation des positions et des propositions.

Le sort de la Russie se joue tout au long de l'année 1917 autour de la question de la poursuite de la guerre. Sous couvert de « défensisme révolutionnaire » (protéger la révolution libératrice de l'impérialisme allemand), le Gouvernement provisoire maintient les engagements pris auprès des Alliés. En revanche, les soldats du front et une part grandissante de la population souhaitent voir cesser le conflit. Certains révolutionnaires, comme Lénine* et Trotski*, ont tenté de relancer la paix à Zimmerwald (1915) et à Kienthal (1916). Rentré en Russie à la faveur de l'amnistie générale, Lénine prône le « défaitisme révolutionnaire », l'arrêt des combats pour accélérer la révolution à l'intérieur du pays.

La Révolution bolchevique n'a résolu aucun problème de fond de la Russie, où la démocratie recule. En effet, les élections de décembre 1917 à la Constituante sont les seules à avoir été démocratiques. Entre février et octobre*, tous les partis ont le droit de s'exprimer librement (sauf, un temps, les bolcheviks). La question agraire reste en suspens malgré l'adoption du Décret sur la terre ; la guerre continue après le Décret sur la paix, jusqu'au traité de Brest-Litovsk signé en mars 1918. La cessation brutale du soutien allié à la Russie entraîne une aggravation de la crise économique et sociale. Mais elle favorise aussi le renforcement par les bolcheviks des politiques de contrôle, de mobilisation ou d'exclusion héritées de l'État tsariste et du Gouvernement provisoire confrontés à la gestion d'un conflit à l'ampleur sans précédent dans l'espace et le temps comme dans la profondeur de la société.

presse et radio
Des médias sous contrôle

En Russie, la presse et le pouvoir ne pouvaient faire bon ménage, le régime autoritaire ou totalitaire s'accordant mal avec la liberté gagnée par le journalisme occidental au XIXᵉ siècle. Sous l'Empire, la censure est sévère et les gazettes subissent un contrôle draconien de l'administration impériale. *Severnïa pchela* est le premier journal russe appartenant à un particulier à être publié à Saint-Pétersbourg en 1825. Sa vocation de feuille littéraire séduit un public de classes moyennes, ce qui lui vaut le mépris à la fois de l'élite cultivée et des milieux révolutionnaires, qui considèrent cette lecture populaire peu propice à stimuler la critique politique. Le journal n'en reste pas moins le plus lu jusqu'au début des années 1840.

Au service de la révolution

À l'aube du XIXᵉ siècle, la presse russe accueille volontiers les plumes des écrivains, qui se font l'écho, y compris dans les feuilles de province, des débats des cercles littéraires et artistiques des deux capitales. Ainsi se propage toute une critique en demi-teinte de la société russe grâce à des écrivains et à des poètes d'une nouvelle génération qui connaissent de cette façon une notoriété singulière, avec des revenus stables, comme Dmitri Merejkovski et Fédor Sologoub.

Mais c'est la presse révolutionnaire clandestine qui reste le cauchemar de la police tsariste. Cette presse libre est souvent éditée hors frontières. C'est Alexandre Herzen* qui lui donne ses lettres de noblesse avec *Polyarnaya Zvezda* (« l'Étoile polaire »), *Kolokol* (« la Cloche »), *ou Golossa iz Rossii* (« la Voix de la Russie »). *Kolokol*, publié entre 1857 et 1967, obtient un immense succès auprès de l'émigration politique mais également en Russie où le journal entre illégalement. La rumeur se répand que l'empereur lui-même en est un lecteur assidu.

La publication régulière d'un journal fait partie de l'activité révolutionnaire. Instrument efficace de propagande, un titre devient le point de ralliement des révoltés, il agrège les talents et les militants. Il témoigne de la solidité de la doctrine et de l'identité du mouvement. Tout ceci, Lénine et les bolcheviks le comprennent très tôt. *Iskra* («l'Étincelle») puis la *Pravda* («la Vérité»), qui lui succède en 1913, sont le noyau du Parti ouvrier russe. La *Pravda* paraît légalement à Saint-Pétersbourg, et avec près de 40 000 lecteurs réguliers, le journal est alors une source de revenu non négligeable pour le mouvement. Bien qu'interdit pendant la guerre, la *Pravda* maintient une publication clandestine.

La révolution de Février libère la presse russe. De nouveaux journaux sont fondés, les *Izvestia*, qui deviennent l'organe des députés ouvriers du soviet de Petrograd. La presse est une arme qui permet de mener campagne contre l'adversaire politique. Fin mars, Staline et Kamenev revenus de leur exil sibérien mettent la main sur la *Pravda* et apportent, par voie de presse, leur soutien au Gouvernement provisoire. Lénine les contredit vigoureusement dans ses *Thèses d'avril*. Si les deux hommes obtempèrent, une partie des bolcheviks, en rupture de banc, rejoint alors le journal plus modéré de Gorki, *Novaïa Jizn* («la Vie nouvelle»). Les journaux sont des points de ralliement pour les factions mouvantes en ces temps troublés.

Le travail de masse

La dictature communiste met progressivement un terme à l'effervescence des gazettes. Une censure plus impitoyable que sous l'Ancien Régime se met en place. La *Pravda*, installée à Moscou dès 1918, devient l'organe officiel du nouveau Parti communiste. Ses éditoriaux sont la matrice des innombrables titres quotidiens édités dans toutes les langues de l'Union soviétique. La presse est désormais un instrument de propagande du pouvoir, au service du «travail de masse» du nouveau régime. Ce chantier gigantesque trouve deux nouveaux supports, le cinématographe, déjà largement utilisé avant guerre, mais surtout la radio, que le pouvoir soviétique promeut jusqu'au fin fond des campagnes.

En 1922, Radio Moscou commence à émettre depuis la tour de Chabolovka construite par Vladimir Choukov au sud de la capitale. La radio est un extraordinaire vecteur de la révolution mondiale, portée par le Komintern*. Le 29 octobre 1929, Radio Moscou diffuse une première émission en allemand; jusqu'à soixante-dix langues suivront. Son signal, les premières notes de la romance populaire *les Soirées de Moscou*, est connu dans le monde entier. La bataille des ondes est engagée.

Lors de la Seconde Guerre mondiale, c'est par un discours radiodiffusé le 3 juillet 1941 que Staline appelle à la mobilisation générale (soit deux semaines après l'offensive allemande) : « Camarades ! Citoyens ! Frères et sœurs ! »

Pendant la guerre froide, la guerre des radios bat son plein. À Radio Moscou diffusée sur ondes courtes répondent la BBC, Radio Free Europe basée à Munich en 1950 (à l'origine elle émet pour la Tchécoslovaquie) et Voice of America qui multiplie les émissions en russe et dans les autres langues des pays coupés de l'Occident par le rideau de fer. Sur le territoire soviétique, les émissions occidentales sont brouillées avec un relatif succès jusqu'à la fin des années 1980. En 1958, le satellite Spoutnik 3 permet la diffusion de *Mayak* (« le Phare ») sur une grande partie de la planète. En URSS, la télévision* se met en place.

Aux informations politiques et, surtout, à la valorisation des résultats de l'économie socialiste, trop souvent démentis par la réalité quotidienne, les Soviétiques préfèrent la rubrique « sports » ou les feuilletons publiés en abondance dans les journaux ; ils suivent plus volontiers les émissions culturelles ou de variétés de la radio. L'hebdomadaire illustré *Ogoniok* (« la Petite Lumière »), fondé en 1899 et reparu en 1923, connaît un certain succès. Cependant, la presse n'est pas seulement le relais atone de la propagande soviétique, elle est un formidable agitateur d'opinion aux mains du pouvoir. Au prétexte de saillies satiriques (l'hebdomadaire *Krokodil*), la propagande sait habilement détourner la vindicte populaire des défaillances du régime vers les accapareurs, les « spéculateurs » ou les « agressions étrangères ». Sous Staline, la presse a pour mission de préparer l'opinion avant les purges. Sous Brejnev, le courrier des lecteurs abonde en « protestations » sélectionnées contre la bureaucratie, le ravitaillement insuffisant, les cadres défaillants. Parfois, des individus « asociaux », « parasites », « alcooliques », « hooligans » sont stigmatisés publiquement par les citoyens. Ainsi sont dénoncés les dissidents* !

Enfin, s'agissant des faits divers, les crimes ou les accidents importants n'existent qu'à l'Ouest où, d'ailleurs, les manifestations politiques ou syndicales sont nombreuses et durement réprimées, ce dont rend compte avec régularité la presse soviétique.

La presse choisit la liberté

La glasnost et la perestroïka bouleversent la presse soviétique. Celle-ci ne sait pas répondre aux injonctions de Gorbatchev*, prônant le « parler vrai ». La catastrophe de Tchernobyl* (1986) marque un tournant dans l'information soviétique, obligeant la censure à adapter son discours aux réalités de plus en plus discutables de la société soviétique. C'est la presse écrite qui, la première, entreprend à partir de 1987 une érosion des certitudes. Comme aux débuts des années 1960, lors du « dégel » khrouchtchévien, ce sont les revues littéraires comme *Novii Mir* (« le Nouveau Monde ») et surtout *Znamia* (« l'Étendard ») qui prennent le risque de l'offensive avec des publications d'auteurs « maudits », d'œuvres censurées ou de textes hardis. *Ogoniok* fait paraître fin 1986 des poèmes et une photographie de Nicolas Goumiliev, fusillé par les Rouges en 1921. La littérature* est le point de départ de la contestation.

Dès lors, la presse écrite est un acteur essentiel du changement alors que la radio et la télévision, comme les agences de presse officielles Tass et Novosty, restent d'imperturbables propagandistes. Avec la déliquescence du pouvoir, la presse retrouve sa liberté. Le nombre de titres explose. Vendus aux coins des rues, à la sortie du métro, les journaux, parfois de simples feuilles, libèrent la parole. À côté de titres connus *(Moskovski Komsomolets, Izvestia)*, une nouvelle presse se distingue, comme l'hebdomadaire *Argumenti i Fakti,* né en 1978 pour faire de la propagande statistique, est tiré en 1990 à plus de 33 millions d'exemplaires. Enfin, lors du putsch d'août 1991, on a remarqué l'importance d'une radio indépendante comme *l'Écho de Moscou,* qui tint informé les Moscovites de l'évolution des événements.

La « chasse aux journalistes »

Avec la crise qui succède à la fin de l'Union soviétique, le succès de la presse écrite s'effondre. Le prix des journaux, les dysfonctionnements de la poste et de la distribution font s'éloigner des millions de lecteurs. L'intérêt pour la politique s'éclipse à nouveau. La radio et la télévision* sont rénovées et concurrencent sérieusement la presse écrite. Les programmes populaires de stations privées comme *Europa +* filiale du groupe français Lagardère créée en 1990, détournent le public, notamment les jeunes. Les titres traditionnels de l'époque soviétique sont en voie de disparition ; *Trud,* le quotidien des syndicats, passe ainsi de 21,5 millions d'exemplaires en 1990 à 2,5 millions en 1997, les *Izvestia* ne tirent plus qu'à 600 000 exemplaires et la *Pravda* à 15 000, contre 10,7 millions en 1988 !

Toutefois, le fait le plus marquant pour les médias de la Russie nouvelle est le retour de la mainmise du pouvoir, notamment par le biais de la censure mais également par le contrôle financier exercé par des entreprises liées au gouvernement. La presse se dépolitise, à l'image du magazine illustré *Itogui* fondé en 1995 et racheté en 2001 par Gazprom-Média, également acquéreur d'*Argumenti i Fakti*. La presse, quand elle n'est pas redevenue un organe ministériel *(Krasnaïa Zvezda*, « l'Étoile rouge », organe du ministère de la Défense) est tombée pour l'essentiel aux mains des oligarques*, transformés opportunément en patrons de presse, comme Vladimir Goussinski, ancien propriétaire de *Media-Most* et aujourd'hui en fuite. Mais le danger le plus significatif est celui qui plane sur les journalistes eux-mêmes. La guerre en Tchétchénie et la corruption sont les deux mortels récifs pour les journalistes russes soucieux de faire leur métier en toute indépendance. Le 21 mars 2008, deux journalistes spécialistes du Daghestan sont assassinés. Ilias Chourpaïev et Gadji Abachilov sont à ce jour les dernières victimes d'une longue liste. Anna Politkovskaïa, qui a couvert la guerre en Tchétchénie pour *Novaïa Gazeta*, est abattue le 7 octobre 2006 ; le 2 mars 2007, Ivan Safronov qui enquêtait sur les ventes d'armes, est défenestré à Moscou. Depuis l'entrée en fonction de Vladimir Poutine, la « chasse aux journalistes » a fait près d'une trentaine de mort en Russie. Et, nouvelle atteinte à la liberté de la presse, le gouvernement russe prévoit d'installer la censure d'Internet.

privatisations et propriété privée Le démantèlement de l'économie administrée soviétique et la privatisation des entreprises d'État ont été les deux volets principaux des réformes des années 1990 en Russie. Les premières dispositions ont été adoptées au début de la perestroïka (loi sur le travail individuel en 1986 ; loi sur les coopératives en 1988) ; toutefois, ce n'est qu'avec les trois vagues de privatisation conduites sous la présidence de Boris Eltsine* (1991-1999) que la majeure partie de la propriété des entreprises d'État a basculé entre les mains du secteur privé.

Le programme de « thérapie de choc », décidé par le Premier ministre Egor Gaïdar en octobre 1991, comprenait un volet de privatisation qui devait se traduire concrètement par l'octroi de parts des entreprises publiques – ou *vouchers* – à l'ensemble de la population (1992-1994). Le démantèlement des fondations économiques de l'ancien système et l'élimination par le marché des unités productives les moins rentables restaient les prémisses censées jeter les bases d'un capitalisme populaire. Les contours définitifs de ces réformes ont bénéficié *in fine* de managers et d'anciens directeurs d'entreprises publiques au détriment des collectifs de travailleurs. Les objectifs de rentabilité (décret 1535 de juillet 1994) ainsi qu'un cadre légal laxiste ont favorisé la concentration rapide d'actifs entre leurs mains au moyen de procédés bien souvent à la lisière de la légalité. Dans la pratique, ce programme a permis la privatisation de 70 % de la propriété publique (80 000 entreprises privatisées en 1995).

La deuxième vague de privatisations (1995-mars 1996) a été déclenchée par le mauvais état des finances publiques russes ainsi que par la situation préélectorale houleuse de la fin de mandat de Boris Eltsine. Le programme de « prêts contre actions » (décret du 31 août 1995) avait pour objectif de permettre aux banques des groupes économiques proches du Kremlin d'acquérir des actions de contrôle de fleurons de l'industrie soviétique, comme le géant du nickel Norilsk et les groupes pétroliers Sibneft et Youkos, en échange de crédits octroyés à l'État russe. C'est en accord avec cette logique que le gouvernement a décidé en février de la même année de l'attribution par décret de 6 000 entreprises publiques aux régions. La dernière vague de grandes privatisations combine des opérations de capital-mixte (groupe UES) et des participations d'investisseurs étrangers *(Svyazinvest)* au cours du second mandat de Boris Eltsine (1995-1999).

La crise d'octobre 1998 a à la fois mis à nu les dysfonctionnements du programme de privatisation de l'économie russe et révélé des stratégies prédatrices d'accumulation de la propriété publique par les acteurs économiques les plus influents. Le premier mandat de Vladimir Poutine* (2000-2004) a dès lors été marqué par l'arrêt net de la cession d'actifs, la révision d'une partie de ces privatisations et la dénonciation systématique de leur illégalité, ainsi que par la nationalisation de certaines entreprises privatisées des secteurs stratégiques, comme le groupe Gazprom.

⤍ gaz et pétrole

Sergueï Sergueïevitch **Prokofiev** Grâce à son génial conte musical

pour enfants, *Pierre et le loup*, Prokofiev est sans doute l'un des compositeurs russes les plus réputés au monde. Son œuvre est immensément riche et variée, à l'instar de son existence, puisque Prokofiev, écrivant dès sa prime jeunesse, connut à la fois la Russie tsariste, l'exil qui suivit les premières années de la révolution de 1917 puis, de retour en Union soviétique, tous les diktats de la culture idéologisée.

Né en 1891 en Ukraine, Prokofiev est accompagné vers la musique* par sa mère, amatrice de piano. Il démontre immédiatement un don musical hors du commun. À l'âge de cinq ans, il rédige sa première pièce, et se présente à l'examen d'entrée du conservatoire de Saint-Pétersbourg à treize ans, avec plus d'une dizaine de compositions à son actif. Rimsky-Korskakoff, membre du jury, est favorablement impressionné. Prokofiev en sort avec le premier prix de piano en ayant joué son premier concerto lors de l'examen final. À titre de récompense, sa mère l'envoie étudier à Londres où il rencontre Diaghilev qui lui commande son premier ballet*, sur un thème « primitif », commande qu'il ne parvient pas à honorer mais qui donnera plus tard les *Suites scythes*. Il rentre à Saint-Pétersbourg à la veille du premier conflit mondial. N'étant pas mobilisé, il compose ardemment – dont une de ses meilleures pièces *Chout* – et se forge une solide réputation d'innovateur. Ses œuvres, marquées par le dynamisme et la gaieté, le font remarquer de Lounatcharsky commissaire du peuple à l'Éducation durant la première décennie soviétique. En 1918, Prokofiev quitte la Russie soviétique, où son exil est considéré comme temporaire. Il voyage dans les différentes capitales européennes et aux États-Unis. Il est surtout apprécié pour ses talents de pianiste, ce qui le déçoit. Parallèlement le régime soviétique, qui n'a pas encore établi d'idéologie stricte en matière musicale, lui fait une cour insistante : on lui commande des musiques de film (*le Lieutenant Kijé*), des pièces officielles (*Cantate pour le 20ᵉ anniversaire de la révolution*) ; on joue ses œuvres (*l'Amour des trois oranges*) ; à Moscou il dispose d'un appartement où il séjourne régulièrement. En 1936, Prokofiev rentre définitivement en URSS, où il se sait apprécié et pense disposer de bonnes conditions pour écrire. Mais très vite, il prend la mesure des contraintes politiques que le régime fait peser sur les artistes : travaillant sur commande de l'État, ses œuvres subissent les aléas des retournements politiques d'avant-guerre. Il travaille sur la musique du film d'Eisenstein *Alexandre* Nevski*, mais le pacte germano-soviétique remet à plus tard la gloire de cette œuvre. Il compose un opéra, *Simon Kotko*, pour le dramaturge Meyerhold mais celui-ci est arrêté, son œuvre taxée de modernisme, et donc inaccessible aux classes populaires. Obligé de s'amender, Prokofiev compose une cantate de *Salut à Staline* en 1939. Lorsque la guerre éclate, les musiciens sont mobilisés pour soutenir le moral de la patrie en danger. Prokofiev n'est pas en reste. Réfugié à Alma-Ata, il compose un opéra, *Guerre et Paix*, et la musique d'*Ivan le Terrible* pour le film d'Eisenstein. Passé le court répit de l'après-guerre, les luttes idéologiques redoublent de violence. Le réalisme socialiste, imposé depuis la fin des années 30 par Jdanov* à toutes les créations artistiques, trouve enfin son application dans le domaine musical, le plus difficile à cerner pour les idéologues. Un rapport du Comité central de février 1948 se dit « préoccupé par les perversions formalistes, de tendance anti démocratiques contraires au peuple soviétique et à ses goûts artistiques » de plusieurs compositeurs de renom, dont Chostakovitch* et Prokofiev. Or ce dernier n'est pas en mesure de lutter : il est affaibli par une grave commotion due à une chute faite en 1945 et son ex-femme vient d'être déportée pour la simple raison qu'étant étrangère, elle n'était pas autorisée à se marier à un Russe. Enfin, sa situation financière est si délicate que Rostropovitch s'en émeut et intervient en sa faveur auprès du tout-puissant premier secrétaire de l'Union des compositeurs, Khrennikov (1913-2007). Il se plie donc à l'humiliation suprême : rédiger son autocritique qui sera rendue publique par le même Khrennikov. Ces aveux ne font que permettre à Prokofiev de survivre. Retiré à la campagne, il se consacre à ses proches et compose encore quelques œuvres dont sa *Septième Symphonie*, considérée comme l'une des plus belles et qui sera sa dernière grande œuvre. Un an plus tard, le 5 mars 1953, quelques minutes avant le décès de Staline, Prokofiev décède d'une attaque cérébrale. Sa mort passe quasiment inaperçue, y compris, dans *Sovietskaya Muzika*, l'organe de presse spécialisé. En 1991, à l'occasion du centenaire de sa naissance, Khrennikov émet un message exprimant combien il se sentait proche « d'une des étoiles les plus brillantes du ciel des compositeurs ».

QR

« Que faire ? » « Que faire ? » *(Chto delat' ?)* est la question lancinante posée par les intellectuels russes de la seconde moitié du xıxᵉ siècle confrontés à la mutation rapide de la société du fait de la révolution industrielle, mais contrariée par l'autocratie imposée par les tsars depuis Nicolas Iᵉʳ (1825).

Le début des années 1860 se caractérise par la politique libérale menée par le tsar Alexandre II, qui décide, contre l'avis de la noblesse, d'émanciper les serfs (1861). La décennie est riche en réflexions sur la transformation d'une nation unanimement considérée comme arriérée. Les occidentalistes, admirateurs du modèle européen et des Lumières, s'opposent aux slavophiles qui cherchent dans l'histoire nationale une voie propre.

Que faire ?, ouvrage majeur de Tchernychevsky, est, avec *Père et fils* d'Ivan Tourgueniev (publié également en 1862) l'archétype du roman engagé où sont mis en scène les révolutionnaires du temps, séparés par un fossé générationnel. Les deux écrivains posent l'alternative entre libéralisation politique contrôlée et révolution plus ou moins violente, sur fond de nécessaire éducation du peuple.

En posant à nouveau la même question quarante ans plus tard, en 1902, Lénine, né en 1870, répond à ce débat qu'il estime dépassé : le temps n'est plus aux tourments psychologiques de héros individuels mais à l'action collective. Partout en Europe naissent alors des partis politiques structurés et hiérarchisés. Le modèle en est le parti social-démocrate allemand alors dirigé par Karl Kautsky, avec lequel Lénine* polémique dans son traité politique *Que faire ?*

Sa thèse principale est qu'il faut en finir avec l'artisanat du mouvement ouvrier, et amener la chute de la bourgeoisie opprimant le prolétariat grâce à l'organisation d'un parti de révolutionnaires professionnels clandestins, tout entiers dévoués à la cause. Les sociaux-démocrates doivent se démarquer des « opportunistes » qui se contentent de revendications sociales limitées ou se perdent dans une violence sans issue, comme le mouvement « Volonté du Peuple » *(Narodnaïa Volia)*, scission de l'organisation populiste « Terre et Liberté » *(Zemlia i Volia)*, qui a planifié pendant deux ans (1879-1881) les assassinats des hauts responsables tsaristes. Après l'attentat réussi contre Alexandre II, le mouvement est éradiqué par la police qui fait exécuter tous ses membres.

L'action révolutionnaire doit s'appuyer sur un organe de presse capable de résister aux aléas économiques et à la censure. Les deux tâches essentielles sont l'organisation d'un parti fortement hiérarchisé et prêt à l'action à court terme et la diffusion de la conscience de classe. Cette dernière ne peut naître spontanément de l'histoire des luttes ouvrières, qui ne conduit qu'au trade-unionisme. Elle n'est pas fondée sur le rapport économique avec les patrons, mais sur la connaissance des enjeux politiques nationaux, de la nature de l'État et du pouvoir.

La conscience révolutionnaire sera apportée de l'extérieur par des intellectuels bourgeois unis en un parti éducateur, transmetteur, et non le produit d'une conscience ouvrière insuffisante en elle-même. Le parti, avant-garde consciente, instaure la dictature du prolétariat au nom de ce dernier. La dérive autoritaire du régime soviétique est-elle contenue en germe dans *Que faire* ?

La vision léniniste de l'organisation politique provoque la rupture des mencheviks avec les bolcheviks*, dès 1903. La soumission des syndicats à un parti très centralisé, la pratique constante de la purge, la domination d'un groupe restreint d'intellectuels urbains sur une nation paysanne réalisent bien le programme léniniste. On ne peut toutefois ignorer le rôle de « catalyseur » joué par la Première* Guerre mondiale, ni l'expérience du « communisme* de guerre » qui transforme profondément le parti bolchevique au cours de la guerre civile.

Grigori Iefimovitch Raspoutine
Né en 1869 dans le village sibérien de Pokrovskoïe, Raspoutine est, dans sa jeunesse, porté sur la boisson et les femmes. Très vite, le paysan rustre apparaît comme un illuminé, un mystique adepte d'une religion simple et d'un lien direct avec Dieu.

Doué d'un réel magnétisme, il séduit son entourage et la hiérarchie de l'Église locale. Celle-ci l'introduit dans la bonne société de Saint-Pétersbourg qui trouve en lui l'incarnation de la spiritualité et de la sagesse du peuple russe. Malgré le scandale de ses mœurs, multipliant les oracles il parvient à pénétrer dans l'intimité de la famille impériale. La tsarine Alexandra Fedorovna, personnalité fragile et influençable, lui accorde toute sa confiance quand Raspoutine, par ses prières, calme les douleurs de l'héritier du trône, Alexis, qui est hémophile. La présence si près du trône d'un « moujik » à demi illettré attise des haines. Elle devient un scandale public et une affaire d'État. À la veille de la guerre, Raspoutine rassemble contre lui tous ceux qui craignent de le voir diriger le pays en sous-main. Après avoir été la cible de plusieurs complots, il est assassiné le 16 décembre 1916 par le prince Félix Youssoupov et deux complices. Deux mois plus tard, comme pour respecter une de ses prédictions, le trône s'effondre.

les relations franco-russes
Une histoire ancienne et complexe

Si l'on considère généralement que les relations franco-russes débutent avec le célèbre voyage de Pierre Iᵉʳ de Russie ou la correspondance entre Catherine la Grande et Voltaire, elles sont en réalité quasi millénaires et plus intimement liées qu'il n'y paraît. De l'union en 1049 de la fille du grand-prince de Kiev Iaroslav le Sage, Anna Iaroslava, et du roi de France Henri Iᵉʳ découle toute la lignée des rois de France. Et on peut supposer qu'un mariage aussi appréciable n'ayant pu se faire dans l'improvisation, les deux pays avaient antérieurement noué des contacts significatifs.

Des relations presque millénaires

Les rapports entre la Russie et le royaume de France prennent néanmoins leur envol véritable à compter de la fin du xviᵉ siècle lorsque le tsar Fédor Iᵉʳ, soucieux de nouer des relations diplomatiques, informe Henri III de son accession au trône. En réponse, le roi de France délègue auprès de lui François de Carle, lequel devient de fait le premier représentant officiel de la cour de France auprès du souverain russe. Cet acte diplomatique fondateur entre les deux nations inaugure une période de plus de deux siècles de convergences politiques notables, d'affinités culturelles considérables et de rapprochements économiques il est vrai plus médiocres. En 1615, le tsar Michel Fiodorovitch, le premier des Romanov, dépêche un ambassadeur auprès de Louis XIII pour lui annoncer son avènement et l'assurer de l'amitié de son peuple. La Moscovie a également entretenu des relations assez étroites avec la France lors de la guerre de Smolensk (1632-1634). La France avait en effet assuré le tsar de tout son soutien dans l'entreprise malheureuse de reconquête de la cité russe tenue par les Polonais. La question du royaume de Pologne* ou celle de l'Empire ottoman, quoique diversement considérées par les deux pays, n'en ont pas moins contribué à étoffer leurs liens.

Le règne du tsar Alexis Mikhaïlovitch constitue un moment décisif dans le rapprochement franco-russe. Le tsar donne mission à Constantin Matchékine d'instruire Louis XIV des raisons de son entrée en guerre contre la Pologne en 1654. En 1668, il envoie une ambassade dirigée par Pierre Potemkine auprès du même afin de négocier un traité de commerce. Cet acte constitue le point de départ d'échanges économiques qui, s'ils n'égalèrent pas ceux noués avec la Hollande ou l'Angleterre, ne furent jamais interrompus. Bien que relativement modestes, les échanges commerciaux franco-russes sont à la fois anciens et très favorables à la France. Dès le milieu du XVIe siècle, les Français sont présents, notamment à Narva. Le 1er avril 1587, le tsar Fédor Ier signe un traité de commerce à Moscou avec les marchands parisiens. L'idée, récurrente pendant plus d'un demi-siècle, aboutit en 1629 à la signature, au nom de Louis XIII, par Louis Deshayes-Courmenin d'un traité d'amitié et de commerce. Ce désir de développer les échanges directs trouve, au-delà des pétitions de principe, sa première concrétisation véritable dans la création en 1669 de la Compagnie du Nord voulue et créée par Louis XIV et Colbert et devenue plus tard la Compagnie française de Russie. Pour l'essentiel, si la volonté de quelques tsars, à l'instar de Pierre* le Grand, Élisabeth Ire et, si l'on veut, Catherine II*, traduit une curiosité enthousiaste de leur part, la société russe dans son ensemble oscille entre ignorance, indifférence et hostilité à l'endroit d'une France perçue comme alliée de la Pologne, de la Suède ou de la Turquie. Si bien que derrière les intentions affichées d'échanges commerciaux, les deux pays n'ont jamais été jusqu'au début des années 1770 de véritables partenaires, principalement en raison du rôle historiquement et géographiquement faible des Français dans le « commerce du Nord ». L'ensemble ne trouve cependant qu'un aboutissement tardif, le 11 janvier 1787, dans la signature du traité de commerce entre la France et la Russie à Saint-Pétersbourg qui pourtant inaugure une nouvelle étape dans les relations bilatérales.

De brillants échanges culturels

Pour l'heure, les rapports franco-russes tirent principalement leur source de la vivacité de leurs échanges culturels. Il n'est pas exagéré de parler d'un éclat littéraire de la France des Lumières en Russie. Deux ans après la mort de Louis XIV, Pierre le Grand entreprend de visiter Paris et rentre convaincu de la précellence scientifique et technique de la France dont il devient en 1720 membre de l'Académie royale des sciences. L'envoi subséquent de savants de toute eau à Saint-Pétersbourg va jeter les bases d'une véritable République des Lettres autour de la toute nouvelle Académie des sciences russe calquée sur le modèle parisien. Plus généralement, l'influence sinon la présence française sur les bords de la Neva ou de la Moskowa se mesurent certes à l'intérêt sincère, constant et approfondi de Voltaire pour ce pays dont il rédigea la monumentale *Histoire de l'Empire de Russie sous Pierre le Grand* ou encore aux séjours fructueux du sculpteur Falconet ou de la peintre Mme Vigée-Lebrun en Russie, mais surtout au voyage de Diderot à l'invitation de Catherine II. En effet, le rejet de *l'Encyclopédie* par le Parlement de Paris et par Rome, qui l'inscrit à l'index, met Diderot en délicatesse avec les autorités royales et religieuses en 1759. Catherine II, qui accède trois ans plus tard au trône de Russie, offre à ce dernier une opportunité de poursuivre son ouvrage, ce qu'il décline cependant. La vente de sa bibliothèque à l'impératrice place le philosophe en position d'obligé de l'impératrice, pour qui il reprend sa tâche en 1766, date à laquelle il décide de s'installer en Russie où il achèvera *l'Encyclopédie*.

Au vrai, les liens intellectuels, linguistiques et artistiques entre les élites des deux pays ont été tels au XVIIIe siècle qu'un véritable « mirage russe » a nourri la pensée philosophique française. Concurremment, le commerce des ouvrages dans les deux langues et les traductions afférentes se chiffrent durant cette période à plusieurs centaines de milliers d'exemplaires. Quant à la pénétration exercée par l'œuvre de Voltaire et de Diderot en Moscovie, si nombre de leurs vues ont avant tout rencontré hostilité ou circonspection dans l'élite moscovite, la tsarine n'a cessé d'en défendre l'originalité comme d'en favoriser la diffusion. La Russie, sur un plan strictement culturel, reste enfin l'une des destinations les plus courues comme en portent trace les innombrables récits de voyages laissés par les diplomates et écrivains français que cette nation a marqués par son « orientalisme », le poids de son identité nationale ou sa dimension spirituelle, tels Marnier, Custine*, Alexandre Dumas père ou Théophile Gautier. De ce point de vue, le XIXᵉ siècle, davantage que le précédent, couronne les échanges et la circulation des hommes et des idées entre les deux contrées. Y compris depuis la Révolution française ou l'expédition d'Égypte qui, loin de porter préjudice aux relations franco-russes, ont permis de les intensifier, de les approfondir et de contribuer à l'affermissement de l'Empire du très francophile Alexandre Iᵉʳ, comme le souligne le rôle actif d'émigrés au service du tsar ou de diplomates comme Brun de Sainte-Catherine, Choiseul-Gouffier ou Fonton. Ce resserrement des liens culturels n'a guère connu d'accidents jusqu'aux révolutions de 1917. Et la Russie fut largement popularisée en France à travers notamment le roman de Jules Verne, *Michel* * *Strogoff*.

L'approfondissement diplomatique

Les rapports diplomatiques et militaires des deux États aux XVIIIᵉ et XIXᵉ siècles sont, quant à eux, plus linéaires mais dépendants du contexte européen. En 1721, Jacques de Camprédon, médiateur dans les pourparlers de paix entre Russie et Suède, devient en septembre le premier ministre plénipotentiaire de France en Russie. Ce qu'en 1757 l'impératrice Élisabeth Petrovna confirme en agrégeant son pays à la coalition franco-autrichienne contre la Prusse. La Révolution française conduit cependant Catherine II à récuser les accords commerciaux avec la France. Ses conséquences génèrent un renversement d'alliance et mettent aux prises la Russie et la France qui essuie en 1799 d'importants revers lors des batailles de l'Adda, de la Trébie et de Novi. Les canons du maréchal Souvorov doivent néanmoins se taire peu de temps après devant ceux de Masséna à Zurich tandis que Brune les défait à Bergen.

Un éphémère traité d'amitié est signé à Paris en 1801 entre les deux pays mais la Russie le rompt en 1804 pour rejoindre l'année suivante la coalition anglo-austro-suédoise défaite le 2 décembre à Austerlitz. À l'élan moins antifrançais que contre-révolutionnaire des Russes répond en 1807, après les batailles d'Eylau et de Friedland, le traité de paix et d'amitié de Tilsit entre Napoléon Iᵉʳ* et Alexandre Iᵉʳ. Mais l'invasion en 1812 de la Grande Armée en Russie y déclenche une « guerre patriotique » soldée dans un premier temps par la fragile victoire française à Borodino*. Le maigre avantage français est rapidement balayé par la retraite de Russie. Entamée en catastrophe sur l'ordre de l'empereur français dans la soirée du 18 octobre 1812, après la défaite de Winkowo, la retraite s'accompagne d'une brutale dégradation climatique qui cause la disparition de quelque 40 000 hommes solde de la Grande Armée. Le désastre de la « campagne de Russie » constitue le véritable acte fondateur de la nation russe.

L'entrée d'Alexandre Ier dans Paris le 31 mars 1814, suivie du traité de Paris le 30 mai, marque un coup d'arrêt aux ambitions belliqueuses françaises que la déroute de Waterloo a définitivement anéanties avec l'occupation russe des départements de l'Est. Le second traité de Paris, le 20 novembre 1815, réduit la présence militaire de la Russie en France à laquelle met fin, trois ans plus tard, la convention d'Aix-la-Chapelle. Un axe franco-russe de contournement de la Prusse, de l'Autriche et surtout de l'Angleterre, en même temps qu'il naît, donne corps et postérité à des relations diplomatiques privilégiées. Elles restent cependant essentiellement dictées par la politique anti-anglaise du tsar quoique ses relations avec Louis XVIII, ancien hôte de l'empereur lors de son exil à Mittau, soient personnellement excellentes. L'ambition conjointement affichée par la France et la Russie est alors d'assigner à l'Europe des limites politiques et géographiques qui soient claires et conformes à leurs intérêts. La guerre d'indépendance grecque a permis cette convergence de vue et étoffé leur entente.

Certes Français, Anglais et Piémontais rejoignent en 1854 l'Empire ottoman dans sa guerre contre la Russie et envahissent la Crimée* finalement perdue par cette dernière, comme en donne acte le congrès de Paris le 30 mars 1856. Alexandre II et Napoléon III se rencontrent néanmoins en 1857 à Stuttgart puis, en 1867, à l'occasion de l'Exposition universelle de Paris à laquelle la Russie participe de nouveau en 1878. L'entente trouve pourtant sa consécration après la guerre de 1870. Isolée, la France cherche alors des appuis à l'Est tandis que la Russie cherche à contrebalancer la Triple Alliance germano-austro-italienne. L'Allemagne bismarckienne n'ayant pas donné suite en 1887 aux demandes financières de la Russie, celle-ci se tourne vers la France. En découle le premier emprunt en 1888 qui ouvre la voie à une alliance d'ensemble. Elle comporte un accord politique (27 août 1891) et une convention militaire ratifiée le 27 décembre 1893 après les visites des flottes française à Cronstadt (1891) et russe à Toulon (1893). L'apogée de cette entente offre sa manifestation la plus symbolique lors du voyage triomphal en octobre 1896 à Paris de Nicolas II qui pose la première pierre du pont Alexandre III. Malgré les nombreux échanges entre le tsar et les dirigeants français (Faure en 1897, Loubet en 1902, Fallières en 1909, Poincaré en 1912 puis 1914), l'alliance connaît quelques vicissitudes jusqu'en 1914, principalement en raison de la politique russe dans les Balkans ou en Extrême-Orient où la France, soucieuse de ménager l'allié anglais, ne voit que des intérêts secondaires ou lointains. L'avènement de la triple entente franco-anglo-russe n'offre qu'une unité de façade entre des Anglais et des Français peu portés sur le régime tsariste.

Tout au long de la fin du XIXe siècle, l'appui de la France de la IIIe République au régime autocratique du tsar n'est guère apprécié d'une partie de la gauche (Jaurès) qui dénonce les concessions faites à un régime autoritaire peu soucieux du sort de ses sujets. Reste que l'amitié franco-russe rencontre un écho certain. Le slogan «Prêter à la Russie, c'est prêter à la France» a conduit un tiers de l'épargne française de 1897 à 1913 à se placer en Russie, soit 3,5 % du PNB national de l'époque. La Première Guerre mondiale et la révolution bolchevique de 1917 viennent cependant contrarier cette entente et mettre un terme brutal à toute perspective d'indemnisation des épargnants français. Dans ce contexte dégradé, la question polonaise constitue d'emblée la pierre d'achoppement entre les deux nations. La Pologne, redevenue indépendante en novembre 1918, subit les attaques de la Russie bolchevique dès 1919, mais enregistre, entre autres soutiens, celui, appuyé, de la France.

Les relations franco-soviétiques

L'abdication de Nicolas II le 16 mars 1917 et la signature de la paix de Brest-Litovsk le 3 mai 1918 portèrent un coup d'arrêt aux relations franco-russes, hormis de la part des socialistes heureux de la chute d'un régime réactionnaire. La France apporte dans un premier temps son soutien aux Russes blancs et envoie en décembre 1918 des troupes à Odessa* pour leur venir en aide. En 1919, la stratégie française renonce à l'intervention directe et se tourne vers la politique de «cordon sanitaire» jusqu'à prêter main-forte au Polonais Pilsudski en 1920 contre l'Armée rouge. L'échec final des Blancs laisse la Russie soviétique dans un isolement diplomatique total. Il faut attendre le retour au pouvoir du Cartel des gauches pour qu'Édouard Herriot reconnaisse *de jure* l'Union soviétique le 28 octobre 1924 mais les sujets de friction demeurent nombreux, comme les dettes de l'ex-Empire russe ou la politique française d'alliances en Europe centrale et orientale. Les négociations reprennent véritablement à partir de mai 1931 et aboutissent le 29 novembre 1932 à un pacte de non-agression. Le rapprochement s'accentue en 1933 avec la visite à Paris du commissaire du peuple des Affaires étrangères, Litvinov, et la signature, le 11 janvier

1934, d'un accord commercial. Cette politique voulue par le ministre des Affaires étrangères, Barthou, permet l'entrée de l'URSS dans la SDN le 18 septembre et, le 2 mai 1935, la signature d'un traité d'assistance mutuelle suivie d'un voyage de Pierre Laval à Moscou marqué par sa bonne entente avec Staline. Deux ans plus tard, l'URSS participe à l'Exposition internationale de 1937.

La signature du pacte germano-soviétique le 23 août 1939 surprend en France et place les communistes dans une indicible perplexité. Si le gouvernement de l'État français, admis comme tel à Moscou, adopte dans un premier temps une position de neutralité vis-à-vis de l'URSS, Darlan, au lendemain de l'attaque allemande du 22 juin 1941, décide de son propre chef de rompre les relations diplomatiques avec Staline et permet en juillet la création d'une Légion* des volontaires français contre le bolchevisme. La légitimité française glisse alors à Londres aux yeux du gouvernement soviétique qui reconnaît le Comité national de la France combattante puis, le 23 août 1943, le CFLN (Comité français de Libération nationale) et le GPRF (Gouvernement provisoire de la République française), le 23 octobre 1944.

De Gaulle effectue en décembre une visite en URSS dont découle un nouveau traité d'alliance et d'assistance mutuelle signé le 9 en présence de Staline. Le délitement progressif de la Grande Alliance et les débuts de la guerre* froide en 1947 interrompent les rapports franco-soviétiques. En 1955, l'URSS dénonce le traité de décembre 1944. L'accession de de Gaulle au pouvoir ébauche un réchauffement. Sa conception de l'Union soviétique est davantage marquée par le fait national que par l'idéologie. Il parle plus volontiers de Russie que d'URSS et admire le patriotisme de son peuple. Les rapports entre Paris et Moscou conservent leur singularité. Si la France reste intransigeante sur la question allemande et l'URSS sur les guerres coloniales, de Gaulle et son aspiration à l'indépendance nationale intriguent à l'Est. Khrouchtchev le félicite pour son élection en janvier 1959 et un accord d'échanges culturels est signé le même mois. La politique nucléaire et le statut de Berlin les divisent toutefois fortement mais le chef de l'État reste ferme malgré des gestes d'ouverture et l'invitation faite au dirigeant soviétique qui se rend à deux reprises en France au printemps 1960 sur fond de tension persistante.

Le fait que la crise de Cuba n'ait pas débouché sur la guerre conforte de Gaulle sur le bien-fondé des efforts de détente nullement synonyme d'un dialogue dont Moscou et Washington excluraient les puissances de second rang. Paris se doit donc de renouer et renforcer les liens avec l'URSS qui voit d'un bon œil une éventuelle division du camp atlantiste et d'un moins bon œil la reconnaissance de la Chine en Occident. Une série de rencontres (Podgorny [chef de l'État] en 1964 puis Gromyko [ministre des Affaires étrangères] en 1965 à Paris), de déclarations et de manifestations culturelles ou scientifiques (expositions française à Moscou et soviétique à Paris en 1961, sélection du procédé télévisuel français SECAM) prépare le rapprochement de 1966 scellé lors du long voyage de De Gaulle en URSS et la déclaration commune du 30 juin soulignant les convergences sur le ViêtNam, les relations intereuropéennes ou le désarmement et annonçant une coopération scientifique, technique et spatiale. Une commission bilatérale se réunissant une fois par an est également programmée. En décembre, le Premier ministre Kossyguine se rend en France et souligne leur accord sur la situation internationale y compris allemande. Il en va de même l'année suivante à propos de la crise israélo-arabe. Enfin, une chambre de commerce franco-soviétique est créée.

Si l'intervention en Tchécoslovaquie donne un coup d'arrêt sévère à cette détente, elle se perpétue sous Pompidou qui, désireux de maintenir les acquis de l'ère gaullienne, multiplie les rencontres avec Brejnev selon un rythme annuel. Les accords d'Helsinki – qui reconnaissent les frontières issues de la Seconde Guerre mondiale, prévoient une coopération économique et technique et affirment les libertés et droits de l'homme – signés le 1er août 1975, en sont l'un des débouchés les plus significatifs. Giscard d'Estaing dès décembre 1974 confirme ces orientations et déclare lors du sommet de Rambouillet vouloir passer «de la détente à l'entente». Ainsi la France ne s'associe pas aux sanctions après l'invasion de l'Afghanistan et participe aux jeux Olympiques de Moscou en 1980. Soucieux de préserver la détente bilatérale, le président français se refuse à recevoir les dissidents ou à accueillir les Pershing américains en réplique au déploiement des missiles nucléaires soviétiques SS 20. En 1979 et 1981 sont enfin organisées en France puis en URSS les expositions «Paris-Moscou» et «Moscou-Paris».

L'élection de Mitterrand et l'entrée de communistes au gouvernement amènent une révision de la politique soviétique de la France. Soucieux de ne pas paraître lié peu ou prou à l'URSS, le nouveau président prend ses distances. Hubert Védrine a même parlé de «cure de désintoxication». Mitterrand rompt avec la pratique des sommets annuels – il ne se rend à Moscou qu'en 1984, un an après avoir ordonné l'expulsion de 47 diplomates et ressortissants soviétiques soupçonnés d'espionnage. L'époque est enfin à un très net relâchement des échanges commerciaux. À partir de 1984, libéré de la participation gouvernementale des communistes, le chef de l'État rencontre Tchernenko puis, en 1986, Gorbatchev* avec qui il esquisse une relance des échanges économiques. Inquiète d'être exclue de la reprise du dialogue américano-soviétique, la diplomatie française cède à la « gorbymania ». Durant le délitement progressif puis lors de la chute de l'URSS, Mitterrand n'a cessé de soutenir Gorbatchev, véritable constante de la politique française, contre un Eltsine jugé trop populiste. Les deux dirigeants signent à Rambouillet un traité d'entente et de coopération le 29 octobre 1990.

Le PCF et Moscou

Tout au long de la période soviétique, un autre aspect a également scandé l'histoire des relations franco-russes : la place et le rôle du Parti communiste français. Du congrès de Tours à sa bolchevisation puis sa stalinisation, le PCF a témoigné, y compris de la signature du pacte germano-soviétique à sa rupture, d'un alignement sans faille sur l'URSS. La guerre froide le place résolument en opposition des décisions françaises et aboutit à la constitution d'une véritable contre-société communiste. Thorez en fut l'éloquente et intransigeante incarnation. L'aggiornamento voulu et partiellement obtenu par Waldeck Rochet transcrit à retardement celui de Khrouchtchev. Un communisme à la française succède au modèle stalinien, plus critique à l'égard des agissements du « grand frère », en Tchécoslovaquie notamment. Orientation confirmée à sa façon par Georges Marchais qui renationalise la stratégie du parti à la faveur de l'union de la gauche ou de l'eurocommunisme tel que le PC italien l'avait adopté. L'effondrement du système communiste mondial porte au PCF un coup fatal.

De nouvelles relations ?

Le phénomène de dissidence* en URSS et l'émigration* vers la France qu'il a générée a, selon les époques et d'un point de vue diplomatique, pu servir ou « parasiter » les relations diplomatiques et politiques entre les deux pays, du moins jusqu'en 1989.

Jusqu'à la disparition de l'URSS en décembre 1991, y compris lors du coup d'État manqué d'août, « Gorby » conserve le soutien français. Le Quai d'Orsay, avant tout soucieux de stabilité, est plus enthousiaste que le président à encourager Eltsine. Mitterrand s'oppose enfin à la politique américaine d'élargissement à l'Est de l'OTAN que Moscou dénonce et refuse. Un traité franco-russe, signé le 7 février 1992, se substitue à celui d'octobre 1990 et rétablit les rencontres annuelles au sommet. En dépit de la guerre en Tchétchénie qualifiée par le ministre des Affaires étrangères français, Hervé de Charrette, « d'accroc regrettable », le septennat de Jacques Chirac contribue à resserrer les relations franco-russes en raison des liens quasi affectifs des deux présidents. Certes le rapprochement franco-allemand ou la reprise des essais nucléaires français suscitent la réprobation russe ; Paris finit cependant par convaincre Moscou de l'opportunité de travailler à trois avec Berlin. En revanche, la Russie a toujours salué la position française visant à l'associer aux travaux portant sur l'élargissement oriental de l'Europe et, plus généralement, sur la sécurité européenne, comme l'a montré le rôle du Kremlin dans la crise du Kosovo.

Dans le domaine économique et malgré le rôle pionnier de la France en matière d'aide économique à la Russie à travers la BERD (Banque européenne pour la reconstruction et le développement) ou l'extension du G 7 en G 8, les échanges restent très en dessous des intentions affichées et l'investissement français demeure plus spéculatif que productif tandis que la coopération militaire est des plus symboliques. De même, notre présence culturelle et linguistique en Russie a régressé comme l'atteste le retrait de l'apprentissage et la pratique de notre langue qui ne concerne plus que quelque 800 000 locuteurs, derrière l'anglais et l'allemand. C'est l'un des aspects les plus préoccupants du recul français en Russie. L'avènement de Vladimir Poutine, s'il n'a pas remis en cause l'entente entre Paris et Moscou, a néanmoins amorcé un véritable rapprochement avec les États-Unis, surtout après les attentats du 11 septembre, qui ont d'une certaine façon conforté la lutte contre les Tchétchènes.

Longtemps marquée par la fascination et la prédominance de la culture française, les rapports franco-russes ont pris leur envol et acquis leur singularité à la veille de la Révolution française et tout au long du xixᵉ siècle. Ils ont connu, tout au long de la période soviétique, des moments fastes, bien que l'URSS ait eu la tentation récurrente de les instrumentaliser au profit d'une restauration de sa puissance et d'un retour sur la scène mondiale. Il n'est pas absolument certain que pareille propension soit totalement abandonnée. En tout état de cause, depuis l'effondrement de l'URSS, les échanges bilatéraux sont étayés par près d'une centaine d'accords et de protocoles touchant à tous les domaines de la coopération franco-russe. Reste que l'histoire des relations entre la France et la Russie relève du cas d'école : jamais deux pays aussi anciennement liés n'ont à ce point cherché à s'entendre en se comprenant finalement si peu, mal ou marginalement.

Ilia Repine L'œuvre d'Ilia Repine (1844-1930) impressionne par sa richesse thématique ainsi que par le travail méticuleux qu'il opère sur les visages, véritables «portes de l'âme» à l'image de l'iconographie religieuse, qui traverse toute l'œuvre du peintre. Son tableau le plus célèbre, *les Haleurs de la Volga* ou *Bourlaki,* achevé en 1873 et exposé aujourd'hui dans l'enceinte du célèbre Musée russe de Saint-Pétersbourg, est ainsi considéré par ses contemporains comme le premier chef-d'œuvre de la peinture moderne russe. Ce tableau concentre tout l'univers du peintre à l'échelle d'une scène de la vie quotidienne, où un ensemble d'hommes estropiés s'attelle à arrimer un bateau à une des rives du célèbre fleuve. Le peintre parvient ainsi à faire ressortir les êtres dans leur intensité, réaffirmant par là son adhésion totale au réalisme comme courant d'expression artistique, réalisme qui ne l'empêche pas ici et là d'accentuer les traits dramatiques de ses modèles pour mieux souligner la déchéance du «petit peuple» face à l'indifférence du pouvoir impérial.

Ayant étudié à l'Académie des beaux-arts de Saint-Pétersbourg (1863-1869), il parfait sa formation artistique à Rome et à Paris (Courbet et Manet seront deux influences déterminantes, notamment dans le travail de la lumière), sans se détourner de l'imaginaire russe qui a imprégné durablement toute son œuvre. Aussi son style use d'un éclectisme technique qui va à contre-courant des influences de l'époque. À son retour en Russie à l'âge de 25 ans, il est l'un des membres les plus jeunes mais les plus motivés des *Peredvizniki,* ou «Société des expositions artistiques ambulantes», groupe de protestation artistique qui cherche à dénoncer le formalisme excessif de l'Académie des arts. Ayant fait le choix du portrait comme support d'expression artistique au cours des années 1880, son œuvre revêt un intérêt qui dépasse aujourd'hui celui de son art pour embrasser une dimension historique toute particulière. Le couronnement de sa renommée lui permet, vers la fin de sa carrière, de devenir directeur de l'Académie des beaux-arts (1899). L'œuvre de Repine nous laisse un legs impressionnant de portraits d'artistes d'une période charnière de l'histoire de la Russie – Tourgueniev, Borodine, et Moussorgski parmi d'autres. Davantage qu'une fresque, elle reste une photographie saisissante des transformations sociales énergiques qui ont secoué la Russie au cours de cette période. Elle a été récupérée par la suite comme modèle de la peinture du réalisme soviétique du XXe siècle.

---> beaux-arts

la **révolution de 1905** La révolution qui court tout au long de l'année 1905 et se prolonge jusqu'en 1907 a pour objectif de mettre fin à l'autocratie par la revendication du suffrage universel et l'élection d'une assemblée nationale. Elle est aussi le produit d'une conjoncture, la guerre russo-japonaise qui tourne au désastre pour la Russie. Elle est surtout la conséquence de la mutation profonde de la société russe à la charnière des deux siècles et des insatisfactions conjuguées des différentes classes sociales aux intérêts parfois divergents. L'annonce de la chute de Port-Arthur le 20 décembre 1904 (2 janvier 1905) provoque un choc dans l'opinion. Dans un contexte social particulièrement tendu, une manifestation est organisée le 9 janvier à Saint-Pétersbourg sous la direction du pope Gapone, délégué de l'Union des ouvriers de la capitale. La manifestation, dont le but est de s'adresser directement au tsar par une supplique, est violemment réprimée. Le « Dimanche rouge » consacre la rupture entre Nicolas II* et le peuple. Dès février, éclatent des émeutes de paysans qui réclament à la fois la poursuite des réformes de 1861 et la suppression des injustices qui en ont résulté. En mai, se produisent les premières grandes grèves autour de Moscou, puis en Pologne* où resurgit la question des minorités nationales et les revendications d'autonomie. La mutinerie des marins du cuirassé Potemkine, le 14 juin et les émeutes d'Odessa* montrent le danger d'une sédition en pleine guerre. Les grèves se poursuivent pendant tout l'automne et touchent l'ensemble du pays, Un climat insurrectionnel s'installe dont le point culminant est une révolte armée à Moscou en décembre. Les réponses dilatoires du gouvernement et du tsar, faites de répressions et de vagues promesses, exaspèrent le pays. L'opposition s'organise. Ainsi, les premiers soviets ouvriers apparaissent ; parallèlement les partis révolutionnaires précisent leur doctrine et se structurent. Enfin les libéraux, qui luttent pour une représentation nationale et l'obtention des libertés publiques, s'organisent, pour la plupart, dans un parti constitutionnel-démocrate (« cadet »). Face à la vigueur des différents mouvements et après avoir signé la paix avec le Japon, le pouvoir compose. Le tsar propose, à l'instigation de Witte le

17 octobre, l'élection d'une assemblée (Douma), annonce l'établissement des libertés publiques et envisage le suffrage universel. Limitant le champ des réformes aux seules institutions, le gouvernement ne parvient pas à éteindre l'incendie. Toutefois, les libéraux entendent profiter de l'ouverture. Les cadets ont le tiers des sièges à la Douma. L'opposition triomphe et le pouvoir est désavoué. Au bout de deux mois, le tsar dissout l'Assemblée en juillet 1906. Une deuxième Douma connaît le même sort marquant ainsi l'impossibilité d'établir un régime parlementaire compatible avec l'autocratie. Les émeutes paysannes et les grèves s'épuisent lentement, les réformes agraires de Stolypine mais aussi la répression viennent à bout de mouvements encore éclatés. Beaucoup ont vu dans la révolution de 1905 une répétition de 1917. Elle a pourtant son « métabolisme » propre. Si elle échoue c'est que l'autocratie s'appuie sur une tradition encore largement partagée par une population rétive au changement. Cependant 1905 a révélé au monde la fragilité de l'Empire. Politiquement, la révolution a exposé directement le tsar* à l'opposition. Sans doute elle a fait émerger des forces démocratiques et libérales, mais la promesse non tenue du parlementarisme est lourde de conséquences. Enfin, 1905 a donné naissance à une mystique révolutionnaire dans le monde ouvrier* russe et lui a révélé sa propre capacité à s'organiser. Chez les socialistes, un Milioukov ou un Lénine* ne tirent pas les mêmes conséquences du mouvement. Pour le premier, l'échec est rédhibitoire sans réformes institutionnelles préalables, pour le second, les nouveaux soviets sont à intégrer dans une stratégie révolutionnaire.

Alexandre Mikhaïlovicth Rodtchenko

Alexandre Rodtchenko est non seulement le plus célèbre photographe soviétique de l'entre-deux-guerres, le pionnier du photomontage, mais un peintre et un graphiste de talent. Ses collages pleins d'humour, ses portraits de Maïakovski, ses compositions autour de la figure de la compagne du poète (et sœur d'Elsa triolet), Lili Brik (pour l'ouvrage *Pro èto*), la *Jeune Fille au Leïca* ou le visage de sa mère, ses pionniers soviétiques en gros plan font partie de ses œuvres les plus connues.

Né en 1891 à Saint-Pétersbourg, il étudie à l'École d'art de Kazan, où il rencontre sa compagne, l'artiste Varvara Stepanova (1894-1958). En 1917, il est l'un des organisateurs du syndicat des artistes-peintres.

Après la victoire des bolcheviks, il dirige de 1918 à 1922 la section « Musées » du département des Beaux-Arts du Commissariat du peuple à l'Éducation. Entre 1920 et 1930, Rodtchenko enseigne également au Vkhoutemas (Institut supérieur des Arts et Techniques).

À l'époque, Rodtchenko n'a pas encore choisi sa voie et multiplie les collaborations, notamment dans le domaine du cinéma. Il participe en 1923 à la *Kinopravda*, films d'actualités tournés sous l'égide de Dziga Vertov, et propose ses clichés aux revues *Sovetskoe foto* et *Sovetskoe kino*. Parallèlement, il confirme son engagement politique en réalisant l'ensemble des couvertures de la revue *Lef*, puis *Novy Lef*, l'organe de presse du front de gauche des artistes. Ces années de bouillonnement intellectuel et de réflexion intense sur la représentation sont dominées chez lui par le constructivisme. Style reconnaissable autant que méthode de travail, il privilégie les formes géométriques, la perspective, la plongée et la contre-plongée, l'oblique pour dynamiser l'image.

En 1925, Rodtchenko est le designer du pavillon soviétique pour l'Exposition internationale des Arts décoratifs et industriels de Paris. Mais l'artiste est déjà passé à la photographie depuis 1924. Il réalise alors ses premiers portraits, outre ceux déjà cités, l'essentiel des artistes de gauche de l'époque passent par l'atelier qu'il s'est construit et se prêtent à ses expériences (double exposition, photogrammes, etc.). Il préfère cependant les extérieurs, où ses thèmes de prédilection sont les jeux de point de vue, les machines en action, la ville moderne.

La reconnaissance dont jouit alors Rodtchenko impose sa présence dans le projet éditorial de Maxime Gorki *l'URSS en construction,* revue publiée en russe, en français et anglais et en allemand. Dans un numéro célèbre de 1931, les photos du chantier du canal de la Baltique à la mer Blanche (Bielomorkanal) présentent les prisonniers du goulag* comme des « volontaires » enthousiastes.

Quoique déjà reconnu à l'étranger, Rodtchenko est attaqué par *Sovetskoïe foto* en 1928, dans le cadre de l'offensive dirigée par le parti contre la gauche « trotskiste » et, dans l'art, contre un supposé « formalisme » ennemi de l'esthétique socialiste. Le groupe Octobre auquel il appartient est dissous, mais Rodtchenko trouve refuge à la maison Izogiz (Éditions artistiques d'État), pour laquelle il réalise reportages et albums, en collaboration avec Stepanova (*Quinze ans de cinéma soviétique,* 1938). Il contribue souvent à *l'URSS en construction,* dirigée par Gorki. Dans la seconde moitié des années 1930, fasciné par le mouvement, il photographie les défilés sportifs sur la place Rouge ou les artistes du Cirque de Moscou. Ses images naturalistes des espaces de Carélie, peu avant son décès en 1956, tentent de tirer parti des pellicules couleur, mais Rodtchenko est surtout le maître incontesté du noir et blanc et de la perspective.

rouble ⟶ monnaie

Andreï Roublev Andreï Roublev est le plus célèbre peintre d'icônes* russe, dans la lignée de son maître Théophane le Grec, l'importateur du style byzantin en Russie. Né dans les années 1360, il meurt en 1430. Sa vie demeure relativement méconnue.

Probablement originaire de Pskov, Roublev s'est rendu célèbre à Moscou*, où il a fait école. Il fait son apprentissage au monastère de la Trinité de Saint-Serge-de-Radonège, au moment où la Russie retrouve son unité autour de la Moscovie, après la victoire de Koulikovo sur les Tatars (1380). L'essor de la conscience nationale coïncide alors avec le développement du monachisme en Russie. Les grands monastères sont à la fois des forteresses militaires, des lieux de transmission du savoir et des foyers d'élaboration de la mémoire nationale.

En 1405, Roublev travaille avec Théophane le Grec à l'ornementation de la cathédrale de l'Annonciation, joyau du Kremlin* de Moscou. En 1408, il peint également dans la cathédrale de la Dormition à Vladimir, à l'invitation du peintre Daniel le Noir. Moine du monastère Saint-Andronikov de Moscou dans les années 1420, Roublev y dirige la décoration de l'église de la Transfiguration.

Tout en se posant en continuateur de la tradition iconographique byzantine, aux codes très stricts, il innove à la fois par le choix des images, le style du dessin et les couleurs choisies. Roublev est célèbre pour son icône de la Sainte Trinité, aujourd'hui exposée à la galerie Tretiakov de Moscou. Peinte vers 1411 pour le monastère de la Trinité de Saint-Serge, elle frappe par la finesse du trait – qui tranche avec la vigueur et la rudesse de Théophane – et la symétrie équilibrée de sa composition, avec ses trois personnages identiques et dissemblables à la fois dans lesquels on pense reconnaître le Christ (l'olivier), le Père (la maison) et le Saint-Esprit (la colombe).

En 1966, le cinéaste Andreï Tarkovski* réalise *Andreï Roublev*, vaste fresque en huit tableaux de la Russie médiévale, où le peintre se remet à peindre après la construction d'une cloche gigantesque menée miraculeusement à bien par un adolescent. Miracle national, religieux et artistique se fondent dans ce chef-d'œuvre en noir et blanc, qui s'achève par une succession de plans en couleur (et en musique) d'œuvres de Roublev – forme de liturgie incantatoire en son hommage.

----> beaux-arts

S

Saint-Pétersbourg
La ville de Pierre

L'arrivée de Vladimir Poutine à la tête de l'État russe a provoqué le retour en grâce des « gens de Saint-Pétersbourg », qui occupent des postes stratégiques du pouvoir – situé à Moscou*. La répercussion de ce dernier épisode de l'histoire très imbriquée des « deux capitales » témoigne de la permanence d'une dichotomie qui affecte profondément la Russie. Gogol ne disait-il pas que « la Russie a besoin de Moscou, Saint-Pétersbourg a besoin de la Russie » ?

Bâtie sur des marécages

L'histoire nationale de la Russie prend sa source en Ukraine* actuelle, autour de Kiev, au ixe siècle. Puis émerge la Moscovie, au xiiie siècle, lorsque la Russie se libère du joug mongol*. En 1613, les Romanov s'imposent, consolident la monarchie et entreprennent d'agrandir le territoire national. Pierre Ier* le Grand triomphe du grand royaume du nord, la Suède, au tout début du xviiie siècle.

Il entend stabiliser ce nouveau limes en construisant une forteresse qui sera dédiée à saint Pierre. « Saint-Pétersbourg » est un nom à consonance allemande, qui dérive en fait du hollandais : Pierre le Grand apprécie particulièrement Amsterdam, dont il désire s'inspirer. Le 16 mai 1703, le compagnon d'armes du tsar, Menchikov pose la première pierre d'un bastion bâti sur les marécages à l'embouchure de la Neva, sur les rives du golfe de Finlande.

Rapidement, le tsar de toutes les Russies décide d'édifier une nouvelle cité idéale, inspirée de l'exemple occidental. En imposant le style classique, il cherche à égaler l'Europe dans sa modernité tout en imitant ce dont la Russie est privée : une histoire remontant à l'Antiquité. La Cour est contrainte de s'installer en 1712 dans la nouvelle capitale, désormais

« fenêtre ouverte sur l'Europe ». Saint-Pétersbourg s'embellit : dès 1715, la perspective Nevski est tracée ; sous Pierre, Élisabeth et Catherine II, les meilleurs architectes russes et européens couvrent la ville de palais, d'églises et de jardins, foyers de la sociabilité et des festivités impériales. La noblesse, la bourgeoisie naissante, les fonctionnaires y établissent leurs quartiers. Saint-Pétersbourg compte alors parmi les plus grandes capitales du monde.

Le mythe de Saint-Pétersbourg s'élabore tout au long du xixe siècle. Pouchkine*, comme tous ses contemporains, a été fortement impressionné par l'inondation de 1824 qui a fait disparaître la cité sous les eaux. Le poète décide alors de donner vie dans son œuvre homonyme au Cavalier de bronze – la statue équestre de Pierre le Grand commandée au sculpteur français Falconet par Catherine* la Grande (1782). Plus que la relation entre le tsar et sa cité, le poète expose une réflexion sur le rapport entre le pouvoir et l'intelligentsia, entre l'État et l'individu. Il initie aussi le récit de Pétersbourg, façonné par les artistes au travers des œuvres littéraires, picturales et musicales qui lui sont consacrées.

Gogol* décrit dans ses *Nouvelles de Pétersbourg (le Manteau, le Nez, la Perspective Nevski)* la nature fantastique de cette ville née de rien et nulle part, où l'on se trouve à la limite entre ce monde et l'autre monde. Dans *Crime et Châtiment* (1866), Dostoïevski* insiste sur le caractère anti-naturel de Saint-Pétersbourg, véritable invention qui défie les lois divines, absurde et mauvaise imitation de l'Occident qui travestit la nature russe. Dans cette cité qui pêche par son intentionnalité excessive, le moscovite Biély voit un véritable bourreau (*Pétersbourg*, 1913), mais aussi un lieu de passage obligé entre Europe et Asie. Enfin, en 1933, le romancier Zamiatine oppose, dans *Moscou-Petrograd*, Moscou, la « Troisième Rome », la ville nationale, populaire et traditionnelle ; et Saint-Pétersbourg, la ville de l'administration, de l'État, du pouvoir.

De Saint-Pétersbourg à Leningrad... et retour

Saint-Pétersbourg joue aussi un rôle capital dans l'histoire mouvementée de la Russie au xxe siècle. Capitale industrielle et commerciale du pays, elle se situe au cœur de la révolution industrielle. S'y retrouvent aussi les intellectuels des universités et des instituts qui lisent les œuvres des révolutionnaires européens. C'est là que Plekhanov traduit *le Capital* de Marx et que Lénine fonde le premier cercle social-démocrate en 1895. C'est là, enfin, que culminent les trois révolutions russes.

La révolution* de 1905 éclate à la fois dans les campagnes et en ville. Le quartier moscovite de la Presna s'embrase, mais c'est à Saint-Pétersbourg que le tsar Nicolas II* fait charger les cosaques sur les manifestants dans les rues de la capitale, le « Dimanche rouge » (en russe : « le dimanche sanglant ») du 9 janvier 1905. Dès lors, tout au long de la période soviétique, la cité souffre de voir son identité malmenée. Son nom avait d'ailleurs été changé une première fois dès les premiers jours de la Grande Guerre : la ville de Saint-Pierre était devenue Petrograd, la ville de Pierre le Grand, par réaction nationaliste antigermanique. En février 1917, d'autres manifestants, menés par les comités ouvriers et les comités de soldats envahissent le centre, renversent la monarchie et détruisent une partie des symboles de sa domination : statues, aigles bicéphales, etc. Enfin, le 25 octobre* (7 novembre) 1917, le coup d'État des gardes rouges bolcheviques abat le Gouvernement provisoire alors dirigé par Kerenski. Au début du XXᵉ siècle, Saint-Pétersbourg est la ville révolutionnaire par excellence.

La décision du nouveau pouvoir de quitter Petrograd pour Moscou, au début de 1918, et de faire de cette dernière la capitale du nouveau régime, peut paraître paradoxale. Elle se serait expliquée par la menace que les troupes allemandes feraient peser directement sur la ville. Cet argument stratégique se révèle toutefois insuffisant : lorsque la paix est signée à Brest-Litovsk en mars 1918, Moscou reste la capitale. Aux yeux des bolcheviks, il s'agit en fait de rompre de manière radicale avec l'Ancien régime et avec l'intelligentsia qui le servait, afin de se rapprocher du peuple et de la Russie profonde.

Au cours de la guerre civile, la cité florissante d'antan perd plus de la moitié de sa population, dont les nobles « ci-devant » et les intellectuels écœurés par le « communisme de guerre », comme Ivan Bounine. L'émigration se nourrit aussi des modernistes pétersbourgeois que sont Stravinsky, Balanchine ou Nabokov.

Lorsque Lénine meurt le 21 janvier 1924, la proposition de rebaptiser Petrograd en Leningrad est facilement imposée à une ville très affaiblie, où l'industrie peine à retrouver sa vigueur passée. Surtout, au fur et à mesure que le pouvoir soviétique s'affermit, celui de la ville se réduit à une dimension symbolique. Le pouvoir moscovite décide de la mythification de Saint-Pétersbourg la Rouge, la cité révolutionnaire pour l'éternité. L'écrasement de la révolte des marins de Kronstadt, en mars 1921, avait signifié l'arrêt brutal de la révolution là où elle avait débuté. Elle est désormais réduite à être rejouée dans les spectacles commémoratifs qui se tiennent sur la place du palais d'Hiver en 1920, ou mise en scène dans les films jubilaires de 1927. L'ancienne capitale conserve cependant une certaine aura jusqu'à la guerre. Deux de ses dirigeants historiques connaissent un destin tragique dans les années 1920, 1930 et 1940. Zinoviev, un temps allié avec Staline contre Trotski, rejoint ainsi son fief ouvrier en 1925 pour dénoncer la « dérive droitière » propaysanne du Secrétaire général du Parti. Il sera exécuté en 1937, lors de la Grande* Terreur. En 1934, c'est l'assassinat de Kirov qui témoigne du danger qu'il y a à occuper les plus hautes responsabilités à Leningrad et à passer ainsi pour un rival potentiel du Guide.

Preuve d'un certain abandon politique, quand Moscou bénéficie d'un plan général de reconstruction lancé en 1935 par Kaganovitch, prévoyant notamment le percement du métro et l'érection de bâtiments modernes, Leningrad voit son architecture se dégrader sous l'influence de son climat très humide.

La ville est lourdement mise à l'épreuve par un siège de « 900 jours et 900 nuits » entre 1941 et 1943. La ville est une nouvelle fois saignée à blanc (plus de 700 000 morts civils). Les poèmes radiodiffusés de Berggol'ts essaient alors de soutenir la population qui souffre. Inspiré par le *Requiem* d'Akhmatova (composé en fait pour les victimes de la Grande Terreur), la *7e Symphonie (Leningrad)* de Chostakovitch*, particulièrement pathétique, symbolise la volonté de résister jusqu'au bout des Soviétiques. Largement employée par la propagande officielle à l'étranger, elle est jouée dans la ville assiégée le 9 août 1942.

Mais la bataille de Stalingrad, plus chargée de symbolique politique, relègue au second plan le sacrifice des Léningradois, constamment bombardés et parfois réduits à l'anthropophagie par la famine.

Dans les années d'après-guerre, la vie intellectuelle refleurit dans l'euphorie de la victoire. Pourtant, la poétesse Akhmatova et l'écrivain Zochtchenko sont condamnés publiquement, dans le cadre des campagnes de censure du jdanovisme. Jdanov* est non seulement idéologue en chef du parti, mais dirigeant de Leningrad depuis la mort de Kirov. En 1948, il subit lui aussi les foudres de Staline. Leningrad est à présent moins une seconde capitale qu'une ville de seconde zone, peu attractive.

Cependant, au début des années 1960, un jeune poète juif, Brodsky, ose chanter cette cité (« Stances à la ville ») et ses faubourgs ouvriers (« Du centre vers les faubourgs »). Lors de son procès pour « parasitisme » (il était au chômage, donc hors la loi) en 1964, il revendique son « anticonformisme existentiel», marque de l'esprit d'indépendance des citoyens de «Piter», le nom familier de la ville en forme de rejet de la dénomination officielle. Le phénomène du *samizdat* (édition artisanale d'ouvrages interdits) s'y développe tout particulièrement : on lit sous le manteau le *Requiem* interdit, mais recopié à la main. La contre-culture de la jeunesse, notamment musicale (groupes de rock Kino, DDT, etc.) connaît également un essor important, contribuant ainsi à entretenir l'image d'une ville d'intellectuels par opposition à Moscou l'affairiste.

La fin du régime soviétique coïncide avec le vote par référendum du retour au nom originel de la cité, le 6 septembre 1991, décidé par le maire Anatoli Sobtchak en dépit de l'opposition de ceux qui avaient vécu le siège et qui craignaient que ne s'efface la mémoire du (violent) siècle. La fastueuse commémoration du tricentenaire orchestrée par Vladimir Poutine pour ses homologues étrangers a illustré le rôle désormais attribué à cette cité touristique privilégiée, loin du chaos tchétchène et des imbroglios moscovites.

Andreï Dmitrievitch **Sakharov** Né à Moscou en 1921, ce physicien intègre, après la guerre, le cercle très fermé des spécialistes soviétiques travaillant sur la réaction thermonucléaire et la bombe à hydrogène qui voit le jour en 1953. Savant reconnu, il prend conscience des dangers de la course aux armements. En 1966, il se déclare ouvertement en faveur des dissidents. Malgré les tracas policiers, il poursuit ses recherches théoriques et ses interventions en faveur des droits de l'homme. Son combat est très suivi en Occident : il reçoit le prix Nobel de la paix en 1975. En 1979, ses critiques contre le régime soviétique lui valent d'être suspendu de ses fonctions et l'année suivante, il est assigné à résidence à Gorki (Nijni-Novgorod) avec sa seconde épouse Elena Bonner. Face à la pression des Occidentaux pour lesquels Sakharov est devenu le nouveau symbole de la dissidence*, le pouvoir soviétique en pleine perestroïka lève la sanction en 1986. Réhabilité, il est élu en 1988 au Praesidium de l'académie des Sciences puis député au nouveau Congrès des députés du peuple. La même année, le Parlement européen a institué le prix Andreï Sakharov pour la liberté de l'esprit. Il meurt le 14 décembre 1989. Ses funérailles sont l'occasion d'un grand rassemblement pourtant interdit, près du cimetière de Novodiévitchi à Moscou.

┈┈⟶ sciences

sciences
L'œuvre des tsars

Quand Pierre* le Grand a voulu créer l'Académie impériale des sciences, inaugurée en 1725 quelques semaines après sa mort, il ne répondait pas à une demande de chercheurs russes, il menait une stratégie d'ouverture à l'Ouest, et c'est l'Académie qui a précédé la recherche sur le sol russe. Ses premiers membres étaient des étrangers et, jusqu'au milieu du xixe siècle, les publications paraissaient en allemand et en français. Jusqu'à cette création imposée, l'Église* orthodoxe russe, qui avait le monopole de l'enseignement, avait banni toute référence rationaliste.

À ses détracteurs qui lui reprochaient ses énormes dépenses, inutiles selon eux, le tsar répondait qu'il avait construit un moulin, que l'eau était à proximité et qu'il attendait de ses successeurs qu'ils construisent le canal. Malgré cette belle métaphore, les élites ne voyaient dans la science qu'un risque d'importer des idées suspectes, et le peuple restait indifférent. Ainsi, les Lumières ont été imposées par décret et la dépendance totale des sciences vis-à-vis de l'État survivra à la révolution de 1917.

Le premier grand scientifique russe est Mikhaïl Vassilievitch Lomonossov* (1711-1765). Après une enfance dans un petit village près de la mer Blanche, dans ce Grand Nord où les marchands étrangers apportent les nouvelles techniques, il est autorisé à poursuivre des études à l'académie gréco-slavo-latine à Moscou puis à séjourner en Allemagne. Il ouvre le premier laboratoire de chimie en 1748 à Moscou. C'est en 1746 qu'il donne la première conférence en langue russe. Ses travaux très diversifiés en physique théorique, en chimie, en géologie, en métallurgie et aussi en poésie montrent une curiosité insatiable. De plus, il modernise la langue et écrit des articles de vulgarisation pour permettre au peuple russe de s'approprier l'esprit scientifique. Il a une place fondatrice dans l'évolution de la science de son pays et il a été un modèle pour des générations de jeunes Russes.

Des progrès spectaculaires

Au cours du xixe siècle, les sciences prospèrent ou régressent au rythme des réformes et des retours à l'ordre bureaucratique et religieux résultant des décisions impériales. Alexandre Ier crée un système d'écoles de tous niveaux ouvert à toutes les classes de la société et même aux femmes. En revanche, Nicolas Ier ferme des universités et empêche les jeunes Russes d'aller étudier en Europe. Sous les périodes les plus réactionnaires et bureaucratiques, les sciences n'en sont pas moins florissantes. Avant la fin du xixe siècle, les rêves de Pierre le Grand sont devenus réalité : la science russe s'est émancipée de l'étranger, les progrès sont spectaculaires et de nombreux savants russes rivalisent avec leurs confrères de pays économiquement plus avancés. Bien plus, la pensée scientifique commence à se répandre dans la population.

À Saint-Pétersbourg, l'Académie concentre les ressources, mais, dans les provinces, les universités sont au centre de la vie scientifique. À Perm dans l'Oural, à Tiflis en Géorgie, à Tomsk et Irkoutsk en Sibérie, elles ouvrent des laboratoires, des musées, lancent des expéditions...

Parallèlement, des sociétés savantes développent des activités en dehors de tout contrôle de l'État. C'est par elles que passent la vulgarisation et la diffusion des techniques. Elles sont financées par certains aristocrates, comme le prince Dimitri Golitsyne ou par des industriels comme Pavel Demidov. Ce dernier confie à l'Académie le soin d'« encourager les sciences, les lettres et l'industrie au sein de la patrie ». De 1832 à 1866, le prix Demidov récompense les meilleurs scientifiques. La tradition sera reprise en 1993 par la région de Sverdlovsk.

À sa création, la Société économique libre se propose d'améliorer l'agriculture en diffusant les techniques agricoles. Sa charte impose que tous les travaux qu'elle dirige doivent être pragmatiques, mais, peu à peu, elle étend ses activités à des conférences, à de l'alphabétisation, elle collecte des informations sur la situation des paysans et fournit au gouvernement des données pour moderniser la ruralité. Le Comité géologique a pour mission de répertorier et de publier les cartes de la Russie d'Europe.

Les scientifiques travaillent surtout en sciences pures, d'abord parce qu'il y a peu de demandes de l'agriculture ou de l'industrie, mais aussi qu'il est plus facile de chercher à comprendre le monde et de construire des modèles quand l'instrumentation nécessaire aux recherches appliquées manque. Le chimiste Vladimir Markovnikov (1838-1904), spécialiste de la recherche pétrolière dans le Caucase, s'excuse presque : « Je ne pense pas déshonorant pour un professeur de chimie de travailler sur les applications de la science. »

La biologie russe est reconnue à l'étranger. L'histoire a retenu cinq chercheurs dont les biographies sont parallèles. Nés dans des familles de province, ils travaillent quelque temps en Europe de l'Ouest, souffrent de contraintes politiques et rivalisent avec les meilleurs de leur discipline. Ce sont le physiologiste Ivan Pavlov (1849-1936), qui reçoit le premier prix

Nobel attribué à un Russe en 1904, pour son importante contribution à la physiologie du tube digestif, le physiologiste Ivan Setchenov (1829-1905), introducteur en Russie de la méthode expérimentale de son maître Claude Bernard, l'embryologiste Alexandre Kovalevsky (1840-1901) qui prolongea les travaux de Darwin, le paléontologiste Vladimir Kovalevsky (1842-1883) et l'embryologiste Ilia Metchnikov (1845-1916), qui reçoit le prix Nobel de médecine en 1908 en reconnaissance de son travail sur l'immunité.

Vassili V. Dokoutchaev (1849-1903) développe des travaux originaux et une science typiquement russe, la science des sols, qui sera reprise à l'Ouest. Il soutient que la particularité géologique de la terre est modifiée par les plantes et les animaux. Ses travaux visent à améliorer les techniques agricoles pour éviter les famines. Son élève Vladimir Vernadski* développera plus tard le concept de biosphère.

Nikolaï Lobatchevski (1792-1856) est considéré comme le « Copernic de la géométrie ». Il est le créateur de la géométrie noneuclidienne. Il a aussi un projet éducatif pour que la société civile bénéficie des retombées de la recherche.

Dmitri Ivanovitch Mendeleïev* (1834-1907) est connu pour la classification périodique des éléments. Il remarque que certaines propriétés varient de manière périodique avec la masse atomique et a l'idée de classer les éléments sur 5 colonnes de 18 éléments en laissant des cases vides, prévoyant que d'autres éléments seraient découverts plus tard. Son rôle comme expert industriel ou comme conseiller en matière technique du gouvernement est moins connu.

Ces deux derniers savants, issus de milieux modestes, révolutionnent leur domaine de recherches mais jouent aussi un rôle capital dans la transformation de la société russe.

Dès 1840, des groupes d'intellectuels de la bourgeoisie lient l'émancipation des serfs, la modernisation de l'agriculture, la stimulation de l'industrie et la rationalisation dans tous les domaines à la réussite de la Russie dans la compétition mondiale. Plus tard, le darwinisme réduit à son concept évolutionniste apparaît comme une opposition au créationnisme de l'Église orthodoxe et comme un soutien à la transformation sociale.

De plus, les chercheurs ont été les collaborateurs de grands savants étrangers comme Rutherford, Dirac ou Einstein. Ils ont séjourné à l'étranger, se sont familiarisés avec les idées de démocratie.

La science en otage

Dans ce contexte, la première révolution de 1917 rencontre le soutien des intellectuels, alors que la prise de pouvoir des bolcheviks se heurte à l'hostilité des ingénieurs et des enseignants. Au début, les chercheurs optent pour la neutralité, à condition que les politiques ne se mêlent pas de sciences. Peu d'entre eux ont leur carte du parti. Du côté du pouvoir, la discussion est vive sur l'organisation de la science. L'Académie des sciences est au centre de la réflexion ; vestige de la société de classes pour les uns, sa tradition étatique est un atout pour d'autres. Le chimiste Vladimir Ipatiev sert l'industrie chimique comme il a servi dans l'armée tsariste. Mais tous les chefs politiques appellent à une interprétation marxiste de la nature qui s'oppose à une conception bourgeoise. Ils se réclament, pour gouverner le pays, d'une idéologie scientifique à laquelle la recherche ne peut pas échapper. Quand Staline impose la modernisation industrielle à marche forcée, quel qu'en soit le prix humain, il rencontre l'opposition des ingénieurs qui veulent moderniser en utilisant des méthodes scientifiques, en tenant compte du contexte et en jouant un rôle actif dans les décisions. La répression est sévère et va durer toute la période stalinienne. Au cours de « purges » périodiques, plusieurs milliers de techniciens sont envoyés dans des camps où les thèmes de recherche leur sont imposés. À partir des années 1930, le système éducatif forme des spécialistes, le plus souvent issus de milieux populaires, qui doivent tout au parti et qui reçoivent une formation restreinte où le matérialisme dialectique tient lieu de culture. Cette faiblesse de la formation explique en partie les difficultés de la restructuration qu'entreprendra Gorbatchev.

Trofim Lyssenko* (1898-1976) en est un exemple caricatural : c'est un technicien agricole qui prétend avoir inventé un procédé, la « vernalisation », pour faire pousser les graines plus vite et améliorer la production. Bien plus, il soutient que ces plantes transmettent les caractères acquis. De là à sous-entendre que l'homme peut être transformé par les nouvelles conditions de vie qu'a apportées la révolution... Ses dires ne sont confrontés ni à des tests rigoureux ni à des analyses statistiques, mais il séduit Staline, il est porté par la propagande qui le présente comme un petit paysan doté d'un remarquable bon sens et, comme il sait dénoncer ses adversaires, ce partisan de la « science prolétarienne » va dominer la biologie russe pendant 30 ans. Il supprime l'enseignement et les recherches en génétique, et des centaines de généticiens sont tués ou envoyés au goulag pour avoir défendu une science « bourgeoise ».

Avec la Seconde Guerre mondiale et l'entrée dans la guerre froide, la recherche scientifique devient une priorité. Des ressources sont attribuées pour améliorer le niveau de vie des «travailleurs de la science», qui obtiennent les mêmes privilèges et le même prestige que les membres du parti et les militaires, mais qui en contrepartie, voient leurs recherches encore plus étroitement surveillées et déterminées par le pouvoir. Dès lors, le dogmatisme marxiste remplace la théorie scientifique et les contradictions et les autocritiques (que certains historiens qualifient de rituels) se résolvent au goulag.

Après ces années de plomb qui se prolongeront jusqu'à la mort de Staline, l'arrivée de Krouchtchev préfigure la glasnost de Gorbatchev et apporte un peu d'autonomie. C'est à ce moment qu'émerge le mouvement des dissidents, et l'itinéraire d'Andreï Sakharov* témoigne des changements de politiques. Beaucoup de chercheurs attendent des mesures qui remettent la science russe à son plus haut niveau. Mais les résultats à la hauteur de l'effort entrepris et les réponses au besoin d'initiative privée tardent à se concrétiser. Il faut attendre la perestroïka et la loi sur l'activité individuelle de 1987 pour que de nombreux chercheurs créent des sociétés de conseil ou de fabrication de médicaments attirant les tout premiers fonds privés sur des projets innovants.

La science soviétique entre stratégie et succès

Les autorités soviétiques optent très tôt pour une séparation entre science et enseignement car elles suspectent les élites héritées du tsarisme : on craint qu'elles ne forment mal le nouvel homme soviétique.

Les instituts de recherche sont à la base du système. Ils sont rattachés aux ministères de l'Industrie et de la Défense. Les planificateurs souhaitent que ces instituts soient indépendants des usines et qu'ils centralisent les recherches dans les villes (souvent «fermées», c'est-à-dire dont l'accès est soumis à une autorisation spéciale) et loin des lieux de production. Les politiques optent ainsi également pour la séparation entre science et industrie.

L'Académie des sciences, sa filiale pour la Sibérie*, créée en 1957 près de Novossibirsk est baptisée Akademgorodok, véritable technopôle qui rassemble une dizaine d'instituts et une université, et ses antennes régionales dans les différentes républiques gèrent la recherche fondamentale à 64 %. Le système universitaire, lui, est tourné vers l'enseignement. Le complexe militaro-industriel constitue la branche la plus importante de la science soviétique. C'est aussi la partie la plus contrôlée et la plus secrète.

Au-dessus, le Gosplan, commission d'État pour la planification, distribue le budget sous forme de subventions et de financement sur projets. 75 % de toutes les ressources concernent les projets hautement prioritaires : l'espace et les armes.

Différents comités, de 1930 à 1965, supervisent, avec des succès limités, l'orientation de la recherche. À partir de 1965 et jusqu'à la chute du régime, le comité d'État pour la science et la technique (GKNT) assure, à l'échelle de tout le pays, la mise en œuvre d'une politique d'État unique, la coordination des moyens et le transfert de technologies. Les importantes subventions versées à une science administrée par l'État conduisent à une concentration des moyens sur les quelques projets jugés stratégiques. C'est le cas des armes atomiques et de la physique fondamentale. Igor Kourtchatov mène à bien le projet de bombe atomique en 1949 et Sakharov celui de la bombe à hydrogène en 1953.

En physique des hautes énergies, V. Veksler et I. Kourtchatov développent la technologie des accélérateurs. Dans les années 1960, l'accélérateur à protons 70GEV de l'Institut de la physique à hautes énergies de Protvino est le plus puissant du monde. Le jury Nobel reconnaît la valeur des physiciens soviétiques. En 1958 le prix Nobel est décerné à Ilia Frank, Igor Tamm et Pavel Tcherenkov pour la découverte et l'interprétation de l'« effet Tcherenkov » (phénomène lié à la radiation des particules produisant un cône de lumière) ; en 1962, Lev Landau reçoit le prix Nobel pour ses travaux sur la superfluidité de l'hélium ; en 1964, Alexandre M. Prokhorov, Nikolaï Basov et l'Américain Charles Townes sont prix Nobel pour leur contribution à l'électronique quantique et au développement du maser et du laser ; en 1978, Piotr Kapitsa est récompensé pour ses travaux, datant des années 1930, sur la physique des basses températures. La conception du premier réacteur à fusion nucléaire, le Tokamak, est due à Andreï Sakharov et Igor Tamm.

En 1956, Nikolaï Semionov et le Britannique sir Cyril Norman Hinshilwood reçoivent le prix Nobel de chimie pour leurs recherches sur le mécanisme des réactions chimiques.

L'intérêt pour les voyages dans l'espace existe, avant la révolution, suite aux travaux de Konstantin Tsiolkovski (1857-1935). L'URSS est le premier pays à lancer dans l'espace en 1957 un satellite artificiel, Spoutnik 1, et à mettre un être humain en orbite, en 1961.

La géologie couvre de nombreux champs d'activité. Un grand effort est fait pour explorer la Sibérie et le Grand Nord. Mikhaïl Soumgin

(1873-1942) étudie le « permafrost », la terre qui ne dégèle jamais complètement ; ses résultats serviront au développement des régions polaires. Les expéditions rapportent beaucoup de renseignements sur les richesses minérales, la flore, la faune. Mais les données servent également aux études préalables à l'implantation des sites sidérurgiques d'Ukraine ou dans le sud de l'Oural et à la création de complexes pétroliers. La médecine, l'astronomie, les mathématiques*, même la biologie comptent des personnalités de premier rang.

La science russe de l'après-communisme

En 1990, l'URSS a 1 700 000 spécialistes de haut niveau, impliqués dans la recherche et le développement. L'institution scientifique bénéficie du soutien de l'État et du plus grand respect de la société. Connaissance et pouvoir ont besoin l'un de l'autre. L'État dirige sans partage la recherche et assure aux chercheurs un statut égal à celui des cadres de l'appareil politique ; la recherche, quant à elle, contribue au prestige de l'État. Elle passe pour la deuxième meilleure du monde derrière celle des États-Unis. Mais elle n'est pas soumise à un système d'évaluation par les pairs et, faute de traduction technologique, elle n'améliore pas le niveau de vie de la population. Dans ce contexte la disparition du l'URSS provoque un séisme.

En 1992, les subventions disparaissent brutalement. Pour l'opinion publique, les chercheurs sont associés aux responsabilités des échecs économiques et aux catastrophes technologiques comme celle de Tchernobyl*, en 1986. La situation est désastreuse, tous les secteurs sont touchés, y compris le complexe militaire. Les laboratoires doivent se priver des appareils modernes, hors de prix, l'électricité manque, les chercheurs perçoivent des salaires de misère. Nombre d'entre eux émigrent (environ 20 000 entre 1991 et 1996). Beaucoup abandonnent la recherche pour des activités plus lucratives. D'autres collaborent quelques mois par an avec une université étrangère pour survivre. De 1991 à 1996, la part du PIB consacrée à la recherche est divisée par cinq. Le désintérêt des jeunes pour les sciences est significatif. La pénurie financière, l'absence de sujets d'étude valorisants, le manque de réflexion sur la propriété intellectuelle les en écartent. Certains organismes de recherche commencent à mettre en œuvre une gestion des ressources humaines et des conditions favorables pour retenir les jeunes scientifiques.

Une politique de la recherche se met en place progressivement avec l'arrivée au pouvoir de Vladimir Poutine. La doctrine du Haut Conseil scientifique, placé sous l'autorité de la présidence veut apporter un peu de cohérence à un système en pleine mutation et l'État cherche à valoriser le patrimoine scientifique dans le cadre de l'économie de marché.

L'attribution du prix Nobel de physique à Vitaly Ginzburg, en 2003 pour des travaux pionniers sur les supraconducteurs et les superfluides montre, cependant, que la science russe survit à un niveau d'excellence.

Sébastopol
Aujourd'hui objet de litige stratégique et commercial entre la Russie et l'Ukraine*, l'ancienne ville soviétique interdite des bords de la mer Noire était l'unique port militaire soviétique dont les eaux ne gelaient jamais. La ville a été fondée par Catherine II en 1783 sur les ruines de l'ancienne Chersonèse grecque à la pointe sud de la Crimée*, dans un site où prolifèrent les baies profondes pouvant accueillir des bâtiments de guerre de grand tonnage.

Le port était la tête de pont des prétentions russes sur les détroits des Dardanelles et du Bosphore, porte d'entrée de la mer Méditerranée tenue par l'empire ottoman, rival naturel au sud. Dans le contexte de la montée des nationalismes, Français, Britanniques, Turcs et troupes piémontaises assiègent la citadelle pendant 11 mois au cours de la guerre de Crimée (1853-1855). Après la défaite de l'Alma (20 septembre 1854), la flotte russe commandée par l'amiral Nakhimov s'était en effet sabordée, puis réfugiée, canons compris, dans la forteresse.

Entre mars et juin 1855, le photographe britannique Roger Fenton, recruté par l'État-major, fixa le siège sur près de 350 plaques, et ses images furent ensuite abondamment diffusées auprès des opinions nationales.

Le siège de Sébastopol, chanté par Tennyson dans *la Charge de la brigade légère* ou par Tolstoï dans ses premiers textes militaires, est meurtrier : environ 100 000 Russes y périssent. Le 8 septembre 1855, quand la tour Malakoff chute en dépit de la résistance des Russes, le général Mac-Mahon clame « J'y suis, j'y reste ! ». La paix est finalement signée à Paris, le 30 mars 1856. Base de la flotte de la mer Noire, la cité a également été assiégée au cours de la Seconde Guerre mondiale pendant 250 jours : tombée en juin 1942, elle ne sera reprise qu'en mai 1944.

saint Serge de Radonège
Né au début du XIVe siècle sous le prénom de Barthélemy, c'est un enfant peu doué pour les études que la rencontre avec un vieux moine amène à la lecture des Saintes Écritures. La vocation

de Barthélemy pour la vie recluse se précise. Avec son frère, il choisit la vie d'ermite près de Radonège. Il vit seul au milieu des ours et des loups. Des zélateurs le rejoignent ; une première communauté se forme. Ordonné prêtre en 1354, il construit un monastère (l'actuelle laure de la Trinité-Saint-Serge) et fonde une communauté. Sa spiritualité et sa vie simple lui confèrent une grande notoriété. Pressenti pour succéder à Alexis, métropolite de Moscou*, il refuse. Dès lors il devient un proche du grand-duc de Moscou, Dmitri Donskoï, au moment où celui-ci mène un double combat contre la Horde d'Or et les principautés rivales. Serge joue alors un rôle de conciliateur au profit du Moscovite. Il prédit la victoire russe de Koulivoko qui annonce la fin de la domination tatare et le début de la suprématie de Moscou. Une apparition de la Vierge le conforte dans ses œuvres. Quand il meurt en 1391, il est à la tête d'un grand réseau de monastères dans une Russie nouvelle.

Serge de Radonège est le saint le plus vénéré de la Russie. Son rôle dans la libération du territoire du joug mongol* comme dans la renaissance du monachisme russe a fait de lui le guide spirituel de la Russie moscovite.

···→ Église

servage À l'inverse de ce qui s'est passé en Europe occidentale, le servage des paysans* russes, libres au départ, s'est progressivement instauré à mesure que la domination féodale de la société s'est construite, c'est-à-dire tardivement. Les boyards* aux xve et xvie siècles, le tsar au xviie siècle, puis les grands propriétaires favorisés par la monarchie aux xviiie et xixe siècles ont soumis l'immense population rurale à un ensemble de règles attachées à « l'état » *(soslovie)* de paysan. Le paysan n'existait pas légalement en tant qu'individu. Économiquement, il était également soumis à la commune rurale *(mir)* qui régissait la répartition régulière des terres entre foyers ainsi que l'exploitation collective des communaux. Le servage, définitivement établi en 1649, après le « temps des troubles », était donc la base légale de l'organisation sociale de la Russie préindustrielle.

La révolution industrielle, l'écho des théories socialistes en Russie, la concurrence économique accrue entre puissances européennes enfin, changent le regard porté sur le servage. De principal garant d'un ordre figé, il devient au cours du xixe siècle une véritable « question » posée à l'autocratie par les propriétaires terriens les plus entreprenants, les intellectuels désireux d'éclairer la masse des moujiks «arriérés», et les paysans qui réclament le droit à cultiver leurs terres sans être écrasés de corvées. Au milieu du XIXe siècle, l'Europe connaît les traités de libre-échange et une croissance économique sans précédent, mais la Russie peine à en profiter, entravée par le boulet du servage.

Pourtant, la volonté du tsar Alexandre II* se heurte à l'opposition de la majeure partie de la noblesse, arc-boutée sur ses avantages historiques. En 1861, pour forcer la décision, le tsar décide de libérer les millions de serfs d'État, puis facilite le rachat des serfs privés en développant le crédit (Banque paysanne). Mais cette libération endette les paysans sur plusieurs générations et ruine une partie des propriétaires, contraints d'hypothéquer leurs domaines. Cette crise accélère la mutation agricole, au profit de quelques «farmers» qui parviennent à moderniser leurs exploitations et à exporter. La «question paysanne» reste irrésolue et sera au cœur des trois révolutions russes.

Sibérie
La conquête de l'Est

Vingt-cinq fois la superficie de la France : la Sibérie s'étend de l'est de l'Oural jusqu'au Pacifique et, du nord au sud de la Chine, la Mongolie et l'Asie centrale, et l'océan Arctique. Divisée en trois grands ensembles géographiques d'Ouest en Est, délimités par les fleuves Ienisseï et Léna : la plaine de Sibérie occidentale, couverte de lacs et de marécages, puis les plateaux de Sibérie centrale, atteignant environ 1 200 m et entrecoupés de canyons (dont le lac Baïkal est l'exemple le plus spectaculaire) et au sud les monts Altaï. Au-delà de la Léna, c'est l'Extrême-Orient russe, avec comme extrémité, le Tchoukotka et la péninsule du Kamtchatka, volcanique. La région est très peu peuplée – elle représente 77 % du territoire de la Russie et un quart seulement de sa population – les villes sont essentiellement concentrées dans le sud, le long du Transsibérien.

La période pré-russe

La représentation de la Sibérie comme un territoire largement vierge et sans culture jusqu'à l'arrivée des Russes au XVIe siècle est inexacte, survivance d'un mythe entretenu par l'Empire russe puis repris par l'URSS. La Sibérie a été le berceau de nombreuses cultures dès le néolithique, notamment dans sa partie méridionale (Oural, lac Baïkal, Altaï, Iakoutie), comme en témoignent les kourganes (monts funéraires) et autres vestiges.

Les recherches archéologiques et ethnographiques montrent une parenté entre les peuples paléoasiatiques (Tchouktches, Koriaks, Itelmènes) et les Amérindiens d'Alaska. Plusieurs civilisations nomades marquent la préhistoire : les Scythes (Pazyryk, Altaï) et les Huns (empire des Xiongnu). Entre les VIe et VIIIe siècles, pendant les grandes migrations d'Asie d'est en ouest, de nombreux peuples sont « poussés » jusqu'aux parties centrales de la Sibérie. Ainsi, les ancêtres des Iakoutes, peuple turquisant, sont poussés par les Bouriates (de parenté mongole) vers le nord. À partir du XIIe siècle, les Mongols prennent le contrôle des parties méridionales de la Sibérie (comme de la Russie) puis se morcellent en plusieurs États, dont l'un devient le khanat de Sibir.

La conquête russe

Même si des explorateurs et des marchands de la cité-État de Novgorod s'aventurent jusqu'à l'Ob dès le XIVe siècle, une conquête plus organisée n'est rendue possible que par l'affaiblissement du pouvoir mongol* et l'émergence d'un État russe plus centralisé à partir d'Ivan IV* (le Terrible). C'est après la victoire des Russes sur les Mongols à l'est (prise de Kazan, dans l'Oural, en 1552) qu'une percée vers la Sibérie commence.

Elle est menée par le Cosaque Ermak, qui avec 1 600 hommes prend le khanat de Sibir vers 1580. L'expédition est commissionnée non pas par le tsar mais par une grande famille de marchands basée à Perm, les Stroganov, qui cherche à mettre fin aux raids perturbant leur voie d'approvisionnement depuis l'Asie.

Cette motivation principalement économique, plus que civilisatrice, demeure le moteur de la conquête de la Sibérie jusqu'au XXe siècle : l'appât des fourrures (zibeline, surtout) et de l'or, d'une ouverture sur l'océan Pacifique, puis à l'époque contemporaine des ressources minières et énergétiques.

Les Cosaques sont les principaux artisans de cette phase de conquête, agissant autant pour leur propre compte que celui de la Couronne, souvent en conflit avec les populations indigènes qui résistent (Toungouses) ou rechignent à payer l'impôt tsariste en fourrure (yassak)… Ils fondent les villes fortifiées de Tioumen (1586), Tobolsk (1587) à la même période que s'installent les premières colonies permanentes en Amérique du Nord : St Augustine (1567), Jamestown (1607). En 1648, le Cosaque Simon Dejnev atteint l'océan Pacifique.

Les Russes posent pied sur les îles Kouriles dès 1711 (ce qui explique d'ailleurs la résistance que Moscou oppose aujourd'hui aux revendications japonaises). Et Kodiak, qui deviendra la capitale de l'Alaska russe, est fondée vers 1784, dix ans après que l'explorateur danois Vitus Bering « découvre » l'Amérique par l'est, pour le compte du tsar russe Pierre le Grand.

Terre de privations, terre d'opportunités

Terre de bannissement dès le XVIIe siècle, la Sibérie accueille toutes les personnes et classes estimées dangereuses par le pouvoir. En 1825, 121 décabristes* – jeunes aristocrates auteurs d'une tentative de coup d'État manquée pour réclamer une Constitution au tsar – sont exilés à Irkoutsk, sur les bords du lac Baïkal. Les écrivains s'y succèdent : Alexandre Radichtchev (1790-1796), Fiodor Dostoïevski* (1850-1854), Nikolaï Tchernychevski (1864-1883), ainsi que les révolutionnaires (dont Staline). Mais la Sibérie devient au même moment une terre de refuge pour ceux qui souhaitent échapper à l'autorité tsariste. À partir de 1666, des milliers de Russes refusent la réforme du culte orthodoxe du patriarche Nikon. Convaincus que cette révision est le fait de l'Antéchrist (dont Pierre le Grand serait l'incarnation), ces « vieux-croyants » s'exilent dans les montagnes sauvages de l'Altaï pour pratiquer le rite à la manière ancienne. Marchands, aventuriers, serfs en fuite profitent aussi de l'immensité anonyme sibérienne, synonyme de liberté, pour tenter une vie nouvelle.

La grande migration vers la Sibérie

En 1891, le tsar Alexandre III projette la construction d'une ligne ferroviaire pour relier la Russie occidentale avec le port de Vladivostok (fondé en 1860). Bagnards et soldats sont les premiers ouvriers de la voie ferrée du « transsibérien » mais les besoins en main-d'œuvre qualifiée entraînent une véritable politique d'emplois temporaires : de 10 000 au début de la construction ils passent à 90 000 quatre ans plus tard, en 1895. Jusqu'en 1916, au moment de l'achèvement du projet, 4 millions de paysans russes et ukrainiens ont migré en Sibérie, attirés par les subventions et les avantages fiscaux instaurés par le ministre Piotr Stolypine dans le cadre de sa réforme agraire.

La Sibérie soviétique

La Sibérie joue un rôle stratégique au cours de la guerre* civile (1917-1921) avec l'armée de l'amiral Koltchak*. À partir de 1932, les camps de travail sont organisés au sein d'une administration spécifique (le Goulag*). Le nouveau système des camps de travail a pour but non seulement d'isoler les « ennemis* du peuple » (koulaks*, notamment) mais aussi de fournir une main-d'œuvre gratuite pour renforcer le développement et l'exploitation des ressources sibériennes : des millions de « zek » (prisonniers) sont mis au travail forcé dans les mines d'uranium de Magadan, le nickel à Norilsk, le charbon à Vorkouta, le bois à Khabarovsk… Ils construisent des voies de communication, routes et voies ferrées dont certaines s'avéreront par la suite inutilisables ou économiquement peu viables – comme la route de Magadan à Iakoutsk, ou le Baïkal-Amour-Magistral pensé comme une voie ferrée parallèle au Transsibérien.

La relocalisation des centres industriels de la Russie européenne au cours de la Seconde Guerre mondiale donne une nouvelle impulsion démographique et économique à la Sibérie : de nombreuses usines restent à leur nouvel emplacement. La période de la guerre et de l'immédiat après-guerre est marquée par de nouvelles déportations*, cette fois de trois millions d'Allemands, Polonais, Baltes, Ukrainiens, et prisonniers de guerre soviétiques.

À la suite de la fermeture d'une grande partie des camps après la mort de Staline en 1953 et la reconnaissance de l'inefficacité économique du travail forcé, l'Union soviétique tente d'attirer les professionnels soviétiques à coups de primes et de gros avantages pour développer des centres industriels parfois situés au-delà du cercle polaire (Norilsk, Vorkouta), où les conditions de vie sont extrêmement dures.

D'autres chantiers, comme la centrale hydroélectrique de Bratsk, embauchent les komsomols (membres des Jeunesses communistes) pour des travaux présentés comme des nouvelles « frontières » par la propagande. Voulant compléter l'expansion industrielle par une décentralisation scientifique, Nikita Khrouchtchev fait transférer certains instituts de recherche à Novossibirsk, dans un quartier créé de toutes pièces : Akademgorodok, « le bourg des académiciens ». La mégalomanie qui semble accompagner nombre de projets de conquête de la Sibérie culmine avec celui – jamais mis en œuvre – de détourner les cours des fleuves de Sibérie vers l'Asie centrale. Elle inspire d'ailleurs, en contre-réaction, des mouvements écologistes sibériens qui dénoncent cette vision « industrialiste » du progrès.

Le mythe sibérien, une dualité qui fascine

La Sibérie, cette « grande Tatarie » comme la décrivent les cartes russes du XVIIIe siècle, synonyme pendant des siècles de terre peuplée de sauvages non-christianisés aux rites chamaniques étranges, de brigands en fuite et d'aventuriers, est un élément clef de l'identité russe. Le dualisme prêté par les Russes à la Sibérie varie avec les époques, mais l'aspect libertaire et authentique est parmi les plus tenaces. Les « Sibiriaki » évoquent pour l'expliquer leur passé de rebelles face au pouvoir, leur éloignement de la capitale européenne qui les abandonne à leurs sorts, le peuplement par des anciens prisonniers « immunisés » contre le pouvoir... Cette couleur transparaît dans de nombreuses œuvres évocatrices de la Sibérie. Les mémoires de l'explorateur Vladimir Arseniev ont inspiré deux adaptations cinématographiques : Dersou Ouzala, réalisé en 1975 par le Japonais Akira Kurosawa, relatant l'amitié entre le Russe et son guide sibérien Dersou Ouzala, incarnation de pureté morale et d'harmonie avec la nature ; et le Docteur Jivago*, de David Lean (1965), d'après le roman éponyme de Boris Pasternak*, qui reprend le thème de la Sibérie, en apparence glaciale et hostile, mais en fait seul espace de liberté pour le personnage principal et sa maîtresse.

La Sibérie aujourd'hui, entre terre d'émigration et d'immigration... d'Asie

Souffrant de la même crise démographique que l'ensemble de la Russie, la Sibérie voit sa population baisser à partir des années 1990, du fait d'une chute de la natalité mais aussi d'un mouvement migratoire (vers la Russie européenne, et vers l'étranger pour les Juifs* et les Allemands*). Cette baisse est en partie compensée par les nouveaux migrants, arrivés des ex-républiques soviétiques d'Asie* centrale surtout, et de Chine.

Les estimations varient de 100 000 à 5 millions de Chinois en Sibérie, souvent simplement de passage pour faire du commerce transfrontalier ou pour travailler comme journaliers dans les exploitations forestières, notamment. Les industriels russes investissant en Sibérie font pression pour ouvrir les frontières à une migration chinoise légale, tandis que sur place les sentiments xénophobes antichinois y résistent. La question du peuplement de la Sibérie demeure une préoccupation de l'État russe encore aujourd'hui, comme l'illustre un décret de Vladimir Poutine de 2006 pour créer des incitations à la migration vers la Sibérie par des populations slaves.

ski L'utilisation de planches de bois pour se déplacer sur la neige est attestée en Sibérie depuis plus de 4 000 ans. Dès le Moyen Âge, les habitants de la Russie des tsars ont employé, pour se mouvoir pendant l'hiver*, des skis rudimentaires attachés aux chevilles par des lanières de cuir. C'est en 1895, avec la création du Club des skieurs de Moscou, que le ski devient, sur le modèle norvégien, un sport. En raison de l'immensité de la plaine russe et de la position périphérique de l'Oural et du Caucase, il s'agit essentiellement de ski de fond. Dès 1910, une fédération nationale de ski organise le premier championnat russe sur une distance de 30 verstes (une verste = 1 067 m).

Sous le régime stalinien, le ski fait partie de la préparation militaire comme discipline du programme GTO (« prêt pour le travail et la défense ») qui dispense également à des centaines de milliers de jeunes soviétiques des cours d'athlétisme, de tir, de gymnastique et de secourisme. Et, pendant la Seconde Guerre mondiale, de nombreuses unités d'assaut de l'Armée rouge utilisent des skis et un camouflage blanc pour se mouvoir sur les longues plaines russes enneigées.

À partir de 1956 et des JO d'hiver de Cortina d'Ampezzo, les épreuves de ski de fond contribuent, avec le biathlon, à asseoir la suprématie des athlètes soviétiques, le ski alpin ne rapportant qu'une médaille jusqu'en 1988. Le petit nombre et la vétusté des remontées mécaniques des stations de l'Oural ou du Caucase illustrent encore aujourd'hui la faible diffusion du ski de descente, un privilège réservé à la nomenklatura. Sa pratique reste encore un signe de distinction pour les nouveaux riches russes qui se précipitent dans les stations alpines françaises ou suisses ou comme le signale la fréquentation régulière par Vladimir Poutine de la station de Krasnaya Polyana dans le Caucase. Grâce à l'appui du président russe, cette station fournira l'essentiel des sites de ski des JO d'hiver 2014 attribués à la station balnéaire de Sotchi.

⤑ olympisme, sport

Alexandre Soljenitsyne
Alexandre Issaïevitch Soljenitsyne est né le 11 décembre 1918 dans la région du Kouban, au piémont du Caucase. Son père appartient à la paysannerie aisée de la région de Stavropol : diplômé de l'université, il sert comme officier pendant la Première Guerre mondiale avant de mourir dans un accident de chasse, quelques mois avant la naissance de son fils. Sa mère, issue d'une famille de gros commerçants, s'installe, une fois veuve, à Rostov-sur-le-Don. Le jeune Alexandre passe toute son enfance dans cette métropole du sud de la

Russie. En 1941, il est diplômé de la faculté de physique et de mathématiques de l'université de Rostov-sur-le-Don. Il poursuit en parallèle (en tant qu'externe) les enseignements de la faculté de philosophie de l'université d'État de Moscou. Mobilisé dans l'artillerie, officier, il se distingue sur le front de la Prusse orientale et se voit décoré de l'Étoile rouge. Le 9 février 1945, il est arrêté : la censure militaire a transmis au NKVD sa correspondance privée avec son ami Nikolaï Vitkievitch, dans laquelle il critique les erreurs grossières des chefs militaires et traite Lénine et Staline de divers noms d'oiseaux. Condamné à huit ans de camp, il purge sa peine dans un institut scientifique – installé dans un ancien monastère à Novyï Ieroussalim, près de Moscou – où ne travaillent que des prisonniers (ce qu'il relatera dans *le Premier Cercle*), puis dans un camp de travaux forcés dans la région de Pavlodar, au Kazakhstan (dont il fera le récit dans *Une journée d'Ivan Denissovitch*). Après cette période de détention, Soljenitsyne est envoyé en exil illimité au Kazakhstan. Réhabilité en 1956, il quitte le Kazakhstan pour Riazan (Russie centrale) où il s'installe et devient instituteur dans un petit village. Sa nouvelle, *Une journée d'Ivan Denissovitch,* achevée en 1959, est publiée en 1962 et lui donne une renommée internationale. Après l'éviction de Khrouchtchev (1964), qui avait soutenu la publication de la nouvelle, Soljenitsyne fait l'objet de critiques. En 1966, ses écrits sont officiellement interdits en URSS. En 1968, *le Premier Cercle* et *le Pavillon des cancéreux* paraissent en Occident. En novembre 1969, Soljenitsyne est exclu de l'Union des écrivains pour avoir « suscité une agitation antisoviétique autour de son nom ». Il reçoit le prix Nobel de littérature en octobre 1970. Il ne se risque pas à se rendre en Suède, de peur d'être interdit de retour en URSS. En 1973, le premier tome de *l'Archipel du Goulag* paraît à Paris chez l'éditeur russe YMCA-Press. En URSS, une campagne de propagande est orchestrée contre son auteur, qualifié de « menteur pathologique », de « traître à sa Patrie » et, comble du contresens, d'« écrivain qui méprise le peuple »... Le 13 février 1974, il est arrêté, privé de sa citoyenneté soviétique et exilé en Allemagne fédérale. Il s'installe à Zurich, où il écrit ses mémoires en avril 1975 sous le titre *le Chêne et le veau.* En octobre 1976, il s'installe aux États-Unis, dans le Vermont. Contrairement au physicien dissident Andreï Sakharov*, il ne séduit guère les faiseurs de l'opinion occidentale. Rétif à toute instrumentalisation politique, il n'hésite pas à prendre l'Occident à rebrousse-poil. Invité par l'université de Harvard en 1978, il prononce un discours critiquant de manière virulente l'aveuglement des intelligentsias occidentales face aux autres cultures et «le danger [que constitue] le grand bazar commercial de l'Occident pour toutes les cultures du monde». De même, dans *Nos Pluralistes,* il suggère qu'il convient, «avant de mettre l'accent sur les droits de l'homme, de lui rappeler ses devoirs»... Réhabilité en 1988 par Mikhaïl Gorbatchev, sa nationalité russe lui est restituée après la chute de l'URSS, et *l'Archipel du Goulag* est publié. Il décide de regagner la Russie en 1994. Il débarque de son exil américain à Vladivostok, et entame un long voyage à travers la Russie. En 1999, il refuse d'accepter une décoration officielle qui devait lui être remise par le président Eltsine pour protester contre la déchéance sociale qui frappe nombre de ses compatriotes, après les réformes économiques des années 1990.

Après la chute de l'URSS, il publie plusieurs essais, dont *la Russie sous les décombres,* qui traite de la situation sociale et politique de la Russie postsoviétique. En 2001, il publie un essai historique, *Juifs et Russes avant la révolution,* suivi, en 2002, de *Juifs et Russes pendant la période soviétique.* En juin 2007, il reçoit des mains de Vladimir Poutine le prix d'État de la Fédération de Russie.

⋯⟩ dissidence

sport
Un développement sous haute surveillance politique

Même s'il existait depuis le Moyen Âge des jeux et exercices populaires utilisant balles et bâtons comme le *lapta,* un lointain cousin du cricket, le sport et la gymnastique ont d'abord été en Russie des produits d'importation britanniques, français ou allemands. Dès 1826 est créée la Société de course de chevaux de Saint-Pétersbourg, suivie en 1846 du Club impérial de yachting, puis en 1857 du Gymnasium d'escrime des officiers et en 1864 de la Société Amateur de patinage*. Après l'abolition du servage* en 1861 et surtout avec le premier décollage industriel du pays, les sports modernes sont introduits et organisés à la fin du XIXe siècle : le cyclisme en 1880, l'athlétisme en 1886, le football* en 1894 et la boxe en 1895.

La Russie suit ainsi avec un léger retard le développement du sport en Europe occidentale. Toutefois, le caractère profondément rural du pays, la faiblesse de la bourgeoisie et des classes moyennes, la surveillance par la police tsariste limitent fortement la diffusion du sport aux grandes villes et aux milieux les plus aisés. En 1913, dans tout l'Empire de Nicolas II, on ne compte pas plus de 100 000 sportifs pour une population de 159 millions d'habitants quand la fédération de football allemande réunit déjà à elle seule plus de 160 000 licenciés.

Rompre avec le sport «bourgeois»

Le premier conflit mondial, puis la Révolution bolchevique réveillent l'intérêt du pouvoir pour le sport. Dès 1912, le général Voyeikov avait été nommé Superviseur en chef du développement physique de la population de l'Empire russe : avec la déclaration de guerre, il fait passer sous son contrôle les différentes organisations athlétiques au sein d'un « Comité provisoire » qui décrète en 1915 une éphémère «mobilisation du sport». Celle-ci est reprise par les bolcheviks qui créent au sein de l'Armée rouge, un bureau central d'entraînement militaire universel, le Vsesobuch, chargé de préparer les recrues pendant la guerre civile.

À partir de 1921, il s'agit pour eux de développer un modèle d'exercices physiques rompant avec le sport «bourgeois» et la gymnastique suspectée de «militarisme». Deux courants s'opposent alors pour proposer une éducation physique socialiste. Ce sont d'un côté les «hygiénistes» dont la figure de proue est le docteur Nikolaï Semachko, commissaire à l'Hygiène et président du Conseil suprême de la culture physique. Pour Semachko, l'exercice physique doit permettre de renforcer physiquement et moralement la population russe épuisée par la guerre et la famine. Si les sports jugés dangereux comme la boxe, le football ou l'haltérophilie doivent être exclus, il est tout de même nécessaire de préserver l'esprit d'émulation dans les sports «sains» que sont l'athlétisme, la natation, le patinage ou le ski* de fond. À cette vision médicale, les tenants d'une «culture physique prolétaire» défendue par le mouvement «proletkultiste», veulent substituer une éducation physique libérée du culte du champion et du record propre au sport bourgeois et qui serait, par le biais d'exercices corporels collectifs effectués dans les entreprises, une version sportive de l'agit-prop.

L'Internationale du sport rouge

Alors qu'avec la NEP, le sport russe renaît, le parti tranche le 13 juillet 1925 en décidant que la culture physique a des buts hygiéniques, éducatifs et idéologiques, et que le sport doit permettre de rallier ouvriers et paysans au socialisme. Faute de définir une doctrine particulièrement originale, les dirigeants bolcheviques tentent dans les années 1920 d'exporter aussi un « sport révolutionnaire ». Si les athlètes russes ont participé aux jeux Olympiques de 1908 et de 1912, le Comité international olympique (CIO) représente la quintessence du sport capitaliste : contre cet ordre « réactionnaire », ils veulent promouvoir un « internationalisme sportif prolétarien ». Ainsi, la République des soviets refuse d'envoyer des athlètes aux Jeux d'Anvers organisés pendant l'été 1920. Un an plus tard est créée à Moscou l'Internationale du sport rouge (IRS), pendant sportif de la IIIe Internationale, regroupant « toutes les associations ouvrières et paysannes qui soutiennent la lutte des classes prolétarienne ». Concrètement, il s'agit non seulement de lutter contre les « traîtres » socialistes qui ont reformé à Lucerne en 1920 l'Internationale sportive ouvrière fondée à Gand en 1913, mais aussi de proposer un contre-modèle avec les « Spartakiades » organisées pour la première fois à Moscou en août 1928, un mois après les jeux Olympiques d'Amsterdam.

Toutefois, le modèle du sport prolétarien est un échec : l'instauration de régimes politiques antibolcheviques en Hongrie, en Italie, en Allemagne puis en Espagne en limite fortement l'expansion, de même que l'adhésion fort modérée du monde ouvrier occidental au sport de classe.

En tout cas, dans les années 1930, le sport et l'éducation physique sont mis au service du contrôle totalitaire de la population et de la défense du socialisme « dans un seul pays ». Le 3 avril 1930 est créé le Conseil supérieur de la culture physique. Rattaché au Comité central exécutif de l'URSS, il a tout pouvoir sur le sport soviétique. Avec l'industrialisation à marche forcée, le sport est développé au sein de clubs syndicaux comme les Lokomotiv (cheminots), les Spartak (travailleurs en col blanc) ou encore les fameux Dynamo, émanation sportive du NKVD. Même si les sportifs, et notamment les footballeurs, sont officiellement amateurs, ne s'en développe pas moins un sport-spectacle dont les acteurs ont fort à voir avec les « amateurs marrons ». Pour accueillir les foules sportives moscovites est construit le stade du Dynamo d'une capacité de 100 000 places. De même, un tourisme sportif de masse est mis en place qui s'adresse aussi bien aux cadres du parti qu'aux membres des *komsomol*, les jeunesses communistes.

Édifier les masses

S'il sert à occuper les corps et les esprits, le sport a aussi pour fonction d'édifier les masses. Le thème sportif se répand dans les œuvres du réalisme soviétique, alors que les exercices physiques sont mis au service de la préparation militaire à l'instar du programme GTO (« prêt pour le travail et la défense ») qui dispense à des centaines de milliers de jeunes Soviétiques des cours d'athlétisme, de tir, de ski, de gymnastique et de secourisme sanctionnés par un brevet. De même, le sport constitue un outil original de la politique étrangère stalinienne. Si l'IRS continue à vilipender le sport bourgeois et milite pour le boycott des Jeux de Berlin et l'organisation de « contre-jeux » à Barcelone en 1936 et si l'URSS refuse l'invitation lancée par les dirigeants de la Fédération internationale de football association (FIFA) de les rejoindre, les équipes de football soviétiques disputent des matchs amicaux dans les pays voisins qui sont censés attester des intentions pacifiques de Staline.

Après la Seconde Guerre mondiale, l'URSS intègre les fédérations sportives internationales bourgeoises, de la FIFA en 1946 au CIO en 1951. Le jeu de la puissance symbolique des compétitions internationales est en effet renforcé par la guerre froide et l'URSS ne doit plus en être absente. Dès les Jeux d'Helsinki auxquels participent pour la première fois les athlètes soviétiques en 1952, l'enjeu sportif se double d'un enjeu politique qui conduit les Américains à boycotter les Jeux de Moscou en 1980 et les Soviétiques à leur rendre la pareille quatre ans plus tard.

Des athlètes d'État

La course à la médaille est soutenue par un système sportif de masse destiné à produire des champions dans tous les sports. Si la centralisation du système est préservée après la mort de Staline en 1953, les équipements et l'administration sportive se développent dans toutes les Républiques. L'élévation du niveau de vie et la diminution du temps de travail dans les années 1960 stimulent l'essor d'un sport de masse toujours organisé au sein des clubs syndicaux et formellement encadré par les fédérations sportives réunies au sein d'un comité des sports. À l'impératif de santé publique et de défense du socialisme vient s'ajouter celui de repérer et préparer les futurs champions. Si le brevet GTO comporte encore des épreuves militaires comme le tir ou le ski de fond, il est désormais orienté autour de l'excellence. Les sportifs et sportives soviétiques sont ainsi classés en fonction d'un barème de performances étalonné sur les records mondiaux : ils forment ainsi une pyramide qui part de la masse des « sportifs actifs » pour culminer au grade de « maître émérite de sport d'URSS de classe internationale », titre attribué aux champions de gymnastique ou d'athlétisme formés dans les 23 Instituts de sport et de culture physique dont le plus célèbre est l'Institut Lesgaft de Leningrad. Et tous les quatre ans, en année pré-olympique, les 50 millions de sportifs licenciés que compte l'URSS dans les années 1960 et 1970 sont mobilisés par de nouvelles Spartakiades dont les finales réunissent les 10 000 meilleurs sportifs soviétiques et servent de sélection aux Olympiades. Désormais, ces champions sont des « athlètes d'État » qui, après des années de sacrifices dans des internats scolaires sportifs, adoptent une profession de complaisance pour satisfaire à la définition de l'amateur du CIO.

Empêcher la fuite des muscles

Le modèle sportif soviétique, référence à l'est comme à l'ouest du rideau de fer, subit de plein fouet les convulsions politiques et économiques de la fin de l'URSS, en particulier dans les Républiques périphériques. Les équipements sportifs déjà dégradés de la fin de l'ère brejnévienne ne sont pas rénovés et les crédits des Instituts de culture physique et de sport sont fortement réduits. Surtout, l'ex-sport soviétique subit une véritable « fuite des muscles » vers l'Ouest, alors que les deux présidences de Boris Eltsine voient l'émergence du professionnalisme et de sports qui, tel le tennis, entretiennent les rêves de fortune de milliers de jeunes Russes soumis à des entraînements et à une concurrence intenses. Mais, dans la Russie postcommuniste, le pouvoir des oligarques* se fait également sentir dans le domaine du sport : ils prennent en main les clubs de football russes et étrangers comme le magnat du pétrole, Roman Abramovitch, qui rachète en juin 2003 le club londonien de Chelsea et sponsorise le CSKA Moscou. En 2006, Roman Abramovitch constitue aussi un fonds de soutien pour plus de 700 athlètes russes avec dix autres magnats russes afin d'éviter leur expatriation grâce à une redéfinition privée de « l'athlète d'État » de l'époque soviétique. Et, si les conditions de la pratique du sport de loisirs et de masse se sont dégradées, le président Poutine, judoka émérite, sait lui aussi manier la diplomatie sportive en soutenant la candidature de la station de Sotchi située entre mer Noire et Caucase et qui s'est vu décerner en juillet 2007 l'organisation des jeux Olympiques d'hiver 2014. Le sport reste donc une affaire éminemment politique dans la Russie du IIIe millénaire.

····⟩ olympisme

Spoutnik 4 octobre 1957, 22 h 58 (heure locale), désert kazakh. Dans un champ de tir situé entre les villes de Tyura et de Tam (et non à Baïkonour qui se situe à 350 kilomètres de là comme l'ont longtemps laissé croire les Soviétiques aux Occidentaux), une puissante fusée R-7

s'élève dans le ciel en emmenant avec elle une sphère d'aluminium d'un peu plus de 80 kg. Elle ne contient aucun instrument scientifique, seulement de l'azote pressurisé et deux émetteurs radio. La fusée Spoutnik (le « compagnon », en russe) se satellise autour de la Terre à 900 km d'altitude et tourne à 28 800 km/h. Son ingénieur en chef est un certain Korolev dont les Soviétiques préservent jalousement l'identité.

Le lendemain matin, l'information lancée par l'agence Tass a, à sa façon également, fait le tour de la Terre. Une station d'écoute française a, la première, décelé les signaux émis par le satellite. Le fascinant « bip bip » enregistré du premier engin à avoir atteint l'espace extraterrestre est retransmis sur les ondes, capté par les radios amateurs, objet de toutes les conversations partout dans le monde. On scrute le ciel naïvement pour tenter d'apercevoir l'engin qui fait rêver l'humanité.

Les Américains sont anéantis par l'avance technologique soviétique. Ils sont autant humiliés qu'effrayés. Mais, après un moment de sidération, la réussite du bloc de l'Est crée un formidable sursaut des États-Unis. La seconde manche de la conquête* spatiale sera américaine avec le premier homme sur la Lune en 1969 après, il est vrai, une série d'autres prouesses soviétiques comme le vol de Gagarine* le 12 avril 1961 à bord de Vostok 1.

Aujourd'hui ce sont plus de 6 000 satellites qui ont été lancés autour de la Terre et qui ne sont plus seulement, et depuis longtemps, le fait des deux superpuissances. Europe, Japon, Chine, Inde, Israël possèdent les leurs, bientôt le Brésil et la Corée du Sud en lanceront. Du terrain militaire, la bataille s'est déplacée sur le terrain économique et culturel.

Alexeï Stakhanov À trente ans, Alexeï Stakhanov (1905-1977), simple mineur du Donbass, devient en un jour héros national en arrachant au sous-sol minier, le 31 août 1935, 102 tonnes de charbon, quatorze fois la production habituelle d'un mineur. L'événement, soigneusement organisé en amont (en réalité le mineur était secondé dans son exploit par toute une équipe), est tout de suite relayé en une immense campagne de propagande visant à stimuler le taux de productivité, alors dangereusement bas, de l'industrie soviétique. Le signal donné est très fort : il ne s'agit plus seulement d'atteindre les normes de productivité fixées par le plan*, il faut les pulvériser. Les dirigeants soviétiques se plaisent déjà à rêver d'étendre le phénomène à d'autres secteurs comme l'agriculture et les transports. À exploits extraordinaires, récompenses extraordinaires : ceux qui participeront se verront dotés d'avantages hors du commun, à commencer par Alexeï Stakhanov, qui accède à l'enseignement de l'Académie pour l'industrie de Moscou avant d'entrer au ministère de l'Industrie, puis de devenir député au Soviet suprême.

Après l'euphorie, le désenchantement. L'exploit de Stakhanov s'avère malheureusement difficile à reproduire à grande échelle et surtout tout au long de la chaîne de production. Dans certains secteurs et à certains niveaux de la production, des exploits dignes de celui de Stakhanov se reproduisent certes bien, faisant augmenter la productivité de manière spectaculaire et ponctuelle. Malheureusement, ces exploits entraînent de terribles blocages dans le reste de la chaîne de production qui se révèle incapable de les absorber. Le stakhanovisme en arriverait presque à paralyser le système de production, quand il ne monte pas, paradoxe suprême au pays de l'égalité de tous, les ouvriers contre les cadres et les dirigeants des centres de production. À l'époque de la perestroïka, il fut reconnu que le record de Stakhanov avait été volontairement falsifié.

Joseph Vissiarionovitch Djougachvili, dit Staline

Joseph Vissarionovitch Djougachvili est officiellement né à Gori en Géorgie le 21 décembre 1879. En réalité, il est venu au monde un an plus tôt, le 6 décembre 1878, fils d'un cordonnier alcoolique et violent et d'une femme de ménage. Il adopte le pseudonyme de Staline (« l'homme d'acier ») en 1913, après avoir utilisé celui de « Koba » – tiré d'un personnage de bandit d'honneur d'un roman géorgien – pendant toute la première partie de sa vie de révolutionnaire professionnel qu'il entame en 1900, à l'âge de 22 ans. Auparavant, il a passé cinq années – qui l'ont profondément marqué – au séminaire de Tiflis avant d'être exclu pour cause de révolte. Staline s'est également fait appeler *Khozian* (« le patron »), le *Vojd* (« le guide ») puis le « petit père des peuples » sans compter les multiples pseudonymes utilisés dans la clandestinité ou pour les communications secrètes depuis le Kremlin. Au cours des années suivant sa rencontre avec Lénine* en 1905, il organise des braquages contre des banques pour financer le parti bolchevique. Arrêté par la police tsariste et déporté en Sibérie* à plusieurs reprises à partir de 1907, il s'évade à chaque fois. Il arrive en mars 1917 à Petrograd où

il intègre la rédaction de la *Pravda*. Après la révolution d'Octobre*
– pendant laquelle il reste en retrait de la scène –, il devient, entre autres,
Commissaire du peuple aux nationalités. C'est le début d'une ascension
qui va le conduire dix ans plus tard au sommet du pouvoir.

La terreur au pouvoir. Pendant ces années, il s'impose à la tête du parti bolchevique, mêlant la brutalité à la ruse. Il se révèle un tacticien hors
pair, maîtrisant à la perfection les jeux de pouvoir dans ce système en
pleine construction, éliminant tous ses rivaux (Trotski*, Kamenev,
Zinoviev, Boukharine) qui le tiennent en piètre estime – « la plus
éminente médiocrité de notre parti », selon l'expression de Trotski.
En réalité, bien que peu charismatique, mauvais orateur, souffrant de
ses handicaps physiques (deux orteils accolés, le visage atteint de la
petite vérole, un bras gauche plus court), Staline est doté d'une grande
intelligence. Travailleur acharné, lecteur assidu, il possède un sens aigu
des rapports de force. Pour conduire son entreprise de conquête du
pouvoir, il s'appuie sur le clan des Caucasiens dont il est le « patron ».
Ces hommes, Géorgiens comme lui – Ordjonikidze, Enoukidze, Beria
– ou qui ont fait leur carrière dans le Caucase – Kirov, Vorochilov –,
lui vouent une fidélité et une loyauté sans faille. Ils ont en commun
cette culture caucasienne clanique qui repose sur la violence et des
liens d'allégeance personnelle.

En 1929, ses rivaux éliminés ou en voie de l'être, il opère le « Grand
tournant » de l'industrialisation à marche forcée et de la collectivisation.
Pendant près de quinze ans, il exerce le pouvoir par la terreur de masse :
opposants réels ou supposés, paysans*, minorités nationales, « éléments
socialement dangereux » sont arrêtés, déportés au goulag* quand ils
ne sont pas exterminés. Les années 1929-1930 (« dékoulakisation »,
1,8 million de déportés), 1932-1933 (famine* en Ukraine*, 4 à 6 millions de morts) et 1937-1938 (Grande* Terreur, 750 000 exécutions)
portent la violence stalinienne à son paroxysme. Cette terreur s'exerce
y compris sur ses plus proches compagnons d'armes qui sont éliminés
(Enoukidze) ou qui se suicident (Ordjonikidze) ou dont il arrête les
épouses (Molotov, Poskrebychev).

La Seconde Guerre mondiale lui offre l'occasion d'étendre l'empire
soviétique et son système social. D'abord avec les pactes germano-soviétiques d'août et de septembre 1939, puis par la Grande Alliance avec

la Grande-Bretagne et les États-Unis à partir de 1941. Mais son pas de deux avec Hitler a failli l'emporter et avec lui le régime soviétique.

Jusqu'à la veille du déclenchement de l'opération Barbarossa par Hitler, malgré les signaux qu'il reçoit de toutes parts, il refuse de prendre les mesures qui s'imposent pour la défense du pays. Entre le 22 juin 1941 et la fin novembre, l'effondrement est proche. Mais contrairement à la légende véhiculée par Khrouchtchev*, Staline n'a jamais sombré dans la dépression pendant cette période. En 1945, il est au faîte de son pouvoir. Mais au prix d'une destruction sans précédent : 26 millions de morts, des territoires totalement dévastés, des peuples collectivement punis, en particulier dans le Caucase* et dans les pays Baltes*. Après la guerre, Staline est à la tête du plus grand empire jamais conquis par la Russie. Il entretient un culte de la personnalité qui atteint son sommet au moment de son soixante-dixième anniversaire, en 1949. À partir de 1946, la terreur vise de nouveaux « ennemis* du peuple » : les populations des territoires conquis pendant la guerre, les Juifs* accusés de « cosmopolitisme », les titistes, etc. Une nouvelle purge menace de s'abattre sur le cercle du Kremlin (Molotov, Beria, Malenkov) avec le déclenchement du « complot des blouses blanches » en janvier 1953. Mais le 1er mars, il est victime d'une attaque cérébrale dont il meurt le 5 mars 1953. Moins d'un mois plus tard, Beria lance la première déstalinisation. Ni médiocre, ni fou, Staline n'a pas été un accident de l'histoire russe, soviétique et communiste. À la suite de Lénine, il a forgé et développé, par la violence extrême, le cœur d'un système, reproduit ensuite ailleurs (Chine, Corée, Vietnam, Cambodge).

Stalingrad Ce nom aujourd'hui disparu des cartes (remplacé par Volgograd en 1961) rappelle à la fois la bataille qui a scellé l'issue de la Seconde Guerre mondiale en Europe et, bien entendu, Staline, dictateur de l'Union soviétique de 1928 à 1953.

Avant 1925, la ville située sur la rive droite de la Volga, à son point le plus occidental, avait gardé son nom original de Tsaritsyne – une forteresse construite en 1589 à la frontière sud de l'empire russe en formation. Au cours de la guerre* civile, la cité avait été prise par les troupes blanches de Denikine, avant d'être reprise par les Rouges sous le commandement de Toukhatchevski et, affirme l'histoire officielle soviétique, de Joseph Staline*.

Si les rues ont rapidement et souvent été rebaptisées dans la Russie révolutionnaire, il fallut attendre 1924 pour que des villes d'importance connaissent le même sort : Leningrad (Petrograd) et Oulianovsk (Simbirsk) en hommage à Lénine récemment disparu, mais aussi Sverdlovsk (Ekaterinbourg), Frounzé (Bichkek, 1926), Kalinine (Tver, 1931) ou encore Gorki (Nijni-Novgorod, 1932). Profitant de ce contexte de célébration, des partisans zélés prirent l'initiative de créer Troïtsk ou Zinovievsk... mais surtout Stalingrad, apparemment en dépit de la réticence de Staline.

À la fois point névralgique du front de la défense soviétique et point de fixation psychologique des Allemands et des Soviétiques, de Hitler et de Staline qui s'affrontent depuis le 22 juin 1941, la bataille de Stalingrad est sans conteste le tournant majeur de la Seconde Guerre mondiale.

De la mi-mai au 23 août 1942, l'offensive de la VIᵉ armée de von Paulus propulse les troupes nazies du Don à la Volga. Dans ses carnets de guerre, l'écrivain Vassili Grossman, engagé volontaire comme journaliste pour le quotidien de l'armée, *l'Étoile rouge*, décrit l'état d'esprit des défenseurs de Stalingrad, reflet parfait de la directive du 28 juillet signée par Staline : « On ne peut pas reculer au-delà. Chaque pas en arrière est un malheur terrible et peut-être irréparable »... et peut conduire au peloton d'exécution.

Fin août, Stalingrad est encerclée, coincée entre le feu allemand – à l'ouest, au sud, au nord et dans les airs – et la Volga, large de plus d'un kilomètre et demi. Grossman relate sa première traversée, semblable à celle du Styx : « Sentiment de terreur. La tranquille, la claire Volga paraît effrayante, comme un échafaud. [...] La terre, au point de passage du fleuve, est labourée par un fer maléfique... Et le feu allemand ne cesse même pas une minute. » De fait, la ville est déjà détruite aux trois quarts ; peu d'habitants y subsistent. Fin octobre, 90 % de la cité est occupée ; seules deux poches résistent, notamment autour du kourgane (tumulus) de Mamaïev.

La bataille n'est pas un siège classique, mais un long combat de rues, où chaque maison est une redoute (comme la maison défendue par une unité dirigée par Pavlov, et qui, bien qu'encerclée pendant des semaines, cible d'attaque répétées, a tenu bon... jusqu'à ce que tous meurent), chaque trou une tranchée. « Il n'y a qu'ici que l'on sait ce qu'est un kilomètre. C'est mille mètres, c'est cent mille centimètres.

Ivres, les tireurs de pistolet-mitrailleur allemands avançaient avec une opiniâtreté de somnambules.» Les Allemands utilisent massivement la technique : avions bombardiers, artillerie lourde, chars, lance-flammes. En face, outre les canons postés sur la rive gauche qui couvrent les traversées du fleuve et s'acharnent sur les bases de soutien nazies, les Soviétiques disposent surtout des soldats, postés à quelques mètres des lignes allemandes pour éviter les bombardements, cherchant à isoler l'infanterie des blindés lors des engagements.

Ces combats de rues, appelés «combats de rats» par les Allemands, ont favorisé l'héroïsation des combattants, dans la presse comme dans la littérature – à commencer par *Vie et destin,* de Grossman. Parmi les récits multiples d'unités réduites quasiment à néant tenant tête à l'ennemi depuis les souterrains, d'enfants espions, de quête d'eau et de nourriture, on a surtout retenu le cas des snipers. Si Vassili Zaïtsev est le plus connu, son hypothétique duel avec un Allemand a certainement été inventé par la propagande. En revanche, Grossman a suivi une semaine entière Anatoli Tchekhov, dont les tirs précis faisaient peser une constante menace sur les soldats allemands et participaient d'une guerre d'usure psychologique.

La résistance acharnée des Soviétiques n'a eu d'égale que l'obstination de Hitler, qui concentrait là l'essentiel de ses forces au détriment de l'attaque prévue sur Moscou, et en dépit des rapports faisant état d'une concentration massive de troupes dans la région. Le 19 novembre 1942, la contre-offensive lancée par le futur maréchal Joukov retourne l'encerclement en faveur de l'Armée rouge. Interdit d'évacuer par Hitler qui le promeut maréchal, von Paulus ne parvient à conserver ses positions que grâce à un pont aérien de plus en plus difficile à maintenir. Le 2 février 1943, désobéissant à Hitler, von Paulus signe la reddition de la VIe armée après que plus d'un million de combattants soient tombés. Le rouleau compresseur soviétique se met en marche et ne s'arrêtera qu'à Berlin, le 30 avril 1945.

Strogoff (Michel) --> Michel Strogoff

T

Tambov Le 25 août 1942, en pleine guerre contre l'URSS et en raison des fortes pertes subies par les divisions SS, Adolf Hitler se résout à instaurer le service militaire obligatoire en Alsace-Moselle, ce qui équivaut, en temps de guerre, à un enrôlement et une participation aux combats. Ainsi, quelque 100 000 Alsaciens et 30 000 Mosellans se retrouvent principalement contraints à lutter sur le front de l'Est contre l'Armée* rouge. La plupart de ces « malgré-nous » sont affectés dans la Wehrmacht tandis que les autres sont intégrés d'autorité à la Waffen-SS.

Sur les 130 000 Alsaciens-Mosellans, ainsi que quelques Luxembourgeois et quelques Belges, victimes de cette mesure administrative, 30 % furent tués ou portés disparus, 30 000 blessés et 10 000 restèrent invalides. Nombre d'entre eux seront fait prisonniers par l'armée soviétique durant la débâcle allemande ou alors qu'ils désertaient et furent déportés dans les camps de détention soviétiques dont le plus connu est celui de Tambov, souvent après un passage dans les mines de charbon de Karaganda. Le camp 188, à 430 km au sud-est de Moscou, a regroupé, à partir de la fin 1943, la plupart des « malgré-nous ». Ces derniers subirent le sort de tous les prisonniers de la Wehrmacht, avec des conditions de vie très dures, la rudesse du climat, les épidémies, un taux de mortalité élevé et des campagnes de rééducation antifasciste.

On évalue à environ 50 à 60 % les pertes en vies humaines au camp de Tambov qui, de 1944 à 1945, vit le passage de 68 000 prisonniers de guerre de toutes nationalités parmi lesquels le « contingent français » fut le plus exploité. À Tambov comme dans une centaine d'autres camps, on estime que quelque 17 000 de ces hommes ont péri. Libérés en grande majorité durant l'automne 1945, près de 20 000 « malgré-nous » demeurèrent pourtant emprisonnés plusieurs années encore, certains jusqu'en 1955. Accusés de crimes de guerre par les Soviétiques, ils se sentent trahis par la France libre, mal aimés de leurs compatriotes et utilisés comme monnaie d'échange dans les négociations diplomatiques y compris après la guerre.

Andreï Tarkovski Né en 1932, fils du poète Arseni Tarkovski, Andreï commence à travailler comme géologue en Sibérie quand il décide en 1956 de changer de voie et d'étudier au VGIK (l'Institut d'État du cinéma) à Moscou. Son film de fin de diplôme, *le Rouleau compresseur et le violon* (1960), annonce déjà une recherche poétique dans l'observation de la vie contemporaine en URSS, à travers le regard innocent d'un enfant. Ce sera à nouveau le cas avec *l'Enfance d'Ivan* (1962), dans lequel le réalisateur dépeint la guerre par les yeux de l'adolescent Ivan. *Andreï Roublev** (1966), prix de la Critique internationale au festival de Cannes, ouvre aux spectateurs une réflexion sur la spiritualité religieuse et existentialiste qui se prolonge dans *Solaris* (1972). *Le Miroir* (1974) est une plongée en profondeur dans l'histoire personnelle du réalisateur, hymne à la campagne russe, à la nature. Suivent *Stalker* (1979), *le Temps du voyage* (1982, réalisé en Italie), *Nostalgia* (1982, Italie/URSS), *le Sacrifice* (1986) qui prolongent ses réflexions sur la relation entre l'homme et la nature, sur la solitude des êtres, leurs rêves et sur la spiritualité. Ces films sont primés de nombreuses fois en URSS et dans le cadre de festivals de cinéma* internationaux. Andreï Tarkovski est décédé à Paris, en 1986.

Tatars de la Volga
Les étrangers de l'intérieur

Les Tatars de la Volga (ou Tatars de Kazan, du nom de l'actuelle capitale du Tatarstan) constituent le premier groupe ethnique non slave de la Fédération de Russie. Le terme de « Tatar » désignait généralement, avant 1917, l'ensemble des musulmans de Russie, quelle que soit leur appartenance ethnique (Kazakhs, Kirghizes, Ouzbeks, Azéris, Tatars de Kazan aussi bien que de Crimée*). Aujourd'hui, les deux principaux groupes ethniques désignés sous cette appellation sont les Tatars de Kazan et les Tatars de Crimée*, déportés en 1944 sous Staline* et qui, pour la moitié d'entre eux, ont regagné leur territoire d'origine au cours des années 1990.

Selon les données officielles (2002) publiées par le gouvernement de la république du Tatarstan, on compte plus de 7 millions de Tatars de Kazan dans le monde : 5,4 millions dans la seule Russie, dont plus d'un million dans les deux capitales réunies (Moscou et Saint-Pétersbourg) et un autre million dans la république voisine du Bachkortostan. Les Tatars ne représentent qu'un peu plus de la moitié de la population de la république dont ils sont la nationalité* titulaire, le Tatarstan, qui compte 3,8 millions d'habitants. Les Tatars de la Volga sont une ethnie turcophone. La majorité d'entre eux sont de tradition musulmane sunnite et l'on compte également une petite minorité de Tatars chrétiens, les kriachènes (du russe, « baptisé »), convertis à partir du xvie siècle, après la conquête de la région par l'Empire russe. Dès le viie siècle de notre ère, les Bulgares de la Volga, dont l'origine est incertaine, s'établissent au confluent de la Volga* et de la Kama, un territoire alors peuplé de tribus finno-ougriennes auxquelles se sont mélangées, à partir du iiie siècle après J.-C., des populations turciques régulièrement venues de la steppe (actuel Kazakhstan du Nord). Les Bulgares de la Volga vont constituer un État dont la capitale, Bolgar – aujourd'hui un site archéologique –, est située sur la Volga, une route commerciale que ce royaume de marchands et de négociants va contrôler pendant trois siècles environ. Convertis à l'Islam en 922 par un émissaire du calife de Bagdad, Mohammed Ibn Fadlan, les souverains bulgares tombent sous la coupe mongole en 1236-1238. L'émissaire des Omeyyades a rédigé en arabe un *Voyage chez les Bulgares de la Volga*, seul document écrit qui témoigne de la civilisation des Bulgares de la Volga. Au xiiie siècle, le royaume bulgare est alors totalement détruit et remplacé par le khanat de Kazan, principauté vassale de la Horde d'or. Pour les Russes voisins, rien ne distingue plus, à partir de cette période, les descendants des Bulgares des Mongols*, d'où l'expression de « joug tataro-mongol », qui désigne en réalité le joug des Mongols de la Horde d'or, dans l'historiographie russe moderne.

Les premiers musulmans de l'Empire. En 1552, le khanat de Kazan tombe sous la domination russe. Il faut souligner que la conquête de Kazan par Ivan IV le Terrible pose la première pierre de l'Empire russe moderne, État multiethnique et multiconfessionnel. En effet, pour la première fois de l'histoire, la souveraineté russe s'étend à une population ni slave ni chrétienne. La domination russe fait alterner les campagnes de persécution et de christianisation forcée et les politiques de cooptation des élites tatares et de relative tolérance à l'égard de l'Islam. Il faut attendre la fin du xviiie siècle pour que Catherine II octroie un statut aux musulmans de Russie. Une « direction spirituelle des musulmans de Russie » est établie à Oufa (capitale actuelle du Bachkortostan), avec à sa tête un grand mufti, qui se voit attribuer le pouvoir de réguler la vie civile et religieuse des sujets musulmans de l'Empire. Aujourd'hui encore, cette organisation subsiste : le grand mufti actuel, Ravil Gaïnoutdine, nommé en 1996, est un Tatar de Kazan né au Tatarstan. Dès les origines, l'islam russe officiel a fait la part belle aux Tatars de la Volga, qui ont fourni à ce dernier son élite. Le plus grand historien des Tatars à l'époque contemporaine, Alexandre Bennigsen, a rappelé qu'ils étaient, à la fin du xixe siècle, une population plus alphabétisée que la population russe. La société tatare comptait alors une importante couche de commerçants prospères, dont certains ont joué un rôle décisif d'émissaires de l'Empire russe dans l'Asie* centrale nouvellement conquise. En plus de cette bourgeoisie émergente, les Tatars de la Volga ont formé à Kazan une élite intellectuelle, qui va devenir le fer de lance d'une intelligentsia sécularisée et occidentalisée, porteuse d'un mouvement d'émancipation politique qui se forme au début du xxe siècle et qui sera durement réprimé par le pouvoir bolchevique. D'emblée, ce mouvement d'émancipation ne se limite pas à un nationalisme tatar, mais embrasse l'ensemble des musulmans de Russie, les Tatars de la Volga formant, pour reprendre les termes employés par Soultangaliev, l'un de ses chefs politiques les plus célèbres (exécuté en 1939), l'« avant-garde éduquée et politiquement consciente » de cette communauté musulmane qu'ils vont tenter de réunir au sein d'un grand État après la chute de l'Empire russe, en 1917.

Le souffle de la révolution. Après la prise du pouvoir par les bolcheviks, en octobre (novembre) 1917, les dirigeants musulmans de Russie sont divisés : certains prônent une autonomie culturelle pour des populations sans territoires, afin de mener à bien le projet ultérieur de réunir l'ensemble des musulmans de Russie au sein d'une seule entité politique, alors que d'autres se rallient au projet du nouveau pouvoir de territorialiser les nationalités. En mars 1918, une république soviétique des Tatars et des Bachkirs est instituée, avec l'appui d'un cercle de marxistes tatars réunis autour de Moullanour Vakhitov, jeune révolutionnaire issu d'une famille de riches marchands de Kazan, nommé en janvier 1918 représentant officiel des musulmans au commissariat (ministère) des Nationalités, dirigé par Staline. En août 1918, Vakhitov meurt en défendant le kremlin de Kazan contre les assauts victorieux des armées blanches, qui prennent le contrôle de la région. C'est alors que naît un nouvel État, éphémère, la « république de l'Idel-Oural » (Idel signifie « Volga » en tatar), qui réunit les terres tatares et bachkires. Proclamée en décembre 1917 avec pour objectif de faire renaître l'ancien khanat de Kazan, mise en œuvre grâce à l'appui militaire des légions tchèques, contre-révolutionnaires, la « république de l'Idel-Oural » est rapidement dissoute par les bolcheviks dès la fin de l'année 1918. En quête d'appui international, son président, Sadreddine Maksoudov, fuit en Finlande, puis en Allemagne et en France, d'où il rejoint la Turquie, où, sous le nom de Sadri Maksudi Arsal, il deviendra un homme public, proche d'Atatürk. Conformément à la politique stalinienne de territorialisation des nationalités, qui visait notamment à entraver tout nationalisme en affaiblissant les positions des nations les plus politiquement constituées – et qui cherchait ici à empêcher la constitution d'une entité fédérative musulmane –, on assiste, en 1919, à la création d'une république soviétique de Bachkirie. Dans la même logique (divide et impera), une république socialiste soviétique autonome tatare voit le jour le 27 mai 1920 : le territoire exigu de cette entité, qui porte aujourd'hui le nom de « république du Tatarstan », n'abrite pas plus du quart des Tatars de Russie… Tel est d'ailleurs toujours le cas en ce début de XXIe siècle.

Les « étrangers de l'intérieur » ?. Pendant la période soviétique, le Tatarstan est devenu une région industrielle majeure, en particulier pour la production de pétrole, qui a commencé dans les années 1940, ainsi que pour son immense unité de production automobile*, Kamaz, à Naberejnye Tchelny, le deuxième centre urbain de la république. Le Tatarstan a connu l'évolution sociologique des grandes régions de la Russie européenne, les Tatars de la Volga continuant de se distinguer des autres nationalités turcophones de l'URSS* par leur mode de vie très occidentalisé et leur russification culturelle et linguistique plus poussée. Dans les années 1920-1930, la langue tatare a fait l'objet de plusieurs réformes – passant des caractères arabes à l'alphabet* latin (sur le modèle turc) puis aux caractères cyrilliques – qui ont conduit à l'acculturation des générations soviétiques de Tatars, pour la plupart désormais coupées de l'accès aux sources de la culture d'avant 1917. Cela n'a pas pour autant constitué un obstacle à la renaissance, dans les années 1960, d'une intelligentsia nationale en quête d'identité, laquelle va devenir le fer de lance d'un mouvement de renaissance nationale qui se forme, à la faveur de la perestroïka, dans la seconde moitié des années 1980. Il faut ajouter que l'élite de la république autonome, tout en restant loyale au Kremlin, a développé, à partir de la fin des années 1960, d'évidentes velléités d'autonomie. Ces deux phénomènes concomitants – résurgence d'une intelligentsia nationale et d'une nomenklatoura* locale ayant à cœur de défendre les intérêts locaux – peuvent être observés dans la plupart des républiques fédérées de l'URSS, au sein desquelles la politique soviétique d'indigénisation du pouvoir local conduit à la renaissance de véritables nationalismes, alors que l'objectif visé était tout à fait inverse ! C'est ainsi qu'en 1990 la république du Tatarstan, avec à sa tête le nouveau chef de son parti communiste, Mintimer Chaïmiev – qui deviendra le président de la nouvelle république, toujours en poste en 2008 – entre dans une nouvelle ère, l'ère postsoviétique, placée dans un premier temps sous le signe de la reconquête de l'autonomie politique et économique. Après la chute de l'URSS, le Tatarstan est avec la Tchétchénie* la seule république de la nouvelle Fédération de Russie qui ne signe pas le nouveau « traité fédéral » et fondera, dans un premier temps, ses relations avec le Kremlin sur le mode bilatéral. Inaugurant en février 1994 une série de traités établis entre le pouvoir central et les sujets de la Fédération, la république du Tatarstan obtient un statut dérogatoire et une très large autonomie. Ces dispositions seront rapportées dans les années 2000, mais les élites politiques de la république – et en tout premier lieu le président – ont su entretenir d'excellentes relations avec l'exécutif moscovite et conserver une influence politique majeure au niveau national. Un proverbe bien connu en Russie dit : « Un Tatar vaut toujours mieux qu'un intrus », lui conférant le statut d'« étranger de l'intérieur », un être différent mais toujours plus fiable (car bien connu) que l'« étranger de l'extérieur ».

Piotr Ilitch **Tchaïkovski** « Quoique ses talents soient quelque peu supérieurs à la moyenne, il n'a aucune chance de faire une carrière musicale », tel est le jugement émis par un certain Rodolph Kundinger, professeur de piano auquel on avait confié le jeune Tchaïkovski. Piotr Ilitch, alors âgé de vingt ans, se morfond, dans une ambiance à la Gogol, dans un obscur département du ministère de la Justice, où il lui arrive d'égarer par distraction les documents qui lui sont confiés. Mais Tchaïkovski n'a cure de ce verdict : la musique jaillit en lui depuis son plus jeune âge. Né en 1840, à Votkinsk (Oural), il garde de son enfance le souvenir de longues soirées d'hiver où il se prenait à improviser sur le piano du grand domaine et revit ses insomnies durant lesquelles il s'écriait « Ah cette musique ! cette musique ! ». À Saint-Pétersbourg, où la famille s'est récemment établie, il est de tous les événements musicaux, opéras, ballets, soirées privées. Ayant fait ses adieux à la bureaucratie, il s'inscrit aux Classes musicales ouvertes en 1860 (et transformées en conservatoire en 1862) sous la houlette d'Anton Rubinstein. Il y apprend la composition, l'orchestration, le piano, la flûte et l'orgue. De condition bourgeoise – son père est grand capitaine d'industrie –, Tchaïkovski ne craint pas de gagner petitement sa vie en donnant des leçons de piano dans les bonnes familles. Ses premières compositions sont vertement critiquées par Rubinstein : « ça ne vaut rien ». Timide, fragile, il observe de loin le groupe des Cinq (Balakirev, Borodine, Cui, Moussorgski et Rimski-Korsakov) sans parvenir à se lier d'amitié avec ces musiciens sûrs d'eux, brutaux, novateurs. Son caractère sombre, nostalgique ne cesse de s'affirmer ; il se sent peu doué pour la vie, tente de se suicider pour rejoindre sa mère bien-aimée emportée par le choléra alors qu'il n'avait que quatorze ans.

Ni Orient, ni armes, ni esclaves. Il parvient à s'échapper de cette ambiance pesante grâce à Nicolas Rubinstein, frère d'Anton, qui le recrute en 1866 pour enseigner le piano au conservatoire de Moscou nouvellement créé (cet établissement porte à présent son nom). Là, il prend peu à peu confiance en lui et compose en 1869 sa première symphonie et son premier opéra, *le Voïvode* pour lequel, se distinguant de la mode du moment, il ne voulait « ni Orient, ni armes, ni esclaves ». Le compositeur, tout en s'affirmant russe et s'inspirant du folklore, ne cache pas son admiration pour les grands maîtres allemands : Mozart, Beethoven. Tandis que ses maîtres l'éreintent, le public moscovite juge ses œuvres «pas mauvaises». En 1870, Balakirev, duquel il s'est timidement rapproché, lui commande un poème symphonique pour la Société russe de musique. Il livre *Roméo et Juliette* qui remporte un grand succès lors de sa création à Moscou. À la même époque, Tchaïkovski s'essaie à la direction d'orchestre : terrorisé, il se tient la tête de peur qu'elle ne tombe. Là encore, si l'assurance ne vient que progressivement, Tchaïkovski finira par faire de triomphales tournées à l'étranger dirigeant ses œuvres, inaugurant même le Carnegie Hall de New York en 1891. À compter des années 1870, Tchaïkovski compose ardemment : quittant l'appartement collectif du conservatoire, il s'installe avec son valet Aliocha et ne cesse d'aborder de nouvelles formes musicales. En 1875, son premier concerto pour piano, qu'il souhaite dédier à Nicolas Rubinstein, est rejeté violemment par ce dernier qui se dit «répugné». La même année il compose *le Lac des cygnes*, qui se solde également par un échec retentissant. Heureusement, Tchaïkovski trouve auprès des compositeurs occidentaux tels que Liszt, Saint-Saëns, Debussy, Bizet un accueil plus chaleureux. Et puis, il a commencé à s'endurcir, à ne plus souffrir des critiques acerbes de ses contemporains, du moins en ce qui concerne sa musique. De fait, homosexuel notoire à une époque où ce penchant pouvait conduire au bagne sibérien, il tente de s'amender et de se donner une image respectable en épousant une jeune musicienne. Ce mariage est un échec cuisant : incapable de surmonter son dégoût, Tchaïkovski se sépare d'Antonina Milioukova avec les pires difficultés et sort ravagé de ce mariage (1877). Peu de temps après, il entame une relation épistolaire avec la baronne Von Meck, veuve richissime et mélomane, qui lui promet de ne jamais exiger de lui la moindre rencontre. La baronne lui envoie des courriers passionnés et – surtout – elle le dote grassement d'une pension annuelle de 6 000 roubles. «On» rembourse discrètement les dettes qu'il ne cesse de contracter (il s'habitue très vite au luxe !), on l'invite à séjourner dans des palaces russes, italiens, parisiens. Lui compose, hors du temps, passant des œuvres dictées par son inspiration à des œuvres de commande, sans juger les secondes inférieures aux premières. Il dédie à la baronne sa *4ᵉ Symphonie* et, dans de longues missives, s'explique sur ses sources d'inspiration, ses méthodes de travail, ses goûts musicaux. Cette relation particulière s'achèvera en 1890, sur l'initiative de la baronne Von Meck, finalement lassée de n'être qu'une mécène.

De succès en succès. Entre-temps, Tchaïkovski s'est imposé parmi les meilleurs compositeurs de son temps : *Eugène Onéguine* est créé à Moscou en mars 1879. L'année suivante, il compose le *Capriccio italien*, la célèbre *Sérénade pour cordes* et l'*Ouverture 1812*. Un an plus tard, il dédie son superbe *Trio pour piano* à Nicolas Rubinstein, décédé. Il compose ensuite *Manfred* (1885), sa 5ᵉ *Symphonie* (1888). En 1889, le danseur et chorégraphe français, Marius Petipa, qui dirige les théâtres* impériaux à Saint-Pétersbourg, lui commande un ballet* avec comme argument *la Belle au bois dormant*. Triomphe, suivi de celui de *la Dame de pique*, écrite en quelques mois. Seconde commande de Marius et ce sera *Casse-Noisette*, créé au théâtre Marinsky de Saint-Pétersbourg en décembre 1892. Le 6 novembre 1893, quelques jours après la création de sa 6ᵉ *Symphonie*, dite *Pathétique*, Tchaïkovski meurt du choléra après avoir bu de l'eau non stérilisée. Son décès est parfois, mais sans la moindre preuve, considéré comme un suicide lié au scandale de son homosexualité. Bien que la Russie compte de nombreux et célèbres musiciens, Tchaïkovski reste le compositeur le plus populaire de tous. Sans doute, parce que sa musique, souvent lyrique, reflète une personnalité hypersensible (« Quel pleurnicheur je fais ! »). Peut-être aussi parce que, au-delà des querelles idéologiques, elle est le produit d'une synthèse équilibrée entre tradition russe et canons occidentaux.

······⟩ musique

Anton Pavlovitch Tchekhov

Né dans la pauvreté en 1860, à la veille de l'abolition du servage, Anton Tchekhov meurt en 1904 à l'aube de la première révolution – phtisique mais adulé. Son enfance n'a rien d'enviable : son père, petit épicier borné, despote et bigot (lui-même fils de serf), le contraint à tenir boutique, à assister à d'interminables offices et le frappe violemment à la moindre contrariété. Il a seize ans lorsque, l'épicerie ayant fait faillite, sa famille (il a trois frères et une sœur) part chercher fortune à Moscou. Tchekhov reste seul à Taganrod, petite bourgade du sud-ouest de la Russie, pour finir ses études secondaires, qu'il finance en donnant des leçons particulières. Bachelier à dix-neuf ans, il rejoint sa famille, qui vit dans un taudis, et s'inscrit à l'université où il étudie la médecine. Pour subvenir aux besoins de sa famille, Tchekhov publie de-ci de-là de courts récits inspirés de la vie quotidienne, puis se fait remarquer avec un premier recueil de nouvelles (*les Récits bariolés*, 1886). L'accueil du public et des critiques est favorable. À compter ce jour, Tchekhov mène parallèlement son activité d'écrivain et celle de médecin. Il collabore à la revue *Les temps nouveaux* et se lie d'amitié avec Souvorine, éditeur et propriétaire de cette publication, qui devient sa principale tribune. Il est accueilli dans le monde, célébré et courtisé dans les salons. Mais les mondanités l'assomment. Après un long périple à la découverte de l'Europe, Tchekhov acquiert une propriété campagnarde dans la région de Moscou, à Mélikhovo, où il s'installe avec sa famille. Là, il n'aime rien tant que les parties de pêche, la contemplation du printemps, les soirées entre amis. Il se met aussi service de la communauté villageoise qui saura tirer parti de ses talents et de son dévouement.

Pourvu d'un grand sens du devoir, il continuera d'entretenir sa famille jusqu'à la fin de ses jours et donnera des consultations gratuites, offrant le couvert et le gîte à ses patients, luttant contre plusieurs épidémies de choléra, au péril de sa santé qui, très tôt, se révéla extrêmement fragile. En effet, Tchekhov était atteint de tuberculose, mais il traita cette maladie par un mépris constant.

Le peintre sans fard d'une réalité difficile. Résolument apolitique et dépourvu de mysticisme, peu prompt à s'enflammer, Tchekhov abhorre les idéologies, les luttes partisanes. Mais il n'en reste pas moins persuadé que le devoir de tout un chacun est de combattre de toutes ses forces pour la vérité, la justice, la diffusion du progrès scientifique. « Je vois le salut dans des personnalités isolées, que ce soient des intellectuels ou des paysans », écrit-il à Gorki. C'est pourquoi, à l'instar de Tolstoï, il finance et organise la construction d'écoles, de dispensaires. C'est pourquoi, au mi-temps de sa vie, il entreprend un périlleux voyage au bagne de Sakhaline dont il ramène un récit si terrifiant *(l'Île de Sakhaline)* que sa publication permettra d'assouplir le règlement de la colonie pénitentiaire. C'est pourquoi, séjournant en France durant l'affaire Dreyfus, il épouse le parti de Zola, ce qui jette un froid entre lui et Souvorine antidreyfusard farouche. Mais Tchekhov est particulièrement fidèle en amitié et, peu susceptible, il invite ses amis à ne point se gâcher l'existence par orgueil. Il parvient donc à surmonter la crise avec Souvorine et renoue également avec le peintre

Levitan, qui l'avait pris en grippe, après que Tchekhov eut publié une nouvelle à scandale trop évidemment inspirée de sa vie privée.

S'il ne cherche pas particulièrement à fréquenter les célébrités, il apprécie les heures passées avec Tchaïkovski* et admire Tolstoï, qu'il rencontre à plusieurs reprises. Cependant, le moralisme de ce dernier l'exaspère. Surtout lorsque le patriarche vient lui rendre visite à l'hôpital pour l'entretenir de résurrection alors que Tchekhov se remet difficilement d'une de ses plus sévères attaques d'hémoptysie ! À la fin de sa vie, Tchekhov est approché par Gorki qui lui voue une grande admiration (« c'est le premier homme libre que j'ai rencontré dans ma vie, le premier qui n'adore rien ») et auquel il conseille de se cultiver tout en restant simple, proche de la réalité et de ses origines.

Mondialement connu pour ses pièces de théâtre*, Tchekhov se considérait comme faible dramaturge et connut un revers cuisant lors de la première de *la Mouette* à Saint-Pétersbourg (1890). La pièce rompait avec toutes les traditions du théâtre d'action : ni rebondissements, ni personnages truculents mais des gens authentiques et crus : saisis dans leurs doutes, leurs hésitations, leurs déprimes, leurs enthousiasmes de courte durée, leurs temps morts. Il suffit de peu – un jeu adapté et un brin d'habitude – pour que l'échec se transformât en triomphe. Lorsque la pièce fut montée à Moscou, quelques années plus tard, le tout Moscou faisait la queue de nuit pour obtenir des places. Les pièces qui suivirent – *les Trois Sœurs* (1900), *la Cerisaie* (1903) – connurent un succès identique.

Dans toute son œuvre, qui – à côté du théâtre – comprend une centaine de nouvelles, contes et récits, Tchekhov décrit une Russie pauvre, malade, résignée, absurde. Il ne juge pas ses personnages, si veules et si retors soient-ils. Il ne dénonce pas les situations, si révoltantes soient-elles. Il scrute, décortique, lentement, minutieusement, avec talent, si bien que la quasi-totalité de ses écrits franchit le seuil de la censure tsariste, pourtant très tatillonne. Son œuvre contribue donc, en dépit de son individualisme forcené, à alimenter la naissance des courants précommunistes.

Ses effets comiques, nombreux, sont les sourires navrés d'un clown blanc. Son style reflète la modestie de son caractère : il écrit avec des mots simples, sans chercher à éblouir le lecteur. Il travaille avec acharnement pour dépouiller ses textes de tout mot superflu. Par la sonorité de ses phrases, il évoque la grisaille, la monotonie, l'ennui. Dans ses dialogues, il reproduit la langue telle qu'elle est réellement parlée, avec ses fautes d'accord, ses raccourcis, ses trouvailles. Au royaume de Pouchkine, Gogol, Tourgueniev et Dostoïevski, son style est tout simplement révolutionnaire.

⋯⟩ Théâtre

la catastrophe de Tchernobyl
Le plus grave accident nucléaire jamais survenu

Dans la nuit du 25 au 26 avril 1986 (à une heure du matin), le réacteur n° 4 de la centrale nucléaire de Tchernobyl explose, provoquant l'une des plus importantes catastrophes industrielles de l'histoire et, sans aucun doute, l'accident le plus grave survenu dans une centrale nucléaire. La fusion du cœur du réacteur, accompagnée d'une série d'incendies, répand des matières radioactives dans l'atmosphère pendant dix jours, alors que les équipes de « liquidateurs » (charger de « liquider » les conséquences de l'accident) se succèdent pour tenter d'enrayer l'accident. Au-delà des conséquences pour les hommes et l'environnement, c'est la gestion de la crise par le Kremlin qui marque les esprits : le secret maintenu pendant plusieurs semaines par les dirigeants soviétiques sur l'accident fournit aux médias occidentaux un exemple de choix pour illustrer les défaillances du système soviétique dans son ensemble. Mikhaïl Gorbatchev* saura néanmoins rebondir et transformer la reconnaissance par le pouvoir des faiblesses du système soviétique – et la nécessité de conduire des réformes – une nouvelle arme rhétorique au service de la perestroïka.

La centrale nucléaire de Tchernobyl est la première construite sur le territoire ukrainien. Située à 130 km au nord de Kiev, sur les rives de la Pripiat, et à 10 km de la frontière biélorusse, cette centrale se trouve à 15 km de la ville de Tchernobyl. Plus de 20 ans après l'accident, la zone contaminée par la radiation demeure « zone interdite ». L'entrée s'effectue sur présentation d'une autorisation spéciale délivrée par les services de sécurité ukrainiens et les personnes et les véhicules qui y ont séjourné sont passés au compteur Geiger à la sortie. C'est dans cette zone que vit toujours le personnel rattaché à la centrale (par rotation) – essentiellement dans la ville de Tchernobyl – ainsi qu'environ 400 personnes âgées qui ont choisi de regagner leurs villages natals.

L'accident

L'accident survient au cours d'un essai destiné à tester le système de refroidissement du réacteur en cas de panne d'électricité. Pour cela, les mécanismes de sûreté ont été débranchés. Mais au cours de l'essai, le réacteur gagne subitement en puissance alors que le mécanisme de fermeture ne fonctionne pas. En quelques secondes, la puissance du réacteur est centuplée. Les mille tonnes de béton qui recouvraient le réacteur sont alors projetées en l'air et retombent sur le cœur du réacteur, qui se fracture. Le graphite qui recouvre le réacteur prend feu. Les matières radioactives produites lors de la fusion sont aspirées par l'air. Environ la moitié des substances radioactives retombe dans un rayon de 60 km autour de la centrale, affectant près de la moitié du territoire de la Biélorussie, alors que le reste est emporté par le vent, puis infiltre les terres du fait de pluies importantes en Europe occidentale.

Les causes de l'accident sont multiples : erreurs humaines, faiblesses techniques inhérentes aux réacteurs de ce type... Mais ce qui frappera les esprits et entrera dans l'histoire, ce sont les manquements des autorités face à l'accident. Dans un premier temps, les pompiers de Pripiat – ville située à 3 km de la centrale – tentent d'éteindre l'incendie dans la matinée du 26 avril. Ils sont, avec le personnel de la centrale, les premières victimes des radiations. Puis, l'armée est mobilisée : des centaines de pilotes se relaient aux commandes d'hélicoptères pour déverser un mélange de sable et de plomb dans le cœur du réacteur. Mais au lieu d'étouffer l'incendie et d'interrompre l'activité du réacteur, cette opération fait monter la température. Le traitement du réacteur au nitrogène arrive enfin à arrêter les émissions radioactives le 6 mai, plus de dix jours après le début de l'incendie. Les équipes de « liquidateurs » se succèdent : des soldats, qui travaillent pour la plupart sans tenue de protection, sont appelés pour déblayer les débris les plus radioactifs ; une nouvelle équipe de pompiers est déployée pour pomper l'eau en sous-sol – qui menace l'intégrité et le contrôle des trois autres réacteurs de la centrale – et, enfin, des mineurs, venus notamment du bassin minier du Donbass (Ukraine* orientale), creusent un corridor pour installer un système de refroidissement sous le réacteur. Sur les 600 000 à 800 000 « liquidateurs » engagés sur le terrain, il reste encore difficile aujourd'hui d'évaluer combien sont décédés à cause d'irradiations. Selon une estimation courante, 25 000 d'entre eux seraient morts de causes liées à leur travail sur les lieux de la catastrophe et 200 000 souffriraient d'invalidités partielles, à des degrés divers.

La gestion de la catastrophe

Alors que les officiels sont pris d'une panique grandissante, la population vaque à ses occupations. Seule la population de Pripiat (45 000 habitants) est informée, 36 heures après le début de l'accident, le 27 avril 1986. En dépit des rumeurs, les autorités ne reconnaissent publiquement l'accident que le 28 avril, après qu'une centrale nucléaire suédoise, qui avait enregistré une hausse soudaine de la radioactivité ambiante, donne l'alarme. Le 1er mai, date à laquelle l'accident n'est toujours pas maîtrisé, aucune mesure de sécurité n'est prise pour les 3 millions d'habitants de Kiev : les festivités de la Fête du travail se déroulent comme prévu en centre-ville, les habitants déambulant, sans le savoir, dans la poussière radioactive. Les enfants ne recevront des doses d'iode – pour empêcher l'absorption d'iode radioactif par la thyroïde – qu'à compter du 23 mai, après avoir ingéré des quantités importantes d'iode radioactif. Les 130 000 habitants d'environ 70 villages sont progressivement évacués au cours des mois de mai et juin. Mikhaïl Gorbatchev ne reconnaît officiellement l'ampleur de la catastrophe qu'à la mi-mai.

Six mois après l'accident, en novembre 1986, les « liquidateurs » ont achevé de construire un premier sarcophage afin d'isoler le réacteur n° 4. Les trois autres réacteurs sont restés en activité jusqu'en 2000. Sous la pression internationale et stimulée par, d'importantes aides financières, l'Ukraine accepte alors de les mettre au repos. Mais devant l'usure du sarcophage, conçu comme une solution de secours, il apparaît indispensable de construire une protection plus solide. Projets, propositions de financement et appels d'offres se succèdent pendant plusieurs années, qui s'embourbent dans des négociations entachées de soupçons de corruption. Finalement, c'est la Banque européenne pour la reconstruction et le développement (BERD) qui gère les 870 millions de dollars que coûtera la construction, prévue pour 2010, d'une « arche » de 110 mètres de haut – et qui pèse 20 000 tonnes – qui servira d'installation de confinement et de zone de décontamination pour les déchets radioactifs, avant de trouver un lieu de stockage définitif.

Les conséquences de l'accident

La catastrophe a stimulé la recherche sur la sécurité des réacteurs RBMK et les modalités possibles de leur modernisation et de leur transformation. D'une manière générale, elle a généré des mesures de sécurisation des centrales – ne serait-ce que pour calmer l'opinion – comme le perfectionnement des scénarios d'évacuation, ainsi que la généralisation des enceintes de confinement dans les centrales. Parmi les 17 réacteurs du même type (RBMK) construits en URSS*, un seul est en activité hors de Russie, à Ignalina (Lituanie), tandis que les 11 autres en activité en Russie (Smolensk, Saint-Pétersbourg et Koursk) semblent devoir le rester. 5 réacteurs de la même génération ont été arrêtés dont 2 de la centrale de Novovovonej, la plus vieille de Russie.

Vingt ans après, le débat sur les conséquences de cette catastrophe sur l'environnement et sur la santé se poursuit. Les isotopes de strontium-90 et de césium-137 qui se sont déposés dans un rayon de 60 à 100 km autour du réacteur endommagé resteront actifs pendant au moins 30 ans. L'iode radioactif, qui était la principale source de risque dans la période qui a immédiatement suivi l'accident mais dont la durée de vie est courte, a décru. Les personnes ont été exposées à la radiation présente dans l'air, en surface et dans les sols, mais aussi dans les nappes phréatiques, à travers la consommation d'aliments contaminés. Ainsi, on estime que de nombreux enfants atteints de cancers de la thyroïde l'ont été par l'iode radioactif qu'ils ont respiré, ainsi que par la consommation de lait contaminé par l'iode. Le césium, présent dans le lait, la viande et certains végétaux – on en a retrouvé des traces dans la viande de rennes consommée en Suède ! – reste le principal sujet de préoccupation en ce qui concerne les risques pour l'homme, mais le taux serait aujourd'hui redescendu en dessous des seuils de dangerosité. Quant aux isotopes de plutonium et de l'américium 241, qui restent radioactifs pendant des milliers d'années, ils auraient un effet moindre sur l'organisme humain.

Si plus de 400 000 personnes ont fui la zone, 5 millions d'habitants continuent de vivre à proximité. L'incidence sanitaire de la catastrophe de Tchernobyl, en particulier sur le nombre des cancers, est jugée très importante. Certaines associations écologistes estiment qu'environ 500 000 personnes ont subi des dommages qui mettent leur vie en péril. De nombreuses études scientifiques semblent constater une augmentation des fausses couches et de malformations congénitales, tant chez les êtres humains que chez les animaux. Si le retour à l'état sauvage de la « zone interdite » a entraîné un regain de la faune (réapparition de renards, de sangliers, d'oiseaux migrateurs…), la biodiversité aurait, en revanche, grandement souffert. Sur ce point, cependant, les données restent controversées. L'étude du « Forum Tchernobyl », réalisée par 3 agences internationales (l'Agence internationale de l'énergie atomique, l'Organisation mondiale de la santé et le Programme des Nations unies pour le développement), revoit à la baisse les premières estimations. Selon ce rapport publié en septembre 2005, 4 000 personnes («seulement») pourraient à terme être considérées comme mortes des suites d'une exposition consécutive aux radiations nucléaires, dont 50 entre 1986 et 2005 («seulement» 41 parmi les liquidateurs de la première heure, et 9 enfants morts des suites de cancers de la thyroïde).

Pour de nombreux responsables d'ONG et nombre de personnalités scientifiques ou civiles de l'ex-URSS, ce rapport minimise de manière grossière les conséquences de l'accident. Les variations de ces données pourraient s'expliquer par la fiabilité très relative des chiffres datant de l'époque soviétique ainsi que par les différences de méthode entre les divers experts et, surtout, par la difficulté (et la relative nouveauté) du sujet : quels sont les problèmes de santé imputables – et dans quelle mesure – à l'exposition à la radioactivité ? Tous les experts reconnaissent en revanche que les conséquences de Tchernobyl dépassent largement l'impact sanitaire direct de la catastrophe et mettent en jeu des problèmes psychologiques et médicaux qui résultent d'un bouleversement soudain et de la perte des moyens de subsistance. En effet, le «traumatisme social» est l'une des conséquences les plus évidentes, vingt ans après la catastrophe, pour les populations évacuées de la zone, ainsi que pour la population en général. Au cours des années 1990, 70 % des Ukrainiens considéraient Tchernobyl comme la cause principale de la détérioration de leurs conditions de vie, cette cause étant citée avant même la crise économique et sociale qui a suivi l'effondrement de l'URSS...

⤷ sciences

Tchétchénie La Tchétchénie est aujourd'hui l'un des 89 membres de la Fédération de Russie et reste peuplée en sa majorité par les Tchétchènes, groupe ethnique nord-caucasien proche des nations tcherkesse et abkhaze. Cet ensemble de groupes nationaux appartient au même groupe linguistique caucasien, de même qu'à l'islam sunnite. Le peuple tchétchène, pour sa part, a été converti sous l'occupation turque au cours du XVᵉ siècle. Le passage de la Géorgie sous influence russe dès 1783 (traité de Georgiyevsk) devait marquer le caractère des rapports entre Moscou et les Tchétchènes et le début de la résistance de ces derniers à l'influence russe dans la région. Au cours du XIXᵉ siècle, la campagne du Caucase* (1863-1864) est un événement majeur de ces relations; Tolstoï en fait un récit saisissant dans *le Prisonnier du Caucase*. C'est toutefois en URSS et au cours de la période stalinienne que le peuple tchétchène connaît l'une des tragédies majeures de son histoire, avec son insurrection contre le pouvoir soviétique en 1940, qui aboutit à la déportation* forcée de la majorité de la population en Sibérie* (1943-1944). Leur réhabilitation en 1957, dans la période de déstalinisation, n'a jamais été à même de normaliser ses rapports avec la Russie. Dès lors, la mobilité ascendante dont a pu bénéficier une partie des élites tchétchènes au sein du système soviétique de promotion des nationalités n'a pas permis d'éteindre les velléités d'indépendance du peuple tchétchène au début des années 1990.

L'acheminement d'hydrocarbures en direction de la Transcaucasie à travers le territoire de la République tchétchène a lourdement pesé dans le refus opposé par Moscou à l'indépendance tchétchène proclamée en 1991 par le général Doudaïev. Ce facteur spécifique a fortement déterminé la polarisation des deux camps, ce qui a empêché de trouver une issue en termes d'autonomie, comme cela a été le cas pour le Daghestan. Le territoire tchétchène a ainsi été le théâtre d'affrontements larvés entre le Kremlin et le mouvement indépendantiste, composé de militaires hauts gradés ayant servi sous le commandement de l'Armée rouge. La réaction musclée du pouvoir central sous la présidence de Boris Eltsine* (1991-1999) a favorisé l'escalade de la violence et abouti à un affrontement militaire ouvert (1994-1996) et à la reconquête du pouvoir par Moscou, au prix de dizaines de milliers de pertes civiles.

Le deuxième conflit tchétchène (1999-2001) reste marqué par des causes qui n'ont jamais été entièrement explicitées. Toujours est-il que la situation internationale de l'après 11 septembre 2001 a favorisé une issue strictement russe du conflit ainsi qu'un traitement médiatique sans précédent. La guerre contre les indépendantistes tchétchènes a connu ainsi un glissement sémantique pour devenir une lutte contre les cercles wahhabites proches d'al-Qaida et par conséquent du terrorisme international après le 11 septembre 2001. Le Kremlin a justifié le début des opérations par des incursions de combattants tchétchènes *(boeviki)* au Daghestan et l'explosion d'immeubles d'habitation dans plusieurs villes russes au cours de l'automne 1999. Reste que le bilan des conflits tchétchènes sur le plan des droits de l'homme est sévère pour l'État russe et a régulièrement été dénoncé par des organisations telles que Human Rights Watch. Ce dernier conflit a, en outre, montré l'étendue de la désorganisation de l'armée russe: absences régulières de coordination, utilisation de contractuels extérieurs *(kontraktniki)* et faible préparation à des opérations de guérilla urbaine.

la télévision russe
Du contrôle de l'État au contrôle du marché

La première programmation régulière en Union soviétique débute en 1938. Dans les années 1960, il existait quatre chaînes, mais la « première chaîne » était le point de référence. Dans la société fermée qu'était l'URSS, la télévision devint, bien plus qu'un simple instrument de propagande, le médium culturel principal de la majorité des Soviétiques. Ses images unissaient tout un peuple, par-delà les distances géographiques considérables du pays et par-delà les différences culturelles et linguistiques des divers groupes ethniques et sociaux qui le composaient. La télévision fut donc une véritable « machine à produire » une conscience collective et une identité soviétiques.

La production massive de téléviseurs – près de 7 millions d'unités par an dans les années 1970 – reflétait la politique volontariste de l'État, qui souhaitait en équiper au plus vite chaque ménage. Dès la fin des années 1960, la télévision fut officiellement considérée par les dirigeants comme destinée à terme à remplacer la radio, jusque-là le seul moyen de toucher les foyers les plus reculés. Le journal d'information *Vremia*, le « 20 heures » de l'URSS, qui commençait – et commence toujours – à 21 heures, heure de Moscou, en était l'archétype. Regarder *Vremia* relevait davantage du rituel que de la volonté de se tenir bien informé. Dans sa majorité, l'opinion avait bien conscience que cette vitrine de la propagande – dont les présentateurs égrenaient sur un ton aussi monocorde que solennel les résultats de la récolte des betteraves à sucre ou présentaient en détail l'agenda du secrétaire général du parti –, glorifiait un peu trop systématiquement les grandioses réussites soviétiques et dénonçait un peu trop souvent les cruelles injustices sociales prévalant dans le « camp capitaliste »… Ce matraquage sans nuance était l'objet de savoureuses blagues: « Trois chaînes diffusent simultanément le discours du secrétaire général et lorsqu'on passe sur la quatrième, le présentateur nous donne l'ordre de changer de chaîne! »…

Instrument de propagande d'un régime totalitaire, la télévision devait aussi former le goût des Soviétiques : théâtre, ballets, concerts classiques, musique militaire et chœurs de l'Armée rouge... La télévision soviétique a également contribué à faire naître une « culture du divertissement ». Nourries à certains programmes cultes, comme la série télévisée *les 17 Instants du printemps* –douze épisodes qui relatent les aventures d'un espion soviétique infiltré en Allemagne pendant la Seconde Guerre mondiale –, aux dessins animés comme *Bonne Nuit, les petits,* plusieurs générations de Soviétiques et de citoyens des États postsoviétiques partagent ainsi une grille identique de références télévisuelles qui ont fini par former une culture commune, aujourd'hui entretenue par de nombreuses rediffusions, tant en Russie qu'en Ukraine et dans les autres pays de la CEI.

Après l'arrivée au pouvoir de Mikhaïl Gorbatchev, en 1985, le rôle de la télévision ne fait que s'accroître. Comme le disait alors le principal conseiller de Gorbatchev, Alexandre Iakovlev, « l'image télévisée est tout ». Il se sert alors de la télévision, et surtout du programme *Vremia,* comme porte-parole de la perestroïka : des « reportages » orchestrés dans le moindre détail façonnent l'image lisse d'un patron du Kremlin jeune, dynamique, spontané, réformateur et... populaire ! et ce dix ans avant l'arrivée des premiers *spin doctors* américains en Russie... Toutefois, c'est à la même période que la télévision devient aussi, pour la première fois, un espace de critiques, voire une plateforme de la contestation. Lorsque les troupes soviétiques interviennent dans les pays Baltes pour écraser les mouvements indépendantistes en janvier 1991, une équipe de journalistes moscovites tente de mettre en lumière la désinformation officielle en diffusant, pendant quelques secondes, les images des violences policières. Dès la glasnost, néanmoins, on assiste aux premières tentatives, monnaie courante désormais, de détourner l'attention du téléspectateur de la politique. En 1990, une émission d'information très populaire, *Vzgliad* (« le regard ») est censurée, remplacée par une version russe de *la Roue de la fortune* et les premiers *soap operas* latino-américains (à commencer par la série culte *Les riches pleurent aussi*), très appréciés du public dans la Russie des années 1990.

La télévision russe entre les oligarques et le Kremlin

Après la chute de l'URSS, la télévision russe contemporaine a rapidement rattrapé ses homologues occidentales. En vingt ans, elle a connu une métamorphose totale. Ainsi, la programmation, l'habillage des chaînes, les studios et les publicités diffèrent peu désormais des grandes chaînes européennes ou américaines. Si les émissions d'information ou d'enquêtes sont tenues de se fondre dans un carcan idéologique qui n'est pas sans rappeler à certains égards la mission « éducatrice » de la télévision à l'époque soviétique, les émissions de divertissement *made in Russia* – séries télévisées, films, *talk-shows*, télé-réalité – connaissent un vif essor que leurs critiques qualifient de véritable « drogue sociale ». Certaines émissions de divertissement ne sont pas dépourvues d'une certaine orientation patriotique. Ainsi, la série *les Cadets* met en scène la vie quotidienne des jeunes recrues d'une académie militaire.

C'est entre 1991 et 1996 que sont apparues les principales chaînes nationales de la Russie contemporaine : ORT, *Rossiïa*, NTV. Même si l'État n'avait alors plus de monopole sur la télédiffusion, les chaînes n'en étaient pas pour autant indépendantes. Pendant cette période, les journalistes et les autres salariés des chaînes, détenteurs de titres de propriété, étaient néanmoins dépourvus de ressources financières et se virent dans l'obligation d'aller frapper à la porte des banques et des grands groupes financiers. Comme de nombreux autres secteurs économiques, la télévision a vécu un processus de privatisations mouvementé, parfois sanglant. Le premier président de la « première chaîne », Vladislav Listiev, fut assassiné en 1995, avant que l'oligarque* Boris Berezovski prenne le contrôle de la chaîne. C'est un autre oligarque, Vladimir Goussinski, qui, s'appuyant sur ses réseaux moscovites – il avait notamment l'appui du maire de Moscou, Iouri Loujkov – « s'est offert » la chaîne NTV en 1993, qui fut alors reformatée « à l'occidentale ». Cette chaîne devint la référence en matière journalistique, notamment par ses reportages sur la guerre en Tchétchénie. La réélection de Boris Eltsine en 1996, face à son adversaire communiste, a changé la donne. La propagande sans nuance menée par toutes les chaînes en faveur du président sortant, souvent justifiée par la peur des journalistes de voir se profiler une restauration soviétique en cas de victoire de Guennadi Ziouganov, le candidat communiste, a en quelque sorte apporté la démonstration au pouvoir que le « quatrième pouvoir » pouvait être assez aisément manipulé en dépit du fait que certains de ses tenants se proclament indépendants et critiques… Les oligarques ont dû alors consolider leurs empires médiatiques, centrés autour d'une chaîne de télévision nationale (pour les plus influents) et comprenant également journaux et radios. Les émissions politiques, documentaires et enquêtes se transformèrent en armes destinées à opérer des règlements de compte.

Le *kompromat* (sujet commandité dénigrant un adversaire) ou les « relations publiques noires » (calomnies contre des adversaires) faisaient alors le quotidien des chaînes.

Jusqu'en 2000, les principaux acteurs de la « guerre des *kompromat* » étaient Boris Berezovski (magnat, patron du groupe *Logovaz*), qui contrôlait ORT, Vladimir Goussinski (propriétaire de NTV) et Iouri Loujkov, le maire de Moscou, qui contrôlait la chaîne TV Tsentr. L'État fédéral contrôlait RTR (la deuxième chaîne). En province, les chaînes locales étaient étroitement contrôlées par les gouverneurs et/ou les groupes industriels et financiers locaux. Après 2000, dans la foulée de l'élection de Vladimir Poutine à la présidence et de la reprise de la guerre en Tchétchénie, le Kremlin a entamé une reprise en main de la télévision. Une lutte de presque un an (2000-2001) a conduit à l'éviction de Goussinski : NTV est passée sous le contrôle de Gazprom, son principal créancier. Libéré de prison, Goussinski a fui la Russie. Depuis l'étranger, il a lancé RTVi, une chaîne diffusant des émissions par satellite et par câble, très critique à l'égard du Kremlin. Écarté de la « première chaîne », Berezovski a perdu sa seconde chaîne de télévision, TV 6, l'année suivante, ainsi que l'essentiel de ses avoirs industriels. Dernière chaîne à fournir une couverture indépendante de l'information, Ren-TV a vu, fin 2005, sa journaliste vedette renvoyée après qu'elle eut dénoncé les directives dictées d'en haut et les tentatives de censure.

Ainsi, les principales chaînes se trouvent dans la sphère d'influence du Kremlin depuis 2001. Les carrières des grands noms du jeune journalisme russe sont compromises : alors que certains se soumettent à la nouvelle « verticale de l'information », d'autres quittent la télévision pour rejoindre la presse écrite ou Internet, ou certains, comme l'auteur satirique Viktor Chenderovitch, rejoignent RTVi, la « chaîne dissidente » de Goussinski. En Russie, pendant ce temps, la nouvelle mode sur les chaînes, devenues prudentes, est à l'apolitisme.

D'une manière générale, la réorientation radicale des programmes vers le divertissement est dictée par une logique commerciale : le marché grandit de près de 30 % par an depuis 2000. Quinze années après la fin du monopole de l'État sur la télévision, on note la continuité de certaines émissions humoristiques, de certains jeux et même de certains journalistes et animateurs datant de la glasnost. Ainsi, ORT a conservé le nom de *Vremia* pour son journal télévisé, alors que la seconde chaîne, *Rossïïa*, en a repris le jingle. À l'heure actuelle, deux chaînes câblées russes font leur niche commerciale avec la reprise d'émissions « de l'époque ». La télévision russe s'est même engagée sur la voie de l'expansion internationale. Les productions russes se vendent très bien, de Kiev à Almaty et au-delà, à l'image de la série à l'eau de rose *Pauvre Nastia,* dont les droits ont été vendus dans trente pays. Les chaînes russes investissent dans les marchés des pays de la CEI et la principale régie publicitaire russe s'est implantée en Géorgie, en Ukraine et en Moldavie. Animés d'une volonté d'assurer le «rayonnement» de la Russie auprès de ses voisins immédiats et dans le monde, les dirigeants de la chaîne d'État *Rossiïa* ont lancé une chaîne internationale en langue russe, *RTR-Planeta,* et sont entrés dans le capital d'*Euronews,* dont ils détiennent 16 % des parts. En décembre 2005, une chaîne d'information privée russe en langue anglaise, *Russia Today,* a commencé à diffuser ses programmes.

On compte aujourd'hui neuf chaînes nationales (7 privées, 2 publiques) et plus de 1 000 licences dans toute la Russie. La pénétration rapide de la télévision par câble et la rentabilité du secteur entraînent la multiplication des chaînes thématiques.

Bref panorama de l'offre télévisuelle

ORT, ou la «première chaîne». Avec plus de 20 % d'audience, elle reste la principale chaîne de télévision généraliste d'audience nationale en Russie. Sur le papier, ORT est une chaîne privée – l'État est actionnaire minoritaire –, mais la présence d'un représentant du gouvernement (Serguéï Narychkine, qui dirige l'appareil du gouvernement) à la tête de son conseil de surveillance manifeste la forte influence que le pouvoir détient sur la chaîne. Dans les années 1990, les tentatives de transformer ORT en véritable chaîne publique ont échoué. L'oligarque Boris Berezovski, qui en était alors l'actionnaire principal (mais minoritaire), proche du pouvoir eltsinien, en avait fait un instrument politique. Depuis sa reprise en main par le pouvoir à partir de 2000, la chaîne ORT, rebaptisée «première chaîne», a réorienté sa programmation vers le divertissement. La production de séries télévisées et de films constitue l'un des domaines les plus marquants de son activité. Ses programmes d'information sont jugés très tendancieux par les agences de *monitoring* de la liberté de la presse (telle RSF): son journal télévisé se fait régulièrement le porte-parole des mots d'ordre officiels et reprend en général les points de vue du pouvoir; il s'est notamment distingué par une couverture très critique de la «révolution orange» en Ukraine, en 2004.

Rossiïa (autrefois RTR) est le fleuron du réseau de chaînes publiques *(VGTRK).* Elle est en majorité financée par ses rentrées publicitaires. Sa version internationale, *RTR-Planeta,* présente sur le câble et le satellite, a été lancée en 2002.

CTC est l'archétype de la nouvelle télévision russe. Le divertissement y constitue 100 % des programmes faits de séries, de films, *talks-shows,* etc. La programmation n'intègre aucun contenu politique.

NTV, ou « télévision indépendante », a été créée en 1993 par un oligarque, le patron du groupe *Most,* Vladimir Goussinski. Cette chaîne a fondé sa réputation et son succès sur un journalisme engagé, volontiers critique du pouvoir, quoique favorable au camp démocrate et à Boris Eltsine. Les grandes émissions du commentaire, du débat et de la satire politiques russes sont nées sur cette chaîne. Il faut en particulier mentionner la très célèbre émission *Koukly* (« les poupées »), inspirée des *Guignols de l'info* de Canal Plus. Les compromissions de la chaîne dans les batailles d'oligarques de la fin des années 1990 ont porté un coup à sa popularité. Sa reprise en main, en 2001, par la compagnie d'État Gazprom marque le début de son déclin.

···⟩ presse et radio

théâtre Sur scène comme à la ville, le Russe est comédien. Au pays de Tchekhov et de Stanislavski, tout est propre à la mise en scène, à l'émotion magnifiée et partagée. Sans doute le rite orthodoxe, ostentatoire, n'est-il pas étranger à l'intense développement de la culture théâtrale en Russie. Pourtant, comme ailleurs, ses premières manifestations sont païennes : bouffons, mages, acrobates, baladins, conteurs, marionnettistes déambulent de village en village, célébrant semailles, récoltes ou épousailles. Mais jugés trop irrévérencieux, les farceurs sont bannis par le concile des Cent Chapitres qui, à compter de 1551, réglemente la vie culturelle. Dorénavant l'Église* se charge d'organiser la mise en scène de mystères et de miracles, semblables à ceux de l'Occident médiéval. On mime des « passions » ; les vertus sont incarnées par de jeunes moines déclamant en latin.

C'est avec Alexis Ier, « le Tsar très paisible » (régnant de 1645 à 1676) que le théâtre, avec la musique*, renaît à la vie civile. Désireux d'ouvrir son pays à l'Europe, le tsar charge un marchand anglais d'inviter en Moscovie des maîtres allemands de comédie. En 1672, une première représentation « bouffonne » est donnée à la cour, en présence du tsar enthousiaste. Une école se monte, soutenue par les subsides impériaux. On y écrit des pièces en allemand et en russe ; de véritables dialogues font leur apparition. Mais nombreux sont ceux qui voient dans la comédie une manifestation hérétique. Aussi, à peine Alexis Ier porté en terre, un nouvel oukase ordonne la fermeture de tous les théâtres. Le flambeau est repris par Pierre le Grand, grand amateur de divertissements. Mais les acteurs, d'origine allemande, maîtrisent si mal le russe qu'ils ne parviennent guère à séduire un public plus large que celui de la Cour. On fait venir des artistes tchèques, italiens sans plus de succès. Parallèlement, plusieurs troupes russes s'organisent, notamment autour des universités. Le premier théâtre public permanent ouvre à Saint-Pétersbourg en 1756. En 1776, Catherine II crée une direction des théâtres impériaux qui prend peu à peu l'ascendant sur toutes les troupes. La même année, à Moscou, Piotr Ouroussov et Mikhaïl Medoks fondent la troupe du Bolchoï*, qui acquiert en 1780 le théâtre Pétrovsky. Reconstruit après un incendie, ce dernier devient en 1824, le Bolchoï (le Grand) dédié à la danse et à l'opéra, tandis que le Malij (le Petit) se consacre à la comédie dans un bâtiment avoisinant. Issu de la troupe de l'université de Moscou, le théâtre Malij, le plus ancien théâtre russe, est dirigé par l'écrivain Mikhaïl Kheraskov. Mais la répression qui suit le soulèvement de 1825 provoque une censure sévère : de grandes œuvres de Pouchkine* *(Boris Godounov)*, de Lermontov *(Mascarade)* et de Griboïedov *(le Malheur d'avoir trop d'esprit)* sont interdites. Dans ce contexte, *le Réviseur* de Gogol*, monté en 1836, fait figure d'exception. Pour compenser la pauvreté du répertoire, un important travail est mené sur le jeu d'acteur. De grandes figures théâtrales marquent ainsi le XIXe siècle comme Marie Ermolova qui appartient à la troupe du dramaturge moscovite Ostrovski, chef de file de l'école réaliste ; tandis que les acteurs Martynov et Assenkov font le succès du théâtre Alexandrinski de Saint-Pétersbourg.

L'impulsion de Stanislavski et de Tchekhov. Mais c'est au tournant du XXe siècle que le théâtre russe explose littéralement grâce à la combinaison du génie d'un metteur en scène, Konstantin Stanislavski et d'un auteur, Anton Tchekhov*. Malgré des débuts difficiles et des relations tendues entre les deux hommes, l'union de leurs talents donne naissance à un art si totalement nouveau qu'il fait bientôt le tour du monde. Depuis les planches du MKhT (Moskovskyi Khoudojestvenyi Teatr), une frénésie théâtrale s'empare de la Russie. Des dizaines de salles se créent; de nouvelles formes apparaissent, notamment le théâtre de cabaret avec, entre autres, la salle de La Chauve-souris à Moscou, encore célèbre aujourd'hui. À Saint-Pétersbourg, c'est le théâtre de Komissarievskaya qui ouvre de nouvelles voies avec Meyerhold, suivi du Conseil des jeunes qui – en 1913 – monte une première pièce de Maïakovski.

Conscients de la force prosélyte du théâtre, les bolcheviks* s'en approprient la direction, dès novembre 1917, via le Commissariat d'État à l'éducation. On ouvre de nouvelles salles – théâtres d'État, des Jeunes spectateurs, de la Révolution, de la Culture prolétarienne – où se montent des pièces fortement idéologisées : *la Pantomime de la Grande Révolution, la Prise du Palais d'hiver, la Lutte du Travail contre le Capital.* Dans son théâtre d'Octobre, Meyerhold invente les «représentations meetings». Avec les années 1930, la contrainte idéologique se resserre; l'heure des expérimentations est passée; le réalisme socialiste devient le maître mot avec les pièces de Gorki pour modèle, Lénine pour personnage principal. Durant la Seconde Guerre mondiale, le répertoire est au front, cantonné à des pièces historiques ou militaires. Néanmoins, ces soirées mobilisent un large public, notamment à Leningrad qui tente ainsi de trouver un espace de liberté dans la ville encerclée. Puis, en 1946, un décret du Comité central dicte une nouvelle ligne, imposant que la vie et les œuvres de Staline tiennent le haut des affiches. Malgré ce diktat, la création survit, notamment à Saint-Pétersbourg, sous l'égide de Tovstonogov au BDT (Bolchoï Drama Teatr) et à Moscou, avec Anatoly Efros qui ouvre en 1958 une nouvelle salle : le Contemporain, où les artistes sont invités à se surpasser. Renaît alors la fureur du début du siècle, les spectateurs n'hésitant pas à faire la queue des nuits entières pour se procurer des billets. Peu à peu, toute la ville de Moscou se couvre de théâtres tous plus courus les uns que les autres. Dans cette effervescence, la troupe de Lioubimov au théâtre de la Taganka suscite un intérêt particulier par sa liberté de ton, même si elle est souvent dissimulée par des paraboles. C'est là que brille l'étoile de Vyssotski, acteur fétiche, devenu ensuite l'un des rares chanteurs rebelles de l'Union soviétique finissante. Mais la libération idéologique qui accompagne la perestroïka crée de nouvelles contraintes : il faut non seulement plaire au public, mais aussi aux sponsors. Malgré tout, de grands metteurs en scène, tels que

Emil Tabakov, parviennent à exercer leur art. Les formes innovantes, happenings, installations, trouvent leur place avec des artistes tels que Ilia Eppelbaum et Evgueni Grichkoviets. Ouvert en 2002, le Théâtre. doc base ses représentations sur des interviews de personnages du quotidien. Conscient de cette vitalité, l'État russe envisage une réforme, non aboutie, des modalités de financement du théâtre. En attendant, le public est toujours aussi nombreux et les places se vendent comme des petits pains à chaque coin de rue.

Lev Nikolaïevitch Tolstoï Un des auteurs russes les plus lus au monde, le comte Léon Tolstoï a considéré l'écriture tantôt comme une nécessité absolue tantôt comme un passe-temps bourgeois et superflu. Écrivain prolixe dans sa jeunesse, il devint sur le tard, avare de ses mots, mais son genre ne s'est jamais démenti.

Né en 1828, Tolstoï est le quatrième fils d'un noble, militaire, qui vit des rentes du domaine de Iasnaïa Poliana, à trois cents kilomètres au sud de Moscou. Cette propriété deviendra le point d'ancrage de Tolstoï et de sa famille : il y exercera ses talents de propriétaire foncier, d'écrivain, de père de famille, de maître d'école, de patriarche. Pourtant, jeune orphelin de père et de mère, Tolstoï est d'abord contraint de quitter le paradis de son enfance pour rejoindre Kazan où lui et ses frères sont élevés par une vieille tante. Il y fait de médiocres études à l'université, se montrant rétif au savoir pré mâché. D'ailleurs, dans ses œuvres, il s'attachera fréquemment à démontrer l'inanité de la science calcifiée, n'hésitant pas – dans *Guerre et Paix** – à démonter le mythe national d'une armée russe organisée. Sans doute savait-il d'expérience – il avait servi comme sous-officier durant la guerre de Crimée – que les batailles racontées dans les livres d'histoire ont peu à voir avec la réalité. À peine sorti de cette courte carrière militaire, en 1852, Tolstoï publie son premier récit. Une courte nouvelle, intitulée *Histoire de mon enfance,* est immédiatement saluée par les plus grands critiques et littérateurs de son temps : Nekrassov, Tourgueniev. Encouragé, il publie de nombreux récits inspirés de son séjour au Caucase dont *les Cosaques, Coup de main, l'Opération de déboisement.* Dès ces premières œuvres, les qualités de l'écrivain sont en place : capacité à chercher la vérité au-delà des apparences, à retranscrire par un tableau physique les sentiments profonds des personnages, intérêt pour les questions morales, maîtrise parfaite du rythme du récit. Ayant démissionné de l'armée, il rejoint son cher domaine où il tente avec maladresse d'améliorer le sort des serfs. Mais il se heurte à l'ignorance, à la méfiance, au gouffre social qui le sépare des paysans. Cette incommunicabilité, il la relate dans *la Matinée d'un seigneur,* qui paraît six ans avant l'abolition du servage (1861) et vient en corroborer la nécessité.

Lutter contre ses faiblesses et celles de la société. Volontaire, désireux de faire lui-même changer les choses, il organise un réseau d'écoles aux alentours de Iasnaïa Poliana, dans lesquelles il met en œuvre une pédagogie sans contraintes, qu'il veut guidée par le besoin et les savoirs des petits paysans. Puis il se marie et l'activisme de sa femme, Sophie Bers, qui prend en main le domaine, lui permet de se consacrer à nouveau entièrement à la littérature*. C'est alors qu'il entreprend sa première grande œuvre – *Guerre et Paix* – qui lui demandera six années de travail (1863-1869). S'il étudie à fond l'histoire officielle, il prend avec elle beaucoup de libertés, affirme sa vérité qui passe par l'aventure individuelle de ses héros. Ainsi la bataille de Borodino* où Pierre Bezoukov, une des figures marquantes du livre, erre sans but, prend la forme d'un immense chaos ne devant rien à la stratégie des généraux. Le roman, fresque historique et psychologique d'une grande justesse reçoit un accueil enthousiaste du public. Bientôt, Tolstoï entame la rédaction de son deuxième ouvrage majeur, *Anna Karenine* (1873-1877). Avec ce roman, Tolstoï affine sa description de la bourgeoisie russe mais il aborde également un de ses thèmes favoris : la sincérité dans le couple. Précédemment abordé dans *le Bonheur conjugal* (1859), il reprendra ce thème dans l'un de ses derniers romans *la Sonate à Kreutzer* (1887). La conception que Tolstoï a de l'amour, basée sur son expérience propre, est loin d'être optimiste. Ainsi, quand bien même les héros d'*Anna Karenine* parviennent-ils à s'unir, bravant qui la timidité, qui les interdits sociaux, la solitude des cœurs reste la règle avec la mort pour seule issue. De fait, à compter des années 1880, Tolstoï est obsédé par l'idée de sa mort. Il veut la surmonter, lui survivre. Et le voici emporté par ce que d'aucuns décriront comme une crise mystique, il réécrit l'Évangile, fustige l'hypocrisie de l'Église*, dénonce la misère et tente – autant que faire se peut – de se défaire de ses privilèges. Habillé d'une chemise de moujik, il coud ses bottes, fauche son blé, renonce à ses droits d'auteur. Il écrit moins, des ouvrages plus courts, plus cinglants, moins nuancés. Son dernier roman – *Résurrection* – où il dénonce la machine carcérale – lui vaut d'être excommunié par le Saint Synode en 1901, il a alors soixante-treize ans. Neuf ans plus tard, le vieux barbu, qui n'écrit plus que son journal, quitte un domicile où les crises conjugales se succèdent, bien décidé à recommencer sa vie. La mort le cueille en chemin, sur un quai de gare en 1910. Avec Gorki, Tolstoï est le seul écrivain qui ait intéressé les bolcheviks qui voyaient en lui le fidèle reflet de son époque car il savait exprimer la lassitude du peuple face aux privilèges exorbitants de la noblesse, mais en prônant la non-résistance au mal, il avait été incapable d'y trouver une issue.

Ivan Sergueïevitch **Tourgueniev** À la différence de ses illustres

contemporains que furent Dostoïevski et Tolstoï, tourmentés, excessifs, mystiques, Tourgueniev incarne le gentilhomme : policé, modéré, à la limite de la suavité et de la nonchalance. Ces traits de caractère, peu prisés dans la Russie prérévolutionnaire, combinés à ses fréquents séjours à l'étranger, firent de lui un incompris dans sa patrie qui ne reconnut son génie que tardivement.

Né en 1818, Ivan Tourgueniev est d'extraction noble. Sa mère possédait un immense domaine de cinq milles âmes, à 350 km au sud de Moscou, dans la région d'Orel. C'est dans ce domaine familial de Spasskoié que grandit Ivan. Effectuant régulièrement de grandes promenades, il y contracte un goût immodéré pour la nature, qu'il saura décrire à la perfection dans chacun de ses romans. Ces échappées étaient aussi pour lui le moyen de se soustraire à sa mère, possessive et violente, qui faisait fouetter ses trois fils régulièrement. Un traitement qui, appliqué également et sans discernement aux serfs, le rendra hostile à toute violence et fera de lui un militant convaincu de l'abolition du servage. Ayant reçu une éducation classique dispensée par des précepteurs, il rejoint à quinze ans les bancs de la faculté de lettres à Moscou, puis de philosophie à Saint-Pétersbourg. Passionné de littérature*, il parvient à s'immiscer dans les cercles littéraires, rencontrant Nekrassov, Gogol, Pouchkine, Dostoïevski. Il soumet ses premières compositions à ses professeurs d'université qui les reçoivent avec bienveillance et commence une activité de traducteur qu'il ne cessera d'exercer sa vie durant. Trop heureux de pouvoir échapper de nouveau à sa mère, il part à Berlin, où, étudiant la philosophie de Hegel, il se lie d'amitié avec le futur père de l'anarchisme russe, Michel Bakounine. De retour en Russie, il publie ses premières œuvres, nouvelles et poésies, qui sont appréciées, notamment par le plus influent critique de l'époque, Biélinsky, qui devient son ami. C'est à ces premières heures de sa carrière littéraire, en 1844, qu'il est ensorcelé par Pauline Viardot, célèbre cantatrice française. Dès lors, son destin sera dominé par sa passion pour cette femme, qui, quoique mariée, se laisse courtiser par cet affable géant. Des années durant, il la suit dans ses tournées européennes et finit par devenir un membre de la famille Viardot à part entière. Il séjourne presque constamment à leurs côtés, à Courtavenel d'abord, puis à Baden-Baden et enfin à Bougival, où le vieux « Tourgel », comme le surnommaient affectueusement les enfants Viardot, terminera son existence. Sans cette passion, le destin de Tourgueniev eut été totalement différent, car il n'aurait sans doute pas passé le plus clair de son temps à l'étranger, ce qui pesa lourd contre lui auprès du public et de l'intelligentsia russes, froissés par son occidentalisme.

Contre le servage et ses injustices. Pourtant Tourgeniev est profondément attaché à sa patrie et il a payé de sa personne pour le prouver. En effet, après une notice nécrologique sur Gogol, peu appréciée des censeurs, il passe plusieurs mois en prison puis en relégation. C'est quasiment au même moment, en 1852, qu'il publie son premier ouvrage, *les Mémoires d'un chasseur*, considéré comme l'un de ses meilleurs. Dans cette compilation de récits, il dit son amour pour la nature russe tout en dénonçant la condition indigne des serfs. Plus tard, l'empereur Alexandre II qui abolit le servage* en 1861, avoue à son auteur le rôle majeur que joua cette œuvre dans sa décision de passer à l'acte. Libéré, Tourgueniev alterne les séjours en France, où il se lie d'amitié avec Sand, Mérimée, Flaubert, et les étés en Russie où il organise progressivement la libération des serfs du domaine hérité de sa mère. Dans sa production littéraire, il alterne les récits romantiques tirés de sa propre expérience – *Premier amour, Un nid de gentilshommes* – et les romans politiques – *Pères et Fils, Fumée* où il décrit les tensions idéologiques qui voient le jour en Russie. Ces œuvres politiques lui valent la haine à la fois des jeunes libéraux et des conservateurs slavophiles. Ses prises de position ne sont pas assez marquées : il a trop de complaisance pour les jeunes nihilistes, mais aux yeux de ces derniers, il n'est pas assez révolutionnaire et pour les deux camps, il n'est pas assez russe. Il est vilipendé par Dostoïevski, qu'il aide pourtant à payer ses dettes de jeu et se brouille avec Tolstoï, dont la morale rigide heurte son libéralisme. *Pères et Fils* est aujourd'hui considéré comme une œuvre décrivant magistralement la Russie des années 1850. Il met en effet en scène l'opposition de deux générations : celle des pères, réformistes nonchalants et bavards et celle des fils, radicaux, absolus, n'ayant de foi qu'en la science, rejetant tout sentimentalisme et toute autorité morale. Avec Bazarov, le héros, un fils, Tourgueniev crée la figure du nihiliste. Mais contre toute attente, cette peinture heurte la jeunesse, qui s'y trouve caricaturée, raillée, tandis que les conservateurs applaudissent à ce qu'ils croient être une dénonciation des errements de la nouvelle génération. Or, à quelque temps de là, Tourgueniev est mis en accusation lors d'une enquête de police et tente de sauver son amitié avec Herzen et Bakounine, tout en s'en démarquant idéologiquement lors de ses interrogatoires. Cette attitude provoque le rejet définitif de ces anciens amis. Meurtri, il séjourne de moins en moins souvent en Russie, et devient « le russe » des cercles littéraires parisiens. Il se lie d'une profonde amitié avec Flaubert, se consacre à traduire ses auteurs français favoris en russe et les grands auteurs russes en français. Ses dernières œuvres, d'inspiration fantastique comme *le Chien, Un rêve*, reçoivent un accueil mitigé, même si l'on reconnaît à présent en elles des récits de premier plan. En effet, même s'il a pu parfois manquer d'inspiration, Tourgueniev a toujours manié la langue russe à la perfection ; son style est épuré, délicat, subtil. Ce n'est que lorsqu'il commence à se faner que la Russie lui réserve subitement un accueil chaleureux : les circonstances politiques ont changé. Les progressistes, lassés des violences, entendent plus volontiers son discours réformateur. On l'invite aux cérémonies officielles du centième anniversaire de la naissance de Pouchkine où il est acclamé. Trop tard : en 1883, Tourgueniev, malade, s'éteint dans d'infinies souffrances dans la propriété des Viardot à Bougival. Son corps est rapatrié à Saint-Pétersbourg. Ses obsèques rassemblent une foule immense ; des prisonniers politiques se cotisent pour lui offrir une couronne. Un hommage posthume à celui qui, prônant une évolution démocratique à l'occidentale, n'a jamais su se faire comprendre de ses contemporains.

Lev Davidovitch Bronstein, dit Trotski Tour à tour « populiste »

(narodnik) hostile au marxisme, menchevik en lutte contre Lénine*, organisateur d'une insurrection (Octobre*) dont il contestait l'opportunité, diabolisé par les Blancs durant la guerre civile, opposant principal à Staline*, fondateur de la IVe Internationale, Trotski a souvent suscité le rejet du fait de ses positions politiques tranchées, de ses capacités intellectuelles hors du commun, de ses dons d'organisateur et d'orateur.

Né en 1879 dans une famille de paysans juifs ukrainiens, Lev Davidovitch Bronstein accomplit le parcours typique des révolutionnaires russes de l'époque. Il fait de brillantes études à Odessa, où il pénètre les cercles populistes. Chez les frères Chvigovski, il rencontre sa première épouse, Alexandra Lvovna Sokolovskaïa, convertie au marxisme, auquel il résiste encore. Il finit pourtant par fonder l'Union ouvrière de la Russie du Sud, qui recrute parmi les ouvriers de la ville de Nikolaïev.

Arrêté le 28 janvier 1898, il est emprisonné sous son pseudonyme, Trotski. Tout comme les autres révolutionnaires, il met à profit cette pause forcée pour compléter sa courte instruction politique. En 1900, il est déporté en Sibérie*, près d'Irkoutsk, où le suit son épouse. Tous deux lisent *l'Étincelle (Iskra)* de Lénine, qu'il rejoint à Londres en novembre 1902 après s'être évadé. Durant sa collaboration à ce journal également dirigé par Plekhanov, Vera Zassoulitch, Martov et Axelrod, il rencontre Natalia Ivanovna Sédova, sa seconde épouse. Lors du Congrès du POSDR de 1903, contrairement aux attentes de Lénine, Trotski prend le parti de la minorité (mencheviks) contre « l'égocentralisme » de Lénine, c'est-à-dire sa conception « jacobine » de l'organisation révolutionnaire.

En 1904, son pamphlet *Nos tâches politiques,* publié à Genève, critique à la fois l'intellectualisme des mencheviks, incapables de développer la conscience politique des ouvriers, et la démagogie de Lénine, véritable Robespierre qui vise moins la révolution* que le pouvoir. Les événements du « Dimanche rouge » (9 janvier 1905) poussent Trotski à rejoindre Saint-Pétersbourg (mai), où il devient président du soviet des ouvriers. Très impressionné par le mouvement, il change son mandat de lui-même et, contre la ligne menchevique de l'étranger, appelle au boycott de la Douma et à la grève générale.

Ses discours enflammés et ses articles dans le journal *le Début (Natchalo)* le propulsent sur le devant de la scène. En 1907, Trotski est emprisonné à la forteresse Pierre-et-Paul, où il rédige *Bilans et perspectives*. À ses yeux, la bourgeoisie russe est incapable d'organiser la révolution et cette tâche revient au prolétariat russe, qui entraînera les ouvriers du reste du monde : la révolution se doit d'être permanente et mondiale.

Condamné à la relégation perpétuelle au-delà du cercle arctique, Trotski s'évade une nouvelle fois et rejoint Vienne, où il reste jusqu'en novembre 1914. Là, il décide de se rendre à Paris et y dirige avec Martov, Lounatcharski et Lozovski le journal social-démocrate *la Voix (Golos)* – interdit en 1915 et reparu sous le titre *Notre parole (Nashe Slovo)*. Lors de la conférence internationaliste de Zimmerwald, en Suisse (septembre 1915), son analyse socialiste des causes de la guerre vient renforcer la motion pacifiste de Lénine. Les autorités françaises décident alors de l'expulser en tant que principal auteur du manifeste de Zimmerwald – d'abord vers l'Espagne (septembre 1916), puis à New York (janvier 1917). Là se nouent d'importantes amitiés internationalistes autour du journal *Novyj Mir*.

À la nouvelle de la révolution de Février, Trotski s'embarque pour un périple marqué par l'enfermement en camp (en avril 1917, il est retenu en tant que révolutionnaire à la demande du Royaume-Uni au camp d'Amherst, au Canada, là où sont internés des prisonniers allemands), parvenant finalement à Petrograd le 17 mai 1917. Réticent à l'adhésion au parti bolchevique*, il doit cependant reconnaître sa proximité avec les positions ouvriéristes exprimées par Lénine dans ses *Thèses d'avril*. Il œuvre désormais à la réunification du parti, mais est arrêté lors de la répression de juillet 1917.

Élu toutefois président du soviet de Petrograd, Trotski s'oppose à une insurrection prématurée et préfère attendre la réunion du IIe Congrès des soviets, contrairement à Lénine – qui l'emporte. Responsable du Comité militaire révolutionnaire, il dirige tout de même l'insurrection d'Octobre et, à la tribune du Congrès, renvoie les mencheviks « à la poubelle de l'histoire ». Trotski n'en continue pas moins de résister à Lénine. Nommé commissaire aux Affaires étrangères, il démissionne lorsque la paix de Brest-Litovsk est signée avec les Allemands, en mars 1918, car il refuse de sacrifier la révolution allemande au nom de la seule révolution russe.

Mais l'urgence est ailleurs : le nouveau commissaire à la Guerre fonde le 23 février 1918 l'Armée* rouge ouvrière et paysanne, à partir des débris de l'armée démobilisée et des unités de gardes rouges. Pour s'assurer de la fidélité des soldats, Trotski alterne promotions rapides et discipline de fer, subvention aux familles et prises en otage de villages entiers. Pour les Blancs, qui laissent libre cours à l'antisémitisme dans leurs rangs, il incarne l'Antéchrist.

Membre du Bureau politique, il dirige la gauche industrialiste du parti, qui prône le développement industriel accéléré de l'URSS par l'investissement massif des ressources nationales (agricoles), et la promotion concomitante des ouvriers aux postes de responsabilité. Cependant, en plein Xe Congrès du parti (mars 1921), il n'hésite pas à diriger l'écrasement sanglant de la révolte des marins de Kronstadt.

Dans une « Lettre au Congrès » publiée ultérieurement sous le titre de « Testament », Lénine redoute la brutalité de Staline, qui a « concentré un pouvoir excessif entre ses mains » en tant que secrétaire général du parti, mais regrette tout autant l'assurance de Trotski, « le plus capable du Comité central », mais aussi le plus séduit par « le côté administratif des choses ». À la mort de Lénine, le 21 janvier 1924, le texte n'est pas divulgué, suite à la formation d'un front anti-Trotski.

La troïka Zinoviev-Kamenev-Staline lui reproche en effet le *Cours nouveau,* titre de l'ouvrage où il préconise des mesures visant à empêcher la « bureaucratisation » du parti, dans la ligne des derniers articles écrits par Lénine en 1923. Au « léninisme » désormais sanctifié, théorisé par Staline ou Zinoviev, ces derniers opposent un prétendu « trotskisme ». Pourtant, la publication par Trotski de *Lénine* et des *Leçons d'Octobre* visait à faire comprendre son rapport à Lénine, son positionnement en 1917 et son rôle dans Octobre.

En 1926, Trotski se rapproche de Zinoviev et de Kamenev, qui ont compris le danger que représente Staline, lequel joue alternativement des divers courants au sein du parti. Mais l'« opposition unifiée » qu'ils dirigent, soutenus par la veuve de Lénine, Kroupskaïa, échoue à renverser le rapport de forces. Trotski est exclu en 1927 au moment des commémorations des dix ans d'Octobre, puis déporté à Alma-Ata.

La purge se déchaîne contre les supposés partisans du « trotskisme », accusés d'avoir négligé le danger bourgeois qui menace l'URSS. Le « socialisme dans un seul pays » s'accorde mal avec la « révolution permanente » mondiale.

Trotski est finalement expulsé d'URSS en 1929; il vit d'abord en Turquie, puis en France (1933-1935), en Norvège (1935-1936), et s'établit enfin au Mexique. En juillet 1929, il entame la publication d'un *Bulletin de l'opposition* mensuel, en russe. Il poursuit la rédaction d'ouvrages de réflexion sur le communisme*, notamment *Histoire de la révolution russe* (1930), *Ma vie* (1930), *Journal d'exil* (1935), *la Révolution trahie* (1936). Parallèlement, il organise à partir d'avril 1930 un secrétariat international de l'Opposition communiste, puis fonde la IVᵉ Internationale, le 3 septembre 1938 avec vingt-cinq délégués, représentant onze pays. Il est l'un des principaux accusés *in absentia* des procès à grand spectacle de Moscou de 1936. Après la mise à l'index de son adversaire politique par l'ensemble des partis communistes, Staline décide de l'éliminer physiquement. Trotski est assassiné en août 1940 d'un coup de piolet, chez lui. Mais, à la différence des « staliniens », dont le courant de « pensée » a disparu, il subsiste encore aujourd'hui un mouvement trotskiste, particulièrement vivace en France notamment.

tsar L'emploi du mot « tsar » pour désigner le souverain russe est contemporain de l'émergence de la puissance moscovite au XVIᵉ siècle. Plusieurs grands-princes de Moscou ont porté ce titre, mais Ivan IV* le Terrible est le premier à être sacré tsar (1547), ce qui le met ainsi à égalité avec l'empereur de Constantinople, tombée aux mains des Turcs un siècle plus tôt. L'origine discutable du terme s'inscrit dans une prétendue filiation avec l'empereur romain Auguste (« Caesar »). Pourtant, la légitimité politique provient davantage de l'héritage du basileus byzantin, empereur d'Orient et, surtout, protecteur de la foi orthodoxe, héritage déjà pleinement revendiqué par Ivan III, grand-prince de Vladimir et de Moscou, qui, dans un même élan, se proclame « autocrate » (celui qui se gouverne lui-même). Le moine Eléazar de Pskov, dans son adresse à Vassili III, successeur d'Ivan, évoque la principauté de Moscou comme la Troisième Rome, dernier maillon de la chaîne chrétienne en Europe, et interpelle le prince russe comme le « tsar chrétien orthodoxe », gardien de l'Église* et de la « vraie foi ». Il est à noter que le souverain de la Bulgarie porte également le titre de tsar.

Le mot est importé en Occident par l'ambassadeur du Saint Empire romain germanique, Sigmund von Herberstein. Il est porteur d'une image de tyrannie dès lors qu'Ivan IV, premier « tsar de toutes les Russies », entreprend l'invasion de la Livonie polonaise. Au demeurant, en Russie, la victoire de Polock en 1564 sur les Polonais apparaît comme une victoire de l'orthodoxie autant que celle d'Ivan IV. Le titre de tsar, conféré par le sacre, revêt donc bien le caractère à la fois politique, militaire et religieux. Il est alors repris par tous les successeurs d'Ivan le Terrible. En 1721, Pierre le Grand décide d'occidentaliser le titre en adoptant celui d'empereur, marquant ainsi également ses distances avec l'Église. Le terme de « tsar » reste cependant d'usage courant et populaire jusqu'à Nicolas II*, qui hérite de même du titre officiel d'autocrate.

U

Ukraine L'Ukraine est aujourd'hui un État indépendant et, à l'inverse d'autres anciennes Républiques soviétiques, une démocratie bien enracinée dans la population, notamment après la « Révolution orange » de 2004 qui a porté Viktor Iouchtchenko au pouvoir. Ce vaste pays de plus de 600 000 km² irrigué par le Dniepr constitue l'un des principaux espaces de frontières en Europe : entre chrétiens et païens au haut Moyen Âge ; entre sphères d'influences germanique et slave du xviiie au xxe siècle ; entre Union européenne et Fédération de Russie aujourd'hui.

Le peuple ukrainien, à l'histoire et à la culture pourtant anciennes, a souvent été dominé par ses voisins, surtout par la Russie. Sans plus insister sur l'intrication démographique, économique et culturelle des deux peuples, on distingue trois moments fondamentaux : la naissance du premier État slave autour de Kiev au ixe siècle ; la domination russe à l'époque tsariste et soviétique ; le nationalisme ukrainien lors des épisodes cruciaux de la guerre* civile, de la Seconde Guerre mondiale et de l'accession à l'indépendance en 1991.

La « Rous de Kiev » est le premier exemple d'État slave, chrétien orthodoxe après la conversion de Vladimir* par Cyrille, en 988. À son apogée, sous le règne de Iaroslav le Sage (xie siècle), ce royaume occupe un territoire clef entre la Baltique des Vikings et la riche Byzance. C'est l'époque de la construction de la cathédrale Sainte-Sophie de Kiev, de l'élaboration d'un droit et d'une expression artistique propres.

L'invasion mongole* du xiie siècle scelle le déclin de la « Rous ». L'Ukraine ne connaît plus que de rares épisodes d'autonomie, comme l'hetmanat des Cosaques* Zaporogues au xviie siècle. Dominé par les Polonais et les Lituaniens aux xve et xvie siècles, intégré progressivement à l'empire russe au détriment de la Pologne* au xviiie siècle, le pays devient la marche (*okraïna*, en russe) de la Russie au XIXe siècle. La russification implique la colonisation et l'administration par des Russes, parfois l'interdiction de l'ukrainien (en 1876, par exemple). Le 20 novembre 1917, les Ukrainiens assemblés au Parlement (la Rada) proclament l'indépendance, puis la séparation d'avec la Russie. Pour combattre l'Armée rouge, qui contrôle alors une partie de l'Ukraine, la Rada cherche le soutien des Allemands, qui organisent un coup d'État et renversent le gouvernement. L'État, que les Allemands soutiennent, en appelle au souvenir de l'hetmanat, mais est bientôt renversé par le mouvement nationaliste de Simon Petlioura, qui résiste à la fois aux Blancs et aux Rouges russes, ou à l'anarchiste ukrainien Makhno. À l'issue de la guerre civile, l'Ukraine entre de force dans la nouvelle Union soviétique.

À l'époque soviétique, les rapports avec le voisin russe oscillent fortement. Dans les années 1920, la langue et la culture ukrainiennes sont promues, afin de renforcer le Parti communiste à sa base. Le bassin minier du Don et le développement de l'hydroélectricité sur le Dniepr sont deux des grands chantiers du premier plan quinquennal. Mais la grande famine de 1933, aggravée par les réquisitions prévues par le plan* quinquennal et la volonté personnelle de Staline* de punir l'esprit d'indépendance ukrainien, provoque la mort d'au moins 5 millions de personnes. Khrouchtchev*, Ukrainien, favorisa autant que possible sa terre natale, lui octroyant même la Crimée, pourtant de culture turcophone et russophone (1954).

La Seconde Guerre mondiale déclenchée à l'été 1941 voit l'Ukraine à nouveau occupée par les Allemands. Ils mènent cette fois-ci une politique de colonisation planifiée, en partie appuyée sur la collaboration des Ukrainiens : plus de 200 000 volontaires rejoignent les troupes auxiliaires de la Wehrmacht. Cependant, la population est aussi victime des exactions nazies : « Shoah par balles » de 1941-1942, puis déportation de l'essentiel des Juifs ukrainiens (et polonais) ; chasse aux partisans avec une politique systématique de terre brûlée. L'Ukraine est reconquise par l'Armée rouge en 1944, mais des bandes d'indépendantistes armés résistent au retour des Russes jusqu'en 1954.

Après un demi-siècle de guerre froide, c'est l'accord passé entre les présidents des Républiques soviétiques de Russie (Eltsine) et d'Ukraine (Koutchma) qui signe l'arrêt de mort de l'URSS. L'indépendance ukrainienne est proclamée le 24 août 1991, ratifiée par référendum le 1er décembre ; un mois plus tard, l'Union soviétique est dissoute. Les relations économiques et diplomatiques sont tendues : concession du port de Sébastopol à la marine russe, intégration à l'OTAN, soutien au Parti des Régions de, transit du gaz sibérien par l'Ukraine, qui en tire de substantiels revenus. Depuis 2004, l'Ukraine se trouve nettement séparée en deux camps qui s'opposent par la langue et menacent l'unité territoriale du pays. L'Est russophone et industriel est favorable au Parti des régions, prorusse, dirigé par l'ancien président Viktor Yanoukovitch. La lutte pour la reconnaissance du « Holodomor » comme « génocide » des Ukrainiens par les Russes symbolise les enjeux de mémoires en concurrence et les obstacles placés sur la relation entre les deux pays à l'avenir.

⋯⋯> famines

URSS et système soviétique
Un État-parti de type bureaucratique

L'Union des républiques socialistes soviétiques, plus communément appelée « Union soviétique », est née de la signature, le 30 décembre 1922, d'un traité d'Union agrégeant à la Russie soviétique (RSFSR – République socialiste fédérative soviétique de Russie) cinq autres républiques soviétiques (Ukraine*, Biélorussie*, Azerbaïdjan, Arménie et Géorgie) et deux territoires soviétisés d'Asie* centrale (les anciens khanats de Boukhara et de Khiva).

L'URSS, État multiethnique et pseudo-fédéral

La capitale de la RSFSR, Moscou, devient celle du nouvel État, l'URSS, dont la première Constitution est adoptée le 31 janvier 1924. Deux autres Constitutions ont été adoptées par la suite, en 1936 puis en 1977. Après l'incorporation forcée des trois États baltes* (Estonie, Lettonie, Lituanie) en 1940, et ce jusqu'à sa disparition en 1991, l'URSS a compté quinze républiques constitutives, dites « fédérées » : les trois nouvelles républiques baltes, les six républiques précitées, la Moldavie et les cinq républiques d'Asie centrale (Kazakhstan, Ouzbékistan, Turkménistan, Tadjikistan et Kirghizie). L'URSS reste, tout au long de ses soixante-neuf années d'existence, le plus grand État du monde par sa superficie, qui représentait le sixième des terres émergées du globe. En 1989, sa population était de 290 millions d'habitants. L'URSS a existé en tant qu'État jusqu'au 31 décembre 1991, date à partir de laquelle la Fédération de Russie devient l'État successeur en titre de l'URSS, héritant notamment de son siège de membre permanent au Conseil de sécurité de l'ONU.

Derrière un fédéralisme de façade, l'URSS était en réalité un État centralisé. Libres en droit de faire sécession, les républiques constitutives de l'URSS étaient placées sous la férule du Parti communiste*, parti unique, dont le principe directeur était le centralisme démocratique. Ainsi, il faut attendre les années 1987-1989 pour voir se réaliser concrètement les «droits souverains» des républiques fédérées – jusqu'alors parfaitement théoriques – et, par voie de conséquence, s'écrouler l'édifice soviétique. La création de l'URSS en 1922 répondait à un impératif politique, celui de la consolidation et de la légitimation du pouvoir soviétique sur les territoires de l'ancien Empire russe presque entièrement reconquis par l'Armée rouge pendant la guerre* civile (1918-1921). En effet, si certaines nations ont réussi à gagner leur indépendance de manière durable dans la parenthèse des révolutions de février et d'octobre 1917 (Pologne*, Finlande, États baltes), certaines ont été vite contraintes d'y renoncer à la suite de coups d'État fomentés par les bolcheviks ou leurs alliés (Arménie, Géorgie, Ukraine). Le pouvoir bolchevique devait concilier la conduite d'une «realpolitik» – visant à reconstituer l'ancien Empire russe dans ses frontières antérieures – avec les impératifs d'une idéologie qui faisait la part belle au principe du droit des peuples à disposer d'eux-mêmes.

L'organisation fédérale de l'URSS fut inspirée de la conception territoriale de la question nationale, développée par Staline dans un opuscule intitulé *le Marxisme et la question nationale* (1913), en vertu de laquelle trois critères cumulatifs – une langue, un territoire, une histoire commune – permettaient de distinguer une nation des autres groupes ethniques. Ainsi, les groupes reconnus comme «nationalité*», dont le territoire historique se trouvait en URSS, se sont vu octroyer un statut de république (fédérée ou autonome) ou de district autonome. En même temps qu'elles reflétaient en partie la mosaïque ethnique de la société, les divisions administratives territoriales de l'Union soviétique instauraient une hiérarchie implicite entre les «nationalités», dont l'importance et le poids politiques variaient en fonction de leur statut. Afin d'enraciner le pouvoir soviétique en le légitimant localement et imposer à toute la société soviétique un univers mental que le célèbre slogan de Staline – «Il faut promouvoir une culture nationale par la forme, socialiste dans son contenu» – résumait bien, une politique dite d'«indigénisation» des élites fut mise en œuvre dès la fin des années 1920. Dans de nombreuses régions du pays, le pouvoir bolchevique était perçu comme étranger, héritier direct de la domination russe pour les uns, «gouvernement des minorités» les plus actives et les mieux représentées au sein de l'appareil du pouvoir (Caucasiens, Juifs*) pour d'autres. Ainsi, cette politique volontariste d'«enracinement» des élites consistait à former des cadres nationaux afin que chaque république soit gouvernée par des «indigènes». Cette politique s'est accompagnée, dans les années 1920, d'une promotion des langues et des cultures nationales qui attisait les sentiments nationaux plutôt qu'elle ne les éradiquait. Avec la dictature stalinienne des années 1930, cette politique a fait place à une offensive violente contre les cultures nationales, notamment illustrée par la célèbre «bataille des alphabets» qui s'est soldée, à quelques exceptions près – le géorgien et l'arménien – par l'imposition généralisée de l'alphabet* cyrillique à toutes les langues de l'URSS. En outre, Staline donna un coup d'arrêt brutal à la politique d'indigénisation, qui connut néanmoins un nouvel essor après le XXe Congrès du PCUS, en 1956.

Au début des années 1960, Nikita Khrouchtchev aimait à répéter que l'URSS en était arrivée au stade de la «fusion» des nationalités en un seul ensemble homogène, le «peuple soviétique». Tout aussi marqué que son prédécesseur par l'idéologie marxiste-léniniste qui renvoyait l'éveil des nationalités dans la catégorie des phénomènes historiques du début du capitalisme, Mikhaïl Gorbatchev considérait comme anachroniques les tendances centripètes à l'œuvre pendant la perestroïka. Pensé et conçu comme un instrument de domination du centre sur la périphérie, le système soviétique des nationalités a, d'une manière paradoxale, forgé les outils de sa propre destruction. En d'autres termes, la chute de l'URSS était en quelque sorte inscrite dans le code génétique du fédéralisme soviétique. Dans les années 1960, on vit des élites nationales formées dans le moule soviétique et intégrées dans la hiérarchie politique du parti défendre en véritables «lobbyistes» les intérêts économiques de leur république. Ceci préparait le terrain des revendications d'autonomie et d'indépendance des années 1980. Il n'est pas exagéré de dire que la «désoviétisation» s'est accomplie par symétrie de la «soviétisation». En effet, c'est la politique d'indigénisation des élites qui, par ricochet, a permis la formation des mouvements nationaux des années 1980. Les revendications nationales ont été formulées et relayées par des élites intellectuelles appartenant à des institutions officielles (Unions des écrivains, Académies des sciences), et parfois même par les élites soviétiques « indigènes » elles-mêmes. Le flirt des nomenklatouras* des républiques avec les intellectuels favorables à l'idée nationale, manifeste dans les années 1980, a commencé dans les années 1960. À cette époque, le KGB* a mené une campagne de répression contre la dissidence dite « nationaliste », qui ne fut pas sans conséquences sur les nomenklatouras nationales. Ainsi, au début des années 1970, une purge fut menée contre des membres de l'appareil du parti ukrainien soupçonnés d'une trop grande tolérance à l'égard de ces cercles nationalistes. Le premier secrétaire du parti de la république, Piotr Chelest, fut limogé en 1972 pour avoir fermé les yeux sur la publication non officielle d'un ouvrage très critique à l'égard de la politique d'assimilation forcée de Moscou à l'égard des Ukrainiens.

L'État-parti : le système politique de l'URSS

Dès leur arrivée au pouvoir, les bolcheviks* ont subordonné au parti toutes les institutions politiques autonomes nées au cours de l'année 1917 : l'Assemblée constituante élue à l'automne 1917 est dissoute, tous les soviets, comités d'usine et syndicats, doivent se conformer aux directives des comités du parti. Le parti devient la colonne vertébrale des institutions politiques : l'État-parti venait de naître.

Le principe fondamental du système politique soviétique était le parallélisme absolu des institutions de l'État et du parti : à chaque niveau administratif (district, ville, région ou territoire, république autonome, république fédérée, URSS), on trouvait un conseil représentatif, ou soviet (du soviet de district au Soviet suprême), et un comité du parti (du comité de district au Comité central) correspondants. Au sommet, le gouvernement de l'URSS était « doublé », dans la hiérarchie du parti, par le Politburo, ou bureau politique du Comité central (appelé présidium du comité central sous Khrouchtchev) et le secrétaire général du Parti (appelé « premier secrétaire » sous Khrouchtchev), élu par les membres du Politburo, était le véritable chef de l'État, une fonction formellement assumée par le président du Soviet suprême…

Toutes les institutions de l'État étaient doublées et contrôlées par celles du parti. Les organes du parti avaient le monopole de la désignation des candidats aux élections dans les institutions de l'État. Le principe du rôle dirigeant du parti était justifié par l'idéologie marxiste-léniniste, qui avait le statut de vérité « scientifique ». La Constitution de la RSFSR, adoptée en 1918, stipulait que « le Parti communiste dirige, commande et domine tout l'appareil d'État ». Les Constitutions soviétiques de 1924, de 1936 et 1977 ont repris ce principe. Ainsi, l'article 6 de la Constitution de 1977 disposait que « le Parti communiste de l'Union soviétique est la force qui dirige et oriente la société soviétique ». Le parti n'était donc pas seulement le noyau des institutions politiques, mais celui du système politique dans son ensemble. Les membres du parti et eux seuls occupaient les fonctions dirigeantes de l'État, des syndicats, des principales entreprises industrielles et agricoles et des organisations sociales. L'abolition du rôle dirigeant du parti, au printemps 1990, a débouché sur la dislocation du système soviétique puis, en 1991, sur le démantèlement de l'URSS en tant que fédération.

Le centralisme démocratique constituait le principe fondamental de l'organisation du parti. Il était ainsi défini dans la dernière mouture des statuts du parti (1986) : « Le centralisme démocratique est la discipline stricte et soumission de la minorité à la majorité. » On pouvait également lire : « En vertu du centralisme démocratique, les décisions des organes supérieurs s'imposent aux organes inférieurs » qui ne peuvent les discuter. Par effet de capillarité, le centralisme démocratique s'est généralisé comme le principe directeur de toutes les institutions soviétiques. Partout et à tous les niveaux, les organes inférieurs, privés d'initiative, attendaient les instructions des organes supérieurs. Ainsi, la prise des décisions réellement importantes était concentrée au sommet, ce qui a conduit à une hypertrophie de la bureaucratie centrale.

L'économie administrée

L'abolition du capitalisme et de l'exploitation de l'homme par l'homme s'est opérée par le biais du transfert de la fonction de gestion de l'économie à l'État-parti, qui administrait cette dernière « au nom du peuple tout entier » (Constitution de 1977). C'est à ce titre que l'État était propriétaire de toutes les terres, de toutes les ressources naturelles et de tous les biens immeubles de l'URSS. Ce système a conduit les gestionnaires des ressources à se les approprier, sans qu'ils aient à assumer la responsabilité liée à la possession d'un titre de propriété. « Ce qui appartient à tous n'appartient en réalité à personne », disaient avec justesse certains critiques écologistes du système soviétique dans les années 1970.

Après le « grand tournant » de 1929, le plan* s'est totalement substitué au marché comme mécanisme de régulation de l'économie, désormais dirigée par l'État selon un plan préétabli. Le Gosplan était l'organisme chargé de la coordination de l'application des plans quinquennaux successifs. Les différents agents économiques étaient privés d'initiative : ils devaient, selon l'expression consacrée, « remplir le plan ». Les relations entre les divers producteurs étaient orchestrées par un organisme central (le Gossnab, comité d'État à l'approvisionnement). Les réformes conduites par Kossyguine en 1965 ont cherché à assouplir ce système et à faciliter les relations interentreprises sans l'intermédiaire des organes centraux. Elles ont également introduit une certaine marge d'autonomie financière pour les entreprises *(khozrastchiot)*, progressivement accrue au fur et à mesure des réformes économiques menées à la fin des années 1980, pendant la perestroïka. Dans ces conditions, le marché n'intervenait pas dans la définition des besoins et la demande était déterminée « par le haut », définie par l'État, avec pour conséquence que, contrairement à une économie de marché ou mixte, l'économie planifiée était entièrement régentée par l'offre. Cette dictature de l'offre conduit à une économie de pénurie, pour reprendre l'expression de l'économiste hongrois Janos Kornai.

Conçue et élaborée à l'ère stalinienne, l'économie administrée de type soviétique a mis en œuvre une économie de mobilisation. Les ressources économiques étaient entièrement dirigées vers des objectifs sectoriels ciblés : industries de défense, industrie lourde. Doté d'une grande capacité de mobilisation, ce système économique avait en revanche une assez faible capacité d'innovation, car il s'agissait d'un système hiérarchique de type militaire. Toutes les réformes économiques lancées à partir de la fin des années 1950 n'ont poursuivi d'autre objectif que d'essayer de rendre le système plus innovant et plus dynamique, ce qui était une chimère, en raison même des postulats (centralisation politique, propriété collective) et des rigidités du système soviétique (bureaucratisation de la décision, division administrative des secteurs de l'économie, dictature de l'offre...).

V

Vladimir Ivanovitch Vernadsky Savant éclectique, inventeur de la noosphère, Vladimir Ivanovitch Vernadsky s'est montré productif aussi bien sous le régime tsariste que sous le régime communiste, auquel il a pleinement adhéré. Mi-Russe, mi-Ukrainien, son héritage est aujourd'hui revendiqué par les deux nations, tandis que lui se voulait avant tout citoyen du monde, par le truchement de la citoyenneté soviétique. Il s'est notoirement opposé aux nationalistes ukrainiens, défendant la préservation de la culture russe dans le pays de ses ancêtres.

Vernadsky est issu d'un milieu aisé, noble et cultivé. Son grand-père est médecin militaire, son père, professeur d'université. Ce dernier dirige d'abord la faculté d'économie politique de l'université de Kiev, puis enseigne la statistique à Moscou, avant de devenir professeur à l'Institut pédagogique de Saint-Pétersbourg.

C'est là que naît notre savant en 1863. Mais bientôt la famille retourne en Ukraine, à Kharkov, où le climat est plus sain et la vie culturelle foisonnante. Après des études de mathématiques* et de physique à Moscou, Vernadsky rejoint, en 1890, la chaire de minéralogie de l'université de Moscou où il est nommé professeur en 1897, après avoir soutenu son doctorat à Saint-Pétersbourg. À cette époque, Vernadsky, marié depuis plus de dix ans, devient père pour une seconde fois. Ses deux enfants, qui deviendront l'un historien, l'autre psychiatre, s'exileront finalement aux États-Unis. En 1912, Vernadsky est membre de l'Académie des sciences russe. En 1918, il fonde et dirige l'Académie des sciences ukrainienne. À l'époque de la révolution, Vernadsky est très engagé aux côtés des démocrates (cadets). Mais son aura scientifique est déjà si grande que cette appartenance politique, en principe rédhibitoire aux yeux des bolcheviks, ne gêne en rien sa nomination à la tête de la Commission d'étude des ressources productives naturelles de l'URSS, qu'il dirige jusqu'en 1930 et où il œuvre avec ardeur pour la mise en exploitation des énergies fossiles. De 1922 à 1939, il dirige l'Institut Radievy à Leningrad. Il séjourne alors fréquemment à Paris et à Prague pour échanger avec ses collègues. À compter de 1927, il ajoute à ces activités les fonctions de directeur du laboratoire de biochimie de l'Académie des sciences et restreint alors ses voyages. Avec plus de sept cents travaux publiés, l'apport de Vernadsky aux sciences* naturelles est considérable. Il a notamment travaillé sur les effets des radiations solaires et cosmiques sur les organismes vivants. En 1924, il élabore un schéma précisant la place de la biosphère dans le système planétaire. À cette occasion, il alerte sur sa fragilité, envisageant notamment l'impact de la déforestation sur le climat. C'est alors également qu'il invente le concept de « noosphère », que l'on peut décrire comme une sorte de conscience collective de l'humanité qui regroupe toutes les activités cérébrales et mécaniques de mémorisation et de traitement de l'information. Certains voient donc en lui un précurseur du cyberespace. Cette notion de noosphère a attiré l'attention de nombre de ses contemporains, notamment le père Pierre Teilhard de Chardin, paléontologue et philosophe. Deux ans avant sa mort, à quatre-vingts ans, en 1943, Vernadsky est décoré du prix Staline de première catégorie. Des montagnes situées dans l'Antarctique portent à présent son nom, ainsi que la bibliothèque nationale de l'Académie des sciences d'Ukraine.

Vladimir le Grand

Excellent soldat et administrateur remarquable, Vladimir devient grand-prince de Kiev* vers 980. Territoire considérable, peuplé de cinq millions d'habitants, la Russie kiévienne est un ensemble politique cohérent mais fragile. Vladimir étend le territoire vers l'ouest contre les Polonais et le nord au dépend de la Lituanie. Mais l'importance de Vladimir dans l'histoire russe tient, comme nous le rapportent les chroniqueurs, à sa conversion au christianisme. La Chronique de Radziwill contient le récit de cette conversion. Entouré d'États puissants ayant adopté le monothéisme, allié de l'empereur byzantin Basile II dont il épouse la sœur Anna Porphyrogénète, Vladimir accepte d'abandonner le paganisme afin d'établir des relations durables avec ses voisins et d'assurer ainsi la position politique et commerciale de sa principauté. La légende dit que Vladimir, avant de s'engager, a voulu choisir son rite parmi les trois grandes religions, le judaïsme, l'islam et le christianisme. Ses émissaires sont éblouis par la liturgie byzantine ; après avoir pris connaissances des rapports, Vladimir choisit le rite grec et impose que tous ses sujets soient baptisés dans la même foi en 988. La conversion de la Russie de Kiev ne signifie pas pour autant sa sujétion à l'Empire byzantin. Vladimir s'empare de la ville de Cherson en Crimée, montrant ainsi les limites politiques de sa conversion. Mais Vladimir entre avec enthousiasme dans sa nouvelle foi, il engage la construction de la première cathédrale de pierre en Russie, l'église kiévienne de la Dîme achevée vers 996. L'Église* russe se structure peu à peu mais reste sous l'autorité du patriarche de Constantinople. Le slavon est adopté comme langue liturgique pour faciliter la progression de la nouvelle foi ; ce choix aura eu un inconvénient, celui de couper les érudits russes du latin et du grec et de les séparer des héritages de l'Occident. Si l'aristocratie embrasse avec vigueur le christianisme à la suite du grand-prince, le baptême de la Russie rencontre des résistances dans la population où des sectes apparaissent qui sont violemment combattues. À sa mort en 1015, Vladimir a accompli une œuvre considérable. La principauté de Kiev est consolidée ; l'adoption du christianisme lui donne une identité qui, deux siècles plus tard, permettra à la Russie d'affronter le long joug mongol*.

vodka On ne peut exclure qu'une des raisons de l'animosité entre Russes et Polonais ne tienne à la vodka, car les deux nations s'en disputent âprement la paternité. À en croire les Russes, un arbitrage international rendu en 1982 aurait définitivement éteint la querelle, attribuant au moine russe Isidore l'élaboration de la première vraie recette de vodka aux alentours de 1430. Il s'agissait alors d'une vodka de céréales, dite également « vin de pain ». On fabrique depuis également des vodkas à base de pommes de terre. Rapidement, le pouvoir – en l'occurrence Ivan le Terrible – comprend qu'il peut, grâce à un monopole, à la fois garantir la qualité du produit et d'importants revenus pour l'État. Mais progressivement le contrôle se détériore, le trafic se développe et l'on voit apparaître sur le marché des alcools de moindre qualité. Parmi les sobriquets attribués aux tord-boyaux de l'époque, on peut retenir « la française de 14e rang », qui désigne un alcool tout juste bon pour les fonctionnaires de dernière catégorie. Inquiète de cette situation, l'impératrice Catherine II, qui aimait à offrir de la vodka à ses illustres hôtes tels Goethe ou Voltaire, autorise les nobles à distiller. Les grandes familles mettent alors un point d'honneur à fabriquer l'alcool le plus pur. C'est à cette même époque, au début du XVIIIe siècle, qu'est mise au point la méthode de purification au charbon de bois, aujourd'hui concurrencée par le filtrage à l'ambre de la Baltique. Mais la recette évolue encore grâce à la science : c'est à Mendeleïev* que l'on doit de savoir que la meilleure vodka titre à 38°. Les taxes étant calculées sur le degré d'alcool, c'est le titre de 40° qui est retenu. Dès lors, le succès de la vodka ne se dément pas, si bien que la propagande soviétique s'attache rapidement à dénoncer les dangers d'une consommation excessive, pouvant entraîner, outre la mort du buveur, une progéniture mal en point. Las ni les prolétaires ni les nantis ne s'éloignent de la bouteille. On a beau grignoter des zakouskis pour absorber l'alcool, humer un quignon de pain dans les circonstances les plus dures (guerre ou goulag), l'élixir monte à la tête. Verre de cinquante grammes après verre de cinquante grammes. Un célèbre roman tragi-comique des années 80, *Moscou-sur-Vodka*, divulgue ainsi les graphiques précis de la consommation du « collectif de travail » au sein duquel est intégré le héros, qui finit par se suicider. Pour remettre sur pied son pays, Gorbatchev tente d'encadrer la vente : cette loi sèche *(soukhoi zakon)* contribuera fortement à son impopularité. De fait une pègre comparable à celle de la période de la prohibition américaine distribue des *samogon* (« cuit soi-même ») qui fauchent en nombre les assoiffés. Bien que la loi ait été assouplie, le problème reste entier de nos jours, principalement pour des raisons économiques. La vodka de qualité, en partie produite par des investisseurs occidentaux, est au prix fort. D'après une commission d'enquête de la Douma (Parlement russe), la vodka frelatée, et donc bon marché, aurait entraîné 17 000 décès en 2006. Car, même s'ils redécouvrent les délices du vin et de la bière, les Russes restent les plus grands consommateurs de vodka au monde, avec environ 50 % du marché mondial (pour 2 % de la population), ce qui équivaut à environ 16 litres par personne et par an. Il ne faut pas croire pour autant que tous les Russes aiment la vodka : certains n'en boivent goutte, lui préférant, peut-être par snobisme, les alcools occidentaux ou, pour les plus sobres, les tisanes médicinales de Sibérie et de l'Oural.

Volga La « mère Volga » (*Volga-matiouchka*), le fleuve nourricier, est aux yeux des Russes l'emblème de la civilisation qui s'est développée au Moyen Âge autour de la principauté moscovite. Si Moscou* elle-même n'est pas baignée par le fleuve (mais par la Moscova), Iaroslav (fondée en 1010), Tver (1182), Kostroma (1152), Nijni-Novgorod (1221), Kazan (1005), Samara, Saratov, Volgograd et Astrakhan ponctuent son parcours de 3 700 kilomètres de long qui s'achève dans la mer Caspienne en un immense delta. Les forteresses (kremlins) des quatre premières cités comptent parmi les plus anciens exemples d'architecture civile et religieuse russe.

Navigable sur l'essentiel de son cours grâce aux aménagements de l'ère soviétique, la Volga draine un bassin hydrographique de 1 350 000 km^2 et peut prétendre au titre de plus grand cours d'eau d'Europe. Le fleuve, chanté par Alexandre Dumas en 1860, coule d'abord d'ouest en est, puis s'oriente vers le sud à Nijni-Novgorod où la rejoint son second plus grand affluent, l'Oka. Alors qu'elle se jetait dans le Don au début du quaternaire, la Volga a été ensuite captée par le lit de son principal affluent, la Kama, orienté au sud-est après le coude de Volgograd. Le delta dominé par Astrakhan offre un milieu naturel exceptionnel, regorgeant notamment d'oiseaux migrateurs. Mais la pollution de cet axe vital de l'industrie russe est extrême, au point que les esturgeons, également victimes de la surexploitation de leurs œufs (caviar*), ont quasiment disparu.

Du fait de sa longueur et des soubresauts de l'histoire, la Volga accueille sur ses berges plusieurs « nationalités » autres que l'ethnie majoritaire russe. Si les Finnois de son cours supérieur se sont fondus dans la population, Kazan reste la capitale du Tatarstan, Tcherboksary celle des Maris, et Engels (anciennement Pokrovsk) fut celle des Allemands* de la Volga. Kazan fut le siège d'un des plus riches khanats de la Horde d'or, dynastie mongole* qui a occupé la Russie pendant deux siècles et demi et dont la capitale était Saraï, sur la Volga. Ivan* le Terrible ne prit Kazan qu'en 1552, après de multiples tentatives et au prix de sacrifices humains et financiers importants.

Quant aux Allemands présents dans la région de Saratov, ils y sont attirés en 1763 par l'appel de Catherine II, tsarine d'origine allemande. Fuyant les États allemands occidentaux surpeuplés, ils colonisent

colonisent le cours moyen de la Volga aidés par les Cosaques* du Don et des Russes. Au début de la guerre civile, en 1919, ils fondent même une commune qui protège un temps leur type d'organisation sociale et économique des assauts révolutionnaires. Mais en 1942, après l'invasion nazie, de manière bien plus ample et violente que pendant la Première Guerre mondiale, les Allemands de Russie sont déportés en Sibérie*. Sur une population de un million, dont un tiers vivent dans la République autonome, 300 000 sont soumis au travail forcé du goulag*. La Volga matérialise à ce même moment une ligne de front de plusieurs centaines de kilomètres, dont Stalingrad* et sa bataille acharnée forment l'épicentre.

La Volga est aussi l'un des foyers principaux des révoltes paysannes en Russie. Parmi les plus notables se détache celle menée par le Cosaque Stenka Razine entre 1668 et 1671. Le pillage des forteresses de la Volga et la révolte populaire contre les boyards moscovites et les hiérarchies sociales se terminent avec la mort de Razine à Moscou. Cette épopée a inspiré un chant populaire russe composé par Dimitri Sadovnikov, *Volga, Volga mat' rodnaïa* («Volga, Volga, mère patrie») : un passage célèbre met en scène Razine jetant sa maîtresse par-dessus bord. En 1905-1906 et surtout pendant la guerre* civile, le bassin de la Volga se distingue également par l'importance du mouvement des «Verts» hostiles aux Rouges comme aux Blancs.

Enfin, la Volga est un nerf vital de l'économie russe et soviétique. Dans la seconde partie du XXᵉ siècle, les aménagements hydroélectriques gigantesques près de Nijni-Novgorod, Saratov et Volgograd ont créé les plus grands lacs de retenue d'Europe, rendant possible l'irrigation intensive et favorisant l'implantation industrielle à marche forcée assignée par les plans* quinquennaux. Nijni-Novgorod, célèbre pour sa gigantesque foire, est l'une des grandes cités industrielles russes. Le complexe de construction mécanique de Sormovo est né au milieu du XIXᵉ siècle et abrite aujourd'hui le constructeur automobile* GAZ et sa série «Volga». En aval du fleuve, la cité de Togliatti (en face de Samara) recèle les plus grandes chaînes d'assemblage du pays (marque Lada), construites dans les années 1930 avec l'aide des ingénieurs de Fiat. Ces grandes unités, en fort déclin après la chute de l'URSS, semblent aujourd'hui stabilisées, contribuant ainsi à fixer la population le long de ce fleuve qui symbolise bien souvent la Russie. Le tableau d'Ilya

Repine, *les Haleurs de la Volga* (1873), la chanson populaire anonyme *les Bateliers de la Volga*, la comédie musicale de Grigori Alexandrov *Volga-Volga* rappellent l'importance de cet axe de communication entre le nord et le sud de l'Europe, entre la Baltique des Vikings et Byzance, puis pour les occupants mongols*.

voyages français en Russie

La question des voyages français en Russie est à peu près aussi ancienne que les relations entre les deux pays. D'emblée, une fascination entre ces deux cultures aussi accusées qu'attirées l'une par l'autre a-t-elle débordé le simple – et pourtant déjà complexe – cadre des échanges diplomatiques et engendré une efflorescence d'entrecroisements culturels, le plus souvent symbolisés par des voyages dont la permanence a enjambé les vogues, modes ou régimes. La Russie tsariste a concurremment et successivement complu aux sujets du roi ou hussards de la République, comme l'URSS* a, par la suite, invité au « voyage » une certaine intelligentsia*, attirée ou flattée par les sirènes soviétiques, et accueilli dirigeants d'État ou communistes français à se rendre à Moscou.

Depuis l'échange précoce d'ambassades entre Fédor Ier et Henri III, les relations commerciales et culturelles entre les deux royaumes ont pris une tournure très soutenue, particulièrement au XVIIe siècle où de nombreux marchands se rendent à Moscou pour y faire commerce et dont découla, sur l'initiative de Colbert, la Compagnie française de Russie.

En termes culturels, le XVIIIe siècle est à bien des égards celui de toutes les rencontres. Le renforcement des liens diplomatiques entre les deux États s'accompagne de la multiplication d'invitations d'écrivains, d'artistes et de savants. À partir de cette époque, l'influence sinon la présence française sur les bords de la Neva ou de la Moskowa se mesure entre autres au voyage de Diderot à l'invitation de Catherine II. En 1839, la résidence russe de Custine* constitue un tournant dans l'histoire des voyages français. L'abondante – et parfois critique – littérature qu'il retire de son séjour comme les correspondances qu'il eut avec son ami, l'ambassadeur français Prosper de Barante, alimentent autant une réflexion sur la Russie tsariste que sur la France de Louis-Philippe.

Car, dès lors, loin d'incarner une pérégrination intellectuelle et personnelle, le voyage en Russie devient tout à la fois l'occasion et le prétexte d'intervenir dans le débat politique français, sous couvert de distanciation et d'exemplarité étrangère, russe en l'occurrence. Certes les rencontres au sommet, au XIXe ou XXe siècle, conservent pour les dirigeants français en visite à Moscou l'allure d'un voyage comme le rappelle celui, triomphal, effectué par le général de Gaulle en 1966. Mais la signification du voyage est désormais ailleurs. Elle englobe une réflexion entrelacée sur le pays que l'on quitte et celui que l'on visite, une réflexion tout à la fois politique et dialectique. «Faire le voyage» en URSS reste une étape incontournable sur le chemin du pèlerin qui court à sa foi, qui veut se convaincre qu'il abhorre ce qu'elle représente, qui cherche à l'apostasier ou en revient, bien malgré lui, en totale déréliction. Les exemples, dès les origines de l'URSS sont légion. D'André Gide – *Retour de l'URSS, Retouches à mon retour de l'URSS* – à Alfred Fabre-Luce – *Russie 1927* – en passant par Jean-Paul Sartre – «La liberté de critique est totale en Union soviétique» -, sans compter les innombrables séjours d'Aragon entre 1930 et 1936 dont il tirera une matière substantielle pour son œuvre politico-romanesque. Le voyage en URSS, d'où la Russie semble avoir disparu, est devenu une sorte de pèlerinage politique, de marqueur idéologique, pour qui l'effectue sincèrement ou cyniquement. De sorte qu'à toute époque la découverte volontaire de la Russie a toujours correspondu chez les Français les plus éclairés, ou sincèrement aveuglés par cette lueur venue de l'Est, à une quête de lumière pour eux-mêmes dans le foyer d'un autre si loin, si proche.

WY

Serguï Witte Le comte Serguï Witte, né à Tiflis (l'actuelle Tbilissi) en 1864, reste le symbole du dernier élan modernisateur du XIXe siècle intervenu sous le règne du tsar Nicolas II* et s'inscrit dans la lignée des grands réformateurs initiée sous Pierre le Grand. L'audace associée à ses réformes, la relation conflictuelle qu'il a entretenue avec le tsar et son éloignement forcé et précipité des affaires publiques font toutes trois partie d'une pièce qui se joue dans un climat de tension sociale croissante de fin de régime. Administrateur et serviteur public hors pair, le comte Witte a été marqué par sa longue expérience comme directeur du Chemin de fer russe, ce qui lui a valu de développer un sens de la planification et de l'organisation mais aussi une conscience aiguë des nécessités de modernisation de la Russie, qui passe par l'unification de l'espace géographique.

Ministre des Finances entre 1892 et 1903, il a consacré son mandat à restaurer le statut de grande puissance de la Russie, seul moyen à ses yeux de laver l'affront de la guerre de Crimée (1853-1856). Pourtant, la revanche militaire lui semblait moins importante que la nécessité d'extraire l'Empire de sa léthargie économique, dont la famine de 1891 avait été le dernier épisode. Les réformes de Serguï Witte ont été ainsi inspirées de l'économiste Friedrich List et ne sont pas très éloignées de celles de la période de Bismarck en Prusse ou du Japon de l'ère Meiji, qui associaient le développement économique à un fort protectionnisme ainsi qu'à un nationalisme vigoureux.

Si Serguï Witte inscrit ses orientations dans la lignée de ses prédécesseurs – ainsi, avec le maintien d'une protection tarifaire élevée pour une industrie encore à ses balbutiements –, sa politique clairement volontariste de création d'infrastructures et de diversification industrielle a conduit en contrepartie à taxer lourdement la population. Pour le

« développement des forces productives », évoquée lors de son discours de nomination, il a compté avec le soutien initial du milieu industriel et des affaires *(koupetchestvo)*, qui voyait en Witte et son énergie un moyen de rehausser leur rôle, à un moment où le développement du monde agricole n'était plus une priorité pour l'État russe. Parmi ses principales initiatives, on compte le développement des usines sidérurgiques dans l'Oural, facilitée par le développement du réseau ferroviaire, ainsi que le monopole étatique de la production de vodka*. Witte a également soutenu une plus grande visibilité du développement de la Russie sur la scène internationale, comme en a témoigné la participation du pays à l'Exposition universelle de Paris en 1900.

La démesure de son ambition et son incapacité à conserver les alliances qui l'avaient porté au pouvoir le conduisent très vite à devoir affronter une opposition franche à ses réformes dès la fin des années 1890. La rigueur de son programme de modernisation lui a aliéné le petit peuple – et le monde paysan en particulier – soumis à de lourdes contraintes financières. Et la récession industrielle du début du xxᵉ siècle lui a retiré les derniers soutiens parmi les industriels, qui l'ont forcé à la démission en 1903. Il n'occupera par la suite que quelques charges gouvernementales avant sa mort, en 1915. Le bilan du système économique mis en place par Witte reste mitigé si l'on considère les lourdes contraintes qu'il a imposées à la population russe et le niveau d'endettement sans précédent du pays au début du xxᵉ siècle. Il n'en demeure pas moins que son jugement sur la nécessité de moderniser l'économie et la politique de la Russie impériale témoigne d'une extraordinaire lucidité pour son époque.

┈┈⟶ révolution de 1905

Yalta
Petite station balnéaire sur les bords de la mer Noire ayant abrité, entre le 4 et le 11 février 1945, une conférence réunissant Staline*, Roosevelt et Churchill. Depuis cet événement, Yalta est devenu l'un de ces mythes historiques qui n'ont qu'un rapport très relatif avec la réalité des faits. Contrairement à la légende tenace, en grande partie véhiculée par le général de Gaulle, aucun partage du monde n'eut lieu à Yalta qui ne fut pas non plus le premier acte de la guerre* froide. Pendant cette semaine, les discussions entre les Alliés portent sur la création de l'ONU, les conditions d'entrée en guerre de l'URSS contre

le Japon, l'occupation de l'Allemagne, le futur gouvernement de la Pologne* et le rétablissement des institutions politiques dans l'Europe libérée de l'Allemagne nazie. Staline, Churchill et Roosevelt parviennent à un accord sur les deux premiers points. La création de l'ONU, chère au président américain, est entérinée et l'URSS s'engage à déclarer la guerre au Japon trois mois après la fin des combats en Europe. Mais Staline décroche trois sièges pour l'URSS aux Nations unies et l'annexion des îles Kouriles, du sud de Sakhaline, de Port-Arthur et Dairen et des chemins de fer de Mandchourie, soit les territoires perdus lors de la défaite russe de 1905 contre le Japon.

Concernant l'Allemagne, Churchill obtient une zone d'occupation pour la France, mais Staline exige qu'elle soit prélevée sur les zones attribuées à la Grande-Bretagne et aux États-Unis. En revanche, aucun accord n'est trouvé sur la question des réparations et celle des frontières de l'Allemagne.

Les discussions les plus âpres ont lieu au sujet de l'avenir de la Pologne. Les Occidentaux soutiennent le gouvernement polonais en exil à Londres tandis que Staline a déjà installé à Varsovie le Comité de Lublin contrôlé par les communistes. Churchill et Roosevelt exigent la tenue d'élections libres. Staline en accepte le principe, mais refuse de fixer un calendrier précis et surtout rejette toute idée de mécanisme de contrôle du scrutin. Il obtient gain de cause sur ces deux points qui sont à nouveau soulevés à propos de la Déclaration sur l'Europe libérée. Churchill et Roosevelt parviennent à faire inscrire les principes démocratiques et la tenue d'élections libres comme fondements des nouvelles institutions politiques des pays libérés du joug nazi mais là encore Staline refuse tout mécanisme de contrôle du respect de ces principes et obtient satisfaction.

À Yalta, les Alliés ne se sont donc pas partagé le monde. Si Staline a obtenu d'importantes concessions de la part de ses homologues américain et britannique, il le doit avant tout à sa position de force sur le terrain militaire. L'Armée rouge est à 80 kilomètres de Berlin tandis que les troupes occidentales peinent à franchir le Rhin. Les accords de Yalta seront interprétés comme un «nouveau Munich» par nombre d'Européens de l'Est. Il faudra attendre la chute du mur de Berlin, en 1989, pour que les principes de Yalta – régime démocratique et élections libres – puissent être mis en œuvre dans l'Autre Europe.

Annexes

Bibliographie

Index

Bibliographie

Ne sont retenus que quelques ouvrages récents ou plus anciens en langue française qui peuvent compléter utilement les propos du dictionnaire.

– BESANÇON (Alain), *Les origines intellectuelles du léninisme*, Calmann-Lévy, Paris, 1977.

– BLUM (Alain), *Naître, vivre et mourir, en URSS*, Payot, Paris, réed. 2004.

– CARRÈRE D'ENCAUSSE (Hélène), *L'Empire d'Eurasie : une histoire de l'Empire russe de 1552 à nos jours*, Fayard, Paris, 2005.

– CLÉMENT (Olivier), *L'Église orthodoxe*, PUF, Paris, 2006.

– COQUIN (François-Xavier, *Leçon inaugurale*, Collège de France, Paris, 1994

– COLAS (Dominique), *Le Léninisme*, PUF, Paris, 1998.

– CONQUEST (Robert), *La grande terreur : les purges staliniennes des années trente*, Stock, Paris, 1970.

– L'art russe dans la seconde moitié du XIXe siècle enquête d'identité, catalogue de l'expostion, Musée d'Orsay, RMN, Paris, 2005

– FIGUES (Orlando), *La Révolution russe, 1891-1924 : la tragédie d'un peuple*, Denoël, 2007.

– RAEFF (Marc), *Comprendre l'ancien régime russe. État et société en Russie impériale, essai d'interprétation*, Le Seuil, Paris 1982.

– RAVIOT (Jean-Robert), *Qui dirige la Russie ?*, Ligne de repère, Paris, 2007.

– RIASANOVSKY (Nicholas), *Histoire de la Russie : des origines à 1996*, Robert Laffont, Paris, 1998.

– STRUVE (Nikita), *Les Chrétiens en URSS*, Le Seuil, Paris 1963.

– STRUVE (Nikita), *Soixante-dix ans d'émigration russe : 1919-1989*, Paris, Fayard, 1996.

– WERTH (Nicolas), *Histoire de l'Union soviétique de Krouchtchev à Gorbatchev : 1953-1991*, PUF, Paris, 2007.

– WERTH (Nicolas), *La terreur et le désarroi : Staline et son système*, Perrin, Paris, 2007.

– « La Russie de Poutine », Pouvoir, n° 112, Le Seuil, Paris, Janvier 2005.

– « Peut-on se passer de la Russie », 2050 n° 5, Fondation pour l'innovation politique, juillet 2007 ; cet article a servi de base à la rédaction de la question : « La Russie est-elle sortie de la guerre froide ? »

Plus anciens :

– LEROY-BEAULIEU (Anatole), *L'empire des tsars et les russes*, réed. Robert Laffont, Paris, 1991.

– RAMBAUD (Alfred), *Histoire de la Russie : depuis les origines jusqu'à nos jours*, Hachette, Paris, 1914.

– La Russie, (coll.), Larousse, Paris, 1892.

– TAILLANDIER (Saint-René), *Allemagne et Russie*, Paris, 1856.

– VOGÜE (Eugène-Melchior de), *Le Roman russe*, L'Âge d'homme, Lausanne, 1971.

Bibliographie

Essais et témoignages :

– AMALRIK (Andreï), *L'Union soviétique survivra-t-elle en 1984 ?* Paris, réed. 1977.

– GUINZBOURG (Evguénia), *Le ciel de la Kolyma*, Le Seuil, Paris, réed. 1983.

– HERZEN (Alexandre), *Passé et méditations*, L'Âge d'homme, Lausanne, 1974-1981.

– PASCAL (Pierre), *Mon journal de Russie*, 4 vol., L'Âge d'homme, Lausanne 1975 à 1982.

– RADICHTCHEV (Alexandre), *Voyage de Saint-Pétersbourg à Moscou*, Paris, 1988.

– SOLJENITSYNE (Alexandre), *Le Chêne et le veau*, Mémoire 1953-1974, Le Seuil, Paris, 1975.

– TCHAADAEV (Piotr), *Lettres philosophiques adressées à une dame*, Paris, Librairie des Cinq continents, 1970.

– TROTSKI (Léon), *Ma vie*, Paris, 1966.

Index

Crédits photographiques